Guttentag'sche Sammlung
Nr. 18. Preußischer Gesetze. Nr. 18.
Textausgaben mit Anmerkungen.

Preußisches
Stempelsteuergesetz

vom 31. Juli 1895 / 26. Juni 1909

in der Fassung der Bekanntmachung vom 30. Juni 1909.

Mit den gesamten Ausführungsbestimmungen.

Unter besonderer Berücksichtigung
der Entscheidungen der Verwaltungsbehörden und der Gerichte

herausgegeben von

Geh. Regierungsrat **P. Loeck,**
Reichsbevollmächtigter.

Siebente Auflage.

Berlin 1911.
J. Guttentag, Verlagsbuchhandlung,
G. m. b. H.

Vorbemerkung zur fünften Auflage.

Die vorliegende Arbeit bezweckt an erster Stelle, die praktische Anwendung des Gesetzes und Tarifes auf den gerade vorliegenden Fall zu erleichtern und die Steuerpflichtigen erkennen zu lassen, welche Auslegung Gesetz und Tarif bisher seitens der Verwaltungsbehörden und Gerichte erfahren haben. Die von den genannten Behörden ausgegangenen Erlasse und Entscheidungen, deren große Zahl auch einen Rückschluß auf die Schwierigkeit der Materie zuläßt, sind deshalb unter Weglassung jeden überflüssigen Beiwerks verarbeitet und in knappem, aber doch zum vollen Verständnis hinreichenden Auszuge überall da wiedergegeben, wo ihre Anwendung nach Maßgabe der gesetzlichen Vorschriften nur in Frage kommen kann. Da es bei dem dem Buche zu gebenden Umfange nicht angezeigt, auch unpraktisch erschien, die umfangreichen Ausführungsbestimmungen denjenigen Gesetzesvorschriften unmittelbar im Wortlaut anzuhängen, zu denen sie gerade erlassen sind, ist auf sie im Text des Gesetzes und Tarifes stets verwiesen, während sie im vollständigen Wortlaut hinter dem Tarif als besonderer Abschnitt unter Beifügung der auch in bezug auf sie ergangenen Erlasse und Entscheidungen abgedruckt sind.

Ist auch das bürgerliche Recht, soweit es die Anwendung der stempelrechtlichen Vorschriften beeinflußt, nicht zum Gegenstand besonderer eingehender Bearbeitung gemacht, so ist doch, dem Zweck des Werkes folgend, an allen Stellen des Gesetzes und Tarifes, bei deren Anwendung die Kenntnis des bürgerlichen Rechts wesentlich ist, auf die bezüglichen Bestimmungen des Bürgerlichen Gesetzbuches, seiner Nebengesetze und der preußischen Ausführungsgesetze verwiesen, auch ist, soweit unmittelbare Abänderungen, insbesondere durch das jüngste Reichsstempelgesetz und das Preußische Verwaltungsstrafgesetz eingetreten sind, dies berücksichtigt.

Diejenigen, die zu einem tieferen Eindringen genötigt sind, vorzüglich also in zweifelhaften Fragen die mit der Verwaltung des Gesetzes betrauten Behörden und die zur Entscheidung angerufenen Gerichte, mögen auf die auf breiter wissenschaftlicher Grundlage angelegten Kommentare von Hummel und Specht und von Heinitz hingewiesen sein; der Allgemeinheit aber, insbesondere den mit Einziehung der Gerichtskostenstempel betrauten Gerichten und sonstigen Behörden, den Notaren, Rechtsanwälten und kaufmännischen Instituten wird die vorliegende Bearbeitung in allen im bürgerlichen Leben vorkommenden Stempelfragen ein zuverlässiger Ratgeber sein; für mit dem Gesetz nicht genügend Vertraute erleichtert ein ausführliches Sachregister den Gebrauch des Buches.

Berlin, im März 1901.

Vorbemerkung zur siebenten Auflage.

Der alsbald nach dem Erscheinen des erweiterten und abgeänderten Stempelsteuergesetzes vom $\frac{26}{30}$. Juni 1909 herausgegebene Anhang zur 6. Auflage hat nur einen vorübergehenden Zweck haben sollen; nach Erlaß der Ausführungsbestimmungen zum neuen Gesetz ergab sich die Notwendigkeit einer vollständigen Neubearbeitung. Hierbei sind zum richtigen Verständnis der neuen Bestimmungen die Gesetzesmaterialien (Begründung, wie Kommissions- und Landtagsverhandlungen) herangezogen und andererseits sind sowohl die Rechtsprechung bis auf die jüngste Zeit, wie auch die Auslegung, die seitens der Verwaltungsbehörden den in Geltung gebliebenen alten Bestimmungen, wie dem neuen Gesetz gegeben ist, voll berücksichtigt, unter Weglassung natürlich des inzwischen Veralteten. Aus der Menge des gebrachten Materials ist erkennbar, in welchem großen Maße Gericht und Verwaltung sich mit Auslegung der schwierigen Materie des Stempelrechts, das in alle Rechts- und Erwerbsverhältnisse des täglichen Lebens eingreift, zu befassen Gelegenheit nehmen mußten. Immerhin ist aber trotz eingehender Bearbeitung des Neuen der Umfang des Buches nicht derart gewachsen, daß dessen beliebte bequeme Handhabung im Gebrauch und die leichte Auffindbarkeit der betreffenden Ausführungen auf den gerade vorliegenden praktischen Fall irgendwie erschwert wäre. Den mit den Bestimmungen des Gesetzes und Tarifs weniger Vertrauten unterstützt auch hier wieder ein die gesetzlichen Bestimmungen wie die Ausführungsvorschriften und die Anmerkungen in ihrem ganzen Umfange gleichmäßig berücksichtigendes und eingehend bearbeitetes Sachregister.

München, im Januar 1911.

Abkürzungen.

A. u. Anm. = Anmerkung.
AB. (AB.) = Ausführungsbestimmungen vom 16. August 1910.
Abs. = Absatz.
AG. = Ausführungsgesetz.
AH. = Verhandlungen des Hauses der Abgeordneten. 18. Legisl. II. Session 1895.
ALR. = Allgemeines Landrecht.
Arch. = Goltdammer, Archiv für Preuß. Strafrecht.
Art. = Artikel.
Allg.V. (Allg.V.) = Allgemeine Verfügung des Justizministers und Finanzministers vom 28. Juli 1910.
Bd. = Band.
Begr. = Begründung.
BergGes. = Allgemeines Berggesetz für die Preußischen Staaten.
Beschl. = Beschluß.
BGB. = Bürgerliches Gesetzbuch.
d. G. = dieses Gesetzes.
DGKG. = Deutsches Gerichtskostengesetz.
DGVG. = Deutsches Gerichtsverfassungsgesetz.
DJZ. = Deutsche Juristen-Zeitung.
EG. = Einführungsgesetz.
Entsch. = Entscheidungen.
EStG. = Preuß. Erbschaftssteuergesetz vom 30. Mai 1873.
Erl. = Erlaß.
FG. = Reichsgesetz über die Angelegenheiten der freiwilligen Gerichtsbarkeit.
FM. = Finanzministerialerlaß.
G. (Ges.) = Gesetz.
GewO. = Gewerbeordnung.
GewStG. = Gewerbesteuergesetz.
GKG. = Gerichtskostengesetz.

Goltd. = Goltdammer, Archiv für preußisches Strafrecht.

Gruch. = Gruchot, Beiträge zur Erläuterung des deutschen Rechts.

GS. = Preußische Gesetz-Sammlung.

HGB. = Handelsgesetzbuch.

HH. = Stenographische Berichte über die Verhandlungen des Herrenhauses 1895.

Holdh. = Holdheims Monatsschrift für Handelsrecht usw.

HSp. = Hummel-Specht, Das Stempelsteuergesetz vom 31. Juli 1895.

Hz. = Heinitz, Kommentar zum Preußischen Stempelsteuergesetz vom 31. Juli 1895.

JMBl. = Justizministerialblatt.

JM. = Justizministerialerlaß.

Joh. = Jahrbuch der Entscheidungen des Kammergerichts, herausgegeben von Johow und Ring.

JW. = Juristische Wochenschrift.

KO. = Konkursordnung.

KS. = Protokolle über die einzelnen Kommissionssitzungen.

KabO. = Kabinettsorder.

KaisV. = Kaiserliche Verordnung.

KG. = Kammergerichtsentscheidung.

KB. = Bericht der IX. Kommission über den Entwurf eines Stempelsteuergesetzes. — Nr. 35, A. zu Nr. 35 und B. zu Nr. 35 der Drucksachen.

KS. = Kommissionssitzung.

LG. = Landgericht.

LStG. = Landesstempelgesetz: Stempelsteuergesetz vom 31. Juli 1895 und vom 30. Juni 1909.

m. b. H. = mit beschränkter Haftung.

Min. d. J. = Minister des Innern.

Min. f. H. u. G. = Minister für Handel und Gewerbe.

MBl. d. i. V. = Preuß. Ministerialblatt für die gesamte innere Verwaltung.

Mot. = Begründung zum Entwurf eines Stempelsteuergesetzes. B. zu Nr. 35 der Drucksachen 18. Legisl. II. Session 1895.

PFG. = Preußisches Gesetz über die freiwillige Gerichtsbarkeit.

PrGKG. = Preußisches Gerichtskostengesetz.

ReichsMilGes. = Reichsmilitärgesetz.

REStG. = Reichserbschaftssteuergesetz.

RG. = Entscheidungen des Reichsgerichts in Zivilsachen.

RG. = Entscheidungen des Reichsgerichts in Strafsachen.

RGBl. = Reichs-Gesetzblatt.

RGBO. = Reichsgrundbuchordnung.
RGewO. = Reichsgewerbeordnung.
RStG. = Reichsstempelgesetz.
RStGB. = Reichsstrafgesetzbuch.
RStPO. = Reichsstrafprozeßordnung.
RZBl. = Zentralblatt für das Deutsche Reich.
S. = Seite.
St. = Stempel.
V. = Verordnung.
Vgl. = Vergleiche.
vorl. = vorletzter.
VStG. = Gesetz, betreffend das Verwaltungsstrafverfahren.
v. T. = vom Tausend.
WStG. = Wechselstempelgesetz.
z. B. = zum Beispiel.
ZBl. = Zentralblatt der Preußischen Abgaben- usw. Verwaltung.
ZPO. = Zivilprozeßordnung.
ZVG. = Gesetz über die Zwangsversteigerung und die Zwangsverwaltung.

Inhaltsübersicht.

Bekanntmachung, betreffend die abgeänderte Fassung des Stempelsteuergesetzes.

Vom 30. Juni 1909 (GS. S. 535).

Auf Grund des Artikel V des Gesetzes vom 26. Juni 1909, betreffend die Abänderung des Stempelsteuergesetzes vom 31. Juli 1895, wird der Text des Stempelsteuergesetzes und des Stempeltarifs in der vom 1. Juli 1909 an geltenden Fassung nachstehend bekanntgemacht.

Berlin, den 30. Juni 1909.

Der Finanzminister.

Frhr. v. Rheinbaben.

Stempelsteuergesetz.

Wir **Wilhelm**, von Gottes Gnaden König von Preußen rc., verordnen, mit Zustimmung der beiden Häuser des Landtags, für den Umfang der Monarchie mit Ausschluß der Hohenzollernschen Lande und der Insel Helgoland, was folgt:

I. Abschnitt.

Von der Pflicht zur Entrichtung der Stempelsteuer.

§ 1.

Gegenstand der Stempelsteuer.

(1) [1] Die in dem anliegenden Tarif aufgeführten Urkunden und die in der Tarifstelle 48 I erwähnten mündlichen Verträge unterliegen den darin bezeichneten Stempelabgaben.[2]

(2) Stempelpflichtig sind Urkunden, welche mit dem Namen[3] oder der Firma[4] des Ausstellers unterzeichnet sind, insoweit nicht dieses

Gesetz oder der Tarif entgegenstehende Bestimmungen enthält. Den unterschriftlich vollzogenen Urkunden stehen diejenigen gleich, unter welchen der Name oder die Firma des Ausstellers in seinem Auftrag[5] unterschrieben oder mit seinem Wissen oder Willen durch Stempelaufdruck, Lithographie oder in irgend einer anderen Art mechanisch hergestellt ist.

(3) [6, 7] Ergibt sich die Einigung über ein Geschäft aus einem Briefwechsel oder einem Austausche sonstiger schriftlicher Mitteilungen, so wird in der Regel ein Stempel hierfür nicht erhoben. [6c] In einem solchen Falle tritt aber die Verpflichtung zur Entrichtung des betreffenden Stempels dann ein, wenn nach der Verkehrssitte[8] über das Geschäft ein förmlicher schriftlicher Vertrag[9] errichtet zu werden pflegt, diese Errichtung indessen nicht stattgefunden hat und von den Beteiligten[10] beabsichtigt ist, durch den Briefwechsel oder den Austausch der sonstigen schriftlichen Mitteilungen die Aufnahme eines solchen Vertrags zu ersetzen.

1. Es ist nicht anzunehmen, daß das LStG. schon auf die Rechtssprache des BGB. hat Rücksicht nehmen wollen — JW. 1902 S. 264 —, weshalb bei Auslegung dieses Gesetzes der bei Erlaß des LStG. herrschende Sprachgebrauch zugrunde gelegt werden muß. FM. 25. 7. 02 III 9479.

2. Die StPflichtigkeit hängt in materieller Hinsicht vom Vorhandensein eines im StTarif bezeichneten Gegenstandes und formell von einer vom Aussteller mit seinem Namen oder seiner Firma unterzeichneten Urkunde ab. Mot. S. 9. — Vgl. jetzt auch Tarif 48 Abs. 1.

3. a) Eine gültige Namensunterschrift i. S. des § 126 Abs. 1 BGB. liegt auch dann vor, wenn der Aussteller der Urkunde, der die Willenserklärung in Vertretung eines andern abgibt, mit dem Namen allein des Vertretenen unterzeichnet. RG. 7. 12. 01, JW. S. 123. Die Namensunterschrift wird nicht ersetzt durch einen Vermerk, wie z. B. „ein Tierfreund". FM. 21. 10. 04 III 13633.

b) Der Unterschrift des Ausstellers steht die Unterzeichnung mittels gerichtlich oder notariell beglaubigter Handzeichen gleich (§ 381 ZPO.), Mot. S. 10. Über Handzeichen und deren Beglaubigung s. § 126 BGB., §§ 177, 183 FG.

c) Die Unterschrift deckt begrifflich nur das darüber Stehende, nicht sonst noch beurkundete, aber nicht unterschriebene Erklärungen. FM. 29. 4. 97 III 1942.

d) Der Aufdruck auf Briefbogen, die eine urkundliche Erklärung enthalten (wie die auf Briefbogen übliche Angabe der Firma und des Geschäfts), liegt außerhalb der eigentlichen Urkunde. RG. 10. 3. 05, Holdh. S. 101 v. 07.

4. Über Name der rechtsfähigen Vereine und Firma der Kaufleute und Handelsgesellschaften s. §§ 64, 65 BGB., §§ 17, 19, 20 HGB. sowie die Ges. v. 1. 5. 89 und 20. 4. 92 in der Fassung v. 20. 5. 98.

Wenn der Prokurist einer Firma diese zeichnet, so ist es für die Entstehung der StPflicht unerheblich, ob der Prokurist der Firma seinen Namen beifügt — § 51 HGB. — oder nicht; bei der Zeichnung jedoch für Aktiengesellschaften, Gesellschaften m. b. H., Genossenschaften müssen die Namen der Vorstandsmitglieder oder Geschäftsführer in der Zeichnung vorkommen — §§ 231, 233 HGB., § 35 Ges. betr. die Gesellschaften m. b. H., § 24 Ges. betr. die Erwerbs- und Wirtschaftsgenossenschaften —, wenn auch diese Vorschriften als bloße Ordnungsvorschriften anzusehen sind (Joh. Bd. 11 S. 37; Bd. 13 S. 170; Entsch. des RG. Bd. 30 S. 405), wobei selbstverständlich dem Abs. 2 Satz 2 Raum gegeben ist.

5. Ein formell gültiger Vertrag liegt auch dann vor, wenn auch nur ein mündlicher, genereller oder spezieller Auftrag zum Abschluß gegeben ist. FM. 10. 8. 03 III 10026, HSp. S. 22 A. 11.

6. a) Der Abs. 3 hat Verträge im Auge, die durch Briefwechsel zustande gekommen sind, für deren urkundliche Feststellung daher der Inhalt der beiderseitigen Schreiben maßgebend ist und bei denen Rechte und Pflichten des einen und andern Teiles demgemäß auch nur auf Grund und nach Maßgabe der beiderseitigen schriftlichen Erklärungen geltend gemacht werden können. Schuldverschreibungen und kaufmännische Verpflichtungsscheine sind dagegen einseitige selbständige Verpflichtungserklärungen, welche, auch soweit ihnen vertragliche Verhältnisse zugrunde liegen, hiervon in dem Sinne losgelöst sind, daß die Verpflichtung des Ausstellers urkundlich allein und selbständig durch seine einseitige Erklärung begründet wird. RG. 16. 9. 02 und 7. 4. 05, ZBl. S. 736, auch 9. 6. 99, Entsch. Bd. 44 S. 234. — Vgl. A. 2a zu Tarif 58.

Der erste Satz umfaßt sowohl den Fall, in dem durch den Briefwechsel das Geschäft zustande kommt, als auch denjenigen, wo ein mündlich oder telegraphisch abgeschlossenes Geschäft brieflich bestätigt wird. FM. 25. 6. 00 III 6232. — Verhandl. des AH. Bd. 5 S. 2707.

b) Korrespondenzverträge, d. h. durch Briefwechsel oder Austausch sonstiger schriftlicher Mitteilungen zustande gekommenen Verträge sind jetzt, abgesehen von dem im Abs. 3 Satz 2 des § 1 LStG. vorgesehenen Fall, auch dann nicht stpflichtig, wenn die Schriftform nicht als bloßes Verständigungsmittel gedient hat, sondern von den Vertragschließenden nebenbei oder ausschließlich in der Absicht gewählt ist, durch schriftliche Festlegung des Vertragsinhalts eine beweiskräftige Beurkundung herzustellen. Die Korrespondenz soll nur in solchen Fällen stpflichtig sein, in denen die Verkehrssitte einen förmlichen Vertrag verlangt.

Jedoch hat die Freiheit nicht auf schriftliche Mitteilungen erstreckt werden sollen, die sich als eine förmliche Vertragsurkunde darstellen.

Es ist nicht erforderlich, daß beide Vertragsteile ein und dasselbe Vertragsexemplar unterzeichnen, es können auch zwei Exemplare wechselseitig unterzeichnet und ausgehändigt werden.

Der entscheidende Unterschied zwischen einem Korrespondenzvertrage i. S. des Abs. 3 und einem förmlichen schriftlichen Vertrage wird darin gefunden, daß in jenem Falle es sich um gegenseitige als Erkenntnisquelle des Willens des Erklärenden dienende Mitteilungen handelt, die sich gegenseitig ergänzend erst in ihrem Zusammenhange die Einigung der beiden

Vertragsteile über das zustande gekommene Geschäft dartun, während im Falle eines förmlichen schriftlichen Vertrages jeder Vertragsteil in Erfüllung ausdrücklicher oder stillschweigender Vereinbarung den beiderseitigen, gegenseitig bereits erklärten Vertragswillen in bestimmter Fassung dem andern schriftlich erklärt. RG. 11. 7. 98, ZBl. S. 393, Entsch. Bd. 42 S. 184 und 17. 4. 00, Gruch. Jahrg. 45 S. 619. Wenn daher die Vertragschließenden in Briefform abgefaßte Schriftstücke austauschen, in denen die Vertragsbedingungen angegeben sind, und die bis auf die Adresse, die Unterschrift und die der Vertragsrolle entsprechende Bezeichnung als kaufender oder verkaufender Teil übereinstimmen, so liegen förmliche Vertragsurkunden vor, und hängt die StPflicht nicht von einer noch festzustellenden Verkehrssitte ab. — Vgl. unten A. 9.

c) Offertschreiben für sich allein genommen sind niemals stpflichtig. Die etwaige StPflicht des durch Annahme eines Offertschreibens geschlossenen Vertrages richtet sich nach der Bestimmung des § 1 Abs. 3 Satz 2. RG. 20. 12. 07, Entsch. Bd. 67 S. 266, ZBl. S. 161 v. 08. Vgl. A. 70 bei Tarif 58.

Wenn die Annahmeerklärung von der Offerte auch nur unerheblich abweicht, ist keine Einigung zustande gekommen. Die spätere, nicht urkundliche Zustimmung bedingt keine StPflicht. RG. 11. 7. 99, JW. S. 586 — s. auch § 154 BGB. — Vgl. A. 2b zu Tarif 32.

7. a) Über das von den Eisenbahndirektionen geübte Verfahren bei Verkauf von Altmaterialien und dgl. und die daraus sich entwickelnden StFragen s. FM. v. 2. 6. 10 III 10515, abgedruckt in Nr. 23 des Eisenbahnnachrichtenblattes v. 21. 5. 10. — Vgl. A. 18*l* bei Tarif 32.

b) Der Kaufmann B. hat an den Bauunternehmer F. 300000 Mauersteine für 9000 Mk. verkauft. Über den Kaufabschluß händigten sich die Vertragschließenden gegenseitig Bestätigungsschreiben aus, in denen die Vertragsbedingungen vorgedruckt und die bis auf die Unterschrift miteinander gleichlautend sind: Diese beiden Bestätigungsschreiben zusammen enthalten die Beurkundung eines Kaufvertrages. (Vgl. Entsch. Bd. 42 S. 187.) RG. 2. 7. 07, Entsch. Bd. 66 S. 255.

8. a) Der Ausdruck der Verkehrssitte ist zwar ein schwankender, aber doch in den meisten Fällen ein durch Anhörung von Sachverständigen mit genügender Deutlichkeit festzustellender. KB. S. 94.

Selbstverständlich kann nur diejenige Verkehrssitte gemeint sein, welche die jeweilig herrschende ist. KB. S. 94 — vgl. Tarif 2 Abs. 3 und 73 Abs. 5.

b) Die „Verkehrssitte" stellt keine Rechtsnorm dar, sie ist vielmehr die den Verkehr beherrschende tatsächliche Übung. Ob diese Übung eine genügende rechtliche Grundlage hat und geeignet ist, denjenigen, der ihr im Rechtsleben folgt, vor Schaden zu bewahren, ist ohne Bedeutung. RG. 16. 10. 03, Entsch. Bd. 55 S. 375.

c) Auch für den Abschluß mit Staatsbehörden ist die Frage nach dem Vorhandensein einer Verkehrssitte, förmliche Verträge zu errichten, nicht ohne weiteres zu bejahen. FM. 25. 2. 04 III 2615.

d) Nach der Verkehrssitte pflegen förmliche schriftliche Urkunden errichtet zu werden

bei Pfandbestellungen — FM. 25. 10. 97 III 12905,

über Versicherungsgeschäfte — RG. 23. 1. 99, Entsch. Bd. 43 S. 251, dagegen nicht
über Verkäufe alter Lokomotiven usw. seitens des Fiskus — FM. 5. 5. 98 III 5486,
bei Anstellung von Agenten für Versicherungsgesellschaften — FM. 27. 6. 00 III 7284,
bei Vergebung von Neubauten oder bei Vergebung einzelner Arbeiten einschließlich der Lieferung von Materialien. Gutachten der Handelskammer zu Berlin vom 23. 11. 06.

9. Von einem förmlichen schriftlichen Vertrage kann nur dann die Rede sein, wenn die mündliche Einigung voraufgegangen ist und jeder Vertragsteil in dem dem andern übergebenen Schriftstück den gemeinsamen, beiderseits bereits erklärten Vertragswillen zum Ausdrucke bringt. RG. 17. 4. 00, Gruch. Jahrg. 45 S. 616. — Vgl. oben A. 6b.

10. Es ist also nicht genügend, daß nur einer der Beteiligten die Absicht hat, den förmlichen Vertrag im Wege der Korrespondenz zu ersetzen. AH. S. 2370.

§ 2.

Verhältnis des Auslandes zum Inlande.

(1) Der Stempelsteuer unterliegen auch die von Inländern oder von Ausländern im Ausland errichteten Urkunden[1] über Geschäfte,[2] welche im Inlande befindliche Gegenstände[3] betreffen oder welche im Inlande zu erfüllen sind.[4]

(2) Inland im Sinne dieses Gesetzes und des Tarifs ist der Geltungsbereich dieses Gesetzes.

(3) Auf die nach Abs. 1 zu entrichtende Stempelsteuer kann der in einem anderen Bundesstaate für die Urkunden entrichtete Stempel angerechnet werden, wenn von dem anderen Bundesstaate Preußen gegenüber die gleiche Rücksicht geübt wird.[5]

AB. 1 Abs. 1. Allg. V. § 5 Ziff. 4.

1. Der Gebrauch solcher Urkunden im StInlande ist ein wesentliches Merkmal des stpflichtigen Tatbestandes. RG. 4. 4. 05, Entsch. Bd. 60 S. 342, ZBl. S. 643. — Vgl. A. 6b zu § 16.

2. Die Urkunden müssen über Geschäfte, d. h. rechtsgeschäftliche Willenserklärungen ausgestellt sein, sie müssen eine Privatwillenserklärung enthalten.

Im Ausland ausgestellte Lebensbescheinigungen und Beglaubigungen von Unterschriften unter Quittungen, von deren Beibringung die Auszahlung von Versicherungssummen abhängig gemacht war, hat das RG. für nicht stpflichtig erklärt, obwohl die Zahlung policenmäßig im Inland zu erfolgen hatte.

Die Urkunden sind, wie das RG. ausführt, nicht über Geschäfte, d. h. rechtsgeschäftliche Willenserklärungen ausgestellt; diese Voraussetzung für die StPflicht werde dadurch, daß die Versicherungsverträge zu der Ausstellung der Atteste Veranlassung gegeben haben, nicht erfüllt; es komme lediglich auf den Inhalt der Urkunden an, der nicht rechtsgeschäftlicher Art sei. RG. 7. 5. 01, ZBl. S. 176, Entsch. Bd. 49 S. 226.

3. a) Der zwischen einer inländischen und einer ausländischen Gesellschaft im Ausland abgeschlossene Vertrag unterliegt der preußischen Ststeuer, soweit die veräußerten Immobilien und Mobilien sich im Inland befinden. Soweit aber die Veräußerung von Patenten und die Abtretung von Forderungen in Frage kommt, ist der preußische St. nicht fällig, weil Patente und Forderungen kein örtliches und räumliches Dasein haben, deshalb nicht als im Inland befindliche Gegenstände angesehen werden können, auch der Vertrag bezüglich ihrer im Ausland zu erfüllen ist. FM. 25. 9. 01 III 9394.

b) In Bayern ist der Gesellschaftsvertrag betreffend die G. m. b. H. N. & M. zu Ludwigshafen in Bayern getätigt. Von den Vertragsschließenden sind körperliche Vermögensstücke, die sich zur Zeit der Errichtung in Preußen befanden, in die G. m. b. H. eingebracht: Auf das Einbringen kommt die Bestimmung der Tarifstelle 25 lit c LStG. zur Anwendung, soweit es sich um bewegliche Gegenstände handelt. Barbestände und Forderungsrechte bleiben außer Betracht, weil sie, da sie kein räumliches, körperliches Dasein haben, zu den „Gegenständen" i. S. des § 2 Abs. 1 LStG. nicht gehören. Der St ist fällig geworden, nachdem von der Urkunde in Preußen dadurch Gebrauch gemacht worden ist, daß das Bayrische Amtsgericht die Eintragung der Zweigniederlassungen in Preußen durch Übersendung beglaubigter Abschriften bei preußischen Amtsgerichten — § 12 Abs. 1 Ges. v. 20. 4. 92 — beantragt hatte. (§ 16 f. d. G.) Zur Zahlung der Steuer ist die Gesellschaft als Inhaberin und Vorzeigerin der Urkunde neben den Ausstellern verhaftet. (§ 13 d und § 16 Abs. 2 d. G.) FM. 12. 9. 02 III 11168. — Vgl. Tarif 25a Abs. 5.

4. a) Über den Erfüllungsort der Leistung des Schuldners s. §§ 241 ff., 269, 270, 697, 700, 811 BGB.

b) Die Gesellschaft A. in Berlin schloß mit der Artilleriewerkstatt in Dresden einen Vertrag über Lieferung einer Maschine, der zunächst von der Gesellschaft A. in Berlin und sodann in Dresden vollzogen und bestätigt wurde: Bei gegenseitigen Verträgen ist als Erfüllungsort des Geschäfts i. S. des § 2 der Ort zu betrachten, wo die Verpflichtung zu erfüllen ist, der nach dem Inhalt des Vertrages die größere Bedeutung innewohnt, die dem Vertrage das wesentliche Gepräge gibt. Die Verpflichtung der Gesellschaft A., die eine Individualleistung übernahm, während Dresden nur die Zahlung einer Geldsumme versprach, war in Berlin zu erfüllen. Deshalb trat Stpflicht ein. Die Übernahme der Kosten, wie die Übernahme der Gefahr der Übersendung sind für die Ermittelung des gewollten Erfüllungsortes gemäß § 269 Abs. 3 BGB. unerheblich; auch ist aus der Abrede, daß die Maschine spätestens an einem bestimmten Tage in Dresden eintrifft, nicht zu schließen, daß die Lieferungspflicht an diesem Orte zu erfüllen sei. RG. 6. 3. 08, Entsch. Bd. 68 S. 76.

c) Die von dem im Ausland wohnenden Schuldner etwa übernommene Verpflichtung, dem im Inland wohnhaften Verkäufer die Preise für die verkaufte Ware in das Inland zu senden, entspricht der im § 270 BGB. für Geldschulden getroffenen Vorschrift, die indessen nach Abs. 4. a. a. O. auf den Leistungsort keinen Einfluß haben soll.

d) Werden auf inländischen Grundstücken eingetragene Buchhypotheken in einer im Ausland errichteten Urkunde abgetreten und demnächst im Grundbuch auf den neuen Gläubiger umgeschrieben, so ist die Abtretungsurkunde, weil sie im Inlande zu erfüllen, stpflichtig. KG. 17. 1. 07, Joh. Bd. 33 S. B 24.

e) Im Inland ausgefertigte aber für das deutsche Ausland bestimmte Versicherungsurkunden sind stpflichtig, auch wenn im außerpreußischen Staat noch eine besondere Steuer erhoben wird. FM. 28. 7. 96 III 10208, 30. 8. 96 III 12013. — Vgl. A. 2i bei Tarif 70 u. § 2 Abs. 3.

f) Eine von einem Ausländer im Auslande ausgestellte Vollmacht unterliegt der preußischen Ststeuer, wenn das Geschäft, zu welchem der Bevollmächtigte durch die Vollmacht ermächtigt wird, von ihm im Inlande ausgeführt und dabei von der Vollmacht Gebrauch gemacht wird. Vgl. RG. 15. 11. 98, JMBl. S. 119 v. 99. Die Vollmacht ist als eine Urkunde über ein im Inlande zu erfüllendes Geschäft zu betrachten, wenn dasjenige Geschäft im Inlande vorgenommen wird, zu welchem der Vollmachtgeber durch die Vollmacht ermächtigt, und wenn somit die Vollmacht im Inlande zur rechtlichen Wirksamkeit gelangt und das der Vollmacht zugrunde liegende Auftragsverhältnis im Inlande zur Erfüllung kommt. FM. 12. 10. 03 III 14014.

g) Die Firma A. in Hamburg hat zu ihrer Vertretung in der Generalversammlung der Gesellschaft B. einen in Berlin wohnhaften Bevollmächtigten bestellt. Von der Vollmacht ist in Berlin Gebrauch gemacht: die Vollmacht ist stpflichtig. Die Ausübung einer durch Rechtsgeschäft erteilten Vertretungsmacht ist als „Erfüllung eines Geschäfts" i. S. dieser Vorschrift aufzufassen. Erfüllung liegt auch vor, wenn der Erfüllende zur Vornahme nicht verpflichtet, sondern nur berechtigt ist. RG. 23. 10. 06, JMBl. S. 62 v. 07.

h) Wegen der im Auslande von Ausländern ausgestellten Prozeßvollmacht vgl. A. 19 bei Tarif 73.

i) Über im Ausland ausgestellte Anträge auf Umschreibung vor dem 1. 10. 1881 ausgestellter Namenaktien — s. A. 14b bei Tarif 2.

5. Die Anrechnung erfolgt in allen Fällen, wenn von dem andern Bundesstaat nur tatsächlich die gleiche Rücksicht geübt wird. — Vgl. § 5 Abs. 2 d. G.; AH. 09 S. 7109.

Über das mit dem Königreich Sachsen zur Vermeidung der Doppelbesteuerung getroffene Abkommen vgl. den FM. 22. 9. 10 III 17085.

§ 3.

Allgemeine Grundsätze über die Stempelpflichtigkeit.

(1) Die Stempelpflichtigkeit einer Urkunde richtet sich nach ihrem Inhalte.[1–3]

(2) Für die Stempelpflichtigkeit ist die Hinzufügung von Bedingungen,[4] die Wiederaufhebung und die unterbliebene Ausführung des Geschäfts[5] — vorbehaltlich entgegenstehender Bestimmungen des Gesetzes oder des Tarifs — sowie die Vernichtung der Urkunde ohne Bedeutung.

AB. 15 Abs. 4.

(3) Urkunden, in denen ein Geschäft nur in der Form der Verdeutlichung oder Begründung einer anderen Erklärung erwähnt wird,

sind in Ansehung jenes Geschäfts stempelpflichtig, wenn die Absicht auf die Beurkundung desselben gerichtet gewesen ist.[6]

AB. 2.

1. a) Zum Zweck der Übung oder zum Scherz entworfene Urkunden sind nicht stpflichtig. RG. 13. 7. 97, JW. S. 493.

b) Da sich die StPflichtigkeit einer Urkunde nach ihrem Inhalt richtet, muß zur Anwendung der Befreiungsvorschriften aus dem Urkundeninhalt das Erforderliche hervorgehen. — Vgl. hierüber § 4 A. 3a u. 5, § 5 A. 22a, Tarif 32 A. 45a, 47a, Tarif 58 A. 11, 15a, 20 u. 24c, Tarif 77 A. 5ee.

c) Bestehen Zweifel über den eigentlichen Sinn, den rechtlichen Gehalt der urkundlichen Erklärungen, so ist das Gericht berechtigt, wie verpflichtet, zur Gewinnung eines richtigen Verständnisses Beweise zu erheben. Damit wird erst dem § 3 seine richtige Anwendung ermöglicht. RG. 5. 2. 07, Holdh. S. 140 v. 08.

d) Für die Frage der StPflichtigkeit sollen außerhalb der Urkunde liegende Tatsachen in der Regel nicht verwertet werden dürfen; keineswegs ist aber damit ausgesprochen, daß Willenserklärungen, die nach ihrer Wortdeutung nur einen klaren und bestimmten Sinn ergeben, nicht dennoch auf Grund ihres Zusammenhanges mit dem übrigen Inhalt der Urkunde und ihres daraus ersichtlichen Zweckes in einem von dem Wortlaut abweichenden Sinne verstanden werden können und müssen. RG. 10. 1. 05, JW. S. 191.

e) Neben dem urkundlich festgestellten Vertragsinhalt kommen mündliche Nebenabreden für die Frage nach der StPflicht nicht in Betracht. RG. 29. 5. 99, Entsch. Bd. 32 S. 192.

2. Urkunden über von Anfang an nichtige Geschäfte, sind, wie aus § 25 d. G. folgt, nicht stpflichtig. Das trifft nicht nur dann zu, wenn die Nichtigkeit ohne weiteres ersichtlich ist, sondern auch dann, wenn sie nachweisbar ist. Das ist z. B. der Fall, wenn über eine echte Unterschrift eine nicht gewollte Erklärung, sog. Blankettfälschung, gesetzt würde. RG. 30. 10. 09, Entsch. Bd. 43 S. 21.

3. a) Ist ein Vertrag irrtümlicherweise in einem seiner Bestandteile entgegen dem tatsächlich erklärten Willen der Kontrahenten unrichtig beurkundet, so ist der StBerechnung nicht das im Vertrage irrig als gewollt Bezeichnete, sondern das in Wahrheit als gewollt Erklärte zugrunde zu legen. FM. 11. 5. 97 III 5817.

b) Erhält eine Erklärung durch Mißverständnis des Notars eine der Absicht der Beteiligten widersprechende Fassung und erfolgt demnächst Berichtigung, so ist der St. nur für das zu erheben, was von vornherein hat festgestellt werden sollen. FM. 22. 5. 97 III 6032.

c) Es hat dieselbe Person an demselben Tage vor demselben Notar zwei Schuldverschreibungen über verschiedene Beträge ausgestellt. Der Notar hat die Versteuerung beider verwechselt und die geringere mit dem höheren StBetrag, die höhere mit dem geringeren StBetrag versehen. Da die St. nur an unrichtiger Stelle entwertet waren, ist von der Nachforderung der zu wenig versteuerten Urkunde abgesehen, der Sachverhalt aber auf den zurückbehaltenen Urschriften und beglaubigten Abschriften vermerkt. FM. 11. 9. 01 III 11364.

d) Der Umstand, daß ein Kontrahent minderjährig gewesen, steht der StPflichtigkeit nicht entgegen, wenn dies aus der Urkunde nicht hervorgeht. RG. 5. 5. 98, JW. S. 405. — Der Minderjährige ist ebenfalls für den St. verhaftet; seine Klage auf Rückzahlung ist abgewiesen.

e) Der Vertrag ist von N. N. geschlossen, ohne daß auf sein Vollmachtsverhältnis zur Kirche Bezug genommen ist. Es ist deshalb der volle St. fällig. FM. 5. 10. 98 III 13705, HSp. S. 78.

f) Ergibt der Vertrag nicht, unter welchem ehelichen Güterrecht eine als Frau N. N. bezeichnete Verkäuferin, die allein den Vertrag abgeschlossen hat, lebt, so ist nicht erkennbar, ob die Einwilligung des Ehemannes erforderlich ist oder nicht; eine Ungültigkeit läßt also die Urkunde nicht erkennen. FM. 30. 10. 00 III 12955.

4. Über Bedingungen s. §§ 158ff. BGB.

Es sollen Resolutiv- wie Suspensivbedingungen, überhaupt Bedingungen jeder Art getroffen werden. KB. S. 97f. — AH. S. 2372.

Es handelt sich bei dieser Vorschrift um einen einheitlichen Begriff der „Bedingung", so daß sich dieser Begriff nicht nach den verschiedenen Rechtsgebieten, für welche das Gesetz erlassen, verschieden bestimmt.

Das Gesetz begreift auch uneigentliche Bedingungen, d. h. solche, bei denen die Wirkung des Rechtsgeschäfts nicht von einem zukünftigen ungewissen Ereignis abhängig gemacht ist, sondern von einem in die Gegenwart fallenden, wegen dessen die Beteiligten in Unkenntnis sich befinden. RG. 3. 5. 01, Entsch. Bd. 49 S. 223.

5. Falls der Notar in der Erwartung, daß wegen Nichtausführung des Geschäfts, oder weil das beurkundete Geschäft von Bedingungen abhängig gemacht ist, doch erstattet werde, eine Urkunde nicht versteuert, soll er nach § 13a d. G. ohne weiteres in Anspruch genommen, auch unter Umständen Strafantrag gegen ihn gestellt werden. FM. 13. 1. 00, JMBl. S. 20f., ZBl. S. 96 u. FM. 4. 5. 05, JMBl. S. 142, ZBl. S. 216. — Vgl. A. 41 zu Tarif 32.

6. a) Wenn die Urkunde, um deren StPflichtigkeit es sich handelt, mit einer andern Urkunde durch Bezugnahme dergestalt in Verbindung gesetzt ist, daß diese als ein Teil der zuerst gedachten anzusehen ist, so muß auf den Inhalt der in Bezug genommenen Rücksicht genommen werden. RG. 9. 5. 92, JW. S. 344. — FM. 29. 5. 97 III 6397.

b) Wenn mehrere Urkunden inhaltlich miteinander in untrennbarem Zusammenhange stehen, sind sie bezüglich der StPflichtigkeit als eine einheitliche Urkunde zu betrachten. RG. 21. 6. 97.

§ 4.

Sachliche Stempelsteuerbefreiungen.

(1) Von der Stempelsteuer sind befreit:

a) Urkunden über Gegenstände, deren Wert nach Geld geschätzt[1] werden kann, wenn dieser Wert 150 Mark nicht übersteigt,[2] insoweit nicht der Tarif entgegenstehende Bestimmungen enthält;

b) [3] Urkunden, welche wegen Bestimmung des Betrages öffentlicher Abgaben und Einziehung derselben und überhaupt wegen Leistungen an den Fiskus des Deutschen Reichs oder des Preußischen Staates infolge allgemeiner Vorschriften aufgenommen oder beigebracht werden müssen, sofern sie allein zu diesem Zwecke dienen;

c) die auf die Heeresergänzung und die Befreiung von dem Heeresdienste sowie von den Reserve- und Landwehrübungen bezüglichen amtlichen Urkunden;[4]

d) [5] die von der Auseinandersetzungsbehörde und deren Abgeordneten oder im Auftrag und auf Ersuchen derselben von anderen Behörden wie auch in den vorgesetzten Instanzen gepflogenen Verhandlungen, und zwar sowohl über den Hauptgegenstand der Auseinandersetzung als auch über die damit verbundenen Nebenpunkte, einschließlich aller hierzu gehöriger Urkunden, desgleichen Urkunden, die von anderen Behörden auf Antrag der Parteien ausgestellt werden, sofern sich letztere über die ihnen von der Auseinandersetzungsbehörde oder einem Abgeordneten derselben gemachte Auflage zur Beibringung solcher Urkunden ausweisen;

e) [6–8] Urkunden wegen Besitzveränderungen, denen sich die Beteiligten aus Gründen des öffentlichen Wohles zu unterwerfen gesetzlich verpflichtet sind (Enteignungen), ohne Unterschied, ob die Besitzveränderung selbst durch Enteignungsbeschluß oder durch freiwillige Veräußerungsgeschäfte bewirkt wird;

f) Abschriften, Auszüge und Bescheinigungen jeder Art aus den bei der Katasterverwaltung geführten beziehungsweise aufbewahrten Karten und sonstigen Schriftstücken;[9]

g) Verfügungen und Verhandlungen der Schiedsmänner, soweit die Stempelpflichtigkeit derselben in der Tarifstelle „Vergleiche" nicht ausdrücklich angeordnet ist (vergleiche auch § 13 Buchstaben a*) und § 15);

h) alle Urkunden über Gegenstände, denen durch frühere Gesetze oder landesherrliche Privilegien Stempelfreiheit bewilligt worden ist.

(2) Die Befreiung zu a findet auch auf diejenigen Vollmachten Anwendung, aus deren Inhalt der Wert des Gegenstandes nicht

---

*) Jetzt § 13 Abs. 2.

ersichtlich ist, sofern nachgewiesen wird, daß der Wert den Betrag von 150 Mark nicht übersteigt.[10] Allg. V. § 5.

1. Die Schätzbarkeit im strechtlichen Sinne setzt voraus, daß die Wertermittelung nach § 6 d. G. möglich ist, und zwar wird eine sichere Abschätzung nach Geld verlangt, so daß diejenigen vermögensrechtlichen Gegenstände, die eine solche nicht gestatten, als unschätzbar anzusehen sind. RG. 11. 7. 98, Entsch. Bd. 42 S. 180. — FM. 11. 5. 04 III 4875. — Vgl. A. 1a zu § 6.

2. a) Der § 4a greift nicht schon Platz, wenn der Wert des Gegenstandes tatsächlich 150 Mk. oder weniger beträgt, sondern nur dann, wenn der maßgebende Urkundeninhalt ersehen läßt, daß dieser Wert 150 Mk. nicht übersteigt. KG. 11. 11. 01, Joh. Bd. 24 S. 23, FM. 14. 6. 05 III 7372.

b) Ist in einer Erbschaftsausschlagungserklärung wahrheitsgemäß angegeben, daß der betreffende Nachlaß überschuldet sei, so unterliegt die Beglaubigung der Unterschrift des Ausschlagenden keinem St. KG. 18. 4. 07, Joh. Bd. 36 S. B 48.

3. a) Die Voraussetzungen der Steuerbefreiung aus Ziff. b brauchen aus dem Urkundeninhalt selbst nicht ersichtlich zu sein. — Vgl. HSp. 60 A. 5 Abs. 2 u. A. 6. FM. 15. 8. 05 III 10639.

b) Buchstabe b findet auch Anwendung, wenn die Urkunden dem Zwecke dienen, festzustellen, daß eine Abgabe nicht zu entrichten ist. FM. 21. 4. 10 III 8061.

c) Vollmachten zur Stellung eines Antrages auf Erstattung von St. aus Billigkeitsgründen sind stpflichtig; ebenso Vollmachten zur Abgabe von Vermögensanzeigen, sowie zur Einlegung von Rechtsmitteln gegen die Veranlagung zur Staatseinkommensteuer und Ergänzungssteuer; Objekt ist der sich nach der Deklaration ergebende Steuersatz bzw. bei Vollmachten zur Einlegung von Rechtsmitteln der streitige Steuerunterschied; stfrei aber sind die Vollmachten zur Abgabe von Steuererklärungen, wenn der Pflichtige abwesend oder sonst verhindert ist. FM. 15. 3. 00 III 1671, ZBl. S. 212.

d) Die bei der Gewährung von Steuer- und Zollkrediten von den Wechsel- und sonstigen Bürgen auszustellenden Reverse sind stfrei. FM. 25. 11. 99 III 11734 u. 12. 4. 93, ZBl. S. 152 u. v. 1894 S. 10. — Vgl. A. 3q α bei Tarif 59.

4. a) Die Vorschrift bezieht sich auch auf die von Polizeibehörden, Landratsämtern, Gemeindevorstehern usw. erteilten Beglaubigungen der Unterschriften von Zeugnissen, sowie der Nachweisungen über die Familien- und Erwerbsverhältnisse, die den Gesuchen von Personen des Beurlaubtenstandes um Befreiung von den militärischen Kontrollversammlungen beizufügen sind. FM. 13. 12. 96 III 1460, ZBl. 1897 S. 10.

b) Die Unteroffiziersvorschulen bilden nicht, wie die Unteroffizierschulen, einen Teil des stehenden Heeres; die Schüler der ersteren leisten nicht, wie die der letzteren, bei ihrer Aufnahme den Fahneneid, und sind nicht behindert, demnächst einen anderen Beruf zu ergreifen. Der Unteroffiziervorschule steht in dieser Hinsicht die Schiffsjungen-Division gleich. FM. 14. 3. 07 III 4530.

5. Aus den Verhandlungen muß sich jedoch ergeben, daß sie auf Ersuchen der Auseinandersetzungsbehörde ausgestellt sind. HSp. S. 63.

6. a) Die Befreiung unter e ist davon abhängig, daß das Enteignungsrecht entweder gesetzlich ein für allemal gewährt oder im einzelnen Falle tatsächlich bereits verliehen ist. Mot. S. 12, KB. S. 100. Insbesondere kann eine behördliche Bescheinigung über das Vorliegen der die Verleihung des Enteignungsrechts rechtfertigenden Umstände für die Gewährung der Kostenfreiheit der Verleihung des Enteignungsrechts nicht gleich geachtet werden. $\frac{\text{JM. 14. 2. 06}}{\text{FM. 27. 4. 06 III 6368}}$. Die Befreiungsvorschrift greift nur Platz, wenn die Beteiligten aus Gründen des öffentlichen Wohles sich der Besitzveränderung zu unterwerfen gesetzlich verpflichtet waren. FM. 21. 7. 97 III 8883.

b) Die einzelnen Grundstücke, welche zur Ausführung der Herstellung einer Bahnanlage erforderlich sind, werden in der Konzessionsurkunde noch nicht ersichtlich gemacht. Das geschieht erst durch die zuständige Verwaltungsbehörde im Wege der vorläufigen Planfeststellung (§ 15 des EnteignGes. v. 11. 6. 74), an deren Stelle bei Eisenbahnunternehmungen gemäß § 4 Ges. v. 3. 11. 38 in Verbindung mit Art. II Ges. v. 13. 3. 79 die Prüfung und Entscheidung des Ministers für öffentliche Arbeiten tritt. Diese landespolizeiliche Vorprüfung (vorläufige Planfeststellung) bildet dann nach allen Richtungen hin die maßgebende Grundlage der Ausführung, und sie ist es daher auch, die bei freiwilligen Veräußerungsgeschäften über Grundeigentum den allein maßgebenden Anhalt für die Frage bietet, ob die Beteiligten den dadurch herbeigeführten Besitzveränderungen aus Gründen des öffentlichen Wohles sich zu unterwerfen gesetzlich verpflichtet gewesen wären. Vgl. auch § 43 Abs. 4 des EnteignGes. RG. 28. 1. 02, JW. S. 179. Ebenso RG. 20. 3. 08, ZBl. S. 395, Entsch. Bd. 69 S. 68.

c) Ein Vertrag, durch den ein der Enteignung unterworfenes Grundstück von dem Eigentümer nicht an den Unternehmer, sondern an einen Dritten veräußert wird, genießt St.- oder Gebührenfreiheit selbst dann nicht, wenn der Dritte in derselben Urkunde den Auflassungsanspruch an den Unternehmer abtritt und zur Beschaffung des Grundstücks für die Zwecke des Unternehmens verpflichtet war. Für einen solchen Vertrag genügt die schriftliche Form nicht. KG. 30. 11. 05, Joh. Bd. 32 S. B 28 $\frac{\text{JM 17. 4. 06}}{\text{FM. 20. 4 06 III 6029}}$. S. ließ ein Grundstück an die Kleinbahn-Gesellschaft auf. Als Erwerbsurkunde wurde ein privatschriftlicher Vertrag zwischen der Gesellschaft und dem Kreise F. einerseits und dem S. andererseits vorgelegt, in welchem der Kreis erklärt, verpflichtet zu sein, den zum Bahnbau erforderlichen Grund und Boden der Gesellschaft unentgeltlich zur Verfügung zu stellen; der Kreis erwirbt daher die Baustelle käuflich und tritt an die Gesellschaft das Recht, die Auflassung zu verlangen, ab, während S. sich zur Auflassung an die Gesellschaft verpflichtet; der Kaufst. zum Vertrage ist mit Recht verlangt, desgleichen war erforderlich der St. für die Abtretung des Auflassungsanspruchs. — Ebenso RG. 15. 1. 07, Entsch. Bd. 65 S. 94, ZBl. S. 139.

d) Die Besitzveränderung kann auch durch ein freiwilliges Veräußerungsgeschäft bewirkt werden, das sich als eine Schenkung darstellt. KG. 6. 7. 03, Joh. Bd. 27 S. B 26. Im vorliegenden Fall „hatte Frau M. der Stadtgemeinde A. von dem ihr gehörigen Grundstücke die zur Freilegung der im Bebauungsplane vorgesehenen Straße erforderliche Fläche unentgeltlich übereignet".

e) Die Stfreiheit erstreckt sich auch auf die Eintragung einer Vormerkung zur Sicherung des Anspruches aus einem freiwilligen Veräußerungsgeschäft auf Übertragung des Eigentums sowie auf die Bewilligung dieser Eintragung. Sie ist davon nicht abhängig, daß gerade der Unternehmer und keine andere Person zahlungspflichtig wäre. KG. 2. 5. 04, Joh. Bd. 28 S. B 49.

f) Prozeßvollmachten zu Rechtsstreitigkeiten wegen Enteignungsentschädigung gemäß § 30 EnteignGes. v. 11. 7. 74 gehören nicht zu denjenigen „Verhandlungen vor Gerichten", hinsichtlich deren Abs. 4 im § 43 eod. Stfreiheit anordnet. RG. 2. 3. 00, JW. S. 328.

7. a) Den preußischen Gemeinden ist mit Erlaß des Fluchtliniengesetzes v. 2. 7. 75 allgemein ein für allemal das Recht zur Enteignung des zu Straßen und Plätzen erforderlichen Grund und Bodens verliehen; sie erlangen dieses Recht nicht erst mit dem Zeitpunkt der endgültigen Planfeststellung.

Die Stbefreiung aus § 4e findet auf diejenigen freiwilligen, an die Gemeinde erfolgenden Veräußerungen der in einem Fluchtlinienplan zu Straßen und Plätzen bestimmten Grundflächen Anwendung, die nach der vorläufigen, aber vor der endgültigen Planfeststellung vorgenommen werden. RG. 10. 3. 08, Entsch. Bd. 69 S. 68, ZBl. S. 395.

b) Die Stfreiheit für Besitzveränderungen im Bereiche des von dem Fluchtliniengeſ. v. 2. 7. 75 geordneten Verfahrens beginnt schon mit der vom Gemeindevorstand im Einverständnis mit der Gemeindevertretung und unter Zustimmung der Ortspolizeibehörde vorgenommenen Festsetzung der Fluchtlinien, nicht erst mit der Offenlegung des förmlich festgestellten Fluchtlinienplanes. KG. 8. 10. 08, Joh. Bd. 36 S. B 12.

c) Die Stfreiheit für Besitzveränderungen im Bereiche des von dem Pr. Fluchtliniengeſ. v. 2. 7. 75 geordneten Verfahrens beginnt erst, wenn die vom Gemeindevorstand im Einverständnis mit der Gemeindevertretung vorgenommene Festsetzung der Fluchtlinien die Zustimmung der Ortspolizeibehörde gefunden hat. KG. 5. 2. 09, Joh. Bd. 38 S. B 11.

8. Auf die bergrechtliche Grundbuchabtretung aus §§ 135 ff. des Allg. BergGes. finden die Gebühren und Stbefreiungsvorschriften für Enteignungen aus Gründen des öffentlichen Wohles keine Anwendung. Vgl. §§ 54 Abs. 2 und 43 EnteignGes. v. 11. 6. 74, KG. 8. 2. 04, Joh. Bd. 27 S. B 51.

9. Die gemäß § 5 der Katasteranw. I v. 21. 2. 96 nach vorhandenem Muster ausgestellten Vollmachten, in denen Grundeigentümer einen vereideten Landmesser ermächtigen, die in ihrem Auftrage ausgeführte Fortschreibungsvermessung ihrer Grundstücke dem zuständigen Katasteramt einzureichen und den Antrag auf Übernahme der Veränderung in das Kataster zu stellen, sind als auf die Fortschreibung bezügliche Verhandlungen nach § 38 Abs. 2 Ges. v. 8. 2. 67 stfrei. FM. 6. 6. 04 III 5538.

10. a) § 4 Abs. 2 ist auf andere Urkunden als Vollmachten nicht ausdehnbar. FM. 27. 6. 99 III. 7049.

b) Eine Vollmachtsurkunde ist auf Grund des § 4 Abs. 1 zu a nur dann von der Ststeuer befreit, wenn der Wert des Gegenstandes in Gemäßheit des § 6 ermittelt werden kann und nach den Vorschriften dieses § 6 den Betrag von 150 Mk. nicht übersteigt. RG. 22. 1. 09, Joh. Bd. 38 S. B 71.

§ 5.

Persönliche[1] Stempelsteuerbefreiungen.

(1) Von der Entrichtung der Stempelsteuer sind befreit:

a) [2]der König, die Königin und die Königlichen Witwen;

b) der Fiskus des Deutschen Reichs[3] und des Preußischen Staates[4] und alle öffentlichen Anstalten[5] und Kassen, welche für Rechnung des Reichs oder des Preußischen Staates verwaltet werden oder diesen gleichgestellt sind;

c) deutsche Kirchen[6] und andere deutsche Religionsgesellschaften,[7] denen die Rechte juristischer Personen zustehen;[7c]

d) öffentliche[8] Armen-, Kranken-, Arbeits- und Besserungsanstalten,[9] ferner öffentliche Waisenhäuser,[10] vom Staate genehmigte Hospitäler und andere Versorgungsanstalten,[11] ferner vom Staate genehmigte Vereine[12] für die Kleinkinderbewahranstalten[13] sowie Stiftungen,[14–19] welche als milde ausdrücklich anerkannt sind;

AB. 1 Abs. 3. Allg. V. § 5 Ziff. 2.

e) öffentliche Schulen[20] und Universitäten;

f) Gemeinden (Gutsbezirke) und Verbände von solchen in Armen-, Schul- und Kirchenangelegenheiten;[21]

g) [22]Aktiengesellschaften, Genossenschaften und Gesellschaften mit beschränkter Haftung, deren durch Statut bestimmter Zweck ausschließlich darauf gerichtet ist, minderbemittelten Familien oder Personen gesunde und zweckmäßig eingerichtete Wohnungen in eigens erbauten oder angekauften Häusern zu billigen Preisen zu verschaffen, und deren Statut die an die Gesellschafter zu verteilende Dividende auf höchstens vier Prozent ihrer Anteile beschränkt, auch den Gesellschaftern für den Fall der Auflösung der Gesellschaft nicht mehr als den Nennwert ihrer Anteile zusichert, den etwaigen Rest des Gesellschaftsvermögens aber für gemeinnützige Zwecke bestimmt.

Sofern eine dieser Gesellschaften oder Genossenschaften ihr Statut und damit zugleich ihren Zweck in der Weise ändert, daß die vorstehend angegebenen Voraussetzungen nicht mehr zutreffen, können alle Stempelbeträge, die mangels einer Befreiung fällig geworden sein würden, nachträglich binnen Jahresfrist eingefordert werden.[23]

AB. 1 Abs. 2. Allg. V. § 5 Ziff. 3.

(2) Dem Staatsoberhaupt und dem Fiskus anderer Staaten als des Deutschen Reichs und des Preußischen Staates sowie den öffentlichen Anstalten und Kassen, die für Rechnung eines solchen anderen Staates verwaltet werden oder diesen gleichgestellt sind, und den Chefs der bei dem Deutschen Reiche oder bei Preußen beglaubigten Missionen kann die Stempelsteuerbefreiung gewährt werden,[24] wenn der betreffende Staat Preußen gegenüber die gleiche Rücksicht übt.

Allg. V. § 5 Ziff. 4.

(3) In den Fällen zu d bis g erstreckt sich die Stempelsteuerbefreiung nur auf inländische Anstalten, Stiftungen, Vereine usw. Diese Befreiung kann jedoch auch ausländischen Anstalten, Stiftungen, Vereinen usw. gewährt werden, wenn der auswärtige Staat Preußen gegenüber die gleiche Rücksicht übt.

AB. 1 Abs. 1. Allg. V. § 5 Ziff. 4.

(4) Die außerdem gewissen Personen, Behörden, Gesellschaften, Anstalten, Stiftungen, Vereinen usw. durch frühere Gesetze oder landesherrliche Privilegien bewilligten Steuerbefreiungen bleiben auch fernerhin in Kraft.

(5) Die nach den vorstehenden Bestimmungen von der Stempelsteuer befreiten Personen, Behörden, Gesellschaften, Anstalten, Stiftungen, Vereine usw. sind nicht befugt, diese Befreiung den Privatpersonen, mit welchen sie Verträge eingehen, einzuräumen, wenn diese Personen an sich nach gesetzlicher Vorschrift zur Entrichtung des Stempels verbunden sind.[25]

(6) Bei allen zweiseitigen Verträgen mit solchen Personen muß für den Vertrag die Hälfte des Stempels und für die Nebenausfertigungen außerdem der vorgeschriebene Stempel (§ 9) entrichtet werden.

(7) Bei Verträgen über Lieferungen an[26] den Fiskus des Deutschen Reichs oder des Preußischen Staates und alle öffentlichen Anstalten und Kassen, welche für Rechnung des Reichs oder des Preußischen Staates verwaltet werden oder diesen gleichgestellt sind,[27] hat der Lieferungsübernehmer den vollen Betrag des Stempels zu entrichten.

Allg. V. § 5.

1. Für die Frage, ob der an sich nach dem Inhalt der Urkunde erforderliche St. infolge der persönlichen StFreiheit eines Beteiligten nicht zu erheben ist, sind nicht die Angaben in der Urkunde, sondern die

tatsächlichen Verhältnisse maßgebend, so daß die Unterlassung der Angabe der für die StFreiheit erheblichen Umstände in der Urkunde der Anerkennung der StFreiheit nicht entgegensteht. FM. 2. 7. 03 III 8884.

Hierbei kommt es auf die Person desjenigen an, der die Urkunde ausstellt, so daß der PolicenSt. zu verwenden ist, wenn auch dem Versicherten StFreiheit zusteht. FM. 6. 5. 97 III 5596. — Vgl. A. 2g bei Tarif 70. Bei den durch einen Vertreter abgeschlossenen Geschäften kommt es auf die Person des Vertretenen, nicht auf die des Vertreters an. FM. 16. 6. 05 III 7681.

2. a) Für die Königl. Prinzen und die Mitglieder des Königl. Hauses besteht beschränkte StFreiheit gemäß besonderer KabO. 15 KS. S. 13. — Vgl. KabO. 7. 3. 45, auch RG. 1. 6. 96.

b) Rechtsakte, durch die das Königl. Hausfideikommiß erweitert wird und also allodiale Gegenstände in den Fideikommißverband aufgenommen werden, sind stfrei. KabO. 7. 3. 45. — KG. 30. 10. 99, Joh. Bd. 19 S. 170. Mit der Königl. Hofverwaltung abgeschlossene Lieferungsverträge erfordern nur den halben WertSt. HSp. S. 79.

3. Der Fiskus der Schutzgebiete — (vgl. Reichsges. v. 30. 3. 92) — steht ststeuerlich dem Reichsfiskus gleich, auf ihn findet also weder § 12 lit. c, noch § 13 lit. d LStG. Anwendung. FM. 13. 2. 07 III 2304.

4. Durch die im § 10 Ges. v. 26. 4. 96 der Ansiedelungskommission für Westpreußen und Posen gewährte besondere Gebühren- und StFreiheit wird die ihr als einem Organe des Fiskus nach sonstigen Vorschriften zustehende allgemeine Kosten- und StFreiheit nicht berührt. KG. 7. 6. 03, Joh. Bd. 26 S. B 3.

5. Die Charité in Berlin gehört zu denjenigen Anstalten, die für Rechnung des Preußischen Staates verwaltet werden. FM. 18. 5. 06 III 7512. Ebenso die Elementarlehrer-Witwen- und Waisenkassen der einzelnen Regierungsbezirke — FM. 19. 11. 98 III 15408 — und die Pensionsanstalt des Königl. Theaters in Cassel, da sie Zuschüsse aus dem Kronfideikommißfonds erfordert. FM. 28. 11. 99 III 14727.

Dagegen ist die Preußische Zentral-Genossenschaftskasse weder von der preußischen StSteuer, noch von den Gerichtskosten befreit. Gutachten des KG. I. ZS. v. 5. 10. 05 und FM. 22. 11. 05 III 14475.

6. a) Die Bedeutung des Wortes „Kirche" ist aus der Deklaration v. 25. 5. 1810, 27. 6. 1811 und der KabO. v. 16. 1. 1827 zu erläutern. Die StFreiheit bezieht sich auf alle Organe und Einrichtungen, welche notwendige Bestandteile der Kirchen und zugleich selbständige Träger rein kirchlichen, d. h. lediglich kirchlichen Zwecken gewidmeten Vermögens sind. Danach gebührt auch dem Erzbischöflichen Stuhle StFreiheit. RG. 5. 1. 97, JW. S. 98, FM. 22. 12. 97 III 16003, ZBl. 98 S. 59, KG. 4. 7. 98, JMBl. S. 588 v. 99.

b) Auf Grund der Rechtsausführungen in dem RG. v. 5. 1. 97 ist die Steuerfreiheit eines zur Vorbildung der Geistlichen dienenden Konvikts, das eine zwar selbständige, aber immerhin kirchliche Anstalt darstellt, anerkannt. FM. $\frac{\text{3. 12. 98 III 16249}}{\text{30 7. 01 III 9453}}$.

7. a) Über Religionsgesellschaften s. § 11 ALR. II 11.

b) Der Bund der Baptistengemeinden in Deutschland genießt nicht StFreiheit, da die StFreiheit aus § 5 lit. c nur denjenigen Baptistengemeinden zusteht, welche nach dem Ges. v. 7. 7. 75 — GS. S. 374 — Korporationsrechte erlangt haben. FM. 25. 6. 06 III 9351.

c) Also auch die *Synagogengemeinden.* Mot. S. 12.

d) Den *Kreissynodalverbänden* gebührt StFreiheit, insbesondere in Angelegenheiten der christlichen Liebestätigkeit. KG. 4. 7. 98, JMBl. S. 588 v. 99.

8. Einer besonderen Anerkennung des öffentlichen Charakters bedarf es nicht, weil die unter der Verwaltung des Staates, der Provinzen, der Kreise, Gemeinden und dergleichen Korporationen stehenden Anstalten als *öffentliche* allgemein anerkannt sind. KB. S. 100.

9. *Öffentliche Anstalten* zur unentgeltlichen Verpflegung i. S. § 50 T. II Tit. 19 ALR. sind nicht bloß Anstalten, die im Eigentum des Staates oder der Kommunalverbände stehen, sondern auch milde Stiftungen Privater, welche Rechtspersönlichkeit besitzen und auf unentgeltliche Verpflegung Unbemittelter gerichtet sind, sofern nur die Aufnahme nicht von der Zugehörigkeit zu bestimmten Familien abhängt, sondern, wenn auch unter gewissen Bedingungen, für unbestimmt welche Personen zulässig ist. KG. 11. 2. 01, Joh. Bd. 21 S. A 230.

Erziehungsanstalten für verwahrloste Kinder (*Rettungsanstalten*) sind als öffentliche Anstalten anzusehen. 15. KS. S. 13. Dagegen nicht die *Lazarette der Knappschaftsvereine.* KG. 4. 7. 04, Joh. Bd. 28 S. B 55.

10. a) Über den Begriff der *Waisenhäuser* s. §§ 32 ff. ALR. II 19.

b) Auch für ein *erst in der Entwicklung begriffenes von einer Stadtgemeinde zu errichtendes Waisenhaus,* das demnächst ein öffentliches werden soll, kann Gebühren- und StFreiheit beansprucht werden. KG. 23. 12. 01, Joh. Bd. 23 S. B 33.

11. *Waisenhäuser* und *Versorgungsanstalten* gehören zu den Einrichtungen der Armenpflege. Hiernach ist der Begriff der Versorgungsanstalten auf das Gebiet der Armenpflege eingeschränkt; verfolgt eine Anstalt wohltätige und gemeinnützige Zwecke, so ist sie keine Versorgungsanstalt mehr.

12. Über Rechtsfähigkeit der *Vereine* s. §§ 21 ff. BGB.

13. Die StBefreiung steht *Kleinkinderbewahranstalten* zu, ohne daß es auf die besondere Anerkennung dieser Vereine als mildtätiger ankommt. Die Voraussetzung der StFreiheit ist allein die staatliche Genehmigung, die aber nach § 42 ALR. II 19 auch stillschweigend erteilt werden kann. Nachdem nunmehr die Vereine für Kleinkinderbewahranstalten die Rechtsfähigkeit gemäß § 22 BGB. durch die Eintragung in das Vereinsregister erlangen, ist für eine besondere staatliche Genehmigung kein Raum. Die Eintragung in das Vereinsregister ist aber als ein die staatliche Genehmigung in sich schließender Rechtsakt anzusehen. Min d. J 22. 2. 02 III 2499 / FM. 27. 2. 02 IVc 442. Die Aufgaben der Kleinkinderbewahranstalten müssen sich auf *nicht schulpflichtige Kinder* erstrecken. FM. 5. 12. 05 III 15067.

14. a) Über Stiftungen s. §§ 81 ff. BGB.

b) Diejenigen Korporationen, welche die *Benefizien als milde Stiftungen neu genießen wollen,* müssen von dem Finanzminister resp. von dem Staatsministerium als solche anerkannt werden; wo aber nach den betreffenden Landesgesetzen Korporationen oder Stiftungen als „milde" gelten, behält es für diese auch sein Bewenden. HH. S. 356. Auf Stiftungen, *die das Vorrecht der Steuerfreiheit schon vor dem 1. April 1896 erworben hatten,* bezieht sich das Wort „ausdrücklich" nicht. FM. 31. 10. 97

III 13457. Nur Stiftungen mit selbständiger Rechtspersönlichkeit können als milde anerkannt werden. FM. 14. 8. 03 III 11163.

c) Ein Unternehmen, das als Ganzes nicht milde Stiftung ist, z. B. weil die Voraussetzung dafür, die juristische Persönlichkeit, fehlt, kann hinsichtlich einzelner Geschäftszweige als milde Stiftung nicht behandelt werden, wenn auch in dem gerade in Frage kommenden Fall milde Zwecke verfolgt werden sollten. FM. 16. 10. 01 III 12998.

d) Eine Stiftung ist nur dann als milde zu betrachten, wenn ihr ausschließlicher oder Hauptzweck die Unterstützung hilfsbedürftiger in leiblicher Notlage befindlicher Personen durch unentgeltliche Zuwendungen ist. RG. 6. 10. 98, ZBl. S. 453, JMBl. S. 168 v. 99, FM. 5. 12. 05 III 15067.

e) Der Annahme einer milden Stiftung steht nicht unbedingt entgegen, daß die zu Unterstützenden statutenmäßig Beiträge zahlen, doch müssen im allgemeinen die Beiträge im Verhältnis zu den Unterstützungen so geringfügig sein, daß die letzteren den Charakter der Unentgeltlichkeit haben; darauf, ob im einzelnen Falle die von einem Mitgliede entrichteten Beiträge im Verhältnis zu der dem Mitgliede gewährten Unterstützung geringfügig sind, kommt es überhaupt nicht an. RG. 21. 12. 00.

f) Der Begriff der milden Stiftung — Unterstützung hilfsbedürftiger Personen durch unentgeltliche Zuwendungen, ZBl. S. 455 v. 98 — deckt sich nicht mit dem umfassenderen gemeinrechtlichen Begriff der pia causa oder des pium corpus, deren entscheidendes Merkmal der fromme Zweck ist. Unter „milde Stiftungen" fallen nicht solche Anstalten, die, wenn auch in hohem Grade gemeinnützig wirkend, sich nicht die Unterstützung hilfsbedürftiger Personen zur Aufgabe machen. RG. 5. 10. 00, JW. S. 769.

g) Vereine, die statutengemäß ihren Mitgliedern oder deren Hinterbliebenen ohne Rücksicht auf Hilfsbedürftigkeit gewisse Vorteile gewähren, sind keine milden Stiftungen. RG. 21. 2. 95, JW. S. 212. — FM. 14. 2. 00 III 1107. Auch ist religiös-patriotische Pflege hierfür nicht begründend. FM. 10. 1. 98 III 16375 u. 16. 10. 01 III 12998.

h) Stellt die Schenkungsurkunde die Entscheidung über die Frage der Hilfsbedürftigkeit lediglich in das freie Ermessen einer Privatperson, so besteht keine Gewähr dafür, daß die dabei angewandten Grundsätze sich innerhalb desjenigen Rahmens halten werden, in welchem Rechtsprechung und Verwaltungsübung eine Hilfsbedürftigkeit für vorliegend erachten. Die Eigenschaft der Zuwendung als einer milden würde daher nicht in ausreichender Weise dargetan erscheinen. FM. 15. 9. 05 III 11478.

i) Da die Erbschaftssteuerfreiheit auch solchen auf Personenvereinen begründeten Stiftungen zusteht, die zur Zeit des zu versteuernden Anfalls vom Staate noch nicht als milde Stiftungen anerkannt sind, die aber infolge des Anfalls sich um die staatliche Anerkennung bewerben und dieselbe erhalten, und die staatliche Anerkennung als milde Stiftung alsdann die Wirkung hat, daß nunmehr die erbschaftliche Zuwendung als eine von Anfang an steuerfreie zu behandeln ist, so sind dieselben Grundsätze auch bei der Urkundenbesteuerung zur Anwendung zu bringen, weil sich die Vorschriften über die persönlichen StBefreiungen von b bis f den einschlägigen Bestimmungen über Befreiungen Buchstabe e bis i des Tarifs zum EStG. vom Jahre 1873 anschließen. FM. 28. 8. 03 III 12075.

15. Im Sinne der Steuergesetze ist eine Stiftung als Familienstiftung zu behandeln, wenn sie zunächst und überwiegend die Unterstützung der Mitglieder bestimmter Familien bezweckt. Vorliegend war in erster und zweiter Linie die Unterstützung der Abkömmlinge bestimmt bezeichneter Familien und erst in dritter Linie die Unterstützung bedürftiger israelitischer Bräute aus anderen Familien bezweckt. FM. 21.11.03 III 15164. Familienstiftungen können nicht als milde Stiftungen anerkannt werden. FM. 15. 3. 05 III 2124. Der Umstand, daß die Nutzungen, falls sich „in einem Jahre kein den statutarischen Bestimmungen enspfrechender Bewerber“ findet, dem Verein N. N. und der Stadtgemeinde zu wohltätigen Zwecken überwiesen werden sollen, kann der Stiftung ihre Natur als Familienstiftung nicht nehmen. FM. 30. 3. 06 III 4818. — Vgl. A. 2b zu Tarif 24.

16. a) Ein Verein ist als milde anerkannt, weil er neben der Unterhaltung einer Kinderbewahranstalt ausschließlich die Verpflegung von armen Kranken und die Unterstützung von Armen in der Gemeinde bezweckt. FM. 26. 8. 01 III 10786.

b) Als milde können auch anerkannt werden Stiftungen zugunsten verschämter Armer, die nicht zu den Hilfsbedürftigen i. S. des Unterstützungswohnsitzgesetzes zählen, nicht dagegen Stipendienstiftungen. FM. 23. 11. 97 III 11522 und 4. 9. 99 III 11293.

c) Milde Stiftung ist auch angenommen, wenn die Nutzungen eines Vermögens dazu dienen sollen, Töchtern armer und hilfloser Familien, namentlich aus arbeitenden Klassen, Unterweisung in den notwendigsten häuslichen Arbeiten erteilen zu lassen. FM. 5. 6. 96 III 6418. Ebenso für einen Verein, der arme Mädchen unentgeltlich aufnimmt, um sie zu dienstlichen Stellungen zu erziehen. Anders wäre es, wenn der Verein die Absicht hätte, die Mädchen zu besseren Lebensstellungen auszubilden. FM. 2. 7. 01 III 7085. Weiter für einen Verein, der die Erziehung und Besserung sittlich verwahrloster Kinder bezweckt. Unterricht und Verpflegung werden in diesem Verein in der Regel unentgeltlich gewährt. Daß die Tätigkeit auf einen bestimmten Bezirk begrenzt ist und daß in Ausnahmefällen von vermögenden Eltern Beihilfen verlangt werden können, steht der Anerkennung als milde Stiftung nicht entgegen. FM. 26. 9. 01 III 12023. — Auch für einen Verein mit der Zweckbestimmung, der heranwachsenden bedürftigen Jugend bis zur Schulentlassung durch Beaufsichtigung usw. Fürsorge zu erweisen, um sie vor Verwahrlosung zu schützen. FM. 27. 7. 01 III 8605.

17. Knappschaftsvereine als solche genießen StFreiheit nicht. KG. 20. 3. 00, Joh. N. F. Bd. I S. B 17, FM. 19. 5. 00 III 4695. Auch nicht Missionsgesellschaften, da sie in der Hauptsache religiöse und gemeinnützige Zwecke, aber nicht mildtätige, d. h. auf die leibliche Unterstützung Hilfsbedürftiger und die Beseitigung der Armut gerichtete, verfolgen. FM. 23. 9. 98 III 11404.

18. Der Begriff der Wohltätigkeit deckt sich nicht mit dem der Mildtätigkeit. Letzterer setzt voraus, daß die Wohltaten Hilfsbedürftigen erwiesen werden. Der Arbeiter- und Handwerkerstand ist als solcher allgemein nicht hilfsbedürftig. Herbergen zur Heimat, die Nachtlager, Kost und auch unentgeltlichen Arbeitsnachweis den Handwerksgesellen und sonstigen Arbeitnehmern ohne Rücksicht auf ihre Vermögenslage gewähren, sind daher keine milden Stiftungen, da ihr Hauptzweck nicht dahin geht, Hilfsbedürftigen Zuwendungen zu machen. KG. 1. 10. 08, Joh. Bd. 37 S. B 1.

19. Die N. N. Stiftung, die weder die Unterstützung armer Personen in einer schon vorhandenen leiblichen Notlage, noch die Bewahrung armer Personen vor bevorstehendem wirtschaftlichen Verfall bezweckt, ist als milde nicht anerkannt. Es handelt sich aber um wohltätige Zwecke, weil stiftungsgemäß die Mittel gewährt werden durch Besuch einer Handels- oder Fachschule zum bessern Fortkommen im Handwerk oder technischen Beruf. FM. 23. 7. 01 III 9211.

20. a) „Öffentliche Schule", d. h. unter der Verwaltung des Staates oder einer Gemeinde stehend, in der die Zulassung zum Unterricht von jedermann beansprucht werden kann. RG. 22. 11. 81, JW. 82 S. 315. — Vgl. §§ 1, 9 ALR. II 12.

b) Die der Landwirtschaftskammer für die Provinz Brandenburg unterstehende Ackerbauschule und landwirtschaftliche Winterschule zu Wittstock a. D. ist als öffentliche Schule zu betrachten. FM. 27. 11. 01 III 14732.

c) Desgleichen die Provinzial-Hebammen-Lehranstalten. FM. 2. 12. 02 III 14731.

21. a) Alle Angelegenheiten der Gemeinden genießen StFreiheit, sofern sie nur Armensachen, d. h. die Unterstützung dauernd oder vorübergehend Hilfsbedürftiger, betreffen. KG. 17. 4. 99, Hz. S. 71.

b) StFreiheit steht auch den Gemeinden zu, falls sie für Schulzwecke Grundstücke erwerben, — JM. 10. 4. 97, FM. 21. 4. 97 — z. B. beim Ankauf von Terrain zur Errichtung eines städtischen Gymnasiums. RG. 7. 5. 09, Entsch. Bd. 71 S. 137.

c) Gemeinden sind in Hospitalangelegenheiten, namentlich bei der Verwaltung eines von ihnen eingerichteten Hospitalfonds, von der Entrichtung der StSteuer nicht befreit. KG. 26. 3. 09, Joh. Bd. 38 S. B 50. Eine Armenangelegenheit liegt nicht vor, weil es sich nicht um Unterstützung dauernd oder vorübergehend infolge Verarmung Hilfsbedürftiger handelt.

d) Die Anlegung eines Kommunalfriedhofs gehört zu den Kirchenangelegenheiten, für welche den Gemeinden StFreiheit zusteht. KG. 27. 6. 04, Joh. Bd. 29 S. B 40.

22. a) Die Vorschrift in § 5 Abs. 1g ist eng auszulegen; das Statut muß ausdrücklich das Erforderliche ergeben. FM. 26. 5. 98 III 7246.

b) Genossenschaften und Gesellschaften m. b. H. die neben dem Hauptzweck, minderbemittelten Familien in gekauften oder eigens gebauten Häusern Wohnungen zu billigen Preisen zu verschaffen, zugleich Kreditgeschäfte betreiben, genießen St.- und Gerichtskostenfreiheit, solange der Kreditverkehr nur einen Nebenzweck bildet. FM. 19. 4. 00 III 4231, ZBl. S. 223, JMBl. S. 410.

c) Dem St. Joseph-Bauverein ist StFreiheit zugebilligt.

Daß der Verein seine Häuser an Unbemittelte nicht allein vermietet, sondern auch verkauft, steht der Anerkennung der StFreiheit nicht entgegen, wenngleich auch nicht ausgeschlossen ist, daß später durch Vererbung oder Weiterverkauf die Häuser auch in den Besitz Bemittelter gelangen können. Ebensowenig steht der Anerkennung der StFreiheit der Umstand entgegen, daß der Verein nur aus Katholiken besteht und demgemäß beim Verkauf oder Vermieten katholische Bewerber das Vorzugsrecht haben. FM. 3. 7. 99 III 8580.

23. Die St. können nur insoweit gefordert werden, als eine Verjährung noch nicht eingetreten ist. Da es sich um WertSt. handelt, greift die Verjährung erst in 10 Jahren Platz. Tritt die Veränderung erst nach Ablauf von 10 Jahren ein, so würde der St. verjährt sein. AH. 09 S. 7113, 7230.

24. Wie dies geschehen ist, z. B. hinsichtlich der Ottomanischen Regierung. FM. 15. 4. 98 III 5315;

des Badischen Fiskus, FM. 27. 6. 99 III 7892 und der Badischen Anstalten. FM. 30. 9. 02 III 12170, ZBl. S. 256, JMBl. S. 296;

des Großherzogs von Hessen und des Fiskus des Hessischen Staates, sowie der öffentlichen Anstalten und Kassen, die für Rechnung Hessens verwaltet werden oder diesen gleichgestellt sind. FM. 6. 6. 02 III 6961, ZBl. S. 118, JMBl. S. 294, 02 und S. 271, 03;

des Fiskus der Fürstentümer Waldeck und Pyrmont, sowie derjenigen Anstalten und Kassen, welche für dessen Rechnung verwaltet werden oder diesen gleichgestellt sind. Diese Befreiung kommt auch dem unter der Verwaltung der Fürstlich Waldeckschen Domänenkammer zu Arolsen stehenden Fürstlich Waldeckschen Domonialvermögen zugute. FM. 13. 10. 06 III 16602, ZBl. S. 1457, JMBl. S. 483;

des chinesischen Reiches. FM. 5. 5. 04 III 6006;

des außerordentlichen Gesandten und bevollmächtigten Ministers der Hansestädte Dr. K. FM. 26. 7. 06 III 9292;

des Königs von Württemberg und des Fiskus des württembergischen Staates. FM. 22. 3. 07 III 4651, ZBl. S. 103;

des elsaß-lothringischen Fiskus. FM. 6. 7. 08 III 12004, ZBl. S. 335;

des Fürsten zu Schwarzburg-Sondershausen und des Fürstlich Schwarzburg-Sondershausenschen Staatsfiskus. JMBl. S. 425 v. 08, ZBl. S. 415 v. 08;

aber nicht hinsichtlich des Kgl. Sächsischen Fiskus. FM. 11. 5. 98 III 6636.

25. a) Falls die Haftung des Fiskus für Kosten der freiwilligen Gerichtsbarkeit auf gesetzlicher Vorschrift beruht, ist von der Einziehung der Kosten auch von einer beteiligten Privatperson insoweit abzusehen, als der Fiskus kraft Gesetzes dieser gegenüber zur Tragung der Kosten verpflichtet ist. So z. B. bei der gerichtlichen Aufnahme eines Kaufvertrages nach § 449 BGB. In andern Fällen der gerichtlichen Aufnahme eines Vertrages bei Mitbeteiligung des Fiskus sind die Vertragskosten zur Hälfte außer Ansatz zu lassen (§§ 1, 2, 8 Abs. 5 PrGKG., § 426 BGB.). Im gleichen Umfange sind auch die Auslagen außer Ansatz zu lassen.

Beruht die Haftung des Fiskus für die bezeichneten Kosten auf freiwilliger Übernahme, so sind sie ungeachtet dieser Übernahme von der beteiligten Privatperson insoweit einzuziehen, als diese nach dem Gesetz der Gerichtskasse gegenüber zur Zahlung der Kosten verpflichtet ist. Der Grundsatz des § 5 Abs. 5 LStG. ist also auch hinsichtlich der Gerichtskosten zur Anwendung zu bringen. JM. 23. 9. 05, JM. Ia 1592a, FM. 9. 10. 05 III 13041.

b) Hat in Eisenbahn-Verstaatlichungsverträgen der Staat die Schulden der betreffenden Eisenbahngesellschaft übernommen, so ist von der Einziehung früher entstandener StForderungen, zu deren Zahlung der Fiskus verpflichtet ist, ebenso abzusehen, wie von StForderungen zu den Verstaatlichungsverträgen selbst; desgleichen ist ein LieferungsSt. dann nicht nachzufordern, wenn der Lieferungsübernehmer wegen des LieferungsSt. seinen Rückgriff gegen die beteiligte Staatsbehörde nehmen kann. FM. 17. 11. 03 III 14605.

26. Also der Fiskus muß Lieferungsempfänger sein. FM. 25. 4. 00 III 4910.

27. Zu Verträgen über Lieferung an Universitäten, die im allgemeinen als Anstalten anzusehen sind, die für Rechnung des Preußischen Staates verwaltet werden, ist in der Regel der volle LieferungsSt. zu verwenden; bei Verträgen über Lieferungen an Gymnasien staatlichen Patronats der halbe LieferungsSt. FM. 30. 4. 08 III 7344.

§ 6.

Wertermittelung.

(1) Die Ermittelung des Wertes[1] eines Gegenstandes zum Zwecke der Berechnung der Stempelsteuer ist auf den gemeinen Wert desselben zur Zeit der Beurkundung des Geschäfts zu richten.

(2) Ist einem der Vertragschließenden ein Wahlrecht oder die Befugnis eingeräumt, innerhalb bestimmter Grenzen den Umfang der Leistung zu bestimmen, so wird die Stempelsteuer nach dem höchstmöglichen[2] Werte des Gegenstandes des Geschäfts berechnet. Ist die Leistung nicht bis zu den bestimmten Grenzen erfolgt, so wird nach Ausführung des Geschäfts die gezahlte Stempelsteuer bis auf den der wirklichen Leistung entsprechenden Betrag erstattet.

AB. 3 Abs. 1; 28 Abs. 1. Allg.V. § 9 Ziff. 2.

(3) Bei Geldforderungen[3] ist der aus der stempelpflichtigen Urkunde ersichtliche Geldbetrag, bei Kurs habenden Wertpapieren der Tageskurs als Wert anzusehen.

(4) Die Umrechnung der in anderer als Reichswährung angegebenen Summen erfolgt nach den für die Erhebung des Wechselstempels vom Bundesrate festgesetzten Mittelwerten und, insoweit solche nicht bestimmt worden sind, nach dem laufenden Kurse.

AB. 3 Abs. 2.

(5) Der Wert des Besitzes einer Sache ist in der Regel dem Werte der Sache gleich zu achten.

(6) Der Wert eines Pfandrechts[4] oder der Sicherstellung einer Forderung richtet sich nach dem Betrage der Forderung; hat der

Gegenstand des Pfandrechts einen geringeren Wert, so ist dieser maßgebend.

(7) Der Wert einer Grunddienstbarkeit[4] wird durch den Wert, welchen dieselbe für das herrschende Grundstück hat, und wenn der Betrag, um welchen sich der Wert des dienenden Grundstücks durch die Dienstbarkeit mindert, größer ist, durch diesen Betrag bestimmt.

(8) Der einjährige Wert von Nutzungen[4] wird, wenn nicht aus der Urkunde ein höherer oder niederer Prozentsatz hervorgeht oder sonst festgestellt werden kann, zu vier vom Hundert des Wertes des Gegenstandes, welcher die Nutzung gewährt, angenommen.

(9) Bei immerwährenden[5] Nutzungen und Leistungen ist das Fünfundzwanzigfache ihres einjährigen Betrages, bei Nutzungen und Leistungen von unbestimmter Dauer,[6] sofern nicht die Vorschriften in den beiden nächstfolgenden Absätzen Anwendung finden oder anderweite die längste Dauer begrenzende Umstände in der Urkunde angegeben sind, das Zwölfeinhalbfache des einjährigen Betrages als Wert anzusehen.

(10) Der Wert von Nutzungen oder Leistungen auf Lebenszeit[7] bestimmt sich nach dem zur Zeit ihres Anfanges erreichten Lebensalter der Person, bei deren Tode die Nutzung oder Leistung erlischt, und wird bei einem Lebensalter derselben

von	15	Jahren	oder	weniger	auf	das	18fache	
über	15	Jahre	bis zu	25	Jahren	auf das	17	fache
„	25	„	„ „	35	„	„ „	16	„
„	35	„	„ „	45	„	„ „	14	„
„	45	„	„ „	55	„	„ „	12	„
„	55	„	„ „	65	„	„ „	8½	„
„	65	„	„ „	75	„	„ „	5	„
„	75	„	„ „	80	„	„ „	3	„
„	80	„	auf das	. . .	. . .	. . .	2	„

des Wertes der einjährigen Nutzung oder Leistung angenommen.

Allg.V. § 6 Ziff. 4.

(11) Ist die Dauer der Nutzungen oder Leistungen von der Lebenszeit mehrerer Personen dergestalt abhängig, daß beim Tode der zuerst versterbenden die Nutzung oder Leistung erlischt, so ist für die nach den Bestimmungen im vorigen Absatze vorzunehmende Wertermittelung das Lebensalter der ältesten Person maßgebend. Wenn die Nutzung oder Leistung bis zum Tode der letztversterbenden Person

fortdauert, erfolgt die Berechnung nach dem Lebensalter der jüngsten Person.

(12) Der Gesamtwert der auf bestimmte Zeit eingeschränkten Nutzungen oder Leistungen ist unter Zugrundelegung eines vierprozentigen Zinsfußes nach der beigefügten Hilfstabelle zu ermitteln. Ist jedoch die Dauer der Nutzung oder Leistung noch außerdem durch die Lebenszeit einer oder mehrerer Personen bedingt, so darf der nach den Bestimmungen der beiden vorhergehenden Absätze zu berechnende Wert nicht überschritten werden.

Allg.V. §§ 6, 9.

1. a) Wenn die Vorschriften des § 6 nicht anwendbar sind, ist der Wert des Gegenstandes nicht schätzbar. KG. 12. 7. 97, Joh. Bd. 17 S. 136. — Vgl. A. 1 zu § 4.

b) Unter dem „Wert" ist der objektive gemeine Wert zu verstehen. Dieser bemißt sich ausschließlich nach dem Substanzwert des Gegenstandes ohne jede Rücksicht auf die darauf ruhende Belastung und deren Art, bei Grundstücken also ohne Rücksicht darauf, ob sie mit einer Hypothek oder einer Rentenbankrente oder sonstwie belastet sind. RG. 18. 10. 07, Holdh. S. 144 v. 08.

2. Die Gegenleistung des Patentkäufers besteht darin, daß Verkäuferin 100000 Mk. und 25 Prozent Gewinnanteil erhalten, dem Käufer aber innerhalb dreier Jahre das Recht zustehen soll, diese Gewinnbeteiligung durch Zahlung von 200000 Mk. abzulösen, ohne jedoch die bis dahin für die Verkäuferin bereits fällig gewordenen Gewinnanteile zurückfordern oder einbehalten zu dürfen. Es ist sogleich $^1/_3$ Prozent St. von 300000 Mk. fällig. RG. 20. 10. 03, ZBl. S. 19 v. 04. — Vgl. A. 19 zu Tarif 32.

3. Zwischen bedingten und unbedingten Geldforderungen ist hier nicht unterschieden. FM. 28. 9. 06 III 15782.

4. Über Gegenstände des Pfandrechts s. §§ 1204ff. und 1273ff. BGB., über Grunddienstbarkeiten § 1018 eod., über Nutzungen § 100 eod., über Leistungen §§ 241ff. eod.

5. Der Umstand, daß eine an sich immerwährende Leistung ablösbar ist, macht dieselbe im strechtlichen Sinne nicht zu einer Leistung von unbestimmter Dauer. KG. 20. 6. 04, Joh. Bd. 28 S. B80.

6. a) Es war dem A. eine monatliche Rente von 15 Mk. „bis zur Vollendung seines Studiums" ausgesetzt: da eine Leistung von unbestimmter Dauer vorliegt, war nach § 15 EStG. das $12^1/_2$fache des einjährigen Betrages von 180 Mk. als Kapitalwert des Vermächtnisses anzunehmen. FM. 12. 8. 04 III 10595.

b) Wenn es sich um eine Nutzung von unbestimmter, jedoch durch die Lebenszeit eines Menschen begrenzter Dauer handelt, die aber jedenfalls spätestens zu einem bestimmten Termin aufhören soll, ist eine doppelte Berechnung anzustellen: für die bestimmte Zeit nach Abs. 1 und für die unbestimmte (Lebenszeit) Zeit nach Abs. 10. Der geringere von beiden gefundenen Beträgen ist der Versteuerung zugrunde zu legen. HSp. S. 107.

c) Inhaltlich des Vertrages ist an den Verkäufer (68 Jahre alt) eine Rente von 1800 Mk. und nach dessen Tode an die Ehefrau (43 Jahre alt) eine Rente von 1000 Mk. zu entrichten; in Höhe von 800 Mk. erlischt also die Rente mit dem Tode des Ehemannes, und sie ist alsdann in Höhe von 1000 Mk. bis zum Tode der Ehefrau weiter zu gewähren. Der Kapitalbetrag berechnet sich auf 800 Mk. $\times$ 5 = 4000 Mk. und 1000 Mk. $\times$ 14 = 14000 Mk., zusammen 18000 Mk. FM. 22. 5. 97 III 6077.

7. Ist eine Nutzung mehreren Personen auf Lebenszeit nacheinander zugedacht, so berechnet sich der St. zunächst nach dem Alter der zuerst in den Genuß der Nutzung tretenden Person, während die Versteuerung der weiteren Nutzungen auszusetzen ist. FM. 7. 9. 00 III 5055.

§ 7.

Verpflichtung der Privatpersonen, Behörden und Beamten zur Auskunfterteilung; amtliches Ermittelungsverfahren.

(1) Die Steuerpflichtigen sind zur Erteilung der von den Zollbehörden oder den zur Einziehung oder Verwendung des Stempels noch sonst verpflichteten Behörden oder Beamten erforderten Auskunft über den Wert des Gegenstandes, soweit dazu nicht die Kenntnisse eines Sachverständigen oder besondere Ermittelungen erforderlich sind, verbunden.

AB. 4 Abs. 1.

(2) Wird in den vorgedachten Fällen der Aufforderung der Behörden oder Beamten nicht genügt,[1] so kann die Zollbehörde die Säumigen durch Festsetzung und Einziehung von Ordnungsstrafen[2] bis zu einem Gesamtbetrage von 60 Mark zur Befolgung der getroffenen Anordnungen anhalten, auch das zur Erledigung derselben Nötige auf Kosten der Säumigen beschaffen. Der Festsetzung einer Ordnungsstrafe hat die Androhung derselben vorherzugehen.

AB. 4 Abs. 2.

(3) Tragen die Behörden oder Beamten Bedenken, die Angaben der Steuerpflichtigen als richtig anzunehmen, und findet eine Einigung mit den letzteren nicht statt, so sind die Behörden oder Beamten befugt, unter Zuziehung Sachverständiger, bei deren Auswahl etwaige Vorschläge der Steuerpflichtigen mit zu berücksichtigen sind, die für die Berechnung der Steuer erforderlichen Grundlagen zu ermitteln und danach die Steuer zu erheben. Die Kosten der Ermittelung fallen dem Steuerpflichtigen zur Last, wenn der ermittelte Wert den von dem Steuerpflichtigen angegebenen Wert um 10 Prozent oder mehr übersteigt. Die gezahlten Kosten werden erstattet, wenn im Verwaltungsweg oder im Rechtswege die Ermäßigung des

Wertes auf einen nicht zum Kostenersatze verpflichtenden Betrag erfolgt.

AB. 4 Abs. 3.

(4) Wird von den Steuerpflichtigen gegen die Entscheidung der Zollbehörde der Rechtsweg beschritten, so bleibt die Zahlung des streitig gebliebenen Stempels bis zur Rechtskraft des Urteils ausgesetzt.

AB. 4 Abs. 4.

(5) [3]Alle unmittelbaren und mittelbaren Behörden und Beamten sind verbunden, der Zollbehörde oder den zur Einziehung oder Verwendung des Stempels noch sonst verpflichteten Behörden oder Beamten Auskunft über die für die Festsetzung der Stempelsteuer in Betracht kommenden tatsächlichen Verhältnisse zu erteilen.

Allg.V. § 1 Ziff. 4; § 17 Ziff. 5.

1. Die Vorlegung von Urkunden, insbesondere von solchen, die eine Verfehlung des Produzenten gegen ein StGesetz ev. dartun würden, darf er verweigern. AH. S. 2378.

2. Ordnungsstrafen können im Weigerungsfalle öfter erhoben werden. 20. KS. S. 14.

3. a) Wenn auch Erteilung einer Auskunft aus dem Grundbuch oder den Grundakten in der Grundbuchordnung nicht verboten ist, so besteht doch auch keine gesetzliche Pflicht zur Auskunfterteilung seitens des Grundbuchrichters. Dagegen kann vom Standpunkt des in Preußen geltenden öffentlichen Rechts die Verpflichtung des Grundbuchamts zur Auskunfterteilung an Behörden auch hinsichtlich des Inhalts der Grundbücher und Grundakten grundsätzlich nicht verneint werden. Ob und inwieweit im öffentlichen Interesse diese Pflicht besteht, darüber entscheiden im Weigerungsfalle die Aufsichtsbehörden. KG. 13. 1. 02, JMBl. S. 82, Joh. Bd. 23 S. A 213.

b) Wird von einem zur Grundbucheinsicht Berechtigten, insbesondere von einer öffentlichen Behörde, die Erteilung auszugsweiser Grundbuchblattsabschriften über bestimmt bezeichnete Eintragungen beantragt und das Nichtvorhandensein solcher Eintragungen festgestellt, so hat der Grundbuchrichter dem Antragsteller hierüber Mitteilung zu machen. Um eine Auskunft über den positiven Inhalt des Grundbuchs i. S. des Beschlusses vom 13. Januar 1902 handelt es sich hierbei nicht. KG. 12. 2. 02, Joh. Bd. 23 S. A 217.

§ 8.

Unbestimmtheit des Wertes des Gegenstandes.

(1) Wenn bei einem Geschäft der Wert des Gegenstandes dergestalt unbestimmt ist, daß er von vornherein nicht festgestellt oder geschätzt werden kann, so hat der zur Entrichtung der Abgabe Verpflichtete die Urkunde innerhalb der in den §§ 15 und 16 angegebenen Fristen der Zollbehörde vorzulegen, welche das Erforderliche wegen

der Überwachung, Sicherstellung und nachträglichen Zahlung der Stempelsteuer anordnen wird.

(2) Diese Bestimmung findet auch auf diejenigen Urkunden Anwendung, zu welchen Privatpersonen ohne amtliche Überwachung Stempelmarken verwenden dürfen.

AB. 5; 23 Abs. 3. Allg.V. § 11 A, § 12.

§ 9.

Versteuerung mehrerer über denselben Gegenstand ausgestellter Urkunden.

(1) Werden über denselben Gegenstand mehrere Urkunden[1] gleichen Inhalts ausgefertigt, so wird die auf dem Gegenstande ruhende Steuer nur zu einer derselben und zwar in der Regel zu derjenigen Urkunde, welche als Hauptausfertigung bezeichnet ist, verwendet; die übrigen Ausfertigungen sind mit demjenigen Stempel zu versehen, welcher nach der Tarifstelle „Duplikate" beizubringen ist. Eine Ausfertigung einer Verhandlung darf nur dann als Nebenausfertigung versteuert werden, wenn das Vorhandensein einer als Hauptausfertigung versteuerten Urkunde nachgewiesen wird.[2]

AB. 6 Abs. 1.

(2) [3]Bei Notariatsverhandlungen ist der Stempel zu der Urschrift[4] zu verwenden. Die erste Ausfertigung ist stempelfrei,[5] wenn die Ausfertigung als erste bezeichnet und auf derselben bescheinigt ist, welcher Stempel zu der Urschrift verwendet worden ist.

AB. 17. Allg.V. § 2 Ziff. 1b.

(3) Auf jeder zweiten und weiteren Ausfertigung oder amtlich beglaubigten Abschrift oder jedem amtlich beglaubigten Auszug aus einer stempelpflichtigen Urkunde muß bescheinigt[6] werden, welcher Stempel zu der Hauptausfertigung oder Urschrift verwendet worden ist. Alle unmittelbaren und mittelbaren Beamten sind verpflichtet, auch die von ihnen gefertigten einfachen Abschriften stempelpflichtiger Urkunden mit dieser Bescheinigung zu versehen.[7]

AB. 6 Abs. 2ff.; 37. Allg.V. § 10 Ziff. 1, 4.

1. Ob die Haupt- und Nebenausfertigungen gleichzeitig oder zu verschiedenen Zeiten errichtet oder versteuert werden, ist gleichgültig. FM. 26. 5. 96 III 7487.

2. a) Da vom Gesetz eine Doppelbesteuerung desselben Rechtsgeschäfts nicht gewollt ist, ist genehmigt, daß zu einem notariellen Kaufvertrage der St. abzüglich des Duplikatstempels erstattet wurde, weil bereits früher zwischen denselben Personen über den nämlichen Gegenstand unter im wesentlichen gleichen Bedingungen ein anderer notarieller Vertrag geschlossen und gehörig versteuert war. FM. 12. 12. 01 III 15422.

b) Bezieht sich bei Kaufgeschäften der erste Vertrag auf das ganze Grundstück, während in dem späteren Vertrage ein Teil vom Verkauf ausgeschlossen bleibt, oder die Preisabrede sich ändert, so erfolgt bei Erhöhung des Preises in dem späteren Vertrage nur eine Versteuerung des Mehr. Diese milde Praxis erstreckt sich aber nur auf die mit dem Wert des Gegenstandes prozentual steigenden St., nicht auf die festen und abgestuften St. FM. 20. 8. 96 III 8818 bei HSp. S. 7.

3. Die Vorschrift des § 9 Abs. 2 bezieht sich nur auf Notariatsverhandlungen und darf als Ausnahmevorschrift auf andere Fälle nicht ausgedehnt werden, sie findet daher keine Anwendung, wenn der Vertrag von einem nach Art. 12 §§ 2 u. 4 PrAG. z. BGB. dazu bestellten Beamten aufgenommen ist. FM. 6. 1. 05 III 104. Die St. zu derartigen Verhandlungen sind zu der die stpflichtige Urkunde darstellenden Urschrift der Verhandlung des Urkundsbeamten zu verwenden. Wird eine Urkunde der in Rede stehenden Art in mehreren gleichlautenden Exemplaren aufgenommen, so kommt für die Versteuerung die Bestimmung des § 9 Abs. 1 in Betracht. FM. 27. 11. 01 III 14845. — Vgl. A. 2e bei Tarif 10.

4. Vgl. §§ 42, 44, 61, 62 PFG.

5. Diese StFreiheit der ersten Ausfertigung ist davon nicht abhängig, ob die Urschrift der Notariatsverhandlung richtig und genügend versteuert ist. RG. 5. 10. 06, Holdh. S. 103 v. 07.

6. a) Die Verpflichtung zur Ausstellung der betreffenden Bescheinigungen liegt demjenigen Beamten ob, der den Ausfertigungs- oder Beglaubigungsvermerk unterschreibt oder im Fall der Erteilung einer einfachen Abschrift die Abschrift von der Kanzlei abnimmt. Schriftstücke, für welche ein St. zu den Gerichtskosten zu berechnen ist, dürfen zur Herstellung einer Ausfertigung oder Abschrift erst dann zur Kanzlei gegeben werden, wenn die Berechnung des St. erfolgt und der berechnete Betrag auf der Urschrift vermerkt ist. Ev. aber z. B. in besonders schleunigen Fällen ist auf die Urschrift vor der Abgabe an die Kanzlei ein in die Ausfertigung oder Abschrift nicht zu übernehmender Vermerk zu setzen, daß die Berechnung des St. vorbehalten sei. In diesem Falle darf die Aushändigung der Ausfertigung oder Abschrift erst erfolgen, nachdem die StBerechnung nachgeholt und die Ausfertigung oder Abschrift mit der vorgeschriebenen Bescheinigung versehen ist. JM. 15. 10. 01, JMBl. S. 251, ZBl. S. 262.

b) Abs. 3 ist bei gerichtlichen Urkunden dahin zu verstehen, daß nicht die Bezahlung, sondern die Berechnung des St. von den Gerichten zu bescheinigen ist. JM. 30. 9. 98, FM. 14. 10. 98 III 13857.

c) Da Rechtsanwälte zu einer Bescheinigung über den verwendeten St. nicht verpflichtet sind, kann aus dem Fehlen dieser Bescheinigung auch nicht auf die Nichtverwendung des zur Urschrift erforderlichen St. geschlossen werden. Hiernach sind auch Gerichtsvollzieher zu einer Anzeige nicht verpflichtet, wenn die beglaubigte Abschrift die Verwendung des zur Urschrift erforderlichen St. nicht ergibt. FM. 18. 4. 05 III 5005.

7. Auf diese Vorschrift sind die Regierungen durch Erl. d. M. d. J. und d. F. v. 31. 10. 07 $\frac{\text{1 b 1925}}{\text{III 17926}}$ erneut hingewiesen.

§ 10.

Versteuerung mehrerer in derselben Urkunde enthaltener Gegenstände.

(1)[1] Wenn bei Rechtsgeschäften über mehrere, verschiedenen Steuersätzen unterliegende Gegenstände das Entgelt ohne Angabe der Einzelwerte[2] ungetrennt in einer Summe oder Leistung verabredet ist, so kommt für die Berechnung des Stempels der höchste Steuersatz zur Anwendung, sofern nicht von den Ausstellern der Urkunde auf derselben die Werte für die einzelnen Gegenstände innerhalb der im § 16 angegebenen Fristen[3] noch nachträglich angegeben werden. Trägt die Zollbehörde Bedenken, die ursprünglichen oder nachträglichen Angaben der Steuerpflichtigen über die Einzelwerte als richtig anzunehmen, so kommen die Vorschriften des dritten Absatzes des § 7 zur Anwendung.[4]

AB. 7.

(2) Enthält eine Urkunde verschiedene steuerpflichtige Geschäfte, so ist der Betrag des Stempels für jedes Geschäft besonders zu berechnen und die Urkunde mit der Summe dieser Stempelbeträge zu belegen.

(3) [5] Sofern die einzelnen in einer Urkunde enthaltenen Geschäfte sich als Bestandteile eines einheitlichen, nach dem Tarife steuerpflichtigen Rechtsgeschäfts darstellen, ist nur der für das letztere vorgesehene Stempelbetrag zu entrichten.[6]

1. Abs. 1 bezieht sich nicht bloß auf Grundstückskäufe, sondern enthält eine ganz allgemeine Bestimmung. RG. 16. 3. 00.

2. a) Eine wenn auch durch mißverständliche Auffassung des Gesetzes veranlaßte unrichtige Wertangabe kann nicht zur Folge haben, daß nunmehr der WertSt. von dem Gesamtpreise zu erheben ist, sondern berechtigt die Steuerbehörde gemäß § 10 Abs. 1, § 7 Abs. 3 LStG. nur, die wirklichen Werte zu ermitteln und danach den St. zu berechnen. — Vgl. RG. VII 10. 7. 03.

b) Bei gerichtlichen Urkunden sind die Einzelwerte von den Interessenten zu den Gerichtsakten anzuzeigen, und muß der Richter die Angabe der Einzelwerte veranlassen. JM. 17. 10. 98, ZBl. S. 415. Macht der Richter nicht darauf aufmerksam, daß bei Angabe von Einzelwerten ein billigerer StAnsatz eintreten würde, so können gemäß § 7 Abs. 2 PrGKG. etwaige nachträgliche Wertangaben bei der StBerechnung berücksichtigt werden. JM. 2. 5. 03, FM. 8. 5. 03 III 6260.

Diesen Erlassen hat sich das KG. im Beschluß v. 25. 5. 03, Joh. Bd. 26 S. B 21, auch für das Verfahren der Zwangsversteigerung angeschlossen. Es findet also der Abs. 1 auch auf Zuschlagsbescheide Anwendung, wenn Grundstücke mit beweglichem Beilaß versteigert werden. Die Anzeige hat vom Ersteher binnen zwei Wochen nach der Verkündung des Zuschlagsurteils zu den Gerichtsakten zu erfolgen. RG. 28. 6. 97, ZBl. 98 S. 414. — Vgl. A. 30c zu Tarif 32.

c) Abs. 1 ist auch anwendbar, wenn ein zwischen Teilnehmern an einer Erbschaft geschlossener Kaufvertrag teils Erbschaftssachen (Tarif 32, Erm. Ziffer 1), teils andere nicht zur Erbschaft gehörige Gegenstände betrifft. KG. 3. 7. 99, Hz. S. 101. — Vgl. A. 45c bei Tarif 32.

d) Bei einheitlicher Bestimmung des Entgelts darf der St. von dem höchsten Steuersatze auch dann berechnet werden, wenn sich unter den anzuschaffenden Gegenständen auch solche befinden, die an sich bei der StBerechnung außer Betracht zu lassen wären. RG. 9. 2. 99, Gruch. Jahrg. 43 S. 1065. — Vgl. A. 57 bei Tarif 32.

e) Der höchste Steuersatz kommt nur dann zur Anwendung, wenn für sämtliche Gegenstände, für die ein ungetrenntes Entgelt vereinbart ist, die Einzelwerte nicht angegeben sind; wenn nur für einzelne dieser Gegenstände die Wertangabe erfolgt ist, so ist insoweit die Anwendung jener Vorschrift ausgeschlossen. RG. 23. 11. 06, Holdh. S. 103 v. 07.

f) Die Angabe der Einzelwerte soll zu einer Erhöhung des St. nicht führen; es ist also bei Angabe der Einzelwerte höchstens der St. zu entrichten, der vom Gesamtwerte nach dem höchsten Steuersatz zu zahlen wäre. FM. 28. 7. 69 III 14841, HSp. S. 142.

3. a) Kann eine nach § 30 Abs. 2 d. G. etwa erbetene Auskunft von der Amtsstelle nicht innerhalb der Stempellösungsfrist erteilt werden und wird die StVerwendungsfrist entsprechend verlängert, so muß es als in der Absicht des Gesetzes liegend erachtet werden, daß die Werttrennung noch innerhalb der anderweit bestimmten StLösungsfrist vorgenommen werden kann. FM. 31. 1. 02 III 1037.

b) Bei Vorlegung der Urkunde innerhalb der zweiwöchigen StLösungsfrist konnte die nachträgliche Preistrennung noch rechtzeitig vorgenommen werden, wenn die betreffende Steuerstelle auf die nicht ausreichende Versteuerung lediglich mit dem ArbeitsvertragsSt. aufmerksam gemacht hätte. Es ist deshalb die nachträgliche Trennung des Wertes der Materiallieferungen und der Arbeitsleistungen zugelassen. FM. 8. 4. 05 III 4325.

c) Ist der Wert des Gegenstandes zur Zeit des Vertragsabschlusses dergestalt unbestimmt, daß der St. sich erst später berechnen läßt, so beginnt die Frist zur Preistrennung erst von dem Tage ab, an dem sich die Möglichkeit zur Berechnung des St. ergibt. FM. 16. 7. 04 III 9271.

4. Die in Abs. 1 Satz 2 vorgesehene Beanstandung der gemäß Satz 1 von den Steuerpflichtigen gemachten Angaben über die Einzelwerte untersteht dem § 27 Abs. 3 d. G., und zwar auch dann, wenn sich die Beanstandung auf die Behauptung gründet, daß aus Rechtsirrtum unbewegliche Sachen zu den beweglichen gerechnet seien. KG. 6. 4. 04, Joh. Bd. 28 S. B 23. — Vgl. A. 2b bei § 27.

5. a) Die einzelnen rechtsgeschäftlichen Elemente einer einheitlich beurkundeten Vereinbarung sind nicht besonders zu versteuern, wenn und soweit sie sich nach zivilrechtlichen Begriffen nur als die Bestandteile eines einheitlichen Rechtsgeschäfts darstellen, und wenn das in solcher Weise aus mehreren Einzelbestimmungen zusammengesetzte Gesamtgeschäft als solches

unter eine der im Tarif vorgesehenen Geschäftskategorien fällt. Der Begriff des im Tarif vorgesehenen Geschäfts bestimmt sich nach dem bürgerlichen Recht. RG. 2. 2. 99, JW. S. 199. — Auch Mot. S. 16 u. 16. KS. S. 6.

b) Für die Anwendung des § 10 Abs. 3 ist entscheidend, daß die einzelnen Geschäfte zur näheren Bestimmung des Inhalts des seiner Natur nach unverändert bleibenden Hauptgeschäfts dienen. Nur Geschäfte solchen Inhalts lassen sich als Bestandteile des Hauptgeschäfts und somit als Bestandteile des einheitlichen Rechtsgeschäfts auffassen. RG. 27. 6./11. 7. 98, Entsch. Bd. 42 S. 184, ZBl. S. 393.

Im Sinne dieser Bestimmung können als Bestandteile des in der Urkunde erklärten Hauptgeschäfts nur solche rechtsgeschäftliche Erklärungen angesehen werden, welche dazu dienen, den Inhalt des Hauptgeschäfts näher zu bestimmen. Die Abhängigkeit einer rechtsgeschäftlichen Willenserklärung von einer andern macht für sich allein noch nicht die erstere zu einem Bestandteil der letzteren. Die durch wechselseitige Abhängigkeit und Bedingtheit begründete Einheitlichkeit vertraglicher, in einer Urkunde niedergelegter Abmachungen zerfällt strechtlich in diejenigen einzelnen Rechtsgeschäfte, die der Tarif als Einheit behandelt. RG. 30. 6. 03, JW. S. 349, JMBl. S. 276.

6. a) Ein Nachtrag zu einem von den Kontrahenten unterschriebenen Hauptvertrage ist nicht stpflichtig, wenn jener Nachtrag sich als ein Bestandteil des Hauptvertrages darstellt und mit dem Hauptvertrage ein zusammenhängendes Schriftstück bildet. KG. 10. 5. 00, Joh. Bd. I S. C 73. Hauptvertrag und Nachtrag waren unter dem gleichen Datum und in derselben Urkunde aufgenommen.

b) Verpflichtet sich in einem Kaufvertrage der Käufer zur Entrichtung einer Kaution, zur ratenweisen Zahlung des Kaufpreises und zur Entschädigung für den Fall der Zurücknahme der verkauften Gegenstände, so ist mit Rücksicht auf § 10 Abs. 3 für die im Vertrage enthaltenen einzelnen Geschäfte ein besonderer St. nicht zu entrichten. KG. 6. 3. 99, Joh. Bd. 19 S. 259.

c) Hingabe an Zahlungs Statt durch Abtretung einer Forderung zwecks Belegung des Kaufgeldes kann als Bestandteil des Kaufvertrages angesehen werden, von dem sie nicht gelöst werden kann, so daß die Abtretung nach § 10 Abs. 3 nicht besonders zu versteuern ist. RG. 20. 10. 98. — Vgl. A. 7a bei Tarif 2 und A. 50a bei Tarif 32.

d) Der für sich unter eine Tarifstelle fallende Bestandteil eines einheitlichen Rechtsgeschäfts ist dann nicht stfrei, wenn hinsichtlich des letzteren eine stpflichtige Urkunde nicht vorliegt. RG. 31. 5. 04, Holdh. S. 272. In den gedruckten von den Kunden einseitig unterschriebenen Bedingungen einer Bank befindet sich die Bestimmung, daß die in den Besitz der Bank gelangenden Wertpapiere usw. des Kunden als Pfandunterlage für Ansprüche der Bank dienen sollen. Der SicherstellungsSt. war mit Recht erfordert. Die Pfandbestellung sei nicht als Bestandteil des einheitlichen Kontokurrentverhältnisses anzusehen, weil hinsichtlich des letzteren keine beiderseitig vollzogene Urkunde vorliege. — Vgl. A. 3d zu Tarif 59.

e) Die in den Geschäftsbedingungen der Banken und Bankiers enthaltenen Pfandbestellungen und Vollmachtserteilungen stellen nicht stfreie Bestandteile eines einheitlichen durch die schriftliche Annahme der

Bedingungen zustandegekommenen nach dem Tarif stpflichtigen Vertrages (Bankiervertrages) dar, sondern sind jede für sich stpflichtig. RG. 22. 10. 07, Holdh. S. 144 v. 08.

f) In dem entschiedenen Falle standen Kauf und Darlehn dergestalt miteinander in Verbindung und waren voneinander abhängig, daß beide mit einander stehen und fallen mußten, keines der Geschäfte für sich allein für die Kontrahenten verbindlich sein würde. Allein das genügt nicht zur Anwendung des § 10 Abs. 3, wie das RG. im Urteil v. 24. 1. 02, JW. S. 195, ausführt; entscheidend ist vielmehr, ob verschiedene nach Rechtsbegriffen selbständige Geschäfte vorliegen, oder ob die mehreren Verhandlungen zusammen nur ein nach zivilrechtlichen Begriffen einheitliches Rechtsgeschäft darstellen. — Vgl. Entsch. Bd. 42 S. 180ff. — Da Kauf und Darlehn unstreitbar zwei verschiedene, nach zivilrechtlichen Begriffen selbständige in sich geschlossene Rechtsgeschäfte sind, so sind sie auch nach Abs. 2 als solche zu versteuern.

g) Ein Kreis hatte in einem mit dem Eisenbahnfiskus geschlossenen Vertrage sich verpflichtet, zum Bau einer Eisenbahn den erforderlichen Grund und Boden unentgeltlich zur Verfügung zu stellen und einen Zuschuß von 5000 Mk. zu den Baukosten zu leisten: Das RG. erkannte an, daß neben dem allg. VertragsSt. auch noch der SchuldverschreibungsSt. fällig war. RG. 6. 5. 04, Entsch. Bd. 58 S. 125. — Vgl. A. 5e bei Tarif 58.

§ 11.

Mindestbetrag der Stempelsteuer und Abstufungen derselben.

Die Stempelabgabe beträgt, insoweit dieses Gesetz und der Tarif nicht abweichende Bestimmungen enthalten, mindestens 0,50 Mark und steigt in Abstufungen von je 0,50 Mark, wobei überschießende Stempelbeträge auf 0,50 Mark abgerundet werden.

§ 12.

Verpflichtung zur Zahlung der Stempelsteuer.

(1) Zur Zahlung der Stempelsteuer sind verpflichtet:

a) bei den von Behörden und Beamten, einschließlich der Notare, aufgenommenen Verhandlungen oder erteilten Ausfertigungen, Abschriften, Bescheinigungen, Auszügen und Genehmigungen aller Art diejenigen, auf deren Veranlassung[1] die Schriftstücke aufgenommen oder erteilt sind;

b) bei einseitigen Verpflichtungen und Erklärungen diejenigen, welche die Schriftstücke ausgestellt haben;[2]

c) bei Verträgen, einschließlich Punktationen, alle Teilnehmer,[3] insoweit der Tarif nicht abweichende Bestimmungen enthält.

(2) Von mehreren zur Zahlung der Stempelsteuer verpflichteten Personen haftet jede einzelne als Gesamtschuldner.[4] Allg.V. § 4.

1. Fehlt es an einer solchen Veranlassung und werden die amtlichen Schriftstücke ohne Wissen und Willen der Privatpersonen von Behörden und Beamten ausgefertigt, wie dies insbesondere nicht selten bei amtlichen Zeugnissen der Fall ist, so ist es nicht gerechtfertigt, die Privatpersonen für die Entrichtung von StAbgaben zu den ohne ihr Zutun zustande gekommenen Urkunden verantwortlich zu machen. Mot. S. 16.

„Veranlaßt“ hat der auch ohne sein Zutun mit einem Titel (Sanitätsrat) Bedachte die Ausstellung des Patents, wenn er letzteres angenommen hat. RG. 10. 7. 00, JW. S. 680. — Vgl. A. 3b bei Tarif 60.

2. Der Generalbevollmächtigte, auch wenn er die Urkunde mit seinem eigenen Namen und mit dem Zusatz „als Bevollmächtigter“ vollzieht, hat für die richtige StVerwendung zu sorgen und ist bei Unterlassung strafrechtlich verantwortlich. KG. 18. 4. 98 und 9. 11. 03, Joh. Bd. 26 S. C 68.

Allgemein ist der Bevollmächtigte oder Vertreter, der die Urkunde mit seinem Namen unterschrieben hat, als Aussteller i. S. des § 12b anzusehen. Hat der Vertreter den Namen des Vertretenen unterzeichnet, so wird der Vertretene, vorbehaltlich des Nachweises des Vollmachts- oder Vertretungsverhältnisses, als der Aussteller in Anspruch zu nehmen sein.

Auch der Vollmachtgeber haftet für StAbgaben, die sein Bevollmächtigter in dieser Eigenschaft durch den Abschluß von Rechtsgeschäften verursacht hat. FM. 30. 3. 01 III 4062.

3. a) Teilnehmer eines Vertrages ist derjenige, der an dessen Abschluß und an der Errichtung der ausgestellten Urkunde dergestalt teilnimmt, daß er, sei es für sich oder andere, durch den Vertrag Rechte erwirbt oder Verbindlichkeiten begründet. RG. 20. 3. 90, Gpp. V S. 258 A. 20.

b) Der beurkundete Inhalt eines Vertrages allein ist dafür ausschlaggebend, ob jemand als Teilnehmer an dem Vertrage zu erachten ist und als solcher wegen nicht rechtzeitiger Versteuerung des letzteren bestraft werden kann. In dem vorliegenden Falle befand sich unter einem Grundstückstauschvertrage außer der Unterschrift der beiden Kontrahenten noch die der Ehefrau des einen. Das RG. hat sich dahin ausgesprochen, daß die Ehefrau nicht als Teilnehmerin an dem Vertrage angesehen werden könne, da die Vertragsurkunde sie als Kontrahentin nicht erkenntlich mache, vielmehr nur ihren Ehemann und den zweiten Tauschinteressenten als Kontrahenten aufführe; die bloße Unterschrift der Ehefrau, die nach dem Vertragsinhalt in gar keinen rechtlichen Beziehungen zu den im Vertrage niedergelegten Vereinbarungen stehe, habe für die StPflicht keinerlei Bedeutung. RG. I 19. 4. 94.

4. Über Gesamtschuldner s. §§ 421ff. BGB.

§ 13.

Haftbarkeit für die Stempelsteuer.

(1) Für die Entrichtung der Stempelsteuer haften unter Vorbehalt des Rückgriffs gegen die eigentlich Verpflichteten:

a) Aktiengesellschaften, Kommanditgesellschaften auf Aktien, eingetragene Genossenschaften, Gewerkschaften und Gesellschaften mit beschränkter Haftung für die Stempel, welchen die von ihren Vorständen oder Geschäftsführern in ihrem Auftrag oder Namen errichteten Verhandlungen unterliegen;

b) bei Auktionen diejenigen, für deren Rechnung oder auf deren Veranlassung die Versteigerung stattgefunden hat, und die von diesen Personen zur Abhaltung der Auktionen Beauftragten;

c) jeder Inhaber[1] oder Vorzeiger einer mit dem gesetzlichen Stempel nicht oder nicht ausreichend versehenen Urkunde, welcher ein rechtliches Interesse an dem Gegenstande derselben hat.

(2) Ist die Stempelsteuer von den eigentlich Verpflichteten und denjenigen, die nach Abs. 1 haften, nicht zu erlangen, so haften hierfür einschließlich der Notare, jedoch ausschließlich der Schiedsmänner, diejenigen Beamten, welche die von ihnen aufgenommenen Urkunden vor erfolgter oder nicht ausreichend erfolgter Stempelverwendung aushändigen oder Ausfertigungen oder Abschriften erteilen oder wegen der Einziehung des Stempels die ihnen nach § 15 obliegenden Pflichten verabsäumen, insoweit ihnen ein Verschulden zur Last fällt,[2] unter Vorbehalt des Rückgriffs[3] gegen die eigentlich Verpflichteten und diejenigen, die nach Abs. 1 haften.

AB. 8, 22 Abs. 4.

(3) Diese Bestimmung kommt auch dann zur Anwendung, wenn ein Notar den Entwurf einer Urkunde anfertigt und nach Vollziehung durch die Beteiligten die Unterschriften oder Handzeichen beglaubigt.[4]

AB. 12 Abs. 3. Allg.V. § 4.

1. a) Inhaber ist derjenige, dessen Interesse Gegenstand der Urkunde ist. RG. 9. 2. 99, JW. S. 196.

b) Zu den Inhabern zählen auch die Prozeßbevollmächtigten hinsichtlich der Prozeßvollmacht, doch muß der Prozeßbevollmächtigte die Vollmacht im Inlande innegehabt oder vorgezeigt haben. Es haften deshalb nicht ausländische Prozeßbevollmächtigte für die von ihnen im Auslande vorgelegten, im Inlande ausgestellten Prozeßvollmachten, wobei unerheblich ist, ob der im Ausland wohnhafte Prozeßbevollmächtigte die preußische Staatsangehörigkeit besitzt oder nicht. KG. 13. 3. 99, JW. S. 742 v. 01, Joh. Bd. 19 S. 208.

c) Wie Rechtsanwälte haften auch Verteidiger für den St. zu der ihnen zu ihrem Ausweise im Prozeß erteilten Vollmacht; aber dann nicht, wenn sie als Armenanwalt die Vollmacht eingereicht haben und das Armenrecht nachträglich entzogen ist. KG. 25. 1. 97 u. 26. 10. 96, Joh. Bd. 16 S. 262 u. 264. — Vgl. A. 17e bei Tarif 73.

d) Der Verteidiger ist für die Entrichtung des VollmachtsSt. nur als Inhaber oder Vorzeiger haftbar. Er haftet daher nicht ohne weiteres für den St. zu der von dem Angeklagten unmittelbar dem Gericht eingereichten Vollmacht. KG. 15. 2. 08, Joh. Bd. 36 S. B 64.

e) Das Armenrecht deckt nur die Prozeßvollmacht und auch nur insoweit ist der Anwalt für den St. nicht haftbar. RG. 14. 4. 03, Entsch. Bd. 54 S. 275. Geht die Vollmacht für den Armenanwalt über den Rahmen der Prozeßvollmacht hinaus, so ist die Einziehung des VollmachtSt. von den Rechtsanwälten gerechtfertigt. FM. 15. 4. 04 III 5084. Vgl. JMBl. 01 S. 47, 02 S. 50, 03 S. 230. — Vgl. A. 17d bei Tarif 73.

f) Auch im Privatklageverfahren haftet der Armenanwalt für den VollmachtSt. nicht weiter, als sein Auftraggeber; er ist also von der Haftung so lange befreit, als die Bewilligung des Armenrechts währt. §§ 419 Abs. 3 RStrPO., 115 Ziff. 1 ZPO. Nach Entziehung des Armenrechts haftet er, sofern er als Inhaber oder Vorzeiger im Inlande in Frage kommt (§ 16 Abs. 2 LStG.). Hat er aber die Vollmacht zur Zeit des Bestehens des Armenrechts eingereicht und wird das Armenrecht nachträglich entzogen, so entsteht damit für den Anwalt keine neue Haftpflicht. Vgl. auch oben Joh. Bd. 16 S. 262, 264.

g) Ist einer armen Partei zur Anfechtung des amtsgerichtlichen Entmündigungsbeschlusses nach § 668 ZPO. ein Rechtsanwalt beigeordnet, gleichzeitig aber die Bewilligung des Armenrechts wegen Aussichtslosigkeit der beabsichtigten Rechtsverfolgung abgelehnt, so kann der Rechtsanwalt für den St. zu der von ihm überreichten Prozeßvollmacht aus § 13 lit. c nicht haftbar gemacht werden. KG. 21. 12. 06, Joh. Bd. 33 S. B 33.

h) Es ist nicht zulässig, den Inhaber oder Vorzeiger der ersten Ausfertigung einer nicht mit dem gehörigen St. versehenen Notariatsurkunde auf Grund des § 13c für den fehlenden St. in Anspruch zu nehmen. Sei den Bestimmungen des § 9 Abs. 2 d. G. genügt, so könne man von dem Inhaber oder Vorzeiger der ersten Ausfertigung nicht sagen, daß er Inhaber oder Vorzeiger einer mit dem gesetzlichen St. nicht oder nicht ausreichend versehenen Urkunde sei. RG. 5. 10. 06, ZBl. S. 9 v. 07, JW. S. 727 v. 06.

2. Beamte und Notare haften fortan nur subsidiär und nur insoweit, als sie ein Verschulden trifft. Die Voraussetzungen für die Haftung des Notars sind stets zunächst von der Steuerbehörde festzustellen, so daß der Fiskus nicht genötigt ist, von vornherein bei den ordentlichen Gerichten Klage zu erheben. KB. S. 7, 8 (09).

3. Wo der Rückgriff auf den eigentlichen Verpflichteten unzulässig, ist die Haftbarkeit des akzessorisch Verpflichteten ausgeschlossen. Der Rückgriff ist unzulässig, wenn die Schuld, für die ein anderer haftbar gemacht wird, gar nicht besteht. RG. 29. 5. 00, Entsch. Bd. 26 S. 274. — Vgl. A. 8a bei § 16 d. G.

4. Über die vom Notar bei den Akten zurückzubehaltenden beglaubigten Abschriften s. § 60 Abs. 2 PFG.

II. Abschnitt.
Von der Erfüllung der Stempelpflicht und den Folgen der Nichterfüllung.

§ 14.
Art der Erfüllung der Stempelpflicht.

(1) Die Stempelpflicht wird erfüllt durch:

a) Niederschreiben der stempelpflichtigen Erklärung auf gestempeltes Papier;
AB. 9ff.

b) Verwendung von Stempelmarken auf denjenigen Schriftstücken, zu welchen Stempelmarken ohne amtliche Überwachung verwendet werden dürfen;
AB. 10, 20.

c) Einreichung der stempelpflichtigen Urkunde oder, wenn diese nicht vorgelegt werden kann, einer den wesentlichen Inhalt der Urkunde enthaltenden Anzeige[1] und Einzahlung des erforderlichen Geldbetrages bei einer zur Entwertung von Stempelzeichen befugten Amtsstelle;
AB. 11.

d) Verwendung von Stempelmarken durch zur Entwertung derselben befugte Amtsstellen;
AB. 12, 13ff.

e) Barzahlung der Stempelabgabe in denjenigen Fällen, in welchen dieselbe nach den Bestimmungen des Preußischen Gerichtskostengesetzes bei den Gerichtskosten zu vereinnahmen ist.[2]
AB. 2ff. Allg V. §§ 1, 2.

(2) Der Finanzminister ist ermächtigt, für den Verkehr bestimmter Personen statt der Erhebung des Stempels im einzelnen die Zahlung einer jährlichen Abfindungssumme zu gestatten. Die in diesem Verkehr errichteten Urkunden sind mit einem Hinweise darüber zu versehen, daß die Stempelpflicht durch die Vereinbarung einer Abfindungssumme erfüllt ist.

AB. 21; 44 Abs. 3; 45.

1. Hierdurch soll den häufigen Versuchen der Steuerpflichtigen, sich einer ihnen lästigen Versteuerung zu entziehen, vorgebeugt werden, wenn die Urkunde vernichtet oder abhanden gekommen ist, oder von einem andern zurückbehalten wird oder aus irgendeinem sonstigen Grunde sich nicht im Besitz des Steuerpflichtigen befindet. Mot. S. 17, 18. — Vgl. A. 2a bei § 17 d. G.

2. a) Die Gerichtsbehörden sind zur nachträglichen Einziehung eines zu der Urschrift einer notariellen Urkunde zu wenig verwendeten St. zuständig, obgleich dem Gericht nur eine Ausfertigung oder beglaubigte Abschrift zu den bestimmten Grundbuchzwecken vorgelegt wird. KG. 26. 3. 00, Joh. Bd. 22 S. B 15, FM. 23. 4. 01 III 4455, ZBl. S. 144, JMBl. S. 115.

b) Die Zuständigkeit der Gerichte zur Nachforderung ist jedoch keine ausschließliche; es steht auch den das Fehlen der St. entdeckenden Steuerbehörden die Befugnis zu, FehlSt. einzuziehen und in natura zu entwerten, selbst wenn feststeht, daß die Urkunden dem Gericht vorgelegt sind.

Über die Erstattung oder Ermäßigung von St. aus Billigkeitsrücksichten in diesen Fällen oder über die Erledigung von Beschwerden über den St.Ansatz entscheidet der Justizminister bzw. der Finanzminister, je nachdem die Nachforderung von St. zu den Gerichtskosten oder in natura erfolgt ist. FM. 17. 9. 04 III 11208, ZBl. S. 229, JMBl. S. 266.

c) Um eine wiederholte Nachforderung von StBeträgen zu notariellen Urkunden seitens der Gerichte und der StSteuerämter zu vermeiden, hat der Gerichtsschreiber, der FehlSt. eingezogen hat, den Notar, welcher die Urkunde aufgenommen hat, bei Aufstellung der Kostenrechnung durch frankierte Postkarte zu benachrichtigen.

Der Notar hat sodann einen entsprechenden Vermerk auf die Urkunde zu setzen. JM. 28. 10. 07, ZBl. S. 358.

d) Wenn aus Anlaß des Ersuchens eines andern Gerichts Beurkundungen in Angelegenheiten der freiwilligen Gerichtsbarkeit oder in Grundbuchsachen erfolgen, wenn z. B. ein Vormundschaftsgericht ein anderes Gericht ersucht, den angeblichen Vater eines unehelichen Kindes zu vernehmen, so hat der Ansatz der Kosten und St. bei dem beurkundenden Gericht, nicht dem ersuchenden Gericht, zu erfolgen. Bedarf jedoch ein auf Veranlassung des Vormundschaftsgerichts beurkundeter Vertrag zu seiner Rechtswirksamkeit der Genehmigung des Vormundschaftsgerichts, so ist der St. nach erteilter Genehmigung gemäß § 31 GKG. von dem Vormundschaftsgericht einzuziehen. JM. 6. 1. 05, JMBl. S. 8. — Vgl. A. 9b bei § 16.

§ 15.

Zeit der Stempelverwendung bei den von Behörden und Beamten aufgenommenen Verhandlungen.

(1) Behörden[1] und Beamte, einschließlich der Notare, jedoch ausschließlich der Schiedsmänner, haben zu allen von ihnen aufgenommenen Verhandlungen oder erteilten Ausfertigungen, Abschriften, Bescheinigungen, Auszügen und Genehmigungen aller Art den Stempel vor deren Aushändigung, spätestens aber binnen zwei Wochen nach dem Tage der Ausstellung der Urkunden, zu verwenden. Ist der Stempel innerhalb dieser Frist von den Verpflichteten nicht beigebracht, so ist

die zwangsweise Einziehung des Stempels binnen einer Woche bei der zuständigen Zollstelle von den vorbezeichneten Behörden und Beamten zu beantragen oder, wenn sie selbst zur zwangsweisen Einziehung von Geldern befugt sind, die zwangsweise Einziehung innerhalb der gleichen Frist anzuordnen.[2] Dieser Bestimmung unterliegen auch diejenigen Urkunden, bei denen ein Notar den Entwurf anfertigt und nach Vollziehung durch die Beteiligten die Unterschriften oder Handzeichen beglaubigt.

AB. 2; 5 Abs. 3 ff.; 6 Abs. 3; 12; 22; 28 Abs. 2; 32 Abs. 3.

(2) Insoweit die in der Tarifstelle „Erlaubniserteilungen" unter c, f und l aufgeführten Urkunden einen den Betrag von 1 Mark 50 Pf. beziehungsweise 3 Mark übersteigenden Stempel erfordern, ist der Mehrbetrag von den Steuerpflichtigen erst binnen zwei Wochen nach dem Tage der Rechtskraft der Zuschrift über das Ergebnis der Veranlagung zur Gewerbesteuer oder der auf das eingelegte Rechtsmittel ergangenen Entscheidung beizubringen (§§ 32 und 35 ff. des Gewerbesteuergesetzes vom 24. Juni 1891*) — Gesetzsamml. S. 205 —).

(3) Für die Versteuerung der stempelpflichtigen Verhandlungen der Schiedsmänner haben die Parteien den Stempel binnen zwei Wochen nach dem Tage der Aufnahme zu der Urschrift der Verhandlung beizubringen und dem Schiedsmanne zuzustellen. Die Schiedsmänner haben auf jeder von ihnen erteilten Vergleichsausfertigung zu vermerken, welcher Stempel zu der Urschrift verwendet oder daß ein solcher nicht beigebracht worden ist.

AB. 18, 22 Abs. 4.

1. Der § 15 kann auf Reichsbehörden keine Anwendung finden, weil das preußische StSteuerges. keiner Instanz die Möglichkeit gibt, eine Reichs-

---

*) Die betreffenden Bestimmungen des GewStG. lauten:

§ 32. Das Ergebniß der Veranlagung hat der Vorsitzende des Steuerausschusses jedem Steuerpflichtigen mittelst einer, zugleich eine Belehrung über die Rechtsmittel enthaltenden Zuschrift bekannt zu machen.

Auf die von dem Vorsitzenden des Steuerausschusses zu bewirkenden Zustellungen an Steuerpflichtige finden die Bestimmungen im § 53 des Einkommensteuergesetzes Anwendung.

§ 35. Gegen das Ergebniß der Veranlagung steht dem Steuerpflichtigen das Rechtsmittel des Einspruchs bei dem Steuerausschusse zu. Dasselbe ist bei dem Vorsitzenden des Ausschusses binnen einer Ausschlußfrist von 4 Wochen einzulegen, welche von dem auf die Zustellung der Steuerzuschrift (§§ 32 und 34) folgenden Tage ab läuft.

§ 36. Gegen die Entscheidung des Steuerausschusses über den Einspruch steht sowohl dem Vorsitzenden als dem Steuerpflichtigen binnen der im § 35

behörde zur Befolgung der Vorschrift des § 15 anzuhalten und ihre Nichtbefolgung zu ahnden. Ob Reichsbeamte auf Grund des Reichsbeamtenges. v. 31. 3. 73 zur Verantwortung gezogen werden können, möchte zweifelhaft sein. Ist der Reichsfiskus zur Haftung des St. wegen der ihm zustehenden Befreiung nicht verpflichtet und kann er auch nicht dazu angehalten werden, ihn einzuziehen und zu verwenden, so ist er folgerecht auch nicht verpflichtet, die Versteuerung etwaiger Lieferungsverträge zu überwachen; diese Überwachung liegt vielmehr den zuständigen preußischen Behörden ob. — Vgl. FM. 13. 2. 07 III 2304.

2. a) Von der Einziehung dem Staate zustehender Einnahmen darf nur im einzelnen Falle und, abgesehen von der Unmöglichkeit der Einziehung, nur auf Grund einer durch gesetzliche oder durch königliche Bestimmung erteilten Ermächtigung abgesehen werden. Nur unter gleicher Voraussetzung dürfen auch zur Staatskasse vereinnahmte Beträge zurückerstattet werden (§ 18 des Staatshaushaltsges. v. 11. 5. 98).

b) Die Ressortchefs sind unter gleichzeitiger Beilegung der Delegationsbefugnis ermächtigt, im einzelnen Falle von der Einziehung dem Staate zustehender Einnahmebeträge abzusehen und auch Defekte niederzuschlagen, wenn die Einziehung mit Kosten und Weiterungen für die Staatskasse verknüpft ist, die in keinem Verhältnis zu der Höhe der Einnahme stehen. Allerh. Erl. v. 24. 7. 06.

c) Durch FM. v. 19. 2. 07 III 2377 ist die Niederschlagungsbefugnis widerruflich auf die Oberzolldirektionen delegiert mit der Direktive, daß Weiterungen und Kosten (Schreibwerk, Porto usw.) außer Verhältnis zum Objekt stehen müssen, dann aber der Verzicht auf Einziehung des Betrages eintreten kann unabhängig davon, ob zugleich Billigkeitsrücksichten vorliegen, und ob der Schuldner zahlungswillig und zahlungsfähig ist. Voraussetzung des Verzichts ist im übrigen, daß er nach Lage der Verhältnisse des Einzelfalles auch sachlich unbedenklich erscheint.

---

bestimmten Ausschlußfrist das Rechtsmittel der Berufung an die Bezirksregierung (§§ 29 und 30) zu Der Steuerpflichtige hat das Rechtsmittel beim Vorsitzenden des Steuerausschusses einzulegen.

Fur den Vorsitzenden läuft diese Frist vom Tage der Entscheidung.

§ 37. Gegen die Entscheidung uber die Berufung steht dem Steuerpflichtigen die Beschwerde an das Oberverwaltungsgericht zu, welche innerhalb der im § 35 bestimmten Ausschlußfrist bei der Bezirksregierung (§§ 29 und 30) einzulegen ist, und nur darauf gestutzt werden kann

1. daß die angefochtene Entscheidung auf der Nichtanwendung oder auf der unrichtigen Anwendung des bestehenden Rechts, insbesondere auch der von den Behorden innerhalb ihrer Zuständigkeit erlassenen Verordnungen beruhe,
2. daß das Verfahren an wesentlichen Mängeln leide.

In der Beschwerde ist anzugeben, worin die behauptete Nichtanwendung oder unrichtige Anwendung des bestehenden Rechts, oder worin die behaupteten Mangel des Verfahrens gefunden werden.

Die Bestimmungen in §§ 45 bis 49 des Einkommensteuergesetzes finden sinngemäße Anwendung.

§ 16.

Zeit der Stempelverwendung bei Verhandlungen der Privatpersonen.

(1) Bei den nicht auf Stempelpapier niedergeschriebenen Verhandlungen[1] der Privatpersonen muß[2] die Versteuerung bewirkt sein:

a) bei Urkunden, zu welchen die Aussteller Stempelmarken ohne amtliche Überwachung verwenden dürfen, vor der Aushändigung, spätestens aber binnen zwei Wochen nach dem Tage der Ausstellung, vorbehaltlich der Bestimmung im § 14 Abs. 2;
AB. 5 Abs. 9.

b) bei Schriftstücken über die Übertragung eines Kuxes (vgl. Tarifstelle „Kuxe") vom Aussteller vor der Umschreibung im Gewerkenbuche, spätestens aber binnen zwei Wochen nach dem Tage der Ausstellung;[3]

c) bei Pacht- und Mietverträgen über unbewegliche Sachen innerhalb der in der Tarifstelle „Pacht- und Mietverträge" angegebenen Frist;

d) bei Gesellschaftsverträgen, die der Eintragung in das Handels- oder Genossenschaftsregister bedürfen, vor der Eintragung in die Register, spätestens aber binnen zwei Wochen nach dem Tage der Errichtung;

e) bei den von der Heeresverwaltung mit Privatpersonen abgeschlossenen Verträgen und Verhandlungen über Lieferungen, Werkverdingungen und sonstige Leistungen, die erst im Falle einer Mobilmachung zur Ausführung kommen sollen, binnen zwei Wochen nach Eintritt der Mobilmachung;[4]

f) bei im Ausland errichteten Urkunden, bei denen Inländer beteiligt sind, binnen zwei Wochen nach dem Tage der Rückkehr der Inländer[5] in das Inland, bei sonstigen im Ausland errichteten Urkunden, von denen im Inlande Gebrauch[6] gemacht werden soll, vor dem Gebrauch;

g) in allen übrigen Fällen vom Aussteller binnen zwei Wochen nach dem Tage der Ausstellung.[7]
AB. 5 Abs. 9; 23.

(2) Von jedem Inhaber oder Vorzeiger[8] einer stempelpflichtigen Urkunde, welcher ein rechtliches Interesse an dem Gegenstande derselben hat, ist die Versteuerung der Urkunde binnen zwei Wochen nach dem Tage des Empfanges zu bewirken.

(3) Bei Urkunden über Rechtsgeschäfte, welche erst durch die Genehmigung[9] oder den Beitritt einer Behörde oder eines Dritten

Rechtswirksamkeit erlangen, beginnt den Ausstellern gegenüber die Frist für die Verwendung des Stempels mit dem Ablaufe desjenigen Tages, an welchem sie von der Genehmigung oder dem Beitritte Kenntnis erhalten haben.[10. 11]

AB. 23 Abs. 5 Allg.V. § 2 Ziff. 1f, 2, 3.

1. Das Wort „Verhandlungen" ist gleichbedeutend mit Urkunden über Rechtsgeschäfte. AH. S. 2387.

2. Faktische Unmöglichkeit rechtzeitiger Versteuerung befreit von der Strafe. HSp. S. 253.

3. Vgl. A. 2 bei Tarif 34.

4. Diese Bestimmung findet auch Anwendung auf die vom Berliner Verein vom Roten Kreuz abgeschlossenen Verträge über Lieferungen, Werkverdingungen und sonstige Leistungen, die erst im Falle einer Mobilmachung zur Ausführung kommen sollen Soll die Ausführung nur im Bedarfsfalle während eines Krieges erfolgen, so ist die Versteuerung erst bei Erteilung des Auftrages zur Ausführung erforderlich. FM. 5. 8. 03 III 11066.

5. a) Ob jemand Inländer oder Ausländer ist, richtet sich lediglich nach dem Wohnsitz, nicht nach der Staatsangehörigkeit. FM. 18. 12. 96 III 16944.

b) Vom Ausland in das Inland im Wege der Rechtshilfe gelangende Urkunden erfordern einen St. nicht. § 165 Abs. 4 GVG.

6. a) „Gebrauch" bedeutet jedes Verwenden der Urkunde zu dem bestimmten Zweck, z. B. Einreichung bei Gericht, und zwar ist der Moment des Eingangs bei Gericht entscheidend. KG. 3. 1. 98, Arch. Bd. 6 S. 454.

b) Im Auslande sind von Ausländern Schuldscheine, Kautionsbestellungen, Bürgschaftserklärungen zugunsten der inländischen Versicherungsgesellschaft A ausgestellt und ihr ausgehändigt: die StPflicht derartiger Urkunden ist durch den Gebrauch bedingt (Entsch. Bd. 46 S. 273). Gebrauch liegt, wie hier, vor, wenn der Gläubiger von der Urkunde, die in seinem Interesse errichtet ist und eine Forderung oder einen Anspruch auf Sicherung dieser Forderung dartun soll, Besitz ergreift und sie behält; es bedarf nicht einer Benutzung als Beweismittel nach außen. Anders verhält es sich bei Vollmachten oder ähnlichen Ausweisurkunden, bei denen nur ein Gebrauch Dritten gegenüber denkbar ist, so z. B., wenn die Vollmacht nur in den Akten des Anwalts verwahrt wird. RG. 29. 5. 00. Auch liegt ein Gebrauch dann nicht vor, wenn die Urkunde vom Ausländer in das Inland nur mitgebracht oder einem andern dort zur Aufbewahrung gegeben ist —, sofern der andere nicht der Gläubiger ist. RG. 4. 4. 05, ZBl. S. 643, Entsch. Bd. 60 S. 342. — Vgl. A. 1 bei § 2 u. A. 19c, 30d zu Tarif 73.

7. a) Im Falle der Nichtvorlegung eines privatschriftlichen Grundstückskaufvertrages bei der Auflassung läuft die Frist zur Versteuerung des privatschriftlichen Vertrages seit dem Tage der Kenntnis von der Eintragung bzw. — bei Verzicht auf die Benachrichtigung — seit dem Tage der Eintragung FM. 12. 2. 00 III 1539, ZBl. S. 97, FMBl. S. 63. — Vgl. A. 9 zu Tarif 8 u. A. 4a zu Tarif 32.

b) Einreichung der Urkunde bei Gericht zum Zwecke der Beglaubigung der Unterschrift befreit die Interessenten nicht von der Pflicht zur rechtzeitigen Versteuerung HSp. S. 228.

8. a) Die Verpflichtung des Inhabers dem Fiskus gegenüber ist insofern eine akzessorische, als sie von dem Bestehen der StPflicht des „eigentlich Verpflichteten" abhängig ist, also nie früher bestehen kann als diese. KG. 29. 5. 00, JW. S. 607. RG. 25. 5. 00, Entsch. Bd. 46 S. 274. Eine an sich gegen den Aussteller nicht begründete StPflicht kann gegen den Inhaber nicht dadurch zur Entstehung gelangen, daß die Urkunde in den Besitz eines Interessenten gerät. — Es stand die StPflicht einer von einem Ausländer im Ausland ausgestellten Prozeßvollmacht in Frage, von der nicht Gebrauch gemacht war. — Vgl. A. 3 bei § 13 d. G.

b) Das Vergehen des Inhabers ist ein delictum sui generis und kann gleichzeitig neben dem Vergehen des Ausstellers gerügt werden. So ist der Rechtsanwalt als Inhaber oder Vorzeiger einer Vollmacht strafbar, wenn er nicht rechtzeitig für deren Versteuerung sorgt. KG. 26. 8. 97. Selbst bei verspäteter Einziehung des VollmachtSt. ist er für den Fehlbetrag haftbar. JM. 27. 2. 99, FM. 5. 3. 99 III 2838. — Vgl. A 1c zu § 13 u. A. 17e bei Tarif 73.

c) Der Inhaber oder Vorzeiger einer außerhalb Preußens ausgestellten Vollmacht zur Prozeßführung (der Bevollmächtigte) ist straffrei, wenn er die Vollmacht binnen zwei Wochen nach dem Tage des Empfanges dem Gericht überreicht. Auch gegen die Aussteller solcher Vollmachten soll, insoweit nicht etwa vor dem Gebrauch der Vollmacht in das Inland zurückgekehrte Inländer in Frage kommen (§ 16 lit. f), strafrechtlich nicht vorgegangen werden, weil solche Vollmachtgeber nur ausnahmsweise die Versteuerung werden bewirken können. FM. 11. 2. 98 III 1225.

d) Über die Frage, ob der gemäß § 2259 BGB. ein privatschriftliches unversteuertes Testament Überreichende als Inhaber anzusehen, s. bei Tarif 66 A 4.

9. a) Über Genehmigung eines Dritten s. §§ 182ff., 1643, 1690, 1821, 1828 BGB.

b) Zu Urkunden, die zur vormundschaftsgerichtlichen Genehmigung eingereicht sind, sind die St. als Gerichtskosten mit der Beendigung des Geschäfts, also alsbald nach Erteilung der Genehmigung, ohne Rücksicht auf die Mitteilung der Genehmigung an den andern Teil — § 1829 BGB. — einzuziehen. Falls das Rechtsgeschäft nicht zur Wirksamkeit gelangt, sei es durch Nichtmitteilung der Genehmigung an den andern Teil, sei es durch Zurücknahme der Genehmigung vor dieser Mitteilung, ist der St. niederzuschlagen oder zu erstatten. JM. 3. 10. 04, JMBl. S. 265.

Wenn ein Rechtsgeschäft von mehreren Vormundschaftsgerichten, insbesondere auch von außerpreußischen, zu genehmigen ist, so ist der St. bei demjenigen Gericht anzusetzen, welches zuletzt seine Genehmigung ausspricht. Wird die letzte Genehmigung von einem außerpreußischem Gericht erteilt, so muß die Vorschrift des § 31 PrGKG. außer Anwendung bleiben und es ist der St. in Natur zu verwenden; für den Beginn der Verwendungsfrist ist in diesen Fällen die Vorschrift des § 16 Abs. 3 LStG. maßgebend. JM. 21. 9. 06, JMBl. S. 291, ZBl. S. 1533. — Vgl. A. 2d bei § 14 d. G.

c) Bei notarieller Aufnahme eines die Genehmigung bedürfenden Akts haben die Notare zwar nicht den GeschäftsSt., aber wohl den NotariatsurkundenSt. sofort zu verwenden — JM. 29. 12. 99, JMBl. 00 S. 3 —, der auf den später fällig werdenden St. anzurechnen ist.

Bei getrennter notarieller Beurkundung des Kaufangebots und der Annahme ist dagegen der zu dem Angebote verwendete Notariatsurkunden St. auf den zu der Annahmeerklärung erforderlichen St. nicht anzurechnen. FM. 14. 11. 02 III 14323. — Vgl. A. 4 bei Tarif 45.

10. Die Steuerbehörden haben, soweit es sich nicht um gerichtliche Genehmigungen oder Bestätigungen handelt, den Eintritt der Genehmigung zu überwachen und die Urkunde ev. mit einem Vermerk zu versehen. Wird die Genehmigung nach zu früh erfolgter StVerwendung versagt, so ist der St. zu erstatten. Ist NaturalSt. verwendet, wo GerichtskostenSt. fällig war, und umgekehrt, so behält es dabei zwar sein Bewenden, doch ist auf das Vorschriftswidrige aufmerksam zu machen. FM. 15. 1. 00 III 203, ZBl. S. 14, JM. 29. 12. 99, JMBl. S. 3 v. 00.

11. Verträge, die vom Geschäftsführer einer Gesellschaft m. b. H. oder dessen Bevollmächtigten abgeschlossen werden, werden mit dem Zeitpunkt des Abschlusses rechtswirksam, weil nach § 37 Ges. über die Gesellschaften m. b. H. die Geschäftsführer zur Vertretung der Gesellschaft in der Art berechtigt sind, daß etwaige Beschränkungen ihrer Vertretungsbefugnis Dritten gegenüber keine rechtliche Wirkung haben. Voraussetzung ist hierbei natürlich, daß urkundlich nicht die Genehmigung der Gesellschaftsorgane vorbehalten ist.

Für die von dem Vorstande einer Aktiengesellschaft abgeschlossenen Verträge gilt derselbe Grundsatz. § 235 HGB.

Es ist deshalb ein im Auslande durch den Bevollmächtigten einer inländischen Gesellschaft mit einem Ausländer abgeschlossener, die Veräußerung eines dieser Gesellschaft gehörigen ausländischen Patents betreffender Vertrag stfrei, obwohl satzungsmäßig und tatsächlich die Zustimmung des Aufsichtsrats erst nach dem Abschluß im Inlande erfolgt. FM. 23. 9. 04 III 12393. — Vgl. A. 19 zu Tarif 32.

§ 17.

Festsetzung von Geldstrafen gegen Privatpersonen.

(1) Wer[1] den Vorschriften bezüglich der Verpflichtung zur Entrichtung der Stempelsteuer zuwiderhandelt,[2-4] hat eine Geldstrafe verwirkt, welche dem vierfachen Betrage des hinterzogenen Stempels gleichkommt, mindestens aber drei Mark beträgt.

(2) Betreffen die gedachten Zuwiderhandlungen die in der Tarifstelle „Pacht- und Mietverträge“ aufgeführten Verzeichnisse oder Urkunden, zu welchen Privatpersonen Stempelmarken ohne amtliche Überwachung verwenden dürfen, so ist eine Geldstrafe verwirkt, welche dem zehnfachen Betrage des hinterzogenen Stempels gleichkommt, mindestens aber dreißig Mark beträgt.

(3) Die gleiche Geldstrafe tritt ein, wenn

a) [5]bei Auflassungserklärungen[6] und Umschreibungsanträgen ein geringerer Wert angegeben wird, als der nach den Vorschriften der Tarifstelle „Kauf- und Tauschverträge“ bei der Versteuerung der Kaufverträge berechnete Betrag der von dem Erwerber übernommenen Lasten und Leistungen, mit Einschluß des Preises und unter Zurechnung der vorbehaltenen Nutzungen;

b) bei Auflassungserklärungen und Umschreibungsanträgen eine Urkunde über das Rechtsgeschäft vorgelegt wird, welche dasselbe nicht so enthält, wie es unter den Beteiligten hinsichtlich des Wertes der Gegenleistung verabredet ist, und einem geringeren Stempel unterliegt, als die Beurkundung des wirklich verabredeten Rechtsgeschäfts erfordern würde.

Allg.V. § 14 Ziff. 4.

(4) Kann der Betrag des hinterzogenen [7] Stempels nicht festgestellt werden, so tritt eine Geldstrafe bis zu dreitausend Mark ein.

(5) Die verwirkten Geldstrafen treffen jeden Unterzeichner oder Aussteller einer Urkunde besonders und in vollem Betrage.[8]

(6) Bei Genossenschaften und Aktiengesellschaften sind die Geldstrafen gegen die Vorstandsmitglieder, bei Kommanditgesellschaften gegen die persönlich haftenden Gesellschafter, bei offenen Handelsgesellschaften gegen die Gesellschafter, bei Gesellschaften mit beschränkter Haftung gegen die Geschäftsführer, bei Gewerkschaften gegen die Repräsentanten oder Grubenvorstände nur im einmaligen Betrage, jedoch unter Haftbarkeit jedes einzelnen als Gesamtschuldners, festzusetzen. Ebenso ist zu verfahren, wenn mehrere Urkundenaussteller bei einem Geschäft als gemeinschaftliche Kontrahenten beteiligt sind.

(7) Bei Zuwiderhandlungen gegen die Vorschriften bezüglich der Verpflichtung zur Entrichtung der Stempelsteuer unter I der Tarifstelle „Pacht- und Mietverträge“ trifft die Geldstrafe nur den Verpächter oder Vermieter.

1. Da nur physische Personen eine strafbare Handlung begehen können, ist eine Straffestsetzung z. B. gegen die Direktion einer Aktiengesellschaft unzulässig. FM. 11. 2. 98 III 1225. — Vgl. A. 1 zu § 21.

2. a) Der Tatbestand der strafbaren Steuerhinterziehung erfordert weder Vorsatz noch Fahrlässigkeit. Es genügt zur Anwendung des § 17 die tatsächliche Feststellung, daß den Vorschriften bezüglich der Verpflichtung zur Versteuerung zuwider gehandelt ist. Wenn sich indes aus den Umständen ergibt, daß eine Steuerhinterziehung nicht beabsichtigt war, so tritt nur Ordnungsstrafe ein. KG. 9. 11. 03 u. 25. 3. 09, Joh. Bd. 26 S. C 69 u. Bd. 37 S. C 25. — Vgl. A. 1 zu § 14 u. A. 2a zu § 18.

b) Wird die stpflichtige Urkunde von dem Gegenkontrahenten zurückgehalten, so ist zur Vermeidung der Bestrafung die StPflicht durch Einreichung einer den wesentlichen Inhalt der Urkunde enthaltenden Anzeige bei einer zur Entwertung von StZeichen befugten Amtsstelle zu erfüllen. KG. 14. 12. 99, Joh. Bd. 19 S. 258.

3. Bei den von mittelbaren oder unmittelbaren Staatsbeamten einschließlich der Notare aufgenommenen Verhandlungen sind die beteiligten Privatpersonen von Strafe frei, es sei denn, daß der § 16 Abs 3 vorliegt. FM. 26. 3. 97 III 830

4. Die Nichtversteuerung der mehreren Exemplare des nämlichen Vertrages wird als **eine** strafbare Handlung angesehen, wegen welcher gegen jeden der Teilnehmer eine Strafe in Höhe des Vierfachen des Gesamtbetrages der zu den verschiedenen Vertragsexemplaren erforderlichen St. festzusetzen ist. FM. 23 4. 94 III 5135, HSp. S 252.

5. Lit. a hat nur die Angabe eines geringeren als des aus den stattgehabten Verabredungen, insbesondere den Preisvereinbarungen, sich ergebenden Wertes des aufzulassenden Grundstücks im Auge. Ist der Preis nicht verabredet, so greift § 6 Abs 1 Platz KG. 21. 2 98, Arch. Jahrg. 46 S. 73. — Vgl. A. 12b bei Tarif 8

6. Bei der Auflassung ist nach § 17 Abs. 3 LStG. der Erwerbspreis auch dann anzugeben, wenn eine Abtretung des Rechts auf Auflassung stattgefunden hat, unmittelbar obligatorische Beziehungen also zwischen dem Auflassungsgeber und dem Auflassungsnehmer nicht bestehen. Voraussetzung aber ist, daß der Gegenstand der Auflassung sich mit dem Gegenstand des letzten Erwerbsgeschäfts deckt. KG. 25. 11. 01, Joh. Bd. 23 S. C 32.

7. a) Als hinterzogen ist der volle AuflassungsSt. ohne Berücksichtigung des zu der Urkunde verwendeten Betrages anzusehen. (Tarif 8 Abs. 4.) — Vgl. A. 12b u f bei Tarif 8.

b) Der Kaufpreis war auf 2475 Mk. verabredet, aber zur Ersparung von StKosten war im Vertrage ein Kaufpreis von 2400 Mk. angegeben. Gelegentlich der Auflassung wurde dieser Vertrag vorgelegt: Als hinterzogen gilt der volle AuflassungsSt. von 25 Mk, nicht nur 1 Mk. Die Geldstrafe beträgt also 250 Mk. KG. 18 5. 03, Joh. Bd. 26 S. C 17.

c) Beruht die Auflassung auf einem Kaufvertrage und ist der Kaufpreis höher als der gemeine Wert des aufgelassenen Grundstücks, so ist der St. und die StStrafe von dem höheren Kaufpreise zu berechnen. KG. 4. 7. 04, Joh. Bd. 28 S. C 16.

8. Die Strafe soll auch denjenigen treffen, der die Urkunde produziert, ebenso den Inhaber derselben AH. S. 2389. — Vgl. A. 8b bei § 16.

§ 18.

Festsetzung von Ordnungsstrafen gegen Privatpersonen.

(1) Wenn in den Fällen des vorhergehenden Paragraphen aus den Umständen sich ergibt, daß eine Steuerhinterziehung nicht hat verübt werden können oder nicht beabsichtigt worden ist, so tritt statt der vorgedachten Geldstrafen eine Ordnungsstrafe bis zu dreihundert Mark ein.[1–3]

(2) Diese Strafe haben auch Repräsentanten oder Grubenvorstände von Gewerkschaften verwirkt, wenn sie die Umschreibung von

Kuxen im Gewerkenbuche vor erfolgter Versteuerung der Übertragungsurkunden vornehmen.[4]

(3) Dieselbe Strafe ziehen Zuwiderhandlungen gegen die Vorschriften dieses Gesetzes oder gegen die zu dessen Ausführung erlassenen Vorschriften, die im Gesetze mit keiner besonderen Strafe belegt sind, nach sich.

1. Als Mindestbetrag der Strafe gilt stets 1 Mk. FM. 22. 7. 98 III 10221.

2. a) Liegt objektiv keine StHinterziehung nach § 17 vor, so kann auch keine Ordnungsstrafe verhängt werden. RG. 21. 2. 98, Arch. Jahrg. 46 S. 73. — Vgl. A. 2a zu § 17.

b) Es bedarf im Urteil der Feststellung bestimmter Tatsachen, aus denen sich ergibt, daß eine StHinterziehung nicht hat verübt werden können oder nicht beabsichtigt worden ist, wenn an Stelle der Strafe des § 17 die des § 18 treten soll. Die Anwendung des § 18 wird schon durch die Annahme, daß der Angeklagte möglicherweise der StPflichtigkeit der Urkunde sich bewußt gewesen ist, ausgeschlossen. Man soll sich über die gesetzlichen Bestimmungen unterrichten und kann sich dann, wenn man dies unterlassen, nicht auf seinen Irrtum berufen. RG. 29. 5. 99, Straff. Bd. 32 S. 191, ZBl. S. 297. Etwaige Zweifel an der Absicht der Hinterziehung rechtfertigen die Anwendung des § 18 nicht. Die Verurteilung aus § 17 muß erfolgen, wenn die Negativfeststellung, daß sich aus den Umständen ergibt, daß der Angeklagte eine StHinterziehung nicht beabsichtigt habe, nicht erfolgen kann. RG. 11. 5. 03, DJZ. S. 347.

3. Wenn eine Mehrzahl von Marken vorschriftswidrig entwertet ist, so liegt eine fortgesetzte strafbare Handlung vor RG. 18. 4. 98, JMBl. S. 368.

4. Vgl. A. 2 zu Tarif 34.

§ 19.

Festsetzung von Ordnungsstrafen gegen Beamte einschließlich Notare.

(1) Unmittelbare oder mittelbare Staatsbeamte, einschließlich der Notare, welche bei ihren amtlichen Verhandlungen oder bei den im Auftrag oder namens einer unmittelbaren oder mittelbaren Staatsbehörde mit Privatpersonen abgeschlossenen Verträgen die ihnen durch dieses Gesetz oder die zu dessen Ausführung erlassenen Vorschriften hinsichtlich der Versteuerung auferlegten Pflichten versäumen, sind, sofern nicht nach der Art des Vergehens wegen verletzter Amtspflicht eine höhere Strafe eintritt, mit einer Ordnungsstrafe bis zum Betrage des nicht verwendeten Stempels, jedoch nicht über einhundertfünfzig Mark, zu belegen.

AB. 24.

(2) Die Privatpersonen, mit welchen die Verträge abgeschlossen sind, desgleichen die Inhaber oder Vorzeiger bleiben von Strafe frei.

(3) Bezüglich der Festsetzung der Strafen gegen Beamte, einschließlich Notare, kommt der § 60 des Verwaltungsstrafgesetzes vom 26. Juli 1897*) (Gesetzsamml. 1897 S. 237) zur Anwendung;[1] die Ermäßigung oder Niederschlagung der Strafe kann durch dasjenige Ministerium angeordnet werden, zu dessen Verwaltung der Beamte gehört. Allg.V. § 24.

1. a) Gegen Notare und Gerichtsvollzieher setzen wohl die Landgerichtspräsidenten die Ordnungsstrafe fest; wegen Nachbringung der St.-Abgabe aber hat die Steuerbehörde, nachdem ihr der Landgerichtspräsident gemäß § 30 Abs. 3 d. G. Mitteilung gemacht hat, das Erforderliche zu veranlassen und den Landgerichtspräsidenten und den Notar davon zu benachrichtigen. FM. 5. 3. 97 III 2429, ZBl. S. 92.

b) Gegen Landräte setzt die StStrafe nach § 60a VStrG. der Regierungspräsident fest. FM. 17. 2. 98 III 1906, ZBl. S. 114.

§ 20.

Straffreiheit.

Wenn der Stempel entsprechend der Auskunft der zur Verwaltung des Stempelwesens bestellten Behörde verwendet worden ist, so treten die Strafen der §§ 17 bis 19 nicht ein.

§ 21.

Strafverfahren.

Bei Zuwiderhandlungen gegen dieses Gesetz kommen hinsichtlich des Verwaltungsstrafverfahrens und der Voraussetzungen für die

---

*) Dieser lautet:

Die auf die Festsetzung der Landesstempelstrafen gegen Beamte und Notare durch die ihnen vorgesetzte Aufsichtsbehorde bezüglichen Bestimmungen, insbesondere die Vorschriften des § 19 des Stempelsteuergesetzes vom 31. Juli 1895 (Gesetz-Samml. S. 413), bleiben mit folgenden Maßgaben in Kraft:

a) Die Untersuchung und Festsetzung der Strafe erfolgt gegen Gerichtsbeamte und Notare durch den Präsidenten des Landgerichts, gegen sonstige unmittelbare Staatsbeamte durch den Vorsteher der fur den Verwaltungszweig bestellten Provinzialbehorde und gegen mittelbare Staatsbeamte durch den Präsidenten der Regierung, in Berlin durch den Polizeipräsidenten, insoweit nicht eine den hiernach zur Entscheidung berufenen Beamten vorgesetzte Behorde nach diesen Bestimmungen zuständig ist.

b) Gegen unmittelbare Staatsbeamte eines Verwaltungszweiges, fur welchen eine Provinzialbehörde nicht besteht, erfolgt die Untersuchung und Festsetzung durch den Vorsteher der zunächst vorgesetzten Dienstbehörde.

Über die Beschwerde entscheidet derjenige Minister, welcher der straffestsetzenden Behorde fur den Verwaltungszweig, dem der Beamte angehort, vorgesetzt ist

Im Übrigen sind die Vorschriften dieses Gesetzes maßgebend.

Zulässigkeit des gerichtlichen Strafverfahrens die Vorschriften des Verwaltungsstrafgesetzes vom 26. Juli 1897 (Gesetzsamml. 1897 S. 237) zur Anwendung.[1—5]

AB. 25

1. Die Strafverfolgung gegen eine Firma ist unzulässig, weil nur eine bestimmte individuelle Person Subjekt einer strafbaren Handlung sein kann. RG. 21. 9. 06, ZBl. S. 1507. Bei Einstellung des Strafverfahrens gegen die Firma und nachträglicher Heranziehung des Firmeninhabers liegt eine Verletzung des Grundsatzes ne bis in idem nicht vor. RG. 17. 4. 96. — Vgl. A. 1 zu § 17.

2. Die Erklärung der Verwaltungsbehörde, daß sie einer Strafverfolgung sich anschließe, muß dem Gericht eingereicht werden. Ein Schreiben an die Staatsanwaltschaft genügt nicht, auch wenn es mit den staatsanwaltlichen Akten demnächst an das Gericht gelangt. RG. 21. 6. 00, ZBl. S. 1 v. 01.

3. Die Befugnis der StSteuerämter erstreckt sich nur auf die Festsetzung von Ordnungsstrafen gemäß § 7 Abs. 2 d. G., nicht auf die Festsetzung von StStrafen aus §§ 17 u. 18 d. G. FM. 23. 12. 98 III 15027.

4. Die Schrift, durch welche die Revision begründet wird, muß aus sich selbst erkennen lassen, auf welche Gesetzesverletzung das Rechtsmittel gestützt wird, so daß eine Bezugnahme auf andere Schriftstücke nicht genügt. RG. 3. 7. 06 II. — Vgl. Entsch. in Str. Bd. 29 S. 411.

5. Die Strafverfolgungsbefugnis der Steuerbehörde bezieht sich nur auf das Steuervergehen, umfaßt also nicht die damit in Idealkonkurrenz begangene Verletzung des § 284 StrGB. RG. 23. 1. 03, JW. S. 220.

§ 22.

Strafvollstreckung.

Die Umwandlung einer Geldstrafe, zu deren Zahlung der Verpflichtete unvermögend ist, in eine Freiheitsstrafe findet nicht statt. Hinsichtlich der Beitreibung von Geldstrafen durch Versteigerung von Grundstücken und der zwangsweisen Eintragung der Geldstrafen im Grund- oder Hypothekenbuche kommt die Vorschrift des § 54 Abs. 2 des Verwaltungsstrafgesetzes vom 26. Juli 1897*) (Gesetzsamml. 1897 S. 237) zur Anwendung.

AB. 26. Allg.V. § 25.

---

*) Die hier in Betracht kommenden Bestimmungen des VStrG. lauten im Auszuge:

§ 52. Strafbescheide werden, wenn auf die Einlegung der zulässigen Rechtsmittel verzichtet oder die formgerechte Einlegung innerhalb der gesetz-

§ 23.

Verjährung der Strafverfolgung und der Strafvollstreckung.

Die Strafverfolgung von Zuwiderhandlungen gegen die Vorschriften dieses Gesetzes und die zu dessen Ausführung erlassenen Bestimmungen sowie die Vollstreckung der dieserhalb rechtskräftig festgesetzten und rechtskräftig erkannten Strafen verjährt in fünf Jahren.[1]

1. Im Verwaltungsstrafverfahren unterbricht schon der Erlaß des Strafbescheides, nicht aber erst dessen Zustellung die Verjährung der Strafverfolgung; es ist also das Datum der zu den Akten gebrachten Niederschrift maßgebend. RG. 5. 7. 02, ZBl. S. 254 und FM. 6. 11. 02 III 12760, ZBl. S 293.

III. Abschnitt.

Besondere Bestimmungen.

§ 24.

Ersatz für die vor dem Verbrauche verdorbenen Stempelzeichen.

Für Stempelzeichen, welche vor dem Verbrauche durch Zufall oder Versehen verdorben worden sind, kann Ersatz beansprucht werden.[1–3]

AB. 27; 64 Abs. 3; 65 Abs. 8; 68 Abs. 7.

1. a) Für Erstattung unverdorbener StMaterialien bedarf es der Ermächtigung des Ministers. FM. 22. 1. 00 III 698.

b) Ein Umtausch unversehrter StMaterialien gegen andere zu anderen Werten ist ebenfalls durch den FM. zu genehmigen. FM. 17. 3. 03 III 3437.

2. Der Notar A. hat infolge Versehens seines Boten statt Reichs-StMaterialien preußische StMaterialien ausgeliefert erhalten. Da die Materialien unversehrt waren, hat der FM. den PStd. ermächtigt, die Materialien in die hauptamtlichen Bestände zurücknehmen und den Geldbetrag dafür erstatten zu lassen. — Bei der Seltenheit solcher Fälle ist davon abgesehen, eine allgemeine Ermächtigung zur Zurücknahme unversehrter Landes-StZeichen zu erteilen. FM. 16. 1. 07 III 657.

3. Für verlorene StMaterialien kann Erstattung nur erfolgen, wenn die wirkliche Vernichtung nachgewiesen ist. FM. 17. 1. 00 III 494.

---

lichen Frist unterlassen oder das angebrachte Rechtsmittel zuruckgenommen ist, vollstreckbar.

Beschwerdebescheide sind ohne weiteres vollstreckbar.

§ 54. Die Vollstreckung liegt den Hauptamtern ob

Zur Beitreibung von Geldstrafen darf ohne Zustimmung des Bestraften, wenn dieser ein Deutscher ist, kein Grundstuck versteigert werden

§ 25.

Erstattung bereits verwendeter Stempel.

(1) Die entrichtete Stempelsteuer wird erstattet:[1–5]

a) wenn ein gesetzlich nicht erforderlicher Stempel verwendet und der Erstattungsantrag innerhalb zweier Jahre[6] nach der Entrichtung des Stempels angebracht worden ist;

AB. 28.

b) [7]wenn der von Behörden oder Beamten, einschließlich der Notare, in der Erwartung der Zahlung verwendete Stempel von den zur Entrichtung desselben Verpflichteten nicht beigetrieben werden kann;

c) [8]wenn ein beurkundetes Geschäft nichtig oder infolge einer Anfechtung als von Anfang an nichtig anzusehen ist und die Erstattung innerhalb zweier Jahre nach der Beurkundung oder, falls die Nichtigkeit durch rechtskräftiges Urteil festgestellt ist, binnen Jahresfrist nach Eintritt der Rechtskraft nachgesucht wird.

AB. 28.

(2) [9]Außerdem kann die Erstattung bereits verwendeter Stempel aus Billigkeitsgründen angeordnet werden, wenn die Ausführung eines Geschäfts[10] unterblieben oder ein Geschäft auf Grund der Wandelung rückgängig gemacht ist. Die Erstattung muß innerhalb zweier Jahre nach der Beurkundung des Geschäfts beantragt werden; wird der Antrag auf Tatsachen gestützt, die erst nach der Beurkundung eingetreten sind, so beginnt die zweijährige Frist mit dem Tage, an dem der Antragsteller von diesen Tatsachen Kenntnis[11] erhalten hat. In den Fällen der Wandelung[12] durch rechtskräftiges Urteil muß die Erstattung binnen Jahresfrist nach Eintritt der Rechtskraft nachgesucht werden.

AB. 2; 28 Abs. 9ff.; 68 Abs. 7.

(3) Der Zollverwaltung bleibt jedoch im Falle zu c und im Falle des vorhergehenden Absatzes das Recht vorbehalten, den Stempel von demjenigen Vertragschließenden wieder einzuziehen, welcher bei der Beurkundung des Geschäfts von den die Nichtigkeit oder Ungültigkeit desselben bedingenden Umständen Kenntnis gehabt oder die unterbliebene Ausführung des Geschäfts oder die Wandelung verschuldet hat.[13, 14]

AB. 28 Abs. 7. Allg.V. § 9 Ziff. 2.

1. In Fällen, in denen infolge gerichtlicher Urteile die Verwaltung von ihrer früheren Praxis abgeht, wird für die schon vorher durch freiwillige Zahlung oder Ablauf der Klagefrist erledigten StSteuersachen Erstattung nicht gewährt.

2. Ist zur Zeit der StVerwendung der Anspruch der Staatskasse auf den St. bereits verjährt und aus der voraussetzlich ohne Kenntnis der Verjährung geleisteten Zahlung nicht zu schließen, daß auf den Verjährungseinwand verzichtet werden sollte, so ist unter Umständen dennoch Erstattung zulässig. FM. 16. 9. 96 III 12543, HSp. S. 335.

3. Die Rückzahlung einer StAbgabe seitens der Verwaltungsbehörde steht der späteren Wiedereinforderung derselben Abgabe nicht entgegen. RG VII 1. 2. 07.

4. Wegen der Erstattungsansprüche aus § 25 Abs. 1a bis c ist der Rechtsweg überhaupt nicht zulässig, auch nicht auf Grund des § 26. Letzterer Paragraph hat nur die Fälle im Auge, in denen es sich um die Frage handelt, ob nach den zur Zeit der Einforderung, Zahlung oder Beitreibung des St. vorhandenen Voraussetzungen eine Verpflichtung zu dessen Entrichtung bestand oder nicht; der § 25 enthält lediglich eine im Verwaltungswege zur Durchführung zu bringende gesetzliche Anweisung an die StSteuerbehörde, entrichtete StBeträge unter gewissen Voraussetzungen zu erstatten. RG 4. 4. 05, ZBl. S. 500, Entsch. Bd. 60 S. 349; 18. 10. 07. Holdh. S. 146 v. 08.

5. Einer Erstattung aus § 25 Abs 1 steht nicht der Umstand entgegen, daß der Antrag auf § 25 Abs. 2 gestützt wird FM. 2. 3. 03 III 12861.

6. a) Die Frist des § 25 ist gewahrt, auch wenn der Antrag an eine unzuständige Steuerstelle gerichtet ist, natürlich rechtzeitig, und wenn der Antrag von einem Rechtsanwalt gestellt wird, der erst nachträglich Vollmacht einreicht. Der Grundsatz des § 184 Abs. 1 BGB. ist auch nach dem LStG. anzuwenden. FM. 24. 7. 08 III 13023.

b) Aus der vorläufigen Versteuerung auf Grund des in Werkverträgen angegebenen — auf Schätzung beruhenden — Werts der Lieferungen und Arbeitsleistungen und aus der vorläufigen Versteuerung der Grundstückskaufverträge, in denen die Höhe des Kaufpreises von einer Vermessung der Grundstücke abhängig gemacht ist, ergibt sich, daß, wenn bei der endgültigen Feststellung sich eine Überhebung herausstellt, der überhobene Betrag nach § 25 Abs. 1 zu erstatten ist. Die zweijährige Antragsfrist findet dabei keine Anwendung, es ist vielmehr die Richtigstellung der vorläufigen StBerechnung von Amts wegen herbeizuführen. FM. 19. 2. 07 III 2936.

c) Die zweijährige Frist seit der Entrichtung des St. beginnt nur dann zu laufen, wenn schon zur Zeit der StEntrichtung der St. sich als gesetzlich nicht erforderlich erwies. FM. 11. 3. 05 III 2768.

Im vorliegenden Falle handelte es sich um die Erstattung eines am 15. 8. 01 zu einer Stiftungsurkunde verwendeten St. Das Gesuch um Anerkennung der betr. Stiftung als milde, das den Antrag auf StErstattung in sich schließt, datierte vom 21. Juli 1902. Die Stiftung wurde im Juli 1904 als milde anerkannt und es ist auch erst von diesem Zeitpunkte ab die Befreiung der Urkunde vom St. eingetreten.

d) Unterbrechung der zweijährigen Frist tritt nicht durch Klage des Käufers gegen den Verkäufer ein. FM. 12. 7. 99 III 8939.

e) Ein gesetzlich nicht erforderlicher, als Gerichtsgebühr erhobener St. kann nur binnen zwei Jahren nach seiner Bezahlung mittels Erinnerung zurückverlangt werden. KG. 21. 11. 04, Joh. Bd. 29 S. B 88.

7. Der Erstattungsanspruch aus § 25 lit. b ist einer Ausschlußfrist nicht unterworfen.

8. Bei den der Rechtswirksamkeit ermangelnden Rechtsgeschäften spricht das Bürgerliche Gesetzbuch von:

a) Nichtigkeit, wenn das Geschäft von vornherein der Rechtswirksamkeit entbehrt. Hierher gehören vorzugsweise Willenserklärungen Geschäftsunfähiger (§ 105 Abs. 1), geistig Gestörter (§ 105 Abs. 2), nicht ernstlich gemeinte oder Scheingeschäfte (§§ 117, 118), der gesetzlichen Form ermangelnde Geschäfte (§ 125), gesetzlich verbotene oder gegen die guten Sitten verstoßende Willenserklärungen (§§ 134, 138);

b) Anfechtbarkeit, wenn das Rechtsgeschäft zunächst gültig ist und es auch bleibt, wenn der Anfechtungsberechtigte von dem Anfechtungsrechte keinen Gebrauch macht. Werden solche Geschäfte aber mit Erfolg angefochten, so sind sie nach § 142 Abs. 1 BGB. von Anfang an als nichtig anzusehen. Es sind dies die wegen Irrtums, Betrugs oder Zwanges anfechtbaren Geschäfte (§§ 119, 123).

In der Verwaltungspraxis sind nun Zweifel darüber entstanden, ob der § 25 Abs. 1 zu c des StSteuergesetzes, der unter der Geltung des Preußischen Landrechts entstanden ist und dem Sprachgebrauch dieses Rechts folgt, auch auf die unter b erörterten Fälle anzuwenden ist. Der Entwurf beseitigt diese Zweifel zugunsten der Steuerpflichtigen dahin, daß er die Erstattungspflicht auf die nach § 142 Abs. 1 BGB. als nichtig anzusehenden Rechtsgeschäfte ausdehnt. Begr. S. 2 (09).

9. a) Abs. 2 ist nur anwendbar beim Vorliegen besonderer Billigkeitsgründe, — FM. 9. 12. 96 III 16629 u. 30. 8. 99 III 11151, — so daß die Erstattung zu versagen sein wird an den, der die unterbliebene Ausführung verschuldet hat, oder wenn der Rücktritt ohne äußere zwingende Veranlassung erfolgt, etwa geschäftlicher Vorteile wegen, oder wenn beim Vertragsschluß arglistig zu Werke gegangen ist, oder wenn in besonders guter Vermögenslage Befindliche die erforderliche Sorgfalt außer acht gelassen haben, oder der Verkäufer sich nicht oder in ganz ungenügender Weise um die Zahlungsfähigkeit des Käufers gekümmert hat, oder wenn der Antragsteller durch die Nichtausführung keinen vermögensrechtlichen Nachteil erlitten hat. Hierbei ist die Frage, ob eine Erstattung zu gewähren ist, nur nach den persönlichen Verhältnissen desjenigen zu beurteilen, der die Abgabe bezahlt hat. Ist letzterer etwa von dem Gegenkontrahenten für die StZahlung oder sonst entschädigt und hat in die Auszahlung des St. an den Gegenkontrahenten gewilligt, so kann dieser Umstand nicht dazu führen, die persönlichen Verhältnisse des letzteren für die Gewährung von Billigkeitsrücksichten zugrunde zu legen. FM. 19. 12. 00 III 14941, 2. 3. 06 III 12861

b) Steht dem die Erstattung Nachsuchenden gegen seinen Vertragsgenossen nach den Bestimmungen des Vertrages oder des bürgerlichen Rechts ein Rückgriffsrecht zu, so ist ihm zunächst zu überlassen, dieses Recht geltend zu machen und erst dann Erstattung zu gewähren, wenn er zu seiner Befriedigung nicht gelangen kann, z. B. weil der Verpflichtete kein Vermögen besitzt. FM. 2. 3. 03 III 12861.

c) Der Umstand, daß der Käufer dem Verkäufer als Entschädigung für die diesem entstandenen Nachteile die Hälfte des St. für den Fall der Rückzahlung zugesichert hat, ist nicht geeignet, die sonst zuzulassende Erstattung auszuschließen, da es Sache des Käufers ist, in welcher Weise er den erstatteten St. in seinem Interesse zu verwenden glaubt. FM. 17. 9. 01 III 11591.

10. a) Unter „Ausführung eines Geschäfts" ist nicht nur solche unter denselben Vertragschließenden zu verstehen, vielmehr liegt Geschäftsausführung auch schon dann vor, wenn der Verpflichtete nicht unmittelbar an den Berechtigten selbst, sondern an einen Dritten geleistet hat, der an die Stelle des Berechtigten getreten ist, z. B. an einen Vorkaufsberechtigten. FM. 23. 11. 05 III 15028.

b) Eine unterbliebene Geschäftsausführung kommt überhaupt nicht in Frage, wenn die Beurkundung und die Ausführung des Geschäfts zeitlich zusammentrifft, z. B. wenn Urkunden nicht unmittelbar Rechtsgeschäfte zum Gegenstand haben (z. B. Inventarien, Taxen usw.), oder wenn in öffentlichen Urkunden tatsächliche Vorgänge bescheinigt werden (hierher gehören Auszüge, Beglaubigungen von Abschriften und Unterschriften, ferner andere amtliche Zeugnisse aller Art, Wechselproteste und andere Proteste usw.) oder wenn die Erhebung das St. lediglich durch die Form der Beurkundung bedingt wird (z. B. AusfertigungsSt. oder die festen St. bei Notariatsurkunden und Protokollen). Bei Notariatsurkunden kann daher der St. zu den Urschriften nur bis auf den Betrag von 3 Mk. und zu den Duplikaten überhaupt nicht erstattet werden. Dagegen ist bei privatschriftlichen Urkunden die Erstattung des DuplikatSt. zulässig; ferner können St. erstattet werden zu öffentlichen Urkunden dispositiver Natur, z. B. zu Naturalisationsurkunden oder zu Erlaubniserteilungen in gewerbepolizeilichen Angelegenheiten, wenn der Konzessionar den Betrieb des Gewerbes nicht angefangen, also von der Urkunde keinen Gebrauch gemacht hat. FM. 2. 3. 03 III 12861.

c) Die Annahme, daß bei Abtretungserklärungen die Ausführung des Geschäfts mit der Beurkundung zusammenfällt, trifft nicht zu bei hypothekarischen Forderungen, da es zu deren Abtretung nach § 1154 BGB. neben der Abtretungserklärung noch der Übergabe des Hypothekenbriefes oder bei Buchhypotheken der Eintragung in das Grundbuch bedarf. FM. 13. 4. 08 III 6803.

d) Die bloße Übertragung der Rechte aus einem Grundstücksveräußerungsvertrage seitens des Erwerbers an einen Dritten kann als Ausführung des Geschäfts nicht angesehen werden; erst dann ist das Geschäft vielmehr als ausgeführt zu erachten, wenn auch die Auflassung des Grundstücks seitens des Veräußerers an den Erwerber stattgefunden hat. FM. 3. 8. 07 III 13881.

e) In einem nicht zur Ausführung gekommenen Kaufvertrag über ein Grundstück nebst Inventar war auf das Inventar ein besonderer Preis gerechnet: erstattet wurde nur der ImmobiliarkaufSt., da der auf das Inventar entfallende KaufSt. der Staatskasse verbleiben müsse, weil das Inventar dem Käufer bereits überliefert gewesen, der Vertrag mithin insoweit ausgeführt sei. FM. 12. 5. 02 III 6044.

Da jedoch die zur Übertragung des Eigentums an beweglichen Sachen nach § 929 BGB. erforderliche Einigung unter einer Bedingung vorgenommen werden kann und die rechtlichen Wirkungen solcher bedingten Eigentumsübertragungen sich nach den §§ 158ff. BGB. bestimmen, so bleibt der Veräußerer, wenn die Übergabe unter einer aufschiebenden Bedingung erfolgt, gemäß § 158 Abs. 1 BGB. und § 161 a. a. O. bis zum Eintritt der Bedingung Eigentümer und erst mit diesem Zeitpunkt geht das Eigentum auf den Erwerber über, auch wenn er den Besitz schon vorher erlangt hat. Bei Verträgen über die Veräußerung von Schankgrundstücken ist daher die Erstattung des BeilaßSt. auf Grund des § 25 Abs. 2 LStG. trotz erfolgter Übergabe des Beilasses zulässig, wenn die Gültigkeit des Vertrages von der üblichen Bedingung der Erteilung der Genehmigung zum Schankwirtschaftsbetriebe abhängig gemacht ist und die Bedingung infolge der Versagung der Genehmigung ausfällt. Liegt dagegen eine auflösend bedingte Eigentumsübertragung vor, wie es namentlich bei Nichtzahlung des bedungenen Kaufpreises der Fall ist, so wird der Erwerber bereits mit der Besitzübergabe nach § 158 Abs. 2 BGB. Eigentümer, und das Eigentum fällt mit Eintritt der Bedingung an den Veräußerer zurück. In diesem Fall ist nach Übergabe des beweglichen Beilasses eine Erstattung nicht mehr zulässig. — Nach den gleichen Gesichtspunkten regelt sich die StPflicht bei Abtretungen von Forderungen. Es wird z. B. in dem vorerwähnten Falle auch der St. zu den seitens der Veräußerer beurkundeten Abtretungen des Kaufpreises zurückgewährt werden können, wenn infolge Versagung der Konzession das Hauptgeschäft hinfällig wird. FM. 19. 10. 05 III 10904

f) Ist der Inhaber einer Konzession zum Betriebe einer Apotheke vor Eröffnung der Apotheke gestorben, so kann der zur Konzessionsurkunde verwendete St. erstattet werden. FM. 7. 6. 98 III 7989.

g) Zu Standeserhöhungen ist die Erstattung dann versagt, wenn kurz nach Aushändigung des Patents der Inhaber gestorben war. FM. 6. 7. 98 III 9576, HSp. S. 340.

h) Werden Ursprungszeugnisse wegen Formmangels durch andere ersetzt oder als nicht erforderlich nicht benutzt, so ist eine Erstattung des verwendeten St. nicht zulässig, weil bei Zeugnissen von einem nicht ausgeführten Geschäft i. S. des § 25 Abs. 2 d. G. nicht die Rede sein kann. — Vgl. A. 4kk und 5ee bei Tarif 77.

i) Gelangt eine ausgestellte Postvollmacht nicht zur Verwendung, weil der Vollmachtauftrag nicht zur Ausführung kommt, so erfolgt die Herbeiführung der ev. Erstattung auf Grund § 25 Abs 2. FM. 5. 12. 03 III 16207.

In Fällen, in denen sog. Postvollmachten von den Postbehörden wegen formeller Mängel zurückgewiesen werden, weil z. B. der zu der Vollmacht erforderliche St. von dem hierzu nicht zuständigen Polizeirevierbeamten oder Stadtbezirksvorsteher entwertet ist, der die Unterschrift unter der Vollmacht beglaubigt hat, hat nach Anfertigung einer neuen Vollmacht die Erstattung des zu der ersten Urkunde verwendeten St. gleichfalls aus Billigkeitsrücksichten zu erfolgen; ebenso in ähnlichen Fällen z. B. bezüglich der den Spediteuren erteilten und von den Güterabfertigungsstellen aus gleichen Gründen zurückgewiesenen Vollmachten. FM. 21. 11. 10 III 20388. — Vgl. A. 15b zu Tarif 73 und A. 9h bei Tarif 77.

11. Die jetzige Bestimmung des § 25 Abs. 2, wonach die zweijährige Erstattungsfrist unterschiedslos nach dem Tage der Beurkundung des Geschäfts beginnt, führt zu Unbilligkeiten, wenn die Erstattung durch Tatsachen gerechtfertigt wird, die erst nach der Beurkundung eingetreten sind, z. B. durch den Nichteintritt aufschiebender Bedingungen. Der Entwurf bestimmt deshalb, daß in solchen Fällen die zweijährige Frist erst mit dem Tage beginnen soll, an dem der Erstattungsberechtigte von den Tatsachen Kenntnis erlangt hat. Begr. S. 3 (09).

12. Der Unterausschuß hat sich darüber schlüssig gemacht, daß eine gewisse Berücksichtigung der Wandelung geboten sei, daß aber nicht der Abs. 1, nach welchem der St. erstattet werden müsse, sondern der Abs. 2, nach welchem der St. erstattet werden könne, der geeignete Ort sei, um der Wandelung diese Berücksichtigung angedeihen zu lassen.

Der Unterausschuß ist von der Erwägung ausgegangen, daß, wenn die Wandelung unter diejenigen Geschäfte aufgenommen werde, bei denen der St. erstattet werden müsse, dann der StHinterziehung Tür und Tor geöffnet werde. Wenn bei einem Kaufgeschäft den Kontrahenten nachträglich einfalle, die Sache wieder rückgängig zu machen aus irgendwelchen ganz außerhalb des Geschäfts liegenden Gründen, so könnten sie die Wandelung verabreden und den St. ersparen. Dem solle vorgebeugt werden, und es sei daher die vorgeschlagene Bestimmung in Abs. 2 hineingearbeitet worden, wobei dann die StBehörde zu prüfen habe, ob tatsächlich nach den wirtschaftlichen Verhältnissen des Falles ein Anlaß zur Berücksichtigung gegeben sei. KB. S. 11 (09).

13. Dem nach § 25 Abs. 3 in Anspruch genommenen Kontrahenten steht der Rechtsweg offen. Das Gericht entscheidet materiell, ob die Voraussetzung für Abs. 3 zutrifft. RG. 16. 6. 99.

14. Hinsichtlich des rechnungsmäßigen Nachweises der StErstattungen sind im Einverständnis mit dem Finanzminister zu den AusfBest. Ziff. 27 Abs. 1 u. 2 und Ziff. 28 Abs. 5, 6, 7, 9 u. 10 seitens der Kgl. Ober-Rechnungskammer in der Allg.V. v 27. 9. 10 Nr. Z. 1124 Anordnungen getroffen, auf welche hingewiesen wird. ZBl S 478.

§ 26.

Rechtsweg.

[1]In Beziehung auf die Verpflichtung zur Entrichtung einer Stempelabgabe ist der Rechtsweg[2] zulässig. Die Klage ist bei Verlust des Klagerechts binnen sechs Monaten[3] nach erfolgter Beitreibung oder geleisteter Zahlung gegen diejenige Oberzolldirektion zu richten, in deren Verwaltungsbezirk die Steuer erfordert worden ist.[4–7] Wenn es sich um Stempelbeträge handelt, welche nach den für Gerichtskosten geltenden Vorschriften einzuziehen sind, ist die Klage gegen die zur Vertretung des Fiskus in Angelegenheiten der Justizverwaltung bestimmte Behörde zu richten.

AB. 29. Allg.V. § 7.

1. Über ungerechtfertigte Bereicherung s. §§ 812 ff. BGB.

2. a) Unter Rechtsweg ist der Gegensatz zu Verwaltungsweg zu verstehen. Der Mangel der Voraussetzungen des Rechtsweges führt zur Ab-

weisung der Klage als unbegründet, aber nicht zur Abweisung wegen Unzulässigkeit des Rechtsweges. RG. 14. 12. 96, JW. 97 S. 69.

b) Der Rechtsweg ist für alle Arten von St. zugelassen, auch ist die Zulässigkeit der Klage nicht von einer mit Vorbehalt geleisteten Zahlung abhängig. KB. S. 108. — 17 KS. S. 7. — Vgl. A. 4 bei § 25.

c) Die Zulassung der Klage ist nicht durch die vorherige Beschreitung oder Erschöpfung des Beschwerdeweges bedingt RG. 4. 2. 08, Entsch. Bd. 68 S. 59, ZBl. S. 251.

Selbst eine Aufforderung an die Verwaltungsbehörde zur Rückzahlung braucht der Klage nicht voranzugehen. KS. 17 S. 7 u. 8.

d) Die Frage der StPflicht kann auch im Wege der Feststellungsklage zum Austrag gebracht werden, insofern deren allgemeine Voraussetzungen nach der ZPO. im Einzelfall gegeben sind. RG. 24. 2. 93, Entsch. Bd. 31 S. 30 u. 4. 4. 05, ZBl. S. 500. Besonders kann es im Interesse des Fiskus liegen, im Wege der Widerklage die Feststellungsklage anzustellen.

e) Eine Leistungsklage steht dem Fiskus nicht zu, dafür hat er das Verwaltungszwangsverfahren; dagegen hat er in Steuerprozessen eine Widerklage bzw. Feststellungswiderklage. RG. 5. 11. 09, ZBl. S. 164 v. 10, Entsch. Bd 72 S. 156.

f) Übergang von einer Leistungsklage zu einer Feststellungsklage ist zulässig; Klageänderung liegt darin nicht. RG. 11. 11. 02, JW. S. 19 v. 03.

g) Die Zustellung der Klage an einen nicht legitimierten Vertreter des Fiskus ist dergestalt wirkungslos, daß durch sie die Frist zur Klageerhebung nicht unterbrochen wird. RG. 12. 11. 07, JW. S. 838.

h) Dem Gerichte, bei welchem die Klage auf Feststellung der Nichtverpflichtung zur Zahlung eines St. erhoben ist, steht nicht die Befugnis zu, die Einstellung des zur Beitreibung des St. anhängigen Verwaltungszwangsverfahrens durch einstweilige Verfügung anzuordnen. RG. 20. 3. 90, Entsch. Bd. 25 S. 406.

3. a) Die Frist zur Klageerhebung rechnet vom Tage der wirklichen Zahlung; eine vorläufige zur Sicherstellung bis zur Entscheidung im Verwaltungswege geleistete Zahlung kennt das Gesetz nicht, sollte die Zahlung von der Steuerbehörde auch als vorläufige gebucht sein. RG. 20. 5. 97, JW. S. 371.

b) Der Lauf der sechsmonatigen Klagefrist wird durch die Gerichtsferien nicht gehemmt. RG. 4. 2. 08, Entsch Bd. 68 S. 55, FM. 4 5. 08 III 7970, ZBl. S. 251.

c) Kläger hat bei dem Zweifel des Stadtausschusses über die Höhe des zu verwendenden KonzessionsSt. auf Anlaß des Stadtausschusses bis zur Auskunft der Steuerbehörde zur einstweiligen Sicherstellung den Höchstbetrag hinterlegt. Nach Erteilung der Auskunft der Steuerbehörde ist der hinterlegte Betrag zu den von dem Kläger durch den Stadtausschuß wieder eingeforderten Urkunden in StMaterialien verwendet: die Frist zur Anstellung der Klage auf Rückzahlung rechnet vom Tage der wirklichen Verwendung des hinterlegten Betrages, nicht vom Tage der Hinterlegung. RG. 29. 5. 00, Rassow u. Küntzel Jahrg. 44 S. 1015.

d) Der Monat kommt als ein Zeitraum von 30 Tagen in Betracht. RG. 16. 5. 99, JW. S. 460.

e) Die Einrede wegen Ablaufs der Klagefrist ist als Einrede der Verjährung anzusehen. Deshalb ist die Frist keine Präklusivfrist und die Einrede ist nicht von Amts wegen zu berücksichtigen, sondern sie muß erhoben werden. RG. 10. 5. 97, JW. S. 376.

4. a) Zu den „Ansprüchen gegen den Landesfiskus in betreff der Verpflichtung zur Entrichtung einer Stempelabgabe", für die nach § 39 Abs. 1 Z. 4 AG. zum GVG. die Landgerichte ausschließlich zuständig sind, gehören auch die Zinsen aus einer zurückgeforderten StAbgabe. Ist für die Rückforderung einer Abgabe der Rechtsweg ausgeschlossen, so gilt dies auch für etwaige Zinsen. Die Revision ist ev. auch ohne Rücksicht auf den Wert des Beschwerdegegenstandes zulässig, soweit nur Zinsen in Betracht kommen sollten. Die kurz bemessene Frist zur Erhebung der Klage gilt auch für den Anspruch auf Zinsen, falls diese allein geltend gemacht werden. RG. 13. 6. 02, JW. S. 450.

b) Bei Rückforderung von St. können gegen den Fiskus nur 4 Prozent Verzugszinsen berechnet werden. RG. 5. 1. 99, JW. S. 118. § 352 HGB., §§ 246, 288 BGB.

c) Verzugszinsen können nach §§ 818, 819, 291 BGB. nicht schon vom Tage der geleisteten Zahlung, sondern erst vom Tage der Klagezustellung verlangt werden, sofern nicht der beklagte Fiskus bei Empfang des Geldes den Mangel des rechtlichen Grundes gekannt oder ihn später erfahren hat. RG. 17 2. 03, Entsch. Bd. 54 S. 25 u. 29. 10. 09, Entsch. Bd. 72 S. 152.

5. Dadurch, daß der Fiskus berechtigt ist, auf administrativem Wege die Steuer beizutreiben, verändern sich nicht die Grundsätze über die Darlegungspflicht und die Beweislast, falls die Frage der Steuerpflichtigkeit im Prozeßwege zur Erörterung gelangt. Sache des Fiskus ist es vielmehr, wenn im Wege der Klage eine unter Vorbehalt gezahlte oder im administrativen Verfahren beigetriebene StAbgabe zurückgefordert wird, darzulegen und event. zu beweisen, daß die tatsächlichen Voraussetzungen der StPflichtigkeit vorgelegen haben. RG. 30. 5. 90, Entsch. Bd. 26 S. 56, u. 6. 10. 99, JW. S. 735.

6. a) Dem Klageanspruch auf Rückzahlung einer Erbschaftssteuer ist vom Fiskus eine nicht auf derselben tatsächlichen Unterlage ruhende StForderung entgegengestellt. Die Zulässigkeit der Geltendmachung von StForderungen im Rechtsstreit im Wege der Aufrechnung seitens des Fiskus ist anerkannt. RG. 6. 11. 00, JMBl. S. 40 von 1902 u. RG. 18. 12. 00, ZBl. S. 78, JMBl. S. 127 v. 01, Entsch. Bd. 47 S. 330.

b) Der Stempelpflichtige dagegen kann gegen den StAnspruch des St.-Fiskus nicht aufrechnen mit einer ihm gegen eine andere Kasse des Staates z. B. Eisenbahnfiskus, zustehenden Forderung, und zwar selbst nicht mit einer solchen, die auf vertragsmäßige anteilige Tragung des erforderten St. gerichtet ist (§ 395 BGB.). RG. 6. 5. 04, Holdh. S. 273.

7. Der Steuerfiskus ist für ein einem Notar als seinem Hilfsorgan zur Last fallendes Versehen nicht verantwortlich und haftbar, weil dem Notar keine allgemeine Vertretungsbefugnis für den Steuerfiskus beigelegt ist; bei Erhebung der anläßlich seiner dienstlichen Tätigkeit zu erhebenden St. ist der Notar als Zahlungsnehmer für den Fiskus anzusehen, jedoch nicht als Vertreter des Fiskus, so daß etwaige Willensfehler des Notars dem Fiskus nicht schädlich sein können. RG. 7. 2. 01, JW. S. 177.

§ 27.

Verjährung der Stempelsteuer.

(1) [1]Die Stempelsteuer verjährt, wenn sie auf einen Bruchteil des Wertes des Gegenstandes zu bemessen ist, in zehn, sonst in fünf Jahren nach Ablauf des Kalenderjahres, in welchem die Zahlung der Abgabe hätte erfolgen müssen.

AB. 61 Abs. 4.

(2) Die Verjährung wird unterbrochen durch eine an den Zahlungspflichtigen erlassene Aufforderung zur Zahlung, durch Handlungen der Zwangsvollstreckung oder durch Bewilligung einer Stundung. Mit dem Ablaufe desjenigen Kalenderjahres, in welchem die letzte Aufforderung zugestellt, die letzte Vollstreckungshandlung vorgenommen oder die bewilligte Frist abgelaufen ist, beginnt eine neue Verjährung.

(3) Die Beanstandung der Angaben der Steuerpflichtigen über den Wert des Gegenstandes eines Geschäfts ist binnen einer dreijährigen Frist nach der Beurkundung zulässig.[2]

Allg.V. § 6 Ziff. 5, § 17

(4) Die Fristen des ersten und dritten Absatzes beginnen bezüglich der nach der Tarifstelle 66 zu entrichtenden Stempel erst nach Ablauf des Kalenderjahres, in welchem die Eröffnung der Verfügung erfolgt. Allg.V. § 1 Ziff. 4.

1. Auf die Verjährung einer vor dem 1 April 1896 eingetretenen StPflicht finden die Grundsätze des sonst geltenden allgemeinen Rechts Anwendung. Diese gehen dahin, daß die kürzere Verjährung des neuen Rechts Anwendung findet, so zwar, daß ihr Lauf erst mit der Geltung des neuen Gesetzes beginnt, daß aber, wenn die ältere, längere, vor dem Gesetz bereits begonnene Verjährung eher ablaufen würde, dieses dem Verpflichteten günstigere Ergebnis, obwohl der teilweise Ablauf der Frist des älteren Rechts kein wohlerworbenes Recht, sondern nur eine rechtliche Aussicht begründete, ungeachtet des Eintritts des neuen Gesetzes dem Schuldner erhalten bleiben soll. RG. 25. 4. 02, Entsch. Bd. 51 S. 226 u. 20. 4. 09, Entsch. Bd. 71 S. 82.

2. a) Bei Prüfung eines vor dem 1. April 1896 errichteten Vertrages über den Verkauf einer Apotheke war beanstandet, daß der Preis für beweglichen Beilaß und das Privilegium in einer ungetrennten Summe angegeben waren: diese Beanstandung war trotz Ablaufs der Frist des § 27 Abs. 3 zulässig, weil es sich nicht um Beanstandung der bloßen Werte handelt, sondern um Beanstandung der unrichtigen Charakterisierung der Rechtseigenschaft der Veräußerungsgegenstände. FM. 22. 2. 04 III 2356.

b) Sind in einem Kaufvertrage Einzelwerte für unbewegliche und für bewegliche Sachen angegeben, so kann diese Angabe nur binnen drei Jahren nach der Beurkundung als unrichtig beanstandet werden, und zwar auch dann, wenn sich die Beanstandung auf die Behauptung gründet, daß aus Rechtsirrtum unbewegliche Sachen zu den beweglichen gerechnet seien. KG. 6. 4. 04, Joh. Bd. 28 S. B 23. Es waren von einer Gasaktiengesellschaft Gebäude nebst Gasrohrnetz usw. verkauft. Im St-Interesse waren die Kaufpreise auf unbewegliche Sachen, bewegliche Sachen und Rechte verteilt. Nach Ablauf von 3 Jahren wurden die Wertangaben beanstandet, weil das Rohrnetz als bewegliche Sache behandelt war.

Ob die Sache anders zu beurteilen gewesen wäre, wenn in dem Vertrage für das Rohrnetz ein besonderer Wert ausgeworfen und nur streitig gewesen wäre, ob das Rohrnetz als beweglich oder unbeweglich anzusehen, ist unentschieden gelassen. — Vgl. A. 4 bei § 10.

§ 28.

Berechnung der Fristen.

Für die Berechnung der in diesem Gesetz und dem Tarif erwähnten Fristen sind die Bestimmungen der Deutschen Zivilprozeßordnung*) maßgebend.

---

*) Zivilprozeßordnung:

§ 222. Fur die Berechnung der Fristen gelten die Vorschriften des Burgerlichen Gesetzbuchs **)

Fällt das Ende einer Frist auf einen Sonntag oder allgemeinen Feiertag, so endigt die Frist mit Ablauf des nächstfolgenden Werktages.

Bei der Berechnung einer Frist, welche nach Stunden bestimmt ist, werden Sonntage und allgemeine Feiertage nicht mitgerechnet.

**) Bürgerliches Gesetzbuch:

§ 187. Ist für den Anfang einer Frist ein Ereignis oder ein in den Lauf eines Tages fallender Zeitpunkt maßgebend, so wird bei der Berechnung der Frist der Tag nicht mitgerechnet, in welchen das Ereignis oder der Zeitpunkt fällt.

Ist der Beginn eines Tages der fur den Anfang einer Frist maßgebende Zeitpunkt, so wird dieser Tag bei der Berechnung der Frist mitgerechnet. Das Gleiche gilt von dem Tage der Geburt bei der Berechnung des Lebensalters.

§ 188. Eine nach Tagen bestimmte Frist endigt mit dem Ablaufe des letzten Tages der Frist

Eine Frist, die nach Wochen, nach Monaten oder nach einem mehrere Monate umfassenden Zeitraume — Jahr, halbes Jahr, Vierteljahr — bestimmt ist, endigt im Falle des § 187 Abs 1 mit dem Ablaufe desjenigen Tages der letzten Woche oder des letzten Monats, welcher durch seine Benennung oder seine Zahl dem Tage entspricht, in den das Ereignis oder der Zeitpunkt fällt, im Falle des § 187 Abs 2 mit dem Ablaufe desjenigen Tages der letzten Woche oder des letzten Monats, welcher dem Tage vorhergeht, der durch seine Benennung oder seine Zahl dem Anfangstage der Frist entspricht.

Fehlt bei einer nach Monaten bestimmten Frist in dem letzten Monate der fur ihren Ablauf maßgebende Tag, so endigt die Frist mit dem Ablaufe des letzten Tages dieses Monats

§ 29.
Kosten.

(1) Die Verhandlungen in Stempelsteuerangelegenheiten — mit. Ausnahme derjenigen im Strafverfahren, hinsichtlich deren die Vorschriften des Verwaltungsstrafgesetzes vom 26. Juli 1897 (Gesetzsamml. 1897 S. 237) zur Anwendung kommen — sind kostenfrei.[1, 2]

(2) Die Steuerpflichtigen sind zur Tragung des durch die Verhandlungen mit ihnen erwachsenden Portos verbunden.

AB. 30.

1. Ein Grundbuchrichter hatte für eine auf Antrag erfolgte unberechtigte Eintragung auf Beschwerde des Berechtigten dem Fiskus die außergerichtlichen Kosten auferlegt: Dies war unzulässig. Nur im Prozeßwege kann über die Kostenpflicht entschieden werden. KG. 3. 10. 98, I J. 518. 98.

2. Von dem die portofreie Beförderung bedingenden Aversionierungsvermerk dürfen auch einzelne Beamte, die eine Staatsbehörde nicht vertreten, sowie die auf Dienstreisen oder auf Urlaub befindlichen Beamten Gebrauch machen. Auch die Portokosten für die Dienstsendungen der StVerteiler sind in das Aversionierungs-Abkommen einbezogen. FM. 13. 7. 95 III 10119 und 12. 7. 98 III 8341, HSp. S. 372.

Vgl. die Bestimmungen über die geschäftliche Behandlung der Postsendungen in Staatsdienstangelegenheiten v. 7. 2. 94, ZBl. S. 129.

§ 30.
Verwaltung der Stempelsteuer.

(1) Die Verwaltung des gesamten Stempelwesens wird unter Leitung des Finanzministers von den Oberzolldirektionen durch die Stempelsteuerämter und Zollbehörden geführt.

AB. 31.

(2)[1] Die Hauptzollämter sowie Stempelsteuerämter sind verpflichtet, gegen Erstattung der ihnen an Schreibgebühren und Porto[2] erwachsenden Kosten den zur Verwendung des Stempels verpflichteten Personen Auskunft über die Höhe des Stempels zu erteilen.

AB. 32.

(3) Außer den Zollbehörden haben alle diejenigen Staats- oder Kommunalbehörden und Beamten,[3] welchen eine richterliche oder Polizeigewalt anvertraut ist, die besondere Verpflichtung, auf Befolgung der Stempelgesetze zu halten und alle bei ihrer Amtsverwaltung zu ihrer Kenntnis kommenden Zuwiderhandlungen gegen dieses Gesetz behufs Einleitung des Strafverfahrens von Amts wegen zur Anzeige zu bringen.[4]

AB. 33; 77. Allg.V. §§ 22, 23.

1. Der § 30 Abs. 2 setzt eine schon bestehende Verpflichtung zur Verwendung eines St. voraus, die erst mit der unterschriftlichen Vollziehung einer Urkunde entsteht. Es ist deshalb eine gesetzliche Verpflichtung zur Auskunfterteilung bei Vorlegung von bloßen Entwürfen nicht vorhanden. FM. 16. 11. 01 III 13128.

2. a) Zur Erstattung von Kopialien und Porto sind auch mittelbare Behörden und Beamte, insbesondere nicht von Kgl. Behörden geführte Polizeiverwaltungen und Amtsvorsteher verpflichtet. Befreiung genießen nur unmittelbare Staatsbehörden und Beamte. FM. 29. 3. 97 III 3656, ZBl. S. 116.

b) Auch Notare haben Schreibgebühren zu zahlen. Kreisphysiker dagegen nicht.

c) Erstattungsgesuche, in denen gleichzeitig um Auskunft über die StPflichtigkeit gebeten wird, sind schreibgebührenfrei zu erledigen. FM. 2. 2. 98 III 1054.

3. Der Abs. 3 trifft auch auf die Verwaltungsgerichte zu. FM. 14. 7. 96 III 9438, ZBl. S. 535, desgleichen auf die Magistrate — Erl. d. M. d. J. 28. 1. 83, HSp. S. 385 — und auf die Regierungen. Jedoch kann, falls rechtzeitige StVerwendung noch möglich ist, Antragsteller auf den Mangel des St. aufmerksam gemacht werden; nach Ablauf der StLösungsfrist darf zur nachträglichen Beibringung nicht mehr aufgefordert und von dieser Beibringung die Erstattung der Anzeige abhängig gemacht werden. FM. 25. 5. 98 III 7303 — 14. 10. 03 III 13591. — Vgl. A. 8h bei Tarif 73.

4. Die Anzeigen sind an die nach §§ 5 und 60 VStG. zuständige Behörde zu richten.

§ 31.

Aufsichtsführung.

(1) Die nähere Aufsicht über die gehörige Beobachtung dieses Gesetzes führen die Vorstände der Stempelsteuerämter, welche mit besonderer Anweisung vom Finanzminister versehen werden.

AB. 34 Abs. 1.

(2) Alle Behörden und Beamten,[1] einschließlich der Notare, ferner Aktiengesellschaften, Kommanditgesellschaften auf Aktien, eingetragene Genossenschaften, Gewerkschaften, Gesellschaften mit beschränkter Haftung, Versicherungsgesellschaften auf Gegenseitigkeit und diejenigen Personen, welche gewerbsmäßig Auktionen abhalten, sind verpflichtet, den vorbezeichneten Vorständen behufs Prüfung der gehörigen Abgabenentrichtung die Einsicht ihrer Akten, Bücher und Schriftstücke zu gestatten.[2]

AB. 34 Abs. 2ff.; 74.

(3) Ferner sind alle Verpächter und Vermieter verbunden, die von ihnen zu führenden Verzeichnisse den Vorständen auf Verlangen einzureichen.

AB. 34 Abs. 8; 77; 78 Abs. 6; Beil. 3 § 11.

(4) Privatpersonen sind auf Erfordern der Vorstände der Stempelsteuerämter verpflichtet, sich über die gehörige Beobachtung

der Stempelgesetze auszuweisen, wenn Tatsachen vorliegen, welche den dringenden Verdacht rechtfertigen, daß von ihnen ein Stempelgesetz verletzt ist. Bei dringendem Verdacht einer Stempelsteuerhinterziehung hat auf einen durch Angabe und Glaubhaftmachung der vorliegenden Tatsachen zu begründenden Antrag des Vorstandes des Stempelsteueramts das Amtsgericht, in dessen Bezirke die Privatperson ihren Wohnsitz oder in Ermangelung dessen ihren gewöhnlichen Aufenthaltsort hat, über die Anordnung einer Beschlagnahme oder Durchsuchung Entscheidung zu treffen.[3] Der Ausführung der Beschlagnahme oder Durchsuchung hat eine Aufforderung zum Ausweis über die gehörige Beobachtung der Stempelsteuergesetze unmittelbar vorauszugehen. Auf das Verfahren finden im übrigen die Vorschriften der Strafprozeßordnung mit der Maßgabe entsprechende Anwendung, daß der Beschlagnahme oder Durchsuchung der Vorstand des Stempelsteueramts beziehungsweise ein mit seiner Vertretung beauftragter Beamter beiwohnen kann.

AB. 35; Beil. 3 § 10 u. 12. Allg.V. § 23 Ziff. 3—6.

1. Die Reichsbank und ihre Nebenstellen, die Zentralbehörden und das Heroldsamt und ebenso das Patentamt sollen einer Revision nicht unterworfen werden — FM. 25. 3. 96 III 4229, wohl aber die Verwaltungsgerichte. FM. 14. 7. 96 III 9488. — Es erscheint jedoch unbedenklich, daß von dem Patentamt in besonderen Fällen, soweit das StSteuerinteresse in Frage steht, den Organen der Preußischen StVerwaltung die Akteneinsicht gestattet oder wenigstens entsprechende Auskunft erteilt wird. FM. 8. 8. 99 III 10241.

2. a) Sie sind berechtigt von allen Akten usw. Einsicht zu nehmen. FM. 19. 11. 96 III 15780.

b) Am Anfang des Geschäftsjahres machen die StSteuerämter den Landgerichtspräsidenten die Notare namhaft, deren Revision für das Geschäftsjahr in Aussicht genommen ist; die Landgerichtspräsidenten machen ihrerseits den Vorständen des StSteueramts von der Bewilligung eines Urlaubs an die betreffenden Notare Mitteilung. FM. 12. 2 97 III 1093, JM. 19. 1. 97 I 7005.

3. a) Vgl. § 18 VStrG., wonach es für Beschlagnahmen und Durchsuchungen bei § 31 LStG. sein Bewenden behalten soll.

b) Der Antrag der Steuerverwaltung über die Anordnung einer Beschlagnahme oder Durchsuchung unterliegt der freien Beweiswürdigung des Richters. KB. S. 112.

§ 32.

Anfertigung, Verkauf und Verwendung von Stempelzeichen und Anlegung von Verzeichnissen.

(1) Der Finanzminister erläßt die Anordnungen wegen der Anfertigung, des Verkaufs und der Verwendung des Stempelpapiers

und der Stempelmarken, wegen der Zulässigkeit der Verwendung von Stempelmarken ohne amtliche Überwachung, wegen der im § 14 bezeichneten Abfindungen und wegen Anlegung der in der Tarifstelle „Pacht- und Mietverträge" vorgeschriebenen Verzeichnisse.

(2) Stempelmarken, welche von Privatpersonen nicht in der vorgeschriebenen Weise verwendet worden sind, werden als nicht verwendet angesehen.

AB 27 Abs. 1; 36.

§ 33.

Unbefugter Handel mit Stempelzeichen.

Der unbefugte Handel mit Stempelzeichen wird unter Einziehung der Vorräte mit einer Geldstrafe bis zu einhundertfünfzig Mark bestraft.

§ 34.

Übergangsbestimmungen.

(1) Dieses Gesetz tritt mit dem 1. Juli 1909 in Kraft. Bezüglich derjenigen Urkunden, welche vor diesem Tage Stempelpflichtigkeit erlangt haben, kommen die bisherigen Bestimmungen zur Anwendung.

(2) Bezüglich der vor dem 1. Juli 1909 errichteten schriftlichen Pacht- und Mietverträge der Tarifstelle 48 I finden die Vorschriften dieser Tarifstelle hinsichtlich der über den 30. Juni 1909 hinaus sich erstreckenden Pacht- und Mietdauer mit der Maßgabe Anwendung, daß ein Drittel des Stempelbetrages für die ursprüngliche Gültigkeitsdauer des Vertrages unerhoben bleibt.[1–3] Bezüglich der vor dem 1. April 1896 errichteten schriftlichen Pacht- und Mietverträge der Tarifstelle 48 I bleibt es bei den bisherigen Bestimmungen.[4]

(3) Für die am 1. Juli 1909 bereits im Gebrauche befindlichen in der Tarifstelle 11 a bezeichneten Automaten und Musikwerke ist die Karte für die Zeit vom 1. Juli bis 31. Dezember 1909 innerhalb des Monats Juli 1909 zu lösen.

1. a) Mit dieser Bestimmung sollen etwaige Unbilligkeiten ausgeschlossen werden. KB. S. 19 (09).

b) Ein Regierungskommissar bemerkte im Abgeordnetenhause auf Anfrage: Die Sache gestaltet sich also so, daß bei denjenigen Verträgen, die vor dem Inkrafttreten dieser Novelle abgeschlossen sind, der Steuersatz von $^1/_{10}$ % bis zum Tage des Inkrafttretens dieser Novelle zu entrichten ist, und daß von da ab die höheren Sätze Platz greifen.

Was die Verlängerung angeht, so findet auf sie die Vergünstigung, daß $^1/_3$ des St. unerhoben bleiben soll, keine Anwendung; denn bei solchen Verlängerungen handelt es sich doch nicht mehr um die ursprüngliche Gültigkeitsdauer, sondern es tritt eine Verlängerung der ursprünglichen Gültigkeitsdauer, also eine neue Gültigkeitsdauer ein infolge der Tatsache, daß von dem Kündigungsrecht kein Gebrauch gemacht worden ist. Drucks. 09 S. 7116.

2. Unter der ursprünglichen Gültigkeitsdauer ist derjenige Zeitraum zu verstehen, für den die schriftlichen Pacht- und Mietverträge bereits vor dem 1. Juli 1909 in einer beide Vertragsteile bindenden Weise abgeschlossen sind, also nicht nur der von vornherein bei der Errichtung der Verträge vereinbarte, eine bestimmte Anzahl von Jahren, Monaten, Wochen oder Tagen umfassende Zeitraum, sondern auch derjenige Zeitraum dieser Art, währenddessen die Verträge infolge einer in dem Vertrage vorgesehenen, vor dem 1. Juli 1909 eingetretenen Verlängerung über den 30. Juni 1909 hinaus in Geltung geblieben sind. Dagegen fallen die erst nach dem 30. Juni 1909 rechtswirksam gewordenen Verlängerungen, bei denen mithin die unterlassene Kündigung oder der sonstige die Fortsetzung des Pacht- oder Mietverhältnisses bedingende Umstand erst nach diesem Zeitpunkt eingetreten ist, nicht unter den Begriff der ursprünglichen Geltungsdauer, so daß insoweit die Steuervergünstigung keine Anwendung findet. Für mündliche Pacht- und Mietverträge kommt die Außeransatzlassung eines Drittels des StBetrages nicht in Betracht. FM. 8. 12. 09 III 21101.

3. Da nach Abs. 6 der Tarifstelle 48 I Verträge über die Verpachtung von Grundstücken zur land- und forstwirtschaftlichen Nutzung, wenn der jährliche Pachtzins mehr als 300 Mk., aber nicht mehr als 3000 Mk. beträgt, ebenfalls nur dem St. von $^{1}/_{10}$ v. H. unterliegen, kommt nach der ohne jede Einschränkung erfolgten Anordnung des § 34 Abs. 2 hinsichtlich der über den 30. Juni 1909 hinaus sich erstreckenden Pachtdauer von dem erforderlichen PachtSt. ein Drittel nicht zur Erhebung. Hierbei macht es keinen Unterschied, ob die Versteuerung dieser Pachtverträge jährlich geschieht oder ob eine Vorauszahlung des St. für die ganze Pachtdauer bereits stattgefunden hat. Die zweijährige Antragsfrist des § 25 Abs. 1a ist in sinngemäßer Anwendung der Bestimmung im Abs. 2 dieses Paragraphen v. 1. 7. 09 ab zu berechnen, da die Beteiligten erst durch die Veröffentlichung des neuen StSteuergesetzes von der den Erstattungsanspruch begründenden Tatsache Kenntnis erlangt haben. Eine gleiche Fristberechnung ist auch seinerzeit hinsichtlich der Erstattung im voraus verwendeter Pacht- und Mietstempel bei vorzeitiger Auflösung des Pacht- oder Mietverhältnisses durch den Erl. v. 19. 2. 00 III 1883 angeordnet worden (zu vgl. HSp S 937 Anm 31). FM. 16. 9. 10 III 16522.

4. Ein Kommissar des Finanzministeriums erklärte, die Staatsregierung habe gegen diesen Antrag nichts einzuwenden, der nur rechtliche Zweifel darüber beseitige, wie die vor dem 1. April 1896 errichteten Verträge in Zukunft versteuert werden sollten. Diese Verträge seien seinerzeit an sich von vornherein für ihre ganze Gültigkeitsdauer zu verstempeln gewesen. Es gebe aber Fälle in der Praxis, wo auch jetzt noch eine StErhebung stattfinden müßte, nämlich bei denjenigen Pacht- und Mietverträgen, die nur alljährlich versteuert werden könnten, weil der Jahresmiet- und Pachtzins nicht von vornherein sich ermitteln lasse, z. B. Straßenbahnpachtverträge, bei denen als Mietzins ein bestimmter Teil des Reingewinnes entrichtet werde. Da wisse man im voraus nicht, wie der Reinertrag sich stellen werde; es müsse jährlich der Reinertrag und danach der Pachtzins und St. berechnet werden. Solche Fälle kämen in großer Anzahl vor, namentlich in Berlin

und in allen Großstädten, und gerade diese Pachtverträge hätten gewöhnlich eine sehr lange Vertragsdauer. Die vorgeschlagene Bestimmung sei zweckmäßig; sie werde die etwa auftauchenden Zweifel beseitigen, ob in Zukunft solche Verträge etwa in das Mietverzeichnis aufzunehmen seien oder nicht. KB. S. 20 (09).

§ 35.

Aufrechterhaltung und Aufhebung älterer Bestimmungen.

(1) Vom 1. April 1896 ab sind alle auf die Stempelsteuer bezüglichen Gesetzesvorschriften, soweit sie nicht in diesem Gesetz und dem anliegenden Tarif aufrechterhalten sind, aufgehoben.

(2) Insbesondere treten außer Kraft:

die im Kreise Herzogtum Lauenburg geltende hannoversche Verordnung vom 31. Dezember 1813, betreffend die Erhebung der Stempelabgaben, (Lauenburgische Verordnungen, Sammlung für 1813 S. 41);

das Gesetz wegen der Stempelsteuer vom 7. März 1822 (Gesetzsamml. S. 57);

die Kabinettsordre vom 4. September 1823 wegen der Stempelpflichtigkeit der Dispositionsscheine der Bankiers und Kaufleute (Gesetzsamml. S. 163);

die Kabinettsordre vom 13. November 1828 wegen des zu Verträgen über Angabe an Zahlungs Statt erforderlichen Kaufwertstempels (Gesetzsamml. 1829 S. 21);

die Kabinettsordre vom 14. April 1832 wegen Abänderung der Bestimmungen im § 5 lit. a und b des Stempelgesetzes vom 7. März 1822 (Gesetzsamml. S. 137);

die Kabinettsordre vom 13. April 1833, betreffend den Rekurs gegen Strafresolute in Stempelsachen, (Gesetzsamml. S. 33);

die Kabinettsordre vom 19. Juni 1834, betreffend die Erläuterung der Vorschriften des Tarifs zum Stempelgesetze vom 7. März 1822 wegen Stempelpflichtigkeit der Punktationen, (Gesetzsamml. S. 81);

die Ziffer 2 der Kabinettsordre vom 7. Februar 1835 in betreff des Kleinhandels mit Getränken auf dem Lande und des Gast- und Schankwirtschaftsbetriebes überhaupt für alle Teile der Monarchie (Gesetzsamml. S. 18);

die Kabinettsordre vom 28. Oktober 1836, betreffend die Abänderung des § 22 des Stempelgesetzes vom 7. März 1822, (Gesetzsamml. S. 308);

die Kabinettsordre vom 16. Januar 1840, die Ergänzung der Stempeltarifposition „Vergleiche" und die nähere Bestimmung der für die Vergleichsakte der Friedensrichter in der Rheinprovinz und für die Vergleichsverhandlungen der Schiedsmänner bewilligten Stempelfreiheit betreffend, (Gesetzsamml. S. 18);

die Kabinettsordre vom 23. Dezember 1842, die Ausdehnung der mildernden Bestimmungen der Ordre vom 28. Oktober 1836 zu dem § 22 des Stempelgesetzes vom 7. März 1822 auf Verträge, welche zwischen einer unmittelbaren oder mittelbaren Staatsbehörde und einer Privatperson abgeschlossen sind, betreffend, (Gesetzsamml. für 1843 S. 21);

die Kabinettsordre vom 21. Juni 1844, betreffend die Aufhebung des Wertstempels für die Übernahme von Nachlaßgegenständen bei Auseinandersetzungen zwischen mehreren Erben, (Gesetzsamml. S. 253);

die Kabinettsordre vom 18 Juli 1845 in betreff der Stempelsteuer für die Errichtung von Fideikommiß- und Familienstiftungen (Gesetzsamml. S. 506);

die Kabinettsordre vom 3. Oktober 1845, den zu Lehrkontrakten erforderlichen Stempel betreffend, (Gesetzsamml. S. 680);

der § 10 des Gesetzes, betreffend einige Abänderungen der Hypothekenordnung vom 20. Dezember 1783, vom 24. Mai 1853 (Gesetzsamml. S. 521);

das Gesetz vom 25. Mai 1857, betreffend die Revision der Aktiengesellschaften im Stempelinteresse, (Gesetzsamml. S. 517);

die §§ 11 und 12 des Gesetzes, betreffend die Erweiterung des Rechtsweges, vom 24. Mai 1861 (Gesetzsamml. S. 241);

das Gesetz vom 22. Juli 1861, betreffend die Entrichtung des Stempels von Übertragsverträgen zwischen Aszendenten und Deszendenten, (Gesetzsamml. S. 754);

das Gesetz vom 2. März 1867, betreffend die den gemeinnützigen Aktienbaugesellschaften bewilligte Sportel- und Stempelfreiheit, (Gesetzsamml. S. 385), insoweit es sich auf die Stempelsteuer bezieht;

die Verordnung vom 19. Juli 1867, betreffend die Verwaltung des Stempelwesens und die Erhebung des Urkundenstempels in dem vormaligen Königreiche Hannover, dem vormaligen Kurfürstentume Hessen und Herzogtume Nassau sowie in den vormals bayerischen Gebietsteilen (Gesetzsamml. S. 1191);

die Verordnung vom 7. August 1867, betreffend die Erhebung der Stempelsteuer in den Herzogtümern Schleswig und Holstein, (Gesetzsamml. S. 1277);

die Verordnung vom 16. August 1867, betreffend die Verwaltung des Stempelwesens und den Urkundenstempel in der ehemals freien Stadt Frankfurt a. M., (Gesetzsamml. S. 1346);

das Gesetz vom 5. März 1868 wegen Änderung der Stempelsteuer in den Regierungsbezirken Cassel und Wiesbaden mit Ausnahme der Stadt Frankfurt a. M. (Gesetzsamml. S. 185);

das Gesetz vom 24. Februar 1869 wegen Änderung der Stempelsteuer in der Provinz Hannover (Gesetzsamml. S. 366);

das Gesetz, betreffend die Stempelabgaben von gewissen bei dem Grundbuchamt anzubringenden Anträgen, vom 5. Mai 1872 (Gesetzsamml. S 509);

das Gesetz, betreffend die Aufhebung beziehungsweise Ermäßigung gewisser Stempelabgaben, vom 26. März 1873 (Gesetzsamml. S. 131);

das Gesetz vom 27. Juni 1875, betreffend die Verwaltung des Stempelwesens in Frankfurt a. M., (Gesetzsamml. S. 407);

der § 35 der Hinterlegungsordnung vom 14. März 1879 (Gesetzsamml. S 249), insoweit er sich auf die Stempelsteuer bezieht;

die §§ 40 und 41 der Schiedsmannsordnung vom 29. März 1879 (Gesetzsamml. S. 321), insoweit sich dieselben auf die Stempelsteuer beziehen;

der § 2 des Gesetzes, enthaltend Bestimmungen über Gerichtskosten und über Gebühren der Gerichtsvollzieher, vom 21. März 1882 (Gesetzsamml S. 129);

der § 3 des Gesetzes, betreffend die Gerichtskosten bei Zwangsversteigerungen und Zwangsverwaltungen von Gegenständen des unbeweglichen Vermögens, vom 18. Juli 1883 (Gesetzsamml. S. 189), insoweit sich derselbe auf die Stempelsteuer bezieht;

das Gesetz, betreffend die Stempelsteuer für Kauf- und Lieferungsverträge im kaufmännischen Verkehr und für Werkverdingungsverträge, vom 6. Juni 1884 (Gesetzsamml. S. 279);

der § 41 des Gesetzes über das Grundbuchwesen und die Zwangsvollstreckung in das unbewegliche Vermögen im

Geltungsbereiche des rheinischen Rechtes vom 12. April 1888 (Gesetzsamml. S. 52);

das Gesetz, betreffend Abänderung mehrerer Bestimmungen der Gesetzgebung über die Stempelsteuer, vom 19. Mai 1889 (Gesetzsamml. S. 115);

der erste Absatz des § 9 des Gesetzes, enthaltend Bestimmungen über das Notariat und über die gerichtliche oder notarielle Beglaubigung von Unterschriften oder Handzeichen, vom 15. Juli 1890 (Gesetzsamml. S. 229);

die §§ 2 bis einschließlich 4 und 46 sowie die Anmerkung zu diesem Paragraphen des Gesetzes, betreffend die Erbschaftssteuer, vom $\frac{\text{30. Mai 1873}}{\text{19. Mai 1891}}$ (Gesetzsamml. für 1891 S. 78), insoweit diese Vorschriften nicht für die Hohenzollernschen Lande Geltung haben;

der § 5b des Artikel III des Gesetzes, betreffend die im Geltungsbereiche des rheinischen Rechtes außerhalb des vormaligen Herzogtums Berg bestehenden Pfandschaften sowie die Abänderung und Ergänzung des Gesetzes vom 12. April 1888 über das Grundbuchwesen und die Zwangsvollstreckung in das unbewegliche Vermögen im Geltungsbereiche des rheinischen Rechtes, vom 14. Juli 1893 (Gesetzsamml. S. 185);

das Gesetz, betreffend die Gleichstellung der Notare mit den anderen Beamten bezüglich der Strafen bei Nichtverwendung der tarifmäßigen Stempel, vom 28. Mai 1894 (Gesetzsamml. S. 105).

(3) Die in dem Preußischen Gerichtskostengesetz über das Stempelwesen getroffenen Bestimmungen bleiben unberührt.

(4) Soweit in anderen Gesetzen auf Bestimmungen der durch diesen Paragraphen aufgehobenen Gesetze verwiesen ist, treten die entsprechenden Vorschriften dieses Gesetzes an die Stelle.

§ 36.

Schlußbestimmung.

Der Finanzminister ist mit der Ausführung[1] dieses Gesetzes beauftragt.

1. Die auf Grund des § 36 vom Finanz- und Justizminister zur Tarifstelle 8 Abs. 3 erlassene Allg.V. v. 29. 2. 96 — jetzt 28. 7. 10 — ist ebenso wirksam, als wenn sie in das Gesetz selbst aufgenommen wäre. RG. 17. 11. 05, Holdh. S. 111 v. 07 u. 22. 1. 04, Entsch. Bd 56 S. 274, JMBl. S. 218 v. 05.

Stempeltarif.

Lfd Nr	Gegenstand der Besteuerung	Steuersatz v H	Mk.	Pf	Berechnung der Stempelabgabe
1.	(1) **Abschriften,** beglaubigte, unter denselben Voraussetzungen wie Zeugnisse, amtliche in Privatsachen, s. diese.[1–6] Allg.V. § 1 Ziff 2c, d, § 22 Ziff. 4. (2) Befreit sind Beglaubigungen der Rechtsanwälte im Prozeßverfahren. AB. 37.				

Zu Tarifnummer 1.

1. Vgl. PFG. Art. 29, 56, 57, 31, 35, 29 Abs. 3 und Art. 7 AG. z. RGO.; ferner Art. 60 Abs. 2 u. 62 PFG.

2. Die in Tarifstelle 77 vorgesehenen Befreiungen kommen auch hier zur Anwendung. KB. S. 4.

3. Der Antrag, gesetzlich festzulegen, daß die Beglaubigung der Abschrift niemals einen höheren St. tragen dürfe als die Urkunde selber, wurde in der Kommission abgelehnt — KB. S. 5 —, weshalb beglaubigte Abschriften auch dann eines St. bedürfen, wenn die Hauptschrift stfrei ist. FM. 6. 2. 97 III 275.

4. Wird ein Beglaubigungsvermerk hinter mehrere Abschriften gesetzt, so ist der St. nur einmal fällig. MBl. f. d. i. V. S. 201 v. 97, FM. 16. 8. 97 III 10250.

5. Eine vom Gemeindevorstand oder von einer Polizeibehörde abgegebene Bescheinigung der Übereinstimmung der Urschrift mit der Abschrift ist wegen Unzuständigkeit des beurkundenden Beamten nicht stpflichtig. FM. 26. 3. 97 III 3411. — Vgl. sonst über Zuständigkeit A. 1a u. 9c bei Tarif 77. Ebenso sind wegen Unzuständigkeit auch die von Schulanstalten erteilten beglaubigten Abschriften von Zeugnissen stfrei. FM. 3. 7. 98 III 8840, ZBl. S. 319. Dagegen ist eine von einem zuständigen Beamten gefertigte beglaubigte Abschrift, wenn auch zum Zweck einer Löschung, stpflichtig, denn Tarifstelle 77 lit. e bezieht sich nur auf Unterschriftsbeglaubigungen. FM. 4. 5. 97 III 5431. — Vgl. A. 9b bei Tarif 77.

6. A. Stfrei sind u. a.:

a) beglaubigte Abschriften aus Grundakten zum Zweck der Aufklärung zu Aufgebotsakten, FM. 11. 2. 98 III 7324, Joh. Bd. 16 S. 266;

b) die von den zur Begründung einer Eintragung in das Grundbuch, das Handels- oder das Güterrechtsregister eingereichten Urkunden wegen

Lfd. Nr.	Gegenstand der Besteuerung	Steuersatz v. H.	Mk.	Pf	Berechnung der Stempelabgabe
2.	**Abtretung von Rechten.** (1) Beurkundungen über die Abtretung von Rechten[1–12] sowie Indossamente,[4] sofern nicht nach § 4 zweiter Absatz des Reichsstempelgesetzes*) Stempelfreiheit eintritt oder die Be-				

Noch: Zu Tarifnummer 1.

Zurückforderung derselben zurückbehaltenen beglaubigten Abschriften. RG. 4. 2. 01, Joh. Bd. 22 S. B 34;

c) die selbst von einer Behörde beglaubigten Abschriften derjenigen Vertragsurkunde, die in Urschrift der den Fiskus vertretenden Behörde bei Aufnahme einer Urkunde nach Art. 12 §§ 2 u. 4 AG. BGB. regelmäßig auszuhändigen ist. — Vgl. A. 2e bei Tarif 10 — FM. 27. 9. 01 III 14845.

B. Dagegen sind stpflichtig u. a.:

a) bei der von Notaren bewirkten Anfertigung von Teilhypothekenbriefen — Verf. d. JustMin. v. 20. 11. 99, JMBl. S. 349, 372 —, wenn dabei eine beglaubigte Abschrift der Schuldurkunde dem Teilhypothekenbrief angehängt wird, sowohl die beglaubigte Abschrift des Hypothekenbriefes, als auch die der Schuldurkunde. FM. 5. 3. 01 III 2613 — Vgl. KG. 13. 5. 01, JMBl. S. 146, wonach der Zweighypothekenbrief gesondert die beglaubigte Abschrift des Briefes selbst und der Schuldurkunde enthalten muß;

b) bei Rückforderung einer mit dem Antrage auf Erteilung eines Erbscheins eingereichten notariellen Urkunde die infolge dieser Rückforderung zu den Gerichtsakten gefertigte beglaubigte Abschrift. KG. 16. 3. 05, Joh. Bd. 29 S. B 85, JMBl. S. 343;

c) von Notaren gefertigte beglaubigte Abschriften von Bescheinigungen, welche das Gericht aus dem Handelsregister erteilt hat. JM. 3. 11. 97 I 5450, JMBl. S. 284. — Vgl. auch A. 4 bei Tarif 11;

d) die beglaubigte Abschrift einer Generalvollmacht selbst dann, wenn sie lediglich in einem Prozeß verwendet wird, dessen Gegenstand 150 Mk. nicht übersteigt. KG. 5. 12. 98, Hz. S. 243.

---

*) Dieser lautet:

Die der Reichsstempelsteuer unterworfenen Wertpapiere unterliegen in den einzelnen Bundesstaaten keiner weiteren Stempelabgabe (Taxe, Sportel usw.).

Auch ist von der Umschreibung solcher Wertpapiere in den Buchern und Registern der Gesellschaft usw. sowie von den auf die Wertpapiere selbst gesetzten Übertragungsvermerken (Indossamenten, Zessionen usw.) eine Abgabe nicht zu entrichten

Im ubrigen, insbesondere hinsichtlich der Urkunden uber Eintragungen in dem Hypothekenbuche (Grundbuche), bleiben die landesgesetzlichen Vorschriften unberuhrt.

Lfd. Nr.	Gegenstand der Besteuerung	Steuersatz v H	Mk	Pf	Berechnung der Stempelabgabe
(2.)	stimmungen der Tarifstelle „Kauf- und Tauschverträge" sechster bis einschließlich neunter Absatz zur Anwendung kommen, ...	1/20	—	—	des Wertes der Gegenleistung oder, wenn eine solche in der Urkunde nicht enthalten ist, des Geldbetrages oder des Wertes des abgetretenen Rechtes,[20]
	mindestens aber	—	1	50	
	ist der Wert des abgetretenen Rechtes nicht schätzbar	—	5	—	
	(2) Befreit sind Beurkundungen der Übertragungen der Konnossemente der Seeschiffer, Ladescheine der Frachtführer und Auslieferungsscheine (Lagerscheine, warrants) über Waren oder andere bewegliche Sachen durch Indossament.				
	(3) Schriftliche Benachrichtigungen an den Verpflichteten[13] über die erfolgte Abtretung eines Rechtes sind, wenn nicht eine mit dem tarifmäßigen Stempel versehene Abtretungsurkunde vorliegt, wie Beurkundungen der Abtretung zu versteuern, sofern nach der Verkehrssitte über die Abtretung eine förmliche Urkunde errichtet zu werden pflegt und beabsichtigt ist, durch die schriftliche Benachrichtigung die Aufnahme einer solchen Urkunde zu ersetzen. Dem Stempel für Abtretungen unterliegen auch Anträge auf Umschreibung vor dem 1. Oktober 1881 ausgestellter Namenaktien im Aktienbuche,[14] falls nicht eine mit dem tarifmäßigen Stempel versehene Abtretungsurkunde errichtet ist.				
	(4) Der Antrag auf Eintragung der Abtretung einer Hypothek oder Grundschuld im Grundbuch oder in einem für solche Eintragungen bestimmten öffentlichen Buche[15]	1/20	—	—	des Betrages der Hypothek oder Grundschuld oder d. Ablösungssumme[19] der Rentenschuld,
	mindestens aber	—	1	50	
	Allg.V. § 1 Ziff. 2b.				
	(5) Die Abgabe wird nur erhoben, falls die beantragte Eintragung in den Grund- oder öffentlichen Büchern vermerkt worden ist.				

Lfd. Nr.	Gegenstand der Besteuerung	Steuersatz v H	Steuersatz Mk	Steuersatz Pf	Berechnung der Stempelabgabe
(2.)	[18](6) Der Stempel wird nicht erhoben oder erstattet, wenn die Urkunde über die dem Antrage zugrunde liegende Abtretung in an sich stempelpflichtiger Form in Urschrift, Ausfertigung oder beglaubigter Abschrift vorgelegt wird. So lange nicht die Urkunde vorgelegt ist, kann der Stempel vorbehaltlich seiner Erstattung eingezogen werden. Die Erstattung kann nur innerhalb zweier Jahre nach Entrichtung des Stempels beantragt werden. Als eine die Abtretung enthaltende Urkunde ist nur eine solche anzusehen, welche die Abtretung so enthält, wie sie unter den Beteiligten hinsichtlich des Wertes der Gegenleistung verabredet ist. Allg V § 9 Ziff 2 (7) Betrifft der Antrag eine Hypothek oder Grundschuld, für welche mehrere Grundstücke haften, so wird die Abgabe nur einmal erhoben. [18](8) Wird nach der Zahlung des Stempels für den Eintragungsantrag die Urkunde über das der Eintragung zugrunde liegende Geschäft errichtet, so ist auf den zu dieser Urkunde erforderlichen Wertstempel der für den Eintragungsantrag gezahlte Stempel anzurechnen.[16] Die Anrechnung ist innerhalb der im § 16 angegebenen Fristen auf der Urkunde amtlich zu vermerken. Soweit eine Anrechnung erfolgt, ist eine Erstattung des für den Eintragungsantrag gezahlten Stempels ausgeschlossen. AB. 38. Allg.V. § 19 Ziff. 1. (9) Befreit sind: Urkunden, wodurch eine Forderung einem Kommunalverband, einer Kommune oder einer Korporation ländlicher oder städtischer Grundbesitzer oder einer Grund-, Kredit- und Hypothekenbank abgetreten wird, falls auf Grund der Abtretung reichsstempelpflichtige Renten- oder Schuldverschreibungen demnächst ausgereicht werden.[17] AB. 38 Abs. 2. Allg.V. § 10 Ziff. 3.				

Zu Tarifnummer 2.

1. Vgl. über Übertragung von Forderungen § 398 BGB., — über Anzeige des Gläubigers an den Schuldner von der Abtretung des § 409 BGB., —

Noch: Zu Tarifnummer 2.
über Indossamente Art. 10, 11 WO, § 363 HGB, — über Antrag auf Eintragung einer Abtretung BGB. §§ 1132, 1154, 1192 und RGBO. §§ 13, 19, 29. — Vgl. auch A. 9, A. 24 u. A. 45f bei Tarif 32, A. 12q bei Tarif 58, A. 3k u. 8a bei Tarif 59 und A. 2i bei Tarif 70.

2. Auch Rechte aus einem zukünftig erst abzuschließenden Vertrage können ebenso wie zukünftige und ungewisse Rechte Gegenstand einer Zession sein; RG. 26. 5. 98, Joh. Bd. 14 S. 321; selbst künftige Forderungen, zu denen noch nicht einmal der Grund vorhanden, deren Entstehung vielmehr nur als möglich vorausgesetzt wird, bei genügender Bestimmtheit und Bestimmbarkeit. RG. 29. 9. 03, DJZ. Beil. Nr. 24, RG. 1. 10. 07, JW. S. 707. Jedoch ist die Abtretung aller künftigen Forderungen ganz allgemein nichtig.

3. Auch nach dem Inkrafttreten des BGB. ist die entgeltliche Übertragung von Forderungen nur dem St. aus Tarif 2 unterworfen, obwohl nach dem Sprachgebrauch des BGB. auch Rechte, insbesondere Forderungsrechte, zu den Gegenständen aller Art (§§ 433, 434 BGB.) gehören, deren entgeltliche Veräußerung die Tarifstelle 32c mit $^1/_3$ % belegt. RG. 16. 2. 09, Entsch. Bd. 70 S. 283.

4. Indossamente auf Namensaktien, die vor dem 1. Oktober 1881 ausgegeben sind, unterliegen dem LandesSt. für Abtretungen. RG. 14. 10. 02, ZBl. S. 27 v. 03, Entsch. Bd. 52 S. 318.

5. Die nach dem vorgelegten Formular ausgestellten Urkunden, in welchen die Kautionssucher ihren Anspruch auf demnächstige Rückgabe einer mit Preußischen Staatspapieren bestellten Amtskaution an die Kautionsgesellschaft zum Eigentum abtreten, unterliegen dem in der Tarifstelle 2 vorgeschriebenen St. für Abtretung von Rechten, da dieses Gesetz die frühere Vorschrift, nach welcher die Zessionen öffentlicher Papiere stfrei waren, nicht aufrechterhalten hat. Ferner erfordert die amtliche Beglaubigung der Unterschrift nach der Tarifstelle 77 den ZeugnisSt., wenn die beglaubigende Behörde zur Unterschriftsbeglaubigung zuständig ist, die Beglaubigung also insbesondere von Gerichten oder Notaren erfolgt. FM. 20. 8. 96 III 11333.

6. Des mehrfachen AbtretungsSt. bedarf es:

a) wenn jemand eine Forderung an mehrere Personen zu bestimmten Anteilen abtritt, sofern nicht Rechtsgemeinschaft besteht. FM. 18. 4. 03 III 5287;

b) bei Abtretung verschiedener Posten seitens eines Zedenten an verschiedene Zessionare. FM. 7. 11. 96 III 14733;

c) wenn mehrere Gläubiger ihre Anteile an einer gemeinschaftlichen Forderung an einen Dritten abtreten.

Dagegen genügt der einmalige AbtretungsSt.:

a) bei Abtretung mehrerer demselben Zedenten zustehenden Forderungen an dieselbe Person. HSp. S. 147;

b) wenn mehrere Gläubiger eine ihnen gemeinschaftlich zustehende Forderung an einen Dritten abtreten;

c) bei Abtretung seitens des Eigentümers eines Kapitals und des daran Zinsberechtigten. FM. 7. 4. 98 III 3531;

d) wenn mehrere Zedenten ihre verschiedenen gegen denselben Schuldner ihnen zustehenden Forderungen an einen Zessionar abtreten;

Noch: Zu Tarifnummer 2.

e) wenn jemand für sich eine ihm zustehende Post und gleichzeitig in Vollmacht seiner Ehefrau eine dieser zustehende Post abtritt. FM. 21. 10. 99 III 13257.

7. a) Abtretung zur Belegung des Kaufgeldes und Hingabe an Zahlungs Statt durch Abtretung von Forderungen erfordert nicht den besonderen AbtretungsSt.; weil sie Bestandteil des einheitlichen Kaufvertrages ist, trifft § 10 Abs. 3 d. G. auf sie zu. RG. IV 20. 10. 98. Ebenso Abtretungen in einem Erbrezeß zwecks Ausführung der Teilung an einen Miterben zwecks Tilgung einer diesem gegen den Erblasser zustehenden Forderung. FM. 14. 3. 99 III 3116. — Vgl. A. 6 bei § 10, A. 4 bei Tarif 20.

b) Der AbtretungsSt. ist nicht zu erheben, wenn in einem Grundstückskaufvertrage zwischen Verkäufer und Käufer vereinbart wird, daß der Kaufpreis ganz oder teilweise an einen Dritten gezahlt werden soll, auch wenn der wirtschaftliche Erfolg des Vertrages zugunsten des Dritten sich mit dem einer Abtretung des Kaufpreises an den Dritten deckt (§ 328 BGB.) Die Abrede wird durch den KaufSt. mit abgegolten. KG. 2. 4. 09, Joh. Bd. 38 S. B 53.

8. a) Ob und zu welchem Betrage Frachtbriefzessionen der Besteuerung unterliegen, hängt von der urkundlichen Fassung der einzelnen Zessionen ab. Zessionen folgender Art:

α) Behufs Reklamation der zuviel erhobenen Fracht, übertrage ich hiermit alle aus diesem Frachtbrief herzuleitenden Pflichten und Rechte usw. . . . . .

haben zum Gegenstand das Recht auf Erstattung der überhobenen Fracht; nicht die Gesamtfracht, vielmehr der tatsächlich erstattete Frachtbetrag ist als Objekt anzusehen. Bei Nichtangabe des zu erstattenden Betrages ist dies nachträglich festzustellen Kann der zurückzuzahlende Betrag auch nicht annähernd festgestellt werden, so ist nach § 8 LStG. zu verfahren.

β) Hierdurch zediere ich sämtliche Rechte aus beiliegendem Frachtbrief an . . ., welche ich auch ermächtige, die zuviel erhobene Fracht für mich einzukassieren und zu quittieren

erfordern streng genommen den Zessions- und VollmachtsSt. Da aber angenommen werden kann, Zedent habe den Zessionar nur zum Erstattungsantrag ermächtigen wollen, bedürfen solche Urkunden bei einem zu erstattenden Betrage von 150 Mk. und weniger keines St.

γ) Diesen Frachtbrief zediere ich mit allen Rechten und Forderungen an N. N.

haben den Wert des Frachtguts zum steuerpflichtigen Gegenstand. Der Umstand, daß die Anträge, denen die Zessionen beigefügt werden, sich nur auf die Rückerstattung eines Teiles der Fracht beziehen, hat für die StFrage keine Bedeutung. FM. 3. 11. 03 III 14326.

b) Vermerke wie: „zediere an die Handlung N. N." auf Begleitscheinen I und Ladeverzeichnisauszügen sind stpflichtig. Objekt ist der Wert der Waren selbst. Diese Papiere gehören auch nicht zu den Orderpapieren des Abs. 2. Erhellt aber aus den Vermerken, daß die Aussteller nicht haben ein Recht übereignen wollen, wie bei Vermerken: „zur Auslieferung an N. N.", „zur zollamtlichen Abfertigung durch N. N.", „zur Verzollung für N. N.", „auf Konto des N. N.", „extradiere an N. N." —, so sind sie stfrei, auch ist dann der

Noch: Zu Tarifnummer 2.
VollmachtSt. nicht fällig. FM. 6. 12. 97 u. 19. 5. 98 III 14791 u. 5812, ZBl. S. 252. — Vgl. A. 22a u. 23f bei Tarif 73.

9. Wenn bei Befriedigung des Gläubigers durch den Schuldner und dadurch erfolgter Umwandlung der Hypothek in eine Grundschuld der Grundstückseigentümer unter dem Bekenntnis des Empfanges eines Darlehns die Grundschuld in eine Hypothek umwandelt und die Hypothek sodann dem Darlehnsgeber zediert, ist neben dem SchuldverschreibungsSt. auch der ZessionsSt. fällig, der auch durch § 10 Abs. 3 LStG. nicht ausgeschlossen wird. KG. 16 6. 05, Joh. Bd. 31 S. B 34. FM. 5. 12. 05 III 15566. — Vgl. A. 12p bei Tarif 58.

10. Blankoabtretung einer verbrieften Grundschuld ist ungültig und auch nachträgliche Ausfüllung derselben unzulässig (§§ 1154, 1192 BGB.). RG. 25. 4. 06, DJZ. Nr. 14 Spruchbeilage.

11. Abtretung der Rechte an dem Reserve- u. Amortisationsfonds eines landschaftlichen Kreditverbandes bei Gelegenheit des Verkaufs des Gutes unterliegt dem ZessionsSt. RG. Bd. 12 S. 264. Ebenso Abtretung der Anteilscheine einer landrechtlichen Gesellschaft. FM. 5. 1. 97 III 17186. — Über Gesellschaftsvermögen nach BGB siehe § 718 BGB.

12. Stpflichtig ist ferner:

a) Abtretung der Rechte aus Pachtverträgen, die vor dem 1. 4. 96 errichtet sind. FM. 27. 10. 96 und 28. 3. 99 III 12828 und 17280. — Vgl. A. 20a bei Tarif 48.

b) Abtretung der Rechte und Pflichten aus einer Feuerversicherungspolice seitens des Versicherten. Als Objekt gilt die Versicherungssumme, da das Recht übertragbar ist, im Falle eines Unterganges der versicherten Gegenstände die Versicherungssumme zu erheben. FM. 10. 1. 01 III 205. — Vgl. A. 2i bei Tarif 70.

Bei Abtretung einer Lebensversicherungspolice (über 100 000 Mk.) und Nichtangabe des Wertes der Gegenleistung ist Objekt der „Geldbetrag oder Wert des abgetretenen Rechts". Dieser ist nach § 6 Abs. 3 des Ges. 100 000 Mk. Übernimmt der Abtretende noch die Verpflichtung zur Zahlung der Prämien, so könnte, streng genommen, dieserhalb noch der Schuldverschreibungsstempel verlangt werden, da dem Zessionar ev. ein Klagerecht gegen den Zedenten dieserhalb zusteht. FM. 28. 9. 06 III 15782.

c) Wenn ein Testamentsvollstrecker in dieser seiner Eigenschaft, nicht namens der Erben, einen Kaufvertrag abschließt und demnächst den Erben den Kaufpreis überweist: Der auf jeden Erben entfallende Teil ist besonders zu versteuern. Die Auffassung, daß der Anspruch auf den Kaufpreis von vornherein den Erben persönlich in einem bestimmten Anteil zustände, ist nicht für zutreffend erachtet. RG. 13. 12. 04, Entsch. Bd. 59 S. 361. — Vgl. A. 45f bei Tarif 32 und A. 4c bei Tarif 8.

d) Wenn aber Testamentsvollstrecker als solche ein Nachlaßgrundstück verkaufen und in der über den Verkauf errichteten Urkunde erklären, daß sie die Kaufgeldforderung an den alleinigen Erben abtreten, so ist diese Erklärung überflüssig und nicht stpflichtig. In der Entsch. v. 13. 12. 04 war die Forderung erst an sich Nachlaßbestandteil, d. h. Eigentum der mehreren Erben zur gesamten Hand geworden. RG. 10. 4. 08, Entsch. Bd. 68 S. 257.

Lfd Nr.	Gegenstand der Besteuerung	Steuersatz v H	Mk	Pf.	Berechnung der Stempelabgabe
3.	**Aftermiet- oder Afterpachtverträge,** s. Pachtverträge.				
4.	(1) **Annahme an Kindes Statt,**[1] Verträge darüber[2]	—	50	-	
	(2) Bei nachgewiesener Bedürftigkeit[3] kann der Stempel auf 5 Mark ermäßigt werden. AB. 39. Allg.V. § 2 Ziff. 1f., § 9 Ziff 2, 3				

Noch: Zu Tarifnummer 2.

Über entgeltliche Abtretung der Rechte aus dem Vermächtnis eines zur Erbschaft gehörigen Grundstücks s. A. 38b bei Tarif 32.

13. Der an den Vertreter der event. verpflichteten Gesellschaft gerichtete Antrag auf Umschreibung eines Anteilscheines über die Beteiligung an der Gesellschaft auf den Namen einer dritten Person im Gewerkenbuch stellt sich als eine Benachrichtigung an den Verpflichteten i. S. dieser Vorschrift dar. FM. 14. 8. 96 III 10535, 5. 1. 97 III 17186.

14. a) Die Anträge auf Umschreibung von Namensaktien im Aktienbuch sind nicht schon als bloße Formalakte st.pflichtig, sondern es muß außer den sonstigen Voraussetzungen auch die hinzukommen, daß dem Antrage eine Abtretung, die an sich steuerpflichtig sein würde, zugrunde liegt. RG. Bd. 43 S. 240, HSp. S. 467.

b) Außerhalb Preußens ausgestellte Anträge auf Umschreibung vor dem 1. Oktober 1881 ausgestellter Namenaktien im Aktienbuch unterliegen einem St. selbst dann nicht, wenn sie Aktien einer in Preußen bestehenden Aktiengesellschaft betreffen. FM. 14. 3 98 III 1806. — Vgl. auch A. 41 zu § 2.

15. Vgl. A. 26b bei Tarif 58.

16. Die Anrechnung hat auch ohne Antrag der Parteien zu erfolgen, wenn die gesetzlichen Voraussetzungen vorliegen. KB. S. 12

17. Im Zeitpunkt der Ausstellung der Abtretungsurkunde muß feststehen, daß die abgetretene Forderung bestimmt ist, als Grundlage für die Ausreichung reichsstpflichtiger Wertpapiere zu dienen. FM. 14. 11 96 III 15567. — Vgl. A. 20 u. 21 bei Tarif 58.

18. Die im Entwurf vorgesehene veränderte Fassung der Abs. 6 und 8 ist derjenigen der Abs. 3—5 der Tarifstelle 8 angepaßt. Die Änderung rechtfertigt sich aus der Begr. zur Tarifstelle 8. Begr. S. 4 (09).

19. Die Bestimmung des Abs. 4 in der Spalte 5, daß der Berechnung der StAbgabe bei der Abtretung von Rentenschulden die Ablösungssumme zugrunde zu legen ist, entspricht den §§ 1199ff. BGB. Begr. S. 4 (09).

20. Bei Abtretung von Forderungen sind die Zinsen für die bis zur Beurkundung der Abtretung verflossene Zeit bei Berechnung des St. mit in Betracht zu ziehen, falls der Wert des Gegenstandes in der Urkunde nicht angegeben ist. FM. 12. 3. 07 III 4563. — Vgl A. 10c bei Tarif 59 und A. 23a bei Tarif 73.

Lfd. Nr.	Gegenstand der Besteuerung	Steuersatz v. H	Mk.	Pf.	Berechnung der Stempelabgabe
5.	**Apotheken**, s. Erlaubniserteilungen, Buchstaben a.				
6.	**Approbationsscheine**, s. Erlaubniserteilungen, Buchstaben b.				
7.	**Atteste**, amtliche, wie Zeugnisse, amtliche in Privatsachen, s diese				
8.	(1)[1] **Auflassungen** von im Inlande gelegenen Grundstücken[2] und Anträge auf Eintragung der Begründung oder Übertragung von Erbbaurechten oder sonstigen Rechten, welche ein Grundbuchblatt erhalten können,[2] in Fällen der freiwilligen Veräußerung[3–5] Der Antrag auf Umschreibung von Gesellschaftseigentum auf den Namen eines Gesellschafters unterliegt dem Auflassungsstempel auch dann, wenn nach den Vorschriften des bürgerlichen Rechtes eine Auflassung nicht erforderlich ist.[6] Allg.V. § 1 Ziff 2b, 6, §§ 13, 15. (2) Die Abgabe wird nur erhoben, falls die beantragte Eintragung in das Grundbuch erfolgt ist. Einem anderen Stempel unterliegen die Auflassungserklärungen oder Eintragungsanträge nicht. AllgV § 17 (3) Der Auflassungsstempel wird nicht erhoben oder erstattet, wenn die das Veräußerungsgeschäft enthaltende,[7–9] in an sich stempelpflichtiger Form[10] ausgestellte Urkunde	1	—	—	des Wertes des veräußerten Gegenstandes[29] Allg.V. § 9 Ziff 1a, § 13. AB. 40; 41.

Zu Tarifnummer 4.

1. Vgl. §§ 1741ff., 1754, 1768 BGB. und § 65 FG. — auch A. 1 bei Tarif 42.

2. Der von Eheleuten gemeinschaftlich geschlossene Adoptionsvertrag ist ein einheitliches Rechtsgeschäft und für denselben der St. nur einmal zu erheben KG. 19 6. 99, Joh. 19 S. 174.

Wenn dagegen in einem Vertrag zwei Personen an Kindesstatt angenommen werden, liegen zwei mit je 50 Mk. stpflichtige Annahmeverträge vor.

3. Wenn auch der Begriff „Bedürftigkeit" hier, wie in den Tarifstellen 42, 43 und 49 als Ausnahmevorschrift eng auszulegen sein mag, so wird er doch nicht bloß Anwendung finden auf Personen, die Armenunterstützung beziehen, oder ein notdürftiges Einkommen haben, sondern auch dann, wenn die betreffende Person nur gerade soviel Einkommen besitzt, um bei zweckmäßiger, sparsamer Lebensführung den Betrag des St. nicht oder doch nur unter schweren Einschränkungen entbehren zu können.

Lfd. Nr.	Gegenstand der Besteuerung	Steuersatz v. H.	Mk.	Pf.	Berechnung der Stempelabgabe
(8.)	in Urschrift, Ausfertigung oder beglaubigter Abschrift[11] vorgelegt wird. Solange nicht die Urkunde über das Veräußerungsgeschäft vorgelegt ist, kann der Auflassungsstempel vorbehaltlich seiner Erstattung eingezogen werden. Die Erstattung kann nur innerhalb zweier Jahre nach Entrichtung des Stempels beantragt werden. Allg. V. § 2 Ziff. 1 b, § 9 Ziff. 2, §§ 14, 16. (4) Der Auflassungsstempel wird jedoch erhoben, wenn die Urkunde: 1. das Rechtsgeschäft nicht so enthält, wie es unter den Beteiligten hinsichtlich des Wertes der Gegenleistung verabredet ist;[12] 2. auf Grund des § 21 des Reichsstempelgesetzes*) der in der Tarifstelle „Kauf- und Tauschverträge“ verordneten Stempelabgabe nicht unterliegt, insoweit nicht die Voraussetzungen der Ziffern 1 und 2 der Ermäßigungen und Befreiungen der genannten Tarifstelle vorhanden sind;[13] Allg. V. § 14 Ziff 5. 3. die Veräußerung eines Grundstücks durch einen Bevollmächtigten enthält, sofern die Veräußerung erweislich für Rechnung des Bevollmächtigten erfolgt ist. Bei der Beurteilung der Frage, ob die Veräußerung für Rechnung des Bevollmächtigten erfolgt ist, sind auch solche Umstände in Betracht zu ziehen, welche aus der Urkunde nicht ersichtlich sind;[14] Allg. V. § 14 Ziff. 6. 4. einen der in der Tarifstelle 25 d bezeichneten Verträge enthält, insoweit nicht ein				

*) Jetzt § 24 des RStG. v. 15. 7. 09, welcher lautet:

Geschafte, welche nach Tarifnummer 4 abgabepflichtig sind, oder auf welche die Vorschrift unter „Befreiungen“ zu dieser Tarifnummer Anwendung findet, sowie Schriftstucke uber solche Geschafte sind in den einzelnen Bundesstaaten keinen Stempelabgaben (Taxen, Sporteln usw) unterworfen Werden diese Schriftstucke indessen gerichtlich oder notariell aufgenommen oder beglaubigt, so unterliegen sie, neben der in Tarifnummer 4 fur das Geschaft vorgeschriebenen Abgabe, den in den Landesgesetzen fur gerichtliche oder notarielle Aufnahmen und Beglaubigungen etwa vorgeschriebenen Stempeln (Taxen, Sporteln usw.).

Lfd. Nr.	Gegenstand der Besteuerung	Steuersatz v H	Mk.	Pf.	Berechnung der Stempelabgabe
(8.)	Wertstempel von 1 vom Hundert zu entrichten oder der Vertrag nach der Ziffer 1 Abs. 2 oder der Ziffer 2 Abs. 3 der genannten Tarifstelle von dem Stempel befreit ist.[15] Allg.V. § 14 Ziff. 7. (5) Wird nach der Zahlung des Auflassungsstempels die Urkunde über das zugrunde liegende Veräußerungsgeschäft[16] errichtet, so ist auf den zu dieser Urkunde erforderlichen Wertstempel von 1 vom Hundert der gezahlte Auflassungsstempel anzurechnen.[17] Diese Bestimmung findet auch Anwendung auf die im vorhergehenden Absatz erwähnten Wertstempel der Tarifstelle 25d. Die Anrechnung ist innerhalb der im § 16 angegebenen Fristen auf der Urkunde amtlich zu vermerken. Soweit eine Anrechnung erfolgt, ist eine Erstattung des Auflassungsstempels auf Grund des dritten Absatzes ausgeschlossen.[18] Allg.V. § 16 Ziff. 6, § 18. (6) Die Vorschriften über den Auflassungsstempel finden entsprechende Anwendung bei Anträgen auf Umschreibungen in öffentlichen Büchern, sofern das Grundbuch noch nicht als angelegt anzusehen ist				

Zu Tarifnummer 8.

1. Vgl. §§ 873, 925, 1017 BGB., Art. 143 Abs. 1 EG.BGB., Art. 26 AG.BGB., § 894 ZPO., § 7 RGBO.

2. Als Gegenstand der Besteuerung nennt der Entwurf wie bisher an erster Stelle die Auflassung von inländischen Grundstücken (§ 925 BGB.; § 20 GBO.). Daneben tritt die Begründung und Übertragung solcher Rechte, welche ein Grundbuchblatt erhalten können, da diese Rechte den Grundstücken gleichstehen. Hierher gehören reichsrechtlich das Erbbaurecht (§ 1015 BGB.; §§ 7, 3 GBO.), landesrechtlich insbesondere das Bergwerkseigentum, selbständige Kohlenabbau-Gerechtigkeiten und andere selbständige Gerechtigkeiten (Art. 22ff. AG.GBO. sowie Bahneinheiten, §§ 1, 4, 16 des Gesetzes, betreffend das Pfandrecht an Privateisenbahnen und Kleinbahnen und die Zwangsvollstreckung in dieselben vom 19. August 1895, in der Fassung der Bekanntmachung vom 8. Juli 1902 (GS. S. 237).

Für andere selbständige Gerechtigkeiten als Kohlenabbau-Gerechtigkeiten (Art. 40 Abs. 1 AG.BGB.) wird nur auf Antrag des Berechtigten ein Grundbuchblatt angelegt, soweit sich nicht aus den für die Anlegung der Grundbücher

Noch: Zu Tarifnummer 8.

geltenden Vorschriften ein anderes ergibt (Art. 27 Abs. 2 AG GBO.). Es sind Zweifel entstanden, ob die Übertragung derartiger selbständiger Gerechtigkeiten nur unter der Voraussetzung stpflichtig ist, daß sie ein Grundbuchblatt erhalten haben. Der Entwurf entscheidet die Frage dem wirtschaftlichen Zwecke einer Besteuerung des Güterumsatzes entsprechend dahin, daß es für die Steuerpflicht genügt, daß die Gerechtigkeit ein Blatt erhalten kann. Begr. S. 5 (09).

3. Eine freiwillige Veräußerung i. S. dieser Tarifstelle — vgl. BGB. §§ 873—925 — liegt nur dann vor, wenn sie auf Grund einer durch Rechtsgeschäft begründeten Verpflichtung zur Eigentumsübertragung erfolgt. „Auflassungen in Fällen der freiwilligen Veräußerung" und „Auflassungen auf Grund eines Veräußerungsgeschäfts" sind gleichbedeutende Begriffe. Der AuflassungsSt. ist also z. B. nicht fällig bei rechtskräftiger Verurteilung zur Auflassung infolge Anfechtung durch den Konkursverwalter. FM. 17. 8. 97 III 10552 u. 23. 6. 97 III 7681.

Es sind deshalb auch, wie das KG. in dem an das RG. gelangten Urteil v. 26. 10. 00, JW. S. 814, JMBl. S. 40 von 01 sich ausgesprochen hat, Rückauflassungen, die aus Anlaß eines Gewährsmangels nach rechtskräftiger Feststellung der Verpflichtung des Veräußerers zur Rücknahme des Grundstücks unter Vorlegung des Urteils stattfinden, ebenso vom AuflassungsSt. befreit — vgl. JM. 12. 6. 97 I 2870 —, wie Rückauflassungen, bei denen der Mangel zwar nicht rechtskräftig festgestellt ist, jedoch den Grund der Rückauflassung bildet. Ebenso RG. 28. 4. 05, JW. S. 376. Auch wenn im Wege eines beurkundeten Vergleichs wegen eines vom Verkäufer zu vertretenden Mangels die Rückgängigmachung des Kaufes vereinbart ist, tritt Stfreiheit ein. JM. 25. 6. 97 III 3265, Hz. S. 295. — S. unten A. 9c, 9gδ u. 14. — Vgl. A. 2g bei Tarif 32 u. A. 2c bei Tarif 67.

Wenn jedoch die Vereinbarung nicht zur Ausführung eines bestehenden Anspruchs auf Rückgängigmachung dient, sondern diese Rückgängigmachung nur der wirtschaftliche Zweck eines von den Beteiligten vereinbarten Veräußerungsgeschäfts ist, liegt der Rückgabe des Grundstücks gegen Rückgabe des Kaufpreises ein Austausch gegenseitiger Leistungen zugrunde, der den Ansatz des St. der Tarifstelle 32 LStG. rechtfertigt. FM. 11. 3. 02 III 3096.

4. Eine freiwillige Veräußerung liegt u. a. nicht vor und ist die Auflassung stfrei:

a) Wenn nach dem Beschlusse des Bezirksausschusses die aus dem Landkreis ausscheidende Stadtgemeinde ein dem bisherigen Landkreise gehöriges Grundstück hat übernehmen müssen. KG. 13. 9. 05, Joh. Bd. 30 S. B 40. Der Anspruch auf Übereignung hat seine Grundlage in gesetzlichen Vorschriften.

b) Bei der bergrechtlichen Grundbuchabtretung aus §§ 135ff. Allg. BergGes. KG. 8. 2. 04, Joh. Bd. 27 S. B 51.

c) Wenn Miterben einem Erben, dem der Erblasser letztwillig sein Grundstück vermacht hat, dieses nach Maßgabe des Testaments auflassen. Es liegt eine durch § 2174 BGB. gebotene Veräußerung vor. — Vgl. A. 12c bei Tarif 2 und unten A. 19b.

d) Wenn im Falle des Verkaufs des Grundstücks infolge Ausübung des Vorkaufsrechts an den Vorkaufsberechtigten aufgelassen wird. JM. 2. 1. 00, Hz. S. 280. — Vgl. A. 2f bei Tarif 32, A. 6mμ bei Tarif 71.

Noch: Zu Tarifnummer 8.

e) Bei Rückgewähr eines in die Gütergemeinschaft eingebrachten Grundstücks an den Einbringenden zufolge Auseinandersetzung. KG. 2. 5. 07, Joh. Bd. 34 S. B 33.

f) Wenn kein Wechsel im Eigentum stattfindet, so z. B.: wenn Eheleute in einem Protokoll beantragen, ein auf den Namen der Ehefrau eingetragenes Grundstück als Gesamtgut der Fahrnisgemeinschaft einzutragen. JM. 6. 2. 02, JMBl. S. 33.

g) Dagegen findet ein Wechsel im Eigentum statt und ist der AuflassungsSt. also fällig:

α) Wenn der Sozius einer offenen Handelsgesellschaft oder Kommanditgesellschaft das ihm gehörende Grundstück der Gesellschaft aufläßt, oder wenn eine offene Handelsgesellschaft, deren Gesellschafter A. und B. sind, das ihr gehörige Grundstück einer Kommanditgesellschaft aufläßt, deren persönlich haftender Gesellschafter A. ist, während als Kommanditisten außer B. noch mehrere andere Personen beteiligt sind. KG. 7. 2. 98, 16. 10. 99, 17. 4. 99, Hz. S. 278.

β) Die Generalversammlung der Lebensversicherungsgesellschaft auf Gegenseitigkeit A. hat einen Antrag auf „Umwandlung der Gesellschaft in eine Aktiengesellschaft“ angenommen, der besagt: „zu diesem Behufe wird die Gesellschaft mit der Maßgabe aufgelöst, daß ihr gesamter Geschäftsbetrieb mit allen Aktiven und Passiven auf die zu diesem speziellen Zweck errichtete Lebensversicherungsaktiengesellschaft B. übergeht, daß die Rechte und Pflichten aus den Versicherungsverträgen sowie alle übrigen Rechte und Pflichten auf die neu gegründete Aktiengesellschaft übertragen werden“. Darauf hat die Gesellschaft A. die Umschreibung ihres Grundstücks Z. auf die Gesellschaft B. beantragt. Dieser Antrag ist vom KG. als Beschwerdeinstanz endgültig abgelehnt. Die beiden Gesellschaften seien zwar verschiedene Rechtssubjekte. Eine Umwandlung unter Wahrung der Individualität sei nur möglich, soweit sie vom Gesetz ausnahmsweise zugelassen wäre, z. B. §§ 332 u. 334 HGB. und §§ 143—145 betr. die Erwerbs- und Wirtschaftsgenossenschaften. Es handele sich deshalb in Ansehung des fraglichen Grundstücks um einen Eigentumswechsel. Ein solcher erfordere Auflassung und Eintragung, es sei denn, daß er sich auf Grund besonderer Vorschrift kraft Gesetzes vollziehe, wie nach den §§ 304—306 HGB., 320 eod. und §§ 80, 81 d. Ges. betr. die Gesellschaften m. b. H. (vgl. § 307 HGB.). Die beantragte Umschreibung könne also erst erfolgen, nachdem die Gegenseitigkeitsgesellschaft das Grundstück an die Aktiengesellschaft aufgelassen hat. Beschl. des KG. v. 22. 12. 02, 1. J. 1439 02.

5. Ist die Auflassung eines nach der Fluchtlinienfestsetzung dem Enteignungsrecht der Gemeinde unterworfenen Grundstücks an die Gemeinde vor Zustimmung der Ortspolizeibehörde, die Eintragung des Eigentums der Gemeinde aber erst nach dieser Zustimmung erfolgt, so bleibt der AuflassungsSt. außer Ansatz. KG. 5. 2. 09, Joh. Bd. 38 S. B 11.

6. a) Welchem Zwecke diese Bestimmung dienen soll, ergibt die Begr. zu der Tarifstelle 25d. — Vgl. A. 27 zu Tarif 25.

b) Es liegt Anlaß vor, den namentlich auf dem Gebiete des spekulativen Grundstückshandels immer mehr hervorgetretenen Umgehungen des staatlichen

Noch: Zu Tarifnummer 8.

Wertstempels durch gesetzgeberische Maßnahmen vorzubeugen. Gesellschaften m. b. H. und andere Gesellschaften, die zum Zwecke des Erwerbes und der Wiederveräußerung von Grundstücken gebildet werden (sogenannte Terraingesellschaften), ersparen jetzt die einprozentige StAbgabe in gesetzlich zulässiger Weise vielfach dadurch, daß nach Errichtung des Gesellschaftsvertrages die Geschäftsanteile im Wege der Abtretung an andere Gesellschafter oder Dritte übereignet werden und daß, sobald die sämtlichen Anteile an eine Person abgetreten sind, diese die Grundstücke durch grundbuchmäßige Umschreibung auf ihren Namen erwirbt. Auf diese Weise ist der St. von 1 v. H. nur für die erstmalige Einbringung des Grundstücks nach der Tarifstelle 25c zu entrichten, während die Übertragungen der Geschäftsanteile lediglich den geringen AbtretungsSt. von 1/50 v. H. nach der Tarifstelle 2 und 25d erfordern und auch die Umschreibung der Grundstücke auf den Namen desjenigen, der die gesamten Geschäftsanteile in seiner Hand vereinigt, nicht dem einprozentigen AuflassungsSt. der Tarifstelle 8 unterworfen werden kann, sondern stfrei ist, weil nach der reichsgerichtlichen Rechtsprechung in solchen Fällen nicht ein Eigentumswechsel vorliegt, sondern nur eine Verwirklichung des dem Gesellschafter auf das gesamte Gesellschaftsvermögen zustehenden Rechts. Um diese nur die Grundstücksspekulationen fördernden Steuerersparungen tunlichst zu verhindern und wenigstens die Umschreibungen im Grundbuche zu derselben Steuer heranziehen zu können, wie sie bei jedem regelrechten Kauf gezahlt werden muß, sieht der Entwurf in der Tarifstelle 8 (Auflassungen) eine Bestimmung vor, wonach Umschreibungen von Gesellschaftseigentum wie andere Auflassungen mit 1 v. H. auch dann zu versteuern sind, wenn nach den Vorschriften des bürgerlichen Rechts eine Auflassung nicht erforderlich ist. Begr. Allg. S. 2—3 (09).

7. a) Die das Veräußerungsgeschäft enthaltende Urkunde ist diejenige, die den Vertrag, durch den die Verpflichtung zur Übertragung und zum Erwerb des Eigentums an dem Grundstück begründet ist, enthält und zu dessen Erfüllung die Auflassung vorgenommen wird. RG. Bd. 21 S. 20. — Vgl. A. 40e bei Tarif 32.

b) Es können auch zwei oder mehrere Urkunden vorgelegt werden, die derartig rechtlich zusammenhängen und sich ergänzen, daß ihr Gesamtinhalt die Verpflichtung des Auflassenden zur Übertragung des Eigentums auf den neuen Erwerber begründet; der Erwerber muß die Auflassung von dem Auflassenden als ein ihm zustehendes Recht fordern können. RG. 30. 3. 00, Entsch. Bd. 46 S. 234.

Der Entscheidung lag folgender Tatbestand zugrunde:

In der ersten Urkunde verpflichtet sich **A.** auf Verlangen des **B.** sein Grundstück **N.** an **B.** oder einen von diesem zu bezeichnenden Dritten für 10000 Mk. zu verkaufen. Eine geleistete Anzahlung von 1000 Mk. soll verfallen, wenn **B.** die Auflassung bis zu einem bestimmten Termin nicht entgegennimmt. **B.** hat diese letztere Vereinbarung bestätigt und die Anzahlung geleistet. In der zweiten Urkunde verkauft **B.** das bisher **A.**sche Grundstück **N.** für 15000 Mk. an **D.** Erstere Urkunde trägt nicht den KaufSt., jedoch die letztere. In der Auflassung von **A.** an **D.** ist der AuflassungsSt. mit Recht erhoben, weil für **A.** dem **D.** gegenüber nicht die Verpflichtung zur Auflassung begründet war und **D.** die Auflassung von **A.** als ein ihm gegen **A.** zustehendes Recht nicht fordern konnte.

Noch: Zu Tarifnummer 8.

Ebenso RG. v. 30. 9. 10, ZBl. S. 503, wo bemerkt ist, daß das Veräußerungsgeschäft die Urkunde enthält, wenn sich aus ihr die persönliche Verpflichtung des Eigentümers zur Auflassung des bestimmten in der Auflassungserklärung bezeichneten Grundstücks gegenüber dem Empfänger dieser Erklärung als dem Erwerber ergibt Liegt der Auflassung nicht ein einzelnes Rechtsgeschäft zugrunde, sondern eine Reihe von Geschäften oder auch sonstigen rechtlichen Vorgängen, die erst in ihrer Gesamtheit jene Verpflichtung begründen, so sind die Urkunden über alle diese Vorgänge beizubringen, um den Auflassungs-St. zu beseitigen. Im übrigen sei auf den Tatbestand des Urteils verwiesen.

c) Auch ein zur Erledigung eines Rechtsstreites geschlossener Vergleich (§ 779 BGB.) kann als ein die Verpflichtung zur Übertragung des Eigentums an einem Grundstück begründender Vertrag i. S. § 313 BGB. gelten; namentlich dann, wenn i. S. der Tarifst. 67 durch den Vergleich ein anderweites Rechtsgeschäft neu begründet ist, und der Gegenstand eines solchen Rechtsgeschäfts die Überlassung eines Grundstücks bildet, ist der Vergleich das der Auflassung dieses Grundstücks zugrunde liegende Veräußerungsgeschäft. Ein etwaiger Mangel der in § 313 BGB. vorgeschriebenen Form würde durch die Auflassung geheilt werden. Über eine etwaige ungenügende Beglaubigung der vorgelegten einfachen Abschrift des Vergleiches würde das Gericht mit den Beteiligten bei der Auflassung zu verhandeln haben. KG. 8. 6. 03, 1. J. 645 03. — Vgl. oben A. 3.

d) Im Falle der Auflassung eines Grundstücks an Ehegatten, die in allgemeiner Gütergemeinschaft leben, genügt zur Ausschließung des AuflassungsSt. der von einem der Ehegatten abgeschlossene Kaufvertrag. KG. 13. 6. 07, Joh. Bd. 37 S. B 66.

8. Dagegen enthält die Urkunde nicht das der Auflassung zugrunde liegende Veräußerungsgeschäft:

a) Beim Erwerb des gesamten Vermögens einer Aktiengesellschaft durch eine andere Aktiengesellschaft, welche die gesamten Aktien der ersteren Gesellschaft besitzt. Bei Berechnung des AuflassungsSt. ist die bei den Gesellschaftsverträgen zugelassene Ermäßigung oder Befreiung nicht zu berücksichtigen. RG. 17. 11. 05, Entsch. Bd. 62 S. 70. Der Generalversammlungsbeschluß der auflassenden Gesellschaft enthält nicht die Urkunde über das Veräußerungsgeschäft.

b) Sind durch einen gehörig verstempelten Vertrag die sämtlichen Kuxe eines Bergwerks verkauft, so ist für die Auflassung des Bergwerks an den Erwerber der Kuxe gleichwohl der einprozentige WertSt. zu entrichten. KG. 29. 5. 99, Joh. Bd. 19 S. 190.

c) Erklären der Bergwerkseigentümer und eine andere Person vor dem Grundbuchamt ihre Einigung dahin, daß das Bergwerkseigentum auf die von ihnen zu bildende Gewerkschaft übergehen soll, so ist, wenn die Gewerkschaft als neue Eigentümerin in das Grundbuch eingetragen wird, der AuflassungsSt. von dem Werte des ganzen Bergwerks zu erheben.

Die Erhebung des AuflassungsSt. wird durch Vorlegung der Urkunde über den zwischen den beiden Beteiligten geschlossenen Vertrag betreffs Errichtung der Gewerkschaft und Einbringung des Bergwerks in diese ausgeschlossen. Dieser Vertrag ist, soweit der bisherige Bergwerkseigentümer für das Bergwerk Kuxe erhält, nach Tarif 71 Nr. 2, soweit Gegenleistungen anderer Art gewährt werden, nach Tarif 32 stpflichtig. KG. 4. 1. 06, Joh. Bd. 32 S. B 33.

Noch: Zu Tarifnummer 8.

d) Wenn die zur Auflassung notwendige Erklärung durch ein rechtskräftiges Urteil ersetzt wird — § 894 ZPO. — so ist auch eine solche Auflassung stpflichtig, KG. 20. 11. 99, Hz. S. 275, ebenso dann, wenn der Auflassung ein Schiedsspruch zugrunde liegt, KG. 7. 2. 98, Hz. S. 294 —, weil diese Urkunden nicht die rechtsgeschäftlichen Vereinbarungen der bei der Auflassung beteiligten Personen enthalten. — Vgl. oben A. 3.

e) Die in einem mit einem Minderjährigen abgeschlossenen Grundstückskaufvertrag enthaltene Abrede über die Eintragung des Kaufgeldes für den Verkäufer war vormundschaftsgerichtlich nicht genehmigt, dennoch war die Auflassung an den Minderjährigen erfolgt, nachdem die Beteiligten erklärt hatten, von der gleichzeitigen Eintragung der Kaufgelder zunächst absehen zu wollen. Der Vertrag war rechtsungültig und demnach nicht stpflichtig, dagegen war die Auflassung stpflichtig. Der verwendete NaturalSt. ist auf den AuflassungsSt. verrechnet. FM. 11. 3. 02 III 2522.

f) Der Bauunternehmer A. hat mit B. einen Vertrag über Bebauung des Grundstücks X. für 64000 Mk. am 9. Oktober 1900 geschlossen. Am 10. Oktober 1900 verkauft A. das Grundstück X. an B. für 10000 Mk. Übergabe und Auflassung waren für den 1. Juli 1901 vereinbart —, zu welchem Zeitpunkt vertragsmäßig auch der Bau fertiggestellt sein müßte. Am 12. Oktober 1901, nach Beendigung des Baues, ist das Grundstück unter Angabe eines Wertes von 10000 Mk. und Vorlegung des mit 100 Mk. versteuerten Kaufvertrages aufgelassen. Neben dem zum Kaufvertrage verwendeten St. von 100 Mk. und dem BauvertragsSt. von 213 Mk. 50 Pfg. war für die Auflassung der AuflassungsSt. von dem ermittelten gemeinen Wert des Grundstücks von 86000 Mk. mit 860 Mk. ohne Anrechnung des zum Kaufvertrage verwendeten St. fällig, weil Gegenstand der Auflassung das mit einem Gebäude versehene Grundstück war und eine den Rechtsgrund der Übereignung des bebauten Grundstücks ergebende Urkunde nicht rechtzeitig vorgelegt ist. FM. 6. 1. 03 III 133. — Ebenso KG. 18. 1. 04, J. 1423 03. — Vgl. A. 5 bei Tarif 32.

g) Die Erhebung des AuflassungsSt. ist ausgeschlossen, wenn die Beteiligten im Anschluß an den Kauf über den Grund und Boden einen Werkverdingungsvertrag über die Errichtung des Baues auf dem Kaufgrundstück durch den Verkäufer abgeschlossen und beide Verträge, Kauf- und Werkvertrag, bei der Auflassung vorgelegt haben. FM. 10. 4. 08 III 6870.

h) Verkauft der Eigentümer eines Grundstücks an einen andern zunächst das auf dem Grundstück stehende Holz und erst später, jedoch noch vor der Trennung des Holzes den Grund und Boden selbst, so muß bei der Auflassungserklärung für die Berechnung der StAbgabe auch der Wert des Holzes angegeben werden. KG. 25. 3. 09, Joh. Bd. 37 S. C 25.

9. Für den Fall, daß bei der Auflassung ein nach dem 1. Januar 1900 aufgenommener privatschriftlicher Vertrag vorgelegt wird, s. FM. 12. 2. 00 III 1539, JMBl. S. 63. — Vgl. A. 7a zu § 16, A. 4a zu Tarif 32 u. AllgB. § 14 Abs. 2.

10. In an sich stpflichtiger Form bedeutet in einer solchen Form, die eine Klage auf Erfüllung zuläßt, d. h. in rechtsverbindlicher Form. RG. 30. 9. 10, ZBl. S. 503.

11. Eine Beglaubigung der zur Ausschließung des AuflassungsSt.

Noch: Zu Tarifnummer 8.

vorzulegenden beglaubigten Abschrift der Urkunde von seiten eines Rechtsanwalts, wie sie in § 170 ZPO. für bestimmte Zwecke vorgeschrieben ist, genügt nicht. Beschl. des RG. 22. 1. 04, JMBl. S. 218 v. 05, Entsch. Bd. 56 S. 274, ZBl. S. 675 v. 05. Der Richter hätte die Interessenten darauf hinweisen müssen, daß der vorgelegte Prozeßvergleich den AuflassungsSt. an sich ausschließen würde, wenn er in zulässiger Art beglaubigt wird.

12. a) Die Entscheidung, ob eine behufs Ausschließung des AuflassungsSt. vorgelegte Urkunde das Veräußerungsgeschäft so enthält, wie es unter den Beteiligten hinsichtlich des Wertes der Gegenleistung verabredet ist, liegt dem Gericht ob. Das Gericht hat auch in Fällen, in denen es eine von den Angaben der Steuerpflichtigen abweichende Auffassung von dem Werte des Gegenstandes hat, den der Berechnung des AuflassungsSt. zugrunde zu legenden Wert festzusetzen. Die Anfechtung dieser Festsetzungsverfügung kann nur nach Maßgabe der §§ 26, 27, 30 PrGKG. erfolgen. KG. 26. 9. 04, Joh. Bd. 29 S. B 43, JMBl. S. 223 v. 05. Der Provinzialsteuerdirektor ist nur befugt, die zu entrichtenden StBeträge, wenn er die angegebenen Werte für zu niedrig erachtet, anderweit festzusetzen.

Wenn von den Beteiligten glaubhaft dargelegt wird, daß das Rechtsgeschäft so beurkundet ist, wie es hinsichtlich des Wertes der Gegenleistungen verabredet worden ist, hat selbstverständlich die sonst vorgeschriebene Anwendung des Verfahrens gemäß Bek. lit. c zu unterbleiben. FM. 1. 12. 04 III 13885.

b) Die Bestimmungen der Tarifstelle 8 Abs. 4 Ziff. 1 und des § 17 Abs. 3 Ziff. b sind nur dann anwendbar, wenn in der Urkunde die vertragsmäßigen Abreden zum Nachteil des Fiskus unrichtig angegeben sind; als vertragsmäßige Abrede gilt bei einem Tauschvertrage nur die Feststellung über das Wertverhältnis beider Grundstücke zueinander, also die Angabe darüber, ob der Tausch ohne Zugabe erfolgt oder ob und welche Zugabe gewährt wird, jedoch mit der Maßgabe, daß als Wert jedes Grundstücks mindestens der Betrag der auf ihm ruhenden und von dem Erwerber übernommenen Schulden als vertragsmäßig beredet anzusehen ist. FM. 4. 4. 03 III 4466. Aber abgesehen von diesem Falle ist die Angabe über den Wert eine bloße Schätzung, die von der Steuerbehörde nach § 7 LStG. berichtigt werden kann. Eine unzutreffende Schätzung hat für die Beteiligten keine weiteren nachteiligen Folgen, als daß sie unter Umständen die Kosten der Wertermittelung tragen müssen.

c) Werden zwei gegeneinander vertauschte Grundstücke ohne Vorlegung des Tauschvertrages aufgelassen, so ist für jede der beiden Auflassungen der WertSt. zu erheben. FM. 13. 4. 99 III 4789. — Vgl. A. 22b bei Tarif 32.

d) In den zwischen Aszendenten und Deszendenten abgeschlossenen Überlassungsvertrag, der der Auflassung zugrunde gelegt war, war nicht aufgenommen, daß die Aszendenten vor der Auflassung sich ein erhebliches Wohnungsrecht vorbehalten hatten: Es ist deshalb der volle AuflassungsSt. nachverlangt. KG. 26. 2. 00.

e) Ist in einem Kaufvertrage 90000 Mk. als Preis angegeben und ist das Grundstück noch mit einer für den Erwerber eingetragenen Hypothek von 10000 Mk. belastet, welche durch den Erwerb als getilgt gelten soll, so müssen

Noch: Zu Tarifnummer 8.

die 10000 Mk. dem Kaufpreise hinzugerechnet werden, auch wenn sie im Werte des Grundstücks nicht Deckung finden. Durch Vorlegung einer Urkunde, in der der Kaufpreis nur auf 90000 Mk. angegeben ist, wird der AuflassungsSt. nicht ausgeschlossen. KG. 19. 12. 98, Hz. S. 299.

f) Wenn bei einer Auflassung ein über das Grundstück abgeschlossener Kaufvertrag vorgelegt wird, in dem der Kaufpreis niedriger angegeben ist, als er in Wirklichkeit verabredet war, so gilt als hinterzogen der volle AuflassungsSt. ohne Abzug des zu der Vertragsurkunde verwendeten St. RG. 26. 5. 03, ZBl. S. 485, Joh. Bd. 26 S. C 17: Ein Grundstück war für 81600 Mk. durch notariellen Vertrag verkauft, während in Wirklichkeit 100000 Mk. vereinbart waren. Es war zu erheben der volle AuflassungsSt. von 1000 Mk. und als Strafe nach § 17 Abs. 3b LStG. festzusetzen 10000 Mk. — Vgl. A. 7a bei § 17.

13. Nach dem § 24 des RStG. sind reichsstpflichtige Anschaffungsgeschäfte von jedem LandesSt. befreit, so daß die Veräußerung eines Gegenstandes, bei welcher die Gegenleistung durch Hingabe reichsstpflichtiger Wertpapiere ausbedungen ist, der LandesStAbgabe entzogen bleibt. Diese Vorschrift kann also die Folge haben, daß bei Veräußerungsgeschäften von Immobilien, sofern der Preis durch Aktien oder sonstige reichsstpflichtige Wertpapiere bezahlt wird, der StPflicht dadurch genügt wird, daß an Stelle des LandesSt. der AnschaffungsSt. tritt. Dieser in der Praxis schon hier und da bemerkbar gewordenen Umgehung des LandesSt. soll vorgebeugt werden. Für Kauf- und Tauschverträge zwischen Teilnehmern an einer Erbschaft, sowie für Veräußerungsverträge zwischen Aszendenten und Deszendenten wird eine Mehrbelastung nicht herbeigeführt, da auf die Ziffer 1 u. 2 der Ermäßigungen und Befreiungen der Tarifstelle 32 ausdrücklich Bezug genommen wird. KB. S. 14.

14. Im Abs. 4 wurden zwecks Verhinderung der Umgehung des ImmobiliarSt. Ausnahmen von der Bestimmung des Abs. 3 festgesetzt. Ziffer 3 bezieht sich auf die sogenannten Parzellierungsverträge. Wirtschaftlich betrachtet, sind diese Verträge, inhalts deren der Bevollmächtigte das Veräußerungsgeschäft mit dem Dritten für eigene Rechnung abschließt, doch nichts weiter als Kaufverträge, daher ist es billig, sie dem ImmobiliarSt. zu unterwerfen.

Die Durchführung dieser gesetzgeberischen Absicht soll in der Weise erfolgen, daß der AuflassungsSt. erhoben werden soll, wenn die zur Ersparung des AuflassungsSt. vorgelegte Urkunde die Veräußerung des Grundstückes durch einen Bevollmächtigten enthält und diese Veräußerung erweislich für Rechnung des Bevollmächtigten, also nicht mehr für Rechnung des Machtgebers erfolgt. Man hat es als selbstverständlich betrachtet, daß bei der Beurteilung der Frage, ob die Veräußerung für Rechnung des Bevollmächtigten erfolgt, nicht bloß die Urkunde, sondern auch außerhalb der Urkunde liegende Umstände in Betracht gezogen werden können, da ja die Urkunde zu dem Zwecke abgefaßt sei, den ImmobiliarSt. zu ersparen. KB. S. 8 (09).

15. Ein Mitglied der Subkommission bat um Zusammenstellung der unter diese Position zu subsummierenden Fälle; es sei ihm nicht klar, wie die Möglichkeit der Erhebung des AuflassungsSt. hier noch gegeben sei, wenn nach Tarifstelle 25d der WertSt. mit 1% zu entrichten sei, und nach der Bestimmung in Abs. 3 der AuflassungsSt. nicht erhoben werde, wenn die Veräußerungsurkunde vorliege.

Noch: Zu Tarifnummer 8.

Ein Kommissar des Finanzministers erklärte, diese Möglichkeit sei dadurch gegeben, daß nach Tarifstelle 25d der WertSt. von 1% in manchen Fällen nur teilweise erhoben werden könne. Bei der Auflösung einer offenen Handelsgesellschaft z. B. bleibe derjenige Teil, welcher der Beteiligung des erwerbenden Gesellschafters an dem Gesellschaftsvermögen entspreche, außer Ansatz. Betrage z. B. der Anteil am Gesellschaftsvermögen die Hälfte, so würde nur die Hälfte des einprozentigen WertSt. zu der Urkunde zu entwerten sein. Wenn eine derartige Urkunde bei der Auflassung vorgelegt werde, solle die Differenz zwischen dem halben und dem ganzen St. bei der Auflassung nacherhoben werden. Bisher seien bei der Auflösung offener Handelsgesellschaften ebenfalls Umgehungen des KaufSt. bemerkt worden. Wenn beispielsweise A. sein Grundstück an B. verkaufen wollte, so werde zu diesem Zwecke von beiden eine offene Handelsgesellschaft gegründet, in welche A. das Grundstück, B. seine Arbeitskraft einbringe. Alsdann werde die Gesellschaft in das Handelsregister eingetragen und, nachdem das geschehen, setzten sich die Gesellschafter wieder auseinander. Bei dieser Auseinandersetzung erwerbe B. dann das ursprünglich von A. eingebrachte Grundstück. B. brauche, wenn sein Anteil an dem Gesellschaftsvermögen die Hälfte betrage, nur die Hälfte des St. zu zahlen; lege er sodann bei der Auflassung den Auseinandersetzungsvertrag vor, so würde ein weiterer St. nicht erhoben, die andere Hälfte des WertSt. von 1% also erspart werden können, wenn nicht die Bestimmung des Abs. 4 Ziff. 4 eingeführt würde.

Dem habe ein Riegel vorgeschoben werden sollen.

Im Laufe der weiteren Erörterungen wurde von anderer Seite bemerkt, daß die vorerwähnte Bestimmung zu großen Härten in denjenigen Fällen führen könne, wenn A. das in die Gesellschaft von ihm eingebrachte Grundstück bei der Auseinandersetzung wieder zurückerwerbe. Regierungsseitig wurde entgegnet, daß solche Härten nicht vorkommen könnten, weil nach der Befreiungsvorschrift der Tarifstelle 25d Ziff. 2 Abs. 3 die Rückgewähr eines von einem Gesellschafter eingebrachten Grundstückes stfrei sei und nach der ausdrücklichen Vorschrift der Tarifstelle 8 Abs. 4 Ziff. 4 die Vorlegung der über die Rückgewähr errichteten Vertragsurkunde den AuflassungsSt. ausschließe.

Man war sich im übrigen in der Subkommission darüber klar, daß der wesentlichste Zweck des Abs. 4 Ziff. 4 der Tarifstelle 8 darin bestehe, in denjenigen Fällen die Ersparung des ImmobiliarSt. zu verhüten, in denen bei der Auflösung von Gesellschaften m. b. H., Aktien-Gesellschaften und Gewerkschaften ein Gesellschafter die Anteile der sämtlichen übrigen Gesellschafter in seiner Hand vereinige. Nach der gegenwärtigen Gesetzeslage könne, wenn ein solcher Gesellschafter die Grundstücke zu Sondereigentum erwerbe, ein WertSt. zu den Vertragsurkunden nicht erhoben werden, weil er das gesamte Gesellschaftsvermögen in seiner Person vereinige, mithin für die Erhebung des St. überhaupt kein Raum bleibe.

Ebensowenig könne aber nach dem bestehenden Recht ein AuflassungsSt. erfordert werden, weil die Vorlegung der Veräußerungsurkunden unterschiedslos die Erforderung des AuflassungsSt. ausschließe.

Diese letzteren Bestimmungen würden durch den Abs. 4 Ziff. 4 nunmehr beseitigt, da danach der AuflassungsSt. ungeachtet der Vorlegung des Auseinandersetzungsvertrages, abgesehen von den beiden Befreiungsfällen der Tarifstelle 25d, erhoben werde. KB. S. 10—11 (09).

Lfd. Nr.	Gegenstand der Besteuerung	Steuersatz v. H.	Mk	Pf.	Berechnung der Stempelabgabe
9.	**Auktionen,**[1-7] d. h. Beurkundungen von Versteigerungen nicht zu den unbeweglichen Sachen gehöriger Gegenstände durch öffentliche Beamte, sofern diese nicht als Vertreter der Korporation, in deren Dienste sie angestellt sind, handeln, oder durch gewerbsmäßige Auktionatoren (§ 36 der Reichsgewerbeordnung)*) . . . . AB. 20.	1/3	—	—	des Gesamterlöses nach Abzug der Kosten[8]

Noch: Zu Tarifnummer 8.

16. Die nach der Auflassung errichtete Urkunde über das der Auflassung zugrunde liegende Geschäft ist nach ihrem Inhalt selbständig und unabhängig von dem Inhalt der Auflassungserklärung und den bei Gelegenheit derselben gemachten Angaben der Beteiligten strafrechtlich zu beurteilen. KG. 21. 4. 98, JW. S. 376.

17. Da für den nämlichen Eigentumsübergang der WertSt. nur einmal zu erheben ist, wird der AuflassungsSt. auf den WertSt. in Anrechnung gebracht. FM. 26. 6. 99 III 8072.

18. Lediglich zur Beseitigung von Mißverständnissen ist am Schlusse des Abs. 5 die keiner weiteren Begründung bedürfende Bestimmung hinzugefügt, daß der AuflassungsSt. auf Grund des 3. Absatzes insoweit nicht zurückgefordert werden kann, als er auf den zu einer nachträglich errichteten Urkunde erforderlichen WertSt. angerechnet worden ist.

19. a) Für die StBerechnung ist der gemeine Wert des Gegenstandes zur Zeit der Entgegennahme und Beurkundung der Auflassungserklärung maßgebend. KG. 15. 1. 00. Der Wert des beweglichen Beilasses ist außer Betracht zu lassen. Joh. Bd. 17 S. 144.

b) Lassen Miterben an einen von ihnen ein zum Nachlasse gehöriges Grundstück auf, so ist nach ALR., wie nach BGB der Wert des der Berechnung der Gerichtskosten und des St. zugrunde zu legenden Gegenstandes nach dem Wert des ganzen Grundstückes zu berechnen. KG. 25. 1. 04, Joh. Bd. 27 S. B 59. — Vgl. oben A. 4c.

c) Wird nach vertragsmäßiger Aufhebung der Gütergemeinschaft ein zum Gesamtgut gehöriges Grundstück dem einen Ehegatten vom andern zum Alleineigentum überwiesen und aufgelassen, so ist Gegenstand der Auflassung das ganze Grundstück und der St. vom Werte des ganzen Grundstücks zu berechnen. Dies gilt auch für den Fall, daß zwischen den Ehegatten die aus dem Güterstande des rheinischen Rechts übergeleitete Fahrnisgemeinschaft des BGB. bestanden hatte. KG. 25. 10. 06, Joh. Bd. 33 S. B 35.

*) Die betreffende Bestimmung der GewO. lautet:

§ 36. Das Gewerbe der . . . Auktionatoren . . . darf zwar frei betrieben werden, es bleiben jedoch die verfassungsmaßig dazu befugten Staats- oder Kommunalbehorden oder Korporationen auch ferner berechtigt, Personen,

Zu Tarifnummer 9.

1. Vgl. BGB. §§ 156, 456ff., 1239, ZPO. § 817, auch A. 8e bei Tarif 73.

2. Der innere Grund des AuktionsSt. ist der, daß zwischen Käufer und Verkäufer eine Mittelsperson tritt, welche die Parteien zur Einigung über das Rechtsgeschäft veranlaßt, die erfolgte Einigung niederschreibt und durch seine Unterschrift gewissermaßen beglaubigt. KB. S. 17, AH. S. 2267.

3. Die Bestimmung der Tarifstelle 53 findet auf Auktionsprotokolle keine Anwendung, so daß, wenn der Reinerlös mehr als 150 Mk., jedoch nicht über 300 Mk. beträgt, ein Stempel von 1 Mk. selbst dann genügend ist, wenn die Beurkundung in Form eines Protokolls geschieht. FM. 3. 3. 97 III 2854.

4. Beurkundungen von Versteigerungen von „Mengen" (Tarifstelle 32 Befr. 3) fallen unter die Tarifstelle 9, sofern nicht § 24 und Tarif 4b des RStG. entgegenstehen. FM 20. 8. 96 III 10209. — Vgl. unten A. 5.

5. Die Versteigerungsprotokolle der Gerichtsvollzieher über Wertpapiere unterliegen dem ReichsSt., sowohl dann, wenn es sich um eine Zwangsversteigerung handelt, als auch dann, wenn die Versteigerung eine freiwillige ist. Daneben ist der LandesSt. dieser Tarifstelle nicht zu erheben.

Die Gerichtsvollzieher haben für die Beibringung des St. zu sorgen:

a) als Vermittler, wenn bei einer freiwilligen Versteigerung der Auftraggeber sich den Zuschlag in der Art vorbehält, daß er nach außen hin als der den Zuschlag Erteilende erscheint, es sei denn, daß beide Kontrahenten zur Führung von Handelsbüchern nicht verpflichtet sind und eine beiderseits unterschriebene Vertragsurkunde errichtet ist,

b) bei allen Zwangsversteigerungen und in denjenigen Fällen der freiwilligen Versteigerung, in welchen der Gerichtsvollzieher den Zuschlag erteilt, es sei denn, daß der Kläger zur Führung von Handelsbüchern verpflichtet ist.

Liegt in dem Falle zu a eine beiderseits unterschriebene Vertragsurkunde vor und ist keiner der Kontrahenten eine zur Führung von Handelsbüchern verpflichtete Person, so haben nicht die Gerichtsvollzieher, sondern die Kontrahenten die Steuer zu entrichten. Ebenso liegt in dem Falle zu b nicht dem Gerichtsvollzieher, sondern dem Käufer die Verpflichtung zur Entrichtung der Abgaben ob, wenn der Käufer eine zur Führung von Handelsbüchern verpflichtete Person ist.

Zum Zwecke der Versteuerung ist in den zu a bezeichneten Fällen spätestens am dritten Tage nach dem Geschäftsschluß auf einem vorher gestempelten oder mit den erforderlichen StMarken zu versehenden Formular eine Schlußnote auszustellen. Das Gleiche gilt im Falle zu b, wenn keine beiderseits unterschriebene Vertragsurkunde errichtet ist; andernfalls ist die Vertragsurkunde

---

welche diese Gewerbe betreiben wollen, auf die Beobachtung der bestehenden Vorschriften zu beeidigen und offentlich anzustellen.

Vom Minister des Innern sind am 10. Juli 1902 „Vorschriften über den Umfang der Befugnisse und Verpflichtungen sowie über den Geschäftsbetrieb der Versteigerer" auf Grund § 38 Abs. 1 GewO. erlassen. Beiblatt zu Nr. 15 des Ministerialblatts der Handels- und Gewerbe-Verwaltung.

Lfd. Nr.	Gegenstand der Besteuerung	Steuersatz v. H.	Mk	Pf.	Berechnung der Stempelabgabe
10.	(1) **Ausfertigungen**[1-6] von Schriftstücken der Behörden und Beamten, einschließlich der Notare, jedoch mit Ausnahme der Ausfertigungen der Schiedsmänner, sofern für die Schriftstücke nicht ein durch diesen Tarif bestimmter Stempel zu entrichten ist*) . . . . AB. 42. Allg.V. § 2 Ziff. 2d.	—	3	—	

Noch: Zu Tarifnummer 9.

binnen 14 Tagen nach dem Geschäftsabschlusse der Steuerbehörde vorzulegen. JM. 11. 10. 06, JMBl. S. 301, ZBl. S. 1520.

Über Auktionen von Altmaterialien der Eisenbahnverwaltung vgl. A. 18*l* bei Tarif 32.

6. Der St. zu den Protokollen der Gerichtsvollzieher ist, wenn auch die Versteigerungsgebühren unter den Gerichtskosten vereinnahmt werden, in natura zu verwenden.

7. Auktionen für den Fiskus sind stfrei. FM. 5. 3. 97 III 2159.

8. a) Bleibt der Eigentümer bei der freiwilligen Versteigerung Meistbietender, so ist der Betrag seines Gebots von dem Gesamterlöse in Abzug zu bringen.

b) Die Kosten für die Aufbewahrung an dem Ort der Versteigerung für die Zeit von der Abholung bis zu dem bei dieser Abholung bestimmend gewesenen Termin der Versteigerung — § 808 Abs. 2 ZPO. — dürfen bei der Berechnung des St. von dem Gesamterlöse abgezogen werden; wenn aber die beabsichtigte Versteigerung z. B. wegen Fristbewilligung, Intervention, Einstellungsbeschlusses usw. ausgesetzt wird, so sind die Kosten für die weitere Aufbewahrung am Versteigerungsort bis zur schließlichen Versteigerung nicht abzugsfähig.

Wenn die Pfandstücke nicht lediglich zum Zwecke der Versteigerung, sondern schon aus dem Gesichtspunkte einer Sicherung der Befriedigung des Gläubigers aus dem Gewahrsam des Schuldners entfernt werden, so sind die Kosten für die dann erforderliche Aufbewahrung unterschiedslos nicht abzugsfähig.

Die Kosten des Transports zu dem Auktionslokal sind abzugsfähig.

c) Vgl. über Versteigerungsaufträge A. 8e bei Tarif 73.

---

*) Die betreffende Bestimmung der, soweit sie sich auf die StSteuer bezieht, jetzt aufgehobenen Schiedsm.-O. v. 29. 3. 79 lautet:

§ 40. Die Verfugungen, Verhandlungen und Ausfertigungen des Schiedsmanns sind kosten- und stempelfrei.

Die Stempelfreiheit der Verhandlungen erstreckt sich nicht

1. auf Rechtsgeschäfte, welche an sich stempelpflichtig sind und als ein Bestandtheil des Vergleichs in den letzteren aufgenommen werden;
2. auf Vergleiche, durch welche ein unter den Parteien bisher nicht in stempelpflichtiger Form zu Stande gekommenes Rechtsgeschaft anerkannt oder im Wesentlichen aufrechterhalten wird.

Lfd. Nr.	Gegenstand der Besteuerung	Steuersatz v. H	Mk	Pf.	Berechnung der Stempelabgabe
(10.)	(2) Befreit sind Ausfertigungen: a) von Bescheiden auf Gesuche, Anfragen und Anträge in Privatangelegenheiten, sie mögen in Form eines Antwortschreibens, einer Verfügung, Verfügungsabschrift oder einer auf die zurückgehende Bittschrift selbst gesetzten Verfügung erlassen werden; b) von Genehmigungen der zuständigen Behörden in Bausachen. AB. 42 Abs. 2.				

Zu Tarifnummer 10.

1. Vgl. FG. § 182, PFG. §§ 43 ff., auch A. 2 bei Tarif 26.

2. a) Unter Ausfertigungen werden im Gegensatz zu bloßen Bescheiden die in einer feierlichen Form und unter ordnungsmäßiger Unterschrift von unmittelbaren und mittelbaren Staatsbehörden abgefaßten Erlasse, Entscheidungen und Urkunden angesehen. FM. 26. 12. 90 III 15391.

b) Die Tarifvorschrift bezieht sich nur auf die Ausfertigung nicht st.-pflichtiger Schriftstücke.

Der juristische Sprachgebrauch begreift unter dem Ausdruck „Ausfertigung" zweierlei Arten: Die eine Art umfaßt die Fälle, in denen das zugrunde liegende Schriftstück, von dem die Ausfertigung entnommen ist, nach außen hin allein rechtliche Bedeutung hat, bei der es nur auf den Inhalt der Urschrift ankommt, während bei der zweiten Art die Willenserklärung nach außen hin erst in der Ausfertigung rechtlich hervortritt, wobei das zugrunde liegende Schriftstück nach außen hin rechtlich bedeutungslos ist. Der Ausdruck „Schriftstück" ist ganz allgemeinen Inhalts.

In Angelegenheiten der ordentlichen Gerichte, wie der sonstigen Gerichte, kann die Tarifstelle ebensowenig in Anwendung kommen, wie in Notariatssachen; sie findet ihr Anwendungsgebiet vielmehr allein in Angelegenheiten der Verwaltung.

Die Ausfertigung muß eine wirkliche Wiederholung des ihr zugrunde liegenden Schriftstückes bilden, dieses also schon das, was in der Ausfertigung enthalten ist, vollinhaltlich enthalten. Im Gegensatz hierzu stehen die Fälle, in denen die schriftliche Unterlage nur die kurze Anweisung enthält, eine Ausfertigung bestimmten Inhalts herzustellen. RG. 30. 11. 00, Entsch. Bd. 47 S. 343, ZBl. S. 85 v. 01.

c) Tarifstelle 10 hat nur aushilfsweise Bedeutung; sie bleibt außer Anwendung, wenn nach einer andern Tarifstelle ein St. zu entrichten ist oder eine Befreiung besteht. FM. 17. 2. 98 III 886.

d) Die Bestimmung, daß alle Urkunden bis zum Werte von 150 Mk. frei sind, bezieht sich auch auf Ausfertigungen. AH. S. 2269.

e) Eine Ausfertigung der nach Art. 12 §§ 2 u. 4 AG.BGB. von einem Urkundsbeamten aufgenommenen Urkunden mit der

Noch: Zu Tarifnummer 10.

Wirkung, wie sie den Ausfertigungen gerichtlicher oder notarieller Urkunden innewohnt, ist durch die Gesetze nicht vorgesehen; eine Ausfertigung einer Urkunde der gedachten Art erscheint daher nicht geeignet, die Urschrift im Rechtsverkehr zu ersetzen. Es muß vielmehr davon ausgegangen werden, daß der Urkundsbeamte den Beteiligten die Urschrift zu verabfolgen hat. Zu der Urschrift sind auch die erforderlichen St. zu verwenden unter Anwendung ev. von § 9 Abs. 1 d. G. FM. 27. 11. 01 III 14845. — Vgl. A. 6c bei Tarif 1 u. A. 3a bei § 9.

3. Ausschließlich im öffentlichen Interesse erteilte Ausfertigungen sind stfrei, wird aber zugleich das Privatinteresse berührt, so tritt StPflicht ein. FM. 25. 12. 96 III 14734 (MBl. d. i. V. S. 24 v. 97).

4. Stfrei sind insbesondere:

a) Genehmigungen der Steuerordnungen der Kommunalbehörden durch die zuständigen Behörden. FM. 16. 10. 96 III 13802, ZBl. S. 613.

b) Genehmigungen der Sparkassen-Satzungen kommunaler Verbände. FM. 25. 12. 96 III 14734.

c) Ausfertigungen der Beschlüsse der Bezirksausschüsse über streitige Erstattungsansprüche auf Grund des Fürsorge-Ges. v. 2. 7. 00. FM. 28. 10. 03 III 13797.

d) Die von den Bezirksausschüssen zu erteilenden Genehmigungen zu den Besoldungsfestsetzungen für Bürgermeister, Beigeordnete und besoldete Magistratsmitglieder. Das Gleiche gilt für die entsprechenden Genehmigungen für die Stadt Berlin. FM. 7. 9. 04 III 11722.

e) Die gemäß § 100 lit. h der GewO. gefällten Entscheidungen der Verwaltungsbehörden. FM. 4. 2. 03 III 88.

f) Die gemäß § 43 Abs. 3 der AusfAnw. zur GewO. v. 9. 8. 99 den Ortspolizeibehörden zu übersendenden zweiten Ausfertigungen der auf Grund §§ 33 und 33a erteilten Genehmigungsurkunden. FM. 18. 6. 00 III 3289, ZBl. S. 396. — Vgl. A. 5oo bei Tarif 77.

g) Die nach § 16 Abs. IV der Anw. betreffend die Genehmigung und Untersuchung der Dampfkessel v. 9. 3. 00 den Ortspolizeibehörden, Bergrevierbeamten und auch den zuständigen Dampfkesselüberwachungsvereinen zuzusendenden Ausfertigungen von Dampfkesselgenehmigungsurkunden. FM. 18. 8. 01 III 10356.

h) Die den Ortspolizeibehörden und Bergbehörden auszuhändigenden Abschriften der Bescheinigungen über Abnahme von Dampfkesseln sowie die zweiten Ausfertigungen von Genehmigungsurkunden der nach § 16 der Gewerbeordnung genehmigten Anlagen. FM. 21. 7. 99 III 9438. — Vgl. A. 5aa bei Tarif 77.

i) Polizeiliche Erlaubniserteilungen zur Aufstellung beweglicher Dampfkessel — § 26 Nr. III Anw. v. 9. 3. 00 (MBl. f. d. i. V. S. 150).

k) Die Statuten der Innungen und Handwerkskammern — §§ 99, 103 Ges. v. 26. 7. 97 —, ebenso die Genehmigung solcher Statuten, wie die der Innungsausschüsse und Innungsverbände — §§ 84 Abs. 1, 101 Abs. 1, 104b Abs. 1 eod. — FM. 23. 4. 02 III 4972, ZBl. S. 102, FM. 7. 8. 99 III 9971, ZBl. S. 207.

l) Die Ausfertigung einer Urkunde, durch welche das von geschlossenen freien Innungen auf neu errichtete Zwangsinnungen übergehende

Noch: Zu Tarifnummer 10.

Vermögen von dem Regierungspräsidenten festgestellt wird. FM. 7. 9. 99 III 10987, ZBl. S. 215.

m) Die Ausfertigungen von Genehmigungen zur Abhaltung von Versammlungen unter freiem Himmel nach § 7 Abs. 2 des Reichsvereinsges. v. 19. 4. 08, FM. 26. 8. 08 III 15112, ZBl. S. 369.

n) Das dem Wandergewerbeschein beigefügte, vom Bezirksausschuß genehmigte Bücherverzeichnis, wie der Wandergewerbeschein selbst. FM. 31. 3. 99 III 4216.

o) Erkenntnisse im Verwaltungsstreitverfahren.

p) Die Ausfertigungen von Schiedssprüchen der Gewerbegerichte nach § 67 des Ges. v. 29. 7. 90, weil in dem Streitverfahren vor den Gewerbegerichten keine St. erhoben werden sollen. FM. 23. 6. 96 III 8634, ZBl. S. 538. — Vgl. A. 3c zu Tarif 57.

q) Die Allerhöchst vollzogenen, als auch die in der Ministerialinstanz erteilten Patente über Titel- und Charakterverleihungen an Beamte. FM. 31. 10. 96 III 13593. — Vgl. A. 4c bei Tarif 12.

r) Die Genehmigungen des Handelsministers zu Verträgen über Anstellung von Lehrern an öffentlichen Handwerkerschulen. FM. 14. 7. 97 III 8764.

s) Vormundschaftsgerichtlicher Heiratskonsens für den heiratenden Elternteil nach der Auseinandersetzung. Joh. Bd. 17 S. 191.

t) Der reine Vermerk „Bestätigt" nebst Siegel und Unterschrift unter der eingereichten Rechtsakte der Bergwerksbesitzer, falls keine Urschrift der Bestätigungsurkunde zu den Akten genommen wird. FM. 25. 7. 96 III 10310.

u) Die Bescheinigung über den Austritt aus der Landeskirche, die auf Antrag vom Gericht erteilt wird. Joh. Bd. 17 S. 303.

v) Die durch die Ausführungsbestimmungen zum Süßstoffges. v. 7. 7. 02 vorgeschriebenen Süßstoffbezugsscheine. FM. 11. 4. 03 III 4738.

w) Genehmigungen der Aufsichtsbehörde zu Beschlüssen der Deichverbände und Meliorationsgenossenschaften über die Aufnahme von Darlehen, es sei denn, daß die Genehmigung in urkundlicher Form ausgefertigt wird und den Verbänden, deren Privatinteresse hierbei in Betracht kommt, nicht Steuerfreiheit ausdrücklich zugestanden ist. FM. 18. 2. 97 III 2090.

x) Genehmigungen der Polizeibehörde über die Auszahlung von Brandentschädigungsgeldern, wenn sie in der im FME. v. 24. 9. 96 III 13434 angegebenen Form, d. h. in Form eines Erlaubnisscheines ohne Zurückbehaltung einer Urschrift und mit einem diesbezüglichen Vermerk versehen abgegeben werden. — Vgl. A. 5 lit. b bei Tarif 77.

y) Genehmigungen von Satzungen der Kriegervereine, sofern keine Urschrift des Bestätigungsvermerks zurückbleibt. FM. 9. 10. 96 III 13552.

z) Die von Bezirksausschüssen erteilten Genehmigungen zur Veräußerung städtischer Grundstücke, sofern nicht zu den Akten des Bezirksausschusses eine Urschrift zurückbehalten wird. FM. 14. 10. 97 III 12838.

aa) Bestallungen der Stellvertreter von Kursmaklern, falls sie in der Form einfacher Verfügungen ausgestellt werden. FM. 20. 9. 97 III 11371.

bb) Für den Jagdschein sind weder Ausfertigungsgebühren noch eine StAbgabe zu erheben. § 32 der Jagdordnung v. 15. 7. 07, GS. S. 207.

Noch: Zu Tarifnummer 10.

5. a) Dagegen erfordern die in erster Instanz von einer kollegialischen Behörde erlassenen vorläufigen, durch rechtzeitigen Antrag auf mündliche Verhandlung außer Kraft tretenden Bescheide, wie sie jetzt gemäß Ziffer 26 Abs. 3 Satz 3 u. 4 der AusfAnw. zur GewO. v. 1. 5. 04 zu erteilen sind, wenn ihnen eine gleichlautende, vom Vorsitzenden der Behörde unterzeichnete Urschrift zugrunde liegt, den AusfertigungsSt. FM. 31. 8. 04 III 9540, ZBl. S. 218.

b) Ebenso unterliegen die auf Grund des § 138a GewO. zu erteilenden Erlaubnisscheine für die Überbeschäftigung gewerblicher Arbeiter dem AusfertigungsSt., es sei denn, daß sie einen nach dem pflichtmäßigen Ermessen des Gewerbeinspektors für den Arbeitgeber 150 Mk. nicht übersteigenden Vermögenswert haben und der Befreiungsgrund aus der Urkunde hervorgeht. FM. 25. 10. 10 III 19888.

6. Über die ststeuerliche Behandlung der im Geschäftsverkehr der Zoll- und Steuerbehörden vorkommenden und von ihnen ausgestellten Erlaubnisscheine oder Genehmigungen und Bescheinigungen ist der FME. v. 22. 12. 97 III 11149 ergangen:

Die zur Anwendung kommenden Tarifstellen 10 (für Erlaubnisscheine und Genehmigungen) und 77 (für Bescheinigungen) werden durch die allgemeinen Steuerbefreiungen des LStG. insbesondere § 4 Abs 1 Buchst. a u. b, sodann aber auch durch die Gebührenfreiheit anordnenden Bestimmungen anderer Steuergesetze, z. B. § 49 EStG. v. 8. 7. 68 und § 16 Abs. 2 Brau-StG. ausgeschlossen.

Soweit derartige Steuer- oder Gebührenbefreiungen nicht Platz greifen, unterliegen Erlaubnisscheine oder Genehmigungen der StPflicht, wenn sie sich als Ausfertigungen i. S. der Tarifstelle 10 darstellen, wenn sie also nicht in Form von einfachen Bescheiden oder Anschreiben, sondern in feierlicher Form abgefaßt sind und ihnen gleichlautende mit Namensunterschrift oder auch nur mit dem Anfangsbuchstaben der Namensunterschrift des ausfertigenden Beamten versehene Urschriften (Konzepte) zugrunde liegen.

Bescheinigungen i. S. der Tarifstelle 77 sind stpflichtig, wobei es nicht darauf ankommt, ob eine Urschrift gefertigt wird oder nicht. Unter Berücksichtigung der schon unter der Herrschaft der früheren gesetzlichen Bestimmungen getroffenen Einzelentscheidungen und unter Berücksichtigung des Umstandes, daß der AusfertigungsSt. weiter in der Form zu fordern ist, in der er schon nach den bisherigen Vorschriften hat entrichtet werden müssen, ist nachstehende Zusammenstellung der am häufigsten vorkommenden Schriftstücke unter Angabe ihrer StPflichtigkeit oder StFreiheit gefertigt. Es sind zu erteilen:

A. **in Form stempelpflichtiger Ausfertigung:**

Erlaubnisscheine aller Art, durch die eine zollfreie Einfuhr von Waren oder eine Zollermäßigung gewährt wird,

Eingangspässe über inländische und ausländische Musterstücke. — Vgl. auch FM. v. 17. 5. 97, ZBl. S. 205,

Zusagescheine auf Steuervergütung für methylierten Branntwein,

Genehmigungen zur steuerfreien Verwendung von undenaturiertem Branntwein,

Berechtigungsscheine zum Ankauf von methyliertem Branntwein,

Erlaubnisscheine zum Verkauf von methyliertem Branntwein,

Noch: Zu Tarifnummer 10.

Genehmigung zur Denaturierung von Branntwein mit einem andern als dem allgemeinen Denaturierungsmittel,

Zusagescheine auf Brausteuervergütung,

Berechtigungsscheine zum abgabenfreien Bezuge von denaturiertem Salz oder Pfannenstein oder von undenaturiertem Pfannenstein zur Entnahme von Vieh- und Gewerbesalz und Erlaubnisscheine zum Handel mit Viehsalz,

Genehmigungen zur abgabefreien Verabfolgung von Soole und Mutterlauge,

Genehmigungen zur Denaturierung von Gewerbebestellsalz mit besonderen Denaturierungsmitteln,

Zusagescheine betreffend die Herstellung von Wermuthpulver zur Denaturierung von Salz,

Genehmigungen zur Verarbeitung von Surrogaten bei der Tabakfabrikation,

Bewilligungen von Tabaksteuervergütungen in den Fällen des Schlußsatzes des ersten Absatzes des § 8 des Regulativs betr. die Ausfuhrvergütung für Tabak,

Genehmigung zur Denaturierung von Zucker mit anderen pulver- oder mehlförmigen Futtermitteln,

Zusagescheine auf Abgabevergütung für Kakaowaren,

Defektenbeschlüsse,

Musterpässe FM. 8. 9. 08 III 9143,

Bescheide, durch welche die Genehmigung zur Anlegung eines Dampfkessels versagt oder unter von dem Unternehmer nicht gebilligten Bedingungen erteilt wird. FM. 4. 12. 08 III 19491;

B. **ohne Zurückbehaltung einer Urschrift, daher steuerfrei:**

Zolleinfuhrscheine,

Branntweinsteuer-Berechtigungsscheine,

Ausfuhrzuschußscheine für Zucker,

Nachträge zu Musterpässen einschließlich Musterverzeichnisse. FM. 8. 9. 08 III 9243,

die ohne Zurückbehaltung einer Urschrift auszufertigenden Kontingent-Vergütungs- und Einfuhrscheine sind mit dem Vermerk „stempelfrei mangels Vorhandenseins einer Urschrift" zu versehen. FM. 11. 11. 08 III 21615;

C. **in Form stempelfreier Bescheide:**

Bescheide auf Anträge wegen Fristverlängerung für die Wiederausfuhr von Waren, die im Veredelungsverkehr, zu öffentlichen Ausstellungen oder zum vorübergehenden Gebrauch vom Auslande eingegangen sind oder den Rückbezug der im Veredelungsverkehr in das Ausland gehenden Waren,

Erteilung von Vergünstigungen im Brauereigewerbe,

Genehmigungen zur Lagerung abgefertigten Branntweins im Sammelgefäßraum bis zur Ansammlung ganzer Wagenladungen,

Genehmigungen zur Aufbewahrung von Branntwein in den Sammelgefäßen nach beendigtem jährlichen Betriebe unter gleichzeitiger Bewilligung einer Privatniederlage,

Lfd. Nr.	Gegenstand der Besteuerung	Steuersatz v. H.	Mk	Pf.	Berechnung der Stempelabgabe
11.	(1)[1] **Auszüge** aus den Akten, öffentlichen Verhandlungen, amtlich geführten Büchern, Registern und Rechnungen,[2–4] wenn sie für Privatpersonen[5] auf ihr Ansuchen ausgefertigt werden	—	3	—	

Noch: Zu Tarifnummer 10.

Bewilligungen von Privatniederlagen unter amtlichem Mitverschluß,
Genehmigungen zur steuerfreien Verwendung von Färbebier, welches aus bereits versteuerten Braustoffen hergestellt ist,
Genehmigungen zur Verwendung von Braustoffen in den Fällen des § 5 Abs. 4 der Fixationsgrundsätze,
Erteilungen von Vergünstigungen im Brauereibetriebe,
Erteilungen von Vergünstigungen im Fabrikbetriebe, betr. Zuckersteuer,
Genehmigungen zu baulichen Veränderungen und Änderungen in den Betriebseinrichtungen (Zuckersteuer),
Genehmigungen zur Verlängerung der Frist zum Einbringen des Zuckers in die feuersicher abschließbaren Lagerräume und Einreichung einer Bestandsanmeldung,
Genehmigungen zur Aufbewahrung von Zucker in Räumen außerhalb der Zuckerfabrik,
Bewilligungen von Privatniederlagen für Zuckerprodukte,
Genehmigungen zur Vornahme von Abfertigungen zu anderen als den festgesetzten Abfertigungszeiten (Zuckersteuer),
Genehmigungen zur Abstandnahme von der regelmäßigen Untersuchung der Melasse bei deren Abfertigung,
Genehmigungen in Retourwarenangelegenheiten — FM. 18. 8. 98 III 9354,
Entscheidungen auf Anträge in Personalangelegenheiten,
Fristbewilligungen und Stundungen an Zahlungspflichtige,
Auskunftserteilungen;

D. **in Form stempelfreier Verfügungen:**

Anstellungsverfügungen, insofern sie keine Bestallungen i. S. der Tarifstelle 12 LStG. sind;

E. **stempelfrei** sind

Anmeldungsscheine zur steuerfreien Bereitung des Haustrunks aus § 4 Abs. 1 lit. b und in der Regel auch aus § 4 Abs. 1 lit. a LStG.,
Tabaksteuer-Kredit-Zertifikate aus § 4 Abs. 1 lit. b LStG.,
Disziplinarentscheidungen und Strafverfügungen gegen Beamte — wegen mangelnden Privatinteresses —,
Kreditbewilligungen und Verlängerungen aus § 4 Abs. 1 lit. b LStG.,
Bescheinigungen über die Anmeldung des Kleinhandels mit denaturiertem Branntwein — wegen mangelnden Privatinteresses FM. 14. 9. 98 III 12547.

Lfd. Nr.	Gegenstand der Besteuerung	Steuersatz v. H	Mk.	Pf.	Berechnung der Stempelabgabe
(11.)	(2) Befreit sind die auf den Personenstand (Geburten, Heiraten, Sterbefälle usw.) bezüglichen Auszüge aus amtlich geführten Büchern und Standesregistern. AB. 43.				
11a.	**Automaten und Musikwerke.**[1]				
	1. Jahreskarten, auch nicht unterschriebene, für jeden auf Bahnhöfen oder anderen öffentlichen Orten[2] und Plätzen oder in Gast- und Schankwirtschaften zur Aufstellung[3] gelangenden[4]				
	a) Warenautomaten				
	mit einem Warenbehälter bis vier Warenbehältern	—	1	—	
	mit mehr als vier Warenbehältern . . .	—	2	—	
	b) Stereoskop-, Schau- oder Scherzautomaten	—	3	—	
	c) Musikautomaten oder für jedes an den vorbezeichneten Stellen zur Aufstellung gelangende mechanische Musikwerk,[5] einschließlich der Grammophone, Phonographen und ähnlichen Apparate, wenn der Anschaffungspreis[6] oder in Ermangelung eines solchen der Wert des Automaten odes Musikwerkes beträgt: AB 46 Abs. 3.				
	nicht mehr als 100 Mark	—	2	—	
	mehr als 100 Mark, aber nicht mehr als 300 Mark	—	3	—	

Zu Tarifnummer 11.

1. Vgl. PFG. Art. 57 Abs. 3.

2. An dem bestehenden Zustande, nach welchem alle nicht besonders befreiten amtlichen Auszüge stpflichtig sind, ist nichts geändert; insbesondere sind auch alle Verhandlungen, die sich auf die Fortschreibung der Grundsteuer und Gebäudesteuer beziehen, und die Abschriften und Auszüge aus denselben stfrei. KB. S. 19, AH. S. 2270.

3. Eine beglaubigte Abschrift eines in den Akten einer Behörde befindlichen Gesuches ist ein stpflichtiger Auszug. FM. 5. 1. 97 III 41.

4. Auszüge aus dem Genossenschaftsregister über die Vorstands- und sonstigen Mitglieder der Genossenschaft sollen nur dann dem St. unterworfen sein, wenn sie beglaubigt sind. Mot. 18/19, 3. KS. S. 7. — Vgl. AllgB. § 1c.

5. Die Handelskammern sind politische Körperschaften, haben daher einen öffentlich rechtlichen Charakter und können als „Privatpersonen“ nicht gelten, weshalb die ihnen erteilten Auszüge aus den Gewerbesteuerlisten stfrei sind. FM. 30. 10. 96 III 14818, ZBl. S. 626.

Lfd. Nr.	Gegenstand der Besteuerung	Steuersatz v. H.	Mk	Pf.	Berechnung der Stempelabgabe
(11a.)	mehr als 300 Mark, aber nicht mehr als 500 Mark	—	5	—	
	mehr als 500 Mark, aber nicht mehr als 1000 Mark	—	10	—	
	mehr als 1000 Mark, aber nicht mehr als 2000 Mark	—	20	—	
	mehr als 2000 Mark, aber nicht mehr als 3000 Mark	—	30	—	
	mehr als 3000 Mark, aber nicht mehr als 4000 Mark	—	40	—	
	mehr als 4000 Mark	—	50	—	
	AB. 46 Abs. 3.				
	d) Automaten anderer Art als die unter a bis c aufgeführten	—	1	—	
	AB. 44 Abs. 2; Beil. § 7.				
	2. Entsteht die Abgabepflicht für die unter Ziffer 1 aufgeführten Gegenstände in der Zeit zwischen dem 1. Juli und 31. Dezember, so beträgt für diese Zeit der Stempel die Hälfte der vorstehenden Steuersätze.				
	3. Befreit sind Automaten,				
	a) die zu Betriebszwecken öffentlicher Behörden[7] aufgestellt werden,				
	b) die zur Verabreichung von Speisen und Getränken[8] in Restaurationen und solche, die zur Abgabe von Gas und Elektrizität zu hauswirtschaftlichen und kleingewerblichen Zwecken dienen.				
	4. Der Eigentümer[9] eines Automaten oder eines Musikwerkes oder, wenn der Automat oder das Musikwerk einem anderen zur Ausnützung überlassen worden ist, dieser, hat spätestens innerhalb eines Monats nach dem Tage der Inbetriebsetzung des Automaten oder des Musikwerkes und für die Folge spätestens innerhalb des Monats Januar jeden Kalenderjahres bei der zuständigen Behörde gegen Zahlung des Abgabenbetrages die hier bezeichnete Jahreskarte zu lösen.				
	AB. 44 Abs. 1 ff.; 45 ff.				
	5. Die Vorschrift des § 4a findet keine Anwendung.				

Zu Tarifnummer 11a.

1. a) Automaten, deren Betrieb als strafbare Glücksspielveranstaltung aufgefaßt wird, sind nicht abgabepflichtig, weil eine staatliche Abgabe von einer schlechthin strafbaren Handlung nicht erhoben werden kann. Bei solchen Automaten ist von einer Abgabenerhebung auch dann abzusehen, wenn ihre polizeiliche Einziehung erst nach dem 1. Juli 1909 erfolgt ist oder sie sich trotz der inzwischen ergangenen Verbote noch im Betriebe befinden. In Fällen der letzteren Art ist der Ortspolizeibehörde Anzeige zu erstatten. FM. 13. 12. 09 III 20757.

b) Nach dem im MBl. f. d. Pr. innere Verw. für 09 S. 213 veröffentlichten Erlaß des Herrn M. d. J. v. 2. 7. 09 sollen als Glücksspielautomaten insbesondere solche angesehen werden, an welchen sich mehrere Gewinnfächer befinden, die in der Reihenfolge mit Verlustfächern abwechseln, sofern die Möglichkeit besteht, daß das Wurfgeschoß beim Verfehlen eines Gewinnfaches durch Anprall an Stifte, Knöpfe, Einfassungsschienen oder in irgendeiner andern Form abgelenkt und dadurch in ein anderes Gewinnfach geleitet wird, also denjenigen Gewinn, den es vermöge Geschicklichkeit und Berechnung des Spielers nicht einbrachte, durch das Walten des Zufalls einbringen kann. FM. 30. 11. 09 III 16828.

2. Als „öffentliche Orte" i. S. der Nr. 1 sind in Anlehnung an den in der RGewO. mehrfach gebrauchten gleichartigen Ausdruck (§§ 42a u. b, 43 und 60a) nicht nur im öffentlichen Eigentum stehende Orte, Wege und Straßen, sondern auch solche Orte anzusehen, zu denen jedermann, oder den Angehörigen bestimmter Gesellschaftsklassen, sei es ohne weiteres, sei es gegen Erfüllung gewisser Bedingungen, z. B. gegen Zahlung eines Eintrittsgeldes, der Zutritt freisteht, also außer den in der Tarifstelle besonders genannten Gast- und Schankwirtschaften alle öffentlichen Lokale (Cafés, Konditoreien, Hotels, Restaurants, Gartenwirtschaften usw.) Geschäftsläden, Konzerthallen, Museen u. dgl. Zu den öffentlichen Orten gehören aber nicht Kasinos und Kantinen in Kasernen und Fabrikräumen oder ähnliche Lokale innerhalb geschlossener Gebäude. Ob die Automaten in den den Geschäftszwecken unmittelbar dienenden Räumen und Orten oder ob sie in Nebenräumen und Nebenorten (Hausfluren, Korridoren, Gärten, Höfen usw.) aufgestellt sind, macht für die StPflichtigkeit keinen Unterschied, sofern nur diese Räume und Orte allgemein zugängliche sind und die in oder auf ihnen aufgestellten Automaten ebenso benutzt werden können, wie diejenigen in den Haupträumen. Automaten, die in von den Geschäftsräumen völlig abgeschlossenen Privatwohnungen der Geschäftsinhaber aufgestellt sind, unterliegen der Abgabe nicht. FM. 13. 12. 09 III 20757.

3. Unter „Aufstellung" i. S. der Tarifstelle ist nur eine solche von voraussichtlich längerer Dauer zu verstehen und sind in der Regel nur diejenigen Musikwerke als „zur Aufstellung gelangende" anzusehen, die in abgeschlossenen Zelten, Buden oder umfriedigten Räumen sich befinden oder selbst mit dem Erdboden in fester Weise und voraussichtlich für längere Dauer in Verbindung gebracht werden. Hiernach findet die Tarifstelle keine Anwendung auf die Drehorgeln der von Haus zu Haus ziehenden und selbst derjenigen Orgelspieler, die ihr Gewerbe ständig oder wenigstens für längere Zeit an einer bestimmten Stelle einer Straße oder eines öffentlichen Platzes

Noch: Zu Tarifnummer 11a.

betreiben, z. B. Invaliden, Krüppel usw., da auch Gewerbetreibende dieser Art ihren Standort häufig zu wechseln und die nur lose aufgestellten Drehorgeln nach vollbrachtem Tagewerk wieder in ihre Behausung oder an einen anderen Aufbewahrungsort zu nehmen pflegen. Ebenso wird bei den kleinen Jahrmarktsbetrieben, in denen lose aufgestellte Schaustücke oder Seiltänzer- und andere Kunststücke und ähnliche Dinge bei Orgelbegleitung gezeigt werden, der AutomatenSt. meist nicht verlangt werden können, weil auch bei diesen Schaustellungen die Voraussetzung, daß die Aufstellung der Drehorgeln an einem bestimmten Ort für eine längere Dauer berechnet ist, nicht vorliegen wird. Im übrigen läßt sich eine für alle Fälle passende und scharf abgegrenzte Bestimmung des Begriffs der „Aufstellung" i. S. der Tarifstelle 11a nicht geben; es wird vielmehr die Entscheidung häufig von den Umständen des Einzelfalles abhängig sein.

Es ist davon auszugehen, daß eine „Bezahlung" für die Benutzung der in Geschäftsräumen aufgestellten Automoten usw. nicht die Vorbedingung für die Stpflichtigkeit bildet. Wenn in dem Erlaß v. 13. 12. 09 III 20757 gesagt ist, daß Musikwerke abgabepflichtig sind, die in dem Publikum zu beliebigem Besuch offenstehenden Geschäftsräumen zum Verkauf gestellt sind und sowohl von Kaufliebhabern als auch von anderen Personen gegen „Bezahlung" in Betrieb gesetzt werden können, so handelt es sich hier nur um einen als Beispiel dienenden Sonderfall, nicht aber hat die Absicht bestanden, damit als Grundsatz auszusprechen, daß eine Bezahlung auf seiten der die Automaten und Musikwerke benutzenden Personen stets die Voraussetzung für die Anwendung der Tarifstelle bilden müsse. Es bestehen in den größeren Städten vielfach offene Automaten-, Musikwerk- usw. Verkaufsgeschäfte, in denen die zum Verkauf gestellten Automaten zum Teil von Kauflustigen zu Probe- und Prüfungszwecken, zum Teil aber auch von anderen Personen gegen Einwurf von Geldstücken usw. in Benutzung genommen werden. Die Inhaber solcher Verkaufsgeschäfte waren in Zweifel, ob sie zur Versteuerung der Automaten usw. verpflichtet seien und wurden dahin beschieden, daß der Stempel der Tarifstelle 11a zu entrichten sei. FM. 17. 5. 10 III 5252.

4. a) Für die Frage, welcher der in der Nr. 1 unter a, b, c und d aufgeführten Gattungen der einzelne Automat unterzuordnen ist, kommt es auf den Hauptzweck an, der durch die Benutzung des Automaten verfolgt wird:

α) bei Automaten, die für den Einwurf von Geld eine Ware verabfolgen, ist in der Regel der Hauptzweck die Erlangung der Ware, und es sind deshalb auch diejenigen Automaten zu den Warenautomaten zu rechnen, bei denen die Verabfolgung der Ware in einer scherzhaften Form geschieht, z. B. die bekannten, in der Form von Hennen aufgestellten Automaten, durch die gegen Einwurf eines Geldstücks Schokoladeneier dargeboten werden;

β) Scherzautomaten sind diejenigen, deren unmittelbarer Zweck der Erregung der Heiterkeit dient. Hierher gehören auch Wahrsageautomaten. Aus der Nebeneinanderstellung der Scherzautomaten mit den Stereoskop- und Schauautomaten ist die Absicht des Gesetzgebers erkennbar, im weiteren Sinne als Scherzautomaten auch alle diejenigen Automaten anzusehen, die der Kurzweil und der Unterhaltung des Publikums dienen (z. B. Schieß- und Kegelspielautomaten, Kraft-

Noch: Zu Tarifnummer 11a.

messer, Elektrisierapparate), im Gegensatz zu den unter d aufgeführten nur mit 1 Mk. belegten Automaten „anderer Art", bei denen es sich überwiegend um gemeinnützige und wirtschaftlich nützliche Zwecke handelt. FM. 13. 12. 09 III 20757.

b) Automaten, durch welche Süßigkeiten, wie Schokolade, Bonbons, gebrannte Mandeln, Mandeldessert, Pfeffermünzpastillen und Waffeln verabreicht werden, sind nach dem Erl. v 14. 7 09 III 11483 steuerpflichtig. FM. 8. 10. 09 III 16610.

c) Elektrisierautomaten sind als Scherzautomaten nach Ziff. 1b zu versteuern. Sie dienen im allgemeinen nicht sowohl zur Heilung körperlicher Leiden, als zur Unterhaltung des Publikums und haben nur die Bedeutung einer Spielerei

Als Warenautomaten sind die Elektrisierautomaten nicht anzusehen, denn wenn auch der elektrische Strom rechtlich und im wirtschaftlichen Verkehr als Ware behandelt wird, so gilt er doch nicht als Ware i. S. der Tarifstelle 11a Ziffer 1a. Dies ergibt sich ohne weiteres daraus, daß der Gesetzgeber die Steuersätze für Warenautomaten nach der Zahl der Warenbehälter bestimmt und damit klar zu erkennen gegeben hat, daß als Waren in der Bedeutung der vorbezeichneten Tarifstelle nur körperliche Sachen angesehen werden sollen. FM. 28. 2. 10 III 3619

d) Die Mutoskope der Deutschen Mutoskop- und Biograph-Gesellschaft m. b H. zu Berlin sind dem Steuersatz von 3 Mk. nach der Tarifstelle 11a Nr. 1 zu b unterworfen Dem gleichen Steuersatz unterliegen auch die von dem Deutschen Flottenverein aufgestellten Mutoskope. FM. 13. 1. 10 III 22067

5. a) Unter Ziffer 1 ist nur von Musikwerken die Rede. Wir möchten davor das Wort „mechanische" eingefügt haben, damit nur mechanische Musikwerke dem St. unterworfen sind, nicht auch solche, die unmittelbar von Menschenhand in Bewegung gesetzt werden. Wir denken dabei an die zahlreichen in Wirtschaften aufgestellten Klaviere, deren Verstempelung wir nicht wollen. Drucks. 09 AbgH. S. 7035.

b) Mechanische Musikwerke sind Musikstücke zum Gehör bringende, automatische Spielwerke, die ohne Aufwendung einer kunstfertigen Behandlung lediglich durch einen äußeren Vorgang (Einwurf eines Geldstücks, Anwendung eines Hebeldrucks oder von Schlüsseln, Drehen einer Kurbel u. dgl.) in Bewegung gesetzt werden. Abgabepflichtig nach der Ziffer 1c sind daher auch Kurbelklaviere, Drehorgeln usw., sofern sie an öffentlichen Orten, z. B. an Karussells im Betriebe sind, ferner Musikwerke der bezeichneten Art, die in Geschäftsräumen, die dem Publikum zum beliebigen Besuch offen stehen, zum Verkauf gestellt sind und sowohl von Kaufliebhabern, als auch von anderen Personen gegen Bezahlung in Betrieb gesetzt werden können. FM. 13. 12. 09 III 20757.

6. Wenn der Anschaffungspreis durch sog. Schiebungen herabgedrückt wird, wenn also ein Geschäft vorgenommen wird, das lediglich darauf abzielt, die Steuerbehörde hinsichtlich des Anschaffungspreises zu täuschen, so liegt kein ernstlich gewolltes Rechtsgeschäft, sondern ein nichtiges und deshalb auch für die Versteuerung nicht beachtliches Scheingeschäft vor, das unter

Noch: Zu Tarifnummer 11a.

Umständen ein Strafverfahren wegen Steuerhinterziehung zur Folge haben kann. FM. 10. 9. 09 III 13963.

7. a) Ein Abgeordneter wies darauf hin, daß, wenn die Befreiung nur auf die von öffentlichen Behörden aufgestellten Automaten sich erstrecke, seiner Ansicht nach z. B. die Billettverkaufsautomaten der Untergrundbahn unter das Gesetz fielen und stpflichtig sein würden.

Ein Kommissar der Finanzverwaltung erklärte dies für zutreffend und wies darauf hin, daß diese Automaten erst recht den St. tragen könnten.

Dieser Auffassung wurde von einem Abgeordneten widersprochen, während die Kommission im übrigen, wie der Vorsitzende ausdrücklich feststellte, die gleiche Ansicht vertrat. KB. S. 14 (09).

b) Die Frage der Automaten der Untergrundbahnen ist schon in der Kommission Gegenstand der Erörterungen gewesen, und wir haben damals geglaubt, diese Frage dahin beantworten zu müssen, daß gar kein Grund vorliege, die Karten für die Untergrundbahn vom St. freizulassen. Wir haben uns keineswegs verhehlt, daß damit ein gemeinnütziges Interesse konkurriert, haben uns aber andererseits gesagt, daß die Untergrundbahn durch Aufstellung solcher Automaten Beamtenkräfte erspart, und daß es durchaus für angemessen zu erachten ist. Drucks. 09 AbgH. S. 7044.

c) Ferner ist die Staatsregierung noch gefragt worden, wie es sich mit den Automaten in den öffentlichen Bedürfnisanstalten verhält. Es handelt sich da in der Hauptsache um Automaten, die in Betrieben öffentlicher Behörden aufgestellt werden, und diese würden von der Steuer befreit sein. A. a. O.

d) Die Befreiungsvorschrift unter a ist auf Trinkbecher-Automaten, die auf Bahnhöfen aufgestellt sind, nicht für anwendbar zu erachten. Diese Automaten haben lediglich den Zweck, Reisenden, die sich der an den Brunnen befindlichen Trinkbecher nicht bedienen mögen, Gelegenheit zur Benutzung besonderer Becher zu geben. Sie dienen also, wie die auf den Bahnhöfen aufgestellten Warenautomaten, dem Reiseverkehr, aber nicht Betriebszwecken der Eisenbahnverwaltung. FM. 22. 12. 09 III 21350.

8. a) Ich möchte zu den Worten „Speisen und Getränke" noch ein Wort der Erklärung sagen. Es soll ja damit das automatische Restaurant geschont werden, aber nur, soweit es die Abgabe der üblichen Speisen und Getränke vornimmt; es soll also nicht stfrei bleiben ein Automat, der innerhalb eines automatischen Restaurants Schokolade oder Zigarren abgibt. Ich möchte das ausdrücklich hier hervorheben und bitte, mir ein Wort der Bestätigung von anderer Seite, ev. von seiten der Königlichen Staatsregierung zu sagen, damit darüber kein Zweifel entstehen kann.

Ein Regierungskommissar erwiderte: Ich möchte diese Anfrage bejahen und bin der Meinung, daß nur diejenigen Automaten in den automatischen Restaurationen frei sind, die Speisen und Getränke an das Publikum abgeben, daß aber alle anderen Automaten in solchen automatischen Restaurationen, beispielsweise also diejenigen, die Zigarren an das Publikum abgeben, der Steuer unterliegen. A. a. O. u. FM. 10. 7. 09 III 10809.

b) Nach der Entstehungsgeschichte der Tarifstelle und der Absicht des Gesetzes sind unter „Speisen" nicht alle zum menschlichen Genuß bestimmten

Lfd. Nr.	Gegenstand der Besteuerung	Steuersatz v. H.	Mk	Pf	Berechnung der Stempelabgabe
12.	**Bestallungen**[1–5] für besoldete Beamte. . . . für unbesoldete Beamte . . . . frei. AB. 9 Abs. 6; 48. Allg.V. § 1 Ziff. 7.	—	1	50	
13.	**Bürgschaften,** s. Sicherstellung von Rechten.				
14.	**Cessions-Instrumente,** s. Abtretung von Rechten.				

Noch: Zu Tarifnummer 11a.

Verzehrungsgegenstände zu verstehen, sondern nur solche, die nach dem gewöhnlichen Sprachgebrauch und der Verkehrsauffassung im Gast- und Schankwirtschaftsbetriebe zum Zwecke der eigentlichen Beköstigung der Gäste verabfolgt zu werden pflegen. Nicht zu den „Speisen" i. S. der Befreiungsvorschrift sind deshalb Genußmittel zu rechnen, die nur Naschwaren sind, so daß beispielsweise in Restaurationen aufgestellte Automaten, durch die Schokoladentafeln, Konfitüren usw. verabreicht werden, auf Steuerbefreiung keinen Anspruch haben. FM. 14. 7. 09, ZBl. Nr. 269.

9. Ich meine, der Zahlungspflichtige kann immer nur der Eigentümer des Automaten sein. Ich kann nicht denjenigen, der den Automaten aufstellt, heranziehen; denn ein großer Teil der Automaten wird auf öffentlichen Plätzen aufgestellt, und da kann immer nur der Eigentümer der Zahlungspflichtige sein; denn sonst müßte man ja den Inhaber dieser öffentlichen Plätze — das sind die Gemeinden usw. — zur Steuer heranziehen, und das kann man doch unmöglich tun. Drucks. 09 Abg.H. S. 7041.

Zu Tarifnummer 12.

1. Unter Bestallungen fallen diejenigen feierlichen Urkunden, mittels deren einem Beamten ein Amt endgültig verliehen oder eine neue mit einem neuen Dienstrang ausgestattete Amtsstellung gewährt wird, z. B. Geheimer Oberfinanzrat im Ministerium, nicht der Akt, wenn nur der Charakter, z. B. als Geheimer Oberjustizrat an Landgerichtspräsidenten verliehen wird. FM. 4 9. 99 III 8258, 22. 3. 06 III 4155 und 31. 10. 96 III 13593. Auch die Bestallungen z. B. als Landgerichtsrat, Staatsanwaltschaftsrat fallen unter diese Tarifstelle.

2. Unter den in dieser Tarifstelle erwähnten Beamten sind nur öffentliche Beamte zu verstehen, keineswegs aber hat die Bestimmung nur Staatsbeamte im Auge; deshalb können zu der fraglichen Kategorie auch Geistliche gerechnet werden. Dies muß geschehen, soweit solche im Dienst einer der anerkannten Kirchen stehen. RG. 28. 1. 03, Entsch. Bd. 53 S. 373. Die vom Bischof zu T. ausgegangenen Ausfertigungen zu Ernennungen von Pfarrern und Kaplänen wurden nach Tarifstelle 12 für stpflichtig erklärt und wurde der Bischof auf Grund § 13 lit. a LStG. haftbar gemacht.

3. Die Bestallungen der unmittelbaren Reichsbeamten unterliegen nicht dem St. der Tarifstelle 12, weil sie in Ausübung eines Reichshoheitsrechts erteilt werden und aus dem verfassungsmäßigen Verhältnis des Reichs

Lfd Nr.	Gegenstand der Besteuerung	Steuersatz v H	Mk	Pf	Berechnung der Stempelabgabe
15.	[1]**Consense** zur Übernahme einer Vormundschaft seitens eines Beamten oder einer Militärperson . . . . frei.				
16.	(1) **Duplikate** (Nebenausfertigungen) von stempelpflichtigen Urkunden . . . . jedoch nicht über den zu der stempelpflichtigen Urkunde selbst erforderlichen Stempel hinaus. Allg.V. § 1 Ziff. 2 a. (2) Befreit sind Duplikate von Jagdscheinen	—	3	—	
17.	[1]**Eheversprechen** . . . . AB. 6; 9 Abs. 5; 16 Abs. 4; 65 Abs. 6; 75 Abs. 4.	—	1	50	

Noch: Zu Tarifnummer 12.

zu den Bundesstaaten sich ergibt, daß letzteren nicht das Recht zusteht, an einen Hoheitsakt des Reichs die Erhebung einer Steuer zu knüpfen.

Dagegen sind die Bestallungen der besoldeten sog. mittelbaren Reichsbeamten stpflichtig. FM. 9. 7. 10 III 12213.

4. a) Den mittleren und Kanzleibeamten sind bei Verleihung einer etatsmäßigen Stelle Anstellungsurkunden in der Form von Bestallungen auszuhändigen. Für die Unterbeamten ist auch bei unkündbarer Anstellung von der Ausfertigung einer förmlichen Bestallung abzusehen. FM. 22. 10. 02 I 10286, II 10130, III 12579. Diesen Beamten wird vielmehr nur eine Benachrichtigung in Form einer stfreien Verfügung zugestellt. Verf. d. FM. v. 8. 11. 02, FMBl. S. 264.

b) Im Eisenbahndienst ist der St. zu Bestallungen nur für unkündbar angestellte Beamte und bei deren Beförderung zu verwenden; alsdann sind aber förmliche Bestallungsurkunden auszufertigen. Bei Ernennung von Beamten zum Diätar oder bei Verleihung etatsmäßiger Stellen unter Vorbehalt der Kündigung ist Tarifstelle 12 nicht anzuwenden. FM. 24. 12. 95 III 17944, ZBl. S. 29 v. 96.

c) Auch die im Kriegsministerium ausgefertigten Patente — nicht Bestallungen — für Oberzahlmeister unterliegen der Steuer nicht, weil Konzepte zu den Patenten nicht gefertigt werden sollen. FM. 22. 11. 06 III 20768. Diese Verf. ist veröffentlicht im Armeeverordnungsblatt.

5. Die Patente der Offiziere des Beurlaubtenstandes sind stfrei, weil diese Offiziere zu den besoldeten nicht gehören. FM. 28. 1. 01 III 1074.

Zu Tarifnummer 15.

1. Vgl. AG.BGB. Art. 72, § 41 ReichsMilGes. v. 2. 5. 74, BGB. §§ 1888, 1792, 1915.

Zu Tarifnummer 17.

1. Vgl. BGB. §§ 1297 ff.

Lfd Nr	Gegenstand der Besteuerung	Steuersatz v. H	Mk	Pf.	Berechnung der Stempelabgabe
18.	**Eheverträge**[1–6]	—	5	—	
	wird durch dieselben über Vermögensgegenstände von nicht mehr als 6000 Mark verfügt AB. 49	—	1	50	

Zu Tarifnummer 18.

1. Vgl. BGB §§ 1432ff und über ev. StFreiheit von Eheverträgen AG.BGB. Art. 60 Abs. 1, 61 § 3 u. 62 Abs. 2

2. Zu den Gegenständen des Ehe- und Erbvertrages als einheitlichen Rechtsgeschäfts gehören auch vermögensrechtliche Zuwendungen, welche Nupturienten einander unter der Bedingung der Eheschließung erklären, selbst dann, wenn sie in die Form eines lästigen Veräußerungsgeschäfts gekleidet werden. KG 9 10. 99, Joh. Bd. 19 S. 193.

3. Neben dem St. für Eheverträge ist ein besonderer St. nicht zu erheben für Anordnungen, die von den Brautleuten oder den Ehegatten über ihre gegenseitigen Erbrechte und die Erbrechte der in der Ehe zu erwartenden Kinder getroffen werden Begnügen sich dagegen die Brautleute oder Ehegatten nicht mit Anordnungen dieser Art, sondern treffen sie in dem Ehevertrage auch letztwillige Bestimmungen zugunsten anderer Personen, so ist für diese Bestimmungen neben dem St. für den Ehevertrag auch der für Erbverträge vorgeschriebene St. zu entrichten.

Der obige, auch von dem Herrn Just.-Min. gebilligte Grundsatz hat durch die Verf v 14 5 07 III 6609 — s. u. A 5 — die sich auf solche Eheverträge bezieht, in denen Ehegatten bei Änderung des Güterstandes zugleich Abmachungen wegen der Auseinandersetzung des bisherigen Gesamtgutes treffen, eine Änderung nicht erfahren FM. 5. 9. 10 III 16471.

4. Sind durch einen Ehevertrag lediglich bestimmte, zum Gesamtgut gehörige Gegenstände zum Vorbehaltsgut erklärt, so ist der Vertrag auch dann nur als Ehevertrag zu versteuern, wenn die Zuwendung mit der Maßgabe erfolgt, daß der andere Ehegatte die auf dem zum Vorbehaltsgut bestimmten Grundstücke ruhenden Hypotheken als Alleinschuldner übernimmt. Auch ein AuflassungsSt. ist nicht fällig. KG. 5. 12. 07, Joh. Bd. 35 S. B 23

5. Haben Eheleute in einer und derselben Urkunde zunächst die unter ihnen bestehende Gütergemeinschaft aufgehoben und Gütertrennung eingeführt und sodann sich wegen des bisherigen gütergemeinschaftlichen Vermögens auseinandergesetzt, so ist neben dem St. für den Ehevertrag noch ein besonderer St. für das Auseinandersetzungsabkommen zu erheben. Ein einheitliches Rechtsgeschäft liegt nicht vor. KG. 21. 12. 05, Joh. Bd. 32 S. B 45 FM 14. 5. 07 III 6609

6. a) Die Höhe des zu verwendenden St. ist von dem zur Zeit des Vertragsschlusses vorhandenen Vermögen, soweit darüber im Vertrage Bestimmungen getroffen werden, abhängig zu machen und dies auch

Lfd Nr	Gegenstand der Besteuerung	Steuersatz v H	Mk	Pf	Berechnung der Stempelabgabe
19.	Fällt aus.				des Wertes des Reinnachlasses,[6] soweit über denselben im Erbrezesse verfügt ist,
20	**Erbrezesse** (Erbteilungsverträge),[1-5] durch welche die Verteilung einer erbschaftssteuerpflichtigen Erbschaft beurkundet wird	1/25	—	—	
	jedoch mindestens	—	1	50	
	Erbrezesse über erbschaftssteuerfreie Erbschaften	—	1	50	

Noch: Zu Tarifnummer 18.

dann, wenn zugleich über künftiges Vermögen der Ehegatten Verfügung getroffen wird. FM. 1. 8. 01 III 9338.

b) Durch die Bestimmung, daß das gesetzliche Güterrecht des BGB. gelten soll, wird über das gesamte beiderseitige Vermögen verfügt. FM. 20. 11. 02 III 14549.

Zu Tarifnummer 19.

1. Ein Mitantragsteller machte darauf aufmerksam, daß alle Kommentatoren darüber einig seien, daß diese Tarifstelle hinfällig geworden sei, da es eine Entlassung aus der väterlichen Gewalt nicht mehr gebe. Es gebe nur noch Volljährigkeitserklärungen, und diese unterlägen dem St. nicht.

Ein Kommissar der Finanzverwaltung bat, diese Tarifstelle nicht zu streichen. Sie sei allerdings obsolet geworden; die Staatsregierung habe aber trotzdem von einer Streichung Abstand genommen, um nicht die ganze Nummernfolge zu stören. KB. S. 14 (09).

Zu Tarifnummer 20.

1 Vgl. BGB. §§ 2032ff, 312, FG. §§ 86ff., 93, PFG Art. 21ff.

2. Die bloße Erklärung, daß die Überlassung von Vermögensgegenständen zum Zweck der Erbauseinandersetzung erfolge, reicht nicht aus, um die Urkunde zu einem Erbrezeß zu machen. RG. 26. 6. 99, Hz. S. 329.

3. Für den auf das statutarische Erbrecht der märkischen Ehegatten sich gründenden Erbschaftserwerb hängt die Erlangung der Erbeneigenschaft nicht von einer Entschließung des überlebenden Ehegatten ab, sondern vollzieht sich kraft Gesetzes. Joh. Bd. 19 S. 34. Auch dann, wenn er von seinem Wahlrecht Gebrauch macht und den Nachlaß den Miterben überläßt, tut er dies als Miterbe. Bringt er weiter als entsagender Ehegatte den Nachlaß durch einen mit den Kindern geschlossenen Vertrag gegen Abfindung der übrigen Beteiligten an sich, so liegt auch dann nur eine Erbschaftsteilung vor, wie im Prinzip überhaupt anzunehmen ist, daß ein Vertrag, in welchem einem überlebenden märkischen Ehegatten auf der Grundlage seiner Erklärung, den Nachlaß des verstorbenen Ehegatten den übrigen Erben überlassen zu wollen, dieser Nachlaß von den übrigen Erben gegen eine Barabfindung überwiesen wird, nur den ErbrezeßSt. von 1 Mk. 50 Pfg. bedingt. FM. 16. 11. 01 III 14473. — Vgl. A. 20d bei Tarif 32.

Lfd. Nr.	Gegenstand der Besteuerung	Steuersatz v H	Mk.	Pf.	Berechnung der Stempelabgabe
21.	**Erbverträge**, s. Verfügungen von Todes wegen.				
22.	**Erlaubniserteilungen** (Approbationen, Konzessionen, Genehmigungen usw.) der Behörden in gewerbepolizeilichen Angelegenheiten: AB. 50.				
	a) (1) Konzessionen zum Betrieb einer Apotheke,[1] wenn die Konzession vererblich und veräußerlich ist	1/2	—	—	des Wertes der Konzession,[5] AB. 51
	mindestens aber	—	150	—	
	sonst	—	150	—	
	zur Errichtung einer Zweig- (Filial-) Apotheke[2]	—	10	—	
	zur Verlegung einer Apotheke auf Antrag des Besitzers[3]	—	20	—	
	(2) Befreit sind die vererblichen und veräußerlichen Konzessionen[4] für diejenigen, welche dieselben erbschaftssteuerfrei ererbt haben.				
	(3) Außerdem findet die Bestimmung unter Ziffer 2 Ermäßigungen und Be-				

Noch: Zu Tarifnummer 20.

4. Wird in einem Erbrezeß ein nicht zum Nachlaß gehöriger Gegenstand einem Miterben zum Alleineigentum überwiesen, so hängt die StPflicht davon ab, ob diese Überlassung einen integrierenden Bestandteil der Erbauseinandersetzung bildet, d. h. ob der nicht zur Erbmasse gehörige Gegenstand dem Erben als Gegenleistung für eine von ihm in seiner Eigenschaft als Miterbe versprochene Leistung überwiesen wird. Ist diese Voraussetzung nach Inhalt der Urkunde nicht erfüllt, so liegt ein selbständiges neben dem Erbrezeß zu versteuerndes Geschäft vor. KG. 21. 9. 98, Hz. S. 329. — Vgl. A. 7a bei Tarif 2 und A. 6 zu Tarif 24.

5. Das in einem Erbrezeß von einem Erben abgegebene Versprechen, als Gegenleistung für Überlassung von Nachlaßgegenständen bestimmte Geldsummen zu zahlen, ist kein von der Erbteilung verschiedenes Geschäft. RG. 14. 1. 97, JW. 97 S. 160. — Vgl. A. 5b zu Tarif 58.

6. Bei der Berechnung des St. sollen diejenigen Teile des Reinnachlasses, über die in der Rezeßurkunde keine Bestimmung getroffen ist, außer Betracht bleiben; auch soll nur die reine zur Verteilung kommende Aktivmasse nach Abzug der vorhandenen Schulden zugrunde gelegt werden. KB. S. 22—23, 4. KS. S. 5. — Vgl. BGB. § 2047.

Zu Tarifnummer 21.

1. Vgl. BGB. §§ 1941 Abs. 1, 2274 ff.

Lfd. Nr.	Gegenstand der Besteuerung	Steuersatz v. H.	Steuersatz Mk	Steuersatz Pf	Berechnung der Stempelabgabe
(22.)	freiungen der Tarifstelle „Kauf- und Tauschverträge" sinngemäße Anwendung.				
	b) Approbationen für				
	Apotheker	—	1	50	
	diejenigen Personen, welche sich als Ärzte (Wundärzte, Augenärzte, Geburtshelfer, Zahnärzte und Tierärzte) oder mit gleichbedeutenden Titeln bezeichnen oder seitens des Staates oder einer Gemeinde als solche anerkannt oder mit amtlichen Funktionen betraut werden sollen[1] . .	—	1	50	
	(§ 29 der Reichsgewerbeordnung); *) AB. 9 Abs. 6; 52.				
	c) (1) Erlaubniserteilungen[1]				
	für Unternehmer von Privat-Kranken-, Privat-Entbindungs- und Privat-Irrenanstalten[2-3] (§ 30 der Reichsgewerbeordnung); **)				
	zum Betriebe des Gewerbes als Schauspielunternehmer (§ 32 der Reichsgewerbeordnung); ***)				
	zum ständigen Betriebe[4] der Gastwirtschaft, Schankwirtschaft[5] oder des Kleinhandels mit Branntwein oder Spiritus (§ 33 der Reichsgewerbeordnung); †)				
	zur gewerbsmäßigen öffentlichen Veranstaltung von Singspielen, Gesangs- und deklamatorischen Vorträgen, Schau-				

*) Die betreffenden Bestimmungen der GewO. lauten:

§ 29 Abs. 1 Satz 1 Einer Approbation, welche auf Grund eines Nachweises der Befähigung ertheilt wird, bedurfen Apotheker und diejenigen Personen, welche sich als Aerzte (Wundärzte, Augenarzte, Geburtshelfer, Zahnarzte und Thierärzte) oder mit gleichbedeutenden Titeln bezeichnen oder seitens des Staates oder einer Gemeinde als solche anerkannt oder mit amtlichen Funktionen betraut werden sollen

**) Die betreffenden Bestimmungen der GewO. lauten:

§ 30 Abs. 1 Satz 1 Unternehmer von Privat-Kranken-, Privat-Entbindungs- und Privat-Irrenanstalten bedurfen einer Konzession der hoheren Verwaltungbehorde

***) **§ 32 Abs. 1 Satz 1.** Schauspielunternehmer bedurfen zum Betrieb ihres Gewerbes der Erlaubniß

†) **§ 33 Abs 1.** Wer Gastwirthschaft, Schankwirthschaft oder Kleinhandel mit Branntwein oder Spiritus betreiben will, bedarf dazu der Erlaubniß

Lfd. Nr.	Gegenstand der Besteuerung	Steuersatz v H	Mk	Pf	Berechnung der Stempelabgabe
(22.)	stellungen von Personen oder theatralischen Vorstellungen ohne höheres Interesse der Kunst oder Wissenschaft in Wirtschafts- oder sonstigen Räumen oder zur Überlassung dieser Räume zu gewerbsmäßigen öffentlichen Veranstaltungen der bezeichneten Art (§ 33a der Reichsgewerbeordnung),*)				
	wenn der Gewerbebetrieb				
	wegen geringen Ertrages und Kapitals von der Gewerbesteuer**) frei ist . . .	—	5	—	
	in die vierte Gewerbesteuerklasse gehört	—	15	—	
	" " dritte " "	—	50	—	
	" " zweite " "	—	200	—	
	" " erste " "	—	500	—	
	(2) Bei Erlaubniserteilungen an Vertreter oder Bevollmächtigte juristischer Personen				

*) **33a Abs. 1** Wer gewerbsmäßig Singspiele, Gesangs- und deklamatorische Vorträge, Schaustellungen von Personen oder theatralische Vorstellungen, ohne daß ein höheres Interesse der Kunst oder Wissenschaft dabei obwaltet, in seinen Wirthschafts- oder sonstigen Räumen öffentlich veranstalten, oder zu deren öffentlicher Veranstaltung seine Räume benutzen lassen will, bedarf zum Betriebe dieses Gewerbes der Erlaubniß ohne Rücksicht auf die etwa bereits erwirkte Erlaubniß zum Betriebe des Gewerbes als Schauspielunternehmer

**) Die betreffenden Bestimmungen des GewStG. v. 24. 6. 91 lauten:

§ 6. Die Besteuerung erfolgt in vier Gewerbesteuerklassen

In Klasse I sind diejenigen Betriebe zu besteuern, deren jährlicher Ertrag 50 000 Mark oder mehr, oder bei denen der Werth des Anlage- und Betriebskapitals 1 000 000 Mark oder mehr beträgt

Die Gewerbesteuerklasse II umfaßt die Betriebe mit einem jährlichen Ertrage von 20 000 bis ausschließlich 50 000 Mark oder mit einem Anlage- und Betriebskapitale im Werthe von 150 000 bis ausschließlich 1 000 000 Mark.

Zur Gewerbesteuerklasse III gehören die Betriebe mit einem jährlichen Ertrage von 4000 bis ausschließlich 20 000 Mark oder mit einem Anlage- und Betriebskapitale im Werthe von 30 000 bis ausschließlich 150 000 Mark

Zur Gewerbesteuerklasse IV gehören die Betriebe mit einem jährlichen Ertrage von 1500 bis ausschließlich 4000 Mark oder mit einem Anlage- und Betriebskapital von 3000 bis ausschließlich 30 000 Mark.

§ 7. Betriebe, bei denen weder der jährliche Ertrag 1500 Mark noch das Anlage- und Betriebskapital 3000 Mark erreicht, bleiben von der Gewerbesteuer befreit.

Auf die Betriebssteuer (§§ 59ff dieses Gesetzes) findet diese Bestimmung keine Anwendung

Lfd. Nr.	Gegenstand der Besteuerung	Steuersatz v. H.	Mk	Pf.	Berechnung der Stempelabgabe
(22.)	berechnet sich die Stempelabgabe nach der Veranlagung der juristischen Person zur Gewerbesteuer.[6] AB. 53. (3) Für Bewilligungen von Fristverlängerungen und Fristungen (§ 49 der Reichsgewerbeordnung)*) ein Viertel der vorstehenden Sätze. AB. 53 Abs. 5. (4) Befreit sind Erlaubniserteilungen für Unternehmer von Privat-Kranken-, Privat-Entbindungs- und Privat-Irrenanstalten, welche zu gemeinnützigen Zwecken dienen; AB. 53 Abs. 6. d) (1) Genehmigungen zur Errichtung der im § 16 der Reichsgewerbeordnung**) und				

*) Die Bestimmungen des **§ 49** der GewO lauten:

Bei Ertheilung der Genehmigung zu einer Anlage der in den §§ 16 und 24 bezeichneten Arten, imgleichen zur Anlegung von Privat-Kranken-, Privat-Entbindungs- und Privat-Irrenanstalten, zu Schauspielunternehmungen sowie zum Betriebe der im § 33 gedachten Gewerbe kann von der genehmigenden Behorde den Umständen nach eine Frist festgesetzt werden, binnen welcher die Anlage oder das Unternehmen bei Vermeidung des Erloschens der Genehmigung begonnen und ausgefuhrt und der Gewerbebetrieb angefangen werden muß Ist eine solche Frist nicht bestimmt, so erlischt die ertheilte Genehmigung, wenn der Inhaber nach Empfang derselben ein ganzes Jahr verstreichen laßt, ohne davon Gebrauch zu machen.

Eine Verlängerung der Frist kann von der Behorde bewilligt werden, sobald erhebliche Grunde nicht entgegenstehen

Hat der Inhaber einer solchen Genehmigung seinen Gewerbebetrieb während eines Zeitraums von drei Jahren eingestellt, ohne seine Fristung nachgesucht und erhalten zu haben, so erlischt dieselbe

Fur die im § 16 aufgefuhrten Anlagen darf die nachgesuchte Fristung so lange nicht versagt werden, als wegen einer durch Erbfall oder Konkurserklärung entstandenen Ungewißheit uber das Eigenthum an einer Anlage oder, in Folge hoherer Gewalt, der Betrieb entweder gar nicht oder nur mit erheblichem Nachtheile fur den Inhaber oder Eigenthumer der Anlage stattfinden kann.

Das Verfahren fur die Fristung ist dasselbe wie fur die Genehmigung neuer Anlagen

**) Die betreffenden Bestimmungen der GewO. lauten:

§ 16. Zur Errichtung von Anlagen, welche durch die ortliche Lage oder die Beschaffenheit der Betriebsstatte fur die Besitzer oder Bewohner der be-

Lfd Nr.	Gegenstand der Besteuerung	Steuersatz v H.	Mk	Pf	Berechnung der Stempelabgabe
(22.)	den dazu ergangenen und ferner ergehenden Beschlüssen des Bundesrats bezeichneten Anlagen,[1] wenn die Kosten[2] der Anlage				
	1000 Mark nicht übersteigen	—	2	50	
	5000 " " "	—	10	—	

---

nachbarten Grundstücke oder für das Publikum überhaupt erhebliche Nachtheile, Gefahren oder Belästigungen herbeiführen können, ist die Genehmigung der nach den Landesgesetzen zuständigen Behörde erforderlich.

Es gehören dahin:

Schießpulverfabriken, Anlagen zur Feuerwerkerei und zur Bereitung von Zündstoffen aller Art, Gasbereitungs- und Gasbewahrungsanstalten, Anstalten zur Destillation von Erdöl, Anlagen zur Bereitung von Braunkohlentheer, Steinkohlentheer und Koaks, sofern sie außerhalb der Gewinnungsorte des Materials errichtet werden, Glas- und Rußhütten, Kalk-, Ziegel- und Gipsöfen, Anlagen zur Gewinnung roher Metalle, Röstöfen, Metallgießereien, sofern sie nicht bloße Tiegelgießereien sind, Hammerwerke, chemische Fabriken aller Art, Schnellbleichen, Firnißsiedereien, Stärkefabriken, mit Ausnahme der Fabriken zur Bereitung von Kartoffelstärke, Stärkesyrupsfabriken, Wachstuch-, Darmsaiten-, Dachpappen- und Dachfilzfabriken, Leim-, Thran- und Seifensiedereien, Knochenbrennereien, Knochendarren, Knochenkochereien und Knochenbleichen, Zubereitungsanstalten für Thierhaare, Talgschmelzen, Schlächtereien, Gerbereien, Abdeckereien, Poudretten- und Düngpulverfabriken, Stauanlagen für Wassertriebwerke (§ 23), Hopfen-Schwefeldörren, Asphaltkochereien und Pechsiedereien, soweit sie außerhalb der Gewinnungsorte des Materials errichtet werden, Strohpapierstofffabriken, Darmzubereitungsanstalten, Fabriken, in welchen Dampfkessel oder andere Blechgefäße durch Vernieten hergestellt werden, Kalifabriken und Anstalten zum Imprägniren von Holz mit erhitzten Theerölen, Kunstwollefabriken, Anlagen zur Herstellung von Celluloid und Dégrasfabriken, die Fabriken, in welchen Röhren aus Blech durch Vernieten hergestellt werden, sowie die Anlagen zur Erbauung eiserner Schiffe, zur Herstellung eiserner Brücken oder sonstiger eiserner Baukonstruktionen, die Anlagen zur Destillation oder zur Verarbeitung von Theer- und von Theerwasser, die Anlagen, in welchen aus Holz oder ähnlichem Fasermaterial auf chemischem Wege Papierstoff hergestellt wird (Cellulosefabriken), die Anlagen, in welchen Albuminpapier hergestellt wird, die Anstalten zum Trocknen und Einsalzen ungegerbter Thierfelle, sowie die Verbleiungs-, Verzinnungs- und Verzinkungsanstalten, die Anlagen zur Herstellung von Gußstahlkugeln mittelst Kugelschrotmühlen (Kugelfräsmaschinen), die Anlagen zur Herstellung von Zündschnuren und von elektrischen Zündern.

Das vorstehende Verzeichniß kann, je nach Eintritt oder Wegfall der im Eingange gedachten Voraussetzung, durch Beschluß des Bundesraths, vorbehaltlich der Genehmigung des nächstfolgenden Reichstags, abgeändert werden

Lfd Nr	Gegenstand der Besteuerung	Steuersatz v H	Mk	Pf	Berechnung der Stempelabgabe
(22.)	10 000 Mark nicht übersteigen	—	20	—	
	20 000 „ „ „	—	40	—	
	50 000 „ „ „	—	100	—	
	75 000 „ „ „	—	150	—	
	100 000 „ „ „	—	200	—	
	bei einem höheren Kostenbetrage für je 50 000 Mark mehr 100 Mark				
	(2) Genehmigungen zu Veränderungen in der Betriebsstätte[3] oder zu wesentlichen Veränderungen in dem Betriebe der Anlagen (§ 25 der Reichsgewerbeordnung)*) die Hälfte der vorstehenden Sätze;				
	(3) Bewilligungen von Fristverlängerungen und Fristungen (§ 49 der Reichsgewerbeordnung)**) ein Viertel der vorstehenden Sätze; AB. 54.				
	e) Genehmigungen[1 2] zur Anlegung von Dampfkesseln (§ 24 der Reichsgewerbeordnung)***) oder Änderung der Dampfkesselanlagen sowie Bewilligungen von Fristverlängerungen und Fristungen, soweit				

*) Die betreffenden Bestimmungen der GewO. lauten.

§ 25. Die Genehmigung zu einer der in den §§ 16 und 24 bezeichneten Anlagen bleibt solange in Kraft, als keine Aenderung in der Lage oder Beschaffenheit der Betriebsstätte vorgenommen wird, und bedarf unter dieser Voraussetzung auch dann, wenn die Anlage an einen neuen Erwerber übergeht, einer Erneuerung nicht. Sobald aber eine Veränderung der Betriebsstätte vorgenommen wird, ist dazu die Genehmigung der zuständigen Behörde nach Maßgabe der §§ 17 bis 23 einschließlich bzw des § 24 nothwendig Eine gleiche Genehmigung ist erforderlich bei wesentlichen Veränderungen in dem Betrieb einer der im § 16 genannten Anlagen Die zuständige Behörde kann jedoch auf Antrag des Unternehmers von der Bekanntmachung (§ 17) Abstand nehmen, wenn sie die Ueberzeugung gewinnt, daß die beabsichtigte Veränderung für die Besitzer oder Bewohner benachbarter Grundstücke oder das Publikum überhaupt neue oder größere Nachtheile, Gefahren oder Belästigungen, als mit der vorhandenen Anlage verbunden sind, nicht herbeiführen werde

Diese Bestimmungen finden auch auf gewerbliche Anlagen (§§ 16 und 24) Anwendung, welche bereits vor Erlaß dieses Gesetzes bestanden haben

**) § 49 der GewO. s. auf S. 122.

***) Die betreffende Bestimmung der GewO. lautet:

§ 24. Zur Anlegung von Dampfkesseln, dieselben mögen zum Maschinenbetriebe bestimmt sein oder nicht, ist die Genehmigung der nach den Landes-

Lfd. Nr.	Gegenstand der Besteuerung	Steuersatz v. H.	Mk.	Pf	Berechnung der Stempelabgabe
(22.)	nicht die Bestimmungen zu d zur Anwendung kommen (§§ 25 und 49 der Reichsgewerbeordnung)*)	—	5	—	
	f) (1) Erlaubniserteilungen zum Betriebe des Pfandleih-, Pfandvermittler-,[1] Gesindevermieter- oder Stellenvermittlergeschäfts[1] (§ 34 Abs. 1 und 2 der Reichsgewerbeordnung),**) wenn der Gewerbebetrieb				und zwar für ein jedes der drei Gewerbe besonders, wobei das Gewerbe der Gesinde- und Stellenvermittler als ein einheitliches Gewerbe gilt.
	wegen geringen Ertrages und Kapitals von der Gewerbesteuer frei ist . . .	—	50	—	
	in die vierte Gewerbesteuerklasse gehört	—	100	—	
	„ „ dritte „ „	—	200	—	
	„ „ zweite „ „	—	350	—	
	„ „ erste „ „	—	500	—	
	AB. 56.				
	Bei den von der Gewerbesteuer befreiten Gesindevermietern kann bei nachgewiesener Bedürftigkeit der Stempel von 50 Mark bis auf die Hälfte ermäßigt werden. AB. 56 Abs. 2.				

gesetzen zuständigen Behörde erforderlich. Dem Gesuche sind die zur Erläuterung erforderlichen Zeichnungen und Beschreibungen beizufügen.

Die Behörde hat die Zulässigkeit der Anlage nach den bestehenden bau-, feuer- und gesundheitspolizeilichen Vorschriften sowie nach denjenigen allgemeinen polizeilichen Bestimmungen zu prüfen, welche von dem Bundesrath über die Anlegung von Dampfkesseln erlassen werden. Sie hat nach dem Befunde die Genehmigung entweder zu versagen oder unbedingt zu ertheilen, oder endlich bei Ertheilung derselben die erforderlichen Vorkehrungen und Einrichtungen vorzuschreiben.

Bevor der Kessel in Betrieb genommen wird, ist zu untersuchen, ob die Ausführung den Bestimmungen der ertheilten Genehmigung entspricht. Wer vor dem Empfange der hierüber auszufertigenden Bescheinigung den Betrieb beginnt, hat die im § 147 angedrohte Strafe verwirkt.

Die vorstehenden Bestimmungen gelten auch für bewegliche Dampfkessel.

Für den Rekurs und das Verfahren über denselben gelten die Vorschriften der §§ 20 und 21.

*) §§ 25 und 49 der GewO. auf S. 124, 122.

**) Die betreffende Bestimmung der GewO. lautet:

§ 34 Abs. 1 u. 2. Wer das Geschäft eines Pfandleihers, Pfandvermittlers, Gesindevermieters oder Stellenvermittlers betreiben will, bedarf dazu der Erlaubniß.

Als Pfandleihgewerbe gilt auch der gewerbsmäßige Ankauf beweglicher Sachen mit Gewährung des Rückkaufsrechts.

Lfd Nr	Gegenstand der Besteuerung	Steuersatz v. H	Mk	Pf.	Berechnung der Stempelabgabe
(22.)	(2) Erlaubniserteilungen der Ortspolizeibehörden an Gesinde- oder Stellenvermittler				
	zur Beherbergung von stellungsuchenden Personen[2] zwei Zehntel der vorstehenden Sätze;				
	zur Lieferung von Speisen und nicht geistigen Getränken an die beherbergten Personen zwei Zehntel der vorstehenden Sätze;				
	zur Beherbergung von stellungsuchenden Personen und zur Lieferung von Speisen und nicht geistigen Getränken an die beherbergten Personen vier Zehntel der vorstehenden Sätze;				
	(3) Erlaubniserteilungen an Vertreter oder Bevollmächtigte von Gemeinden oder anderen Kommunalverbänden, Handelskammern, Landwirtschaftskammern, Innungen, Innungsausschüssen, Innungsverbänden, Handwerkskammern, Berufsvereinen, Gewerbevereinen und sonstigen Vereinen und Körperschaften zum Betriebe des Stellungsvermittlungs- und Arbeitsnachweisgeschäfts[3]	—	20	—	
	g) (1) Genehmigungen für Unternehmer von Versicherungsanstalten,				
	wenn ihr Geschäftsgebiet nicht über den Umfang einer Provinz hinausgeht . .	—	40	—	
	sonst	—	200	—	
	(2) Befreit sind Genehmigungen für Versicherungsanstalten, deren Geschäftsgebiet über den Umfang eines Kreises nicht hinausgeht, sowie für solche Anstalten, welche auf Gegenseitigkeit gegründet und deren Zwecke nicht auf die Erzielung von Gewinn gerichtet sind;[1,2]				
	AB. 57.				
	h)[1] Erlaubnisscheine zur Bestellung von Agenten im Inlande seitens ausländischer Unternehmer von Versicherungsanstalten	—	200	—	
	i)[1] Genehmigungen zum Gewerbebetriebe der Auswanderungsagenten[2,3]	—	200	—	

Lfd. Nr	Gegenstand der Besteuerung	Steuersatz v H	Mk.	Pf.	Berechnung der Stempelabgabe
(22.)	k) (1)[1] Genehmigungen zum Betriebe von Privatanschlußbahnen, wenn die Kosten[2] der Anlage				
	1 000 Mark nicht übersteigen	—	2	50	
	5 000 „ „ „ . . .	—	10	—	
	10 000 „ „ „ . . .	—	20	—	
	20 000 „ „ „ . . .	—	40	—	
	50 000 „ „ „	—	100	—	
	75 000 „ „ „ . . .	—	150	—	
	100 000 „ „ „	—	200	—	
	bei einem höheren Kostenbetrage für je 50 000 Mark mehr 100 Mark;				
	(2) Genehmigungen zu Veränderungen in dem Betriebe die Hälfte der vorstehenden Sätze;				
	AB 58.				
	l) (1)[1] Genehmigungen zum Betrieb eines Eisenbahnunternehmens[2]	—	200	—	
	(2) Genehmigungen zum Betrieb eines Dampfschiffahrts- oder Kleinbahnunternehmens,[3] wenn der Gewerbebetrieb wegen geringen Ertrages und Kapitals von der Gewerbesteuer frei ist	—	5	—	
	in die vierte Gewerbesteuerklasse gehört .	—	20	—	
	„ „ dritte „ „ .	—	50	—	
	„ „ zweite „ „ .	—	75	—	
	„ „ erste „ „ .	—	200	—	
	(3) Genehmigungen zu Veränderungen in dem Betriebe[2–4] die Hälfte der vorstehenden Sätze;				
	(4) Bewilligungen von Fristverlängerungen und Fristungen[2] ein Viertel der vorstehenden Sätze.				
	(5) Die Bewilligung von Fristverlängerungen und Fristungen, welche durch Naturereignisse oder andere unabwendbare Zufälle verursacht sind, ist stempelfrei;				
	AB. 59.				
	m) (1) Genehmigungen der Ortspolizeibehörden zum Betriebe von Gewerben, welche dem öffentlichen Personen- und Güterverkehr innerhalb der Orte durch sonstige Transportmittel aller Art (Wagen,				

Lfd. Nr.	Gegenstand der Besteuerung	Steuersatz v. H	Mk.	Pf.	Berechnung der Stempelabgabe
(22.)	Gondeln, Sänften, Pferde usw.) dienen (§ 37 der Reichsgewerbeordnung)*) . . . AB 60.	—	5 bis 40	—	je nach der Bedeutung des Gewerbes
	(2) Werden Genehmigungen der bezeichneten Art Personen erteilt, deren Gewerbebetrieb wegen geringen Ertrages und Kapitals von der Gewerbesteuer frei ist, so beträgt die Stempelabgabe . . AB. 50.	—	1	—	

Zu Tarifnummer 22a.

1. Vgl. KaisV. v. 27. 1. 90 (RGBl S. 9), 31. 12. 94 (RGBl. von 1895 S. 1), 25. 11. 95 (RGBl S. 435).

2. a) Nur für die Erlaubnis der ersten Anlegung der Zweigapotheke ist der St. fällig, so daß für die von drei zu drei Jahren zu erteilende Erlaubnis der Fortführung der Zweigapotheke dieser St. nicht zu erheben ist, sondern ev. nur, bei Zurückbehaltung eines Konzepts, der AusfertigungsSt. $\frac{\text{FM. III 1072}}{\text{M. d g A III 5457}}$ v. 2. 3. 01, ZBl. S. 76.

b) Selbständige Nebenapotheken sollen wie Filialapotheken behandelt werden; die einzelnen Ärzten erteilte Erlaubnis zur Führung von Hausapotheken ist stfrei. KB. S. 25, 4. KS. S. 8.

3. In den Fällen der Verlegung einer Apotheke auf Anordnung der Aufsichtsbehörde ist von einem St. abgesehen. Mot. S. 34.

4. Vererbliche und veräußerliche Konzessionen werden in Zukunft nicht mehr erteilt. KB. S. 25.

5. In dem JME. v. 23. 11. 00 (JMBl. S. 638) ist darauf hingewiesen, daß Gericht und Notare, welche die Veräußerung von Apothekengrundstücken beurkunden, sich der Einziehung des auf der Urkunde über die Erlaubniserteilung ruhenden St. zu enthalten haben. Gleichzeitig ist bemerkt, daß die Kaufurkunden, wenn es sich um Veräußerung eines Privilegiums handelt, 1 % des Kaufpreises erfordern, daß dagegen nur der allgemeine VertragsSt. fällig ist, wenn bei Veräußerung konzessionierter Apotheken über Übertragung der Konzession auf den Erwerber oder über den Verzicht des Verkäufers auf die Konzession Vereinbarung getroffen wird. — Vgl. A. 9 bei Tarif 32.

---

*) Die betreffende Bestimmung der GewO. lautet:

§ 37. Der Regelung durch die Ortspolizeibehorde unterliegt die Unterhaltung des offentlichen Verkehrs innerhalb der Orte durch Wagen aller Art, Gondeln, Sänften, Pferde und andere Transportmittel sowie das Gewerbe derjenigen Personen, welche auf offentlichen Straßen oder Platzen ihre Dienste anbieten.

Zu Tarifnummer 22b.

1. Hebammen fallen nicht unter die Position. 4. RS. S. 11. Vgl. GewO. §§ 40, 53, 143.

Zu Tarifnummer 22c.

1. Im Falle des Zusammentreffens eines nicht konzessionspflichtigen Betriebes mit einem konzessionspflichtigen Gewerbe in der Person eines Gewerbetreibenden bestimmt sich der Steuersatz der Tarifstelle 22c, da nach § 17 des GewStG. v. 24. 6. 91 mehrere Betriebe derselben Person als ein steuerpflichtiges Gewerbe zur Steuer veranlagt werden, nach der Veranlagung zu derjenigen Gewerbesteuerklasse, zu welcher der Gewerbetreibende nach seinem „Gesamtbetriebe" gehört. RG. 18. 4. 02, ZBl. S. 182, Entsch. Bd. 51 S. 202.

2. Die Erlaubniserteilungen zum Betriebe einer Privatkranken- und Privatirrenanstalt sind besonders zu versteuern, da diese nach § 30 RGewO. unterschieden werden. FM. 27. 6. 01 III 8141.

3. Dem Kläger, dem schon früher die Genehmigung zur Errichtung einer Privatirrenanstalt erteilt war, ist ferner die Erlaubnis gegeben, in der Anstalt 7 Zimmer stärker zu belegen, bzw. noch einige Zellen anzulegen: Das RG. hat am 19. 10. 00, JW. 00 S. 794 entschieden, daß Genehmigungen zu Veränderungen in Rücksicht auf eine Anstalt in Frage stehen, wegen deren Errichtung derselben Person die Konzession schon erteilt war. Solche Veränderungsgenehmigungen sind nach der Tarifstelle 22c nicht stpflichtig. Diesem Urteil ist verwaltungsseitig im FM. 30. 9. 02 III 12269, ZBl. S. 255 beigetreten.

Dieser Erl. wird sich nur auf Fälle beziehen, in denen Erlaubniserteilungen zum Betriebe einer Privat-Kranken- usw. Anstalt oder zum Betriebe der Gastwirtschaft usw. lediglich eine Ausdehnung in räumlicher Beziehung erfahren. Über diesen Kreis hinaus wird der Erlaß keine Anwendung finden, insbesondere nicht auf eine inhaltliche Erweiterung der Erlaubnis selbst, wie sich die Ausdehnung einer sog. beschränkten Schankerlaubnis für Wein, Bier und Kaffee auf den Ausschank von Branntwein darstellt.

4. Fabrikbesitzer A. hatte in seinen Fabrikräumen eine Kantine für seine Arbeiter angelegt und hierfür vom Stadtausschuß die auf Veranlassung der Polizeibehörde nachgesuchte Schankerlaubnis erhalten: Ein Gewerbebetrieb i. S. des § 33 GewO. liegt überhaupt nicht vor, es findet deshalb Tarifstelle 22c nicht Anwendung. FM. 12. 12. 02 III 15965.

5. Von dem Stadtausschuß zu K. sind über die nach dem Tode des A. auf dessen Vater übergegangene 25 Schankstätten zum Ausschank von Mineralwasser und Fruchtsäften 25 verschiedene je auf eine einzelne dieser Schankstätten lautende Genehmigungsurkunden erteilt: Da der Vater zur 3. Gewerbesteuerklasse gehörte, mußte ein St. von 15 Mk. zu jeder der 25 Urkunden verwendet werden (§ 1 Abs. 1 LStG.). Duplikate liegen schon deshalb nicht vor, da jede Urkunde über eine andere Schankstätte lautet. FM. 18. 4. 05 III 4871.

6. In den Fällen der §§ 30, 32 und 33 GewO. kann die Erlaubnis juristischen Personen nicht verliehen werden, sondern nur natürlichen

Noch: Zu Tarifnummer 22c.

Personen als Stellvertretern oder Bevollmächtigten der juristischen Personen, da vom Ges. gewisse persönliche Eigenschaften des Konzessionsinhabers gefordert werden. Bei Bemessung des St. sind deshalb nicht die Gewerbesteuerverhältnisse der juristischen Personen, sondern diejenigen ihres Vertreters oder Bevollmächtigten maßgebend. Die Stellvertreter sind aber meistens, weil sie ein Gewerbe für eigene Rechnung nicht betreiben, gewerbesteuerfrei, und daraus ergibt sich, daß in solchen Fällen der St. der Tarifstelle 22c nicht erhoben werden darf. Zur Beseitigung dieser Benachteiligung der Staatskasse ist der Tarifstelle 22c eine Bestimmung dahin hinzugefügt worden, daß der StBerechnung die Veranlagung der juristischen Person zur Gewerbesteuer zugrunde zu legen ist. KB. S. 7, 8 (09).

Zu Tarifnummer 22d.

1. Als Gegenstand der Wertbemessung soll nur der Teil der Anlage angesehen werden, für welche das Gesetz die Konzession vorschreibt, so daß z. B., wenn ein Wohnhaus und eine Kesselschmiede als Gesamtanlage errichtet werden, nur die letztere in Betracht kommt. Desgleichen soll bei Änderungen nur der Wert dieser, nicht der durch die Änderung erfolgte Mehrwert der ganzen Anlage in Rechnung gestellt werden. KB. S. 30.

2. Für die Versteuerung sind die wirklich entstandenen Kosten der Anlage maßgebend, nicht etwa der Wert oder die zu schätzenden mutmaßlichen Kosten. HSp. S. 621, 622 A. 22. Wird die genehmigte Anlage überhaupt nicht ausgeführt, so kann ein St. nach Tarifstelle 22d auch überhaupt nicht gefordert werden; es kann dann ev. nur der AusfertigungsSt. in Frage kommen

3. „Betriebsstätte" ist nicht gleichbedeutend mit „Grundstück, auf dem sich die Anlage befindet", sondern begreift nur die dem Unternehmen unmittelbar zur Ausübung des Betriebes oder für sonstige Betriebszwecke dienenden Räume. Sächs. OberverwGer 14 5. 04, DJZ. S 751 v. 05.

Zu Tarifnummer 22e.

1. Turbinen sind nicht konzessionspflichtig und fallen deshalb nicht unter diese Position. 5. KS. S. 9.

2. In dem Falle, in welchem es sich um eine Änderung einer bereits genehmigten Anlage durch Errichtung einer Dampfkesselanlage handelt, soll die Konzessionsurkunde maßgebend sein; wird aber die Anlegung eines Dampfkessels für einen schon bestehenden Betrieb genehmigt, so kommt Buchst. e zur Anwendung; ist aber mit der Dampfkesselanlage eine Änderung der schon früher konzessionierten Hauptanlage verbunden und wird diese Änderung genehmigt, so soll Buchst. d Abs. 2 Platz greifen, weil die Konzession für die Kesselanlage in der Hauptkonzession enthalten ist und nicht besonders ausgestellt wird. Es findet eine besondere Konzessionierung der Dampfkessel auch dann nicht statt, wenn eine an sich konzessionspflichtige Anlage der Behörde zur Genehmigung neu vorgelegt wird, sondern es wird auch in diesem Falle nur eine einzige Konzessionsurkunde über die gesamte Anlage ausgestellt. KB. S. 31.

Zu Tarifnummer 22f.

1. Diese Tarifstelle bedarf einer Ergänzung, da durch die Novelle zur GewO. v. 30. 6. 00 (RGBl. S. 321) auch die Geschäfte der Pfandvermittler und Stellenvermittler dem Erlaubniszwang unterworfen worden sind. Für diese Personen einschließlich der gegenwärtig nur mit 15 Mk. steuerpflichtigen Pfandleiher werden im Entwurf nach Maßgabe der Veranlagung zur Gewerbesteuer von 50—500 Mk. ansteigende Steuersätze vorgeschlagen mit Rücksicht darauf, daß den Betreffenden aus ihrem Geschäftsbetriebe nicht unbeträchtliche, in den Großstädten vielfach ganz bedeutende Gewinne ohne besondere Mühewaltungen zufließen. Im einzelnen kommt für die Besteuerung in Betracht:

1. das Gewerbe der Pfandleiher, zu denen nach § 34 Abs. 2 GewO. auch die Rückkaufhändler gehören;
2. das Gewerbe der Pfandvermittler (Gewerbetreibende, welche die ihnen zur Pfandversetzung übergebenen Sachen auf ihre Namen in einem öffentlichen Leihhaus oder bei einem Pfandleiher verpfänden und die erhaltenen Darlehen an ihre Auftraggeber abführen);
3. das Gewerbe der Gesindevermieter oder Stellenvermittler, das als ein einheitliches Gewerbe gilt.

Für jedes dieser drei Gewerbe sollen die Steuersätze der Tarifstelle 22f besonders zur Erhebung kommen; im Falle an eine Person die Erlaubnis zum gleichzeitigen Betriebe von zwei verschiedenen Gewerben erteilt wird, z. B. die Erlaubnis zum Betriebe des Pfandleihgewerbes und des Gesindevermietergewerbes an eine Person, würden die Steuersätze doppelt zum Ansatz kommen.

2. Nach den Ziffern 17 und 18 der Anweisung, betr. den Geschäftsbetrieb der Gesinde- und Stellenvermittler v. 5. 3. 07 (MBl. der Handels- und Gewerbeverwaltung S. 55) kann den Genannten von der Ortspolizeibehörde die Erlaubnis zur Beherbergung von stellungsuchenden Personen und die Lieferung von Speisen und nichtgeistigen Getränken an die beherbergten Personen gestattet werden. Für diese besonderen den Geschäftsgewinn erhöhenden Erlaubniserteilungen sollen je zwei Zehntel der für den eigentlichen Gewerbebetrieb in Ansatz kommenden Steuersätze erhoben werden.

3. Wenn Gemeinden, Innungen und andere Körperschaften und Verbände Geschäfte der bezeichneten Arten betreiben, so wird bei ihnen meistens die Erwerbsabsicht fehlen, so daß ein gewerbsmäßiger Betrieb nicht stattfindet und es einer Erlaubnis überhaupt nicht bedarf. In den seltenen Ausnahmefällen eines gewerbsmäßigen Betriebes erscheint ein fester St von 20 Mk. angemessen. Begr. S. 7 (09).

Zu Tarifnummer 22g.

1. Die behördliche Genehmigung, der die sich als Versicherungsvereine auf Gegenseitigkeit charakterisierenden Sterbe-, Aussteuer- und dgl. Kassen bedürfen, stellt nach dem Reichsges. v. 12. 5. 01 § 15 eine Erlaubnis zum Geschäftsbetriebe dar. Es findet somit auf die Genehmigung diese Befr.-Vorschr. Anwendung. Hiernach ist auch kein AusfertigungsSt. mehr zu erfordern. FM. 13. 9. 04 III 11970, ZBl. S. 219.

2. Um die Stempelbefreiung zu begründen, genügt der Vermerk: „Stplfr. lt. StG. T. 22g." Erl. d. M. d. J. 20. 8. 96, MBl. S. 140, ZBl. S. 584.

Zu Tarifnummer 22h, i.

1. Vgl. Ges. v. 17. 5. 53 betreffend den Geschäftsverkehr der Versicherungsanstalten und Reichsges. v. 9. 6. 97 über das Auswanderungswesen.

2. Die Tarifstelle ist nur noch bezüglich der StPflichtigkeit der Genehmigungen zum Gewerbebetriebe der Auswanderungsagenten bestehen geblieben, da die Genehmigungen für Auswanderungsunternehmer nach den §§ 1 und 2 des AuswanderungsGes. v. 9. 6. 97 (RGBl. S. 463) vom Reichskanzler erteilt werden und deshalb zu einem Preußischen St. nicht mehr herangezogen werden können. Begr. S. 7 (09).

3. Die bisherige Tarifstelle k ist gegenstandslos geworden, weil Erlaubniserteilungen an ausländische Auswanderungsunternehmer nach § 4 des AuswanderungsGes. v. 9. 6. 97 vom Reichskanzler ausgestellt werden. Die Erlaubnisscheine für Agenten ausländischer Auswanderungsunternehmer, die nach den §§ 11 und 12 des AuswanderungsGes. in Preußen von den Regierungspräsidenten erteilt werden, sind jetzt nach der Tarifstelle 22i zu versteuern. Begr. S. 7 (09).

Zu Tarifnummer 22k.

1. Vgl. §§ 43, 51 Ges. v 28. 7. 92 über Kleinbahnen und Privatanschlußbahnen.

2. Für die Berechnung des St. entscheidet nicht der Wert der Anlage, sondern der tatsächlich für ihre Schaffung erforderlich gewesene Betrag; nicht bloß die unmittelbar auf den Bau der Anlage verwendeten Kosten, sondern auch alle Nebenkosten, insbesondere auch für Grunderwerb. RG. 13. 7. 05, ZBl. S. 694, Entsch. Bd. 61 S. 235. Im vorliegenden Falle sind nicht nur berücksichtigt die Kosten für Erd- und Oberbauarbeiten und Fernsprechkabel auf dem Gaswerk, sondern auch die Kosten für Landerwerb, Entschädigungen, Eisenbahnkabel, Reichspostkabel, Umbau der Lankwitzer Straße, Kostenbeitrag für Umbau der Station Marienfelde.

Zu Tarifnummer 22l.

1. Vgl. Ges. v. 3. 11. 38 über Eisenbahnunternehmungen und 28. 7. 92 (s. o.).

2. Die Tarifstelle 22l betrifft nur diejenigen Genehmigungen, welche zu dem Unternehmen als solchem erteilt werden; im Gegensatz zu den Genehmigungen zu Veränderungen in dem Betriebe und Bewilligungen von Fristverlängerungen, auf welche die ermäßigten Steuersätze Anwendung finden, können unter den zunächst angegebenen Genehmigungen nur solche verstanden werden, durch welche das Unternehmen an sich gestattet wird. RG. 4. 10. 01, Entsch. Bd. 51 S. 17.

3. Die Ausstellung neuer Genehmigungsurkunden für die vor dem Inkrafttreten des Kleinbahngesetzes genehmigten Kleinbahnen, die sich den Bestimmungen des neuen Ges. v. 28. 7. 92 § 53 Abs. 3 unterwerfen, erfolgt stfrei. FM. 21. 7. 99 III 9972, ZBl. S. 206.

Lfd. Nr.	Gegenstand der Besteuerung	Steuersatz v. H.	Mk.	Pf	Berechnung der Stempelabgabe
23.	**Familienstiftungen,** wie Fideikommißstiftungen, s. diese. AB. 61 Abs. 1 u. 2. Allg.V. § 11 B.				
24.	(1)[1] **Fideikommißstiftungen,**[2·4–8] d. h. alle von Todes wegen oder unter Lebenden getroffenen Anordnungen, kraft deren gewisse Vermögensgegenstände der Familie für immer oder für mehr als zwei Generationen[3] erhalten bleiben sollen . . . . (2) Bei Stiftungen unter Lebenden ist der Stempel in der durch § 16 Buchstaben g dieses Gesetzes vorgeschriebenen Frist von zwei Wochen beizubringen, bei Stiftungen von Todes wegen binnen sechs Monaten nach dem Todesfalle. (3) Wegen der Verhaftung für die Entrichtung des Stempels für Stiftungen von Todes wegen kommen die Bestimmungen	3	—	—	des Gesamtwertes der denselben gewidmeten Gegenstände ohne Abzug der Schulden. 2d, 7b-d, 10;

Noch: Zu Tarifnummer 22 l.

Vorstehender Erl. v. 21. 7 99 hat auch auf Privatanschlußbahnen Anwendung. Neue Genehmigungsurkunden für diejenigen vor dem Inkrafttreten des Kleinbahngesetzes genehmigten Privatanschlußbahnen, deren Unternehmer sich den sämtlichen Bestimmungen dieses Gesetzes unterworfen haben, bedürfen des St. der Tarifstelle 22k nicht; bei wesentlichen Erweiterungen oder wesentlichen Änderungen im Fall der Unterwerfung ist der St. nach den Kosten der Erweiterung oder Änderung zu berechnen.

In Fällen, wo es sich um Erweiterung oder Änderung eines nur für den Pferdebetrieb genehmigten Anschlußgleises bei gleichzeitiger Einführung des Lokomotivbetriebes handelt, hat die Berechnung für die Genehmigungsurkunde nach den Kosten der Gesamtanlage stattzufinden, da durch die Genehmigung das Anschlußgleis tatsächlich erst eine Privatanschlußbahn i. S. des § 43 des Kleinbahngesetzes wird. FM. 30. 11. 00 III 12992, ZBl. S. 601 v. 00.

4. a) Die Genehmigung zur Verlängerung eines bestehenden Kleinbahnunternehmens durch Fortführung der Bahnlinien unterliegt als eine Genehmigung zu Veränderungen in dem Betriebe nur dem halben St., ebenso wie die infolge Veräußerung eines Kleinbahnunternehmens dem Rechtsnachfolger erteilte Genehmigung zum Betriebe. KG. 14. 3. 02.

b) Genehmigungen, welche sich auf die Erlaubniserteilung zur Verlegung einer Gleisanlage beschränken, sind nicht als Genehmigungen zu Veränderungen im Betriebe eines Kleinbahnunternehmens i. S. dieser Tarifstelle anzusehen und erfordern daher ev. nur den AusfertigungsSt. FM 28. 5. 01 III 4028.

Lfd. Nr.	Gegenstand der Besteuerung	Steuersatz v. H	Mk	Pf	Berechnung der Stempelabgabe
(24.)	der §§ 29 und 30 des Gesetzes, betreffend die Erbschaftssteuer, vom 30 Mai 1873*) / 19 Mai 1891 zur Anwendung. (4) Bei Fideikommißstiftungen, für welche von dem Stifter ein weiteres Anwachsen des Grundvermögens, sei es durch in Aussicht genommene Zuwendungen freigebiger Art, sei es durch eine angeordnete Zuschlagung von Zinsen zum Kapitale, vorgesehen worden ist, wird der Wertstempel rücksichtlich des sich nach und nach ansammelnden Teiles des Stiftungsvermögens nur allmählich von dem Zuwachse nach näherer Bestimmung der Oberzolldirektion oder, wenn der Stiftungsstempel bei den Gerichtskosten zu vereinnahmen ist, der zustädnigen Gerichtsbehörde erhoben. Allg.V. § 11 B. AB. 23 Abs. 3; 61 Abs 3 u. 4. (5) Fideikommißstiftungen, welche ausländische Grundstücke betreffen, sind dem Wertstempel nicht unterworfen. (6) In betreff der Erhebung des Fideikommißstempels aus Anlaß der Auflösung der Lehnverbände bewendet es bei den bestehenden Bestimmungen.[9] AB. 61 Abs 2.				

*) Die betreffenden Bestimmungen des ESt G. lauten:

§ 29. Die Erbschaftssteuer trifft den Erwerber des steuerpflichtigen Anfalles Fur dieselbe haftet die ganze steuerpflichtige Masse (§ 5), aus welcher auch auf Erfordern fur die Versteuerung bedingter Anfälle Sicherheit bestellt werden muß (§§ 22 und 23)

Erben und Miterben sind bis auf Hohe des aus der Erbschaft Empfangenen für die von allen den Nachlaß betreffenden Anfällen zu entrichtende Erbschaftssteuer solidarisch verpflichtet

Hinsichtlich der in diesem Gesetze den Erben und Miterben aufgelegten Verpflichtungen werden Erwerber eines Universalvermachtnisses oder eines Vermächtnisses unter einem Universaltitel den Erben und Miterben gleichgeachtet

§ 30. Gesetzliche Vertreter und Bevollmächtigte der Erbinteressenten, Testamentsexekutoren und Nachlaßverwalter, sowie die Verwalter von Familienstiftungen, durfen die Erbschaft, einzelne Erbtheile, Vermachtnisse oder Schenkungen, beziehungsweise die Hebungen aus der Familienstiftung, nur nach Berichtigung oder Sicherstellung der darauf treffenden Erbschaftssteuer ausantworten und bleiben im entgegengesetzten Falle fur die Steuer verhaftet

Zu Tarifnummer 24.

1. Vgl. Art. 59 EG.BGB., Art. 89 Ziff. 1c u. 10 AG.BGB., §§ 80ff. BGB., Art. 1 AG.BGB., ALR. II 4 §§ 23, 48, 72, 73, auch A. 5 zu Tarif 66.

2. a) Der St. für Familienstiftungen (Tarif 23 und 24) ist durch das RESt G. v. 3. 6. 06 unberührt geblieben, da das Stiftungsgeschäft nur insoweit dem ESt G. unterliegt, als es sich um die Zuwendung des Stiftungsvermögens an die Stiftung handelt (§ 55 Abs. 3 EStG.). AllgV. v. 26. 6. 06, JMBl S. 174

b) Ob eine Anordnung als Familienstiftung zu versteuern ist, kann, da das BGB. über Familienstiftungen keine Vorschriften enthält und dem Tarif zum LStG. der Sprachgebrauch des Landrechts zugrunde liegt, nur nach der § 21 ALR. II 4 gegebenen Begriffsbestimmung entschieden werden.

Die im § 23 ALR. II 4 für Familienfideikommisse getroffene Bestimmung, daß die Anordnung für beständig oder doch für mehrere Geschlechtsfolgen getroffen sein müsse, hat für Familienstiftungen keine Geltung. FM. 24. 5. 01 III 6647. — Vgl. A. 15 bei § 5.

c) Zur Begründung der StPflicht muß eine neue selbständige Stiftung ins Leben gerufen werden; ein Familienschluß, der die Verwendung der Revenuen eines Teiles des Stiftungsvermögens lediglich abändert, genügt nicht. (Eine Stiftung war nur für männliche Mitglieder einer Familie bestimmt; durch Familienschluß wurde die Verwendung eines Teils des Kapitals zu Unterstützungszwecken für die weiblichen Mitglieder beschlossen.) RG. 5. 1. 99, Gruch. Jahrg. 43 S. 1139.

d) Wenn z. Z. des Erlasses der Gesetze v. 7. 3. 1822 und 31. 7. 95 von einer Fideikommißstiftung ein UrkundenSt. nicht zu zahlen war, so ist bei Vermehrung des Stiftungskapitals ein solcher St. nicht zu erheben. RG. 5. 1. 99, Gruch. Jahrg. 43 S. 1139.

3. Bei Zählung der beiden Generationen wird der erste Fideikommißbesitzer nicht mitgerechnet AH. S. 2288, 2292ff.

4. Eine Familienstiftung i. S. des Art. 1 AG.BGB. liegt auch dann vor, wenn in der Stiftungsurkunde für den Fall des Aussterbens der zunächst berechtigten Familie Bestimmung über anderweite Verwendung der Einkünfte der Stiftung getroffen ist. KG. 25. 3. 01, Joh. Bd. 21 S. A 214. Bei derartigen sukzessiven Stiftungen bedarf es bezüglich der Familienstiftung der Genehmigung des zuständigen Amtsgerichts, bezüglich der weiteren gewöhnlichen Stiftung der Königlichen Genehmigung.

Das Amtsgericht ist nur dann zur Genehmigung zuständig, wenn die Stiftung ausschließlich einer oder mehreren bestimmten Familien dient. Art. 1 § 1 Pr. AG.BGB. Handelt es sich aber um eine gemischte Stiftung, bei welcher schon bei dem Bestehen der Familie die Erträge der Stiftungskapitalien nicht bloß Familienmitgliedern, sondern auch andern Personen zugewendet werden, dann ist eine Familienstiftung i. S. des Art. 1 Pr. AG nicht vorhanden; eine solche Stiftung unterliegt der landesherrlichen Genehmigung (Joh. Bd. 21 S. A 218). Dadurch wird jedoch nicht ausgeschlossen, daß i. S. der Steuergesetze eine Stiftung als Familienstiftung zu behandeln ist, wenn sie überwiegend die Unterstützung der Mitglieder bestimmter Familien bezweckt. FM. 16. 12. 04 III 15272.

Noch: Zu Tarifnummer 24.

5. Ein Familienfideikommiß ist nur an fruchttragenden Sachen, nicht etwa an Ahnenbildern, möglich. RG. 12. 5. 05, DJZ. Nr. 14.

6. Ist in einem Testament eine Quote des Nachlasses zu einer Familienstiftung ausgesetzt, so unterliegt die Zuweisung derselben an die Familienstiftung nicht der Erbschaftssteuer, sondern es darf nur der UrkundenSt. nach den Tarifstellen 23 und 24 von der Stiftungsurkunde erhoben werden. Zu dem Erbteilungsvertrag, in welchem der Familienstiftung bestimmte Stücke des Nachlasses zugeteilt werden, ist also nicht der in Tarifstelle 20 vorgesehene St. für die Beurkundung der Verteilung einer erbschaftssteuerpflichtigen Erbschaft zu verwenden. KG. 14. 1. 01, Joh. NF. Bd. 21 S. B 28.

7. a) Eine dem St. unterworfene Erweiterung des Fideikommisses liegt auch dann vor, wenn zwar nicht neue Gegenstände dem Fideikommiß einverleibt, sondern die zum Fideikommiß gehörigen über den Begriff bloßer Erhaltung hinaus verbessert werden und hierüber eine urkundliche Willenserklärung errichtet wird

Der FideikommißSt. ist auch dann zu entrichten, wenn die Werterhöhung durch Aufnahme von Schulden ausgeglichen wird.

In einem Familienschluß war bestimmt, daß zugunsten des Fideikommißbesitzers, der eine stiftungsgemäß an N. N. aus den Fideikommißrevenuen zu zahlende Fideikommißabfindungssumme von 120000 Mk. dem Gläubiger bezahlt hat, mit Rücksicht darauf, daß der Fideikommißbesitzer inzwischen einen noch größeren Betrag zur dauernden Verbesserung der Fideikommißgüter verwendet hat, in Höhe von 120000 Mk. eine wahre, auf der Substanz des Fideikommisses ruhende Fideikommißschuld konstituiert wird, die dem jetzigen Besitzer als Allodium gehören soll. Zur Sicherheit werden die Güter verpfändet.

Zu dieser Erklärung wurde der SchuldverschreibungsSt. und der FideikommißSt. gefordert. Das RG. hat im Urteil vom 7. 4. 03 diese Forderung als gerechtfertigt erachtet, und dabei betont,

daß der gesetzgeberische Grund des FideikommißSt. nicht der Umstand ist, daß bestimmte körperliche Gegenstände, sondern daß gewisse Vermögenswerte dem freien Verkehr entzogen werden, daß eine stpflichtige Erweiterung des Fideikommisses vorliegt, wenn seine Substanz nicht vermehrt, aber in ihrer Beschaffenheit mit dem Erfolge der Werterhöhung verbessert wird, ohne daß diese Verbesserung eine Erfüllung der Pflicht darstellt, die Substanz zu erhalten,

daß der St. nicht auf der tatsächlichen Widmung ruht, sondern auf der urkundlichen Willenserklärung, durch die der Gegenstand zum Fideikommiß „bestimmt" wird,

daß die durch die Verbesserungen des Fideikommisses bewirkte Erhöhung des Gesamtwertes hinsichtlich der StPflichtigkeit dieser Erhöhung nicht dadurch wieder beseitigt wird, daß etwa der Reinwert des ganzen Fideikommisses trotz der Verbesserungen derselbe geblieben ist, weil der Wert der Verbesserungen durch die Belastung des Fideikommisses mit der Substanzschuld wieder seine Ausgleichung gefunden hat; trotz dieses Ausgleiches verbleibe es dabei, daß mehr Vermögenswerte als früher an dem freien Verkehr nicht teilnehmen können.

Noch: Zu Tarifnummer 24.

Der SchuldverschreibungsSt. ist neben dem FideikommißSt. für begründet erachtet, weil beide Erklärungen als einseitige rechtlich — wenn auch nicht wirtschaftlich — voneinander unabhängige Geschäfte nebeneinander stehen. ZBl. S. 231, Entsch. Bd 54 S. 227

b) Ein Familienschluß, durch den die Einverleibung von Verbesserungen in ein Fideikommiß beurkundet wird, unterliegt dem FideikommißSt. insoweit, als durch die Verbesserungen der Wert des Fideikommisses erhöht worden ist. Für die Feststellung der Werterhöhung ist derjenige Zeitpunkt maßgebend, welcher der Verbesserung unmittelbar vorhergeht. Handelt es sich hierbei um Ersatzbauten für durch Brand zerstörte Gebäude, so ist die Zeit nach dem Brande, nicht die vor dem Brande, maßgebend. RG. 22. 4. 03. — Vgl. unten A. 8 b.

c) Die Einverleibung von Verbesserungen in das Fideikommiß, durch welche das dem Besitzer nach § 211 LR. II 4, §§ 508 LR. I 18, 124 u. 130 LR. I 21 zustehende Recht der Wegnahme ausgeschlossen wird, ist auch dann als eine dem FideikommißSt. unterliegende Vermehrung des Fideikommißvermögens anzusehen, wenn das Entgelt für diese Einverleibung durch ein auf das Fideikommiß aufzunehmendes Pfandbriefdarlehn beschafft wird. Die gleichzeitige Belastung des Fideikommisses mit einer der Amortisation unterliegenden Schuld beseitigt die StPflicht nicht, weil auch bei Errichtung des Fideikommisses der Wert desselben ohne Abzug der Schulden dem St. unterliegt. FM. 7. 11. 00 III 6055.

d) Stiftungsmäßige Aufwendungen zur Vermehrung einer zum Fideikommiß gehörigen Bibliothek sind dem FideikommißSt. unterworfen, auch wenn die Zuwendungen den Betrag nicht übersteigen, um den die Bibliothek durch Veraltung der Werke entwertet wird.

Beträgt auch der jährliche Fideikommißzuwachs nicht über 150 Mk., so tritt doch StPflicht ein, weil die Beträge der jährlichen Zuwendungen zusammenzurechnen sind. KG. 4. 5. 06.

8. a) Das dem Fideikommiß zugeschlagene Haus ist zwar Bestandteil des Fideikommisses geworden, doch liegt ein Fideikommiß i. S. der Tarifstelle in Ansehung des Hauses nicht vor, denn nach der Stiftungsurkunde hat der Fideikommißbesitzer freies Veräußerungsrecht über das Haus, und ist er nur insofern gebunden, als er den Erlös nach Abzug der Schulden dem Fideikommiß zuschlagen muß. Fideikommissarisch gebunden ist also nur der künftige Reinerlös. Da dessen Höhe nicht feststeht, kann nach § 8 LStG. der St. endgültig erst nach erfolgter Veräußerung berechnet werden. FM. 16 7. 03 III 9813.

b) Ein Fideikommißbesitzer verwendet Versicherungsgelder zur Wiederherstellung von Gebäuden. Da er diese Gelder dazu nach gesetzlicher Vorschrift verwenden mußte, liegt in der Ausführung der Verwendung keine fideikommiß-stpflichtige Zuwendung. FM. 5. 8. 98 III 11124. Ev. könnte nur der Mehrwert, der dem Gute durch die Versicherungssumme übersteigende Aufwendungen zugeführt wird, zur Berechnung gezogen werden. Der Unterschied würde in der Weise zu ermitteln sein, daß zunächst festgestellt wird, welche Gebäude für die Versicherungssumme hätten errichtet werden können und um wieviel dadurch der Wert des Fideikommisses gegenüber dem Zustand ohne

Noch: Zu Tarifnummer 24.

solche Gebäude erhöht sein würde, und daß alsdann geschätzt wird, um wieviel der Wert des Fideikommisses durch die tatsächlich von dem Fideikommißbesitzer ausgeführten Bauten zur Zeit ihrer Vollendung jenem Zustand gegenüber gestiegen sind. RG. 22. 4. 03. — Vgl. oben A. 7b.

c) Der jedesmalige Fideikommißbesitzer ist zur Aufnahme eines amortisierbaren Darlehns von 100000 Mk. zu Bau- und Meliorationszwecken des Fideikommißguts stiftungsgemäß befugt: Der FideikommißSt. ist nicht fällig, weil diesem nur diejenigen beurkundeten Rechtsgeschäfte unterworfen sind, vermöge deren ein Gegenstand des allodialen Vermögens dem freien Verkehr entzogen und zum Gegenstande einer Fideikommißstiftung bestimmt wird; vorliegend handele es sich aber nur um die Beurkundung eines Pfandbriefdarlehns, und die gewährten Pfandbriefe hätten nicht die Bestimmung, dauernde Bestandteile des Fideikommisses zu werden, sondern sollten als Allodialvermögen des Besitzers zum Besten des Fideikommisses verbraucht werden. RG. 16. 6. 99, JW. S. 548.

d) Das zum Zweck der Melioration sowie behufs Vornahme von Reparaturen und Bewirkung von Ausstattungen, also für Zwecke, die das Fideikommißvermögen nicht vermehren, aufgenommene Darlehn von 120000 Mk. ist nur insoweit dem FideikommißSt. unterworfen, als dem Fideikommißvermögen ein Mehrwert zugefügt ist Daß das Fideikommiß mit einer Schuld belastet ist, steht der StPflicht nicht entgegen. JM. 25. 10. 98, FM. 1. 11. 98 III 15006.

9. Vgl. insbesondere die Gesetze betreffend die erleichterte Umwandlung von Lehen in Fideikommisse v. 10. 6. 56, 4. 3. 67, 23. 7. 75, 19. 6. 76.

10. a) Ist das mit den Schulden belastete Vermögen der Stiftung gewidmet, so findet ein Abzug nicht statt; ist aber bei Errichtung einer Stiftung durch letztwillige Verfügung nach dem erkennbaren Willen des Stifters nur der reine Nachlaß der Stiftung gewidmet, sind also die Nachlaßschulden vorweg zu berichtigen, so sind sie bei der StBerechnung vom Werte des Nachlasses in Abzug zu bringen. Der Wille des Stifters ist aus der Stiftungsurkunde, bei Errichtung der Stiftung durch letztwillige Verfügung aus dieser zu entnehmen. In dem zur Entscheidung stehenden Falle hatte Frau A. testamentarisch dem Frl. B. eine lebenslängliche sicherzustellende Rente und an dem übrigen Vermögen ihrem Bruder den lebenslänglichen Nießbrauch zugewendet und sodann weiter gesagt: „dies vorausgeschickt bestimme ich mein Vermögen zu einer Familienstiftung". Das KG. hat in dem Beschluß v. 1. 12. 02 (Joh. Bd. 25 S. B 42) entschieden, daß die Rente als Schuld zu behandeln, die auf dem der Stiftung zugefallenen Nachlaß ruhe, daß also das Stiftungsvermögen nicht um den Kapitalwert der darauf haftenden Rente gekürzt werden darf. Auch aus dem Gesichtspunkt einer etwaigen Doppelbesteuerung sei ein Abzug nicht zu rechtfertigen, weil das Stiftungsvermögen ohne Rücksicht auf etwaige Erbschaftssteuer zu verstempeln sei. Das Nießbrauchsrecht dagegen sei als ein den Wert der belasteten Sache mindernder Umstand bei der Wertermittelung zum Zwecke der StBerechnung zu berücksichtigen, und zwar auch in den Fällen, in denen ein Abzug der Schulden gesetzlich ausgeschlossen ist. Die Sache wurde an das Amtsgericht zurückverwiesen, um den Wert des dem Nießbrauch unterworfenen

Lfd. Nr.	Gegenstand der Besteuerung	Steuersatz v. H.	Mk.	Pf	Berechnung der Stempelabgabe
25.	**Gesellschaftsverträge,** wenn sie betreffen:				
	a) (1) die Errichtung				
	1. von Aktiengesellschaften[1] oder Kommanditgesellschaften auf Aktien[2] sowie die Erhöhung[6] des Grundkapitals[3] solcher Gesellschaften in der Form von Verträgen oder Beschlüssen, wenn das Grundkapital beträgt				
	nicht mehr als 5000000 Mark . . .	1	—	—	des Grundkapitals oder des Betrages der Erhöhung dieses Kapitals;
	mehr als 5000000 Mark, aber nicht mehr als 10000000 Mark	$1\frac{1}{4}$	—	—	
	mehr als 10000000 Mark	$1\frac{1}{2}$	—	—	
	2. von Gesellschaften mit beschränkter Haftung[4] sowie die bei solchen Gesellschaften erfolgende Erhöhung[6] des Stammkapitals[5] und Einforderung von Nachschüssen in der Form von Verträgen oder Beschlüssen, wenn das Stammkapital beträgt				des Stammkapitals oder des Betrages der Erhöhung dieses Kapitals oder des Betrages der eingeforderten Nachschüsse. Bei Erhöhungen des Stammkapitals berechnet sich die Abgabe nach demjenigen Steuersatze, welcher dem Betrage des Stammkapitals unter Hinzurechnung des Betrages der Erhöhung entspricht[12]
	nicht mehr als 100000 Mark	$\frac{1}{4}$	—	—	
	mehr als 100000 Mark, aber nicht mehr als 300000 Mark	$\frac{1}{2}$	—	—	
	mehr als 300000 Mark, aber nicht mehr als 500000 Mark	1	—	—	
	mehr als 500000 Mark	$1\frac{1}{2}$	—	—	
	(2)[7] Wenn aus der Zusammenrechnung des Grund- oder Stammkapitals und der Beträge späterer Erhöhungen sich höhere Steuersätze als die früher in Anwendung gebrachten ergeben, so sind die nach dieser Berechnung entstehenden Mehrbeträge der Stempelabgabe nachzuentrichten.[8] Die hiernach nachzuzahlenden Stempel sind zu dem				

Noch: Zu Tarifnummer 24.

Vermögens und den Betrag zu ermitteln, um den sich infolge des Nießbrauchs dieser Wert verminderte, wobei die Vorschriften des § 6 Abs. 8 u. 10 LStG. entsprechend anzuwenden sind

b) Im Fall der Umwandlung eines Lehngutes in ein Fideikommiß sind für Berechnung des St. die Vorschriften des Regulativs v. 3. 10. 68 maßgebend. FM. 14. 4. 98 u. 18. 4. 98 III 5487.

c) Für die Bewertung des Fideikommißvermögens ist weder AGO. § 13 II 6, noch die landwirtschaftliche Taxe maßgebend RG. 2 1. 00, JW. S. 142

Lfd. Nr	Gegenstand der Besteuerung	Steuersatz v H	Mk	Pf.	Berechnung der Stempelabgabe
(25.)	die Pflicht zur Nachentrichtung begründenden Vertrag oder Beschlusse zu verwenden.[12] Die vor dem Inkrafttreten dieses Gesetzes beurkundeten Verträge oder Beschlüsse bleiben von dieser Vorschrift unberührt. (3) Wird das Kapital oder der Betrag der Nachschüsse nicht sofort voll eingezahlt,[9] so ist der Wertstempel von der jedesmaligen Teilzahlung zu entrichten.[6] Allg.V. § 11 C. AB. 23 Abs. 3; 62; Beil. 3 § 5. (4) Ermäßigung. Gesellschaften, die satzungsmäßig ausschließlich gemeinnützigen[10] Zwecken dienen und deren Satzung die an die Gesellschafter zu verteilende Dividende auf höchstens vier vom Hundert ihrer Anteile beschränkt, auch den Gesellschaftern bei der Auflösung der Gesellschaft nicht mehr als den Nennwert ihrer Anteile zusichert, den etwaigen Rest des Gesellschaftsvermögens aber für gemeinnützige Zwecke bestimmt	2/10	—	—	des Grund- oder Stammkapitals oder des Betrages der Erhöhung dieses Kapitals oder des Betrages der eingeforderten Nachschüsse.
	(5) Anmerkung Die vorstehenden Bestimmungen finden entsprechende Anwendung auf im Auslande geschlossene Gesellschaftsverträge, welche die Errichtung gleicher oder ähnlicher Gesellschaften zum Gegenstande haben, sofern die Gesellschaften ihren Sitz im Inlande nehmen oder im Inland eine Zweigniederlassung errichten. Dasselbe gilt bei Erhöhungen des Grund- oder Stammkapitals. Im Falle der Errichtung einer Zweigniederlassung berechnet sich der Stempel nach dem Werte[11] des Anlage- und Betriebskapitals der inländischen Zweigniederlassung. Im Falle der Erhöhung des Grund- oder Stammkapitals berechnet sich der Stempel nach demjenigen Betrage, der zu dem Betrage der Erhöhung des Kapitals in demselben Verhältnisse steht wie der Wert des inländischen Anlage- und Betriebskapitals zu dem Werte des gesamten Anlage- und Betriebskapitals. Der Stempel wird nur er-				

Lfd. Nr.	Gegenstand der Besteuerung	Steuersatz v. H.	Mk.	Pf.	Berechnung der Stempelabgabe
(25.)	hoben, wenn die Eintragung in das Handelsregister erfolgt ist; auf die Einziehung des Stempels finden die Vorschriften des § 30 des Preußischen Gerichtskostengesetzes*) Anwendung. Allg.V. § 2 Ziff. 1g, § 22 Ziff. 3. AB. 62 Abs. 3.				
	b) (1) die Errichtung				
	1. von offenen Handelsgesellschaften,[13] Kommanditgesellschaften und Kolonialgesellschaften, von Gesellschaften des bürgerlichen Rechtes, sofern diese Gesellschaften Erwerbszwecke verfolgen, und von Genossenschaften, deren Geschäftsbetrieb über den Kreis ihrer Mitglieder hinausgeht	1/20	—	—	des Wertes der das Gesellschaftsvermögen bildenden Einlagen abzüglich der auf ihnen ruhenden Schulden,
	mindestens aber	—	20	—	
	Gesellschaften des bürgerlichen Rechtes, welche lediglich vorübergehende Zwecke verfolgen (Gelegenheitsgesellschaften) . . .	—	10	—	
	2. von Gesellschaften des bürgerlichen Rechtes, welche andere als Erwerbszwecke ver-				

*) Der § 30 des PrGKG v. 25. 7. 10 lautet:

§ 30. Eine Verwendung von Stempelmaterial findet bei den Gerichten nicht statt Wenn Stempelabgaben neben den Gebuhren zu erheben sind, werden sie nach den fur Gerichtsgebuhren geltenden Vorschriften eingezogen und auch sonst als Gerichtsgebuhren behandelt Die Vorschriften der §§ 1, 2, 7 Abs. 1, 8, 12, 13, 16 Abs. 2, 19 Abs. 2 bis 23, 25 bis 28 bleiben jedoch hinsichtlich der Stempelabgaben außer Anwendung. Über Beschwerden, welche die Festsetzung des fur die Stempelberechnung maßgebenden Wertes oder den Ansatz von Stempelbeträgen betreffen, wird im Aufsichtsweg entschieden Der Justizminister kann den Ansatz dieser Beträge in allen Fällen von Amts wegen berichtigen Die Vorschriften uber die Zulässigkeit des Rechtswegs werden durch die vorstehenden Bestimmungen nicht beruhrt. Bezüglich des Verfahrens bei der Beanstandung der im Falle einer Auflassung gemachten Wertangabe behält es bei den stempelgesetzlichen Vorschriften sein Bewenden. Soweit die Zollverwaltung nach stempelgesetzlichen Vorschriften befugt ist, die Ruckerstattung von Stempelabgaben oder die Abstandnahme von der Einziehung derselben anzuordnen, steht diese Befugnis hinsichtlich der als Gerichtskosten zu erhebenden Stempelbeträge der Justizverwaltung zu.

Auf die nach stempelgesetzlichen Vorschriften zu stundenden Stempelbeträge finden die Bestimmungen des ersten Absatzes keine Anwendung. Diese Beträge werden durch die Behorden der Verwaltung der indirekten Steuern eingezogen.

Lfd. Nr.	Gegenstand der Besteuerung	Steuersatz v H	Mk.	Pf.	Berechnung der Stempelabgabe
(25.)	folgen, und von Genossenschaften, deren Geschäftsbetrieb nicht über den Kreis ihrer Mitglieder hinausgeht	—	5	—	
	Allg.V. § 2 Ziff. 1h. (2) Anmerkung. 1. Den unter Ziffer 1 und 2 aufgeführten Verträgen steht die erstmalige Feststellung der Satzung (des Statutes) gleich. 2. Verträge über den Eintritt neuer Gesellschafter oder über die Erhöhung der Einlagen stehen den Verträgen über die Errichtung der Gesellschaften gleich.[14] Der Stempel beträgt	$^1/_{20}$	—	—	des vorbezeichneten Wertes der Einlage des neuen Gesellschafters oder des Wertes, um den die Einlage erhöht wird, abzüglich der darauf der Einlage ruhenden Schulden,
	mindestens aber	—	10	—	
	3. Die Anmerkung zum Buchstaben a findet entsprechende Anwendung.[15] AB. 62 Abs. 3. Allg.V. § 2 Ziff. 1g. c) (1) Das Einbringen[16] von nicht in Geld bestehendem Vermögen in eine Gesellschaft der unter a bezeichneten Art bei ihrer Errichtung oder in eine bereits bestehende Gesellschaft dieser Art, insoweit zu dem eingebrachten Vermögen gehören 1. Im Inlande gelegene unbewegliche[17] Sachen oder ihnen gleichgeachtete Rechte, 2.[18] Patentrechte, Gebrauchsmusterrechte und sonstige gewerbliche Schutzrechte sowie Urheberrechte aller Art, 3. Rechte aus Veräußerungsgeschäften der im Abs. 6 der Tarifstelle 32 bezeichneten Art über im Inlande gelegene unbewegliche Sachen oder ihnen gleichgeachtete Rechte,[19] 4. Rechte auf Auflassung von im Inlande gelegenen unbeweglichen Sachen oder ihnen gleichgeachteten Rechten[19]	1	—	—	des Entgelts, einschließlich der auf der Einlage ruhenden, auf die Gesellschaft übergehenden Passiva und des Wertes aller sonstigen ausbedungenen Leistungen und vorbehaltenen Nutzungen, oder, wenn das Entgelt aus dem Vertrage nicht hervorgeht, des Wertes des eingebrachten Vermögens;
	insoweit zu dem eingebrachten Vermögen außerhalb Landes gelegene unbewegliche Sachen und ebendaselbst befindliche bewegliche Sachen,[20] welche Zubehör der ersteren sind, gehören	—	3	—	

Lfd. Nr.	Gegenstand der Besteuerung	Steuersatz v H	Mk	Pf	Berechnung der Stempelabgabe
(25.)	insoweit das eingebrachte Vermögen aus sonstigen beweglichen Vermögensgegenständen besteht	1/3	—	—	des Entgelts, einschließlich des Wertes der ausbedungenen Leistungen und vorbehaltenen Nutzungen, oder, wenn das Entgelt nicht aus dem Vertrage hervorgeht, des Wertes des eingebrachten Vermögens;
	insoweit das eingebrachte Vermögen aus anderen als den vorher bezeichneten Forderungsrechten[21–24] besteht	1/20	—	—	des Wertes der Forderungen.
	(2)[25] Befreit ist das Einbringen von Nachlaßgegenständen in eine ausschließlich von den Teilnehmern an einer Erbschaft gebildete Gesellschaft mit beschränkter Haftung.[26] Zu den Teilnehmern einer Erbschaft wird auch der überlebende Ehegatte gerechnet, welcher mit den Erben des verstorbenen Ehegatten gütergemeinschaftliches Vermögen zu teilen hat.				
	d) Die Überlassung 1.[27–29] (1) der Rechte an dem Gesellschaftsvermögen seitens eines Gesellschafters oder dessen Erben an einen anderen Gesellschafter, die Gesellschaft oder einen Dritten	2/10	—	—	des Wertes der Gegenleistung oder, wenn eine solche in der Urkunde nicht enthalten ist, des Wertes der überlassenen Rechte;
	der Rechte an dem Gesellschaftsvermögen der unter b bezeichneten Gesellschaften	1/20	—	—	wie vor;
	(2) Befreit sind Verträge über Überlassung von Rechten an dem Gesellschaftsvermögen an Personen, welche nach den Vorschriften des Gesetzes, betreffend die Erbschaftssteuer, vom 30 Mai 1873*) / 19 Mai 1891 von				

*) Die betreffenden Bestimmungen lauten:

Von der Erbschaftssteuer befreit ist

2. jeder Anfall, welcher gelangt an

a) Aszendenten,

Lfd. Nr.	Gegenstand der Besteuerung	Steuersatz v. H.	Mk	Pf.	Berechnung der Stempelabgabe
(25.)	der Zahlung der Erbschaftssteuer befreit sind;				des Entgelts, einschließlich des Wertes der ausbedungenen Leistungen und vorbehaltenen Nutzungen, oder, wenn das Entgelt nicht aus dem Vertrage hervorgeht, des Wertes der überlassenen Rechte;[29a]
	2. (1) von Sachen oder Rechten seitens der Gesellschaft zum Sondereigentum an einen Gesellschafter oder dessen Erben,				
	insoweit zu dem überlassenen Gesellschaftsvermögen unbewegliche im Inlande gelegene Sachen oder ihnen gleichgeachtete Rechte oder Rechte der unter Buchstabe c Abs. 1 Ziffer 2 bis 4 bezeichneten Art gehören	1	—	—	
	insoweit zu dem überlassenen Gesellschaftsvermögen außerhalb Landes gelegene unbewegliche Sachen und ebendaselbst befindliche bewegliche Sachen, welche Zubehör der ersteren sind, oder den unbeweglichen Sachen gleichgeachtete Rechte gehören	—	3	—	
	insoweit das überlassene Gesellschaftsvermögen aus beweglichen Vermögensgegenständen besteht	$^1/_3$	—	—	wie vor;
	insoweit das überlassene Gesellschaftsvermögen aus anderen als den vorher bezeichneten Forderungsrechten besteht . .	$^1/_{20}$	—	—	des Wertes der Forderungen.
	AB. 62 Abs. 4 u. 5.				

b) Deszendenten, sofern dieselben aus gultigen Ehen abstammen oder legitimirt sind Auch uneheliche Kinder haben von dem Nachlasse ihrer Mutter oder deren Aszendenten keine Erbschaftssteuer zu entrichten,

c) Ehegatten,

d) Personen, welche dem Hausstande des Erblassers angehort und in demselben in einem Dienstverhältniß gestanden haben, sofern der Anfall den Betrag von neunhundert Mark nicht ubersteigt Bei einem höheren Betrage ist die von dem ganzen Betrage zu berechnende Steuer nur soweit zu entrichten, als dieselbe aus dem die Summe von neunhundert Mark übersteigenden Betrage entnommen werden kann,

k) insoweit noch außerdem nach den bestehenden Bestimmungen subjektive Befreiungen vom Erbschaftsstempel, beziehungsweise von der Erbschaftsabgabe bestehen, welche nach den Landesgesetzen nur gegen Entschädigung aufgehoben werden konnen, oder auf besonderem landesherrlich verliehenen Privilegium beruhen, finden dieselben gleichmäßig auch auf die fernerhin zu entrichtende Erbschaftssteuer Anwendung.

Lfd. Nr.	Gegenstand der Besteuerung	Steuersatz v H	Mk.	Pf	Berechnung der Stempelabgabe
(25.)	(2) Bei Berechnung des Stempels bleibt derjenige Teil der zum Sondereigentum überlassenen Vermögensgegenstände außer Betracht, welcher auf den erwerbenden Gesellschafter nach der Kopfzahl[30] bei Gesellschafter entfällt.				
	(3) Befreit ist die Rückgewähr der von einem Gesellschafter eingebrachten unbeweglichen Sachen oder ihnen gleichgeachteten Rechte oder Rechte der unter Buchstaben c Abs. 1 Ziffer 2 bis 4 bezeichneten Art oder sonstigen beweglichen Vermögensgegenstände an diesen Gesellschafter oder dessen Erben oder dessen Ehefrau, welche mit ihm in Gütergemeinschaft gestanden hat.[31]				
	e) (1)[32, 33] die erstmalige Feststellung der Satzung (des Statutes)				
	1. einer Gewerkschaft	—	500	—	
	Bei Gewerkschaften mit geringerem Vermögen oder, wenn sonstige Gründe die Anwendung eines geringeren Steuersatzes rechtfertigen, kann der Stempel bis auf	—	100	—	
	ermäßigt werden; AB 63.				
	2. anderer als der unter Buchstaben b aufgeführten Gesellschaften, ferner der Körperschaften, Stiftungen, Vereine und Anstalten, soweit nicht nach den Bestimmungen dieser Tarifstelle ein höherer Stempel zu verwenden ist	—	5	—	
	(2) Befreit sind Kranken-, Unfall-, Alters- und Invaliditäts-Versicherungs- und Unterstützungskassen, denen die Versicherungsnehmer auf Grund gesetzlicher Bestimmungen beizutreten verpflichtet sind, und eingetragene Genossenschaften, welche die Gewinnverteilung ausgeschlossen haben. AB. 63. Allg.V. § 2 Ziff. 1 h.				

Zu Tarifnummer 25.

1. Vgl. HGB. §§ 178 ff., 200, 259.
2. Vgl. HGB. §§ 320 ff.

Noch: Zu Tarifnummer 25.

3. Vgl. HGB. § 278.

4. Vgl. §§ 1ff. Ges. 20. 4. 92/20. 5. 98.

5. Vgl. § 53 Ges. 20. 4. 92/20. 5. 98.

6. Wenn die Errichtung des Gesellschaftsvertrages, sowie die Beurkundung über Kapitalserhöhungen und die Einforderung von Nachschüssen vor dem 1. Juli 1909 stattgefunden hat, die Teilzahlungen aber erst nach dem 30. Juni 1909 geleistet wurden, so ist für die Berechnung des WertSt. des Abs. 3 des neuen Gesetzes anzuwenden. FM. 15. 6. 10 III 11428.

7. Der Abs. 2 der jetzigen Tarifstelle fällt weg, weil Gesellschaften, deren Zwecke nicht auf den Gewinn der Teilnehmer gerichtet sind, unter den weiteren Begriff der gemeinnützigen Gesellschaften fallen, für die ein Satz von $^2/_{10}$ v. H. vorgesehen ist. Begr. S. 8 (09).

8. Nach den gegenwärtigen Bestimmungen tritt bei Gesellschaften m. b. H. für das ursprüngliche Stammkapital eine Nachversteuerung nicht ein, auch wenn infolge späterer Kapitalserhöhungen auf das Gesamtkapital ein höherer Steuersatz an sich Anwendung finden würde. Wenn also beispielsweise das Stammkapital von 100000 Mk. sich später um 100000 Mk., also auf 200000 Mk. erhöht, so unterliegt nur die Erhöhung von 100000 Mk. dem Steuersatz von $^1/_{10}$ v. H., während es bezüglich des Stammkapitals von 100000 Mk. bei dem gezahlten Stempel von $^1/_{50}$ v. H. bewendet. Diese Berechnungsart ermöglicht Umgehungen der höheren Steuersätze, indem zur Erlangung des Steuersatzes von $^1/_{50}$ v. H. die Gesellschaften zunächst mit einem Kapital von nicht mehr als 100000 Mk. errichtet und später Erhöhungen vorgenommen werden. Es sind deshalb zur Verhütung solcher StErsparungen im Entwurf Nachversteuerungen vorgeschrieben, wenn spätere Kapitalserhöhungen die Anwendung höherer Steuersätze bedingen. Begr. S. 8 (09).

9. Vgl. § 195 Abs. 3 HGB., § 7 Abs. 2 Ges. 20. 4. 92/20. 5 98.

10. Über den Begriff der gemeinnützigen Gesellschaften hat sich in der Judikatur und auch in der Verwaltungspraxis die Ansicht herausgebildet, daß darunter solche Gesellschaften zu verstehen seien, deren Betriebe nicht ausschließlich privaten Zwecken dienen. Darunter würden fallen: Anstalten, die zum Gegenstand haben Sekundärbahnen, Kleinbahnen, Kanäle, auch Badeanstalten usw. Die Regierung hat geglaubt, alle diese gemeinnützigen Unternehmungen in so weiter Ausdehnung nicht freilassen zu können, weil das zu einem erheblichen Ausfall führen würde. Deshalb ist der Begriff der gemeinnützigen Gesellschaften analog der Bestimmung des § 5g des St.-gesetzes eingeschränkt auf diejenigen, deren Dividende 4% nicht übersteigen dürfe und deren Gesellschafter bei Auflösung des Unternehmens nicht mehr als den Nennwert zugesichert bekommen, während der Rest des Gesellschaftsvermögens für gemeinnützige Zwecke bestimmt wird. KB. S. 20 (09).

11. Es wurde auf die großen Schwierigkeiten hingewiesen, welche die Feststellung der für die Zweigniederlassungen ausgeschiedenen Vermögenswerte in sich schließe, da diesen Niederlassungen selbständige Betriebskapitalien nicht zur Verfügung gestellt würden. Regierungsseitig wurde erwidert, daß die allgemeinen Grundsätze der §§ 6ff. über Wertermittlungen auch zur Feststellung des Wertes der Zweigniederlassungen voraussichtlich ausreichen würden. SubKB. S. 3 (09).

Noch: Zu Tarifnummer 25.

12. Hinsichtlich der Erhöhung des Grundkapitals von Aktiengesellschaften ist eine gleiche Bestimmung in Abs. 1 Ziff. 1 Sp. 5 nicht wie bei Ziff. 2 im Satz 2 der Sp 5 enthalten; es darf indessen aus dem Fehlen einer solchen Bestimmung nicht gefolgert werden, daß für die Versteuerung der Erhöhung des Grundkapitals von Aktiengesellschaften andere Grundsätze zur Anwendung kommen sollen, als bei der Erhöhung des Stammkapitals von Gesellschaften m. b. H. Daß der Gesetzgeber beide Arten von Gesellschaften bezüglich der Besteuerung späterer Erhöhungen hat gleichstellen wollen, ergibt sich aus dem zweiten Abs. der Tarifstelle 25a, der für Aktiengesellschaften und für Gesellschaften m b. H. gleiche Bestimmung trifft. Würde man daher bei der Versteuerung von Erhöhungen des Grundkapitals von Aktiengesellschaften den Betrag der Erhöhungen dem Grundkapital nicht hinzurechnen, so würde dies zu dem Ergebnis führen, daß das Grundkapital infolge der Nachversteuerung mit einer höheren Steuer belastet würde, als die spätere Erhöhung dieses Kapitals. Ein solches Ergebnis würde den Absichten des Gesetzgebers zuwiderlaufen, der die größeren und großen Aktiengesellschaften als ganz besonders starke und leistungsfähige Korporationen zu größeren Lasten hat heranziehen wollen. Daß die Staatsregierung auf dem gleichen Standpunkte gestanden hat, geht aus der von ihr der Kommission des Abg.-Hauses vorgelegten Schätzung des Steueraufkommens hervor. Wenn es unterlassen worden ist, in die Tarifstelle für Aktiengesellschaften eine gleiche Bestimmung wie für Gesellschaften m. b. H. aufzunehmen, so erklärt sich dies daraus, daß hierzu anfänglich ein Anlaß nicht vorhanden war, weil die Regierungsvorlage nur den einheitlichen Satz von 1 v. H. enthielt und die Staffelsätze erst von der Kommission des Abg.-Hauses hinzugefügt worden sind. Bei der Beratung in der Kommission und bei den späteren Verhandlungen ist man auf die Frage der Berechnung der Abgabe und die anzuwendenden Steuersätze dann nicht weiter eingegangen, weil anscheinend stillschweigendes Einverständnis darüber bestanden hat, daß bei den Worten der Tarifstelle 25a Ziff. 1 Sp. 2: „wenn das Grundkapital beträgt" unter Grundkapital bei Erhöhungen nicht das bisherige Grundkapital, sondern das bisherige Grundkapital unter Hinzurechnung des Betrages der Erhöhung zu verstehen ist FM. 15. 6. 10 III 11428.

13 Unter den „Gesellschaftsverträgen" sind, soweit offene Handelsgesellschaften in Frage kommen, solche Verträge zu verstehen, welche das „Gesellschaftsverhältnis" betreffen, d. h die Errichtung, das Einbringen, Erhöhung der Einlage, Eintritt neuer Sozien, Ausscheiden einzelner Sozien bei Fortbestehen der Gesellschaft und Regelung des Verhältnisses der Sozien untereinander bei Auflösung der Gesellschaft. RG. 17. 11. 99, Entsch. Bd. 45 S. 222, ZBl. 00 S. 101

14. Nachdem Einverständnis erzielt war, hob der Vorsitzende hervor, daß unter Buchst. b Abs. 2 Anm. Ziff. 2 nicht der Fall gemeint sei, wenn jemand durch Abtretung eines Gesellschaftsanteiles neuer Gesellschafter werde.

Die Vertreter der Staatsregierung erklären, daß diese Auffassung zutreffend sei und daß der Fall, wenn ein neuer Gesellschafter im Wege der Abtretung von Rechten am Gesellschaftsvermögen in die Gesellschaft eintrete, von den unter Buchst. d Ziffer 1 Abs. 1 vorgesehenen WertSt. getroffen werde. Begr. S. 10, 11 (09).

Noch: Zu Tarifnummer 25.

15. Vgl. §§ 105, 130, 161, 173 HGB.

16. Vgl. §§ 186 Abs. 2, 320 Abs. 3, 322 HGB, § 7 Abs. 2 Ges. 20. 4. 92/20. 5. 98.

17. Die Frage, ob bestimmte Gegenstände bewegliche oder unbewegliche Sachen sind, muß, da das LStG. hierüber eine Begriffsbestimmung nicht gibt, nach dem in Betracht kommenden Zivilrecht entschieden werden Hierbei ist gleichzeitig bemerkt, daß mit dem Ausdruck „unbewegliche Sache" die Tarifstelle nicht etwa einen für den gesamten Geltungsbereich des Gesetzes maßgebenden Begriff verbinde, indem sie denselben dem für den größten Teil des Staatsgebietes geltenden Allgemeinen Landrecht entnehme. RG. 25. 10. 01, JW. S. 862.

18. a) Beim Vergleich mit der Regierungsvorlage ergibt sich, daß nur die Position 2 neu eingefügt ist, welche die sogenannten immateriellen Rechte betreffe. In der Subkommission hat man erörtert, wie man sie begrifflich bestimmen könne, ist aber dahin übereingekommen, von einer Definition abzusehen und nur die am häufigsten vorkommenden Rechte aufzuführen. KB. S. 26 (09).

b) Es wurde noch hervorgehoben, daß für die Versteuerung der bei der Einbringung deklarierte Wert maßgebend sei, der Zollverwaltung aber das Recht der Nachprüfung dieses Wertes zustehe. Der Ansicht eines Mitgliedes, daß ausländische Patent- und Schutzrechte wie ausländische Grundstücke versteuert werden müßten, wurde entgegengetreten. Sub-KB. S. 9 (09)

c) Zu den sachenartigen, dauernden Rechten gehört auch ebenso wie das Patentrecht und das Recht auf ausschließliche Benutzung und Verwertung eines noch zu erteilenden Patents das durch eine Mutung erworbene Recht. Es ist das dingliche, absolute, Dritte ausschließende Recht, die Verleihung des Bergwerkseigentums verlangen zu dürfen. RG. 8. 2. 10, Entsch. Bd. 73 S. 121.

19. Bei dem Einbringen von Grundstücken in zu errichtende Gesellschaften kommen ähnlich, wie bei Grundstücksveräußerungen der Tarifstelle 32, StErsparungen vor. — Gesellschafter, die auf den Erwerb eines Grundstückes, das sie in die Gesellschaft einzubringen beabsichtigen, durch vertragsmäßige Vereinbarungen mit dem Veräußerer bereits Rechte erlangt haben, lassen sich das Grundstück durch Auflassung nicht übertragen, sondern bringen statt seiner die auf dasselbe erworbenen Rechte oder das Recht auf Auflassung des Grundstücks in die neue Gesellschaft ein, wofür an Stelle des einprozentigen St. nur der AbtretungsSt. zu zahlen ist. Entsprechend den Bestimmungen des Abs. 6 der Tarifstelle 32 des Entwurfs sollen solche Einbringungen von Rechten steuerlich dem Einbringen der Grundstücke gleichgestellt werden. Begr. S. 8 (09).

20. Wegen des Einbringens von beweglichen im StAuslande befindlichen Sachen wird auf die Begründung des ersten Absatzes der Tarifstelle 32 Bezug genommen. Begr. S. 8 (09). — Vgl. A. 16a bei Tarif 32.

21. Für das Einbringen von Forderungsrechten wird, entsprechend der Erhöhung des St. für Abtretungen, der jetzige Satz von $^1/_{50}$ v. H. auf $^1/_{20}$ v. H. zu erhöhen sein. Begr. S. 8 (09).

22. a) Handelt es sich nicht um eine reine Einbringung, d. h. um Übereignung gegen Gewährung lediglich von Gesellschaftsrechten, sondern um ein mit der sog. Übernahme (Hingabe von Vermögenswerten gegen ein anderes Entgelt) gemischtes Geschäft, so ist das ganze Geschäft einheitlich lediglich

Noch: Zu Tarifnummer 25.

nach Tarifstelle 25c, nicht aber daneben zum Teil auch noch nach Tarif 32 zu versteuern. RG. 8. 2. 10, ZBl. S. 227, Entsch. Bd. 73 S. 121.

b) Bei Gründung der Gesellschaft A. m. b. H. hat sich die Gesellschaft B. mit einer Stammeinlage von 1625000 Mk. beteiligt: sie bringt das Grundstück X. zum Werte von 2020000 Mk. ein; die darauf lastende Hypothek von 1200000 Mk. geht auf die neu gegründete Gesellschaft über, welche diese Hypothek als Selbstschuldnerin übernimmt; der Mehrwert von 820000 Mk. soll auf den Stammanteil der Gesellschaft B. verrechnet werden.

Neben dem ErrichtungsSt nach Tarif 25 lit. a wurde auch der KaufSt. nach Tarifstelle 32 mit 12000 Mk auf Grund der Ansicht verlangt, daß, soweit die Hypothek übernommen sei, ein Kaufvertrag vorliege Das RG. hat im Urteil v 6. 5. 02 (Entsch. Bd. 51 S. 391) unter Hinweis auf sein Urteil v 30. 4. 02 (Entsch. Bd. 51 S. 386) entschieden, daß die handelsrechtliche Unterscheidung zwischen Sacheinlage und Übernahme in den Fällen, in welchen es sich um ein handelsrechtlich aus Sacheinlage und Übernahme gemischtes Geschäft handele, nach dem jetzigen StGesetz steuerlich nicht festgehalten werden kann. Die Veränderung gegen das frühere Recht besteht nicht nur darin, daß die bisher stfreie Sacheinlage jetzt mit einem St belegt ist, sondern auch darin, daß die in einem solchen Zusammenhang stehende Übernahme dem KaufSt. entzogen und statt dessen dem EinbringungsSt. der Tarifstelle 25c unterworfen ist. Die frühere Ansicht, daß der Begriff des „Einbringens“ i S. der Tarifstelle 25c sich mit dem der „Einlage“ i. S. des § 186 HGB. decke und auf diesen beschränke, läßt sich gegenüber dem Inhalt der Spalte Berechnung der Tarifstelle 25c nicht mehr aufrechterhalten.

c) Ein Vertrag, durch welchen die beiden Inhaber einer offenen Handelsgesellschaft ein ihnen zu ideellen Anteilen gehöriges Grundstück zum Werte von 200000 Mk. in die Gesellschaft einbringen, die Gesellschaft dagegen die eingetragenen Hypothekenschulden mit 191000 Mk. übernimmt, ist in Ansehung dieser Gegenleistung nach Tarifstelle 32 zu beurteilen und mit 1% zu versteuern. RG. 20. 3. 08, ZBl S 306, Entsch. Bd. 68 S. 169.

d) Die Aktiengesellschaft A. löst sich zum Zweck der Umwandlung in eine G. m. b. H. auf (§§ 80, 81 Ges. v. 20. 4. 92). Sämtliche Aktionäre gründen sodann die G. m. b. H. In dem Vertrage heißt es: die Stammeinlagen sind durch Sacheinbringen voll eingezahlt, indem die Gesellschafter die ihrem Aktienbesitz entsprechenden Anteile an dem Vermögen der aufgelösten Gesellschaft, welche wiederum die Höhe der Stammeinlage jedes einzelnen Gesellschafters darstellen, in die Gesellschaft eingebracht haben: Es war der St. nach Tarifstelle 25 lit. c fällig RG. 26. 6. 06, JW. S. 582, ZBl. S. 1395.

e) A. und B., die alleinigen Inhaber einer offenen Handelsgesellschaft, wandeln diese in eine G. m. b. H. um. Das auf 230000 Mk. festgesetzte Stammkapital der neuen Gesellschaft wird dadurch gedeckt, daß jeder der beiden Gesellschafter in die G. m. b. H. seinen bilanzmäßig festgestellten Geschäftsanteil von 115000 Mk. an der offenen Handelsgesellschaft einbringt. Nach der Bilanz wurden eingebracht Immobilien, Mobilien, Wertpapiere, Kassenbestand, Wechsel, Debitoren Für die einzelnen Vermögensteile war nach

Noch: Zu Tarifnummer 25.

Tarif 25c eine gesonderte Verstempelung erforderlich; außerdem war für die Übertragung der Wertpapiere der ReichsSt. der Tarifstelle 4a RStG. fällig, zu dem, insoweit Grundstücke übertragen werden, heute noch der St. aus Tarif 11 RStG. treten würde Der Gegenstand des Einbringens in die G. m. b. H. bilden nicht die Geschäftsanteile der bisherigen Gesellschafter der offenen Handelsgesellschaft, sondern die einzelnen bisher zu dem Vermögen der offenen Handelsgesellschaft gehörigen Vermögensstücke. Eine allgemeine Rechtsnachfolge findet nicht statt, das Vermögen geht vielmehr nur durch Übergabe, Auflassung und Abtretung der einzelnen Vermögensstücke und Rechte auf die neue Gesellschaft über. Die rechtlichen Träger der offenen Handelsgesellschaft, die keine selbständige Rechtsperson darstellt, sind natürliche Personen, nämlich die Gesellschafter, denen das Vermögen der Gesellschaft gemeinschaftlich zur gesamten Hand gehört. RG 26. 4. 10, JW. S. 720.

23. a) Das RGUrteil v. 5. 1. 00 gelangt zu dem Ergebnis, daß der St. der Tarifstelle 25c neben dem ReichsanschaffungsSt. in dem Fall erhoben werden dürfe, daß bei Errichtung einer Aktiengesellschaft ein Gründer sich verpflichtet, als Gegenleistung gegen seine nicht durch Barzahlung zu leistende Einlage Aktien der Gesellschaft zu übernehmen. In dem jetzigen Urteil handelt es sich zwar nicht um die Errichtung einer Gesellschaft und ein Einbringen durch einen Gründer, sondern um die Erhöhung des Aktienkapitals einer bestehenden Gesellschaft unter Ausgabe junger Aktien und um Übernahme dieser Aktien durch einen Dritten. Wie schon mehrfach ausgesprochen, z. B. JW. 98 S. 80 Nr. 47, sind die rechtlichen Vorgänge bei der Ausreichung junger Aktien aus Anlaß einer Kapitalserhöhung nicht anders zu beurteilen, als diejenigen bei der Gründung einer Aktiengesellschaft. Auch im ersteren Falle waltet zwischen der Ausreichung der Aktien und der Sacheinlage kein Gegenseitigkeitsverhältnis ob, die Ausreichung der Aktien und die Sacheinlage bilden nicht rechtlich die beiden Seiten eines entgeltlichen Veräußerungsgeschäfts, sondern sind wirtschaftlich miteinander verknüpft, aber rechtlich selbständige Geschäfte. Der landesgesetzlichen Besteuerung des Einbringungsgeschäfts steht also auch in diesem Falle die Vorschrift des § 24 RStG. nicht entgegen. RG. 1. 2. 07.

b) Die Aktiengesellschaft L. bringt vertraglich in die Akiengesellschaft M. inländische Grundstücke, inländische und ausländische Wertpapiere und sonstige Rechte ein. Als Gegenleistung erhält sie 6 Mille neuer Aktien der Gesellschaft M. Neben dem LandesSt. unterliegt dem ReichsSt. sowohl die Ausreichung der 6000000 Mk. junger Aktien (Tarif 4a Abs. 2) als auch das in der Einbringung der ausländischen Wertpapiere liegende Anschaffungsgeschäft (Tarif 4a Abs. 1). Vgl. RG. 27. 5. 02, Bd. 51 S. 351; ferner 6. 4. 06 VII 356/05 u. RG. 1. 2. 07. An der rechtlichen Beurteilung der Sache wird nichts geändert, wenn sich der Übergang der Wertpapiere im Wege der Fusion mit Verschmelzung gemäß § 306 HGB. vollzieht. RG. 10. 12. 07, JW. S. 85 v. 08 u. 26. 3. 09, JW. S. 329.

c) Die Aktiengesellschaft S. beabsichtigt ihr gegenwärtiges Grundkapital um 9500000 Mk. durch Ausgabe von 9500 Stück Inhaberaktien zu erhöhen. Für den Fall, daß die Generalversammlung diese Kapitalserhöhung beschließt, verpflichtet sich A. gegen Gewährung von 5000 Stück als vollgezahlt geltender Aktien der neuen Emission der Gesellschaft auf das erhöhte

Noch: Zu Tarifnummer 25.

Grundkapital eine Einlage zu machen mit 200 000 £ englischen und 2000 000 Rubel russischen Aktien.

Nach Vereinbarung dieses Vertrages beschloß die Generalversammlung der Aktiengesellschaft S.:

das Grundkapital um 9 500 000 Mk. zu erhöhen,

zu genehmigen, daß A auf das erhöhte Grundkapital gegen Gewährung von 5000 Stück Aktien der neuen Emission eine Einlage mit den obengedachten Aktien mache.

Das RG. hat im Urteil v. 29. 4. 02 (Entsch. Bd. 51 S. 351, ZBl. S. 230) entschieden, daß an St. zu erheben sind:

α) auf Grund Tarifstelle 25a LStG. für die Erhöhung 1900 Mark;

β) auf Grund der Tarifstelle 4a Abs. 2 RStG. für die Ausreichung der 5000 Stück neuen Aktien an den ersten Erwerber 1680 Mk. ReichsSt.;

γ) neben diesem ReichsSt. aus Abs. 2 (für das Ausreichen der Aktien) auch für das Einbringen der ausländischen Aktien auf Grund der Tarifnummer 4a 4 Abs. 1 RStG. der hier vorgesehene ReichsSt., weil es sich um den Erwerb fremder Aktien handele, den eine bestehende Aktiengesellschaft bei Erhöhung ihres Aktienkapitals durch die Einlage der Übernehmer der neuen Aktien mache. Vgl. HSp. S. 688 Note 36.

Ein EinbringungsSt. auf Grund Tarif 25c LStG. ist neben dem St. oben zu γ, weil § 24 RStG. entgegensteht, nicht fällig, da es sich wirtschaftlich und rechtlich um ein und dasselbe zu besteuernde Geschäft handele. — Ebenso RG. 27. 9. 10, FM. 28. 11. 10 III 21617.

24. Falls bei der Auflassung eine Urkunde i. S. der Vorschrift unter c vorgelegt wird, fällt der AuflassungsSt. fort. 8. KS. S. 2.

25. Der Abs. 2 der jetzigen Tarifstelle 25c fällt fort, weil eine Anrechnung des ErrichtungsSt. auf den EinbringungsSt. nicht mehr stattfinden soll. Begr. S. 8 (09).

26. Zur Anwendung dieser Vorschrift genügt nicht, daß die in eine Gesellschaft m. b. H. eingebrachten Gegenstände aus einem Nachlaß oder gütergemeinschaftlichen Vermögen herrühren, dieselben müssen vielmehr noch zur Zeit des Einbringens die Eigenschaft von Nachlaßgegenständen haben. Dagegen erfordert diese Vorschrift nicht, daß sich sämtliche Teilnehmer an einer Erbschaft bzw. Gütergemeinschaft an der Bildung der Gesellschaft beteiligen. Es kann daher die Bildung der Gesellschaft mit der Teilung des Nachlasses oder der Gütergemeinschaftsmasse Hand in Hand gehen. RG. 9. 7. 01, JW. S. 667.

27. Nach dem ersten Absatz der Tarifstelle 25d beträgt die St.-abgabe für die Überlassung der Rechte an dem Gesellschaftsvermögen, also für die Abtretung von Gesellschaftsanteilen nur 1/50 v. H., und da es mit keinen besonderen Schwierigkeiten verknüpft ist, die Veräußerung und Weiterveräußerung von Grundstücken, für die der Steuersatz 1 v. H. beträgt, in die Form der Abtretung von Gesellschaftsanteilen zu kleiden, so erhellt, daß der äußerst geringfügige Satz der Tarifstelle 25d ein bequemes Mittel bietet, die staatliche einprozentige Besitzwechselabgabe zu ersparen. Es ist zu diesem Zweck nur die Bildung einer Gesellschaft erforderlich, z. B. einer Gesellschaft m. b. H. Ist eine solche Gesellschaft einmal errichtet, so bedarf es nur für

Noch: Zu Tarifnummer 25.

den ersten Ankauf des Grundstücks oder für die Einbringung des Grundstücks in die Gesellschaft einer Abgabe von 1 v. H.; alle weiteren WertSt. in dieser Höhe können dadurch vermieden werden, daß nicht die Grundstücke selbst, sondern an ihrer Statt die die Grundstückswerte enthaltenden Geschäftsanteile zum Satze von $^1/_{50}$ v. H. an andere Gesellschafter oder an Dritte abgetreten werden. Auf diese Weise wandern die Anteile ohne eine nennenswerte steuerliche Belastung von Hand zu Hand. Hat schließlich einer der Teilhaber die Anteile aller übrigen im Wege der Abtretung erworben, so kann er sich nunmehr das Geschäft mit allem Vermögen einschließlich der Grundstücke zum Sondervermögen übertragen lassen und auf diese Weise das Alleineigentum an den Grundstücken erwerben. Auch dafür ist keine StAbgabe zu entrichten, wie weiter unten dargelegt ist. Es bleibt daher nur übrig, denjenigen Rechtsakt mit dem St. von 1 v. H. zu erfassen, durch den der im Alleineigentum sämtlicher Geschäftsanteile befindliche Gesellschafter das grundbuchmäßige Eigentum an den bisherigen Gesellschaftsgrundstücken erwirbt. Dieser Rechtsakt ist nach der gegenwärtigen Gesetzeslage steuerfrei, weil nach der Annahme der Rechtsprechung durch ihn nicht ein Eigentumswechsel herbeigeführt, sondern nur das Recht verwirklicht wird, das dem Gesellschafter auf das gesamte Gesellschaftsvermögen infolge der Vereinigung der sämtlichen Geschäftsanteile in seiner Hand bereits vor der Umschreibung im Grundbuch zugestanden hat. Um die vorhandene Gesetzeslücke zu schließen, ist dem ersten Absatz der Tarifstelle 8 des Entwurfs eine Bestimmung eingefügt worden, wonach Anträge auf Umschreibung von Gesellschaftseigentum auf den Namen eines Gesellschafters dem einprozentigen WertSt. auch dann unterliegen, wenn nach den Vorschriften des bürgerlichen Rechts eine Auflassung nicht erforderlich ist. Zur Verhütung der Umgehung des AuflassungsSt. durch Vorlegung von Verträgen, in denen gemäß der Tarifstelle 25 d Gesellschaftsrechte abgetreten werden, ist im Abs. 4 der Tarifstelle 8 bestimmt, daß solche Verträge als das Veräußerungsgeschäft enthaltende Urkunden i. S. des Abs. 3 der Tarifstelle 8 nicht anzusehen sind. Zur Vermeidung von Doppelbesteuerungen soll aber der zu diesen Verträgen erforderliche WertSt. von 1 v. H. auf den AuflassungsSt. in Anrechnung kommen. Begr. S. 8, 9 (09).

28. Zu Zweifeln gab noch die Bestimmung des Buchstaben d Ziffer 1 Abs. 1 über die Überlassung der Rechte an dem Gesellschaftsvermögen Anlaß, indem der Vorsitzende der Meinung war, daß diese Bestimmung nur auf die unter Ziffer a genannten Gesellschaften — also, da die Übertragung von Aktien dem ReichsSt. unterliege, nur auf die Gesellschaften m. b. H. — Anwendung finde.

Der Vertreter des Finanzministeriums erklärte, daß diese Ansicht nicht zutreffe, die in Rede stehende Bestimmung vielmehr die Überlassung der Rechte an dem Gesellschaftsvermögen aller Gesellschaften umfasse und die WertSt. der Tarifstelle 25 d Ziffer 1 Abs. 1 nur insoweit nicht zum Ansatz kämen, als die ReichsStAbgabe Platz griffe. Begr. S. 11 (09).

Ein Vertreter des Finanzministeriums erklärte, die Regel sei, daß die Tarifstelle sich auf alle Gesellschaften beziehe, auf viele allerdings nur in beschränktem Umfange. Wenn man sich klar werden wolle über die Tragweite dieser Tarifstelle, dann müsse man zwei Gattungen von Gesellschaften unterscheiden.

Noch: Zu Tarifnummer 25.

Die erste Gattung bildeten die reichsstpflichtigen Gesellschaften, und diese Gattung setze sich zusammen aus:

1. Aktiengesellschaften;
2. Kommanditgesellschaften auf Aktien;
3. Gewerkschaften.

Bei allen diesen drei Arten komme diese Tarifstelle nicht in Betracht, soweit es sich um Abtretungen während des Bestehens der Gesellschaften handele. Denn soweit Anteile an ihrem Gesellschaftsvermögen an Dritte zediert würden, greife das RStG. Platz, also der AnschaffungsSt. für Aktien oder für Kuxe. Es seien allerdings Fälle denkbar, wo auch bei diesen Gesellschaften die Tarifstelle 25d zur Anwendung kommen könne; das seien aber einzig und allein die verhältnismäßig selten vorkommenden Fälle, wo eine dieser Gesellschaften aufgelöst werde und dann der ausscheidende Gesellschafter als Abfindung für die Aufgabe seiner Gesellschaftsrechte Gesellschaftsvermögen bekomme. Man könne also hieraus ersehen, daß für diese reichsstpflichtigen Gesellschaften die ganze Tarifstelle 25d von äußerst geringer Bedeutung sei.

Von der zweiten Gattung von Gesellschaften würden in erster Linie, wie der Finanzminister bereits hervorgehoben habe, die Gesellschaften m. b. H. unter diese Tarifstelle fallen; es fielen aber weiter darunter die offenen Handelsgesellschaften, die Kommanditgesellschaften, ferner die Kolonialgesellschaften, die Genossenschaften und die Gesellschaften des bürgerlichen Rechts. Auch bei diesen Gesellschaften — abgesehen von den Gesellschaften m. b. H. — habe diese ganze Tarifstelle keine zu weitgehende Bedeutung. Bei offenen Handelsgesellschaften komme eine Abtretung in der Form, wie sie der Tarifstelle unterworfen wird, höchst selten vor; ebenso bei Kommanditgesellschaften. Bei Kolonialgesellschaften sei ja die Frage schon in der Subkommission erörtert worden; bei ihnen falle die Übertragung von Anteilen unter diese Tarifstelle nur dann, wenn sie nicht durch Indossament, sondern durch Zession erfolge. Auf Gesellschaften des bürgerlichen Rechts, bei denen während ihres Bestehens Übertragungen der Gesellschaftsanteile nach den §§ 717ff. BGB. nicht zulässig seien, finde die Tarifstelle nur Anwendung, wenn ein Gesellschafter bei Auflösung der Gesellschaft ausscheide und durch Gesellschaftsvermögen abgefunden werde. Diese Fälle seien praktisch von ganz untergeordneter Bedeutung. Mit Rücksicht auf diese nicht allzu große Tragweite der in Rede stehenden Bestimmung erscheine es nicht angezeigt, den Steuersatz von $^2/_{10}$ auf $^1/_{20}$ v. H. herabzusetzen, und ebensowenig sei ein ausreichender Anlaß vorhanden, dem Eventualantrag zu folgen, und die Erhöhung auf die Gesellschaften m. b. H. zu beschränken. KB. S. 27, 28 (09).

29. Ein Auseinandersetzungsvertrag zwischen Gesellschaftern über ein Gesellschaftsvermögen, zu dem Grundstücke gehören, unterliegt der Formvorschrift des § 313 BGB. RG. 25. 5. 03, 1. J. 1477 02. FM. 27. 9. 04 III 12272.

29. a) Wenn das für die Überlassung vereinbarte Entgelt in seinem Gesamtbetrage aus dem Vertrage nicht hervorgeht, ist der ProzentSt. nicht von dem für die Überlassung des Gesellschaftsvermögens gewährten Entgelt, sondern von dem Werte der überlassenen Sachen, Rechte und Forderungen zu berechnen. Eine ausbedungene Leistung ist auch die Übernahme der Gesellschaftsschulden, da aus ihr die Verpflichtung folgt, den andern Teil von der Haftung für diese zu befreien. RG. 27. 9. 10, FM. 28. 11. 10 III 21617.

Lfd Nr.	Gegenstand der Besteuerung	Steuersatz v. H.	Mk.	Pf	Berechnung der Stempelabgabe
26.	**Gewerbelegitimationskarten**[1–5] (§ 44a der Reichsgewerbeordnung)*) . . . . AB. 9 Abs. 5; 19; 64.	—	1	—	

Noch: Zu Tarifnummer 25.

30. Die ferneren Erörterungen wandten sich sodann der im Buchstaben d Ziffer 2 Abs. 2 vorgeschlagenen Neuerung zu, anstatt der Beteiligung am Gesellschaftsvermögen den nach der Kopfzahl entfallenden Anteil bei der Berechnung des St. außer Betracht zu lassen.

Der Vorsitzende bemerkte, es handle sich um eine materielle Änderung, gegen die er sich entschieden wenden müsse. Bisher bleibe bei der Berechnung des St. der Teil der zum Sondereigentum überlassenen Vermögensgegenstände außer Betracht, der dem Anteile des Gesellschafters entspreche, jetzt solle die Kopfzahl der Gesellschafter entscheidend sein. Bei sieben Beteiligten solle also nur ein Siebentel frei bleiben.

Der Vertreter des Justizministeriums erklärte, die jetzige Berechnung erscheine auf den ersten Blick ja sehr einfach, habe sich aber in der Praxis als recht schwierig und zeitraubend herausgestellt. Die Beteiligung des Gesellschafters i. S. des Abs. 3 könne nicht nach der im Gesellschaftsvertrage für die Gewinnverteilung festgesetzten Bruchteile angenommen werden, sondern müsse nach dem Verhältnisse des bei der Auflösung nach Abzug der Gesellschaftsschulden übrig bleibenden, durch Schlußrechnung festzustellenden Reinvermögens der Gesellschaften berechnet werden. Dieses sei erfahrungsgemäß in der Regel nur auf Grund einer Schlußbilanz mittels umständlicher Berechnungen und auf Grund eingehender Ermittlungen möglich. Eine Vereinfachung dieses Verfahrens sei im Interesse der Beteiligten wie der Verwaltung dringend erwünscht. Eine solche werde auch den Beteiligten keinen Nachteil bringen, da für die hauptsächlich in Betracht kommenden Immobilien der Abs. 4 der Tarifstelle 8 vorschreibe, daß der zu der Vertragsurkunde verwendete St. den AuflassungsSt. nur insoweit ausschließe, als zu der Vertragsurkunde ein WertSt. von 1 v. H. verwendet sei. Begr. S. 11 (09).

---

*) Die betreffende Bestimmung der GewO. lautet:

§ 44a Abs. 1 u. 6 Satz 1. Wer in Gemaßheit des § 44 Waarenbestellungen aufsucht oder Waaren aufkauft, bedarf hierzu einer Legitimationskarte, welche auf den Antrag des Inhabers des stehenden Gewerbebetriebs von der fur dessen Niederlassungsort zustandigen Verwaltungsbehorde fur die Dauer des Kalenderjahrs und den Umfang des Reichs ausgestellt wird Die Legitimationskarte enthalt den Namen des Inhabers derselben, den Namen der Person oder der Firma, in deren Diensten er handelt, und die nahere Bezeichnung des Gewerbebetriebs.

Einer Legitimationskarte bedurfen diejenigen Gewerbetreibenden nicht, welche durch die in den Zollvereins- oder Handelsvertragen vorgesehene Gewerbelegitimationskarte bereits legitimirt sind.

Lfd. Nr.	Gegenstand der Besteuerung	Steuersatz v H	Mk.	Pf.	Berechnung der Stempelabgabe
27.	**Gnadenerweise,** s. Standeserhöhungen.				
28.	**Heiratsgenehmigungen** für Beamte und Militärpersonen[1] . . . . frei				
29.	**Hingabe an Zahlungs Statt,** Verträge darüber, s. Kaufverträge.				

Noch: Zu Tarifnummer 25.

31. Einem der beiden bisherigen Gesellschafter der offenen Handelsgesellschaft ist in der zum Zwecke der Liquidation vorgenommenen Versteigerung des der Gesellschaft gehörigen Grundstücks durch den Liquidator der Gesellschaft der Zuschlag erteilt: Es findet Tarifstelle 25d Abs. 3 Anwendung, so daß der St. nur vom halben Kaufpreise zu berechnen ist. $\frac{\text{JM. 28. 2. 02 I 1525.}}{\text{FM. 11. 3. 02 III 3144.}}$

32. Vgl. BGB. §§ 25, 705, BergGes. §§ 94ff., Genossenschaftsges. §§ 1, 2, 5

33. a) Die erstmalige Feststellung des Statuts von Kriegervereinen, in der Form eines Vertrages oder Beschlusses, ist stpflichtig. FM. 9. 10. 96 III 13552.

b) Stfrei sollen die Statuten der Knappschaftsvereine sein. Mot. S. 41—42, s. auch § 1 des Ges., betr. die Vereinigung der Berg-, Hütten-, Salinen- und Aufbereitungsarbeiter in Knappschaften v. 10. 4. 54 (GS. S. 139) und §§ 165ff. des BergGes. v. 24. 6. 65 (GS. S. 705).

Eine allgemeine persönliche über die Vorschrift der §§ 165ff. BergGes. hinausgehende StBefreiung steht den Knappschaftsvereinen nicht zu. RG. 20. 3. 00, Hz. S. 394.

Zu Tarifnummer 26.

1. Auf die in den bestehenden Zollvereins- und Handelsverträgen vorgesehenen Legitimationskarten findet die Tarifstelle keine Anwendung. Mot. S. 42.

2. Der AusfertigungsSt. wird neben Tarif 26 nicht außerdem erhoben. 9. KS. S. 2. — Vgl. auch A. 5hh zu Tarif 77.

3. Hausiergewerbscheine sollen durch den St. nicht getroffen werden. KB. S. 49.

4 Diesen St. erfordern auch diejenigen Gewerbelegitimationskarten, die gemäß Art. 2 der am 2. 4. 03 in Kraft getretenen Vereinbarung zwischen dem Deutschen Reiche und Frankreich über die gegenseitige Behandlung der Handlungsreisenden v. 2. 7. 02 (RGBl. 03 S. 47) nach dem dieser Vereinbarung beigefügten Muster erteilt werden. Die Versteuerung hat durch Verwendung abgestempelter von den Steuerbehörden zu beziehender Formulare zu erfolgen. FM. 23. 5. 03 III 6882, ZBl. S. 183.

5. Wandergewerbscheine sind stfrei. FM. 31. 3. 99 III 4216.

Zu Tarifnummer 28.

1. Art. 42 AG.BGB., §§ 40, 60 Ziffer 4 ReichsMilGes. v. 2. 5. 74.

Lfd Nr.	Gegenstand der Besteuerung	Steuersatz v H	Mk	Pf.	Berechnung der Stempelabgabe
30.	**Inventarien**, welche zum Gebrauche bei stempelpflichtigen Urkunden dienen	—	3	—	
	Allg.V. § 2 Ziff. 1a.				
31.	(1) **Jagdscheine**				
	für den Jahresjagdschein	—	7	50	
	" " Tagesjagdschein	—	1	50	
	" " Jahresjagdschein an Personen, welche weder Angehörige eines deutschen Bundesstaates sind, noch in Preußen einen Wohnsitz oder einen Grundbesitz mit einem Grundsteuerreinertrage von 150 Mark haben	—	50	—	
	" " Tagesjagdschein an solche Personen	—	10	—	
	Nach näherer Anweisung des Finanzministers kann jedoch auch für diese Personen der Stempelsteuersatz für Jahres- und Tagesjagdscheine bis auf den Satz für Inländer ermäßigt werden.				
	AB. 9 Abs. 5, 6; 19; 65.				
	(2) Befreit sind Jagdscheine für die auf Grund des § 23 des Forstdiebstahlgesetzes				

Zu Tarifnummer 30.

1. Vgl. Art. 108 PFG.

2. a) Die gemäß § 124 KO. zu den Konkursakten eingereichten Inventare unterliegen, solange sie nicht zu stpflichtigen Urkunden gebraucht werden, einem St. nicht.

b) Ist in einem notariell beurkundeten Ehevertrage von den Beteiligten unter näheren Vereinbarungen über das Frauengut erklärt, daß die (künftige) Frau das aus einem anliegenden Verzeichnis ersichtliche Vermögen in die Ehe einbringe, und ist das gedachte Verzeichnis dem notariellen Protokoll als Anlage beigefügt, so wird für das Verzeichnis ein besonderer InventarSt. neben dem St. für den Ehevertrag nicht erhoben. KG. 20. 4. 03, Joh. Bd. 26 S. B 40.

Der Umstand, daß das Inventar nicht unterzeichnet ist, würde im Hinblick auf § 176 Abs. 2 FG. die StPflichtigkeit nicht ausschließen. Jedoch setzt Tarifstelle 31 voraus, daß Inventar und die Urkunde, zu deren Gebrauch das Inventar dient, zwei verschiedene Urkunden sind. Das Inventar ist hier aber keine an sich selbständige Urkunde, sondern bildet eben auch nach § 176 Abs. 2 FG. einen Teil des Protokolls. Endlich ist auch nach § 10 Abs. 3 LStG. das als Teil des notariellen Protokolls anzusehende Inventar keinem SonderSt. unterworfen. — Ebenso FM. 10. 8. 07 III 14306.

Lfd. Nr.	Gegenstand der Besteuerung	Steuersatz v H.	Mk	Pf	Berechnung der Stempelabgabe
(31.)	vom 15. April 1878 (Gesetzsamml. S. 222)*) beeidigten sowie diejenigen Personen, welche sich in der für den Staatsforstdienst vorgeschriebenen Ausbildung befinden.[1]				

Zu Tarifnummer 31.

1. Die Befreiung von der Jagdscheinabgabe steht nach § 33 der Jagdordnung v. 15. 7. 07 (§ 5 des Jagdscheinges. v. 31. 7. 95) den auf Grund des § 23 des Forstdiebstahlges. v. 15. 4. 78 beeideten Personen zu; nach letzterer Gesetzesstelle können aber nur solche Personen beeidigt werden, welche mit dem Forstschutz betraut sind. Als notwendige Voraussetzung für die Befreiung ist daher die Betrauung mit dem Forstschutz anzusehen. Wie in der Ausführungsanweisung v. 15. 7. 07 zur Jagdordnung unter Nr. 25 Ziffer III ausgesprochen ist, erlischt die Befugnis zur Führung eines unentgeltlichen Jagdscheins, sobald die Voraussetzungen der Befreiung aufhören. Hiermit steht nicht im Widerspruch der Erlaß des Herrn Min. für Landw., Domänen und Forsten v. 5. 2. 96 III. 17336/I. B 745, nach welchem Personen, auch wenn sie als Mitglied der Regierung in eine höhere Dienststellung als diejenige eines Forstschutzbeamten oder Oberförsters gelangen, im Genusse der Berechtigung auf Erlangung eines unentgeltlichen Jagdscheins bleiben, da die Wahrnehmung des Forstschutzes zum Geschäftsbereich der Kgl. Regierungen gehört und auch die Forsträte und Oberforstmeister in die Lage kommen können, den Forstschutz praktisch auszuüben Insofern aber ein Beamter aus dem Forstschutzdienste ausscheidet, um das Amt eines Forstkassenrendanten zu übernehmen, womit eine Voraussetzung der Beeidigung, nämlich der Auftrag zur Ausübung des Forstschutzes, fortfällt, verliert er seinen Anspruch auf einen unentgeltlichen Jagdschein; er steht in dieser Hinsicht den verabschiedeten Forstschutzbeamten gleich, welche auch keinen Anspruch auf die Befreiung mehr haben. FM. 9. 2. 10 III 2359.

---

*) Die betreffende Bestimmung lautet:

§ 23. Personen, welche mit dem Forstschutze betraut sind, konnen, sofern dieselben eine Anzeigegebuhr nicht empfangen, ein- fur allemal gerichtlich beeidigt werden, wenn sie

1 Konigliche Beamte sind, oder

2 vom Waldeigenthumer auf Lebenszeit, oder nach einer vom Landrath (Amtshauptmann, Oberamtmann) bescheinigten dreijahrigen tadellosen Forstdienstzeit auf mindestens drei Jahre mittels schriftlichen Vertrages angestellt sind, oder

3 zu den fur den Forstdienst bestimmten oder mit Forstversorgungsschein entlassenen Militarpersonen gehoren.

In den Fällen der Nr. 2 und 3 ist die Genehmigung des Bezirksraths erorderlich. In denjenigen Landestheilen, in welchen das Gesetz vom 26 Juli 1876 (GS. S 297) nicht gilt, tritt an die Stelle des Bezirksraths die Regierung (Landdrostei)

Lfd. Nr.	Gegenstand der Besteuerung	Steuersatz v. H.	Mk	Pf	Berechnung der Stempelabgabe
(32.)	(1) [1]**Kauf- und Tauschverträge**[2–11] und andere lästige Veräußerungsgeschäfte[12] enthaltende Verträge einschließlich der gerichtlichen Zwangsversteigerungen, insoweit nicht besondere Tarifstellen[13] zur Anwendung kommen, wenn sie betreffen:				
	a) im Inlande gelegene unbewegliche Sachen[14] oder ihnen gleichgeachtete Rechte[15] . . .	1	—	—	bei Kauf- und Lieferungsverträgen vom Kauf- oder Lieferungspreis unter Hinzurechnung des Wertes der ausbedungenen Leistungen und vorbehaltenen Nutzungen; bei anderen Verträgen vom Gesamtwerte der Gegenleistung unter Hinzurechnung des Wertes der vorbehaltenen Nutzungen oder, wenn der Wert der Gegenleistung aus dem Vertrage nicht hervorgeht, von dem Werte des veräußerten Gegenstandes;[21]
	b) außerhalb Landes gelegene unbewegliche Sachen und ebendaselbst befindliche bewegliche Sachen, insoweit sie Zubehör der ersteren sind[16] und mit diesen zusammen veräußert werden	—	3	—	
	c)[17] andere Gegenstände aller Art,[18-20] falls die Verträge nicht auf Grund der Tarifnummer 4 des Reichsstempelgesetzes der Reichsstempelabgabe unterliegen oder von ihr befreit sind*)	1/3	—	—	wie vor.

*) Die betreffenden Bestimmungen des Tarifs zum RStG. v. 15. 7. 09 lauten:

Kauf- und sonstige Anschaffungsgeschäfte

4 a) Kauf- und sonstige Anschaffungsgeschäfte über:	
1. Wertpapiere der unter 2a, 2b und 3 des Tarifs bezeichneten Art — $^2/_{10}$ ‰	vom Werte des Gegenstandes
2. Anteile von bergrechtlichen Gewerkschaften oder die darüber ausgestellten Urkunden	des Geschäfts, und zwar in Abstufungen von

(Kuxscheine, Bezugsscheine, Abtretungsscheine) — 1 ‰

3 sonstige Wertpapiere der unter 1 bis 3 des Tarifs bezeichneten Art einschließlich der Genußscheine — $^{3}/_{10}$ ‰

4 auslandische Banknoten, auslandisches Papiergeld, auslandische Geldsorten — $^{2}/_{10}$ ‰

Den Kauf- und sonstigen Anschaffungsgeschäften steht gleich die bei Errichtung einer Aktiengesellschaft, einer Kommanditgesellschaft auf Aktien, einer Kolonialgesellschaft oder einer dieser gleichgestellten Gesellschaft erfolgende Zuteilung der Aktien oder Anteilscheine auf Grund vorhergehender Zeichnung, die bei Errichtung einer Aktiengesellschaft oder Kolonialgesellschaft oder einer dieser gleichgestellten Gesellschaft stattfindende Ubernahme der Aktien oder Anteilscheine durch die Grunder und die Ausreichung von Wertpapieren an den ersten Erwerber.

b) Kauf- und sonstige Anschaffungsgeschafte, welche unter Zugrundelegung von Usancen einer Borse geschlossen werden (Loko-, Zeit-, Fix-, Termin-, Pramien- usw Geschafte), uber Mengen von Waren, die borsenmaßig gehandelt werden — $^{4}/_{10}$ ‰

Als borsenmaßig gehandelt gelten diejenigen Waren, fur welche an der Borse, deren Usancen fur das Geschaft maßgebend sind, Terminpreise notiert werden, und bei Waren, in denen der Borsenterminhandel untersagt ist, diejenigen, fur welche an der in Betracht kommenden Borse Preise fur Zeitgeschafte notiert werden

zu	4a 1	0,20 Mark,
„	4a 2	1,00 „
„	4a 3	0,30 „
„	4a 4	0,20 „
„	4b	0,40 „

fur je 1000 Mark oder einen Bruchteil dieses Betrags. Bei Berechnung der Abgabe im einzelnen Falle sind mindestens 10 Pfennig in Ansatz zu bringen und hohere Pfennigbetrage derart nach oben hin abzurunden, daß sie durch 10 teilbar sind.

Der Wert des Gegenstandes wird nach dem vereinbarten Kauf- oder Lieferungspreise, sonst durch den mittleren Borsen- oder Marktpreis am Tage des Abschlusses bestimmt Die zu den Wertpapieren gehorigen Zins- und Gewinnanteilscheine bleiben bei Berechnung der Abgabe außer Betracht

Auslandische Werte sind nach den Vorschriften wegen Erhebung des Wechselstempels umzurechnen.

Befreiungen

Die vorbestimmte Abgabe wird nicht erhoben

1 falls die Waren, welche Gegenstand eines nach Nummer 4b stempelpflichtigen Geschäfts sind, von einem der Vertragschließenden im Inland erzeugt oder hergestellt sind;

2 fur die Ausreichung der von den Pfandbriefinstituten und Hypothekenbanken ausgegebenen, auf den Inhaber lautenden Schuldverschreibungen als Darlehnsvaluta an den kreditnehmenden Grundbesitzer,

3 fur sogenannte Kontantgeschäfte uber die unter Nummer $4a_4$ bezeichneten Gegenstände sowie uber ungemunztes Gold oder Silber.

Als Kontantgeschafte gelten solche Geschäfte, welche vertragsmäßig durch Lieferung des Gegenstandes seitens des Verpflichteten an dem Tage des Geschaftsabschlusses zu erfullen sind;

4 von den zur Versicherung von Wertpapieren gegen Verlosung geschlossenen

Lfd. Nr.	Gegenstand der Besteuerung	Steuersatz v H	Mk	Pf	Berechnung der Stempelabgabe
(32.)	(2) Der Stempel berechnet sich: 1. bei Tauschverträgen[22–27] nach dem Werte[23] der von einem der Vertragschließenden in Tausch gegebenen Gegenstände und zwar derjenigen, welche den höheren Wert haben, bei dem Tausche inländischer gegen ausländische Grundstücke nur nach dem Werte der ersteren; Allg.V. § 16. 2. [28]bei gerichtlichen[29a] Zwangsversteigerungen nach dem Betrage des Meistgebotes, zu dem der Zuschlag erteilt wird, unter Hinzurechnung der von dem Ersteher übernommenen Leistungen.[30] Erreicht das Meistgebot nicht den Wert[30g] des Gegenstandes, so tritt dieser an die Stelle des Gebotes. Wenn der Ersteher zur Zeit der Einleitung der Zwangsversteigerung Hypotheken- oder Grundschuldgläubiger ist, so tritt an die Stelle des Meistgebotes, falls dieses hinter dem Gesamtbetrage der Hypotheken- oder Grundschuldforderungen des Erstehers und der diesen vorgehenden Forderungen[30h] zurückbleibt, dieser Gesamtbetrag, sofern er nicht den Wert des Gegenstandes übersteigt;[30k] AB. 66 Abs. 1. Allg.V. § 6 Ziff. 3, § 20. 3. [31] bei Verträgen über Leistung an Erfüllungs Statt nach dem Werte, zu dem die Gegenstände an Erfüllungs Statt angenommen werden.[32] Wird in einem Kaufvertrage hinsichtlich des Kaufpreises eine Leistung an Erfüllungs Statt vereinbart, so ist der Vertrag wie ein Tauschvertrag zu versteuern; Allg.V. § 16. 4. [33] wenn auf dem veräußerten Gegenstand ein Nießbrauchsrecht lastet, zu dessen Be-				

Geschaften, unbeschadet der Stempelpflicht der nach erfolgter Verlosung stattfindenden Kauf- oder sonstigen Anschaffungsgeschäfte;

5. fur Kauf- oder sonstige Anschaffungsgeschäfte uber Renten- und Schuldverschreibungen des Reichs oder der Bundesstaaten, sowie Interimsscheine uber Einzahlungen auf diese Wertpapiere.

Lfd. Nr.	Gegenstand der Besteuerung	Steuersatz			Berechnung der Stempelabgabe
		v. H.	Mk.	Pf.	
(32.)	seitigung der Veräußerer nicht verpflichtet ist, von dem Werte des veräußerten Gegenstandes, sofern dieser Wert den nach dem ersten Absatze dieser Tarifstelle zu berechnenden Betrag der Gegenleistung übersteigt. Allg.V. § 6 Ziff. 2. (3) Wird bei einer Versteigerung, welche zum Zwecke der Auseinandersetzung unter Miteigentümern[34] erfolgt, der Zuschlag einem Miteigentümer erteilt, so bleibt bei Berechnung des Stempels derjenige Teil des Meistgebotes außer Betracht, welcher auf den dem Ersteher bereits zustehenden Anteil an den versteigerten Gegenständen fällt. Im Falle der Gemeinschaft unter Miterben gilt im Sinne dieser Vorschrift jeder Miterbe als Miteigentümer nach Verhältnis seines ideellen Anteiles am Nachlasse. (4) Wird ein Zuschlagsurteil aufgehoben, so werden die angesetzten Beträge nicht erhoben oder, wenn sie bezahlt sind, erstattet. Allg.V. § 9 Abs. 2. (5) Beurkundungen von Veräußerungen beweglicher Sachen unterliegen dem Stempel dieser Tarifstelle auch dann, wenn sie nur von einem der Vertragschließenden im Sinne des zweiten Absatzes des § 1 dieses Gesetzes unterzeichnet und dem anderen Vertragschließenden ausgehändigt sind.[35] Ausgenommen sind Aufzeichnungen, welche im Handelsverkehr über Bestellungen gemacht und entgegengenommen werden (sogenannte Kommissionsnoten).[36] (6)[37] Beurkundungen von Übertragungen der Rechte der Erwerber aus Veräußerungsgeschäften über unbewegliche Sachen und ihnen gleichgeachtete Rechte oder über bewegliche Sachen sowie Beurkundungen nachträglicher Erklärungen der aus einem Veräußerungsgeschäfte der vorbezeichneten Art berechtigten Erwerber, die Rechte für einen Dritten erworben beziehungsweise die Pflichten für einen Dritten übernommen zu				

Lfd Nr.	Gegenstand der Besteuerung	Steuersatz v H.	Mk	Pf.	Berechnung der Stempelabgabe
(32.)	haben, werden in betreff der Stempelpflichtigkeit wie Beurkundungen der Veräußerungen der Sachen und Rechte behandelt.[38] Dasselbe gilt von Übertragungen der Rechte aus Anträgen zur Schließung eines lästigen Veräußerungsgeschäftes, die den Veräußerer binden, sowie aus Verträgen, durch die nur der Veräußerer zur Schließung eines lästigen Veräußerungsgeschäftes verpflichtet wird.[39]				
	(7) Wenn jedoch der erste Erwerber das Veräußerungsgeschäft erweislich auf Grund eines Vollmachtsauftrages oder einer Geschäftsführung ohne Auftrag für einen Dritten abgeschlossen hat,[40] so bedürfen Beurkundungen von Übertragungen der Rechte dieses ersten Erwerbers an den Dritten nur eines Stempels von	—	3	—	
	(8) In den Fällen des vorhergehenden Absatzes ist die Erstattung des bereits verwendeten Wertstempels anzuordnen. Auch muß die Abstandnahme von der Einziehung des Wertstempels angeordnet werden, falls dies innerhalb zweier Wochen nach erfolgter Beurkundung der Übertragung beantragt wird. Außerdem können bei sonstigen Beurkundungen der erwähnten Art in denjenigen Fällen die gleichen Anordnungen getroffen werden, in denen besondere Billigkeitsgründe vorhanden sind.[41]				
	AB. 28 Abs. 10; 66 Abs. 2.				
	Allg V. § 9 Ziff. 2.				
	(9) Beurkundungen der Abtretung der Rechte aus dem Meistgebote bei Zwangsversteigerungen oder die Erklärung des Meistbietenden, daß er für einen anderen geboten habe,[42]	1	—	—	des Wertes der Gegenleistung oder, wenn eine solche in der Urkunde nicht enthalten ist, des Meistgebotes oder des nach Abs. 2 Ziffer 2 Satz 2 dieser Tarifstelle an dessen Stelle tretenden Wertes
	Der Stempel ermäßigt sich auf	—	3	—	
	1. wenn die Abtretung der Rechte aus dem Meistgebot oder die Erklärung, für einen anderen geboten zu haben, in dem Versteigerungstermin erfolgt;				

Lfd. Nr.	Gegenstand der Besteuerung	Steuersatz v. H.	Mk.	Pf.	Berechnung der Stempelabgabe
(32.)	2. wenn ein Gläubiger Meistbietender war, welchem eine durch ein geringeres Gebot nicht oder nicht völlig gedeckte Hypothek, Grundschuld oder Rentenschuld zustand.[43]				
	Allg V. § 20 Ziff. 2.				
	(10) Ermäßigungen und Befreiungen:				
	1.[44] Kauf- und Tauschverhandlungen zwischen Teilnehmern an einer Erbschaft zum Zwecke der Teilung der zu letzterer gehörigen Gegenstände[45]	—	3	—	
	Zu den Teilnehmern an einer Erbschaft wird auch der überlebende Ehegatte gerechnet, welcher mit den Erben des verstorbenen Ehegatten gütergemeinschaftliches Vermögen zu teilen hat.				
	2.[46] Befreit sind Verträge, durch welche unbewegliche Sachen oder ihnen gleichgeachtete Rechte oder bewegliche Sachen allein oder im Zusammenhange mit anderem Vermögen von Aszendenten an Deszendenten oder eingekindschaftete Kinder übertragen werden.[47]				
	Auf Beurkundungen von Übertragungen der Rechte des Erwerbers aus Verträgen der vorbezeichneten Art an andere Personen als an Deszendenten oder eingekindschaftete Kinder des ursprünglich übertragenden Aszendenten finden die Bestimmungen des siebenten und achten Absatzes dieser Tarifstelle keine Anwendung.				
	Allg.V. § 16.				
	3.[48–57] Befreit sind Kauf- und Lieferungsverträge über Mengen[49, 50, 56] von Sachen oder Waren, sofern dieselben[51] entweder zum unmittelbaren Verbrauch in einem Gewerbe[52] oder zur Wiederveräußerung[53] in derselben Beschaffenheit oder nach vorgängiger Bearbeitung oder Verarbeitung dienen sollen oder im Deutschen Reiche in dem Betrieb eines der Vertragschließenden[55] erzeugt oder hergestellt sind.[54]				
	AB. 7 Abs. 3.				

Lfd. Nr.	Gegenstand der Besteuerung	Steuersatz v. H.	Mk.	Pf.	Berechnung der Stempelabgabe
(32.)	4. Gerichtliche oder notarielle Aufnahmen oder Beglaubigungen der nach der Tarifnummer 4 des Reichsstempelgesetzes reichsstempelpflichtigen oder von der Reichsstempelsteuer befreiten Kauf- und Anschaffungsgeschäfte[58]	—	3	—	

Zu Tarifnummer 32.

1. Vgl. BGB. §§ 433, 311—313, 2033, 2371, § 515.

a) Ist ein wesentlicher Bestandteil des Kaufvertrages (Höhe der Gegenleistung für die Grundstücksübereignung) nicht formgerecht beurkundet, so ist der Kaufvertrag nichtig. RG 11. 7. 06, JW. S. 548.

b) Macht der Empfänger einer Offerte den Vertragsabschluß von irgendwelchen Bedingungen abhängig, und seien diese auch noch so geringfügig, so fehlt es an einer Willenseinigung einstweilen überhaupt. Eine etwaige spätere nicht urkundliche Zustimmung begründet trotz der Unerheblichkeit der bis dahin vorhandenen Differenzpunkte StPflicht nicht. RG. 11. 7. 99, JW. S. 586. — Vgl. A. 6c zu § 1.

c) Eine einen Kaufvertrag enthaltende Urkunde ist dann nicht stpflichtig, wenn nur einer der Kontrahenten sie unterschrieben hat und verabredet ist, nur dieser solle daraus verpflichtet sein, sofern sie auch später von dem andern Kontrahenten ohne Wissen und Willen des ersten ebenfalls unterschrieben wird. RG 8. 12. 99, Rassow und Küntzel Jahrg. 44 S. 1013.

2. a) Liegt nicht ein beide Kontrahenten gleichmäßig bindender und berechtigender Vertrag vor, so ist der KaufSt. nicht fällig; RG. 11. 3. 98, JW. S. 271, FM. 26. 5. 98 III 7370; es handelt sich dann nur um ein pactum de emendo. — Vgl. A. 6d bei Tarif 71.

b) Der Vertrag, mittels dessen sich der eine Teil verpflichtet, ein dem andern Teil gehöriges Grundstück jederzeit zu einem bestimmten oder bestimmbaren Preise abzukaufen, während der andere Teil lediglich die Verpflichtung übernimmt, das Grundstück nicht zu verkaufen, es sei denn an den einen Teil, ist kein bedingter Kaufvertrag und unterliegt deshalb nur dem allgemeinen VertragsSt. KG. 5. 2. 09, Joh. Bd. 38 S. B 66.

c) Daß von Mehrlieferungen, die vertragsmäßig von der einen Partei verlangt werden konnten und von der andern geleistet werden mußten, ein St. nicht zu entrichten sei, hat das KG. im Urteil v. 17. 12. 01 entschieden und dabei angenommen, daß nur eine den Unternehmer einseitig bindende Offerte vorliege. — Vgl. A. 6d zu Tarif 75.

d) Hinkende Verträge, bei denen vorläufig nur der eine Teil für eine bestimmte Zeit gebunden ist, und die erst in endgültige Kaufverträge übergehen, wenn auch der andere Teil seine Zustimmung erteilt, wenn auch in der Weise, daß, falls der andere Teil den Vertrag nicht zum Abschluß bringt, der Verkäufer als Entschädigung für die Wartezeit und

Noch: Zu Tarifnummer 32.

die dadurch inzwischen ihm verloren gegangene Gelgenheit zu anderweiten Verkäufen den bereits empfangenen Teil des Kaufpreises behält, sind nur mit dem allgemeinen VertragsSt. zu versehen. — Vgl. Joh. Bd. 17 S. 277. Es handelt sich in solchem Falle nicht um fest abgeschlossene Verträge, in denen dem einen Teile ein Rücktrittsrecht gegen Erlegung einer Vertragsstrafe vorbehalten ist (vgl. Joh. Bd. 16 S. 378), auch nicht um einen Kauf auf Probe, weil für den Käufer hauptsächlich die Verhältnisse des Grundstücksmarktes entscheidend sein werden. FM. 30. 7. 01 III 9601.

e) Die Abrede, daß Verkäufer das Recht und auf Verlangen des Käufers die Pflicht habe, innerhalb bestimmter Frist die verkauften Gegenstände zu demselben Preise zurückzukaufen, begründet nur einseitiges Recht und ist nicht Kaufvertrag. RG. 11. 3. 98, JW. S. 271, FM. 25. 2. 99 III 2353.

f) Kommt ein Kauf zwischen dem Grundstückseigentümer und dem Vorkaufsberechtigten dadurch zustande, daß dieser nach Abschluß des Kaufvertrages zwischen dem Eigentümer und einem Dritten rechtzeitig erklärt, sein dingliches Vorkaufsrecht ausüben zu wollen, so liegt ein Veräußerungsgeschäft i. S. der Tarifstelle 32 und eine freiwillige Veräußerung i. S. der Tarifstelle 8 zwischen dem Eigentümer und dem Vorkaufsberechtigten nicht vor. Der AuflassungsSt. ist nicht zu erheben; die Erklärung des Vorkaufsberechtigten ist stfrei, und nur der Kaufvertrag mit dem Dritten ist nach Tarifstelle 32 zu versteuern. KG 23. 11. 05, Joh. Bd 32 S B 49. — Vgl. A. 3d bei Tarif 8 u. A 6m, μ bei Tarif 71.

Macht aber der Vorkaufsberechtigte sein Recht nach Auflassung an einen andern geltend und schließt mit diesem einen Vertrag, so ist der KaufSt fällig. Erk. des LG I Berlin 3. 1. 98 Ebenso wie der über die Ausübung des Rückkaufsrechts getätigte Akt als ein neuer stpflichtiger Kaufakt anzusehen ist. RG. 25. 11. 98, JW. 99 S. 19.

g) Eine vertragsmäßig erklärte Anerkennung der aus dem Gesetz sich ergebenden Rechtsfolgen der Geltendmachung des Anspruchs der Wandelung fällt nicht unter diese Tarifstelle, sondern unterliegt nur dem allgemeinen VertragsSt. FM. 2. 7 97 III 8205 — Vgl. A. 3 bei Tarif 8, A 2c bei Tarif 67.

Wird nicht auf Grund eines gesetzlichen Anspruchs, sondern rein vertragsmäßig die Wiederaufhebung eines vollzogenen Kaufgeschäfts und die Rückgewähr des Kaufgegenstandes vereinbart, so liegt ein lästiges Veräußerungsgeschäft vor. RG. 28. 4. 05, Holdh. S. 342 v. 07.

h) Die Tarifstelle 32 bezieht sich nur auf frei gewollte Veräußerungen und findet deshalb nicht Anwendung auf die Teilung eines zu Miteigentum erworbenen Grundstücks, wenn schon bei dem Erwerbe verabredet war, daß das Grundstück alsbald in bestimmter Weise in Natur geteilt werden solle. Hier greift Tarifstelle 71 Nr. 2 Platz, vorausgesetzt jedoch, daß die Urkunde die vertragsmäßige Anerkennung der Verpflichtung zur wechselseitigen Veräußerung enthält. KG. 15. 2. 06, Joh. Bd. 32 S. B 53.

3. a) Ein Kaufvertrag über einen einem Dritten gehörigen Gegenstand ist stpflichtig auch dann, wenn die Kontrahenten das fremde Eigentum kannten RG. 21. 4. 97, JW. S. 295.

Noch: Zu Tarifnummer 32.

b) Der StPflichtigkeit eines Kaufvertrages steht es nicht entgegen, wenn darin den Kontrahenten die Befugnis erteilt ist, durch Erlegung einer Konventionalstrafe von der Verpflichtung, das Kaufgeschäft zu erfüllen, sich zu befreien. Joh. Bd. 16 S. 378. — Vgl. A. 6n γ zu Tarif 71 u. A. 7k u. l zu Tarif 58.

4. a) Nach dem 31. Dez. 1899 abgeschlossene privatschriftliche Grundstücksveräußerungsverträge — vgl. § 313 BGB. — bedürfen weder des einprozentigen WertSt., noch, wenn sie zugleich die Übertragung des Eigentums an beweglichen Sachen enthalten, des eindrittelprozentigen St., selbst wenn für das bewegliche Vermögen besondere Werte angegeben sind, noch endlich des allgemeinen VertragsSt.

Werden derartige Verträge anläßlich der Auflassung oder später bei Gericht vorgelegt, so ist der KaufSt zu den Gerichtskosten zu vereinnahmen. Unterbleibt die Vorlegung der Urkunden nach erfolgter Auflassung und Eintragung, so ist der St. in der Frist des § 16 Abs. 1 lit. g in natura beizubringen; für den Beginn dieser Frist ist der Ablauf desjenigen Tages anzunehmen, an dem die Beteiligten von der Eintragung Kenntnis erhalten, bei Verzicht der Beteiligten gemäß § 55 RGBO. der Ablauf des Tages der Eintragung.

Für Rentengutsverträge treffen diese Grundsätze nicht zu. FM. 12. 2. 00 III 1539, ZBl. S. 97, JMBl. S 63. — Vgl. A. 7a bei § 16 u. A. 9 bei Tarif 8.

b) Ein privatschriftlicher Grundstücksveräußerungsvertrag wird dann gültig und stpflichtig, wenn in dem Auflassungsprotokolle die überreichte Vertragsurkunde derart in Bezug genommen wird, daß daraus das Verhältnis des Urkundeninhalts zur Auflassung erhellt. RG. 28. 4 05, ZBl. S. 640.

Ein solcher Vertrag über die Veräußerung mehrerer Grundstücke wird nur dann rechtswirksam und damit stpflichtig, wenn die Auflassung sämtlicher Grundstücke, die veräußert werden, erfolgt ist. — Vgl. RG. 30. 1. 04, Entsch Bd. 56 S. 383, KG. 25. 5. 03, 1. J. 1477 02, FM. 27. 9. 04 III 12272.

Ein derartiger Tauschvertrag muß zu seiner Gültigkeit von beiden Seiten durch Auflassung und Eintragung vollzogen werden. RG. 30. 1. 04, Entsch. Bd. 56 S. 383.

5. a) Bei einem Werkvertrag, bei welchem ausgemacht ist, daß der eine Teil dem andern ein Grundstück nebst einem Hause liefern soll, das von dem ersteren mit dem von ihm angeschafften Material zu erbauen ist, wird der St. nach den Grundsätzen vom Kauf berechnet (BGB. § 651). KG. 18. 1. 04, Joh. Bd. 28 S. B 75. Eine auf Grund mündlichen Vertrages aufgelassene Parzelle war vor der Auflassung bebaut. Nach Ermittelung des Wertes der Parzelle mit dem Gebäude erfolgte Nachliquidierung des St., weil zunächst nur der AuflassungsSt. nach dem Wert der Parzelle allein berechnet war. Der Umstand, daß nach besonderem Werkvertrage die Auflassung vor der Bebauung erfolgen sollte, ist ohne Belang. — Vgl. A. 8f bei Tarif 8.

b) Zu einem Vertrage über Überlassung eines Grundstücks und eines vom Verkäufer vor der Auflassung darauf herzustellenden Gebäudes ist der einprozentige St. von der Gesamtsumme zu erheben. JM.

Noch: Zu Tarifnummer 32.

10. 11. 98 I 6830, ZBl. S. 432. Nach Inhalt des Vertrages hatte die Baugesellschaft A. an B. eine Baustelle für 5000 Mk. verkauft und sich zur Bebauung derselben für 10000 Mk. verpflichtet. Die Übergabe soll nach Erteilung des Gebrauchsabnahmeattestes erfolgen, der Eigentumsübergang bis Zahlung des Kauf- und Baugeldes ausgesetzt sein und demgemäß das Grundstück nebst Gebäuden erst nach diesem Zeitpunkt aufgelassen werden.

Ebenso hat sich in einem ähnlichen Fall das KG. im Urteil v. 30. 9. 02 für einen einheitlichen Kaufvertrag entschieden: Kläger kaufte ein Grundstück „für den Preis von 240000 Mk." Auf den „Kaufpreis" waren 30000 Mk. anzuzahlen. Wegen des Restes wurde vereinbart, daß Verkäufer das Grundstück „vor der Auflassung" zu bebauen habe und berechtigt sei, zu diesem Zweck eine Hypothek von 210000 Mk. aufzunehmen. Zum Schluß heißt es: „Der Wert des übereigneten Terrains beträgt 70000 Mk., der Wert der zu errichtenden Baulichkeiten 170000 Mk."

6. Auch Verträge über den Austausch von Feldesteilen zwischen angrenzenden, verschiedenen Besitzern gehörenden Bergwerken unterliegen dem KaufSt. FM. 2. 7. 97 III 8255.

7. Bei der strechtlichen Beurteilung beiderseits vollzogener Anerkenntnisse über den Wechsel im Schiffseigentum (Reichsges. v. 15. 6. 95 u. JME. v. 2. 11. 95, JMBl. S. 327) wird bezüglich der Frage, ob ein Kaufvertrag vorliegt, auf § 3 Abs. 3 Rücksicht genommen werden müssen. In den meisten Fällen wird es den Beteiligten nur darauf ankommen, die Anmeldung zwecks Berichtigung des Schiffsregisters zu bewirken, ohne die Absicht den mündlich abgeschlossenen Kaufvertrag schriftlich zu beurkunden; ein KaufSt. wird also dann nicht fällig sein.

8. Kauf auf Probe ist als suspensiv bedingtes und deshalb stpflichtiges Geschäft aufgefaßt, das sich von einer bloßen Offerte namentlich dadurch unterscheidet, daß das als Bedingung gesetzte Wollen nicht in der sonst beim Kontraktschluß erforderlichen Form dem andern Teile gegenüber erklärt und von diesem akzeptiert zu werden braucht. RG. 15. 12. 98, JW. 99 S. 84 u. 10. 4. 06, Holdh. S. 243 v. 07. — Vgl. A. 10*l* bei Tarif 48.

In einem Urteil v. 20. 10. 03 (ZBl. S. 19 v. 04) hat das RG. ausgeführt, daß ein Kauf auf Probe vorliege, da die Herbeiführung der rechtlichen Wirkung des Kaufvertrages nicht in die nackte Willkür des Käufers gestellt, sondern durch das Ergebnis seiner Prüfung der von der Klägerin zu liefernden Probepresse bedingt sei. Für die Annahme eines Kaufes auf Probe mache es keinen Unterschied, ob die verkaufte Sache — Patentrecht — selbst zur Probe übergeben sei oder ob ein ihre Verwertbarkeit bedingender anderer Gegenstand — Probepresse — in bezug auf seine Gebrauchsfähigkeit und Tüchtigkeit erprobt werde Es stehe hier also die Erprobung der Probepresse der Erprobung des Patentrechts selbst gleich.

9. Die auch nach BGB. zulässige Sicherungsübereignung und Sicherungszession stellt eine wirkliche Veräußerung dar. RG. 10. 10. 03.

9. a) Bei einer unveräußerlichen Personalkonzession steht die im Kaufvertrage über das Grundstück getroffene Preisbestimmung für den Verzicht auf die Konzession und für die Übertragung des

Noch: Zu Tarifnummer 32.

Rechts zum Fortbetriebe des Apothekengeschäfts mit der Kundschaft in keiner Beziehung zum Kaufpreise für das Grundstück; sie schließt also eine Erhöhung dieses Kaufpreises nicht in sich. RG. 31. 3. 98, Hz. S. 339, FM. 29. 5. 00 u. 13. 10. 00 III 6450 u. 12163. — Vgl. A. 5 bei Tarif 22a u. A. m η bei Tarif 71.

b) Bei einem Verkauf einer Brauerei sind für die Immobilien, das Inventar und das Geschäft einschließlich Vergütung für den Verzicht auf die Wirtschaftskonzession besondere Preise vereinbart: Da der Verzicht nicht selbständig bewertet war, ist der St. für den ganzen Kaufpreis erhoben. KG. 26. 2. 00, Hz. S. 421.

c) Gegenstand des Kaufes war ein zur Schankwirtschaft eingerichtetes und bestimmtes Grundstück. Für den Verzicht auf die Wirtschaftskonzession seitens des Verkäufers war eine besondere Vergütung festgesetzt: Das RG. hat im Urteil v. 19. 11. 01, JMBl. S. 54 v. 02, Entsch. Bd. 49 S. 321 entschieden, daß diese Vergütung nicht die Eigenschaft des Kaufpreises habe, weil sie nicht für die Übertragung einer Sache festgesetzt wäre. Verkäufer verpflichte sich vielmehr nur gegen Vergütung zu einer Handlung. Auch werde mit dem Grundstück selbst der durch den Wirtschaftsbetrieb begründete höhere Wert desselben von dem auf die Konzession verzichtenden Verkäufer als Gegenstand des Kaufes nicht übertragen, denn der Verkäufer war außerstande den für seine Person durch die persönliche Konzession erhöhten Wert des Grundstücks durch einfachen Verkauf desselben zu übertragen; wirtschaftlich komme dieser Vorgang dem einer Übertragung nahe, rechtlich liege demselben eine neben dem Kaufvertrage über das Grundstück einhergehende Vereinbarung besonderer Natur zugrunde. FM. 28. 1. 02 III 602, ZBl S 46. — Vgl. A. 6 m η bei Tarif 71.

d) A. verkauft an B. zwei Grundstücke für 45 000 Mk, ferner das Buchdruckereigeschäft mit Firma und den dem Betriebe dienenden Maschinen, Pressen, dem Kontormobiliar usw. für 48 000 Mk.; A. verzichtet endlich gegen eine Entschädigung von 197 000 Mk. zugunsten des B. auf das Verlagsrecht an einem Zeitungsunternehmen: Es war der ImmobiliarSt. mit 1 % von 93 000 Mk. und der MobiliarSt. nach Tarif 32c mit 1/3 % von 197 000 Mk. fällig. RG. 26. 1. 09, Entsch. Bd. 70 S. 220.

e) Ob „Geschäft nebst Kundschaft" nur als ein den Wert des Grundstücks erhöhendes Moment in Betracht kommt und deshalb der dafür angegebene Einzelwert dem Immobiliarwert unterworfen ist, hängt von dem konkreten Charakter des Geschäfts und von der Art seines Zusammenhanges mit dem Grundstück ab; in letzterer Beziehung ist erheblich, ob es sich um ein konzessionspflichtiges Gewerbe handelt oder nicht. KG. 15. 2. 06, Joh. Bd. 31 S. B 39. Es handelte sich um den Verkauf eines Grundstücks nebst Zubehör und mit dem darin betriebenen Photographiegeschäft nebst Geschäftsinventar unter Auswerfung von Einzelwerten. Auf das „Geschäft nebst Kundschaft" waren 18 000 Mk. gerechnet. Hierfür kann nur der allgemeine VertragsSt. in Ansatz kommen.

f) Im Urteil des RG. 12 3. 06, ZBl. S. 16 v. 07 ist die Überlassung eines in einem Mietraum betriebenen Handelsgewerbes nebst Kundschaft gegen Entgelt als Kaufvertrag angesehen. Es handele sich hier

Noch: Zu Tarifnummer 32.

weder um eine Sache, noch um ein Recht (§ 433 BGB.); es sei nicht richtig, daß ein Kauf nur an einer Sache oder an einem Recht anzunehmen sei, auch andere Werte könnten Gegenstand eines Kaufes sein

g) Der beim Verkauf eines Gasthofsgrundstücks auf die Aufgabe der Konzession und die Übertragung der Kundschaft gerechnete Teil des Preises unterliegt dem ImmobiliarwertSt., weil die aufgegebene Berechtigung zur Ausübung der Gastwirtschaft und die übertragene Kundschaft keinen selbständigen Vermögensgegenstand bilden, sondern tatsächlich, auch i. S. der Vertragschließenden den Wert des Grundstücks erhöhen RG. 9. 3 00, ZBl. S. 429.

h) Nach der getroffenen Feststellung sind veräußert ein Haus und gleichzeitig ein nicht zum Hause gehöriger Inbegriff von Vermögensgegenständen und -werten, nämlich das im Hause betriebene und dem Hauseigentümer gleichfalls gehörige Bäckereigeschäft nebst Inventar und Kundschaft. Einzelpreise sind für das Haus und für das Bäckereigeschäft nebst Inventar und Kundschaft ausgeworfen, für letztere drei Vermögensgegenstände und bzw. -werte jedoch ein Gesamtpreis: Von diesem Gesamtpreis ist lediglich $^{1}/_{3}$% St. fällig. RG. 2. 7. 01, FM. 26. 3. 02 III 2580, ZBl S. 83 v. 02.

10. a) Wenn ein Handelsgeschäft als Ganzes veräußert ist, so ist nicht ein abstrakter Begriff Gegenstand des Vertrages, sondern die Summe der zu dem Geschäft gehörigen Rechte und Verbindlichkeiten (Entsch. Bd. 46 S. 266), RG. 26. 11. 06, Holdh. S 244 v. 07.

b) Eine für sich allein, d. h. ohne Veräußerung des Handelsgeschäfts als Ganzes gegen Entgelt erfolgende Übertragung einer Firma bzw. die entgeltliche Einwilligung in ihre Fortführung durch einen andern, stellt kein Veräußerungsgeschäft dar. Eine hierüber errichtete Vertragsurkunde unterliegt daher nicht dem KaufSt, sondern nur dem allgemeinen VertragsSt. RG. 19. 2. 04, Holdh S. 274.

c) A. kauft von B. für einen bestimmten Preis die im Verzeichnis aufgeführten Gegenstände, welche zu dem betriebenen Handelsgeschäft gehören; A. kauft auch das am 1. 10 noch vorhandene Warenlager zu Fakturenpreisen; A. gestattet dem B. das Geschäft unter der bisherigen Firma zu betreiben; B zahlt für diese Erlaubnis 1000 Mk.: Für diese letztere Abrede ist nur der allgemeine VertragsSt fällig. RG. 6. 2. 99, JW. S. 196.

d) In einem Vertrage verpflichtet sich A , das von B. betriebene Kurzwarengeschäft mit den vorhandenen Beständen und der Ladeneinrichtung nach einer aufzunehmenden Inventur käuflich zu übernehmen, und zwar die Waren für den Fakturenpreis und die Ladeneinrichtung nach einer von Sachverständigen abzugebenden Taxe. Der so ermittelte Preis wird Zug um Zug gegen die Übergabe gezahlt: Es liegt ein Mobiliarkaufvertrag vor. FM. 29. 10. 97 III 13389.

11 a) Eine Vereinbarung, wonach

jemand berechtigt ist, innerhalb einer bestimmten Frist die Auflassung eines Grundstücks gegen Zahlung einer bestimmten Geldsumme zu verlangen, und der Eigentümer verpflichtet ist, die Auflassung zu geben, ersterem auch die Verbindlichkeit obliegt, die Auflassung zu jenem

Noch: Zu Tarifnummer 32.

Preise an dem bestimmten Endtermin entgegenzunehmen, falls nicht das Grundstück bis dahin anderweit verkauft sein sollte,

ist als bedingter Kaufvertrag stpflichtig. KG. 8 2 01.

b) Durch Vertrag v. 2. 1. 01 bevollmächtigt A den B. und C., seine Grundstücke für 5400 Mk. zu verkaufen, wobei gleichzeitig verabredet ist, daß, wenn dieser Verkauf bis zum 15. Januar desselben Jahres nicht gelinge, sie die Grundstücke für den angegebenen Preis selbst zu übernehmen haben: Die Urkunde enthält nicht nur eine Vollmacht, sondern außerdem einen bedingten Kaufvertrag. FM. 10. 9. 02 III 11315

12. a) Unter „andere lästige Veräußerungsgeschäfte" sind nur gegenseitig verpflichtende Verträge, synallagmatische Geschäfte, gemeint, bei denen Versprechen gegen Versprechen ausgetauscht wird, durch deren Erfüllung also der Veräußerer an Stelle des veräußerten Gegenstandes eine andere Leistung erhält. Daß als eine solche Gegenleistung die Rückgabe einer Sache, die der Empfänger nur auf bestimmte Zeit oder auf einen unbestimmten, vom Eintritt einer Bedingung abhängigen Zeitraum erhalten hatte, nicht anzusehen ist, liegt auf der Hand. RG. 10. 7 00, JW. S. 680, 26. 10 00, Entsch. Bd. 47 S. 303, ZBl S. 130 v. 01.

b) Kaufverträge sog. fraudulösen Charakters i S. des § 31 RKO und des § 3 Nr. 1 u. 2 des AnfGes. sind ebenso wie die auf Grund solcher Kaufverträge erfolgten Auflassungen nicht nichtig, sondern gemäß § 29 bzw. § 1 a. a. O. nur anfechtbar Die Vorschrift der §§ 135, 134 BGB. finden keine Anwendung. Daher sind auch Aufhebungsverträge, durch die die in jenen Kaufverträgen beurkundeten fraudulösen Rechtsgeschäfte wieder rückgängig gemacht werden, stpflichtig, und wenn das Merkmal der Gegenleistung vorhanden ist, auch als lästige Rückveräußerungsgeschäfte gemäß Tarif 32 mit dem vollen KaufSt. zu belegen. RG. 28. 4. 08, JW. S. 444, Entsch. Bd. 69 S. 143, FM. 2. 7. 08 III 11260.

c) Nach erfolgter Auflassung, die im Jahre 1901 auf Grund mündlicher Vereinbarung stattgefunden hatte, kommen die Beteiligten im Jahre 1902 in einer privatschaftlichen Urkunde, in der der Inhalt des früheren mündlichen Abkommens wiedergegeben ist, überein, „den früheren Kaufvertrag aufzuheben. Sie verpflichten sich wechselseitig zur Rückauflassung". Der Rückauflassung ist das Abkommen von 1902 zugrunde gelegt: Die Urkunde von 1902, in der die Rückgewähr zum Gegenstand besonderer Vereinbarung gemacht ist, enthält ein lästiges Veräußerungsgeschäft und ist auf sie nicht Tarifstelle 71 Ziff. 1 Abs. 1, sondern Tarifstelle 32 anzuwenden. Der Formmangel ist nach Vorlegung der Urkunde durch Auflassung und Eintragung geheilt. Der wegen Formmangels ungültige Vertrag wird jedenfalls dann gültig und stpflichtig, wenn in dem über die Auflassung aufgenommenen Protokolle die überreichte Vertragsurkunde derart in Bezug genommen wird, daß daraus das Verhältnis des Urkundeninhalts zur Auflassung erhellt. RG. 28. 4. 05, Entsch. Bd. 60 S. 398, ZBl. S. 640. — Vgl. A. 2e u. f bei Tarif 71.

d) Die Überlassung eines im Grundbuch noch auf den Namen eines Gesellschafters eingetragenen Grundstücks an einen anderen Gesellschafter bei der Auflösung einer offenen Handelsgesellschaft ist nicht als Gesellschaftsvertrag, sondern als lästiges Veräußerungsgeschäft zwischen den

Noch: Zu Tarifnummer 32.

Gesellschaftern nach Tarif 32 zu versteuern, selbst wenn das Grundstück in der Geschäftsbilanz als Gesellschaftsvermögen aufgeführt steht. RG. 5. 11. 09, ZBl. S. 164 v. 10.

13. Unter „besondere" Tarifstellen sind solche gemeint, die sich auf die Veräußerung von Sachen beziehen, wie Auflassungen, Auktionen, Gesellschaftsverträge, Leibrentenverträge; in solchem Falle schließt die besondere Tarifstelle die Tarifstelle 32 als **lex generalis** aus. RG. 9. 1. 00, JW. S. 162.

14. a) Die Frage, was unter unbeweglichen Sachen i. S. der Tarifstelle 32a zu verstehen sei, entscheidet sich nach dem jeweiligen bürgerlichen Recht; es kommt deshalb das BGB für Fälle zur Anwendung, die zeitlich dem neuen Gesetz angehören. RG. 23. 9. 04, Entsch. Bd. 59 S. 19

b) Aus dem Umstand, daß der Ausdruck „unbewegliche Sachen" anstatt „Grundstücke" gewählt ist, erhellt, daß das Gesetz diesen Ausdruck über den Kreis der Grundstücke hinaus so verstanden wissen will, wie es den örtlich geltenden privatrechtlichen Systemen entspricht.

Die Bahneinheit in dem Gesetze betreffend das Pfandrecht an Privateisenbahnen und Kleinbahnen usw. v. 19. 8. 95 ist als unbewegliche Sache i. S. der Tarifstelle 32 lit. a anzusehen; es ist daher bei Kaufverträgen über eine Privateisenbahn oder Kleinbahn (eine Bahneinheit i. S. des Ges. v. 19. 8. 95) der ImmobiliarSt. von dem gesamten Kaufpreis einschließlich des auf die beweglichen Bestandteile des Bahnunternehmens entfallenden Teils zu entrichten. RG. 18. 3. 02, Entsch. Bd. 51 S. 101.

c) Ein Vertrag über die Bestellung eines Erbbaurechts gegen Entgelt ist als Veräußerungsgeschäft über eine unbewegliche Sache oder diesem gleich geachtetes Recht anzusehen. Mit dem Wesen des Erbbaurechts ist die Setzung einer zeitlichen Grenze an sich nicht unverträglich; das Gesetz schließt die Beifügung von Bedingungen, insbesondere kassatorischen Klauseln, nicht aus; unwesentlich für das Erbbaurecht ist die Regelung des Entgelts, dieser Punkt ist vielmehr lediglich dem Parteibelieben überlassen. Fällt ein lästiger Vertrag, der auf die Übertragung eines bereits bestehenden Erbbaurechts gerichtet ist, unbedenklich unter Tarifstelle 32 (§ 1017 Abs. 2 BGB.), so ist dies auch mit dem obligatorischen auf Begründung des Erbbaurechts abzielenden Vertrage der Fall. FM. 12. 10. 05 III 12992, RG. 16. 5. 05, Entsch. Bd. 61 S. 1, ZBl. S. 739.

15. a) Für die Beurteilung, ob und wann Maschinen und die mit ihnen in Verbindung gebrachten Anlagen als „wesentlicher Bestandteil" oder als „Zubehör" aufzufassen sind, hat das RG. im Urteil v. 29. 5. 08, Bd. 69 S. 150 Grundlinien festgestellt. Vgl. auch die Urteile v. 2. 11. 07, JW. S. 3 v. 08, u. v. 26. 6. 08, JW. S. 517 u. 15. 1. 09, JW. S. 130.

Die Frage, ob Maschinen den Charakter von Bestandteilen oder von Zubehör tragen, kann nur an der Hand der Bestimmungen der §§ 93, 94, 97, 98 BGB. nach Maßgabe der Beschaffenheit des einzelnen Falles entschieden werden. RG. 29. 5. 08, VII, JW. S. 515. Auch in diesem Urteil hat sich das RG. allgemein darüber geäußert, unter welchen Umständen Maschinen wesentliche Bestandteile oder Zubehör sein werden.

b) Eine Sache (Maschine) ist dann als Bestandteil eines industriellen Unternehmens anzusehen, wenn sie dergestalt in das Gebäude aufgegangen ist, daß sie nur noch als Sachteil des Gebäudes und mit diesem als eine einzige

Noch: Zu Tarifnummer 32.

körperliche Sache erscheint. Das ist unter Umständen auch bei einer nicht festen Verbindung möglich, nämlich dann, wenn die Herrichtung und Einrichtung des gewerblichen Gebäudes eine solche ist, daß trotz der losen Verbindung alles zusammen doch nur als eine Sache gilt und als solche auch im Verkehre aufgefaßt wird (RG. Bd. 67 S. 30). Diese Grundsätze haben Anwendung gefunden auf ein Automaten-Restaurations-Grundstück in bezug auf den in das Grundstück mit einem Kostenaufwand von 50000 Mk. eingebauten Automaten. RG 10. 7. 09, JW. S. 484.

c) Maschinen, die untrennbar mit dem Grund und Boden verbunden sind, insbesondere Maschinen einer Fabrik, bilden Substanzteile des Gebäudes und haben damit Immobiliareigenschaft. RG. 16. 3. 00.

d) Bei Entscheidung der Frage, ob eine elektrische Beleuchtungsanlage ein „wesentlicher Bestandteil" eines Hotels ist, hat das RG. im Urteil v. 28. 6. 04, DJZ. Nr. 20 Beil. sich dahin geäußert, daß der § 93 BGB. nutzloser Zerstörung wirtschaftlicher Werte vorbeugen wolle, daß eine Wesensänderung i. S. dieser Vorschrift schon dann vorliege, wenn das Hotel durch die Beseitigung der elektrischen Anlage eine so erhebliche Einbuße in seiner wirtschaftlichen Bedeutung erleide, daß hierin nach den Anschauungen des Verkehrs eine Wesensänderung zu erblicken sei, nicht bloß dann, wenn es seinen Charakter als Hotel überhaupt verliere.

e) Das Leitungsnetz eines Elektrizitätswerkes ist auch insoweit, als es sich über die räumlichen Grenzen des Grundstücks, auf dem sich die elektrische Beleuchtungsanlage befindet, hinaus erstreckt, als Substanzteil (Bestandteil) dieses Grundstücks anzusehen. RG 7. 11. 00, Entsch. Bd. 48 S. 267. Auch im Urteil v. 23. 6. 06, JW. S 541 ist die elektrische Anlage als wesentlicher Bestandteil eines Fabrikgrundstücks erklärt.

Ebenso das zu einer Gasanstalt gehörige Rohrnetz RG. 21. 12. 96, Entsch. Bd 39 S. 205 und das zu einem Wasserwerk gehörige Rohrnetz und Reservoir, selbst bei einer Zeitbeschränkung in bezug auf die Verbindung Denn es kommt nicht sowohl auf die Zeitdauer an, für welche die Verbindung beabsichtigt ist, als vielmehr darauf, ob der Wegfall der Verbindung von vornherein beabsichtigt war oder nach der Natur des Zweckes sicher ist (RG. 23. 6. 06) FM. 29. 1 07 III 20364. Die vorliegende Beschränkung auf 50 Jahre war durch besondere Umstände veranlaßt.

f) Eine Kanalisationsanlage ist, wenn sie den Gegenstand eines Veräußerungsvertrages bildet, als eine unbewegliche Sache (§ 6 ALR. I 2) anzusehen; desgl. eine auf fremdem Grund und Boden angelegte Straßeneisenbahn. RG. 5. 12. 98, JW. 99 S. 81; wie beim Verkauf eines Straßenbahnunternehmens nebst Gleisanlage die letztere. RG. 21. 3. 99.

g) Wesentlicher Bestandteil einer Dampfmühle ist eine in die Mühle eingebaute Lokomobile (RG. 20. 2. 06, JW. S. 189), und wesentlicher Bestandteil einer Dampfziegelei der zu ihrem Betriebe gehörige Benzinmotor. RG. 16. 2. 06, JW. S. 190. — Vgl. unten A. 18d.

h) Eine einer Ziegelei gelieferte Maschine, an der sich der Lieferant das Eigentum vorbehalten hat, ist nicht Bestandteil der Ziegelei geworden; sie war seinerzeit als sog. Katalogware bezogen und nur in lose Verbindung mit dem Grundstück gebracht RG 10 7. 09, JW. S. 485.

Noch: Zu Tarifnummer 32.

i) Wesentlicher Bestandteil eines Fabrikgebäudes ist die Kraftmaschinenanlage. RG. 5. 2. 07, JW. S. 242.

k) Darüber, ob und unter welchen Voraussetzungen der Motor einer Fleischwarenfabrik wesentlicher Bestandteil derselben ist, hat sich das RG. im Urteil v. 26. 6. 08, JW. S. 517 geäußert.

l) Einer in einem Sägereianwesen befindlichen Lokomobile hat das RG. im Urteil v 12. 1 10, JW. S. 182 die Bestandteilseigenschaft i. S. des § 93 BGB. abgesprochen. Die Einheitlichkeit des Ganzen sei nur eine wirtschaftliche; das Gesetz erfordere eine Sacheinheit, die Maschine müsse aufgehört haben, ein selbständiger Körper zu sein, sie müsse nur noch als Sachteil des gewerblichen Gebäudes sich darstellen und mit diesem nach der Verkehrsauffassung nur eine Sache bilden. An diesen Voraussetzungen fehle es hier.

m) Die Eigenschaft eines Grundstücksbestandteiles hat nicht eine Schnellpresse, die in einem zum Druckereibetriebe bestimmten Gebäude aufgestellt ist. RG. 4. 4 08, JW. S. 322.

n) Das einem Mitgliede des Rheinisch-Westfälischen Kohlensyndikats zustehende sogenannte Beteiligungsanteil gehört nicht zu den unbeweglichen Sachen oder diesen gleichgeachteten Rechten. RG. 16. 2. 09, JW S. 238.

16. a) Der im Abs. 1 zu b für ausländische Grundstücke bestimmte FestSt. erstreckt sich nicht auf die mit solchen Grundstücken veräußerten beweglichen Sachen; die letzteren unterliegen, auch wenn sie sich im StAuslande befinden, dem WertSt. von 1/3 v. H. Dieser Grundsatz hat zu Klagen Anlaß gegeben, da in außerpreußischen Staaten Verträge über Veräußerungen beweglicher Sachen ebenfalls StAbgaben unterworfen zu werden pflegen, so daß Doppelversteuerungen eintreten können. Zur Vermeidung etwaiger Doppelversteuerungen ist deshalb in den Entwurf eine Bestimmung aufgenommen worden, wonach der von 1,50 Mk. auf 3 Mk. zu erhöhende feste St. sich zugleich auf im Auslande befindliche bewegliche Sachen bezieht, insoweit sie Zubehör der Grundstücke sind. — Die Worte des jetzigen Tarifs: „(auch Lieferungsverträge)" sind im Entwurf weggelassen, da das BGB. diese Verträge nicht mehr kennt. Begr. S. 11 (09).

b) Der § 313 BGB. ist auf den Abschluß von Verträgen über ausländische Grundstücke, wenn er im Inland vorgenommen ist, nicht anwendbar. Hier entscheidet die lex rei sitae. RG. 3. 3. 06, DJZ. S. 543.

17. a) Unter lit. c fallen auch solche bewegliche Sachen, die sich im Auslande befinden, sofern sie nicht Substanzteile eines Grundstücks bilden. RG. 10. 5. 97, JW. S. 357. — Vgl. oben A. 16.

b) Zu den „anderen Gegenständen aller Art" sind auch Nutungsrechte zu zählen, da sie sachenartige, dauernde Rechte darstellen, wie das Patentrecht und das Recht auf ausschließliche Benutzung und Verarbeitung eines noch zu erteilenden Patents. RG. 8. 2. 10, Entsch. Bd. 73 S. 121.

18. a) Der Eigentümer eines mit einem Wohnhause und Ziegeleigebäuden besetzten Grundstücks hatte den benachbarten Pfarracker zur Entnahme des nötigen Lehms gepachtet und auf ihm einen Anbau des Maschinenhauses errichtet, mit welchem Maschinen niet- und nagelfest verbunden waren, sowie einen Schuppen und eine Feldbahn. Der Ersteher des dem Kläger gehörigen

Noch: Zu Tarifnummer 32.

Grundstücks pachtete gleichfalls den Pfarracker und nahm mit dem ihm zugeschlagenen Grundstück auch die Gebäude und festen Maschinen mit der Feldbahn, die sich auf dem Pfarracker befanden, sowie die losen Maschinen und Geräte, die zur Lehmaufnahme gedient hatten, in Besitz: die Klage auf Herausgabe ist zurückgewiesen. Die von dem Pächter für eigene Zwecke auf dem Pfarracker errichteten Gebäude seien i. S. des BGB. bewegliche Sachen, weil nur einem vorübergehenden Zwecke dienend, wenn auch die Pacht auf längere Zeit abgeschlossen wäre. Derartige Gebäude seien nicht Bestandteile des Grundstücks, auf dem sie stehen, § 95 BGB. Voraussetzung der Eigenschaft eines Zubehörs zu einem Grundstück sei nicht, daß sich die Sache auf demselben Grundstück befinde, sondern nur ein ihrer Bestimmung entsprechendes räumliches Verhältnis zur Hauptsache. RG. 19. 9. 03, DJZ. Nr 21 Beil.

b) A. verkauft an B. zur Sicherheit für ein ihm gewährtes Darlehn sein Fabrikgebäude nebst maschineller Einrichtung, das A. für seinen Betrieb auf gepachtetem Areal errichtet hat, mit der Verpflichtung, es bei Beendigung des Pachtverhältnisses wieder zu beseitigen: Es liegt ein Kauf über eine bewegliche Sache vor. RG 23. 9. 04, Entsch. Bd. 59 S. 20

c) Verträge zwischen dem Domänenfiskus und dem Pächter über den Verkauf der von dem letzteren auf den Pachtgrundstücken errichteten superinventarischen Gebäude sind nur mit $^1/_3$% zu versteuern. Dem Eigentumserwerb des Fiskus an den Gebäuden mit deren Einrichtung (§§ 94, 946 BGB.) steht die Bestimmung des § 95 BGB. entgegen, da die Gebäude unter den vorliegenden Umständen als zu vorübergehenden Zwecken errichtet anzusehen sind. Der Pächter blieb also verfügungsberechtigter Eigentümer. Der Verkauf dieser Gebäude, die nicht Bestandteile des Grundstücks sind, weil nur zu vorübergehenden Zwecken mit ihm verbunden, ist als ein Verkauf über eine bewegliche Sache anzusehen (vgl. RG. 23. 9 04, Entsch. Bd. 59 S. 19) FM. 27. 10. 06 III 14118.

d) Eine zu vorübergehenden Zwecken aufgestellte, wenn auch verbundene Lokomobile ist eine bewegliche Sache und nicht Bestandteil des Grundstücks. RG. 12. 4. 04, JW. S. 336

e) Verkauf eines Gebäudes ohne Grund und Boden ist Immobiliar-, dagegen zum Abbruch Mobiliarvertrag. RG. 7. 3. 99, JW. S. 250. Jedoch handelt es sich beim Verkauf von Häusern auf Abbruch um den Verkauf zukünftiger Abbruchsmaterialien. Es muß deshalb geprüft werden, ob auf die veräußerten beweglichen Sachen, nämlich die Materialien, die Befreiungsvorschrift nach der Sachlage Anwendung erleidet. RG. 8. 12. 05, JW. S. 96 v. 06. — Vgl. unten A. 50m.

f) A. verpachtet an B. eine Parzelle zum Zweck der Nutzung durch Abholzung und Verwertung des darauf befindlichen Holzbestandes auf 5 Jahre. Der in einer Summe bestimmte Pachtpreis beträgt 125000 Mk. Die abgeholzten Flächen sind einplaniert zurückzugeben, und zwar schon während der Pachtzeit, soweit die Abholzung bewirkt ist. Dem Pächter steht frei, das Grundstück schon vor der Abholzung anderweit, etwa durch Abweiden, zu benutzen: Diese Urkunde ist als Kaufvertrag mit $^1/_3$% von 125000 Mk. zu versteuern. FM. 25. 10. 01 III 13035.

Noch: Zu Tarifnummer 32.

g) Die in Verträgen zwischen der Eisenbahnverwaltung und Privaten über die Herstellung einer Anschlußbahnanlage von der Eisenbahnverwaltung übernommene Verpflichtung zur Unterhaltung dieser Anlage erfordert, neben dem allgemeinen VertragsSt, als Lieferungsvertrag besonders den WertSt. von $^1/_3$% in der darstellbaren Hälfte. Dieser LieferungsSt. für die verwendeten Ersatzmaterialien ist zu erheben, so oft den Anschlußinhabern die Rechnung über die Kosten der Ersatzmaterialien mitgeteilt wird. FM. 6. 8 99 III 7465/M. d. ö A 28 11. 00, V A. 8471, EisVBl 00 S. 592.

h) In einem von beiden Teilen unterzeichneten etwa folgendermaßen lautenden Nachtrage zu einem Lieferungsvertrage

Vorstehender Vertrag wird auf das Etatsjahr . . verlängert"

ist von neuem ein stpflichtiger Lieferungsvertrag zu erblicken FM. 5. 1. 03 III 16373.

i) Beurkundung der Übertragung der zahnärztlichen Praxis, d. h. der Aufgabe dieser Praxis zugunsten des Übernehmers gegen einen Preis unterliegt dem WertSt nach Tarifstelle 32 nicht. FM 20 12. 00 III 13244.

Ein solcher Vertrag verstößt übrigens gegen die guten Sitten. RG. 17. 5. 07, JW. S. 473.

k) Über Verlagsverträge s. RG. 21. 6. 01, Entsch Bd 49 S 278 bei Tarif 71 A. 6*l*.

l) Bei der Kgl. Eisenbahndirektion in Berlin, deren Verfahren mit dem bei den übrigen Eisenbahndirektionen geübten im wesentlichen übereinstimmen dürfte, findet eine Beurkundung des Verkaufs von Altmaterialien und dgl. auf folgende Arten statt:

α) Auf das — infolge Ausschreibung eingegangene — Angebot des Bewerbers erteilt ihm die Eisenbahndirektion unter Beifügung von „Bedingungen für den Verkauf $\frac{\text{alter Materialien"}}{\text{von Altpapier}}$ schriftlich den Zuschlag. Zuschlagsschreiben und Bedingungen werden vom Käufer mit dem Vermerk „Anerkannt" versehen und unterschriftlich vollzogen an die Eisenbahndirektion zurückgesandt (Muster I u. II).

β) Auf ein Schreiben des Bewerbers, das anscheinend ein kurzerhand erfordertes Angebot enthält, erklärt die Eisenbahndirektion sich dem Käufer gegenüber schriftlich bereit, „die nachseitig bezeichneten alten unbrauchbaren $\frac{\text{Oberbau-}}{\text{Werkstatts-}}$ Materialien zu dem dabei angegebenen Preise zu verkaufen". Der Bewerber wird ersucht „dieses Zuschlagsschreiben" mit eigenhändiger Unterschrift des Anerkennungsvermerks versehen zurückzusenden. Das Schreiben enthält ferner den Hinweis, daß durch dessen Vollziehung gleichzeitig die beigefügten Bedingungen für den Verkauf alter Materialien als rechtsverbindlich anerkannt würden (Muster III, das bei Verkäufen zum Werte von über 1000 Mk. benutzt zu werden pflegt).

γ) Auf ein anscheinend kurzerhand erfordertes Angebot erklärt die Eisenbahndirektion sich dem Bewerber gegenüber schriftlich bereit, „die nachseitig bezeichneten alten unbrauchbaren Oberbau- (und Werkstatt-) Materalien zu dem dabei angegebenen Preise zu verkaufen". Sie ersucht den Empfang des Schreibens zu bestätigen, mit dem Hinweis,

Noch: Zu Tarifnummer 32.

daß mit dem Eingange des Bestätigungsschreibens bei ihr der Kauf als geschlossen gelte (Muster IV, das bei Verkäufen zum Werte von unter 1000 Mk benutzt zu werden pflegt)

δ) Überzählige Güter und Fundsachen, sowie alte, verwaltungsseitig nicht mehr zu verwendende Inventargegenstände — auch Koksasche, angesammelter Straßenkehricht und dgl — werden von Beamten der Eisenbahnverwaltung öffentlich versteigert (Muster V u. VI)

ε) Der Käufer erkennt schriftlich an, daß ihm aus den Beständen der Eisenbahnverwaltung am . ten . . die . . . . . . Gegenstände für den Preis von Mk. verkauft worden sind (Muster VII)

Was die strechtliche Beurteilung dieser einzelnen Beurkundungsformen anlangt, so sind die zu α u. β bezeichneten Urkunden — vorausgesetzt, daß die Schreiben von der Eisenbahndirektion unterschriftlich vollzogen werden — als förmliche zweiseitige Verträge anzusehen Die Verträge unterliegen daher, falls nicht ein gesetzlicher Befreiungsgrund vorliegt, dem St. der Tarifstelle 32 Abs. 1c, der gemäß § 5 Abs 1b daselbst nur zur Hälfte zu erheben ist

Die Vereinbarung eines Schiedsgerichts in den, einen Bestandteil des Vertrages bildenden Bedingungen erfordert gemäß Tarifstelle 71 Ziff 2 Abs. 1 und § 5 Abs 1b als Nebenvertrag einen St. — in der darstellbaren Hälfte — von 1 Mk Ist jedoch der Hauptvertrag stfrei, etwa weil es sich um einen Kaufvertrag i. S. der Befreiungsvorschrift zu 3 der Tarifstelle 32 Abs. 10 handelt, so ist der Nebenvertrag stfrei, da zu ihm nicht mehr St. erhoben werden darf, als zu dem Hauptvertrage erforderlich ist (Tarifstelle 71 Ziffer 2 Abs. 1 am Schlusse).

Die Verträge der zu γ erwähnten Art sind als durch Briefwechsel zustande gekommen anzusehen. Sie werden gemäß § 1 Abs. 3 Satz 1 von der Steuerpflicht nicht erfaßt, da die Ausnahmebestimmungen des Satzes 2 nicht anwendbar erscheinen.

Die zu δ erwähnten Versteigerungsverhandlungen sind steuerfrei, da die versteigernden Eisenbahnbeamten als Vertreter des Eisenbahnfiskus handeln — Tarifstelle 9

Die zu ε bezeichneten Anerkenntnisse sind nach dem neu eingeführten Abs. 5 der Tarifstelle 32 steuerpflichtig, sofern nicht ein besonderer Befreiungsgrund gegeben ist.

Soweit hiernach an sich stpflichtige Urkunden in Frage kommen, wird in der Regel die Befreiungsvorschrift Ziffer 3 der Tarifstelle 32 Platz greifen, da es sich meist um Mengen von Sachen handeln wird, die zur Wiederveräußerung in derselben Beschaffenheit oder nach vorgängiger Bearbeitung oder Verarbeitung dienen sollen. FM. 16. 4 10 III 1955, Nr 23 des Eisenbahnnachrichtenblattes v. 21. 5. 10

19. Den Unterschied zwischen Kauf und Licenz stellt das RG. dahin fest, daß Kaufvertrag vorliegt, wenn es sich um die Übertragung des ausschließlichen Benutzungsrechts selbst, wenn auch vielleicht unter räumlicher und zeitlicher Einschränkung der Ausübung des Rechts und einer Produktionsbeschränkung, ein Licenzvertrag, wenn es sich um die jemandem für seine Person erteilte Erlaubnis zur Benutzung des Patents handelt

Noch: Zu Tarifnummer 32.

Ein Licenzvertrag würde nach Tarifstelle 48 zu versteuern sein. FM. 13. 2. 04 III 1678.

Ein Vertrag über die Überlassung des ausschließlichen Benutzungsrechts einer Erfindung, sowie des ausschließlichen Verwertungsrechts der für sie erteilten oder noch zu erteilenden Patente gegen ein bestimmtes Entgelt unterliegt daher der Tarifstelle 32c. RG. 20. 10. 03 und 10. 4. 06, ZBl. S. 19 v. 04 und S. 799 v. 06. — Vgl. A. 2 zu § 6 und A. 11 zu § 16.

20. a) Für einen den §§ 2371 ff. BGB. unterfallenden Erbschaftskauf ist der St. nach Maßgabe des Kaufpreises zuzüglich der als ausbedungene Leistung zu behandelnden Pflicht zu Deckung bestimmt bezifferter Nachlaßschulden in der Weise zu berechnen, daß für inländische Immobilien 1 %, für außerhalb Landes befindliche Immobilien 1 Mk. 50 Pf. — jetzt 3 Mk. — und für andere Nachlaßobjekte 1/3 % zum Ansatz kommen. Dabei sind Abs. 1 u. 2 des § 10 LStG. zu beachten. Geht der Wert der Gegenleistung des Erbschaftskäufers aus dem Vertrage nicht hervor, so sind die Werte der einzelnen Nachlaßobjekte nach Tarifstelle 32 Abs 1 Buchst. a—c zu versteuern. KG. 17. 9 00, Joh. Bd. 20 S. B 36.

b) Der Verkauf von Erbteilen durch einzelne Miterben erfordert, auch wenn Grundstücke zum Nachlaß gehören, 1/3 % St. Der Betrag der übernommenen Nachlaßschulden ist dem Kaufpreise nicht hinzuzurechnen, da die Übernahme nicht aus dem Vertrage, sondern aus § 2378 BGB. folgt, eine ausbedungene Leistung sonach nicht vorliegt. KG. 22. 2. 04, Joh. Bd. 28 S. B 77.

c) Ein die Veräußerung eines Erbschaftsteiles bezweckender Vergleich bedarf als Erbschaftskauf der für diesen erforderlichen Form. RG. 19. 10. 05, JW. S. 721.

d) Ein Erbschaftskauf über einen Erbanspruch an einzelnen Teilen des Nachlasses ist nichtig, z. B. der Kauf des Erbanspruchs an dem gesamten Grundbesitz des Erblassers, weil nur ein Anspruch auf das Vermögen des Erblassers als Ganzes, das Aktiva und Passiva umfaßt, besteht. RG. 31. 5. 05, JW. S. 437.

e) Der Erbschaftskauf über eine nach Art. 213 EG.BGB. den bisherigen Gesetzen unterworfene Erbschaft oder über Anteile an derselben bedarf der gerichtlichen oder notariellen Beurkundung nach § 2371 BGB. nicht. RG. 5. 4. 10, Entsch. Bd. 73 S. 291.

21. a) Zu den ausbedungenen Leistungen die bei Berechnung des Kauf- oder AuflassungsSt. dem Kaufpreise zuzuzählen sind, gehören nur Hypotheken, Grundschulden, Rentenschulden, Pfandrechte, nicht aber Altenteile, Rentenbankrenten oder sonstige dingliche Rechte irgendwelcher Art, auch wenn sie im Vertrage vom Käufer übernommen werden. KG. 10. 11. 02, Joh. Bd. 25 S. C 15.

b) Übernimmt bei einem Grundstückskaufe der Käufer einen vor oder nach dem Inkrafttreten des BGB. bereits eingetragenen Altenteil, so ist dessen Wert bei der Berechnung des KaufSt. und der Auflassungskosten dem Kaufpreise nicht hinzuzurechnen. KG. 2. 5. 04, Joh. Bd. 28 S. B 26. Anders läge es, wenn etwa der Käufer auch die während der Besitzzeit des Verkäufers fällig gewordenen Altenteilsleistungen übernähme.

Noch: Zu Tarifnummer 32.

c) Ein Erbpachtskanon wird dadurch, daß der Käufer ihn im Kaufvertrage übernimmt, nicht zu einer ausbedungenen Leistung, ist also bei der StBerechnung nicht dem Kaufpreise hinzuzurechnen. Ist derselbe dagegen im Zwangsversteigerungsverfahren ein Bestandteil des geringsten Gebotes, so ist er als Teil des Kaufpreises zu verstempeln. KG. 20. 6. 04, Joh. Bd. 28 S. B 80.

d) Einräumung einer Wegegerechtigkeit seitens des Verkäufers an Käufer ist Kaufbedingung, dagegen ist die vom Käufer dem Verkäufer gegenüber übernommene Verpflichtung, gewissen anderen Parzellenerwerbern eine Wegegerechtigkeit an der verkauften Parzelle einzuräumen, ausbedungene Leistung oder vorbehaltene Nutzung. FM. 21. 12. 99 III 15690.

e) In einem von mehreren Erben als Verkäufern abgeschlossenen Kaufvertrage ist bestimmt, daß 3000 Mark an den einen Erben, der Rest des Kaufgeldes von 10000 Mark an den andern gezahlt werden sollen: diese die Art der Zahlung des Kaufpreises betreffende Abrede enthält lediglich eine Kaufbedingung, die durch den KaufSt mit gedeckt wird. FM. 17. 12. 01 III 15629.

f) A. hat sein Geschäft für 30000 Mk. an B. verkauft. Die 30000 Mk. sollten in Raten von je 500 Mk. abgezahlt werden; falls B. vor Zahlung der gesamten 30000 Mark verstirbt, soll die dann noch vorhandene Kaufgelderrestschuld dem Käufer erlassen sein. A. ist gestorben, nachdem erst ein Teil der 30000 Mk. gezahlt war: Der Erlaß stellt sich nicht als ein selbständiges Rechtsgeschäft neben dem Kaufvertrage dar, er ist insbesondere nicht als Schenkung aufzufassen, auch sind mit Rücksicht auf den bedingten Erlaß des Kaufgeldes die verkauften Gegenstände selbst nicht als geschenkt anzusehen; die Festsetzung über diesen ev. Erlaß enthält vielmehr nur eine für den Kaufpreis wesentliche Abrede. RG 21. 5. 94.

g) Bei der Veräußerung eines Handelsgeschäfts als eines Ganzen stellt sich die Übernahme der zum Geschäft gehörigen Verbindlichkeiten durch den Erwerber als eine ausbedungene Leistung dar. RG. 23. 11. 06, Holdh. S. 245 v. 07.

h) Wenn bei Grundstückskaufverträgen, in welchen der Kaufpreis auf einen bestimmten Betrag für das Quadratmeter festgesetzt und die Ermittelung der Größe des Grundstücks durch eine demnächst vorzunehmende Vermessung vorbehalten ist, die Umgrenzung des verkauften Grundstücks feststeht, so liegt ein Kaufgeschäft über eine bestimmte Sache vor und ist auch der Kaufpreis in objektiv bestimmbarer Weise bedungen; nur dessen Berechnung ist vorbehalten. Der St. ist nach dem ungefähren Flächeninhalt sofort zu verwenden. Ist ein ungefährer Flächeninhalt nicht angegeben, so ist nach § 8 d. G. zur annähernden Schätzung aufzufordern; kann nicht annähernd geschätzt werden, so erfolgt Überwachung. FM. 22. 9. 03 III 11976. Erfolgt nach stattgehabter Vermessung die Auflassung, so wird der etwaige FehlSt., auch wenn es sich um notarielle Verträge handelt, mit den Gerichtskosten eingezogen.

i) Nach Inhalt des Abkommens stellt es sich erst nach 6 Jahren heraus, ob es als Mietvertrag oder als Kaufvertrag anzusehen ist, indem, wenn die Miete 6 Jahre lang pünktlich bezahlt ist, die Wagen

Noch: Zu Tarifnummer 32.

ohne weitere Entschädigung in das Eigentum des Mieters übergehen, die bis dahin gezahlte Miete also als Kaufpreis gilt: da der Übergang der Wagen in das Eigentum des Mieters somit erst nach 6 Jahren erfolgt, kann auch nur der Gesamtbetrag der bis dahin gezahlten Mietbeträge als Kaufpreis betrachtet und der Berechnung des KaufSt. zugrunde gelegt werden, ohne Berücksichtigung des Umstandes, daß in dem Vertrage ein Teil dieses Gesamtbetrages als Zinsen bezeichnet ist. FM. 6. 7. 03 III 9501.

k) A. verkauft der Gesellschaft B. sein Grundstück für 86000 Mk. Hiervon werden 6000 Mk. auf die Stammeinlage des Verkäufers gerechnet, der Rest ist in 16 unverzinslichen Jahresraten zu zahlen: Die Urkunde ist mit 1 % zu versteuern, ein Zwischenzins ist nicht in Abrechnung zu bringen; der Erwerb des Grundstücks bildet den Hauptgegenstand des Vertrages, nicht der Erwerb einer Rente; § 6 Abs. 1 u. Abs. 12 d. G. findet keine Anwendung. RG. 12. 6. 08, Entsch. Bd. 69 S. 171.

l) Im Vertrag selbst angezogene Kostenanschläge gelten als Teile des Vertrages auch für die StBerechnung. FM. 26. 6. 99 III 8072.

m) Die Passiva sind dem baren Kaufpreise bei Berechnung des KaufSt. hinzuzurechnen, selbst wenn ein Vermögensinbegriff, eine Rechtsgesamtheit, verkauft ist. RG. 22. 5. 00, Entsch. Bd. 46 S. 266. Gegenstand des Kaufes war die Berliner Zweigniederlassung einer auswärtigen Aktiengesellschaft mit allen Aktiven und Passiven und dem Recht der Firmenzeichnung. Der Kaufpreis betrug 100000 Mk. Der Betrag der von der Käuferin übernommenen Passiva, der im Vertrage nicht angegeben war, wurde nachträglich auf 195119 Mk. festgestellt, denen 126676 Mk. an Außenständen gegenüberstanden. Zu dem Vertrage wurde ein St. von 333,50 Mk. (1/3 % von 100000 Mk.) verwendet. Die Steuerbehörde erforderte einen weiteren St. von 650 Mk. 50 Pf., weil die Summe der übernommenen Passiven als „eine ausbedungene Leistung" zu dem Kaufpreise hinzugerechnet werden müsse. Das RG. trat der Auffassung der Steuerbehörde bei.

n) Auf dem erworbenen Grundstücke stehen für den Käufer selbst noch Hypotheken eingetragen. Da diese Hypotheken schon bei ihrem Erwerb durch den Käufer anerkanntermaßen nicht zu Recht bestanden, hat der Käufer auf die Geltendmachung dinglicher und persönlicher Ansprüche daraus verzichtet: Wenn auch diese Verzichtserklärung einen Teil der Gegenleistung bildet, so kommt bei der Wertlosigkeit dieser Gegenleistung für die StBerechnung der Verzicht nicht weiter in Frage. RG. 5. 2. 07 VII.

o) Die vom Käufer übernommene Verpflichtung, bei einem Weiterverkauf 2/3 des Mehrerlöses an den Verkäufer zu zahlen, ist bedingte Erhöhung des Kaufpreises. FM. 7. 3. 98 III 3281.

p) Bei der vom Käufer übernommenen Verpflichtung zur Zahlung auch der durch die freiwillige Versteigerung des Kaufobjektes bei dem Auktionator entstandenen Kosten sowie zur Zahlung oder Erstattung einer etwaigen Provision, falls solche von einem Dritten gegen den Verkäufer erstritten werden sollte, treten diese als ausbedungene Leistung bei Berechnung des St. dem Kaufpreise hinzu. KG. 29. 5. 99, Joh. Bd. 19 S. 186. — Vgl. FM. 13. 1. 99 III 268 und unten Buchst. w. Desgleichen treten

Noch: Zu Tarifnummer 32.

q) die vom Käufer übernommenen Vermessungs- und Kartierungskosten. FM. 13. 1. 99 III 268,

ein für Verkäufer vorbehaltenes Wohnungsrecht. FM. 22. 1. 00 III 655, sowie

die ortsstatutmäßig zu zahlenden Straßenregulierungskosten (RG. 17. 2. 98) dem Kaufpreise hinzu. Es handelt im letzteren Falle sich um einen von der Stadtgemeinde Berlin als Verkäuferin selbst abgeschlossenen Kaufvertrag, in dem ein Teil des Kaufpreises auf die Straßenregulierungskosten gerechnet war. — Vgl. folgende Anm.

r) Die Verpflichtung zur Zahlung eines Beitrages zu den Pflasterkosten, wenn solche den Anliegern einer neuen zur Bebauung bestimmten Straße durch ein auf Grund § 15 G. v. 2. 7. 75 erlassenes Ortsstatut auferlegt ist, ist als eine auf dem Grundstück ruhende gemeine Last anzusehen, die kraft Gesetzes auf den Besitznachfolger übergeht. Das Ausbedingen einer Leistung würde nur vorliegen, wenn z. B. des Vertragsschlusses die Fälligkeit der Pflasterkosten schon eingetreten war. RG. 23. 2. 99, JW. S. 251, Gruch. Jahrg. 43 S. 1076. Im vorliegenden Fall waren sie bei Beginn der Errichtung des Gebäudes zu zahlen; zur Zeit des Vertragsschlusses war aber mit dem Gebäude noch nicht begonnen, der Verkäufer von einer Verpflichtung der Stadtgemeinde gegenüber also noch frei.

s) Wenn in Grundstückskaufverträgen der Verkäufer sich die Abholzung und Nutzung der auf dem Grundstücke stehenden Bäume vorbehalten hat, so tritt der Wert des Baumbestandes als vorbehaltene Nutzung dem Kaufpreise hinzu.

t) Nach Inhalt des Kaufvertrages fallen die Verpackungskosten den Käufern zur Last: Eine derartige Vereinbarung ist Bestandteil des Kaufvertrages, da die Verpackung zum Zweck der Versendung geschieht und diese zur Abwickelung des Kaufgeschäfts gehört. Die Besorgung der Verpackung geht jedoch, wenn, wie vorliegend Berlin Erfüllungsort ist, die Übersendung aber nach einem anderen Ort zu erfolgen hat, über die gesetzlichen Verpflichtungen des Verkäufers hinaus; wenn in solchem Fall Verkäufer die Besorgung der Vepackung übernimmt, so liegt eine ausbedungene, dem Kaufpreise hinzutretende Leistung vor. KG. 20. 5. 04.

u) Die Käufer haben neben dem Kaufpreise noch weitere 1000 Mk. Konventionalstrafe zu zahlen, wenn sie zu einem bestimmten Zeitpunkt mit dem Bau eines Wohnhauses nicht begonnen haben: Dies ist keine ausbedungene Leistung. FM. 14. 7. 96 III 9090. — Vgl. A. 6nγ zu Tarif 71.

v) Die Übernahme der Kosten des Vertrages, der Auflassung und der Hypothekenbestellung, sowie des WertSt. und der Umsatzsteuer, gleichviel, ob sie vom Käufer oder Verkäufer erfolgt, bleibt bei der Berechnung des KaufSt. außer Betracht. FM. 15. 10. 06 III 16745.

w) Übernimmt ein Käufer die Verpflichtung, die vom Verkäufer an X. bezahlte Abschlußprovision für ein Baugelddarlehn diesem wieder zu erstatten, so ist damit keine Gegenleistung für das Grundstück vereinbart, sondern ein besonderer allgemeiner Vertrag beurkundet. RG. 14. 7. 99. — Vgl. oben Buchst. p.

Noch: Zu Tarifnummer 32.

22. a) Der Begriff des Tausches ist im BGB kein anderer als nach dem gemeinen Recht und dem ALR. Der Kauf geht auf den Umsatz von Ware gegen Geld, der Tausch dagegen auf den Umsatz von Ware gegen Ware, die Gegenleistung besteht bei dem letzteren nicht in dem allgemeinen Tauschmittel des Geldes. RG. 11 4. 05, JW S. 349.

b) Ein Tausch liegt nur dann vor, wenn in der Vertragsurkunde die beiderseitig versprochene Hingabe des Gegenstandes in dem unmittelbaren Verhältnis von Leistung und Gegenleistung zum Ausdruck gebracht ist. Ob diese Voraussetzung zutrifft, muß aus der Absicht der Parteien, insoweit sie aus dem Urkundeninhalt erkennbar ist, entnommen werden. Mot S. 43, § 363 ALR. I 11, FM. 27. 3. 97 III 3209, RG. 30. 11. 96, JW 97 S 69 und RG. 11. 6. 01. — Über Auflassungen vertauschter Grundstücke ohne Vorlegung eines Tauschvertrages vgl. A. 12c bei Tarif 8.

23 a) Unter „Wert" ist hier der objektive gemeine Wert zu verstehen (Entsch. Bd. 54 S. 378), der sich ausschließlich nach dem Substanzwert des Gegenstandes bemißt ohne Rücksicht auf die rechtlichen Beziehungen, in welchen er steht, insbesondere ohne jede Rücksicht auf die darauf ruhende Belastung, mag diese beschaffen sein, wie sie will. Demgemäß ist es völlig gleichgültig, ob diese Belastung in einer Hypothek oder, wie bei der Rentenbankrente, in einer Reallast besteht RG 18. 10 07, ZBl S 30 v 08

b) Bei Tauschverträgen berechnet sich der St. nach dem Werte derjenigen Tauschgegenstände, welche die höhere StAbgabe erfordern. KG. 2. 5. 04, Joh Bd 28 S B 84. Grundstücke im Werte von 42000 Mk. einschließlich 6000 Mk Inventarwert waren gegen solche im Werte von 39000 Mk. einschließlich 1000 Mk. Inventarwert eingetauscht. An St. waren 1 % von 38000 Mk. und 1/3 % von 1000 Mk erforderlich.

c) Der St. darf bei Tauschverträgen nicht nach der Höhe der vertragsmäßig festgesetzten Gegenleistung angesetzt werden; vielmehr kommt dafür der objektive gemeine Wert der in Tausch gegebenen Gegenstände in Betracht. Hierzu sind aber nicht die zur Ausgleichung nebenher erfolgenden Leistungen zu rechnen RG. 15. 5. 03, Entsch. Bd. 54 S. 376.

24. Der Austausch von Forderungsrechten gehört i. S. des StRechts nicht zu den Tauschverträgen, denen gegenüber den Doppelkäufen durch den Abs. 2 eine steuerliche Vergünstigung gewährt ist. Denn dieser Absatz stellt nur eine für die StBerechnung gegebene Erläuterung des Abs. 1 dar und der letztere unterwirft nur die lästigen Veräußerungsverträge über körperliche Sachen und dauernde Rechte dem WertSt., während die gesondert beurkundete Vereinbarung über die Abtretung einer Forderung nach Tarif 71 und die Abtretung selbst nach Tarif 2 zu versteuern sind. RG. 4 11. 04 VII, Holdh. S. 150 v. 05, KG. 15. 2. 06, Joh. Bd. 32 S. B 53.

25. Teilungsverträge zwischen Miteigentümern von Grundstücken sind wie Tauschverträge zu versteuern. Bei der Wertberechnung ist der Miteigentumsanteil des einzelnen abzuziehen. Im Urteil wird der St. im Einzelfall berechnet, wenn zwei Personen zwei gleichwertige Grundstücke, die zu gleichen Bruchteilen in ihrem Miteigentum stehen, so unter sich teilen, daß jeder eines dieser Grundstücke erhält, ebenso bei gleicher Teilung von drei gleichwertigen zu gleichen Bruchteilen im Miteigentum dreier Personen stehenden Grundstücken, endlich wenn drei zu gleichen Bruchteilen im Miteigentum dreier

Noch: Zu Tarifnummer 32.

Personen stehende Grundstücke verschiedenwertig sind und trotzdem ohne Geldausgleichung jedem Miteigentümer eines dieser Grundstücke als Alleineigentum zugewiesen wird. RG. 8. 7. 04, ZBl. S. 29ff. v. 05, JMBl. S. 97 v. 05.

26. Tauschvertrag ist u. a. in folgenden Fällen angenommen:

a) V. offeriert der B. sein Grundstück W. zum Preise von 650000 Mk. zum Tausch gegen 2 der B. gehörige Parzellen im Werte von 437000 Mk Auf dem mit 650000 Mk. bewerteten Grundstück des V. stehen 390000 Mk. eingetragen, welche die B. zu übernehmen hat, so daß 260000 Mk. verbleiben; auf dem mit 437000 Mk. bewerteten Grundstück der B. steht nichts eingetragen. Von diesen 437000 Mk. kommen die vorbezeichneten Resttauschgelder von 260000 Mk. in Abzug, so daß für Frau B. ein Restkaufgeld von 177000 Mk. verbleibt, welches kreditiert wird.

Frau B. hat die Offerte angenommen. RG. 15. 3. 04, Entsch. Bd. 57 S. 264, ZBl. S. 104, JMBl. S. 302.

b) A. tauscht vier ihm gehörige Grundstücke gegen ein Grundstück des B. ein. Der Wert der Grundstücke des A. beträgt 128000 Mk., der desjenigen des B. 400000 Mk. Auf den Grundstücken des A. ruhen 50000 Mk Hypotheken, auf dem des B. 338000 Mk. Beide Erwerber übernehmen wechselseitig die Hypotheken. Das danach für B. verbleibende Tauschguthaben von 62000 Mk. (62000 Mk. + 338000 Mk. = 400000 Mk.) wird gegen einen gleich hohen Betrag des dem A. verbleibenden Tauschguthabens von 78000 Mk. (50000 Mk. + 78000 Mk. = 128000 Mk.) ausgeglichen und zum weitern Ausgleich hat B. an A. 160000 Mk. zu zahlen. RG 28. 5. 04, Hold. S. 275

c) A. überläßt das Grundstück W. — Angenommener Wert —	800000 Mk.
an B. (die Klägerin). Diese übernimmt von den Hypotheken	595000 „
so daß als Anspruch des A. verbleiben	205000 Mk.
B. erklärt in dem Vertrage eine Schuldverschreibung über ein Resttauschpreis von	150000 Mk.
verbleibt einen Restanspruch für A von	55000 Mk.
B. überläßt das Grundstück Z. an A Angenommener Wert	295000 Mk.
hiervon ab der obige Restanspruch des A. mit	55000 „
bleiben . . .	240000 Mk.

Über diesen Betrag beurkundet A. eine Schuldverschreibung für B.

Neben einem Tauschvertrage kommt die Beurkundung zweier Schuldverschreibungen über je 150000 Mk. in Betracht. Das Wesen des Tauschvertrages erschöpfe sich in dem gegenseitigen Austausche der hinzugebenden Gegenstände und der Herbeiführung des erforderlichen Ausgleichs. Wenn aber gleichzeitig Vereinbarungen getroffen würden, die über den Austausch und den Ausgleich hinausgehen, wenn also hier A, der nur 90000 Mk. (295000 — 205000 Mk.) zu zahlen hat, die Zahlung weiterer 150000 Mk., und B., die an Werten 295000 Mk. hingibt und nur 205000 Mk. empfängt, also beim Ausgleich etwas zu erhalten, nicht aber zu leisten hat, sich zur Zahlung von ebenfalls 150000 Mk. verpflichte, so folge

Noch: Zu Tarifnummer 32.

hieraus, daß diese gegenseitigen Leistungen von 150000 Mk. außerhalb des Rahmens des Tauschvertrages liegen und einen selbständigen Gegenstand der Besteuerung bilden. RG. 4. 11. 04. — Vgl. A. 50 bei Tarif 58.

d) Der festgesetzte Preis für das Grundstück A. von 116000 Mk. wird gedeckt durch Übernahme einer Hypothek von 72000 Mk., Barzahlung von 2000 Mk., Bestellung einer Restkaufgeldhypothek von 30000 Mk. und „Aufrechnung" der Restforderung von 12000 Mk. gegen einen gleich hohen Teilbetrag des dem andern Vertragsteil geschuldeten Preises für die Überlassung des Grundstücks B. Die Deckung des für das Grundstück B. vereinbarten Preises von 73000 Mk. erfolgt durch übernahme von Hypotheken im Betrage von 61000 Mk. und „Aufrechnung" des Restes von 12000 Mk. gegen die vorbezeichnete gleich hohe Preisforderung des andern Vertragsteils: das RG. hat im Urteil v. 18. 1. 10 ZBl. S. 132 einen Tauschvertrag angenommen und zu seiner Begründung auch hingewiesen auf den $\frac{\text{JME. 16. 6. 02 I 4736.}}{\text{FME. III 7972.}}$

27. Doppelter Kauf ist dagegen u. a. in folgenden Fällen angenommen:

a) A. wird Eigentümer des Grundstücks X. gegen Übernahme der darauf ruhenden Hypotheken, B. Eigentümer des Grundstücks Z. gegen Übernahme der Hypotheken und Zuzahlung von 10000 Mk.: Es liegt ohne Rücksicht darauf, ob der Abschluß eines Tauschvertrages beabsichtigt ist, ein doppelseitiger Kauf vor, weil die Übereignung der Grundstücke und ihrer Werte nicht im direkten Verhältnis von Leistung und Gegenleistung zueinander stehen, der Inhalt der Beurkundung nicht erkennen läßt, daß die unmittelbare Leistung eines jeden Vertragschließenden in der Verschaffung eines individuellen Gegenstandes besteht, § 363 LR. I 11. RG. 11. 6. 01, JW. S. 543. — Ebenso entschieden in RG. 26./29. 11. 01, Entsch. Bd. 50 S. 285.

b) A. vertauscht sein Grundstück X. zum angenommenen Wert von 400000 Mk. an B. Dagegen vertauscht B. sein Grundstück Z. zum angenommenen Wert von 64500 Mk. an A. Die auf X. eingetragenen 360000 Mk. übernimmt B., die auf Z. eingetragenen 64500 Mk. übernimmt A. Der Rest des Tauschpreises von 40000 Mk. wird dem B. gestundet. FM. 17. 5. 05 III 6245.

c) Ist in einem als Tauschvertrag bezeichneten Vertrage der Wert der wechselseitig hingegebenen Grundstücke nicht angegeben, die Angabe aber außerhalb der Urkunde nachgeholt und ergibt sich danach, daß der Wert des einen Grundstücks durch die übernommenen Hypotheken vollständig erschöpft wird, so ist der Vertrag als doppelter Kaufvertrag zu versteuern. KG. 5. 10. 05, Joh. 30 S. B 43. Es vertauschen A. und B. ihre Grundstücke miteinander und vereinbaren, daß A. die auf dem B.schen Grundstück lastenden Hypotheken von 91600 Mk. übernimmt und 18400 Mk. zuzahlt, und B. die das A.sche Grundstück belastenden Hypotheken von 112000 Mk. übernimmt.

d) Für Grundstück K. ist ein Wert von 292500 Mk., für das Grundstück W. ein solcher von 38300 Mk. festgesetzt. Der erstere Betrag wird durch Übernahme von Hypothekenschulden in Höhe von 280000 Mk. und Barzahlung von 12500 Mk., der letztere durch Hypothekenübernahme von gleicher Höhe beglichen: Da über die Berichtigung einer jeden der Wertsummen erschöpfende Bestimmungen in der Art getroffen sind, daß ein Ausgleich eines Teiles der

Noch: Zu Tarifnummer 32.

Werte durch gegenseitige Aufrechnung nicht stattgefunden hat, die festgesetzten Werte daher die Eigenschaft von Kaufpreisen haben, handelt es sich um zwei rechtlich selbständige Kaufverträge. Die Merkmale eines Tauschvertrages, daß ein unmittelbarer Austausch von Gegenständen stattfindet und daß bei ungleichwertigen Gegenständen eine Abrechnung der Werte der in Tausch gegebenen Gegenstände und eine Ausgleichung des Überschusses durch Barzahlung, Stundung, Abtretung usw. vorgenommen wird, treffen hier nicht zu. Keiner der Vertragschließenden erhält für die Überlassung seines Grundstücks als Gegenleistung das andere Grundstück oder auch nur einen Teil davon, sondern es sind für jedes Grundstück als Gegenleistung besondere Wertsummen festgesetzt. Den Entscheidungen des RG. v. 15. 5. 03 u. 15. 3. 04 und des KG. v. 2. 11. 03 u. 21. 3. 04 lag ein anderer Sachverhalt zugrunde. FM. 30. 9. 05 III 12541.

e) Im Urteil v. 11. 4. 05, JW. S. 349 hat das RG. ausgesprochen, wie im Anschluß an die Entsch. v. 30. 11. 96, JW. S. 69 v. 97 ständig angenommen sei, daß in Fällen, in denen beide Vertragsteile einander Grundstücke überlassen, wobei der Wert der von der einen Partei hinzugebenden vollständig durch Übernahme von Hypotheken, der Wert der von dem andern Teile zu gewährenden Grundstücke durch Übernahme von Hypotheken und andere Leistungen (Barzahlung, Abtretung von Hypotheken) ausgeglichen werde, stets als doppelte Kaufverträge zu verstempeln seien. — Vgl. auch Entsch. Bd. 50 S. 285 und die dort angeführten Urteile.

f) Die Annahme eines Tauschvertrages, d h. des Auswechselns individueller Gegenstände verschiedener Eigentümer unmittelbar gegeneinander ist dann begrifflich ausgeschlossen, wenn die vereinbarte Gegenleistung für die Hingabe des einzelnen Gegenstandes ohne Heranziehung des Wertes des dagegen hingegebenen Gegenstandes erschöpfend durch anderweite Leistungen (Barzahlung, Übernahme oder Bestellung von Hypotheken, Hingabe an Erfüllungs Statt u. dgl.) gedeckt wird. RG. 18. 1 10, Entsch. Bd. 73 S. 88.

28. Vgl. § 82 ZVG.

29. Es ist in der ersten Zeile des Abs. 2 Ziffer 2 zwischen den Worten „bei" und „Zwangsversteigerungen" das Wort „gerichtlichen" eingeschaltet worden, um alle Zweifel darüber auszuschließen, daß der Abs. 2 auf Zwangsversteigerungen beweglicher Sachen keine Anwendung finde. KB. S. 39 (09).

30. a) Bei Zuschlagsbescheiden ist auch dann der WertSt. fällig, wenn der bisherige Eigentümer Ersteher ist. KG. 23. 11. 96, Joh. Bd. 16 S. 298. — Vgl. A. 1 bei Tarif 78.

b) Eine in das geringste Gebot aufgenommene Höchstbetragshypothek ist bei Berechnung des St. für den Zuschlagsbeschluß zum vollen eingetragenen Höchstbetrage zugrunde zu legen. KG. 4. 7. 04, Joh. Bd. 29 S. B 49

c) Im Zuschlagsurteil selbst muß bestimmt sein, oder der Ersteher muß es binnen zwei Wochen nach der Verkündung anzeigen, welcher Teil des Meistgebots auf das bewegliche Zubehör zu rechnen ist, sonst ist vom Ganzen der einprozentige St. fällig. KG. 28. 6. 97, Joh. Bd. 17 S. 299 und KG. 6. 10. 02, Joh. Bd. 26 S. B 19 Trotz solcher nachträglichen Angabe bleibt dem Gericht das Recht, selbst eine Wertermittelung vorzunehmen. — Vgl. A. 2b zu § 10 und zu Tarif 78.

Noch: Zu Tarifnummer 32.

d) Bei der Zwangsversteigerung eines Rentengutes ist zum Zweck der StBerechnung der Kapitalwert der darauf lastenden Rente dem Meistgebot nicht hinzuzurechnen. — Vgl. JM. 11. 3. 97, JMBl. S. 62/63.

e) Altenteilsrechte und solche Grunddienstbarkeiten, die zur Erhaltung ihrer Wirksamkeit gegenüber dem öffentlichen Glauben des Grundbuchs der Eintragung nicht bedürfen, bleiben, wenn sie dem Rechte des betreibenden Gläubigers gleich- oder nachstehen, bei der Berechnung des stpflichtigen Wertes des Zuschlagsbescheides außer Ansatz, einerlei, ob ihr Übergang auf den Ersteher in den Versteigerungsbedingungen hervorgehoben wird oder nicht

Gehen derartige Belastungen dem Rechte des betreibenden Gläubigers vor und werden sie bei der Feststellung des geringsten Gebots berücksichtigt, so bleiben sie bei der Berechnung des stpflichtigen Wertes jedenfalls dann außer Ansatz, wenn die Verpflichtung des Erstehers, für den Fall ihrer Nichtexistenz einen Ersatzbetrag bar zu zahlen, im Zuschlagsbeschlusse nicht zum Ausdruck kommt. KG. 16. 4. 09, Joh. Bd. 38 S B 44.

f) Über Erbpachtskanon vgl. oben A 21c

g) Unter dem „Wert" ist der gemeine Wert zu verstehen, nicht die Vervielfachung des Grundsteuerreinertrages und des Gebäudesteuernutzungswerts. KG. 18. 2. 10, JMBl S 290

h) Bei Ermittelung des „Gesamtbetrages der Hypotheken . . . vorgehenden Forderungen" sind alle der Hypotheken- und Grundschuldforderung des Erstehers vorhergehenden (gleichstehende kommen also nicht in Betracht) Forderungen zu berücksichtigen, ohne daß zugunsten der etwa nicht zur Hebung gelangten Forderungen eine Ausnahme zu machen ist. Unter „vorgehenden Forderungen" sind die vorgehenden Hypotheken- und Grundschuldforderungen zu verstehen, nicht die sonstigen vorgehenden Ansprüche, wie Zinsen, Kosten, Grundstücksabgaben u. dgl KG. 22. 4. 10, JMBl. S. 291;

i) sofern „er" d. h. der Gesamtbetrag KG. 18. 1 10, JMBl. S. 290.

k) Es sind drei Faktoren zu ermitteln: Meistgebot, gemeiner Grundstückswert, Gesamtbetrag der Hypotheken- und Grundschuldforderungen des Erstehers sowie der diesen vorgehender Forderungen. Ist von diesen drei Faktoren das Meistgebot am höchsten, so ist der St. von ihm zu berechnen. Bleibt das Meistgebot hinter dem Grundstückswert zurück, so ist zu untersuchen, ob von den beiden andern Faktoren der Grundstückswert oder der zu dritt genannte Gesamtbetrag höher ist. Der St. ist alsdann nach dem niedrigeren dieser beiden das Meistgebot übersteigenden Faktoren zu berechnen KG. 18. 2. 10, JMBl. S. 290

31. Vgl. BGB. § 364

32. a) Eine Hingabe an Zahlungs Statt hat zur Voraussetzung, daß eine bereits bestehende Schuld nach der Absicht der Parteien dadurch getilgt werden soll, daß der Schuldner an Stelle des ursprünglich geschuldeten Gegenstandes einen anderen leistet, den der Gläubiger als Erfüllung annimmt. FM. 27. 3 97 III 3209.

b) A. ist Firmeninhaber eines Bankgeschäfts, B. am Geschäftsgewinn und -verlust mit 1/3 beteiligt. Der Anteil des B. ist auf einen bestimmten Geldbetrag festgestellt: zur Tilgung dieses Anteils überläßt A. an B. ein Grundstück: Es ist damit eine Hingabe an Zahlungs Statt beurkundet. KG. 1. 3. 97.

Noch: Zu Tarifnummer 32.

c) Ist in einem formgerechten, gehörig versteuerten Kaufvertrage über ein Grundstück für den Käufer ein bar zu zahlendes Restkaufgeld bedungen und wird nachträglich von den Beteiligten in einer besonderen formgerechten Urkunde vereinbart, daß der Verkäufer statt der Barzahlung ein Grundstück des Käufers an Erfüllungs Statt annehmen solle, so ist zu dem letztgedachten Abkommen ohne Rücksicht auf die Versteuerung des Kaufvertrages der ProzentSt. nach dem Werte zu erheben, zu dem das Grundstück an Erfüllungs Statt angenommen ist. KG. 8. 6. 03, Joh. Bd. 27 S. B 65.

33. Der Abs. 2 Ziffer 4 behandelt einen Fall der Umgehung des ImmobiliarSt., durch Bestellung eines Nießbrauchsrechts und späteren Erwerb des Grundstücks durch den Nießbrauchsberechtigten. Regierungsseitig ist bemerkt, daß diese Umgehungen in der Form vorkommen, daß B., der von A. ein Grundstück erwerben wolle, sich zunächst an dem Grundstück durch Vertrag den Nießbrauch bestellen lasse, wofür nach dem zurzeit geltenden Gesetz ein St. von 1,50 Mk., nach der Regierungsvorlage ein solcher von $^3/_{10}$ v. H. zu entrichten sei. Alsdann verkaufe A. an B. in einem zweiten Vertrage das Grundstück, und in diesem Vertrage würde, da B. sich schon im Besitze des Nießbrauchs befinde, nur das nackte Eigentum verkauft und hierfür ein geringer, mit dem Grundstückswerte in keinem Verhältnis stehender Preis ausbedungen. KB. S. 40 (09).

34. Vgl. §§ 180—184 ZVG., § 719 BGB., auch A. 2c bei § 10.

35. Der schon an und für sich nur in beschränktem Umfange zum Ansatz kommende WertSt. von $^1/_3$ v. H. wird der Staatskasse dadurch vielfach entzogen, daß die Vertragsurkunde nicht von beiden Vertragschließenden, sondern nur von einem derselben, gewöhnlich dem Käufer, unterschriftlich vollzogen und dann dem anderen Vertragschließenden, dem Verkäufer, ausgehändigt wird. Solche Ersparungen der gesetzlichen StGefälle kommen ganz besonders zahlreich auf dem Gebiete des Möbelhandels durch Benutzung formularmäßig abgefaßter sogenannter „Möbelleihverträge" vor. Nach ihrem Inhalt kauft der Käufer bestimmte Möbel zu einem vereinbarten Preise von der Möbelfirma (Abzahlungsgeschäft), zahlt eine Kaution, über welche die Firma quittiert und verpflichtet sich, die verbleibende Restsumme in Teilzahlungen abzutragen, während sich die Firma bis zur Zahlung des Gesamtpreises das Eigentum an den Gegenständen vorbehält. Diese nur einseitig vom Käufer vollzogenen Urkunden, die für die wirtschaftlichen und rechtlichen Zwecke der Beteiligten vollkommen genügen, können wegen der fehlenden Unterschrift der Verkäufer nicht als Vertragsurkunden versteuert werden. Derartigen, einer soliden Grundlage entbehrenden Geschäften eine besondere steuerliche Schonung angedeihen zu lassen, liegt kein Anlaß vor. Begr. S. 12 (09).

36. a) In der zweiten Lesung hatte schon der Abg. W. an die Staatsregierung die Anfrage gerichtet, ob die Einführung des St. auf einseitige Kauferklärungen, auch die sogenannten Kommissionsnoten mit umfassen soll, wie sie sich der Reisende von dem Kunden bei Bestellungen unterzeichnen läßt, um seinem Prinzipal gegenüber für seine Provision oder zu anderen Zwecken einen Ausweis zu haben, oder wie sie sich der Geschäftsherr selber gelegentlich geben läßt, wenn er solche Bestellungen annimmt. Die Königliche

Noch: Zu Tarifnummer 32.

Staatsregierung hat nicht die Absicht, diese Kommissionsnoten der Besteuerung zu unterwerfen. Drucks. 09 AbgH. S. 7212.

b) Kommissionsnoten i. S. der Tarifstelle 32 Abs. 5 sind Schriftstücke, welche im Verkehre eines Kaufmanns mit anderen Kaufleuten oder mit Nichtkaufleuten bei Bestellungen beweglicher Sachen nach Abschluß des mündlich vereinbarten Vertrages zum Zwecke dessen Bestätigung oder zum Zwecke der Beweissicherung von einem der beiden Teile aufgenommen und dem anderen Teile sofort unter Anwesenden übergeben oder nach Rückkehr in die Geschäftsniederlassung in dieser aufgesetzt und von dort aus dem anderen Teile übersandt werden. Handelskammer Berlin v. 4. 4. 10 Nr. 2885.

Eine reine Kommissionsnote liegt dann nicht mehr vor, wenn sie auch noch andere Vereinbarungen enthält, die nicht mehr zu dem eigentlichen Lieferungsvertrage gehören, insbesondere, wenn darin der Eigentumsvorbehalt zum Ausdruck gebracht wird, wie dies bei den Möbelleihverträgen zu geschehen pflegt.

37. Wegen Beobachtung der Form des § 313 BGB. bei Abtretung der Rechte aus einem Grundstückskaufvertrage s. JW. 00 S. 888.

38. a) Die Bank A. hat dritte Personen beauftragt, für ihre Rechnung als stille Stellvertreter Grundstücke zu erwerben, die demnächst weiterveräußert werden sollten. Nach außen sollten diese Dritten als Erwerber auftreten. Es lag also für die Dritten die Verpflichtung aus §§ 667, 675 BGB. vor. Die Bank A hat sodann die ihr aus dem Auftrage erwachsenen Rechte auf die Bank B. übertragen: Es ist nur der ZessionsSt. fällig. Der Abs. 5 — jetzt 6 — der Tarifstelle 32 liegt nicht vor, weil dieser ein Veräußerungsgeschäft voraussetzt, was hier nicht der Fall ist. Freilich wird nicht, wie im Abs. 1, ein lästiges Veräußerungsgeschäft erfordert, so daß z. B. auch Abtretung der Rechte aus einer Schenkung unter den Abs. 5 — jetzt Abs. 6 — gehören kann, aber immerhin ein Veräußerungsgeschäft d. h. ein obligatorisches Geschäft, dessen unmittelbarer Gegenstand die Übertragung des Eigentums ist, und das sich als ein freigewolltes, nicht auf einer bereits bestehenden Verbindlichkeit beruhendes darstellt. Aus einem solchen Veräußerungsgeschäft hat die Bank A. Rechte nicht erworben und übertragen. Die übertragenen Rechte gründen sich auf das zwischen ihr und dritten Personen bestehende Auftragsverhältnis bzw. den Dienst- oder Werkvertrag, deren Gegenstand die Besorgung von Geschäften, nämlich der Erwerb von Grundstücken war. Es steht hier die Übertragung der der Bank A. aus den Auftragsverhältnissen zustehenden Rechte gegen den Erwerber aus Veräußerungsgeschäften in Frage. Nicht die Bank hat Veräußerungsgeschäfte mit ihren Mittelspersonen geschlossen, sondern letztere sind Erwerber aus Veräußerungsgeschäften; wenn sie ihre Rechte aus solchen Geschäften übertragen, wird die Verstempelung nach Abs. 5 — jetzt 6 — zu erörtern sein. RG. $\frac{5.\ 2.}{19.\ 3.}$ 07, Entsch. Bd. 65 S. 318. Überträgt die Mittelsperson ihre Rechte aus den Veräußerungsverträgen an den Auftraggeber oder einen Zessionar desselben, so würden im Hinblick auf Abs. 6 — jetzt Abs. 7 — ein St. von nur $1^1/_2$ Mk. — jetzt 3 Mk. — fällig sein.

b) Veräußerungsgeschäfte i. S. des Abs. 5 — jetzt 6 — sind nur obligatorische, auf Veräußerung einer Sache oder eines Rechts gerichtete Ver-

Noch: Zu Tarifnummer 32.

träge, aber nicht Verfügungen von Todeswegen. Die endgültige Abtretung der Rechte aus dem Vermächtnis eines zur Erbschaft gehörigen Grundstücks unterliegt daher nicht dem KaufSt., sondern dem AbtretungsSt. KG. 21. 12. 05, Joh. Bd. 32 S. B 58. — B. hat sein Grundstück der Frau G. vermacht, letztere hat ihren Anspruch aus dem Vermächtnis an D. abgetreten. Bei der Auflassung an D. wurden Testament und Abtretungsurkunde vorgelegt. Letztere erfordert nur den St. der Tarifstelle 2.

c) Durch die Bestimmungen des Abs. 6 sind **alle** Beurkundungen von Übertragungen der Rechte, die aus Veräußerungsgeschäften erworben sind, getroffen, nicht bloß die Beurkundungen von Übertragungen seitens der ersten Erwerber. RG. IV 20. 10. 98, Entsch. Bd. 42 S. 243.

d) Abs. 6 findet auch Anwendung auf einseitige Abtretungsurkunden. FM. 7. 12. 99 III 16173.

e) Jedoch nicht bei Berechnung des nach Tarifstelle 25 lit. c zu entrichtenden St. für Einbringung. FM. 20. 9. 98 III 12904.

f) Die Übertragung der Erwerberrechte ist in den Fällen stfrei, in denen die Veräußerung der Sachen selbst vom St. befreit wäre, insbesondere finden die Vorschriften über Ermäßigungen und Befreiungen dieser Tarifstelle Anwendung. RG. 16. 1. 03, Entsch. Bd. 53 S. 287.

39. a) Der spekulative Grundstücksverkehr hat es verstanden, im Laufe der Jahre Wege ausfindig zu machen, auf denen er sich der Entrichtung der einprozentigen StAbgabe entziehen kann. Die Formen, in denen die Umgehungen vorgenommen werden, sind mannigfache; die Fälle, die im Hinblick auf ihre häufige Wiederkehr als typische bezeichnet werden müssen, sind Umgehungen in der Form von Zwischenveräußerungen durch Abtretung der Ansprüche aus Vertragsanträgen, aus Angebotverträgen, oder aus den Verkäufer einseitig verpflichtenden Verträgen.

Bei Abtretungen aus Vertragsanträgen wird meist in der Art verfahren, daß der Grundstücksbesitzer A. dem B. die Schließung eines Kaufvertrages anträgt (§§ 145 ff. BGB.), vielfach unter der Ermächtigung des B, die Rechte aus dem Angebote abzutreten. B macht hiervon Gebrauch und überträgt seine Rechte an C., dieser sie an D., D. sie an E. und es erfolgt schließlich die Auflassung von A. an E. Alle diese Abtretungen bedürfen nur des St. von $^1/_{50}$ v. H. der Tarifstelle 2. Die Umgehung vollzieht sich ferner, namentlich bei städtischen Grundstücken, durch Abtretungen aus Angebotverträgen. A. schließt mit B. einen notariellen Vertrag, durch den A. dem B. oder einem von B. zu bezeichnenden Dritten den Abschluß eines Kaufvertrages über sein Grundstück anbietet. Zur Annahme des Angebots wird eine bestimmte Frist gesetzt. Noch vor Ablauf der Frist ist ein Teil des Kaufgeldes zu zahlen, der im Falle der Nichtannahme des Angebots als verfallen gilt. Hat B. in C. einen Erwerber gefunden, so schließen A., B. und C. einen weiteren Vertrag, in dem C. den Vertragsantrag des A. annimmt und an B. eine Provision für die Zuführung des Grundstücks zahlt. Die Auflassung erfolgt unmittelbar von A. an C. Hier liegen offensichtlich nach der wirtschaftlichen Seite hin zwei Veräußerungsgeschäfte vor, und die von C. zu zahlende Provision ist weiter nichts als die Preissteigerung. Der einprozentige WertSt. ist aber dadurch umgangen, daß bei dem ersten Geschäft zwischen A und B. an Stelle des Kaufgeschäfts ein Angebot-(Offert-)vertrag getreten ist.

Noch: Zu Tarifnummer 32.

Zur Verhütung der Umgehung der gesetzlichen Abgabe von 1 v. H. ist bei Abs. 6 des Entwurfs (dem Abs. 5 der jetzigen Tarifstelle) ein Zusatz gemacht, durch den Anträge und Angebotverträge den Veräußerungsgeschäften gleichgestellt werden. Dadurch wird erreicht, daß die Abtretungen aus Anträgen und Angebotverträgen künftig in gleicher Weise wie diejenigen aus den Veräußerungsgeschäften selbst — nämlich wie Sachveräußerungen — versteuert werden müssen. Dieser Vorschrift sollen weiter diejenigen Fälle unterworfen werden, in denen der Verkäufer sich zur Schließung eines lästigen Veräußerungsgeschäftes verpflichtet. Begr. S. 12, 13 (09).

b) Zu Abs. 6 ist in der Subkommission klargestellt, daß durch diesen Absatz nicht die Anträge zur Schließung eines lästigen Veräußerungsgeschäftes, sondern nur die Übertragungen der Rechte aus solchen Anträgen getroffen werden sollen. Zu den Anträgen selbst, wenn sie in notarieller oder gerichtlicher Form beurkundet würden, sei nur der Notariatsurkunden- oder ProtokollSt. von 1,50 Mk. (jetzt von 3 Mk.) zu zahlen. Regierungsseitig ist noch darauf hingewiesen worden, daß Grundstücksveräußerungen im Wege der Übertragung von Rechten aus Offerten sehr häufig in der Weise vorgenommen würden, daß, wenn jemand eine Veräußerungsofferte zur Annahme innerhalb einer bestimmten Frist mache, gleichzeitig vereinbart werde, daß ein Teil des bar zu erlegenden Kaufgeldes sofort bezahlt werden solle. Komme es nicht zur Annahme, dann verfalle der gezahlte Betrag und gelte als Konventionalstrafe. Komme es dagegen zur Annahme, so werde der gezahlte Betrag auf das später zu leistende Gesamtentgelt angerechnet. Diese Fälle, wo beide Teile vollständig gebunden seien, die also wirtschaftlich dem Kaufvertrage sehr naheständen, sollten ebenfalls durch den Abs. 6 getroffen werden. Unbilligkeiten würden nicht entstehen, denn einmal käme der Abs. 7 der Tarifstelle 32 zur Anwendung und ferner könne in allen Fällen, wo tatsächlich die Ausführung unterbleibe, die StSteuer gemäß § 25 Abs. 2 des Gesetzes erstattet werden. KB. S. 40 (09).

c) Der WertSt. des zweiten Satzes des Abs. 6 der Tarifstelle 32 für Übertragungen der Rechte aus Anträgen zur Schließung von Grundstücksveräußerungen ist auch in den Fällen zu erheben, wenn der Antragsempfänger die Rechte aus dem Angebot auf den Dritten nicht wirklich überträgt, sondern dem Dritten den Eintritt in den Antrag nur anbietet.

Durch den Vertragsantrag entsteht nach den §§ 145, 148 BGB. für den anderen Teil — den Antragsempfänger — ein aus der Gebundenheit des Antragenden sich ergebender Rechtsanspruch. Dieser Rechtsanspruch kann einem Dritten durch ein bloßes Angebot zum Eintritt in das erste Angebot überlassen werden; ob der Antragsempfänger diese Form wählt oder ob er einen ihm aus einem Kaufangebot zustehenden, auf Dritte übertragbaren Anspruch auf Gebundenheit des Antragenden dem Dritten unmittelbar überträgt, ist in bezug auf die entstehende Rechtswirkung genau dasselbe, denn in dem einen wie in dem andern Falle wird der Antragsempfänger dem Dritten gegenüber rechtlich gebunden und der Dritte tritt, sobald er das Angebot annimmt, an die Stelle des Antragsempfängers und zwar dergestalt, daß nunmehr der erste Antragende verpflichtet ist, ihm, dem Dritten, dasjenige zu leisten oder zu tun, was ihm nach Inhalt des Antrages zu leisten oder zu tun obliegt. Damit aber wird ein Forderungsrecht mit der im § 398 BGB.

Noch: Zu Tarifnummer 32.

vorgesehenen Rechtswirkung übertragen, und es ist im Hinblick auf diese Wirkung bedeutungslos, in welche Worte und in welche Form die Übertragung gekleidet ist. Abtretungen sind nach den Vorschriften des BGB. formfrei und auf die Rechtsform der Erklärung der Abtretung kann um so weniger Gewicht gelegt werden, als es überhaupt nach dem bürgerlichen Recht zweifelhaft ist, ob Rechte aus Kaufofferten abgetreten werden können. Als eine stpflichtige Übertragung der Rechte aus einem Kaufangebot sind alle Erklärungen anzusehen, durch die der Empfänger der Erklärung in die Lage versetzt wird, das Kaufangebot statt des Erklärenden anzunehmen.

In Fällen der vorliegenden Art wird in der Regel von einer Erstattung des St. abzusehen sein, weil die sonst ungewöhnliche Rechtsform, daß dem Dritten der Eintritt in das Kaufangebot angetragen wird, offensichtlich nur gewählt wird, um die gesetzlichen St. zu umgehen. FM. 12. 10. 09 III 16653.

40. a) Der Abs. 7 bezieht sich auf den Fall, wo jemand zwar als Vertreter eines andern handelt, aber im eigenen Namen. In diesem Falle hat der Vertreter gemäß § 667 BGB. dem Vertretenen das in Ausführung der Vertretung Erlangte herauszugeben. Die Beurkundung dieser Übertragung unterliegt dem St. von 1 Mk. 50 Pf. — jetzt 3 Mk. — KG. 15. 2. 06, Joh. Bd. 32 S. B 55.

b) Die Bestimmungen sind auch auf diejenigen Fälle zu beziehen, in denen eine negotiorum gestio für noch nicht existierende juristische Personen vorgelegen hat, wie dies bei Erwerbung von Rechten für eine erst demnächst zu begründende Aktiengesellschaft, Stiftung usw. der Fall ist. KB. S. 51, FM. 31. 3. 99 III 4217. — Vgl. § 667 BGB.

c) Den Nachweis für das Zutreffen dieses Absatzes hat der StPflichtige zu führen, andernfalls der Fiskus zur Erhebung des vollen St. berechtigt ist. Erkenntnis des LG. Berlin 5. 7. 00.

d) Die Anwendung der Tarifstelle 32 Abs. 7 ist ausgeschlossen, wenn es sich nicht um die Abtretung der Rechte aus einem Kaufvertrage, sondern um die Weiterveräußerung eines durch Auflassung bereits in das Eigentum des ursprünglichen Käufers übergegangenen Grundstücks handelt. In einem solchen Falle kann aber der AuflassungsSt. vermieden werden, wenn eine das Sachverhältnis ergebende und nach Tarifstelle 71 Nr. 2 verstempelte Urkunde vorgelegt wird. FM. 11. 10. 00 III 5179, I Gen. II 60. 1694. — Vgl. A. 2d u. e bei Tarif 71.

e) Wird bei der Auflassung eine gemäß Abs. 7 versteuerte Vereinbarung vorgelegt, in welcher der erste Erwerber erklärt, daß er das Grundstück seinerzeit als Beauftragter oder Geschäftsführer gekauft habe und in Ausführung des Auftrages nunmehr übertrage, so ist der AuflassungsSt. nicht zu entrichten. FM. 13. 8. 97 III 4321.

f) Läßt der Mann ein im eigenen Namen, aber für Rechnung des eingebrachten Gutes der Frau erworbenes Grundstück an die Frau auf, so kommt der AuflassungsSt. nicht zur Hebung, wenn rechtzeitig eine dieses Sachverhältnis ergebende Urkunde vorgelegt wird Eine solche Urkunde unterliegt nur dem allgemeinen VertragsSt. KG. 30. 5. 04, Joh. Bd. 28 S. B 88.

Noch: Zu Tarifnummer 32.

41. Der Notar darf nicht eigenmächtig von der Verwendung des St. absehen, ist vielmehr verpflichtet, wenn die Frist von 14 Tagen verstrichen ist, den St. zu verwenden, doch kann er sofort Erstattung beantragen. Für diese Erstattung ist die Frist des § 25 Abs. 1 lit. a d. G. maßgebend. Immerhin hat aber die Steuerverwaltung kein Interesse daran, zunächst die Verwendung des St. zu fordern und dann den StBetrag zu erstatten. FM. 22. 6. 01 III 7263. — Vgl. A. 5 zu § 3.

42. Vgl. jetzt ZVG. v. 24. 3. 97.

§ 81 Abs. 2. Hat der Meistbietende das Recht aus dem Meistgebot an einen Anderen abgetreten und dieser die Verpflichtung aus dem Meistgebot übernommen, so ist, wenn die Erklärungen im Versteigerungstermin abgegeben oder nachträglich durch öffentlich beglaubigte Urkunden nachgewiesen werden, der Zuschlag nicht dem Meistbietenden, sondern dem Andern zu ertheilen

Abs. 4. Wird der Zuschlag ertheilt, so haften der Meistbietende und der Ersteher als Gesammtschuldner

43. Der Auffassung des KG., daß die StErmäßigung der Ziff. 2 Abs. 9 nicht nur die erstmalige Abtretung der Rechte aus dem Meistgebote durch den Meistbietenden, sondern auch fernere Abtretungen betreffen könne, kann nicht beigetreten werden.

Der neuen Fassung des LStG liegt im Gegensatze zu den bisherigen Vorschriften die Absicht zugrunde, die Beurkundung von Abtretungen der Rechte aus dem Meistgebote grundsätzlich steuerlich ebenso zu behandeln wie sonstige Veräußerungsgeschäfte, und nur in ganz bestimmten Ausnahmefällen mit dem ermäßigten Steuersatze von 3 Mk. zu belegen. Wie der Kommissionsbericht S. 42 ergibt, bezweckt die Ziff. 2 Abs. 9 lediglich, dem Hypothekengläubiger, der in die Zwangslage versetzt ist, das Grundstück zur Rettung seiner Hypothek zu erwerben, eine Weiterveräußerung zu erleichtern. Daraus ergibt sich, daß nur die von ihm selbst, nicht aber auch die von seinem Zessionar erfolgte Abtretung der Rechte aus dem Meistgebote von der Ermäßigungsvorschrift betroffen wird. Wenn demgegenüber das KG. darauf hinweist, der Hypothekengläubiger werde einen Käufer desto leichter finden, wenn dieser damit rechnen könne, sich des Grundstücks durch eine steuerlich bevorzugte Weiterveräußerung wieder zu entledigen, so mag dies im Einzelfalle richtig sein; weder der Wortlaut noch die aus dem Kommissionsberichte zu entnehmende Absicht des Gesetzes gewähren aber einen Anhalt dafür, daß auch diese doch immerhin recht weitgehende Vergünstigung dem Hypothekengläubiger gewährt werden sollte. FM. 6. 6. 10. Der Beschluß des KG. v. 4. 2. 10 — 1a X 37 10 wurde aufgehoben.

44. Vgl. § 2032 BGB.

45 a) Weil die Urkunde erkennen lasse, daß die Kontrahenten Miterben seien, war es geboten, zur näheren Erläuterung des Wortlauts der Urkunde und zur sicheren Feststellung ihres Sinnes auf außerhalb der Urkunde liegende Tatsachen zurückzugehen. RG. 2. 1. 00, JW. S. 170. — Vgl. auch A. 1b bei § 3.

b) Im Fall des Abschlusses des Kaufvertrages zwischen Teilnehmern an einer Erbschaft zum Zwecke der Teilung wird zum Zweck der Anwendung dieser Befreiungsvorschrift kein Gewicht darauf gelegt, ob der Kaufvertrag

Noch: Zu Tarifnummer 32.

freihändig oder im Wege öffentlicher Versteigerung zustande kommt, wenn nur Ansteigerer und Versteigerer zu den Teilnehmern an der Erbschaft gehören. $\frac{\text{JM. 28. 2 02 I 1525}}{\text{FM. 11. 3 02 III 3144.}}$

c) Die Ermäßigung erfordert zu ihrer Anwendung nicht notwendig eine Eigentumsgemeinschaft zur gesamten Hand; sie greift vielmehr auch dann Platz, wenn eine Erben- oder aufgelöste Gütergemeinschaft des alten Rechts in einem Miteigentum nach Quoten besteht KG. 2. 5. 04, Joh. Bd. 28 S. B 92. Im Jahre 1894 war das Grundstück A. als Eigentum des W. und seiner mit ihm in der gesetzlichen Gütergemeinschaft des rheinischen Rechts lebenden Frau eingetragen. Frau W. hinterließ 1897 als Erben ihre Kinder G. und B. Der überlebende Ehemann und der Miterbe G. W beantragten 1903 das Grundstück auf den Namen des B. als Teilhabers der früheren Gemeinschaft zur einen Hälfte und der Erben seiner Ehefrau zur anderen Hälfte in Erbengemeinschaft umzuschreiben. Das geschah. Später verkauften die beiden Miterben zum Zweck der Teilung der Güter- und Erbengemeinschaft ihrem Vater ihre Anteile an der Gütergemeinschaft und dem Nachlaß ihrer Mutter für 401000 Mk. und eine zu übernehmende Hypothek Zugleich erklärten die Beteiligten die Auflassung: Ein St von — damals — 1½ Mk. wurde für genügend erachtet.

d) Stfrei ist der Kauf auch dann, wenn der Nachlaßverwalter als solcher ein Nachlaßgrundstück an einen der Miterben verkauft. KG. 15. 11. 05, Joh. Bd. 32 S. B 61.

e) Kauf- und Tauschverhandlungen zwischen Miterben und einer dritten Person sind dem WertSt. unterworfen. KG. 14. 3. 98, Hz. S. 444. — Besteht unter den Erben nicht mehr gemeinschaftliches Vermögen, so tritt die Ermäßigung nicht ein. KG. 27. 6. 98, Hz. S. 445. — Vgl. A. 2c bei § 10.

f) Der zu Erbteilungszwecken vorgenommene Verkauf von Erbschaftsgegenständen an einen der Teilnehmer an der Erbschaft und die Abtretung von Teilen der Kaufpreisforderung an einzelne Miterben bildet kein einheitliches Geschäft, für die Abtretung ist vielmehr besonders der ZessionsSt. fällig. RG. 13. 12. 04, Entsch. Bd. 59 S. 361. — Vgl. A. 12c bei Tarif 2.

46. Vgl. §§ 1924, 1705, 1589 BGB.

47. a) Die Nichtangabe des Verwandtschaftsverhältnisses schließt die Anwendung der Befreiungsvorschrift nicht aus. FM. 13. 7. 97 III 8786. — Vgl. A. 1b zu § 3.

b) Auch wenn von den Deszendenten Gegenleistungen zugunsten anderer Personen übernommen werden, tritt die Befreiung ein. KG. 5. 4. 99, Hz. S. 446.

c) Enthält ein Gutsüberlassungsvertrag zwischen Aszendenten und Deszendenten eine Überweisung des Kaufgelderrestes seitens des Verkäufers an sonstige Kinder in Anrechnung auf deren künftigen Erbteil, so ist ein AbtretungsSt. nicht erforderlich, da für schenkungsweise erfolgte Abtretung an erbschaftssteuerfreie Personen überall kein St. verlangt werden kann. FM. 12. 10. 04 III 13271.

Noch: Zu Tarifnummer 32.

d) Abänderungen und Ergänzungen von Verträgen zwischen Aszendenten und Deszendenten genießen ebenfalls die Befreiung; für die Aufhebung solcher Verträge ist aber zu unterscheiden, ob sie schon ausgeführt waren oder nicht. Im ersteren Falle ist die Rückübertragung des Eigentums nicht stfrei, im letzteren Falle kommt Tarif 71 Ziff. 1 Abs. 1 zur Anwendung.

e) Bei Veräußerungsverträgen zwischen Aszendenten einerseits und Deszendenten und Nichtdeszendenten andererseits kann nicht etwa der § 5 Abs. 6 LStG. Platz greifen, vielmehr ist der Vertrag, soweit er die Nichtdeszendenten angeht, besonders, und zwar nach dem von den letzteren zu zahlenden Entgelt bzw. den von diesen übernommenen Werten zu beurteilen.

f) Die StFreiheit erstreckt sich nicht auf Übertragsverträge, die zwischen Adoptiveltern und Adoptivkindern geschlossen werden. KG. 28. 4. 02, Joh. Bd. 24 S. B 44.

g) Ebenfalls nicht auf die Veräußerung eines zur Konkursmasse gehörigen Grundstücks durch den Konkursverwalter an einen Sohn des Gemeinschuldners. RG. 3. 5. 07, Entsch. Bd. 66 S. 113, ZBl. S. 212.

h) Auch nicht auf Zuschlagsbescheide, durch welche ein Grundstück einem Deszendenten des bisherigen Eigentümers zugeschlagen wird. KG. 26. 5. 09, Joh. Bd. 38 S. B 76.

i) Ein Vertrag, durch den ein Vater sein Grundstück in eine aus ihm und seinen Söhnen bestehende offene Handelsgesellschaft gegen Übernahme der Hypothekenschulden einbringt, fällt nicht unter diese Befreiungsvorschrift; er unterliegt vielmehr der Tarifstelle 32, und zwar von dem Gesamtwerte des vereinbarten Entgelts. RG. 31. 3. 05, ZBl. S. 536, JMBl. S. 321. M. S. und A. P. haben eine offene Handelsgesellschaft gegründet. Am 2. 11. 01 bringt A. P., der Vater von M. und S. P., ein Grundstück in die Gesellschaft; als Entgelt hierfür übernimmt die Gesellschaft die Hypothekenschulden von 172 000 Mk.: es war der KaufSt. von 1720 Mk. fällig. A. P. stand bei der Übertragung des Grundstücks der Gesellschaft als Dritter gegenüber und Erwerberin war die Gesellschaft in ihrer Totalität. Die Individualität der einzelnen Gesellschafter, das besondere verwandtschaftliche Verhältnis, kommt nicht in Betracht. Vgl. Entsch. Bd. 56 S. 206 und S. 430.

48. Vgl. §§ 91, 92, 946 ff. BGB.

49. a) Über den Begriff „Mengen“ ist im FM. v. 17. 2. 00 III 1535 ausgeführt:

Nach den ergangenen vielfachen Entscheidungen des RG. (v. 24. 10. 98, Entsch. Bd. 42 S 255; v. 3. 11. 98, JW. 1899 S. 19, 60; v. 24. 11. 98, JW. 1899 S. 83, 28; v. 20. 2. 99, a. a. O. S. 236, 38; v. 7. 2./3. 3. 99, a. a. O. S. 249, 73; v. 5. 5. 99, a. a. O. S. 382, 46; v. 1. 6. 00, a. a. O. S. 568) verbindet diese Befreiungsvorschrift mit dem Ausdruck Mengen von Sachen oder Waren denselben Begriff, den die Anmerkung zur Tarifstelle 4 B des RStG. v. 29. 5. 85 mit dem gleichen Ausdrucke verbunden hat. Unter diesem Begriff ist zu verstehen eine im Sprachgebrauch des Lebens als Menge bezeichnete größere Zahl von gleichartigen Sachen, die nach ihrer Beschaffenheit und dem Willen der Vertragschließenden als untereinander völlig gleichwertige und daher insoweit auch als vertret-

Noch: Zu Tarifnummer 32.

bare in Betracht kommen, ohne daß dabei auf das einzelne Stück an sich, als Individuum, irgendein Gewicht gelegt wird. Die Annahme einer Menge wird dadurch nicht ausgeschlossen, daß die Eigenschaft, die jedes Stück der zu liefernden Gattung haben soll, durch Beschreibung, Zeichnung u. dgl. näher dargelegt wird. Auch bietet der Wortlaut der Befreiungsvorschrift keinen Anhalt für die Annahme, daß die Anwendbarkeit der Bestimmung nur auf Mengen solcher Sachen hat beschränkt werden sollen, die nach Zahl, Maß oder Gewicht gehandelt zu werden pflegen und deshalb allgemein vom Verkehr schlechthin als vertretbare (vertretbare Sachen im engeren Sinne) behandelt werden. Der Wortlaut des Gesetzes gestattet vielmehr die Auffassung, daß über eine „Menge" i. S. des Gesetzes auch dann kontrahiert wird, wenn es sich dabei um eine Menge anderer gleichartiger und gleichwertiger Sachen handelt, von denen nach dem Vertragswillen jedes einzelne Stück — eben wegen der bedungenen Gleichartigkeit und Gleichwertigkeit aller Stücke derselben Gattung — im Verhältnis zu jedem anderen Stück derselben Art unterschiedslos als vertretbar in Betracht kommen soll. Es fehlt ferner nach der Ansicht des RG. dafür, daß die Befreiungsvorschrift nur solche Sachen im Auge habe, die in größeren Mengen auf Vorrat hergestellt zu werden pflegen, an jeglichem Anhalt. Der Begriff der Menge ist aber ausgeschlossen, wenn es sich nicht um eine Vielheit von Gegenständen, sondern nur um ein Stück oder zwei Stück handelt; in einem Erkenntnis v. 19. 9./3. 10. 99, FM. S. 383 hat das RG. ausgesprochen, daß erst drei Stück eine Menge i. S. der Befreiungsvorschrift darstellen.

b) Für die Befreiung kommt es auf die Vertretbarkeit der Sachen im eigentlichen Sinne nicht an, auch nicht darauf, ob es sich um Sachen handelt, die nach Modellen oder Zeichnungen herzustellen sind, oder der Besteller die Herstellung überwacht oder bei der Ablieferung jedes einzelne Stück prüft. RG. 3. 3. 99, JW. S. 249.

c) Das Vorhandensein der Voraussetzungen für die Anwendung der Befreiungsvorschrift 3 muß nicht aus der Urkunde selbst hervorgehen, es genügt, wenn diese Voraussetzungen objektiv festgestellt werden können. RG. 19. 3. 07, Holdh. S. 141 v. 08, JMBl. 515.

d) Der Nachweis, daß die Waren zum unmittelbaren Verbrauch in einem Gewerbe oder zur Weiterveräußerung bestimmt seien, braucht gleichfalls aus der Urkunde nicht hervorzugehen, da sich dieser Zweck eines Vertrages meistens schon aus der Eigenschaft der Vertragschließenden als Fabrikanten oder Zwischenhändler von selbst ergeben wird oder aus der Vertragsurkunde mittels Auslegung entnommen werden kann, RG. 16. 1. 03, Entsch. Bd. 53 S. 287. Hinsichtlich der Frage, ob die Waren im Inlande im Betriebe eines der Vertragschließenden erzeugt oder hergestellt sind, hat das RG. im Urteil v. 23. 12. 02, Entsch. Bd. 53 S. 214 sich auf den gleichen Standpunkt gestellt, daß der urkundliche Nachweis hierfür nicht erforderlich ist.

Nach den in diesen Entscheidungen ausgesprochenen Grundsätzen soll in Zukunft verfahren werden. FM. 11. 4. 03 III 2970, ZBl. S. 137.

e) Die Gleichartigkeit mehrerer Sachen besteht darin, daß sie zu derselben Gattung gehören und innerhalb dieser wesentlich die gleichen Eigen-

Noch: Zu Tarifnummer 32.

schaften haben. Die Folge, nicht der Gegensatz, der Gleichartigkeit ist die Gleichwertigkeit der Gegenstände, welche vom RG. nur in dem Sinne als Erfordernis des Mengebegriffs betont ist, daß sie durch eine auf der Anbringung rein äußerlicher Zutaten beruhende Verschiedenheit der Preise nicht ausgeschlossen werde, wofern nur die wirtschaftliche Bedeutung, welche jedes Stück vermöge seiner natürlichen Beschaffenheit und dem Willen der Vertragschließenden mit dem andern habe, dieselbe sei. RG. 6. 6. 02, JW. S. 408. — Vgl. A. 5c bei Tarif 75.

50. a) Die Unterschiede zwischen den i- und den k-Wagen sind so wesentliche, daß die Wagen nicht als gleichartige Gegenstände angesehen werden können. Die i-Wagen sind mit Gasbeleuchtung ausgerüstet und können nicht in Zügen verwendet werden, die ausschließlich elektrische Beleuchtung besitzen, die k-Wagen dagegen haben eine Akkumulatorenbatterie und tragen auf einer Achse eine Dynamomaschine zur Lieferung des elektrischen Stromes für die Beleuchtung von 6 Lampen im Innern sowie für den nachfolgenden Zug. Der Preisunterschied hierfür beträgt 10 750 Mk., wozu noch die amerikanische Kuppelung zum Preise von 1210 Mk. tritt. FM. 19. 3. 07 III 4755.

b) Die drei bestellten Postwagen sind unter sich völlig gleichartig und gleichwertig, so daß einer durch den andern ersetzt werden kann; der Postverwaltung ist es lediglich darauf angekommen, drei dieser Wagen zu erhalten, ohne daß sie ein Interesse an den einzelnen Postwagen als solchen gehabt hat; die Wagen selbst fallen unter die Gattung von Postwagen für Schmalspurbahnen. RG. 5. 5. 99, JW. S. 383.

c) Außer 20 Stück gleichartigen Wagen waren zwei zu liefern, die sich von den 20 nur durch angebrachte Krammen zur Aufnahme von Postbriefkasten unterschieden: Bei der Geringfügigkeit des Unterschiedes sind alle 22 Stück gleichartig. RG. 23. 2. 00, ZBl. S. 223.

d) Lokomotiven können ebenso wie Eisenbahnwagen als Mengen behandelt werden, wenn die einzelnen zu liefernden Lokomotiven und Wagen nach dem Willen der Kontrahenten unterschiedslos lediglich als Repräsentanten einer bestimmten Gattung in Betracht kommen sollen. RG. 20. 2. 99, Entsch. Bd. 43 S. 290.

e) Seitens des Fiskus ausrangierte Lokomotiven gelten aber nicht als Menge. FM. 5. 5. 98 III 5486.

f) Auch auf Verträge über den Verkauf ausgemusterter Eisenbahnwagen findet die Befreiungsvorschrift Anwendung. Auf die Unterschiede in der Konstruktion, dem Ladegewicht usw. wird kein Gewicht zu legen sein, weil es sich um nicht mehr betriebsfähige Wagen handelt, bei denen die Unterschiede unwesentliche sind und die Gleichartigkeit der Güterwagen selbst nicht aufheben. Verf. d. Min. d. öffentl. Arb. v. 13. 9. 02 V. K. 6. 02.

g) Ein Vertrag über Lieferung einer Akkumulatorenbatterie von 132 Elementen ist als unter Befr. 3 fallend erachtet, weil sowohl die 132 Elemente, wie die 132 Holzkästen, in denen sich die Elemente befinden, und die zur Aufstellung erforderlichen Gruppenverbindungen und Holzgestelle unter sich völlig gleichartig sind. Die zu liefernden Gegenstände werden erst durch die Aufstellung insofern zu einer Einheit, als sie zusammen dem elektrischen Strom diejenige Stärke geben, die von der Bestellerin als die höchste

Noch: Zu Tarifnummer 32.

für ihren Bedarf jemals erforderliche Stärke betrachtet wird. FM. 24 12. 00 III 14987.

h) Verträge über Lieferung von Kies und Sand, der durch Aushebung, Siebung und Stapelung am Gewinnungsort zu einem Bedarfsgegenstand umgestaltet wird, sind stfrei, nicht nur, wenn der Lieferungsübernehmer den Kies und Sand in eigenem oder gepachtetem inländischen Boden gewinnt, sondern auch, wenn er ihn aus freien Strömen entnimmt oder wenn der zwischen dem Lieferungsübernehmer und dem Grundstückseigentümer geschlossene Vertrag sich nicht als Pachtvertrag, sondern als Kaufvertrag über den zu gewinnenden Kies und Sand darstellt. FM. 20. 3 00 III 3664, ZBl. S. 122.

i) Die vom Steinsetzmeister zu liefernden Pflastersteine fallen nicht unter die Befreiungsvorschrift 3, weil der Steinsetzmeister sie weder im eigenen Steinbruch gewonnen, noch sie an die Gemeindeverwaltung zum Betriebe eines Gewerbes verkauft hat. FM. 11. 12. 97 III 15779.

k) Verträge über Lieferung von Kleidungsstücken an Postbeamte sind stpflichtig, weil jedem Beamten Maß zu nehmen, die Stücke also unter sich nicht gleichartig sind FM 25. 10. 97 III 13273 — ebenso RG. 1. 6. 00, JW. S. 568.

l) Die eisernen Träger sind nach Länge und Stärke unter sich verschieden, werden aber im Handelsverkehr nach feststehenden Nummern und nach Gewicht veräußert: sie sind deshalb Mengen, obwohl im Vertrage die Örtlichkeit, wo die Träger lagern, angegeben ist. RG. JW. 91 S. 365, FM. 11. 4. 97 III 3465.

m) Bei einem Verkauf von Häusern zum Abbruch bilden nicht die Gebäude, sondern die zukünftigen Abbruchsmaterialien den Gegenstand des Vertrages. Es muß daher geprüft werden, ob auf sie die Befreiungsvorschrift 3 Anwendung findet. RG. 8. 12. 05, Entsch. Bd. 62 S. 135. — Vgl. oben A. 18 e.

n) Holz auf dem Stamm, das die Forstverwaltung aufarbeitet und erst nach Aufarbeitung übergibt und dessen Preisfestsetzung nach der Bearbeitung der Festmeterzahl entsprechend erfolgt, ist Menge. FM 5. 3. 97 III 2159. MBl. f. d. i. Verw. S. 87. Dagegen gehören

o) Bäume auf dem Stamm nicht zu den Mengen. FM. 26. 5. 98 III 7400.

51. Das Wort „dieselben" bezieht sich nicht auf den abstrakten Begriff „Mengen", sondern auf die Worte „Sachen oder Waren". RG. 2 7. 07, Entsch. Bd. 66 S. 255.

52 a) „Unmittelbarer Verbrauch" bedeutet nicht jeden Gebrauch als gewerbliches Betriebsmaterial, sondern nur einen solchen, der die Zerstörung der benutzten Sache zur Folge hat, so daß also nur solche Sachen darunter zu verstehen sind, deren Gebrauch in ihrem Verbrauch besteht. Hierzu gehören Eisenbahnschwellen nicht, da sie nur allmählich abgenutzt werden. Verträge über Lieferung von Eisenbahnschwellen sind daher nicht stfrei. RG. 20. 10. 98, Entsch. Bd. 42 S. 233, ZBl. S. 440, RG. 9. 5. 99, JW. S. 427. Dazu gehören aus demselben Grunde auch nicht Kesselnieten und Eisendraht. LG. I Berlin 25. 9. 00.

b) Verbrauch im Gewerbe bedeutet diejenige Benutzung der Sache, welche in deren Vernichtung oder Zerstörung besteht, ohne die die Sache den

Noch: Zu Tarifnummer 32.

Nutzen nicht gewähren kann, zu dem sie bestimmt ist. § 120 I 2 ALR. und § 92 Abs. 1 BGB. Ein dauernder Gebrauch des Gegenstandes ist mit dem Begriff des Verbrauchs i. S. dieser Befreiungsvorschrift unvereinbar; ein Verbrauch i S. der Steuervorschrift ist insbesondere nicht darin zu erblicken, daß die Sache ihre Form und Gestalt ändert, später für andere Zwecke als den ursprünglichen, unbrauchbar wird, ihre Selbständigkeit verliert, mit anderen Gegenständen vereinigt, zu deren Bestandteil gemacht wird, also bearbeitet oder verarbeitet wird. Der Begriff des Gebrauchs schließt die Dauer in sich, dem Begriff Verbrauch fehlt dieses Merkmal. RG. 8. 10. 01, Entsch. Bd. 49 S. 303.

c) Es muß sich um einen Verbrauch unmittelbar in einem Gewerbe des Käufers handeln, so daß die Befreiung nicht Platz greift, wenn die Sachmengen Zwecken dienen sollen, die zwar auch den Gewerbebetrieb fördern und zu ihm in Beziehung stehen, aber außerhalb des eigentlichen Betriebes liegen und nicht notwendig zu ihm gehören. Das zu liefernde Petroleum diente auch zur Beleuchtung einzelner Dienstwohnungen. Solche dienen nicht unmittelbar dem Betriebe. Da das für diese Zwecke bestimmte Petroleum nicht besonders bewertet war, wurde der St. von dem Gesamtpreise berechnet. RG. 12. 10. 06, JW. S. 725.

d) Die Mengen von Sachen oder Waren müssen zum Verbrauch in dem Betriebe des Empfängers bestimmt sein. FM. 5. 2. 02 III 881.

e) Die Verwendung von Farbstoffen zum Anstreichen ist nicht als Verbrauch i. S. der Befreiungsvorschrift anzusehen. RG. 22. 5. 03, JW. S. 216, ZBl. S. 247. Die Handlung A. hatte an die Eisenbahndirektion 19200 kg Bleiweiß zum Preise von 41,25 Mk. für 100 kg verkauft. Das Bleiweiß wurde in trockener Pulverform geliefert und sollte dem Zwecke dienen, nach Mischung mit Firnis zur Herstellung von Anstrichmasse verwendet zu werden: Für den Vertrag wurde $^1/_3$ % des Kaufpreises als St. gefordert. Das RG hat diese Forderung gebilligt.

f) Nicht zum Verbrauch, sondern zum dauernden Gebrauch ist Grubenholz zum Abbau der Abbaustrecken und der Schächte bestimmt. RG. 12./23. 12. 02, Entsch. Bd. 53 S. 214. — Vgl. auch Entsch. Bd. 42 S. 233, 49 S. 303.

g) Unter den Begriff des Verbrauchs im Gewerbe fällt nicht der zur Betonbereitung verwendete Sand. Denn der Sand wird nicht vernichtet, sondern nur mit andern Dingen verbunden und in dieser Verbindung genutzt. Daß er nicht wieder in seiner früheren Beschaffenheit aus dem Beton ausgeschieden werden kann, ist ohne Bedeutung. Stfrei aber würden z. B. Lieferungsverträge über Brenn- und Beleuchtungsstoffe sein, die zum unmittelbaren Verbrauch in einem Gewerbe dienen sollen. RG. 29. 9. 08, JW. S. 663.

h) Die Befreiungsvorschrift ist dann ausgeschlossen, wenn die als Menge erworbenen, also beweglichen Sachen oder Waren, Bestandteile einer unbeweglichen Sache werden sollen. Vorliegend waren von einem Bauunternehmer Mauersteine erworben, um sie durch Einbauen in ein Gebäude zu dessen Bestandteilen zu machen und dann das Gebäude zu veräußern. Sie dienen dem dauernden Gebrauch, nicht Verbrauch, denn ein Verbrauch liegt nur vor, wenn die einzelnen Stoffgebilde durch die bestimmungsmäßige Be-

Noch: Zu Tarifnummer 32.

nutzung physisch vernichtet werden, wie z. B. Brennmaterialien. RG. 2. 7. 07, Entsch. Bd. 66 S. 255.

i) Das Gewerbe der Eisenbahnverwaltung besteht in der entgeltlichen Beförderung von Personen und Gütern; jede Art von Tätigkeit, die diese Beförderung unmittelbar bezweckt, gehört zum Gewerbebetrieb selbst. Nicht dazu zu rechnen aber ist die Werktätigkeit, die dazu dient, der Eisenbahn die zur Ausübung des Transportgewerbes nötigen Einrichtungen erst herzustellen, insbesondere der Bau der Bahnstrecken, die Errichtung von Gebäuden, die Fabrikation von Maschinen, Eisenbahnwagen, Apparaten, Geräten usw. Dasselbe gilt von der Unterhaltung, Ausbesserung und Wiederherstellung dieser Einrichtungen. Deshalb ist schon früher die Eigenschaft gewerblicher Betriebsmaterialien solchen Gegenständen abgesprochen, die zu Eisenbahnbauzwecken Verwendung finden sollten, deshalb kann auch das Anstreichen von Gebäuden, Zäunen, maschinellen Anlagen, Tafeln, Signalen, Weichenteilen, Eisenbahnwagen usw. nicht als Teil des gewerblichen Betriebes der Bahnen gelten und die hierfür zu liefernden Stoffe fallen aus diesem Grunde nicht unter diese Befreiungsvorschrift. FM. 22. 8. 02 III 10102.

k) Verträge über Lieferung von Zinn an Eisenbahnverwaltungen sind stfrei, gleichviel, ob das Zinn im Inland oder Ausland gewonnen wird, da es zum unmittelbaren Verbrauch im Betrieb der Eisenbahn, einem Gewerbebetrieb dient. FM. 22. 10. 97 III 13452.

l) Kreide, die seitens der Eisenbahnverwaltung zum Beschreiben von Güterwagen verwendet wird, dient zum unmittelbaren Verbrauch in einem Gewerbe. Wird sie in Bureauräumen oder bei der Herstellung oder Unterhaltung von Betriebsmitteln verbraucht, so dient sie nur mittelbar dem Eisenbahnbetriebe und haben Verträge darüber keinen Anspruch auf StFreiheit. Fehlt es im Vertrage an der Preistrennung, so ist sie auch nachträglich zulässig. (RG. $\frac{25\ 1}{19.\ 3}$ 07), FM. 22. 11. 07 III 19790.

m) Da die Militäreisenbahn auch dem allgemeinen Verkehrsinteresse dienstbar gemacht ist und dahin gestrebt wird, nicht nur die Betriebskosten zu decken, sondern auch darüber hinaus möglichst vorteilhaft zu wirtschaften, so findet auf Verträge über Lieferung von Kohlen an die genannte Bahn die Befreiungsvorschrift 3 Anwendung. FM. 30. 3. 08 III 17006.

n) Der staatliche Kanalbetrieb stellt keinen Gewerbebetrieb dar, daher unterliegt der Kauf von Sachen oder Waren, die zum unmittelbaren Verbrauch im Kanalbetrieb oder in der Kanalverwaltung dienen sollen, nicht dieser Befreiungsvorschrift. RG. 29. 11. 04, Holdh. S. 154 v. 05. Für den Begriff des Gewerbes kommt es nicht auf dieses, sondern auf den mit dem Unternehmen verfolgten Zweck an, der vorliegend auf einen Erwerb nicht gerichtet ist.

53. a) Eine Wiederveräußerung ist nur dann als vorliegend anzusehen, wenn die Sache so veräußert wird, wie sie angeschafft ist, d. h. wenn sie auch in der Hand des Erwerbers noch eine bewegliche Sache ist und Gegenstand des Handelsverkehrs sein kann. RG. 2. 7. 07, Entsch. Bd. 66 S. 255.

b) Die Befreiungsvorschrift findet auch beim Verkauf eines ganzen Warenlagers Anwendung, da das Lager aus den einzelnen Waren besteht,

Noch: Zu Tarifnummer 32.

die zur Wiederveräußerung bestimmt sind. FM. 25. 9. 01 III 9394. — Vgl. unten A. 56.

c) Ist in dem Vertrage über Verkauf eines Handelsgeschäfts im ganzen ein bestimmter Betrag des Preises als auf die mitverkauften Warenvorräte entfallend bezeichnet, so steht der Anwendung der Befreiungsvorschrift der Umstand nicht entgegen, daß die Vorräte nur als Bestandteil des Handelsgeschäfts verkauft sind. KG. 1. 10. 01, Joh.N.F. Bd. 21 S. B 33.

54. a) Ein Selbstherstellen bedeutet nicht schon jede auch noch so geringe Bearbeitung, es kommt vielmehr alles auf die Art der Bearbeitung an. FM. 6. 3. 02 III 2933. Es wäre z. B. ein Bohren von Löchern in eiserne Träger oder Anbringung von Winkeln und Streichen eine verhältnismäßig zu geringfügige Arbeit, um ein Herstellen i. S. dieser Befreiungsvorschrift anzunehmen. FM. 23. 4. 02 III 5021.

b) Die von der Klägerin in ihrem Betriebe vorgenommene Bearbeitung der von ihr anderweit bezogenen, der Heeresverwaltung gelieferten eisernen Träger bestand in dem Verkürzen und Zurechtschneiden derselben zu den im Vertrage vorgeschriebenen Längen, in der Anbringung von Löchern, der Entfernung von Rost und Hammerschlag und dem Anstreichen von Rostschutzfarbe: In dieser Tätigkeit liegt die Herstellung von neuem Gut aus vorhandenem Rohmaterial. Eine neue Sache entsteht dann, wenn das Halbfabrikat eine vertretbare Sache darstellte, das Vollfabrikat aber eine Sache, der nach ihrer Form und Ausstattung ein individuelles Gepräge gegeben ist, das sie zur Verwendung für einen besonderen, genau bestimmten Zweck geeignet macht. Der Umstand, daß die neue Sache im Verkehr mit demselben Namen, wie vor der Umarbeitung bezeichnet wird, steht nicht entgegen. Bei Anwendung der Befreiungsvorschrift darf der Begriff der gewerblichen „Herstellung" nicht zu eng gefaßt werden. RG. 24. 11. 05, Entsch. Bd. 62 S. 90.

55. a) Für die Herstellung im Betriebe eines der Vertragschließenden kommt es nicht darauf an, ob der Verkäufer Eigentümer der Betriebsstätte ist, sondern darauf, ob er der Geschäftsherr ist und der Betrieb für seine Rechnung geführt wird. RG. 30. 12. 04, Holdh. S. 153 v. 05. Die Gesellschaft **A.** hatte Bleiweiß verkauft, das in einer dem **B.** gehörigen Fabrik hergestellt war. **B.** war ein Angestellter der Gesellschaft gegen Besoldung und hatte den Gebrauch der Fabrik der Gesellschaft **A.** auf deren eigene Rechnung gegen einen Teil der ihm aus den Betriebsergebnissen zufließenden Beträge überlassen: Der Kaufvertrag ist stfrei gelassen. Es macht keinen Unterschied, ob der Betrieb im Eigentum einer physischen oder juristischen Person steht. FM. 29. 12. 04 III 16068.

b) In dem Schlachten eines Viehstückes und dessen besonderer Zubereitung zu gebrauchsfähigem Schlachtfleisch ist die Hervorbringung eines neuen Verkehrsgutes, also ein Herstellen einer Sachmenge zu finden. Daß die Herstellung in dem Betriebe des Veräußerers zu erfolgen hat, verlangt das Gesetz nicht. Zur Zeit der Erfüllung des Kaufvertrages muß freilich die Herstellung bei Anwendung der Befreiungsvorschrift bereits erfolgt sein; das ist vorliegend auch der Fall. RG. 9. 7. 07, Entsch. Bd. 66 S. 292.

Lfd. Nr.	Gegenstand der Besteuerung	Steuersatz v. H	Mk.	Pf	Berechnung der Stempelabgabe
33.	**Konsolidationen von Bergwerkseigentum** (Vereinigung zweier oder mehrerer Bergwerke zu einem einheitlichen Ganzen), Bestätigungsurkunden darüber[1, 2]	—	300	—	

Noch: Zu Tarifnummer 32.

c) Die von dem Rheinisch-Westfälischen Kohlensyndikat verkauften Kohlen sind nicht in dessen Betriebe erzeugt oder hergestellt. RG. 29. 11. 04, Holdh. S. 151 v. 05. Das Syndikat führt keinen Bergwerksbetrieb, sondern kauft die von ihr zu veräußernden Kohlen von den Zechen, welche zu dem Syndikat gehören; das Syndikat vertritt auch nicht die produzierenden Zechen, sondern hat als Aktiengesellschaft eine eigene Persönlichkeit.

d) Auf den Vertrag über Lieferung glasierter Steinröhren ist die Befreiungsvorschrift nicht anwendbar, weil die Röhren nicht von der Gegenkontrahentin, der G. m. b. H. N. N., hergestellt werden, diese vielmehr eine bloße Verkaufsvereinigung ist. Wenn auch die Hersteller der Röhren der Verkaufsvereinigung angehören, so haben sie doch nicht den Lieferungsvertrag abgeschlossen. FM. 14. 10. 02 III 12850.

e) Verträge der Molkereigenossenschaft über Lieferung von Vollmilch, wie sie solche von den Genossen erhält, sind mit $^1/_3$ % stpflichtig, weil die Milch kein Erzeugnis der Genossenschaft ist. RG. 19. 11. 96, JW. S. 15 v. 97.

f) Der zwischen der Militärverwaltung und der Tuchmacherinnung geschlossene Vertrag über Tuchlieferung ist stpflichtig, weil die zu liefernden Tuchmengen von den Innungsmitgliedern verfertigt werden, die Innung aber eine von ihren Mitgliedern getrennte, selbständige Rechtspersönlichkeit bildet. FM. 10. 8. 03 III 10026.

g) Ebenso gelten von einer Gewerkschaft bezogene Gegenstände als von dieser geliefert und nicht etwa von dem Besitzer sämtlicher Kuxe, da die Gewerkschaft eine selbständige rechtliche Persönlichkeit bildet. FM. 8 7. 04 III 9003.

56. Es ist eine Eisen- und Messingwaren-Engros-Handlung mit allen Warenbeständen, ausstehenden Forderungen usw. für einen einheitlichen Preis verkauft. Inventur und Bilanz sind vorbehalten und später aufgenommen: Befr. 3 findet nicht Anwendung. KG. 15. 6. 00. — Vgl. oben A. 53 b.

57. Über die eventuelle Anwendbarkeit auch des § 10 Abs. 1 d. G. s. A. 2 d bei § 10, über den Begriff von „erzeugen" und „herstellen" A. 8 bei Tarif 75 und über Kautionsbestellungen in stfreien Lieferungsverträgen A. 5 i bei Tarif 59.

58. Gerichtlich aufgenommene Verträge, auf welche die Befreiungsvorschriften 2 oder 3 Anwendung finden, sind gänzlich stfrei; zu ihnen ist auch kein ProtokollSt. oder der allgemeine VertragsSt. zu verwenden Dagegen würde der NotariatsurkundenSt. fällig sein FM. 11. 2. 98 7324. — Vgl. A. 3 zu Tarif 45.

Lfd. Nr.	Gegenstand der Besteuerung	Steuersatz v H	Mk.	Pf.	Berechnung der Stempelabgabe
(33.)	Erreicht der Gesamtwert des konsolidierten Bergwerkseigentums nicht 10000 Mark . .	—	30	—	
34.	**Kuxe**[1] (§ 101 des Allgemeinen Berggesetzes für die Preußischen Staaten vom 24. Juni 1865 — Gesetzsamml. S. 705 —)*)				
	Kuxscheine, soweit solche vor dem 1. Juli 1900 ausgefertigt sind	—	1	50	des Wertes der Gegenleistung oder, wenn eine solche in der Urkunde nicht enthalten ist, des Wertes des abgetretenen Kuxes.
	Schriftstücke über Übertragungen[2] von Kuxen der bezeichneten Art	1/10	—	—	
	Schriftstücke über Verpfändungen von Kuxen wie Sicherstellung von Rechten, s. diese. AB. 67.				

Zu Tarifnummer 33.

1. Der hier vorgesehene StSatz umfaßt auch die Substanz des Bergwerks, nämlich die verliehenen Mineralien. AH. S. 2320.

2. Neben dem St. für Bestätigung ist nicht noch der Ausfertigungs St. fällig. FM. 25. 7. 96 III 10310.

Zu Tarifnummer 34.

1. Vgl. §§ 105, 231 Abs. 2 BergGes, Art. 37 XIII AG.BGB.

2. Diese Tarifstelle kommt nur noch bei der Abtretung von Kuxen, die vor dem 1. Juli 1900 ausgestellt sind, in Betracht. Wenn die Tarifstelle nun bestehen bleibe, so dürfe sie doch nicht zu einem Fallstrick werden in der Weise, daß jemand, der diese Bestimmung lese, zu der Meinung komme, auch Kuxe neueren Datums müßten preußisch-rechtlich verstempelt werden. KB. S. 45, 46 (09).

---

*) Die betreffenden Bestimmungen des BergGes. lauten:

§ 101 Die Zahl der gewerkschaftlichen Anteile — Kuxe — beträgt hundert. Durch das Statut kann die Zahl auf tausend bestimmt werden

Die Kuxe sind unteilbar. Sie gehoren zum beweglichen Vermogen.

§ 103. Über samtliche Mitglieder der Gewerkschaft und deren Kuxe wird von der Gewerkschaft ein Verzeichnis — das Gewerkenbuch — gefuhrt. Auf Grund desselben wird einem jeden Gewerken, welcher es verlangt, ein Anteilschein — Kuxschein — ausgefertigt

Die Kuxscheine sind nach der Wahl des Gewerken uber die einzelnen Kuxe oder uber eine Mehrheit derselben auszustellen

Die Kuxscheine durfen nur auf einen bestimmten Namen, niemals auf den Inhaber lauten

Die Erneuerung eines Kuxscheines ist nur gegen Ruckgabe oder nach erfolgter Amortisation desselben zulässig

Lfd. Nr.	Gegenstand der Besteuerung	Steuersatz v. H.	Mk	Pf.	Berechnung der Stempelabgabe
35.	**Legalisation von Urkunden,**[1, 2] sofern sie nicht auf der Urkunde selbst stattfindet . . .	—	3	—	
	sonst . . . . frei.				
36.	[1]**Leibrenten- und Rentenverträge,**[2, 3] wodurch zu gewissen Zeiten wiederkehrende Zahlungen von Geld für eine oder mehrere bestimmte Personen während der Lebensdauer derselben oder auf bestimmte oder unbestimmte Zeit gegen Entgelt erworben werden, mag die Gegenleistung in einer bestimmten Geldsumme oder in der Hingabe von Sachen oder in der Übernahme von Leistungen oder Verpflichtungen, oder aber in dem Aufgeben von Rechten bestehen, falls nicht die Tarifstelle „Versicherungsverträge" zur Anwendung kommt	1	—	—	des Kapitalwertes der Renten.[4]

Zu Tarifnummer 35.

1. Man versteht unter Legalisationen Atteste darüber, daß eine amtliche Unterschrift mit amtlicher Befugnis ausgestellt worden bzw. der angebliche Aussteller einer Urkunde seiner angegebenen Qualität zufolge oder nach der angegebenen Firma zur Ausstellung der Urkunde befugt gewesen ist. Die Legalisation wird von derjenigen Behörde erteilt, welcher die Beurteilung der amtlichen Qualität des Ausstellers gesetzlich beigelegt ist. (Zirkularerlaß des Finanzministers vom 16. 7. 1828 v. KA. Bd. 12 S. 659.) KB. S. 58.

2. a) Wenn der Magistrat die Befugnis zur Ausstellung von Sparkassenurkunden für die Unterzeichner der Urkunden bescheinigt, so ist das eine Legalisation. FM. 1. 4. 96 III 4637. Ebenso

b) die von den Regierungspräsidenten auf Antrag von Ausländern erteilten Beglaubigungen zu Geburts-, Heirats- und Sterbeurkunden dahin, daß die Unterschriften die eigenhändigen der Standesbeamten seien, und die hierzu erteilten Bescheinigungen, daß die Urkunden den gesetzlichen Bestimmungen gemäß ausgestellt seien. FM. 10. 5. 00 III 3656, ZBl. S. 272.

Zu Tarifnummer 36.

1. Vgl. §§ 759ff. BGB.

2. a) Für den Begriff des Rentenvertrages ist die Art des für die Rente gewährten Entgelts ohne Bedeutung; als das für den Vertrag Charakteristische wird gerade der Erwerb der Rente hingestellt. Der hauptsächliche Vertragszweck sind die wiederkehrenden Geldzahlungen, die Beschaffung der Rente muß den Hauptgegenstand des Vertrages bilden. Demgegenüber ist es nicht entscheidend, daß für das Gebiet des Zivilrechts ein Dienstvertrag mit Pensionsabrede als Leibrentenvertrag angesehen und den geltenden Form-

Noch: Zu Tarifnummer 36.

vorschriften unterworfen wird. Ein Vertrag, in dem ein Sohn auf sein gesetzliches Erbrecht am Nachlaß seiner Mutter verzichtet und dafür von der Mutter eine lebenslängliche Rente ausgesetzt erhält, unterliegt daher dem LeibrentenSt., wenn die Hauptabsicht der Vertragschließenden auf die Beschaffung der Rente gerichtet war. RG. 28. 9. 06, JW. S. 726, ZBl. S. 23 v. 07.

b) Es ist insoweit an dem bisherigen Recht festgehalten, als die Rente in Geldzahlungen bestehen muß; dagegen ist das Erfordernis, daß die Zahlung einer bestimmten Geldsumme verabredet und daß diese Zahlung für die Lebenszeit des Empfängers zu leisten sein muß, fallen gelassen. KB. S. 59.

c) Wenn ein Rentenvertrag einen Versicherungsvertrag darstellt, so soll die Tarifposition „Versicherungsverträge" zur Anwendung kommen und nur, wenn dieses nicht vorliegt, die Position „Leibrentenverträge". KB. S. 59/60, AH. S. 2323. 10. KS. S. 3. — Vgl. auch RG. Bd. 28 S. 316

d) Werden als Gegenwert für die versprochene Leibrente Wertpapiere gegeben und diese auf einen bestimmten Wert veranschlagt, so sind der AnschaffungsSt. nach dem RStG. und der LeibrentenSt. nebeneinander fällig. FM. 27. 5. 96 III 7465.

e) Die durch Vermittelung der Generalkommissionen umgewandelten Renten haben an der Vergünstigung des § 4d d. G. teil; wenn sonst Renten an Stelle von Hypotheken treten, ist der tarifmäßige LeibrentenSt. fällig. KB. S. 59.

3. Der LeibrentenSt. ist u. a. für erforderlich erachtet:

a) Wenn eine Mutter ihr Recht auf Rückzahlung ihres in die Ehe eingebrachten Vermögens an ihre Kinder abtritt, wogegen letztere sich zur Zahlung einer bestimmten jährlichen Rente auf Lebenszeit der Mutter verpflichten. FM. 15. 1. 01 III 470.

b) Inhaltlich des Vertrages der in Scheidung stehenden Eheleute erhält die Ehefrau für den Fall der Scheidung gegen Verzichtleistung auf andere Ansprüche die feste Summe von 1000 Mk., ohne daß die Zahlung davon abhängig gemacht ist, daß der Ehemann für den schuldigen Teil erklärt wird: Es war der LeibrentenSt. von 1% von 12mal 1000 Mk. fällig Der Mann übernimmt eine Verpflichtung, zu der er nicht unbedingt — nach § 1578 BGB. — gehalten ist, falls die Frau für allein schuldig oder mitschuldig erklärt wird. Die Gegenleistung der Frau besteht darin, daß sie sich, auch wenn der Ehemann allein schuldig, mit der ausgesetzten Rente begnügen muß und auf eine etwaige höhere Rente verzichtet. FM. 26. 1. 05 III 787. Ebenso ist ein gleichliegender Fall vom RG. im Urteil v. 26. 5. 05, Entsch. Bd. 61 S. 26, ZBl. S. 533 entschieden, wo noch mit Bezug auf das Urteil v. 12. 5. 03, ZBl. S. 417, ausgeführt wird, daß auch die nach dem BGB. zu beurteilenden Fälle keinen Unterschied begründen. Ebenso RG. 3. 5. 07, Holdh. S. 223 v. 08. Die im Urteil v. 19. 5. 99, JW. S. 428, niedergelegte abweichende Auffassung ist nicht aufrechterhalten. — Vgl. A. 2a zu Tarif 67.

4. Wenn der Käufer der Leibrente bestimmt, daß die Rente nach seinem Tode auf einen andern übergehen soll, ist der LeibrentenSt. nur einmal fällig. Die Berechnung erfolgt nach dem Lebensalter der jüngsten Person. RG. 1. 3. 88, JW. S. 141, HSp. S. 163.

Lfd. Nr.	Gegenstand der Besteuerung	Steuersatz v H	Mk.	Pf	Berechnung der Stempelabgabe
37.	**Leichenpässe,** s. Pässe.				
38.	**Lieferungsverträge,** s. Kaufverträge. Allg.V. § 1 Ziff. 7, § 12.				
39.	(1) **Lustbarkeiten,**[1-5] Genehmigungen der Ortspolizeibehörden:				
	a) zum Betrieb eines Zirkus, eines nicht mit menschlicher oder tierischer Kraft bewegten Karussells oder eines Kinematographen und dergleichen	—	10	—	
	b) zur Veranstaltung von Musikaufführungen, Singspielen, Gesangs- und deklamatorischen Vorträgen, theatralischen Vorstellungen oder sonstigen Lustbarkeiten aller Art.	—	5	—	
	AB. 9 Abs. 5; 19; 68.				
	(2) Bezüglich der Verpflichtung zur Entrichtung der Stempelsteuer macht es keinen Unterschied, ob die Lustbarkeiten von einzelnen Personen oder von öffentlichen, Privat- oder geschlossenen Gesellschaften dargeboten werden.				
	(3) Bei Lustbarkeiten geringfügiger Art kann der Stempel auf 3, 2, 1 Mark oder in ganz besonderen Fällen bis auf 0,50 Mark ermäßigt werden. AB. 68 Abs 2.				

Zu Tarifnummer 39.

1. Über die Auslegung und Anwendung dieser Tarifstelle ist neben anderen Erlassen der gemeinschaftliche Erlaß der Minister der Finanzen und des Innern v. 15. 11. 96, FM. III 15634/M. d. J. I A. 9079, ZBl. S. 648 ergangen, der insbesondere bestimmt:

I. Begriff der Lustbarkeiten.

Lustbarkeiten i. S. dieser Tarifstelle sind alle der Ergötzung und Unterhaltung dienenden Veranstaltungen und Vorführungen, bei denen ein höheres Interesse der Kunst oder Wissenschaft nicht obwaltet. Auf den Zweck der Veranstaltung, ferner ob die Lustbarkeit von einzelnen Personen oder ganzen Gesellschaften dargeboten werden und ob die Veranstaltung eine gewerbsmäßige ist oder nicht, kommt es nicht an.

Nach Aufführung verschiedener Beispiele, in denen eine Lustbarkeit anzunehmen ist oder nicht, wozu auch u. a. rechnen

Ausspielung von Waren in Würfelbuden, FM. 10. 3. 99 III 12417, ZBl S. 230,

Noch: Zu Tarifnummer 39.

Ausstellung von Bildern von Mordtaten usw. auf öffentlichen Plätzen unter Leiermusikbegleitung, sofern der Veranstalter einen festen Stand einnimmt, FM. 30. 11. 98 III 1543, ZBl. S. 452,

wird

II. wegen der Notwendigkeit der Genehmigungen der Ortspolizeibehörden bestimmt, daß, soweit gewerbsmäßig veranstaltete Lustbarkeiten in Frage kommen, über die Genehmigungspflicht die §§ 33b, 55 Nr. 4 und 60a der GewO. v. 1. 7. 83 entscheiden, im übrigen aber es wegen der Genehmigungspflicht bei den landesgesetzlichen Bestimmungen bewendet.

Inwieweit nicht gewerbsmäßig veranstaltete öffentliche oder private Lustbarkeiten einer Genehmigungspflicht unterliegen, richtet sich nach den bestehenden Gesetzen und Verordnungen. Es gilt dies insbesondere von von geschlossenen Gesellschaften veranstalteten Lustbarkeiten, zu denen auch Nichtmitglieder Zutritt haben, oder wenn die Gesellschaft ausschließlich oder hauptsächlich zwecks Veranstaltung der Lustbarkeit zusammengetreten ist. — Vgl. auch folg. A. 2.

Die Abhaltung von öffentlichen Lustbarkeiten, auch den gewerbsmäßig veranstalteten (§ 33c GewO.), ist überall von der polizeilichen Erlaubnis abhängig gemacht.

Unterliegt nicht die Veranstaltung der Lustbarkeit, sondern nur der Text der aufzuführenden Singspiele usw. der Genehmigung, so findet Tarifstelle 39 nicht Anwendung. — Vgl. zu den letzten drei Sätzen FM. 6. 6. 98 III 5379, ZBl. S. 280.

III. Form der Genehmigungen.

Die stpflichtigen Genehmigungen sind ausschließlich auf den vorgeschriebenen StDruckbogen zu erteilen. FM. 16. 12. 96 III 15237.

IV. Umfang der Genehmigungen.

Jede einzelne Lustbarkeit bedarf einer besonderen Genehmigung. Nur wenn von demselben Unternehmer an demselben Ort an aufeinanderfolgenden Tagen Lustbarkeiten während längerer Zeiträume dargeboten werden, ist zu solchen einheitlichen Lustbarkeiten nur eine Genehmigung erforderlich, selbst auch dann, wenn an dem einen oder andern Tage zeitweise Unterbrechungen eintreten. Vgl. FM. 10 7. 99 III 8663. Ebenso kann zuverlässigen Wirten für die Dauer eines Monats eine einheitliche Genehmigung zur Veranstaltung solcher Tanzlustbarkeiten widerruflich erteilt werden, bei denen die Musik auf einen Klavierspieler und noch einen Violinspieler beschränkt wird. Die Gründe, aus welchen die Genehmigung für einen längeren Zeitraum erteilt ist, müssen in den Akten sowohl, wie auf der Genehmigung selbst vermerkt werden. FM. 14 12. 98 III 15865, ZBl. S 5 v. 99.

V. Anwendung des Steuersatzes von 1,50 Mk. und 0,50 Mk., jetzt 5 und 10 Mk.

Der Steuersatz von — früher — 1 Mk. 50 Pf. hat die Regel zu bilden und ist stets in den Fällen zu IV und dann zu entrichten, wenn die Lustbarkeit von einer Personenmehrheit (Gesellschaft, Verein usw.) veranstaltet wird.

Die Erhebung des geringeren Satzes ist nur ausnahmsweise und wenn besondere Gründe für eine Ermäßigung vorliegen, gestattet. Die Gründe für die Ermäßigung müssen sowohl in den Akten, wie auf der erteilten Genehmigung vermerkt werden.

Noch: Zu Tarifnummer 39.

Bei nicht ordnungsmäßiger Versteuerung der Genehmigungen soll nach § 13 lit. a — jetzt Abs. 2 — und § 19 d. G. gegen die betreffenden Beamten vorgegangen werden.

2. Das KG. hat in der Entsch. v. 15. 11. 00, Joh. N. F. Bd. 1 S. C 112 über den Begriff einer öffentlichen Tanzlustbarkeit, einer geschlossenen Gesellschaft und über den Begriff Gäste ausgesprochen:

a) Öffentlich ist eine Tanzlustbarkeit nur dann, wenn die Teilnahme einer nach Zahl, Art und Individualität unbestimmten Mehrheit von Personen freisteht.

b) Die Zulassung von Gästen macht die von geschlossenen Gesellschaften veranstalteten Tanzlustbarkeiten nicht zu öffentlichen.

c) Unter Gästen i. S. der hierfür maßgebenden Vorschriften, insbesondere des Zirkular-Erlasses v. 26. 11. 1859, versteht man Personen, welche auf Grund persönlicher oder sachlicher Beziehungen von der veranstaltenden Gesellschaft oder von Mitgliedern derselben eingeladen oder von der Gesellschaft zugelassen oder von Mitgliedern eingeführt sind. Hierbei macht es keinen Unterschied, ob die Einladung an einzelne Personen oder an ganze individuell begrenzte Personengruppen, insbesondere andere geschlossene Gesellschaften, ergeht.

d) Eine „geschlossene Gesellschaft" ist ein nach außen hin abgeschlossener Kreis von Personen, welche nach innen miteinander verbunden sind. Diese innerliche Verbindung kann auf persönlichen Beziehungen beruhen, welche zwischen den Mitgliedern bereits bestehen oder durch die Vereinigung hergestellt werden sollen, oder aber auf der Gemeinsamkeit das sachlichen Zweckes.

e) Ein Kranken-Unterstützungsbund von Handwerkern sowie ein Gesangverein können ohne Rechtsirrtum als geschlossene Gesellschaften angesehen werden.

3. a) Mehrere Darbietungen stellen eine einheitliche Lustbarkeit dar, wenn sie der Unterhaltung desselben Personenkreises dienen sollen. OVG. Bd. 34 S. 204, Hz. S. 475.

b) Der Veranstalter von Tanzlustbarkeiten kann nicht verlangen, daß von der Polizeibehörde anstatt einer Genehmigungsurkunde für jede einzelne Lustbarkeit zum Zwecke der Ersparung von St. bei Beginn des Jahres eine einzige Urkunde für alle im Laufe des Jahres zu veranstaltenden, in regelmäßiger Folge wiederkehrenden Tanzlustbarkeiten ausgestellt werde. Entsch. d. OVG. v. 18. 9. 97. — FM. 9. 11. 97 II 14235.

4. Unter diese Tarifstelle fallen u. a. nicht:

a) Von Vereinen am Erntedankfest mit Musikbegleitung veranstaltete Kirchgänge. FM. 30. 11. 98 III 15431, ZBl. S. 452.

b) Genehmigungen von Trauerfeierlichkeiten, bei denen der Rückmarsch unter Marschmusik erfolgt. FM. 29. 5. 97 III 6174.

Dagegen bedürfen der polizeilichen Genehmigung:

a) Gewerbsmäßige Aufführung von Instrumentalmusik. FM. 22. 8. 99 III 10005.

b) Die von Kur- und Badeverwaltungen veranstalteten Kurkonzerte, Theateraufführungen und sonstigen Schaustellungen. Es genügt ev.

Lfd. Nr.	Gegenstand der Besteuerung	Steuersatz v H.	Mk.	Pf.	Berechnung der Stempelabgabe
40.	**Mäkler, vereidigte,** Urkunden über die Bestätigung oder Anstellung derselben[1]	—	25	—	
41.	**Miet- und Aftermietverträge,** s. Pacht- und Afterpachtverträge.				
42.	(1) **Namensänderungen,** Genehmigungen[1] zur Änderung des Familiennamens[2]	—	100	—	
	sofern damit eine Namensvermehrung verbunden ist	—	200	—	
	(2) Bei nachgewiesener Bedürftigkeit oder aus Billigkeitsgründen kann der Stempel bis auf	—	5	—	
	ermäßigt werden. AB. 69.				
	(3) Namensvermehrung und Namenswechsel bei adeligen Namen ein Viertel der Sätze der Tarifstelle 60 Buchstabe a.				
	(4) Erfolgt die Namensvermehrung und der Namenswechsel in Verbindung mit einer Standeserhöhung, so kommt außerdem der für letztere in der vorerwähnten Tarifstelle verordnete Stempelbetrag zur Erhebung.				
	(5) Befreit sind Namensänderungen, bei denen es sich um die Umwandlung eines fremdsprachigen in einen deutschen Namen handelt.				

Noch: Zu Tarifnummer 39.

eine Genehmigung, auch bei zeitweiser Unterbrechung. Reunions sind aber einzeln zu genehmigen und mit — früher — $1^1/_2$ Mk. zu versteuern. FM. 17. 12. 96 III 16975, MBl. 97 S. 23.

c) In einem Lokal zu veranstaltende öffentliche Kinderfeste, bei denen auch Kindertänze stattfinden. Verf. des Reg.Präs. Potsdam 4. 4. 02 I 1568/3.

5. Wegen der Besteuerung der von Krieger- und Kameraden-Vereinen veranstalteten Festlichkeiten, Aufzüge usw. ist die AllgV. v. 6. 5. 99 III 1490, ZBl. S. 106 ergangen, die im einzelnen bestimmt, wann eine genehmigungs- und steuerpflichtige Lustbarkeit anzunehmen ist.

Zu Tarifnummer 40.

1. Diese Tarifstelle findet auf die Bestallung der Stellvertreter von Kursmaklern keine Anwendung. Es kommt unter Umständen nur Tarifstelle 10 in Frage. FM. 20. 9. 97 III 11371.

Vgl. jetzt § 93 HGB.

Lfd. Nr.	Gegenstand der Besteuerung	Steuersatz v. H.	Mk.	Pf	Berechnung der Stempelabgabe
43.	(1) **Naturalisationsurkunden,**[1] mit Ausnahme derjenigen, welche für im Reichsdienst angestellte Ausländer ausgestellt werden[2] . . .	—	150	—	
	AB. 9 Abs. 6.				
	(2) Bei nachgewiesener Bedürftigkeit des zu Naturalisierenden kann der Stempel bis auf	—	5	—	
	ermäßigt werden.				
	AB. 70.				

Zu Tarifnummer 42.

1. Von der Gebühr sollen nur Namensänderungen betroffen werden, welche auf besonderen Antrag im Verwaltungsverfahren genehmigt werden, nicht auch diejenigen Fälle, wo die Namensänderung als Folge eines anderweiten Rechtsaktes eintritt, wie bei der Annahme an Kindes Statt oder der Legitimation wegen unehelicher Geburt (z. B. §§ 1706, 1758 BGB.). Mot. S. 50, FM 23. 3 00 III 3397.

2. Unter dem Familiennamen, dessen willkürliche Änderung die KabO. verbietet, ist nicht derjenige Name zu verstehen, den die betreffende Person seit der Geburt geführt hat, sondern derjenige, den sie zu führen berechtigt und verpflichtet ist. OVG. 30. 6 03, Arch. für Strafrecht Jahrg. 50 S. 409.

3. Falls die Genehmigung zur Namensänderung durch einen Akt mehreren Personen erteilt wird, ist der St. nur einmal in Ansatz zu bringen, weil den Gegenstand der Besteuerung nicht die Namensänderung selbst, sondern der Akt der Genehmigung bildet. FM. 9. 3. 03 III 2949.

4. Das KG. hat am 12. 4. 00, Joh N. F. Bd. 1 S. C 100 entschieden:

a) Die KabO. v. 15. 4. 1822, betreffend die Änderung des Familiennamens, und der Allerh. Erl. v. 12. 7. 1867 sind noch in Kraft.

b) Jede Änderung des Familiennamens in der Schreibweise ist eine Änderung des Familiennamens i. S. dieser KabO.; z. B. Schumann in Szuman, OVG. 30. 6. 03, Wötzel in Wetzel, FM. 15. 1. 97 III 356 — Vgl. die BefrBest. der Tarifstelle.

5. Es liegt keine Namensänderung vor, wenn der ursprüngliche, im Lauf der Zeit korrumpierte Name wieder hergestellt wird, oder wenn dem Familiennamen der Name des Gutes hinzugefügt wird 10. KS. S. 10

6. Genehmigungen zur Änderung des Vornamens sind nach dieser Tarifstelle nicht stpflichtig. FM. 10. 1 99 III 17323, MBl. S. 34, ev. aber nach Tarif 10.

Zu Tarifnummer 43.

1. Der Abgabe unterliegen Naturalisations- und Renaturalisationsurkunden (§§ 8, 21 Abs. 4 Ges. v. 1. 6. 70), dagegen nicht Aufnahme- und Wiederaufnahmeurkunden (§§ 7, 21 Abs. 5, 24 Abs 1 eod.). FM. 25. 8. 96 III 11538.

Lfd Nr.	Gegenstand der Besteuerung	Steuersatz v H	Mk	Pf	Berechnung der Stempelabgabe
44.	**Nießbrauchsbestellungen**,[1,2] Anträge auf Eintragung eines Nießbrauches an im Inlande gelegenen unbeweglichen Sachen oder ihnen gleichgeachteten Rechten sowie Urkunden über die Bestellung eines Nießbrauches an beweglichen Sachen oder Rechten Allg.V. § 1 Ziff. 2b, § 2 Ziff. 1c.	$^3/_{10}$	—	—	des Kapitalwertes der nach dem Reinertrage des Nießbrauches zu berechnenden Nutzungen[3]

Noch: Zu Tarifnummer 43.

2. Der Abgabe unterliegen nicht die im § 9 des Ges. v. 1. 6. 70 aufgeführten Bestallungen für in den unmittelbaren oder mittelbaren Staatsdienst oder in den Kirchen-, Schul- oder Kommunaldienst eines Bundesstaats aufgenommene Ausländer Mot. S. 50.

Zu Tarifnummer 44.

1. Ein Mitantragsteller führt aus, daß die neue Tarifstelle Nießbrauchsbestellungen zu Zweifeln Anlaß gebe insofern, als man nicht wisse, ob bei Bestellung eines Nießbrauchs an einem Grundstück nur der hierauf gerichtete Vertrag stpflichtig sei, oder ob zur Begründung der StPflicht die einseitige Eintragungsbewilligung des Eigentümers genüge, und zu welchen Urkunden der St. zu verwenden sei, wenn Vertrag und Eintragungsbewilligung getrennt beurkundet seien. Diese Zweifel wolle der Antrag durch eine klare Vorschrift beseitigen. KB. S. 50, 51 (09).

2. Ein Abgeordneter bat um Auskunft über folgende Frage: Nicht selten werde ein Grundstück von einem Aszendenten an einen Deszendenten unter Aussetzung eines Ausgedinges und mit der Abrede verkauft, daß zunächst der Überlasser sich das Nießbrauchsrecht, sei es bis zu einem bestimmten, sei es bis zu einem ganz unbestimmten Zeitpunkte, vorbehalte, der in dem Willen des Überlassers liege. Derartige Verträge lauteten meist dahin: solange der Nießbrauch bestehe, trete das Ausgedinge nicht in Kraft, sondern erst dann, wenn das Nießbrauchsrecht beseitigt oder aufgehoben ist. Nun erfordere der Vertrag zwischen Aszendenten und Deszendenten nur einen geringen FixSt.; daneben aber — das Grundstück werde aufgelassen, und gehe unter Vorbehalt des Nießbrauchs in das Eigentum des Deszendenten über — werde der St. für die Nießbrauchsbestellung in Frage kommen. Er bitte, falls hier der NießbrauchsSt. nicht erhoben werden solle, dies zum Ausdruck zu bringen.

Ein Kommissar der Finanzverwaltung erwiderte, daß der Vorbehalt des Nießbrauchsrechtes in diesem Falle einen wesentlichen Bestandteil des Kaufvertrages zwischen dem Aszendenten und dem Deszendenten über das Grundstück bilde, der nach Tarifstelle 32 Abs. 11 Ziffer 2 stfrei sei; folglich könne auch der Vorbehalt des Nießbrauchs den St. von $^3/_{10}$ v. H. nicht erfordern.

3. Ein anderer Abgeordneter wünscht in maßgebender Weise festgestellt zu sehen, ob bei der Berechnung des Kapitalwerts eines Nießbrauchs

Lfd. Nr.	Gegenstand der Besteuerung	Steuersatz v. H.	Mk	Pf.	Berechnung der Stempelabgabe
45.	[1] **Notariatsurkunden,**[2–4] welche die Stelle einer in diesem Tarife versteuerten Verhandlung vertreten, wie diese; sonst und in allen Fällen mindestens . . AB. 5 Abs. 5; 23 Abs. 5; 38 Abs. 1.	—	3	—	
46.	**Notarielle Zeugnisse,** wie amtliche Zeugnisse, s. Zeugnisse.				
47.	**Offizierpatente,** wie Bestallungen, s. diese. AB. 9 Abs. 6.				
48.	**Pacht- und Mietverträge.**[1, 2] I. 1. (1) Schriftliche oder mündliche Verträge über die Verpachtung oder Vermietung im Inlande gelegener unbeweglicher Sachen oder ihnen gleichgeachteter Rechte,[3–11]				

Noch: Zu Tarifnummer 44.

auch Verwaltungskosten, Abgaben, Versicherungsprämien u. dgl. abzugsfähig seien.

Der Vertreter des Finanzministeriums kann nur bestätigen, daß auch die eben bezeichneten Abzüge in Betracht kämen, daß also der für die StBerechnung maßgebende Reinertrag des Nießbrauchs derjenige Betrag sei, der nach Abzug aller Lasten, Versicherungsprämien usw. usw. verbleibe. KB. S. 50, 51 (09).

Zu Tarifnummer 45.

1. Vgl. Art. 31 PFG.

2. J. S. dieser Tarifstelle ist Notariatsurkunde nur die Urschrift, nicht die Ausfertigung der Urkunde. RG. 5. 10. 07, Holdh. S. 284 v. 07.

3. Der St. ist auch fällig bei den nach Tarifstelle 32 Befreiungen 2 und 3 stfreien und bei den einer Genehmigung bedürfenden Verträgen. FM. 11. 2. 98 III 7324. — Vgl. A. 9c zu § 16 d. G., A. 58 zu Tarif 32, A. 4 zu Tarif 48 und A. 3 zu Tarif 66. Ebenso zu Protokollen über nichtige Geschäfte. — Vgl. FM. 22. 11. 02 III 14659. Dagegen nicht bei Miet- und Pachtverträgen. — Vgl. A. 4 bei Tarif 48. Der St. ist nicht erstattungsfähig aus § 25 Abs. 2 d. G. — Vgl. A. 10b zu § 25 und A. 2 zu Tarif 56.

4. Die über ein Vertragsangebot aufgenommene Notariatsurkunde erfordert den NotariatsurkundenSt. Zu der Annahmeerklärung ist der für das Geschäft erforderliche St. zu verwenden, und zwar mindestens 1 Mk. 50 Pf. — jetzt 3 Mk. — wenn die Annahme notariell erfolgt. Eine Anrechnung des zur Angebotserklärung verwandten St. auf den GeschäftsSt. ist ausgeschlossen. Jede einzelne Notariatsurkunde erfordert 1 Mk. 50 Pfg. — jetzt 3 Mk. — sofern nicht ein höherer GeschäftsSt. erforderlich ist, so daß durch den GeschäftsSt. immer nur ein NotariatsurkundenSt. mit abgegolten wird. FM. 14. 4. 05 III 4750. — Vgl. A. 9c bei § 16.

Lfd Nr.	Gegenstand der Besteuerung	Steuersatz v. H	Mk	Pf	Berechnung der Stempelabgabe
(48.)	sofern der verabredete, nach der Dauer eines Jahres zu berechnende Pacht- oder Mietzins beträgt:				
	mehr als 360 Mark, aber nicht mehr als 400 Mark	1/10	—	—	des Pacht- oder Mietzinses, wobei der Wert nicht in Geld bestehender Nebenleistungen dem Zinse nicht hinzuzurechnen ist.[24] AB. 75
	mehr als 400 Mark, aber nicht mehr als 500 Mark	2/10	—	—	
	mehr als 500 Mark, aber nicht mehr als 1000 Mark	3/10	—	—	
	mehr als 1000 Mark, aber nicht mehr als 2000 Mark	4/10	—	—	
	mehr als 2000 Mark, aber nicht mehr als 3000 Mark	5/10	—	—	
	mehr als 3000 Mark, aber nicht mehr als 4000 Mark	6/10	—	—	
	mehr als 4000 Mark, aber nicht mehr als 5000 Mark	7/10	—	—	
	mehr als 5000 Mark, aber nicht mehr als 6000 Mark	8/10	—	—	
	mehr als 6000 Mark, aber nicht mehr als 7000 Mark	9/10	—	—	
	mehr als 7000 Mark, aber nicht mehr als 8000 Mark	1	—	—	
	mehr als 8000 Mark, aber nicht mehr als 9000 Mark	1 1/10	—	—	
	mehr als 9000 Mark, aber nicht mehr als 10000 Mark	1 2/10	—	—	
	mehr als 10000 Mark, aber nicht mehr als 11000 Mark	1 3/10	—	—	
	mehr als 11000 Mark, aber nicht mehr als 12000 Mark	1 4/10	—	—	
	mehr als 12000 Mark, aber nicht mehr als 13000 Mark	1 5/10	—	—	
	mehr als 13000 Mark, aber nicht mehr als 14000 Mark	1 6/10	—	—	
	mehr als 14000 Mark, aber nicht mehr als 16000 Mark	1 7/10	—	—	
	mehr als 16000 Mark, aber nicht mehr als 18000 Mark	1 8/10	—	—	
	mehr als 18000 Mark, aber nicht mehr als 20000 Mark	1 9/10	—	—	
	mehr als 20000 Mark	2	—	—	

Lfd Nr.	Gegenstand der Besteuerung	Steuersatz v H	Mk	Pf	Berechnung der Stempelabgabe
(48.)	insoweit nicht die Bestimmungen des Abs 6 Ziffer 3 unter I dieser Tarifstelle zur Anwendung kommen.				
	(2) Betrifft das Mietverhältnis Räume, die für gewerbliche oder berufliche Zwecke bestimmt sind, so bleiben 50 vom Hundert der nach dem vorstehenden Absatze zu berechnenden Stempelabgabe unerhoben.				
	(3) Betrifft ein Mietverhältnis zum Teil Räume, die für gewerbliche oder berufliche Zwecke bestimmt sind, zum Teil andere Räume,[12] so tritt die Ermäßigung des vorhergehenden Absatzes nur ein, wenn in dem im Abs. 8 unter I dieser Tarifstelle vorgeschriebenen Verzeichnis eine entsprechende Trennung des Mietzinses gemacht ist. Die Trennung kann auch nachträglich bis zum Ablaufe des Januar, in welchem das Verzeichnis einzureichen ist, von den hierzu Verpflichteten schriftlich oder zu Protokoll der Zollbehörde erklärt werden. Bei der nach dem Abs. 10 unter I dieser Tarifstelle gestatteten Vorausbezahlung der Abgabe kann die Trennung in der angegebenen Form innerhalb einer Frist von einem Monate nach der Versteuerung des Verzeichnisses noch nachträglich vorgenommen werden. Trägt die Zollbehörde Bedenken, die Trennung als richtig anzunehmen, so finden die §§ 6, 7 und 27 Abs. 3 dieses Gesetzes Anwendung.				
	AB 72 Abs. 3.				
	2. (4) Schriftliche oder mündliche Verträge über die Verpachtung der Jagd auf inländischen Grundstücken (Jagdpachtverträge), wenn der verabredete, nach der Dauer eines Jahres zu berechnende Pachtzins beträgt:				des Pachtzinses, wobei der Wert nicht in Geld bestehender Nebenleistungen dem Zinse nicht hinzuzurechnen ist.
	mehr als 300 Mark, aber nicht mehr als 500 Mark	2	—	—	
	mehr als 500 Mark, aber nicht mehr als 1500 Mark	3	—	—	
	mehr als 1500 Mark, aber nicht mehr als 3000 Mark	5	—	—	

Lfd Nr	Gegenstand der Besteuerung	Steuersatz v H	Mk	Pf	Berechnung der Stempelabgabe
(48.)	mehr als 3000 Mark, aber nicht mehr als 6000 Mark	7	—	—	
	mehr als 6000 Mark, aber nicht mehr als 8000 Mark	9	—	—	wie vor.
	mehr als 8000 Mark	10	—	—	
	Verträge über die Anpachtung von gemeinschaftlichen Jagdbezirken unterliegen jedoch, sofern der verabredete, nach der Dauer eines Jahres zu berechnende Pachtzins den Betrag von 1500 Mark nicht übersteigt, nur einem Stempel von	3/10	—	—	
	wenn als Pächter ausschließlich solche Inländer auftreten, welche im Gemeindebezirk ihren Wohnsitz haben und zu den Jagdgenossen des Jagdbezirkes gehören.				
	Schriftliche oder mündliche Verträge über die Erlaubnis zum Abschusse jagdbarer Tiere auf inländischen Grundstücken gegen Entgelt[13] stehen den Jagdpachtverträgen gleich mit der Maßgabe, daß das innerhalb des laufenden Kalenderjahres zu zahlende Entgelt an die Stelle des nach der Dauer eines Jahres zu berechnenden Pachtzinses tritt. Sie unterliegen indessen einem Mindeststempel von jährlich	—	15	—	
	AB 78; Beil 3 §§ 5, 7.				
	(5) Enthält ein schriftlicher oder mündlicher Vertrag neben sonstigen Vereinbarungen auch Vereinbarungen über die Verpachtung der Jagd oder über Berechtigungen zum Abschusse jagdbarer Tiere gegen Entgelt, so ist der auf diese Vereinbarungen entfallende Teil des Entgelts nach den Vorschriften über Jagdpachtverträge zu versteuern. Trägt die Zollbehörde Bedenken, das Entgelt, das in das im Abs. 8 unter I dieser Tarifstelle vorgeschriebene Verzeichnis einzutragen ist, als richtig anzunehmen, so finden die §§ 6, 7 und 27 Abs. 3 dieses Gesetzes entsprechende Anwendung.				
	3. (6) Schriftliche oder mündliche Verträge über die Verpachtung im Inlande gelegener unbeweglicher Sachen zur land- und forst-				

Lfd. Nr.	Gegenstand der Besteuerung	Steuersatz v H	Mk	Pf	Berechnung der Stempelabgabe
(48.)	wirtschaftlichen Nutzung,[14] sofern der verabredete, nach der Dauer eines Jahres zu berechnende Pachtzins beträgt:				
	mehr als 300 Mark, aber nicht mehr als 3000 Mark	1/10	—	—	wie vor.
	mehr als 3000 Mark, aber nicht mehr als 30000 Mark	2/10	—	—	wie vor.
	mehr als 30000 Mark	3/10	—	—	wie vor.

(7) Befreiungen.

Befreit sind:

1. Pacht- und Mietverträge, bei denen der verabredete, nach der Dauer eines Jahres zu berechnende Pacht- oder Mietzins ausschließlich des Wertes nicht in Geld bestehender Nebenleistungen den Betrag von 360 Mark, beziehungsweise bei Jagdpachtverträgen und den im Abs. 6 bezeichneten Verträgen den Betrag von 300 Mark, nicht übersteigt;
2. Mietverträge, durch die Gastwirte oder Zimmervermieter Fremde zur Beherbergung aufnehmen.[15]

(8) Die Versteuerung der Verträge erfolgt in der Art, daß jeder Verpächter oder Vermieter verpflichtet ist, nach Schluß eines jeden Kalenderjahres die während dessen Dauer in Geltung gewesenen Verträge einzeln in ein Verzeichnis (Pacht- und Mietverzeichnis) einzutragen, das enthalten muß:

1. die Bezeichnung des Gegenstandes des Vertrages;
2. die Namen der Pächter und Mieter;
3. die Dauer des Vertragsverhältnisses während des Kalenderjahres;
4. den Pacht- und Mietzins;
5. den erforderlichen Stempelbetrag;
6. die Versicherung des Verpächters oder Vermieters, daß andere als die im Verzeichnis aufgeführten Pacht- und Mietverträge, an denen er als Verpächter oder Vermieter beteiligt gewesen sei, im Kalenderjahre nicht in Geltung gewesen seien;

Lfd. Nr.	Gegenstand der Besteuerung	Steuersatz v. H.	Mk.	Pf	Berechnung der Stempelabgabe
(48.)	7. die Namensunterschrift des Verpächters oder Vermieters.				

AB. 71 Abs. 1.

(9) Das Verzeichnis über die während der Dauer des Kalenderjahres in Geltung gewesenen Verträge ist der zuständigen Zollstelle spätestens[16] bis zum Ablaufe des Januar des darauf folgenden Jahres unter Einzahlung des erforderlichen Stempelbetrages von dem Verpächter oder Vermieter[17] einzureichen. Auf Antrag kann den Verpächtern oder Vermietern die Versteuerung der Verträge durch das Verzeichnis ohne amtliche Überwachung auf Widerruf gestattet werden; in diesem Falle ist das Verzeichnis unbeschadet der in den Abs. 12, 13 und 14 enthaltenen Verpflichtungen der Zollbehörde nur auf Verlangen einzureichen.

AB 71; 72; 74.

(10) Die Vorausbezahlung der Abgabe auf einen über das Kalenderjahr hinausgehenden Zeitraum ist zulässig; die Versteuerung der Verzeichnisse kann in diesen Fällen schon vor Beginn desjenigen Januar, in dem sonst die Versteuerung vorgenommen werden müßte, bewirkt werden. Die im § 11 des Gesetzes vorgeschriebene Abrundung auf 0,50 Mark findet unter Zugrundelegung des Gesamtbetrages der im voraus entrichteten Stempelabgabe statt.

(11) Die in den Verzeichnissen zu machenden Angaben können auf Verlangen bei der Zollbehörde zu Protokoll erklärt werden.

AB. 72.

(12) Die Verzeichnisse sind von den zu ihrer Führung verpflichteten Personen fünf Jahre lang aufzubewahren.[17] Auf Verlangen erfolgt die Aufbewahrung durch die Zollbehörde.

AB. 72 Abs. 5, 6.

(13) Verpächter und Vermieter, welche Verzeichnisse nicht eingereicht haben, sind verpflichtet, der Zollbehörde auf Verlangen

Lfd Nr.	Gegenstand der Besteuerung	Steuersatz v. H	Mk	Pf	Berechnung der Stempelabgabe
(48.)	darüber Auskunft zu geben, ob im vorangegangenen Kalenderjahre Pacht- oder Mietverträge, an denen sie als Verpächter oder Vermieter beteiligt waren, in Geltung gewesen sind. AB. 77. (14) Die nach den vorstehenden Bestimmungen den Verpächtern und Vermietern obliegenden Verpflichtungen sind auch von deren Vertretern zu erfüllen.[18] AB. 71 Abs. 7. (15) Im Dezember jeden Jahres ist von den Hauptzollämtern auf die Bestimmungen über die Führung der Verzeichnisse und die Versteuerung durch Bekanntmachung in öffentlichen Blättern aufmerksam zu machen. AB. 16; 76; 78 Abs. 5. (16) Behörden sind berechtigt, die Versteuerung der von ihnen zu führenden Verzeichnisse selbst zu bewirken. Allg.V. § 1 Ziff. 7. AB. 73; 78 Abs. 3. (17) Wenn Pacht- oder Mietverträge vor Ablauf der vertragsmäßig festgesetzten Zeit ihr Ende erreichen, so ist der Stempel nur für die Zeit bis zur Beendigung der Verträge zu entrichten. AB. 28 Abs. 1; 71 Abs. 3. (18) Auf Verträge, bei denen der Jahreszins 360 Mark, beziehungsweise auf Jagdpachtverträge und die im Abs. 6 bezeichneten Verträge, bei denen der Jahreszins 300 Mark übersteigt, findet die Vorschrift des § 4 Buchstaben a dieses Gesetzes mit der Maßgabe Anwendung, daß ein Stempel nicht in Ansatz kommt, wenn der für die Gesamtdauer des Vertragsverhältnisses zu entrichtende Pacht- oder Mietzins den Betrag von 150 Mark nicht übersteigt.[19] (19) Die Beurkundungen von Abtretungen der Rechte aus Verträgen dieser Tarifstelle unterliegen einer anderen als der nach den				

Lfd. Nr.	Gegenstand der Besteuerung	Steuersatz v H	Mk.	Pf	Berechnung der Stempelabgabe
(48.)	obigen Bestimmungen zu entrichtenden Stempelsteuer nicht.[20]				
	(20) Wenn in einem Vertrage dieser Tarifstelle bestimmt ist, daß das Rechtsverhältnis unter gewissen Voraussetzungen als verlängert gelten soll, so kommen für die hiernach eintretenden Verlängerungen die vorstehenden Bestimmungen zur Anwendung.				
	(21) Die durch Briefwechsel oder einen Austausch sonstiger schriftlicher Mitteilungen[21] zustande gekommenen Verträge sind hinsichtlich der Stempelpflicht wie förmliche schriftliche Verträge zu behandeln.				
	AB. 71 Abs. 6.				
	(22) Anmerkung.				
	Mehrere zwischen denselben Vertragsbeteiligten innerhalb eines Jahres geschlossene Pacht- oder Mietverträge gelten hinsichtlich der Stempelpflichtigkeit als ein einheitlicher Pacht- oder Mietvertrag, wenn anzunehmen ist, daß der Abschluß der mehreren Verträge zur Vermeidung des höheren Steuersatzes oder zur Erlangung der Steuerfreiheit gewählt worden ist.				
	Allg V. § 1 Ziff. 3, 7.				
	II. Schriftliche Pacht- oder Mietverträge über außerhalb Landes gelegene Grundstücke oder ihnen gleichgeachtete Rechte sowie über Jagdberechtigungen an solchen Grundstücken	—	1	50	
	III. (1) Schriftliche Pacht- oder Mietverträge anderer als der unter I und II bezeichneten Art[6, 10, 22]	$^3/_{10}$	—	—	des Zinses,
	mindestens aber	—	1	50	
	(2) Der Stempel berechnet sich[23] nach der Dauer der bedungenen Vertragszeit; bei Verträgen auf unbestimmte Zeit ist der Versteuerung eine einjährige Dauer zu Grunde zu legen. Bei Verträgen, die auf die Lebenszeit des Verpächters oder Pächters, des Vermieters oder Mieters geschlossen sind, kommt die Vorschrift des § 6 Abs. 10 des Gesetzes zur Anwendung.				

Zu Tarifnummer 48.

1. Vgl. §§ 535ff., 581ff., 549, 566 BGB. — auch A. 18a, 18f, 19 zu Tarif 32 u. A. 5d zu Tarif 75.

2. a) In der Einleitung der jetzigen Tarifstelle sind neben den Pacht- und Mietverträgen auch die „antichretischen Verträge" aufgeführt, die im ALR. Teil I Tit. 20 unter dem Rechte des Unterpfandes geregelt waren. Man versteht darunter Pfandverträge, die den Gläubiger berechtigen, die ihm zum Pfande gegebene fruchttragende Sache zu verwalten, ihre Früchte und Nutzungen für sich einzuziehen und das Gewonnene zuerst auf die verabredeten Zinsen der Schuld und sodann auf das Kapital abzurechnen (ALR. Teil I Tit. 20 §§ 139, 140ff., 224ff.). Seit dem 1. Januar 1900 hat die Tarifstelle, soweit sie sich auf antichretische Verträge bezieht, zum großen Teil ihre Bedeutung verloren, da dem BGB. Vorschriften über antichretische Pfandverträge an Grundstücken fremd sind. Es bleiben daher für die Versteuerung von Antichresen an Grundstücken nur die vor dem 1. Januar 1900 im Grundbuch eingetragenen übrig, denn diese Rechte bestehen nach der Regel des § 184 EG.BGB. noch fort. Solche Antichresen sind gegenwärtig, wenn überhaupt, so doch nur noch in geringer Anzahl vorhanden. Das BGB. läßt aber noch antichretische Pfandverträge an beweglichen Sachen zu (§§ 1213, 1214) und in Ansehung dieser Verträge bleibt also die Tarifstelle 48 nach wie vor wirksam. In dieser Anwendung ist sie jedoch ebenfalls nur von geringer steuerlicher Tragweite. Begr. S. 15 (09).

b) Der wirtschaftliche Zweck der Antichresen wird nach dem BGB. durch Nießbrauchsbestellungen (§§ 1030ff. BGB.) erreicht, für die in der Tarifstelle 44 dieses Entwurfs eine StAbgabe von $^3/_{10}$ v. H. in Aussicht genommen ist. Es empfiehlt sich daher, die antichretischen Verträge aus der Tarifstelle 48 ganz auszuscheiden; infolgedessen müssen auch die Worte „antichretische Nutzung, Verpfänder, Antichrese, Pfandinhaber, Nutzung" in Wegfall kommen. Die Überschrift der Tarifstelle wird daher zweckmäßig kurz zu lauten haben: „Pacht- und Mietverträge".

3. Die Beschränkung des Gegenstandes der Pacht- und Mietverträge auf unbewegliche Sachen enthält hinsichtlich der Pachtverträge eine Lücke, denn Gegenstand der Miete können nach dem BGB. allerdings nur körperliche Sachen sein (§ 535 und § 90 BGB.), dagegen bilden den Gegenstand der Pacht nicht nur Sachen, sondern auch Rechte (§ 581 BGB.). Nach der gegenwärtigen Fassung der Tarifstelle würden daher Pachtverträge über den Grundstücken gleichgestellte Rechte nicht zur Versteuerung herangezogen werden dürfen. Das aber würde der Absicht des Gesetzgebers kaum entsprechen; die vorhandene Lücke ist nur eine Folge der Entstehung der Gesetzesstelle. Zur Schließung der vorhandenen Lücke ist im Abs. 1 des Entwurfs vorgeschrieben, daß auch Pachtverträge über den unbeweglichen Sachen gleichgestellte Rechte stpflichtig sind. Zu diesen Rechten, welche Gegenstand eines Pachtvertrages sein können, gehören Bergwerke, Kohlenabbaugerechtigkeiten und andere Rechte zur Gewinnung von Bodenbestandteilen (§ 99 Abs. 2 BGB.), z. B. über das Ausbrechen von Steinen, die Ausbeutung eines Tonlagers zur Ziegelfabrikation, die Entnahme von Sand und Kies aus Grundstücken u. dgl. Begr. S. 16 (09).

4. Pacht- und Mietverträge in notarieller oder Protokollform über unbewegliche Sachen, sofern sie lediglich einen Pacht- oder Mietvertrag beurkunden,

Noch: Zu Tarifnummer 48.
sowie in diese Form gekleidete Beurkundungen von Abtretungen der Rechte aus solchen Miet- und Pachtverträgen erfordern neben dem zum Mietverzeichnis zu verwendenden WertSt. nicht noch den Notariatsurkunden- oder ProtokollSt. FM. 9. 9. 97 III 10360, ZBl. S. 361.

5. Verträge steuerfreier Personen oder Anstalten, in denen letztere als Verpächter erscheinen, erfordern den halben tarifmäßigen St., zu dessen Entrichtung dem Fiskus gegenüber auch der vom St. befreite Kontrahent verpflichtet ist, falls der Pächter nicht etwa auch Befreiung genießt. Der St. ist zu dem vom Vertreter der stfreien Anstalt aufzustellenden Verzeichnis zu kassieren und haben diese Vertreter stfreier Anstalten das Verzeichnis auch zur Versteuerung zu bringen. Nebenverträge sind auf Haupt- und Nebenexemplar besonders zu versteuern. FM. 27. 5. 96 III 7489. KG. 16. 12. 97, ZBl. S. 174 v. 98. Arch. Bd. 56 S. 453, RG. 19. 6. 00, ZBl. S. 432, Entsch. Bd. 46 S 293.

6. Die Frage, ob Verträge, in denen unbewegliche und bewegliche Gegenstände zusammen für einen einheitlichen Pachtzins verpachtet werden, zu versteuern sind, wird danach zu entscheiden sein, ob die verpachteten Gegenstände in der Hauptsache bewegliche oder unbewegliche Sachen sind. FM. 30. 12. 00 III 13333.

7. Die zum Zwecke der Vermeidung einer StStrafe erfolgende Abänderung des Datums eines Mietvertrages ist Urkundenfälschung. Ist das Datum geändert, um eine vermeintlich drohende StStrafe zu vermeiden, so ist darin — entgegen der Ansicht in dem Urteil in Strafs., Entsch. 2, 33 u. 41 — die Absicht der Verschaffung eines Vermögensvorteils zu erblicken (§ 268 RStGB.). RG. 5. 7. 00, ZBl. S. 15 v. 01.

8. Ist für die Gebrauchsüberlassung kein Entgelt vereinbart, sondern nur eine Anerkennungsgebühr festgestellt, so unterliegt der Vertrag nicht der Tarifstelle 48, sondern der Tarifstelle 71. RG. 30. 10. 06, Holdh. S. 284 v. 07.

9. Ein Abg. fragt, wie es mit den Dienstwohnungen von Beamten der Kommunalverbände, der Feuersozietäten u. dgl. stehe. Bisher würde, da hier schriftliche Verträge regelmäßig nicht vorkämen, ein MietSt. nicht erhoben und künftig dagegen würden diese Mietverhältnisse nach seiner Ansicht wohl stpflichtig werden.

Ein anderer Abg. dehnte die Frage aus auf solche Fälle, in denen Privatbeamten freie Wohnung als ein Teil ihrer Besoldung gewährt werde

Nachdem noch ein dritter Abg. seine Ansicht dahin ausgesprochen, daß in den vorerwähnten Fällen eigentliche Mietverträge überhaupt nicht abgeschlossen würden und daher auch keine StPflicht eintrete, legte ein Kommissar der Finanzverwaltung dar, daß es in allen derartigen Fällen eine reine quaestio facti sei, ob der MietSt gezahlt werden müsse oder nicht. Für alle Dienstwohnungen der Staatsbeamten und auch für einen großen Teil der Privatbeamten und mittelbaren Staatsbeamten gewährten Wohnungen müsse die StPflicht unbedingt verneint werden. Hier liege nur ein Anstellungsvertrag vor, nach welchem Gehalt und Wohnung zu gewähren seien; nicht also ein eigentlicher Mietvertrag. Werde dagegen völlig unabhängig von dem Anstellungsvertrage ein besonderer Mietvertrag verabredet, so liege die Sache

Noch: Zu Tarifnummer 48.

anders. Solche einzelnen Fälle könnten im Gesetz nicht grundsätzlich entschieden werden.

Diesen Ausführungen schließen sich mehrere Abg. an. Einer derselben betonte, daß es für die Beurteilung der StPflicht bei sogenannten Dienstwohnungen wohl vor allem darauf ankomme, ob die Anstellungsbehörde gleichzeitig die Wohnung liefere, oder ob die Wohnung anderweit zur Verfügung gestellt werde, wie dies regelmäßig bei den Landräten der Fall sei; im letzteren Falle müsse natürlich der St. entrichtet werden. KB. S. 54 (09).

10. Unter diese Tarifstelle fallen u. a.:

a) Einräumung des ausschließlichen Rechts zur Anbringung von Geschäftsanzeigen in Pferdebahnwagen gegen einen bestimmten Preis. KG. 21. 5. 97.

b) In einem Nachtrag wird der Mietzins herabgesetzt; das Mietobjekt ändert sich insofern, als an Stelle der Befugnis zur Anbringung von Plakaten in einer bestimmten Anzahl von Wagen der Stadtbahn nun alle Wagen der Stadtbahn treten: es liegt ein ganz neuer Mietvertrag vor, weil im Nachtrag nicht gesagt ist, ein wie großer Teil des Mietzinses auf die neu hinzugetretenen Wagen zu rechnen ist. FM. 10. 12. 98 III 16654.

c) Verträge, durch welche einer Pferdebahngesellschaft gegen Entgelt städtische Straßen und Anlagen zur Benutzung behufs Betriebes eines Pferdebahn-Transport-Unternehmens eingeräumt werden. RG. 27. 3. 93, ZBl. S. 268.

Das Kleinbahngesetz v. 28. 7. 92 hat für die rechtliche Beurteilung von Verträgen dieser Art keine Änderung geschaffen. RG. 13. 12. 97.

d) Verträge einer Stadtgemeinde mit einem Unternehmer über Herstellung und Betrieb einer elektrischen Straßenbahn gegen jährliche Beiträge. Der an die Stadtgemeinde für die Übernahme der Unterhaltung der Brücken und Durchlässe, sowie für die Entfernung des Schnees usw. zu zahlende Jahresbeitrag ist Mietzins. RG. 16. 9. 97.

e) Die entgeltliche Überlassung des Betriebes einer Eisenbahn als Transportgewerbe, wenn die Eisenbahngesellschaft dem andern Teil nicht nur die Einnahmen aus dem Betriebe überweist, sondern ihm auch den unmittelbaren Besitz, Betrieb und die Verwaltung zur eigenen wirtschaftlichen Ausnutzung der Anlage überträgt. RG. 30. 6. 98, JW. S. 524.

f) Ein Vertrag über die Überweisung von Grund und Boden auf bestimmte Zeit zwecks Errichtung einer Restauration, in welchem die Gegenleistung u. a. darin besteht, daß das von dem Restaurateur zu errichtende Gebäude nebst Inventar nach Ablauf der bestimmten Zeit Eigentum des Überlassenden wird. RG. 23. 6. 99, JW. S. 506.

g) Die Überlassung des Rechts auf Kohlengewinnung auf beschränkte Zeit in dem zu den vormals Königlich sächsischen Landesteilen gehörenden Gebiet der Lausitz — ohne den Grund und Boden, in dem die Kohlen anstehen — gegen Entgelt.

Im übrigen gehört zur rechtswirksamen Neubestellung einer selbständigen Kohlenabbaugerechtigkeit nach § 3 des Ges. v. 22. 2. 69 in der Fassung des Art. 38 AG.BGB. gerichtliche Form. FM. 11. 7. 02 III 8818.

Noch: Zu Tarifnummer 48.

h) Die Überlassung des Alleinrechts seitens der Gesellschaft A. an den Restaurateur zur Aufstellung von automatischen Apparaten in seinen Geschäftsräumen für eine bestimmte Zeit gegen Entgelt. FM. 20. 11. 06 III 18947.

i) Verträge über die Verpachtung der Fahrgeld- und Brückengelderhebung; sie sind Pachtverträge über bewegliche Sachen auch dann, wenn zugleich Fähr- oder Brückenhäuser bzw. kleinere Grundstücke zur Mitverpachtung kommen, sofern der auf diese unbeweglichen Gegenstände entfallende Teil des Pachtzinses im Verhältnis zu demjenigen Teil der Pachtsumme, der die Vergütung für die Überlassung des Rechts zur Erhebung der Abgaben bildet, nur von nebensächlicher Bedeutung ist. FM. 30. 12. 00 III 13333.

k) Verträge über Verpachtungen auf Probe, wobei dieselben Grundsätze wie bei Verträgen über Kauf auf Probe zur Anwendung kommen hinsichtlich der Versteuerung, z. B. wenn es von anzustellenden Proben abhängen soll, ob ein Pachtvertrag — die Überlassung der Ausübung einer Lizenz — voll zur Ausführung kommen soll. FM. 13. 2. 04 III 1678. — Vgl. A. 8 und 19 bei Tarif 32.

l) Verträge über die Verpachtung des Kantinenbetriebes in der Kaserne, wie Verträge, durch die die Verwaltung des Theaters einem Buchhändler gegen eine Jahresvergütung das Recht einräumt, daß in dem Theater lediglich die von ihm hergestellten Theaterzettel, Programme und Textbücher zum Verkauf gelangen sollen. FM. 24. 3. 05 III 3619.

m) Ein Vertrag, durch den der Verleger einer Zeitung einem andern gegen Entgelt und auf Zeit den Betrieb des Inseratenteils der Zeitung überläßt. RG. 30. 10. 08, Entsch. Bd. 70 S. 20.

n) Über Verpachtung einer Parzelle zum Zweck der Abholzung s. FM. 25. 10. 01 III 13035 bei Tarif 32 A. 18 f.

11. a) Die in einem Mietvertrage enthaltenen Bestimmungen darüber, ob und unter welchen Bedingungen das Mietverhältnis von beiden Teilen oder von einem von ihnen gekündigt werden kann, sind als Teile des Mietvertrages und nicht als besonderer Nebenvertrag zu betrachten und zwar auch dann, wenn in einem für eine bestimmte Zeit geschlossenen Mietvertrage Vermieter das Recht haben soll, den Vertrag schon vorher nach bestimmt festgesetzter Kündigung gegen Zahlung einer Entschädigung an den Mieter nach der Räumung aufzuheben. FM. 7. 5. 02.

b) Über Vereinbarungen in Mietverträgen betreffend das Recht des Vermieters an retinierten Sachen, die Verpfändung der inferierten Sachen und sonstige in Mietverträgen vorkommende Abreden s. FM. 2. 11. 97 bei Tarifstelle 71 A. 6 n α u. m κ.

12. Die Subkommission sei sich darüber einig gewesen, daß auch der Arzt, der einen Teil seiner Wohnung als Konsultations- bzw. Wartezimmer gebrauche, ebenso wie der Rechtsanwalt hinsichtlich seiner Bureauräume Berücksichtigung erfahren müsse.

Ein lästiges Eingreifen der Steuerbehörden in die Privatverhältnisse werde nach den Erklärungen der Regierungskommissare nicht stattfinden. KB. S. 61 (09).

13. Daß auch diejenigen Jagdpachtverträge, bei denen der Abschuß einzelner Stücke Wildes oder einzelner Wildarten verpachtet

Noch: Zu Tarifnummer 48.

werde, der Besteuerung unterworfen werden sollten, sei gerecht. Gerade diese Art der Jagdpacht werde nur von wohlhabenden Leuten vorgenommen, und als Verpächter träten dabei auch immer nur Besitzer eigener Jagdbezirke auf, da für gemeinschaftliche Jagdbezirke ein derartiger Verpachtungsmodus sich nicht eigene. Es solle noch darauf hingewiesen werden, daß sich neuerdings in zunehmendem Maße eine Art der Verpachtung von eigenen Jagdbezirken einbürgere, wo die Verpachtung der Jagd nur ein Stück des Vertrages sei. Es würden gemischte Verträge abgeschlossen, in denen beispielsweise ein Jagdhaus und die Jagd verpachtet würden, und daneben noch ein Förster als Jagdaufseher, die Bedienung im Jagdhause u. dgl. zur Verfügung gestellt würde. Würde man derartige Verträge nicht in die Tarifstelle einbeziehen, so würde der neue JagdpachtSt. in Zukunft sehr leicht umgangen werden können. Üblich sei jetzt auch vielfach, Pension und komfortable Wohnungen auf dem Lande auszubieten unter gleichzeitiger unentgeltlicher Erteilung der Jagderlaubnis. Weiter komme es vor, daß der Inhaber eines eigenen Jagdbezirkes eine angrenzende Gemeindejagd zupachte, und beide zusammen dann wieder weiter verpachte. KB. S. 64 (09).

14. Weiter wurde bemerkt, daß es der sozialen Gerechtigkeit widerspreche, die Anmietung einer Wohnung allein einem höheren MietSt. zu unterwerfen, während ein weit geringerer St. zu entrichten sei, wenn die Wohnung einen Teil einer land- oder forstwirtschaftlichen Pachtung bilde.

Ein Kommissar der Finanzverwaltung erklärt, daß es sich auch hier um eine Frage handle, die nur von Fall zu Fall entschieden werden könne. Wenn die Pachtung den Hauptgegenstand des Vertrages bilde und die Gewährung der Wohnung sich nur als Nebenleistung darstelle, würde der für Pachtverträge festgesetzte St. zur Hebung gelangen. Läge dagegen der Fall umgekehrt, so würde der MietSt. entrichtet werden müssen.

Diesen Ausführungen wurde von einem Mitglied der Kommission ausdrücklich zugestimmt mit dem Hinzufügen, daß derartige Fragen nach dem allgemeinen Rechtsgrundsatz entschieden werden müßten, und daß der Hauptvertrag hier ausschlaggebend sei. KB. S. 54, 55 (09).

15. Bei der Anwendung der Befr.-Vorschr. des Abs. 7 Nr. 2 ist zu berücksichtigen, daß

a) die Vermieter Personen sein müssen, welche die Aufnahme von Fremden zur Beherbergung gewerbsmäßig betreiben. Diese Auslegung ist hinsichtlich der Gastwirte bedenkenfrei; sie muß aber auch bezüglich der Zimmervermieter gelten, da diese in der Befr.-Vorschr. den Gastwirten gleichgestellt und auch nach dem Sprachgebrauch und der Verkehrsanschauung unter Zimmervermietern nicht Personen zu verstehen sind, die gelegentlich und hin und wieder Zimmer vermieten, sondern Vermieter, die aus der Vermietung ein Gewerbe machen und sich daraus eine dauernde Einnahmequelle zu schaffen beabsichtigen, z. B. Pensionsinhaber;

b) die Wohnungsaufnahme auf Fremde beschränkt ist, so daß Aufnahmen ortsansässiger oder solcher Personen, die an dem Ort der Wohnungsgewährung zu einem längeren, wenn auch vorübergehenden Aufenthalt, z. B. zu Studienzwecken, sich befinden, nicht unter die Befr.-Vorschr. fallen;

Noch: Zu Tarifnummer 48.

c) die Aufnahme der Fremden zur Beherbergung erfolgen muß, und darunter ist sprachgebräuchlich im Gegensatz zu der auf eine dauernde Überlassung von Wohnräumen gerichteten Vermietung nur die Gewährung einer Unterkunft für einen kürzeren, vorübergehenden Zeitraum zu verstehen. Ob den Fremden lediglich Räume zu Wohnzwecken überlassen werden oder ob außerdem seitens der Gastwirte oder Zimmervermieter Beköstigung und Bedienung gewährt wird, macht keinen Unterschied, denn auch bloße Wohnungsüberlassungen fallen unter den Begriff der Beherbergung. Nach dem Gesagten sind die Vermietungen möblierter Zimmer oder Wohnungen nur dann stfrei, wenn die Räume von Gastwirten oder gewerbsmäßigen Zimmervermietern an Fremde auf kurze Zeit gegen Entgelt überlassen werden; in diesen Fällen wird ohnedies StFreiheit meistens auch schon auf Grund des Abs. 18 der Tarifstelle eintreten, da der zu entrichtende Mietzins meist 150 Mk. nicht übersteigen wird;

d) Vermietungen von Wohnungen in Badeorten und Sommerfrischen an Kurgäste, Sommerfrischler usw. sind stets stfrei, wie anläßlich der kommissarischen Beratung des Gesetzes im Hause der Abgeordneten ausdrücklich anerkannt ist. FM. 8. 12. 09 III 21101.

16. Das Mietverzeichnis darf nicht, wenn der 31. Januar auf einen Sonntag fällt, erst am 1. Februar eingereicht werden. KG. 18. 11. 97, Arch. Bd 45 S. 455.

17. a) An sich ist nicht der Grundstückseigentümer als solcher, sondern nur der Vermieter zur Entrichtung des St. verpflichtet. Dem Vermieter steht jedoch auch st.rechtlich der Eigentümer des Grundstücks gleich, wenn er es von dem Vermieter erworben hat. Die Bestimmung, daß der Vermieter die Mietverzeichnisse 5 Jahre lang aufzubewahren hat, schließt für ihn nicht das Recht aus, sich zum Beweise der Zahlung der Steuer auch anderer Beweismittel als der Mietverzeichnisse zu bedienen. RG. 17. 5. 07, Holdh. S. 225 v. 08.

b) Es ist zu empfehlen, daß von den Zollstellen mit StSteuererhebung und den StVerteilern nach der Buchstabenfolge angelegte Listen derjenigen Vermieter, die ihre Mietverträge durch das Mietverzeichnis versteuert haben, geführt und den StSteuerämtern zur Nachprüfung übersandt werden. FM. 28. 10. 10 III 13159.

18. Die Subkommission war zu der Auffassung gelangt, daß die in Rede stehenden Verpflichtungen nicht nur den gesetzlichen Vertretern, sondern auch anderen Bevollmächtigten aufzuerlegen seien. Man war sich in der Subkommission darüber klar gewesen, daß diese Verpflichtungen unter Umständen strafrechtliche Verfolgungen nach sich ziehen könnten. Regierungsseitig war aber in der Subkommission erklärt worden, daß Zahlungsverpflichtungen aus Abs. 14 nicht hergeleitet werden sollten.

In der Vollkommission erhob sich hiergegen kein Widerspruch. Nachdem der Finanzminister erneut ausgesprochen hatte, daß man sich bei der in Abs. 14 geschaffenen Verpflichtung nicht auf den gesetzlichen Vertreter beschränken könne, daß aber eine vermögensrechtliche Haftbarkeit hieraus nicht gefolgert werden solle, wurde der Antrag 21 zurückgezogen und der Abs. 10 der Regierungsvorlage unverändert angenommen. KB. S. 70 (09).

Noch: Zu Tarifnummer 48.

19. Die Einzelversteuerung nach Kalenderjahren in Verbindung mit dem durch § 11 d. G. vorgeschriebenen Grundsatze der Abrundung auf 50 Pf. führt unter Umständen zu einer zu hohen Belastung der kurzfristigen Verträge, zumal, wenn die Vertragsdauer in mehrere Kalenderjahre fällt. Ist beispielsweise ein Vertrag über die Vermietung eines Zimmers für den 31. Dezember 1908 und den 1. Januar 1909 zu einem täglichen Zinse von 1 Mk., also zu einem Gesamtzinse von 2 Mk. abgeschlossen, so ist nach jetzigem Recht für den einen Tag des Kalenderjahres 1908 ein St. von 50 Pf. und ebenso für den einen Tag des Kalenderjahres 1909 ein St. von 50 Pf. zu zahlen, so daß die Abgabe 50 v. H. des vereinbarten Gesamtmietzinses beträgt. Die Beseitigung solcher Unbilligkeiten soll durch eine Abänderung des Abs. 6 der jetzigen Tarifstelle dahin herbeigeführt werden, daß der § 4 Buchstabe a d. G. Anwendung findet. Danach tritt Steuerbefreiung nicht nur ein, wenn der Jahreszins 300 Mk. oder weniger beträgt, sondern auch dann, wenn der Jahreszins 300 Mk. überschreitet, der für die ganze Vertragsdauer zu zahlende Gesamtzins aber 150 Mk. nicht übersteigt. Begr. S. 17 (09).

20. a) Abs. 19 der Tarifstelle setzt voraus, daß auch der ursprüngliche Pachtvertrag, aus dem die Rechte übertragen werden, nach dem 1 4. 96 errichtet ist. FM. 28. 3. 99 III 17280. — Vgl. A. 12a bei Tarif 2.

b) Der Abs. 19 bezieht sich nur auf die unter I behandelten Verträge über unbewegliche Sachen usw., nicht auch über bewegliche Sachen und ausländische Grundstücke (II, III). Abtretungen von Rechten aus Pachtverträgen über bewegliche Sachen und über ausländische Grundstücke fallen daher nicht unter diese Tarifstelle. RG. 6. 11. 06 II.

c) Durch Vertrag v. 29. 5. 95 ist das Rittergut A. an Amtmann N. bis zum Jahre 1913 verpachtet; für die gesamte Pachtzeit ist der PachtSt. verwendet. Durch Vertrag v. 4. 9. 96 trat Amtmann N. sein Pachtrecht an seinen Sohn ab; dieser Zession trat der Verpächter unter ausdrücklicher Entlassung des Pachtzedenten aus den im ursprünglichen Pachtvertrage übernommenen Verpflichtungen bei: Es steht die Errichtung eines neuen Pachtvertrages unter Auflösung des alten, nicht eine bloße Abtretung der Rechte aus einem Pachtvertrage, in Frage. RG. 14 3. 02.

21. Der Abs. 21, der vorschreibt, daß die durch Briefwechsel zustande gekommenen Verträge wie förmliche schriftliche Verträge zu behandeln sind, ist dahin erweitert, daß diese Bestimmung auch auf Verträge Anwendung zu finden hat, die durch den Austausch sonstiger schriftlicher Mitteilungen zustande gekommen sind. Hierunter sind alle nicht in Briefform gekleideten schriftlichen gegenseitigen Willensäußerungen zu verstehen, welche zum Austausch bestimmt sind, z. B. Telegramme. Der Abs. 21 ist dadurch in Übereinstimmung gebracht mit dem die steuerliche Behandlung der Briefwechselverträge allgemein regelnden Abs. 3 des § 1 d. G. Begr. S. 17 (09).

22. Die Tarifstelle hat eine allgemeinere Fassung erhalten als die gegenwärtige Tarifstelle 48 b, mit deren Inhalt sie sich im wesentlichen deckt. Sie hat hauptsächlich die Besteuerung der Mietverträge über bewegliche Sachen zum Gegenstande, z. B. Möbelleihverträge, Verträge über das Recht zum Anbringen von Geschäftsanzeigen in Straßenbahn- oder Eisenbahnwagen u. dgl.; die Tarifstelle kann sich aber auch auf die Nutzung von Rechten beziehen,

Lfd. Nr.	Gegenstand der Besteuerung	Steuersatz v H	Mk	Pf	Berechnung der Stempelabgabe
49.	**Pässe** (Paßkarten) zu Reisen[1-3] in der Regel	—	3	—	
	für Handwerksburschen, Dienstboten, Lohnarbeiter und andere Personen ähnlichen Standes jedoch nur . . . . AB. 9 Abs. 5; 19; 79.	—	1	—	
	zum Transport von Leichen wegen deren Beerdigung außer dem Kirchsprengel, worin der Todesfall sich ereignet hat	—	5	—	
	bei nachgewiesener Bedürftigkeit kann der Stempel bis auf . . . . ermäßigt werden. AB. 9 Abs. 6; 79 Abs. 4.	—	1	50	

Noch: Zu Tarifnummer 48.

z. B. auf die nicht ausschließliche oder zeitliche Ausnutzung von Patenten (sog Lizenzverträge). Begr. S. 17, 18 (09).

23. Der Berechnung des St. ist derjenige Betrag zugrunde zu legen, welchen der Mieter nach vertragsmäßiger Festsetzung für die Dauer des Mietverhältnisses innerhalb des betreffenden Kalenderjahres als Mietzins zu zahlen hatte. Bei Vorausversteuerungen bemißt sich der St. nicht nach der Summe der auf die einzelnen Kalenderjahre entfallenden Mietzinse, sondern nach der Summe der StBeträge, wie sie sich für die Kalenderjahre im einzelnen ergeben. FM. 16. 5. 96 III 4911, ZBl. S. 302.

24. Erhalten Restaurateure als Mieter Gas oder Elektrizität nicht infolge eines von ihnen mit einem Gas- oder Elektrizitätswerk geschlossenen Lieferungsvertrages, sondern auf Grund der in einem Mietvertrage enthaltenen Nebenabrede vom Vermieter, so ist das an den Vermieter zu zahlende Entgelt für das Beleuchtungsmaterial ebenso wie der sonstige Mietziens dem MietSt. unterworfen. FM. 11. 6 07 III 10530.

Zu Tarifnummer 49.

1. Verlängerungen der ursprünglich ausgestellten Reisepässe sind nicht mehr zugelassen. Die Pässe sind in der Regel auf 1 Jahr auszustellen, ausnahmsweise auf 2 Jahre. FM. 26. 10. 99 III 13350.

2. a) Für die StPflichtigkeit eines tatsächlich ausgestellten Leichenpasses ist es ohne Bedeutung, wenn die Ausfertigung eines solchen nicht erforderlich gewesen wäre. FM. 3. 4. 02 III 4029.

b) Alle von der zuständigen Behörde ausgehenden Erlaubniserteilungen zum Transport von Leichen, auch die in Gestalt einer einfachen Verfügung ergehenden, fallen unter diese Tarifstelle. FM. 3. 9. 97 III 10772.

c) Genehmigungen zur Überführung von Leichen nach den anatomischen Instituten der Landesuniversitäten sind stfrei. FM. 8. 3. 98 III 2760, MBl. S. 80.

Lfd. Nr.	Gegenstand der Besteuerung	Steuersatz v. H.	Mk.	Pf.	Berechnung der Stempelabgabe
50.	**Policen**, s. Versicherungsverträge.				
51.	(1) **Polizeistunde**, Genehmigungen der Verlängerung der Polizeistunde für einzelne Wirtshäuser und öffentliche Vergnügungsorte	—	25	—	
	(2) Genehmigungen auf die Dauer von weniger als einer Woche . . . . AB. 68 Abs. 2; 80.	—	1	50	
52.	**Proteste**,[1] Wechselproteste und Proteste anderer Art, wenn der Wert des Gegenstandes beträgt				
	mehr als 150 Mark, aber nicht mehr als 1000 Mark	—	1	50	
	mehr als 1000 Mark	—	3	—	
53.	(1)[1] **Protokolle**, auch von den Parteien nicht unterschriebene, welche in Privatangelegenheiten von Behörden[2] und Beamten aufgenommen sind und die Stelle einer im gegenwärtigen Tarife besteuerten Verhandlung vertreten, wie diese, mindestens[3] aber	—	3	—	
	(2) Protokolle, welche nicht die Stelle einer im Tarife besteuerten Verhandlung vertreten, sind stempelfrei.				
	(3) Bei Protokollen, welche von Notaren aufgenommen sind, kommt die Tarifstelle „Notariatsurkunden" zur Anwendung.				

Noch: Zu Tarifnummer 49.

3. Wenn der die Ausfertigung der Pässe Veranlassende eine nach § 5 LStG. von der Entrichtung der StSteuer befreite Person ist, z. B. wenn von Behörden für Beamte im öffentlichen Interesse Pässe ausgestellt werden, so bedürfen solche weder des St. der Tarifstelle 49, noch ist für sie eine Ausfertigungsgebühr zu entrichten.

Anträge auf Verabfolgung ungestempelter Formulare zu diesen stfreien Pässen sind unmittelbar an das Hauptstempelmagazin zu richten. FM. 8. 6. 04 III 7015.

Zu Tarifnummer 52.

1. Vgl. Art. 62 PFG.

Zu Tarifnummer 53.

1. Vgl. § 177 Satz 1 FG., Art. 55 Abs. 2 PFG., auch A. 58 zu Tarif 32.

Lfd. Nr.	Gegenstand der Besteuerung	Steuersatz v. H	Mk	Pf	Berechnung der Stempelabgabe
54.	(1) **Punktationen**[1] über einen zu errichtenden Vertrag, welche die Kraft eines Vertrages haben und demnach eine Klage auf Erfüllung begründen, sind wie Verträge über denselben Gegenstand und zwar auch dann zu versteuern, wenn darin die Aufnahme einer förmlichen Vertragsurkunde vorbehalten ist. (2) Zu einer Vertragsurkunde, welche auf Grund einer mit dem Wertstempel belegten Punktation demnächst aufgenommen wird und im wesentlichen denselben Inhalt hat wie diese, kommt der zur Punktation verwendete Wertstempel in Anrechnung.[2] AB. 81. Allg.V. § 9 Ziff. 4.				

Noch: Zu Tarifnummer 53.

2. Diesem St. unterliegen auch die vom Ritterschaftlichen Syndikus aufgenommenen Verhandlungen. FM. 17. 2. 98 III 886.

3. a) Zu einer gerichtlichen Schuldverschreibung ist der ProtokollSt. fällig, auch wenn bei Beurkundung in einfacher Schriftform nur 20 Pf. zu erfordern sein würden. KG. 12. 2. 00, Hz. S. 520. — Vgl. A. 4 zu Tarif 58.

b) Vgl. auch A. 4 bei Tarif 48.

Zu Tarifnummer 54.

1. Unter einer Punktation sind Urkunden über einen zu errichtenden Vertrag zu verstehen, welche die Kraft eines Vertrages haben und demnach eine Klage auf Erfüllung begründen, d. h. auf Erfüllung nicht unmittelbar des später zu errichtenden, die Veräußerung selbst darstellenden Hauptvertrages, sondern auf Erfüllung der in der Punktation übernommenen Verpflichtung, den Veräußerungsvertrag auf Grund der in der Punktation vereinbarten Bedingungen zu errichten. Daß eine Einigung über die Naturalia des Geschäfts erst später erfolgen soll, ist ohne Bedeutung. Das BGB. hat hieran nichts geändert. RG. 4. 2. 10, Entsch. Bd. 73 S. 116.

2. a) Bei der Einstellung eines höheren Betrages in den auf Grund einer Punktation abgeschlossenen Kaufvertrag ist nur die Differenz zwischen dem in der Punktation und dem in dem Vertrage enthaltenen Kaufpreise für die Berechnung des zu entrichtenden VertragSt. maßgebend, sobald der St. nach dieser Tarifstelle richtig gezahlt ist. KB. S. 72.

b) Sowohl der Kauf- als auch der TauschSt. muß erfordert werden, sobald in einer Punktation ein Entgelt in bar, in dem Vertrage aber in Naturalien verabredet ist, weil zwei ganz verschiedenartige Rechtsgeschäfte, Kauf- und Tausch, zugrunde liegen. KB. S. 72.

Lfd. Nr.	Gegenstand der Besteuerung	Steuersatz v. H.	Mk	Pf.	Berechnung der Stempelabgabe
55.	**Registraturen,**[1] wenn sie die Stelle der Protokolle vertreten, wie diese.				
56.	Fällt aus.[1, 2] AB. 23 Abs. 4. Allg.V. § 16 Ziff. 1, § 21				

Zu Tarifnummer 55.

1. Die Tarifstelle 55 „Registraturen" ist jetzt beinahe völlig obsolet geworden. Sie hat Anwendung gefunden im gemeinen Recht, und nachdem dieses im BGB. aufgegangen ist, hat diese Tarifstelle beinahe gar keine Bedeutung mehr. KB. S 82 (09). — Vgl auch § 177 Abs 1 FG.

Zu Tarifnummer 56.

1. Seitens der Staatsregierung findet sich gegen die Streichung der Tarifstelle 56 nichts einzuwenden; das Einverständnis erfolgt aber unter der Voraussetzung, daß die Tarifstelle bezüglich derjenigen Fälle bestehen bleibt, in denen der Erwerb einer Zuwendung bereits vor dem Inkrafttreten des RCStG. v. 3. 6. 06 (1. 7. 06) begründet worden ist (vgl § 61 d. G.) Es gehören hierher insbesondere die aufschiebend bedingten Schenkungen, die vor dem 1. Juli 1906 beurkundet sind, bei denen die Erfüllung der Bedingung aber erst nach diesem Zeitpunkt eingetreten ist. Namentlich unterliegen deshalb die in der Praxis nicht selten vorkommenden Schenkungen nach wie vor der Tarifstelle 56, die vor dem 1. Juli 1906 verlautbart sind, bei denen der Schenker aber sich oder einem andern den Nießbrauch vorbehalten hat und infolgedessen die Substanz dem Beschenkten erst nach dem 1. Juli 1906 anfällt. KB. S. 83 (09).

2. Die Vorschriften über die Erhebung von Abgaben von Schenkungen unter Lebenden und der über solche Schenkungen ausgestellten Urkunden sind durch das RCStG v 3 7. 06 außer Kraft getreten. Ist jedoch die Vollziehung der Schenkung unter Lebenden, oder, wenn der Vollziehung ein rechtswirksames Schenkungsversprechen vorhergegangen ist, die Beurkundung des Versprechens vor dem 1. Juli 1906 erfolgt, so bleiben die bisherigen gesetzlichen Bestimmungen in Kraft. Ist ein Schenkungsversprechen vor dem 1. Juli 1906 nur privatschriftlich beurkundet, ohne daß der Mangel der Form vor diesem Zeitpunkte durch Bewirkung der versprochenen Leistung geheilt wäre (BGB. § 518), so sind die landesgesetzlichen Abgaben nicht zu erheben und, wenn sie bereits erhoben sein sollten, zu erstatten.

Wird eine Schenkung notariell beurkundet, so ist der St. der Tarifstelle 45 zu erheben; dagegen sind gerichtliche Beurkundungen einer Schenkung nach Tarifstelle 53 Abs. 2 stfrei, da die Schenkung nicht mehr zu den im Tarif besteuerten Verhandlungen gehört. Allg.V. d. FM. u. JM v 26. 6. 06, JMBl. S. 174.

Lfd. Nr.	Gegenstand der Besteuerung	Steuersatz v. H.	Mk	Pf	Berechnung der Stempelabgabe
57.	[1]**Schiedssprüche,**[2,3,5] und zwar sowohl der ständigen Schiedsgerichte, als auch der zur Entscheidung für den einzelnen Fall berufenen Schiedsrichter	$^1/_{10}$	—	—	des Wertes des Streitgegenstandes,[4]
	jedoch mindestens	—	2	—	
	höchstens	—	100	—	
	ist der Wert des Streitgegenstandes unschätzbar	—	10	—	

Zu Tarifnummer 57.

1. Vgl. § 1025 ZPO

2. Als Schiedsspruch ist nicht jede in Form eines Schiedsspruchs ergehende Entscheidung, sondern nur eine solche anzusehen, die ein zwischen den Parteien streitiges Rechtsverhältnis endgültig regelt. Kann der Schiedsspruch durch Anrufung eines höheren Schiedsgerichts angerufen werden, oder ist er durch ein solches zu bestätigen, so ist die Anfechtungsfrist abzuwarten bzw. ist nur der Spruch des oberen Schiedsgerichts stpflichtig. FM. 17. 2. 08 III 3037. — Über den Begriff des Schiedsvertrages i. S. des § 1025 ZPO. vgl. auch RG. 12. 11. 07, JW. S. 16 v. 08.

3. a) Die StPflichtigkeit bezieht sich nicht nur auf die Schiedssprüche schiedsrichterlicher Behörden, sondern auch auf die von Schiedsrichtern in Gemäßheit des § 1025 ZPO gefällten Entscheidungen. RG. Bd. 30 S. 219. Mot S. 52

b) Nur schriftliche Schiedssprüche sollen getroffen werden. 12. KS. S. 5. — KB S. 74.

c) Nur solche Schiedssprüche sind stpflichtig, die auf Grund gesetzlicher Vorschriften vollstreckbar, also geeignet sind, einen Rechtsstreit zu erledigen. Hierzu gehören nicht die von den Gewerbegerichten als Einigungsämtern nach § 67 d. G. v. 29. 7. 90 abzugebenden Schiedssprüche. FM. 23. 6. 96 III 8634, ZBl. S. 537.

d) Die persönlichen StSteuerbefreiungen (§ 5 d. G.) sind bei Schiedssprüchen nicht aus der Person der Schiedsrichter, welche bei der Angelegenheit sachlich unbeteiligt sind, sondern aus der Person derjenigen zu beurteilen, welche nach dem Schiedsspruch dessen Kosten zu tragen haben. FM. 24. 8. 99 III 10682.

e) Nur der einmalige St. ist in Rennsachen zu verwenden, auch wenn gegen die Entscheidung des Vereinsschiedsgerichts der Spruch des Großen Schiedsgerichts oder der Technischen Kommission angerufen ist. FM. 12. 4. 00 III 4402.

f) Gutachter, die nicht einen Rechtsstreit wie durch Richterspruch entscheiden, sondern nur über einzelne für ein Rechtsverhältnis erhebliche Tatfragen, z. B. über den Grad der verminderten Erwerbsfähigkeit eines Verletzten, einen

Lfd. Nr.	Gegenstand der Besteuerung	Steuersatz v. H.	Mk.	Pf.	Berechnung der Stempelabgabe
58.	[1]**Schuldverschreibungen.**				
	I. (1) Schuldverschreibungen, hypothekarische und persönliche aller Art,[2-7] insoweit es sich nicht um der Reichsstempelabgabe unterworfene Wertpapiere handelt	1/12	—	—	des Kapitalbetrages der Schuldverschreibung
	Urkunden, in denen der Betrag der verschriebenen Schuld nur dem Höchstbetrage nach bestimmt ist, sind dem Stempel dieser Tarifstelle nicht unterworfen.[8]				
	(2) Ermäßigungen:				
	a) Schuldverschreibungen über Kaufgelder,[9] Erbgelder oder sonstige Forderungen aus zweiseitigen Verträgen, falls diese Verträge gehörig versteuert sind und alle wesentlichen Bedingungen des Schuldverhältnisses enthalten, wie Nebenausfertigungen derselben (vgl. die Tarifstelle „Duplikate");				
	b) (1)[10]Schuldverschreibungen über Darlehen, welche innerhalb Jahresfrist oder in einem kürzeren Zeitraume[11] zurückzuzahlen sind	1/50	—	—	der dargeliehenen Summe in Abstufungen von 20 Pf. für je 1000 Mark oder einen Bruchteil dieses Betrages;
	(2) So oft die Rückzahlungsfrist durch schriftliche Verabredungen über die Verlängerung der Darlehen oder durch Ausstellung neuer Schuldverschreibungen bis zu einem Zeitraume von einem Jahre erweitert wird,[12] je	1/50	—	—	wie vor,
	(3) jedoch für die ursprüngliche Verschreibung und sämtliche Verlängerungen nicht mehr wie	1/12	—	—	der dargeliehenen Summe;
	(4) Beurkundungen der Verlängerung der Rückzahlungsfrist über den Zeitraum von einem Jahre hinaus	1/12	—	—	wie vor,
	(5) jedoch unter Anrechnung der für die Beurkundungen der ursprünglichen Verschreibung und der früheren Verlängerungen bereits entrichteten Stempel.				

Noch: Zu Tarifnummer 57.

Spruch abgeben, sind keine Schiedsrichter i. S. dieser Tarifstelle. KG 14. 12 05, Joh. Bd. 31 S. C 10.

4. Der Wert berechnet sich nach § 6 d. G. in Verbindung mit §§ 4 bis 8 d. ZPO. und §§ 11, 13 Abs 1 d. DGKG. v. 18. 6 78. Mot. S. 52/53.

5. Vgl. auch A. 4c bei Tarif 10.

Lfd. Nr.	Gegenstand der Besteuerung	Steuersatz v. H.	Mk.	Pf.	Berechnung der Stempelabgabe
(58.)	(6) Die Vorschriften der vorhergehenden Absätze finden entsprechende Anwendung auf nicht oder in nicht stempelpflichtiger Form beurkundete, tatsächlich eintretende Erweiterungen und Verlängerungen der Rückzahlungsfrist mit der Maßgabe, daß die Frist je für den Zeitraum eines Jahres als verlängert gilt, falls nicht erweislich ein längerer Zeitraum verabredet ist. Die Stempel, die in diesen Fällen nachträglich erforderlich werden, sind zu der ursprünglichen Urkunde binnen zwei Wochen nach dem Eintritte der Verlängerung zu verwenden.				
	AB. 82 Abs. 1.				
	(7) Die Anrechnung der früher gezahlten Stempel ist bei schriftlichen Verlängerungen nur zulässig, wenn auf den Schriftstücken über die Verlängerung vom Aussteller vermerkt ist, zu welchen Urkunden und zu welchen Beträgen die früher gezahlten Stempel verwendet sind.[13]				
	(3) Befreiungen:				
	a) Beurkundungen über die Verlängerung der Rückzahlungsfrist, wenn es sich um Schuldverschreibungen handelt, die mit einem Zwölftel vom Hundert des Kapitalbetrages bereits versteuert sind;[14]				
	b)[15] Beurkundungen von zinsbaren Darlehen, welche gegen spezielle Verpfändung[16] oder Hinterlegung von edlen Metallen, Waren, Wechseln oder Wertpapieren[17] gegeben werden (Lombarddarlehen) und innerhalb Jahresfrist oder in einem kürzeren Zeitraume zurückzuzahlen sind, vorausgesetzt, daß der Wert des hinterlegten Pfandes dem gewährten Darlehen mindestens gleichkommt;[18]				
	c) Sparkassenbücher und Bescheinigungen über einzelne Einlagen seitens öffentlicher und solcher Sparkassen, welche gemeinnützige Zwecke verfolgen, insbesondere solcher, welche die Gewinnverteilung aus-				

Lfd. Nr.	Gegenstand der Besteuerung	Steuersatz v. H.	Mk	Pf.	Berechnung der Stempelabgabe
(58.)	geschlossen haben, sowie der Sparkassen derjenigen eingetragenen Erwerbs- und Wirtschaftsgenossenschaften (Reichsgesetz vom 1. Mai 1889, Reichs-Gesetzbl. S. 55), welche die Förderung des genossenschaftlichen Personalkredits bezwecken;[19]				
	d)[20] für Kommunalverbände, Kommunen oder Korporationen ländlicher oder städtischer Grundbesitzer oder Grundkredit- und Hypothekenbanken ausgestellte Schuldverschreibungen, auf Grund deren reichsstempelpflichtige Renten- und Schuldverschreibungen demnächst[21] ausgereicht werden; AB. 82 Abs. 2 — Allg.V. § 10 Ziff. 3.				
	e) Briefe oder sonstige schriftliche Mitteilungen im bankgeschäftlichen Verkehr über die Ausleihung von Geldern auf feste Termine oder auf Kündigung mit oder ohne Frist.[22]				
	II. (1)[23] Kaufmännische, nicht auf Ordre ausgestellte Verpflichtungsscheine über Leistungen von Geld[24]	1/30	—	—	des Kapitalbetrages der Scheine in Abstufungen von 20 Pf. für je 1000 Mark oder einen Bruchteil dieses Betrages.
	(2) Die Befreiung zu I unter e findet Anwendung.				
	(3) Für die Verlängerung der Rückzahlungsfrist gelten die Bestimmungen zu I unter Ermäßigungen zu b und Befreiungen zu a und e.				
	III. (1)[25] Der Antrag auf Eintragung einer Hypothek oder Grundschuld oder einer wiederkehrenden Geldleistung im Grundbuch oder in einem für solche Eintragungen bestimmten öffentlichen Buche	1/12	—	—	der einzutragenden Summe oder des Kapitalwertes der Geldleistung oder des Betrages der Ablösungssumme bei Rentenschulden,
	AB. 82 Abs. 3.				
	sowie der Antrag auf Eintragung der Verpfändung einer Hypothek oder Grundschuld oder einer wiederkehrenden Geldleistung durch den eingetragenen Gläubiger in Büchern der bezeichneten Art[26]	1/12	—	—	der Summe, für welche die Post verpfändet wird, wenn diese Summe geringer ist als die Summe oder der Kapitalwert oder die Ablösungssumme
	(2) Die Vorschriften der Tarifstelle „Abtretung von Rechten" fünfter bis einschließlich achter Absatz finden sinngemäße Anwendung. Allg.V. § 9 Ziff. 2.				

Lfd. Nr.	Gegenstand der Besteuerung	Steuersatz v. H.	Mk.	Pf.	Berechnung der Stempelabgabe
(58.)	(3) [6]Die Abgabe wird bei einem Antrag auf Eintragung einer Hypothek für die Ansprüche aus Anleihe-Teilschuldverschreibungen nicht erhoben, wenn dem Grundbuchamt innerhalb einer Frist von einem Monat eine Bescheinigung der Zollbehörde darüber vorgelegt wird, daß die durch § 3 des Reichsstempelgesetzes vorgeschriebene vorläufige Anmeldung der Versteuerung erfolgt ist, sofern innerhalb dreier Monate vom Tage der Vorlegung dieser Bescheinigung auf einem als beglaubigte Abschrift herzustellenden Formulare der Teilschuldverschreibungen seitens der zuständigen Steuerabstempelungsstelle die Vorlegung und die nach dem Reichsstempelgesetz erfolgte Versteuerung der sämtlichen, die Hypothek erschöpfenden Teilschuldverschreibungen bescheinigt ist und dem Grundbuchamte die Bescheinigung der Zollbehörde binnen weiterer vier Wochen vorgelegt wird. AB. 82 Abs. 4. Allg.V § 1 Ziff 2b, § 19.				der verpfändeten Post, sonst der letzteren Summe oder des Kapitalwertes oder der Ablösungssumme

Zu Tarifnummer 58.

1. Vgl. §§ 607ff., 780ff., 793ff. BGB.

2. a) Auf Schuldverschreibungen findet die Vorschrift des § 1 Abs. 3 d. G. keine Anwendung. RG 9. 6. 99, ZBl. S. 205, Entsch. Bd. 44 S. 234. — Vgl. A. 6a bei § 1.

b) Unter Schuldverschreibung ist eine solche Urkunde zu verstehen, in welcher eine für sich bestehende prinzipale Schuldverbindlichkeit zum Ausdruck gebracht wird, so daß eine Schuldverschreibung dann nicht vorliegt, wenn in der Urkunde eine bereits verbriefte Schuld nur nach irgendeiner Richtung modifiziert und deshalb erwähnt wird. RG. 27. 10. 98, Entsch. Bd. 42 S. 266.

c) Eine Schuldverschreibung kann einseitig oder in Form eines Vertrages erklärt werden, das Zahlungsversprechen kann in Veranlassung einer schon nach dem Gesetz begründeten Verpflichtung abgegeben werden, die Schuldverschreibung kann auch eine wiederkehrende Geldleistung zum Gegenstand haben; das erklärte Schuldversprechen muß aber für sich den Gegenstand eines Rechtsgeschäfts bilden, nicht den unlöslichen Bestandteil eines zugleich geschlossenen und beurkundeten Rechtsgeschäfts. RG. 10. 2. 98, ZBl. S. 176 und RG. 6. 5. 04, Entsch. Bd. 58 S. 117. — Vgl. auch A. 2a zu Tarif 70.

Noch: Zu Tarifnummer 58.

Nach den getroffenen Feststellungen hatte A. mit einem Konsortium einen Finanzierungsvertrag abgeschlossen, wonach das Konsortium zum Zweck der Beschaffung der Geldmittel für den von A. übernommenen Bau und Betrieb einer Eisenbahn eine Aktiengesellschaft gründen und als Gegenleistung des A. 1675000 Mk. erhalten sollte: Die geforderte StFreiheit — weil das beurkundete Geschäft sich als Bestandteil eines einheitlichen, nach dem Tarif steuerpflichtigen Rechtsgeschäfts darstelle und daher keiner besondern StSteuer unterliege (§ 10 Abs. 3 d. G.) — wurde vom RG. nicht gewährt, weil das Zahlungsversprechen von dem SchuldverschreibungsSt. nur dann befreit sei, wenn es Bestandteil eines nach dem Tarif steuerpflichtigen und also eines beurkundeten Hauptgeschäfts wäre. Sei dagegen das Hauptgeschäft, wie hier, nicht beurkundet, so bleibe der SchuldverschreibungsSt. zu entrichten, obgleich aus der Beurkundung des Zahlungsversprechens dessen Zusammenhang mit dem Finanzierungsvertrage deutlich hervorgehe.

Eine Schuldverschreibung, die den Bestandteil eines nicht beurkundeten Hauptgeschäfts bildet, ist stpflichtig. RG. 30. 5. 99, Entsch. Bd. 44 S. 219.

Wenn aus einem gegenseitigen Vertrage nur die Erklärungen des einen Teiles herausgehoben und urkundlich festgelegt werden, so ist nicht der ganze Vertrag, sondern eben nur dieser Teil der Urkundenbesteuerung unterworfen, falls die urkundlichen Erklärungen, für sich allein genommen, den Erfordernissen einer Tarifbestimmung entsprechen. Deshalb unterliegt ein schriftlicher Kaufvertrag, der allein vom Käufer unterschrieben ist und auch nur von ihm allein unterschrieben werden sollte, in Ansehung der darin vom Käufer übernommenen Verpflichtung zur Bezahlung des Kaufpreises dem SchuldverschreibungsSt. RG. 12. 4. 10, Entsch. Bd. 73 S. 265.

d) Der SchuldverschreibungsSt. ist nicht fällig, wenn die Schuldurkunde nicht ausgehändigt gewesen ist, das Schuldbekenntnis mithin nicht als dem Gläubiger gegenüber ausgesprochen angesehen werden kann. FM. 20. 11. 00 III 13917 u. 15. 6. 05 III 7584.

e) Mit dem Begriff der Schuldverschreibung ist es durchaus vereinbar, daß die Verbindlichkeit zur Zurückzahlung nur für den Fall der Gewährung der Valuta anerkannt und übernommen wird. RG. 24. 11. 99 Bd. 45 S. 232.

f) Der Begriff des Darlehns ist nicht identisch mit dem Begriff der Schuldverschreibung. Schuldverschreibungen sind auch stpflichtig, wenn sie vor Empfang des Darlehns und in Erwartung der rechtsverbindlich versprochenen Zahlung des Dahrlehns ausgestellt sind. RG. 27. 3. 00, JW. S. 405 und RG. 30. 5. 99, Entsch. Bd. 44 S. 221, ferner RG. 16. 9. 02. Ebenso auch dann, wenn dem Darlehnsgeber ein Klagerecht auf Annahme des Darlehns nicht zusteht. RG. 21. 6. 97, JW. S. 492.

g) Das Schreiben eines Darlehnsnehmers, in welchem er sich mit den ihm vom Darlehnsgeber schriftlich mitgeteilten Darlehnsbedingungen, insbesondere hinsichtlich der Verzinsung, Fälligkeit, Zahlung und Rückforderung des Darlehns einverstanden erklärt, ist nicht nach § 3 Abs. 2 u. 3 als bedingte Schuldverschreibung stpflichtig, wenn nach dem Inhalt des Schreibens

Noch: Zu Tarifnummer 58.
vor der Gewährung des Darlehns die Ausstellung einer notariellen Schuldurkunde erfolgen soll (und diese erfogt ist). RG. 22. 2. 07, Holdh. S. 141 v. 08.

h) In einer Urkunde übernimmt die Bank A. in Bayern die Verpflichtung, der Stadtgemeinde B. in Preußen ein Darlehn zu gewähren; letztere verpflichtet sich in B. zur Verzinsung und Rückzahlung: der SchuldverschreibungsSt ist erforderlich, da dieser nicht auf dem Darlehnsvertrage als solchem, sondern auf dem Schuldbekenntnis des Darlehnsempfängers ruht, gleichviel ob auf der Urkunde eine Annahme des Schuldbekenntnisses durch den Darlehnsgeber sich findet oder nicht. FM. 25. 3. 07 III 5823.

i) Auch beurkundete Bedingungen eines erst künftig zu gebenden und anzunehmenden Darlehns sind dann als selbständige, für sich stpflichtige Schuldverschreibungen anzusehen, wenn aus ihnen ihrer Fassung nach unmittelbar die Pflicht zur Rückzahlung des Darlehns, nachdem es gezahlt worden sein wird, hergeleitet werden kann, und der erklärende zukünftige Darlehnsschuldner die Absicht gehabt hat, durch seine Erklärung die Rückzahlungspflicht zu begründen. RG. 13. 3. 03, JW. S. 277 u. 10. 5. 10 JW. S. 767.

k) Auch ein auf künftige Sicherstellung gerichteter Vertrag kann eine stpflichtige Schuldverschreibung in sich schließen; es muß aber dann ersichtlich sein, daß die Rückzahlungspflicht in Ansehung der zu sichernden Forderung selbständig hat beurkundet werden sollen. RG. 22. 3. 07, JW. S. 319.

l) Zur Begründung des St. muß die Verpflichtung zur Entrichtung einer bestimmten Geldsumme beurkundet sein; die Bezeichnung „etwa" genügt nicht. FM. 30. 3. 00 III 3409. Auch genügt nicht, wenn die Vereinbarung nicht die Verpflichtung zur Entrichtung einer in sich bestimmten Schuldsumme begründet, sondern nur die Möglichkeit gewährt, daß künftig eine Schuld entstehen kann. RG. 23. 12. 97, JW. 98 S. 95.

Es ist deshalb die von dem Mitglied eines Vorschußvereins durch Unterschrift der Geschäftsbedingungen desselben abgegebene Erklärung, daß er die im Kontogegenbuch künftig einzutragenden, zurzeit völlig ungewissen Beträge als von dem Verein empfangene Darlehen anerkenne, zwar eine auf die Zukunft gestellte Schuldverschreibung, welche jedoch mit Rücksicht auf die Unbestimmbarkeit der Höhe der künftigen Schuldbeträge der StPflicht nicht unterliegt. RG. 10. 1. 05, JW. S. 191.

m) Die erforderliche bestimmte Geldsumme ist zum Ausdruck gebracht in

α) schriftlichen Erklärungen, welche die Verpflichtung zur Entrichtung wiederkehrender Geldleistungen von unbestimmter Dauer enthalten. VZS. d. RG. v. 22. 5. 01, Entsch. Bd. 48 S. 351. FM. 14. 7. 01 III 8246, ZBl. S. 196, JMBl. S. 241. Dem Urteil lag eine Urkunde zugrunde, in welcher sich ein Vater verpflichtet, seiner Tochter, die sich mit dem Landrichter N. verheiraten werde, zur Einbringung in die Ehe auf die Dauer dieser Ehe und seines Lebens eine jährliche Rente von 20000 Mk. zu zahlen. Im Sinne der Tarifstelle 58 umfasse der Begriff des Kapitalbetrages den des Kapitalwertes mit;

Noch: Zu Tarifnummer 58.

β) dem Versprechen des Vaters, der Frau einen bestimmten Kapitalbetrag als Mitgift zu gewähren, auch wenn Ehevertrag und Schuldverschreibung in einer Urkunde enthalten sind. KG. 9. 10. 99, Hz. S. 325;

γ) Sustentationserklärungen, in denen sich jemand zu einer bestimmten ziffermäßigen Beihilfe für eine bestimmte Zeit verpflichtet. Der Kapitalbetrag ist nach § 6 letzter Absatz d. G. zu berechnen. FM. 22. 2. 99 III 2185. Dagegen sind von Rechtskandidaten beizubringende Sustentationserklärungen stfrei, wenn das Versprechen der Gewährung einer bestimmten Geldsumme seitens der Eltern vermieden wird und die Urkunde sich nur, wie sonst üblich, über Gewährung des standesgemäßen Unterhalts im Mindestwerte von 1500 Mk. ausläßt. FM. 7. 8. 99 III 10151. Unter derselben Voraussetzung sind stfrei die für die verschiedenen Laufbahnen in der Kaiserlichen Marine vorgeschriebenen Sustentationserklärungen. FM. 24 1. 05 III 721. — Vgl. A. 5e bei Tarif 77.

3. Das Schuldanerkenntnis der Studierenden enthält so viele einzelne ev. stpflichtige Schuldverschreibungen, als Dozenten dem Studierenden Honorare gestundet haben. FM. 29, M. d. J. 20. 4. 97 III 5172. — Vgl. A. 4 lit. ee bei Tarif 77 u. A. 5h bei Tarif 59.

4. Eine gerichtliche Schuldverschreibung erfordert den ProtokollSt., auch wenn bei Beurkundung in einfacher Schriftform 20 Pf. genügen würden. KG. 12. 2. 00, Hz. 520. — Vgl. auch A. 3a zu Tarif 53.

5. Als stpflichtige Schuldverschreibungen sind ferner u. a. angesehen:

a) Die von den Seminaristen bei ihrem Eintritt in ein Schullehrer-Seminar auszustellenden Verpflichtungsscheine. Der Wert berechnet sich nach § 6 Abs. 12 LStG. FM. 29. 9. 05 III 11214.

b) Einseitige Erklärungen über die Anerkennung der Vaterschaft unehelicher Kinder, welche zugleich ein Anerkenntnis der Verpflichtung zur laufenden Zahlung von Alimenten enthalten. JM. 8. 2. 99, JMBl. S. 70; FM. 15. 6. 99, ZBl. S. 144. — Vgl. A. 2b bei Tarif 67.

c) Die einseitige schriftliche Erklärung bestimmter Personen, die noch nicht Mitglieder der Gesellschaft m. b. H. sind, einen bestimmten Teil von dem erhöhten, neu aufzubringenden Stammkapital als ihre Stammeinlage zu übernehmen. RG. 24. 4. 00, ZBl. S. 427, Entsch. Bd. 46 S. 256.

d) Die einseitige Erklärung des A. von der Brauerei bestimmte Sachen leihweise erhalten und „darauf 175 Mk. angezahlt zu haben, so daß noch 525 Mk. verbleiben". A. erklärt sich bereit, die Sachen durch eine Mehrzahlung von 4 Mk. pro Hektoliter von der Brauerei zu entnehmenden Bieres eigentümlich zu erwerben. Bis zur vollständigen Tilgung bleiben die Sachen Eigentum der Brauerei: Es ist der SchuldverschreibungsSt. von 50 Pf. erforderlich. KG. 7. 5. 04.

e) Die vertragliche Übernahme der Verpflichtung seitens Gemeinden zu baren Zuschüssen gelegentlich der Errichtung von Haltestellen, FM. 24. 12. 97 III 15646, wie die in einem sog. Subventionsvertrage versprochene Zuwendung, die entweder zu dem bestimmten Endzweck der Er-

Noch: Zu Tarifnummer 58.

bauung der Bahn oder unter der Bedingung dieser Erbauung erfolgt. RG. 6. 5. 04, Entsch. Bd. 58 S. 112. — Vgl. A. 6g zu § 10.

f) In besonderer formularmäßiger Urkunde übernehmen bei Herstellung neuer Ortsfernsprechnetze die Beteiligten der Reichstelegraphenverwaltung gegenüber auf die Dauer von fünf Jahren die Gewährleistung einer Mindesteinnahme für die zum Anschluß der Anlage an das allgemeine Fernsprechnetz erforderliche Leitung: Tarif 59 trifft nicht zu, weil die Aussteller nicht für die Erfüllung eines Dritten bürgen, vielmehr sich dem Gläubiger als Hauptschuldner verpflichten (§ 765 BGB.). Dagegen liegen bedingte Schuldverschreibungen vor, zu denen der St. durch Kapitalisierung des gewährleisteten Jahresbetrages unter Zugrundelegung der Hilfstabelle (§ 6 d. G.), und zwar für jeden Aussteller besonders, zu ermitteln ist. FM. 26. 2. 07 III 3255.

g) Die von Genossenschaften, Vereinen oder Privaten ausgefertigten Reverse, durch welche sie sich unter bestimmten Voraussetzungen zur Rückzahlung eines von der Landwirtschaftskammer zum Zwecke der Anschaffung eines Zuchtbullen empfangenen Betrages verpflichten. FM. 26. 6. 03 III 8340.

h) Sparkassenbücher, wenn aus dem Vordruck, der einen Teil der Urkunde bildet, hervorgeht, daß die Sparkasse verpflichtet ist, diejenigen Beträge, über deren Einzahlung sie im Buche quittiert hat, auf Verlangen zurückzuzahlen. FM. 18. 1. 00 III 1845.

i) Das Bekenntnis der Schuldner in „Sparkassen-Quittungen", bestimmte Summen als Hypothekendarlehne erhalten zu haben, wobei gleichzeitig der Sparkasse zur Sicherheit der Darlehne anderweite Hypothekenforderungen in gleicher Höhe abgetreten werden. Vgl. FM. 28. 1. 05 III 997.

Dagegen ist das Anerkenntnis des Magistrats einer Stadtgemeinde, daß der Kämmereikasse von der städtischen Sparkasse ein Darlehn gewährt sei, nicht schuldverschreibungsstpflichtig. RG. 1. 10. 94, Entsch. Bd. 34 S. 3.

k) „Von meinem Vater habe ich zur Beteiligung am Geschäft der Firma N. N. 1000 Mk., verzinslich mit 3%, erhalten:" Aus dem angegebenen Zweck der Hingabe des Geldes folge nicht die rechtliche Notwendigkeit, daß die Zurückforderung habe ausgeschlossen sein sollen. Ob ein Vorempfang auf künftiges Erbteil vorliege oder Darlehn, sei Sache tatsächlicher Auslegung. RG. 28. 9. 97, JW. S. 583.

l) „Der Sparkasse verpfände ich wegen eines mit 4% von heute ab in Jahresraten verzinslichen und gegen halbjährliche Kündigung rückzahlbaren Darlehns von 10000 Mk. meine Grundstücke N. N. und bewillige und beantrage die Eintragung." RG. 20. 12. 97, Gruch. Jahrg. 42 S. 1005.

m) Die in einem Darlehnsvertrage von dem Schuldner erklärte Verpflichtung zur Zahlung einer Abschlußprovision. KG. 8. 10. 97.

n) Eine Erklärung, nach der in einem Auseinandersetzungsvertrage der Vater der Erbschaft entsagt, den Nachlaß behält und sich in Höhe der ermittelten Muttererbteile der Kinder als deren Schuldner bekennt. KG. 15. 1. 84, Joh. Bd. 4 S. 224. — Vgl. A. 5 zu Tarif 20.

o) Derjenige Betrag, den in einem Tauschvertrage der Erwerber des wertvolleren Grundstücks über den Wert desselben hinaus leistet

Noch: Zu Tarifnummer 58.

und zu dessen Erstattung durch Barzahlung sich der Erwerber des minder wertvollen Grundstücks behufs Ausgleichung der gegenseitigen Leistungen verpflichtet, unterliegt dem SchuldverschreibungsSt. RG. 29.6.96 u. 12.12.98, JW. S. 84 v. 99, ZBl. S. 102 v. 04. — Vgl. A. 26c bei Tarif 32.

p) Die Umwandlung einer Grundschuld in eine Hypothek. FM. 15. 6. 97 III 5698, KG. 14. 4. 98. — Vgl. A. 9 bei Tarif 2.

q) Wenn gelegentlich der Abtretung einer Eigentümer-Grundschuld Zedent bekennt, die Valuta vom Zessionar als Darlehn empfangen zu haben und in Umwandlung der Grundschuld in eine Hypothek willigt. KG. 18. 10. 98.

r) Die nach vorhandenem Muster in der Form von Postkarten ausgestellten Schreiben, worin die landwirtschaftliche Zentral-Darlehnskasse für Deutschland Spar- und Darlehnskassenvereinen mitteilt, daß ihr von den Vereinen auf Grund besonderen Übereinkommens bestimmte Beträge, Zinstermin ...... 19 .. in laufender Rechnung gezahlt worden seien. FM. 31. 5. 02 III 4966.

s) Wenn die Firma A. anerkennt, der Bank B. aus der laufenden Geschäftsverbindung 10000 Mk. zu verschulden und sich verpflichtet, dies Guthaben der Bank in näher angegebener Art zu tilgen. FM. 7. 3. 02 III 2849.

t) Das Schreiben einer Bank an ihre Kunden: „Ich teile Ihnen mit, daß ich Sie für bis ult. nächsten Monats überlassene 1000 Mk. mit 5% verzinslich, erkannt habe". RG. 5. 1. 99.

u) Nachstehende Schreiben:

α) Wir empfingen Ihr geehrtes Schreiben vom 25. cr. und erkannten Sie für die uns überlassenen Mk. 1000000 Ihrer Pfandbriefe mit 1010103 val. p. 26 cr. pp.

Laut Vereinbarung mit Herrn A. bleibt von dem Erlös der Pfandbriefe der Betrag von 1000000 Mk., unverzinslich bis 30. April und von da an mit 2½% verzinsbar, bis 31. Mai uns überlassen usw.

β) Wir bestätigen unsern heutigen Depeschenwechsel, demzufolge wir von Ihnen Mk. 200000 — Geld von ult. September bis ult. Oktober à 5% Netto Zinsen p. a. akzeptierten.

γ) Wir empfingen Ihr Geehrtes von gestern und werden Ihnen auf Grund des hierauf stattgefundenen Depeschenwechsels Mk. 500000 während des kommenden Monats mit 2¼% Netto verzinsen. RG. 16. 9. 02.

6. a) Eine Hauptschuldverschreibung unterliegt auch dann dem landesgesetzlichen SchuldverschreibungsSt., wenn auf Grund derselben reichsstpflichtige Teilschuldverschreibungen ausgestellt werden.

Wenn die Erwähnung der Pflicht zur Verzinsung und Rückzahlung eines Darlehns sich der äußern Form nach als eine „selbständige" Beurkundung der Verpflichtung aus dem Darlehnsgeschäft darstellt, so ist die Urkunde zufolge des Abs. 3 des § 3 LStG. der StPflicht selbst dann nicht entzogen, wenn die Erwähnung in der „Absicht" der Verdeutlichung einer andern Erklärung z. B. der Bestellung einer Kautionshypothek geschah. RG. 24. 11. 99, Entsch. Bd. 45 S. 231 u. 12./22. 10. 00, ZBl. S. 101 v. 01. In der Urkunde v. 3. 10. 98 hat A. über eine Anleihe, zu der das Kapital mit 500000 Mk. von

Noch: Zu Tarifnummer 58.

der Bank B. zugesichert worden, Erklärungen abgegeben. Diese gehen namentlich dahin, daß Teilschuldverschreibungen auf den Namen der Bank im Gesamtbetrage auf 500000 Mk. lautend auszustellen, daß deren Verzinsung in näher angegebener Weise zu erfolgen hat, daß die Rückzahlung der Teilschuldverschreibungen in speziell dargelegter Art erfolgen soll und daß der Bank wegen aller Ansprüche aus der Anleihe eine hypothekarische Kaution in Höhe von 600000 Mk. mit Grundstücken des A. bestellt werde.

In dem Urteil des RG. v. 3. 3. 08, Entsch. Bd. 68 S. 160 wird weiter bemerkt, wie es anerkannten Rechtens sei, daß die Pflicht zur Entrichtung des LandesSt. für eine Schuldverschreibung über das Gesamtdarlehn nicht durch Ausgabe reichsstpflichtiger Teilschuldverschreibungen beseitigt wird. — Vgl. auch RG. 17. 12. 07 u. 21. 1. 08, JW. S. 86 u. S. 223 v. 08.

b) In dem Vertrage zwischen der Bank A. und dem Verein B. heißt es: B. wird zum Erwerb von Grundstücken Teilschuldverschreibungen über eine Anleihe im Gesamtbetrage über 5 Millionen Mk. ausgeben. Der Inhalt der Schuldverschreibungen wird des näheren festgestellt. Es wird „zur Sicherheit für die Anleihe nebst Zinsen, Spesen usw. eine Sicherungshypothek für den Anleihebetrag mit 5250000 Mk. zugunsten der Bank A. als Pfandhalterin der Anleihe eingetragen werden". Weiter verpflichtet sich die A., die gesamten Teilschuldverschreibungen zu einem bestimmten Kurse zu übernehmen: Es war der allgemeine VertragsSt. und der AnschaffungsSt. verwendet. Der SchuldverschreibungsSt. ist nicht fällig. Daß eine einheitliche, die Übernahme der Rückzahlungspflicht enthaltende Schuldverschreibung über das Gesamtdarlehn habe geschaffen werden sollen, könne aus den Feststellungen über die Kündigung, Amortisation und Rückerstattung der Anleihe nicht entnommen werden, weil sie ausdrücklich als Inhalt der Teilschuldverschreibungen bezeichnet sind und nichts dafür spricht, daß damit selbständig die Rückzahlungspflicht in Ansehung der Gesamtsumme habe beurkundet werden sollen. Es lag nur ein pactum de cavendo vor (§ 1190 BGB.). RG. 22. 3. 07, JW. S. 319.

7. Der SchuldverschreibungsSt. ist nicht für erforderlich gehalten zu Erklärungen und Urkunden folgender Art:

a) Hat der Aussteller einer Darlehnsurkunde in derselben erklärt, daß er das Darlehn durch Übergabe von Wertpapieren erhalten habe, und verspricht er die Rückzahlung in barem Gelde, so ist hiermit eine Urkunde hergestellt, die nach Tarif 4 RStG. stpflichtig ist. Die hierüber hinausreichende Urkunde über das Schuldversprechen bleibt aber nach Tarif 58 LStG. stpflichtig, ohne daß § 24 RStG. Anwendung findet. RG. 9. 6. 03, Entsch. Bd. 55 S. 97.

b) Schreiben, in denen sich ein Dritter mit der Gewährung von Darlehen einer Bank zu den in einem bestätigten Schreiben der Bank angegebenen Verzinsungs-Fälligkeits- usw. Bestimmungen einverstanden erklärt, erfordern nicht den SchuldverschreibungsSt., denn es ist in den Einverständniserklärungen die Rückzahlungspflicht als solche nicht selbständig beurkundet. RG. 7. 6. 07, JW. S. 531.

c) Nach den Bedingungen über den Kreditverkehr in laufender Rechnung erfolgt die Abrechnung zwischen dem Vorschußverein und den Kreditnehmern vierteljährlich und wird der sich danach ergebende Saldo

Noch: Zu Tarifnummer 58.

als Kapital betrachtet und als solches auf neue Rechnung verzinslich vorgetragen; ferner wird statutgemäß jedem Kontoinhaber am Jahresschluß der Saldo seiner Rechnung aufgegeben und ist die Richtigkeit dieser Aufgabe von ihm schriftlich zu bestätigen: Diese Anerkennung der Aufgabe ist nicht schuldverschreibungsstpflichtig, hat vielmehr nur die Bedeutung des Einverständnisses mit der Aufnahme des Saldos in die neue Rechnung; eine Verpflichtung zur Zahlung ist darin nicht ausgesprochen. Ein Recht auf Zahlung hat der Verein vielmehr erst nach Kündigung des Kredits, und zwar auf Zahlung des sich dann ergebenden Saldo. FM. 25. 4. 00 III 4696 — Vgl. auch A. 6e bei Tarif 71 und A. 5b bei Tarif 59

d) Von dem Vorschußverein zu N E G. m. u. H wird den Mitgliedern in laufender Rechnung bis zu einem bestimmten Höchstbetrage ein Kredit eröffnet. Der Kreditnehmer erkennt dies an und unterwirft sich den diesbezüglichen Bestimmungen des Vereins. In besonderer Urkunde bescheinigt dann bei Inanspruchnahme des Kredits der Kreditnehmer, auf den bewilligten Kredit am .... 800 Mk. von dem Verein empfangen zu haben. FM. 23. 4. 03 III 5512.

Wird dagegen von Genossenschaften nach Gewährung des erbetenen Kredits und nach Ausstellung der Krediturkunde gelegentlich der Hingabe der Geldbeträge der betreffende Betrag in die Tageskladde eingetragen und hier auch als „Darlehn" bezeichnet, so liegt eine stpflichtige Schuldverschreibung vor, wenn der Kreditnehmer über den Empfang des als Darlehn eingetragenen Betrages in der Kladde quittiert FM. 7. 10 01 III 12289.

e) Erklärungen folgenden Inhalts: „. . . Mk. von Herrn N. für eigene Rechnung auf Kreditorenkonto empfangen zu haben, bescheinigen wir hiermit" oder „. . . . . Mk. Lombard empfangen zu haben, bescheinigt". FM. 27. 7. 97 III 8908.

f) Das Bekenntnis, von der Bank „einen Vorschuß von 1000 Mk gegen Wechsel erhalten zu haben", ist eine stpflichtige Schuldverschreibung; dagegen ist der St. nicht fällig, wenn anerkannt wird, einen „Vorschuß bis 1000 Mk." erhalten zu haben. FM. 5. 12. 98 III 16133. — Vgl. RG. 30. 5. 99, Entsch. Bd. 44 S. 221.

g) Die Kreditierung der Zessionsvaluta in einer Abtretungsurkunde und Abreden über deren Verzinsung usw., es sei denn, daß der Zessionar eine besondere Urkunde darüber ausstellt.

h) Wenn nach der Zession der **debitor cessus** den neuen Inhaber als seinen nunmehrigen Gläubiger anerkennt FM 17. 2. 98 III 886. — Vgl. A. 12d bei Tarif 77 u. A. 6k bei Tarif 71. III 886.

i) Sogenannte Quittungen, die Versicherungs-Gesellschaften von Versicherungsnehmern über empfangene Vorauszahlung mit ev. Zinsverpflichtung nach vorhandenem Muster erteilt zu werden pflegen. Die Rückzahlung der Vorauszahlung ist nur ein Recht, keine Pflicht des Versicherungsnehmers; macht er von seinem Recht keinen Gebrauch, so wird der Betrag der Vorauszahlung auf die später fällig werdende Versicherungssumme verrechnet. Auch die Übernahme der Verpflichtung zur Verzinsung der Vorauszahlung ist nicht schuldverschreibungsstpflichtig, da aus dem Inhalt der Urkunde

Noch: Zu Tarifnummer 58.

„bei Meidung des Verlustes aller Ansprüche aus obiger Police" und den Policebedingungen entnommen werden muß, daß der Gesellschaft ein Klagerecht auf Zahlung der Zinsen nicht zustehen soll, sie sich vielmehr ev. nur aus der Police decken soll; die Zinszahlung ist ebenso wie die Zahlung der Prämie Bedingung für die spätere Erhebung der Versicherungssumme. FM. 20. 12. 05 III 16473.

k) Festsetzung einer Konventionalstrafe neben Konstituierung einer obligatorischen Verpflichtung zur Verstärkung der letzteren. RG. 14. 1. 97, JW. 97 S. 160. — Vgl. A. 6n γ bei Tarif 71.

l) Angestellte der Gesellschaft verpflichten sich, innerhalb 10 Jahre nach ihrem Ausscheiden bei Vermeidung einer Konventionalstrafe an keinem Konkurrenzunternehmen teilzunehmen: Hierin liegt keine Schuldverschreibung, weil das Schuldversprechen nicht loslöslich von dem Hauptgeschäft ist. KG. 3. 1. 99, RG. 10. 2. 98.

m) Urkunden, in denen sich jemand verpflichtet, ein Grundstück zu beleihen und zu diesem Zweck bereits eingetragene Hypotheken im Wege der Zession zu erwerben, sind auch dann nicht als Schuldverschreibungen zu versteuern, wenn der Beleiher und spätere Zessionar einerseits und der Grundstückseigentümer und Schuldner andererseits in dieser Urkunde die Bedingungen über die Rückzahlung und Verzinsung vereinbaren und die Bedingungen wechselseitig akzeptieren. KG. 22. 2. 98.

n) In Fällen, in denen der Ersteher eines Grundstücks im Zwangsverfahren vor dem Kaufgelderbelegungstermin mit dem eingetragenen Hypothekengläubiger über die Verzinsung, Kündigung, Fälligkeit und Zahlung von durch das Meistgebot gedeckten Forderungen neue Festsetzungen vereinbart und sich verbindlich macht, in dem Kaufgelderbelegungstermin die Eintragung zu bewilligen und zu beantragen. RG. 21. 1. 97, Gruch. Jahrg. 42 S. 716.

o) Bestellschreiben, in denen die Besteller zur Entrichtung eines ziffermäßig bestimmten Preises für die bestellte Sache sich zwar verpflichten, die Annahme des Antrages aber der andern Vertragspartei ausdrücklich vorbehalten, sind als bloße Vertragsangebote dem SchuldverschreibungsSt. nicht unterworfen, da eine auch nur bedingt bestehende Schuld nicht verbrieft wird. RG. 20. 12. 07, ZBl. S. 161 v. 08, Entsch. Bd. 67 S. 266. — Vgl. A. 6c bei § 1.

8. a) Die Judikatur sei fiskalischer gewesen als die StSteuerverwaltung, indem sie dahin entschieden habe, daß die sogenannten Kautionsinstrumente, namentlich die Höchstbetragshypotheken, mit dem höheren St. der Schuldverschreibungen zu besteuern seien. Dem habe sich die StSteuerverwaltung nicht angeschlossen, sondern nach wie vor den niedrigeren St. der Tarifstelle 59 verwenden lassen.

Der Berichterstatter wies darauf hin, daß es sich bei dem Antrag 60 nicht nur um Kautionshypotheken, sondern auch mit als Hauptfall um Urkunden handle, die zur Erlangung von Kredit beispielsweise bei Genossenschaften hinterlegt sind. KB. S. 84 (09).

b) Urkunden über Höchstbetraghypotheken sind auch für die Vergangenheit nach Tarifstelle 59 zu versteuern. FM. 3. 7. 09 III 2599.

Noch: Zu Tarifnummer 58.

9. Wenn in Auflassungsverhandlungen Schuldverschreibungen über das Restkaufgeld aufgenommen werden, weil der zugrunde liegende Kaufvertrag nicht den Unterschriften nach beglaubigt ist, so ist die Ermäßigung a anwendbar, sofern der Kaufvertrag gehörig versteuert ist und bereits alle wesentlichen Bedingungen des Schuldverhältnisses enthält; einer ausdrücklichen Bezugnahme auf den Kaufvertrag bedarf es nicht.

10. Vgl. §§ 607 ff. BGB.

11. a) Auf die Ermäßigung von $^1/_{50}$ % besteht kein Anrecht, wenn in der Urkunde nicht zum Ausdruck gebracht ist, daß die Beträge innerhalb Jahresfrist zurückzuzahlen sind. RG. 30. 5. 99, Entsch. Bd. 44 S. 222.

b) Die Schuldverschreibung über ein Darlehn, welches zurückzuzahlen ist, sobald der Gläubiger die Zurückzahlung verlangt, unterliegt dem St. von $^1/_{12}$ %, nicht dem ermäßigten Steuersatz von $^1/_{50}$ %. KG. 30. 3. 05, Joh. Bd. 30 S. B 67. Der Schuldner hatte sich verpflichtet, das Darlehn dem Gläubiger sofort zurückzuzahlen. Die Ermäßigungsvorschrift ist für Fälle des § 609 BGB. nicht anwendbar. — Vgl. unten A. 17c γ.

12. Die Urkunde über die verabredete Verlängerung ist stpflichtig, auch wenn sie nur die Unterschrift des Gläubigers oder Schuldners trägt. FM. 27. 8. 97 III 10749 u 31. 5. 02 III 4966. — Vgl. A. 3p bei Tarif 59.

13. Die bei Gesuchen um Verlängerung eines Darlehns erfolgte Hinzufügung des Vermerks „zu dem Schuldschein Konto-Nr. . . . über Mk. . . ." ist nicht hinreichend, um die zulässige Anrechnung der früher gezahlten St. zu begründen; es müßte noch der Betrag des zu dem Schuldschein verwendeten St. mitangegeben werden, und bei Zwischenverlängerungen die Bezeichnung der darüber ausgestellten Urkunden und der zu ihnen verwendeten StBeträge hinzutreten.

Dagegen genügt die Beifügung eines von den Ausstellern unterzeichneten Vermerks dahin: „zu der zugehörigen Schuldurkunde vom . . . Konto Nr. . . . über Mk. . . . ist der Betrag von Mk. . . ., zu de . . . Verlängerung . . . der Rückzahlungsfrist vom . . . der Betrag von Mk . . als Stempel verwandt," vorausgesetzt, daß alle Verlängerungen mit ihren StBeträgen aufgeführt sind. FM. 20. 6. 01 III 7363.

14. Die Befreiungsvorschrift a kann überhaupt nur in Frage kommen, wenn die ursprünglich bedungene Rückzahlungsfrist ein Jahr oder weniger betrug. FM. 4. 3. 98 III 2871.

15. a) Die Befreiungsvorschrift b kommt nur zur Anwendung, wenn die Urkunde alle Merkmale des Lombard-Darlehns äußerlich erkennen läßt. FM. 30. 7. 98 III 9280 u. 3. 10. 04 III 12372. — Vgl. auch RG. 30. 5. 99, Entsch. Bd. 44 S. 222.

b) Die Befreiungsvorschrift b findet auch auf Beurkundungen von zinsbaren Darlehen Anwendung, welche gegen Verpfändung einer Forderung gewährt werden, die im Reichsschuldbuch oder im Staatsschuldbuch eingetragen ist, vorausgesetzt, daß die Darlehen innerhalb Jahresfrist oder in einem kürzeren Zeitraume zurückzuzahlen sind und der Wert der verpfändeten Forderung dem gewährten Darlehen mindestens gleichkommt. Art. II d. G. v. 22. 5. 10 (GS. S. 47) zur Abänderung d. G. v. 20. 7. 83 (GS. S. 120). FM. 21. 6. 10 III 12031, ZBl. S. 325.

Noch: Zu Tarifnummer 58.

c) Die Befreiungsvorschrift findet nicht Anwendung auf Fälle wie:

α) Die . . . Bank anerkennt, daß ihr die N. N. einen mit . . . % zu verzinsenden Lombardvorschuß von . . . Mk. gegen diverse Effekten für die Zeit vom . . . . . . bis . . . . . . gewährt habe, weil ihre Voraussetzung, daß der Wert des Pfandes dem gewährten Darlehn mindestens gleichkommt, urkundlich nicht dargetan ist. FM. 30. 7. 98 III 9280, oder kurz

β) Von der Bank A empfing ich heute ein Lombarddarlehn von Mk. 10000. FM. 3. 10. 04 III 12372.

γ) Auf Darlehen, deren Rückzahlung auf Kündigung gestellt ist (§ 609 BGB.), findet diese Befreiungsvorschrift ebensowenig Anwendung, wie in dem Fall, wenn der Schuldner berechtigt ist, das Darlehn jederzeit zurückzuzahlen. — Vgl. oben A. 11b.

16. Unter Hinterlegung ist eine solche mit pfandrechtlicher Wirkung gemeint, und aus dem Begriff des Pfandes folgt, daß, was als solches hingegeben wird, neben der persönlichen Darlehnsverpflichtung einen selbständigen für sich bestehenden Vermögenswert darstellen muß, aus dem sich der Pfandgläubiger ev. befriedigen kann. An diesem notwendigen Erfordernis des Lombarddarlehns fehlt es, wenn der Darlehnsnehmer dem Darlehnsgeber einen keine andere als lediglich seine eigene Wechselverbindlichkeit enthaltenden Solawechsel über dieselbe Darlehnsschuld hingibt. RG. 24. 5. 10, Entsch. Bd. 73 S. 420

17. Unter Wertpapieren i. S. dieser Vorschrift werden nur solche Papiere verstanden, die als selbständige Träger der Forderung zu betrachten sind und in sich einen Geldwert haben; solche also, durch deren Veräußerung der Forderungsinhaber sich unmittelbar bezahlt machen kann. Ein Hypothekendokument hat aber nur die Bedeutung einer Beweisurkunde. FM. 10. 3. 04 III 3026

18 Uneigentliche Lombardgeschäfte erfordern als einheitliche Anschaffungsgeschäfte nicht den LandesSt. für Schuldverschreibungen. RG. 15. 12. 90.

19. a) Die StFreiheit ist auf diejenigen Sparkassen beschränkt, welche mit genossenschaftlichen Einrichtungen zur Förderung des Personalkredits in Verbindung stehen, also das ganze übrige Gebiet der genossenschaftlichen Bildung, in dem die Sparkasseneinrichtungen einen ganz anderen Charakter annehmen und lediglich zu Erwerbszwecken dienen können, soweit nicht ein gemeinnütziger Zweck doch noch nachgewiesen wird, von der Vergünstigung ausschließt. Unter den genossenschaftlichen Organisationen, welche sich mit Darlehnsgeschäften befassen, werden auch diejenigen ausgeschlossen, welche nicht sowohl die Förderung des Personalkredits, als ihre eigenen Erwerbsinteressen zum Gegenstand des Unternehmens haben. AH. S. 2347.

b) Die Befreiungsvorschrift findet nur auf solche Sparkassen Anwendung, die gemeinnützige Zwecke verfolgen, deren Vergünstigungen also der Allgemeinheit zugute kommen, nicht nur einem bestimmt begrenzten Personenkreise. FM. 9. 9. 97 III 11461.

c) Es genügt, wenn die Genossenschaft tatsächlich die Beförderung des genossenschaftlichen Personalkredits bezweckt. Aus dem Statut braucht

Noch: Zu Tarifnummer 58.

dieser Zweck nicht hervorzugehen, auch braucht dies nicht der einzige Zweck der Genossenschaft zu sein.

d) Eine Bescheinigung, die eine Depositenbank in einem Quittungsbuch über einen eingezahlten Betrag erteilt, ist stfrei. AH. S. 2509.

20. Daß der Nachweis solcher besonderen Umstände, von denen das Gesetz die Befreiung einer an sich stpflichtigen Urkunde abhängig macht, nicht in der Urkunde selbst zu liegen braucht, ist bezüglich der nachträglichen Ausreichung von Pfandbriefen auf Grund von Schuldverschreibungen vom RG. angenommen. RG. VIa Nr. 423 v. 99 u VII Nr. 343 v 01 — Vgl. auch RG. 16. 1 03.

21. a) Diese Befreiungsvorschrift findet nur Anwendung auf Schuldverschreibungen, die vor Ausreichung der reichsstpflichtigen Schuld- oder Rentenverschreibung ausgestellt sind RG 27 3. 03, ZBl. S. 217, JMBl. S. 245. Das Wort „demnächst" in dieser Befreiungsvorschrift bedeutet einen im Gesetz nicht näher bestimmten späteren Zeitpunkt. Da in dem der Entscheidung zugrunde liegenden Falle die Pfandbriefe der Preußischen Hypothekenaktienbank, der die Hypothek zediert war und die das Dokument ihrem Treuhänder als Unterlage für die von ihr ausgegebenen Pfandbriefe übergeben hatte, bereits vorhanden gewesen waren, als die notarielle Schuldverschreibungsurkunde zu ihrer Deckung und Unterlage bestimmt war, konnte die Befreiungsvorschrift keine Anwendung finden Tatbestand: In notarieller Verhandlung v. 20. 4. 99 bekannte W', ein Darlehn von 130000 Mk. empfangen zu haben, welches er am 31. 3. 00 zurückzuzahlen versprach. Zu dieser Urkunde waren 26 Mk. St. ($^1/_{50}$ $^0/_0$) verwendet. Im Jahre 1901 trat die Gläubigerin die Darlehnshypothek an die Preuß. Hypothekenaktienbank ab, welche im April 1901 das Dokument ihrem Treuhänder als Unterlage für die von ihr ausgegebenen Pfandbriefe übergab. In notarieller Verhandlung v. 10. 8. 01 vereinbarte Kläger, der inzwischen das Eigentum am Pfandgrundstück erworben hatte, unter Übernahme der Hypothek und Anerkennung der Aktienbank als neue Gläubigerin neue Verzinsungs- und Rückzahlungsbestimmungen: Der Notar verwendete hierzu 3 Mk. St. und demnächst auf Veranlassung des Gerichtsschreibers, der $^1/_{12}$ $^0/_0$ von 130000 Mk. für erforderlich hielt, noch ferner 107 Mk. Den Erstattungsantrag des Klägers auf Rückzahlung von 107 Mk. lehnte der Provinzial-Steuerdirektor bis auf einen Betrag von 26 Mk., der anzurechnen gewesen wäre, ab. Die auf Tarif 58 I Befr. d gestützte, auf Zahlung des Restes von 81 Mk. gerichtete Klage wurde zurückgewiesen.

b) Die Erwägungen, daß für die StPflichtigkeit einer Urkunde der Zeitpunkt ihrer Ausstellung entscheidend sei, die Voraussetzungen einer etwaigen Befreiung also zu dieser Zeit schon vorliegen müssen, daß bei Baugelderdarlehen die Voraussetzung der StBefreiung, nämlich die Unterlagefähigkeit der Schuldverschreibungen für Pfandbriefe, aber erst später, nach und nach, mit der jedesmaligen Gewährung einer Darlehnsrate eintrete, sind rechtsirrtümlich und hindern die StFreiheit der Urkunden über Baugelderdarlehn nicht. Das Gesetz macht die Befreiung nur davon abhängig, daß demnächst, d. h. zu einem im Gesetz nicht näher bestimmten späteren Zeitpunkt, reichsstpflichtige Schuldverschreibungen ausgereicht werden. Die Ausgabe der

Noch: Zu Tarifnummer 58.

Pfandbriefe aber muß auf Grund der Schuldverschreibung erfolgen; auch kann zugegeben werden, daß die Schuldverschreibung schon bei ihrer Ausstellung so beschaffen sein muß, daß sie geeignet ist, künftig auszugebenden reichsstpflichtigen Schuldverschreibungen als Unterlage zu dienen. Zur Ermittelung dieses Punktes muß man unterstellen, daß die Ausgabe von reichsstpflichtigen Schuldverschreibungen rechtlich zulässig wäre lediglich auf Grund einer vorausgehenden anderweiten Schuldverschreibung, ohne jedes weitere Erfordernis Zahlung der Valuta, Gewährung und Eintragung einer Hypothek, ein bestimmter Wert für letztere, Nichtüberschreitung einer gewissen Wertgrenze u dgl. brauchen auch erst später erfüllt zu werden. Auch für den Fall ist die StBefreiung gegeben, wenn von Hypothekenbanken Darlehen gewährt werden zur Wegfertigung bereits bestehender Hypotheken derart, daß die Bankhypothek einstweilen zu einer nachfolgenden Stelle eingetragen wird und der Schuldner sich verpflichtet, das Grundstück binnen bestimmter Frist von den Vorhypotheken freizumachen. RG. 30 12.01 u. FM. 18. 2 02 III 2053. Nach letzterem ist bei Gelegenheit der bei den Hypothekenbanken usw. vorzunehmenden StPrüfung durch probeweise Prüfung festzustellen, ob die Banken als Inhaber der Schuldverschreibungen über Baugelderdarlehen ihrer Verpflichtung zur nachträglichen Versteuerung derjenigen Schuldverschreibungen, auf Grund deren keine Hypothekenpfandbriefe ausgegeben werden, nachgekommen sind. ZBl. S. 56, JMBl S. 65 v. 02.

22 Es handelt sich hier um die sog. Ultimogelder, Gelder, die auf kurze Frist gegeben werden Bei solchen Geschäften sei ein SchuldverschreibungsSt. nicht am Platze. KB. S 84 (09).

23. Vgl. § 363 HGB. Abs. 1 Satz 2.

24 a) Es ist nicht richtig, daß nur diejenigen kaufmännischen Verpflichtungsscheine getroffen werden, welche eine Angabe des Verpflichtungsgrundes nicht enthalten Abgesehen von der engeren Fassung im Tarif selbst ist der Begriff, wie er sich gemäß Art 363 HGB. gestaltet, nicht weiter geändert. RG. 9. 6 99 Bd. 44 S 228.

b) Die Gesellschaft A. stand mit der Gesellschaft B. im Kontokorrentverhältnis. Zwischen ihnen sind eine Reihe gleichartiger Schreiben gewechselt, von denen die der A. besagen, daß sie mit dem offerierten Zinsfuß von . . . einverstanden sei und . . Mk. bis . . fest geben werde, worauf B. erwiderte, daß die A. zu Lasten ihres Kontos mit dem betreffenden Tage val. dato in separater Depositenrechnung erkannt, und daß ihr auf ihr Guthaben in letzterer, vorausgesetzt, daß sie darüber nicht vor dem bezeichneten Tage verfüge, bis zu diesem Tage der angegebene Zinssatz vergütet werde: Die Schreiben der Gesellschaft B. enthalten stpflichtige, kaufmännische Verpflichtungsscheine, nämlich das Versprechen, eine bestimmte Einzelpost, unabhängig von dem zwischen A. und B. bestehenden Kontokorrentverhältnis, frühestens an einem bestimmten Stichtage zu zahlen und zu einem festen Zinssatze zu verzinsen; die Schreiben stellen nicht bloß Anzeigen dar über Buchungen innerhalb des Kontokorrentverkehrs, sondern die selbständige Verpflichtung zur Zahlung einer bestimmten, von einer Gegenleistung nicht abhängigen Geldschuld, mithin die Erfordernisse eines kaufmännischen Verpflichtungsscheines

Noch: Zu Tarifnummer 58.

Mit der Festsetzung selbständiger Rückzahlungs- und Verzinsungsbedingungen haben die betreffenden Posten aufgehört, Bestandteile des Kontokorrents zu sein. RG. 4. 4. 05 VII.

c) Die Firma K. & L. hatte der Firma C. & Co. folgendes Schriftstück ausgestellt:

Rechnung für Herrn C. & Co.

Lombard-Zahlung

Anbei uns. Depot:
Mk. 18600 Gr. Berl. Straßenb. Aktien
Stücke in unserem grünen Scheck Nr. 8627
Mk. 35000

Betrag empfangen
K. & L.

Diese Urkunde enthält einen kaufmännischen Verpflichtungsschein i. S. dieser Tarifvorschrift, d. h. solche Urkunde, in der ein Kaufmann sich zur Leistung von Geld verpflichtet, ohne daß diese Leistung in der Urkunde von einer Gegenleistung abhängig gemacht ist. Das Schriftstück besagt nämlich, daß K. & L. von C. & Co. ein Darlehn von 35000 Mk. empfangen hat. Damit ist ohne weiteres zum Ausdruck gebracht, daß K. & L sich verpflichtet 35000 Mk. an C. & Co. zu zahlen. Die Hinzufügung eines Schuldgrundes ist nicht erforderlich (Entsch. Bd 44 S. 230); gleichgültig ist auch, daß für die eingegangene Verpflichtung, Sicherheit in Gestalt von Aktien bestellt ist, die sich im Giro-Effektendepot der Bank des Berliner Kassenvereins befanden. Es kommt neben der Verpflichtung zur Geldleistung lediglich darauf an, ob diese von einer Gegenleistung abhängig gemacht und ob die Urkunde an die Order gestellt ist. Beides ist nicht der Fall. Daß die Urkunde von einem Kaufmann („K. & L.") ausgestellt ist, ist nach ihrem Inhalt zweifellos, denn eine ausdrückliche, übrigens auch durchaus nicht übliche Angabe der Kaufmannseigenschaft ist nicht notwendig. RG 10. 5. 05

d) Nachstehende Schreiben:

I der Handlung A. an die Handlung B.:
„In Verfolg der . . . Besprechung haben wir dem C auf Separatkonto 10000 Mk. val. per 28. cr. kreditiert und erlauben uns, Sie hierfür auf Interimskonto zu belasten Wir werden Ihnen für dieses Konto dieselben Zinsen in Anrechnung bringen, welche wir dem C. auf den vorstehenden Betrag vergüten", und der Antwort der Handlung B. an A. hierauf: „Wir bekennen uns zum Empfang Ihrer Zuschrift und haben Sie in Gemäßheit derselben für dem C. kreditierte 10000 Mk. gleichlautend val. per 28 cr auf Interimskonto erkannt. Von Ihrer Mitteilung betreffend Zinsenberechnung für dieses Konto haben wir Kenntnis genommen",

II der Handlung A. an D., worin dem Adressaten mitgeteilt wird, daß sie demselben zu Lasten seiner laufenden Rechnung per Übertrag mit 100000 Mk. val. 1. Juli cr. auf Separatkonto erkannt habe und daß sie das Guthaben auf Separatkonto mit 4 Prozent verzinsen werde,

Noch: Zu Tarifnummer 58.

III. der Handlung A. an F., daß sie 20000 Mk. zu Lasten des conto ordinario in das Kredit des conto separato übertragen habe und daß sie das Guthaben auf Separatkonto mit 5 Prozent verzinsen werde,

hat das RG. im Urteil v. 17 12. 01 für stpflichtige kaufmännische Verpflichtungsscheine erklärt.

e) Eine Urkunde, in der ein Kaufmann sich zur Zahlung einer bestimmten Geldsumme verpflichtet, ohne daß darin die Leistung von einer Gegenleistung abhängig gemacht wird, ist nach Nr. I, nicht nach Nr. II Tarif 58 zu versteuern, wenn zugleich die Verpflichtung zur Hypothekbestellung oder die Eintragungsbewilligung beurkundet ist oder wenn die Zahlungsfrist den Zeitraum von einem Jahre überschreitet. KG. 24. 10. 04, Joh. 30 B 58. — Vgl. oben A. 31c.

25. Vgl. §§ 13, 15, 30 RGBO. — §§ 1113ff, 1191ff., 1199, 1273, 1274 BGB. — auch A. 3a zu Tarif 59.

26. a. Der Antrag des Gläubigers auf Eintragung einer Hypothek auf Grund eines den Eigentümer verurteilenden Erkenntnisses unterliegt nicht dem St. aus dieser Tarifstelle Ziffer III.

b) Eine Schuldurkunde war nach Tarif 58 Erm. lit. b mit 1/50 % versteuert und zur Eintragung gelangt; später wurde ermittelt, daß nicht vereinbart war, daß die Rückzahlung innerhalb Jahresfrist erfolgen sollte: die vom Amtsgericht gemäß Ziffer III nachträglich erhobene StForderung, auf die der gemäß Erm. lit. b verwendete Betrag nicht anzurechnen war, ist gerechtfertigt, denn die Worte „hinsichtlich des Wertes der Gegenleistung" in Tarif 2 Abs. 6 sind nur auf Tarifstelle 2 zu beziehen ohne sinngemäße Anwendung auf Tarif 58, wo nur festzustellen ist, ob nicht in die Urkunde von der wirklichen Vereinbarung abweichende Bestimmungen aufgenommen sind, welche nach dem Gesetz eine Befreiung oder Erleichterung des UrkundenSt. nach sich ziehen. KG. 29. 4. 01, Joh. Bd. 23 S. B 21.

Dabei hat das Kammergericht folgende Grundsätze ausgesprochen:

α) Wird bei dem Antrag auf Eintragung einer Hypothek zum Zweck der StBefreiung die Urkunde über das dem Antrage zugrunde liegende Rechtsgeschäft überreicht, so erfordert die in Tarifstelle 58 III Abs. 2 vorgeschriebene sinngemäße Anwendung der Tarifstelle 2 Abs. 5—8, daß die Urkunde hinsichtlich aller für die Besteuerung von Schuldverschreibungen erheblichen Bestimmungen der Verabredung der Parteien entspricht. Bei Schuldverschreibungen über Darlehen kommt es also nicht ausschließlich darauf an, daß hinsichtlich des Wertes der Gegenleistung die Urkunde mit der Vertragsabrede übereinstimmt.

β) Hat eine Bank einem Schuldner offenen Kredit eingeräumt und der Schuldner auf den Kredit hin Geld entnommen, so ist dieser berechtigt, den Schuldschein über das Geld dahin auszustellen, daß er ein bares Darlehn empfangen habe.

γ) Entspricht die bei dem Antrage auf Eintragung einer Hypothek überreichte mit einem St. versehene Urkunde über das zugrunde liegende Rechtsgeschäft in einer für die Besteuerung von Schuldverschreibungen erheblichen Bestimmung nicht der wirklichen Verabredung der Parteien, so muß ungeachtet der Verstempelung jener Urkunde der volle St. für den Antrag auf Eintragung der Hypothek in Ansatz gebracht werden.

Lfd. Nr	Gegenstand der Besteuerung	Steuersatz v H	Mk	Pf	Berechnung der Stempelabgabe
59.	(1)[1] **Sicherstellung von Rechten,** Beurkundungen[2] darüber,[3] wenn der Wert[4] der sichergestellten Rechte				
	600 Mark nicht übersteigt	—	—	50	
	1 200 " " "	—	1	–	
	10 000 " " "	—	1	50	
	bei einem höheren Betrage	—	5	—	
	(2) Auf Höchstbetragshypotheken im Sinne des § 1190*) des Bürgerlichen Gesetzbuchs				

Noch: Zu Tarifnummer 58.

c) Die nach vorhandenem Formular beurkundeten Bestellungen von Anleihesicherungshypotheken für Teilschuldverschreibungen unterliegen dem WertSt. der Tarifstelle 58 I nicht, weil nach der Fassung des Formulars nicht ein Gesamtdarlehn beurkundet, sondern die Sicherungshypothek für die Forderung aus den Teilschuldverschreibungen bestellt wird. Ebensowenig bedürfen die auf Grund einer derartigen Bestellung erfolgenden Hypothekeneintragungsanträge des WertSt. der Tarifstelle 58 III, wenn die mit dem ReichsSt. versehenen Teilschuldverschreibungen dem Grundbuchamt innerhalb der gesetzlichen Frist vorgelegt werden. (Tarif 58 III Abs. 2 in Verbindung mit Tarif 2 Abs. 6). Die Voraussetzungen, unter denen nach diesen Bestimmungen von der Erhebung des WertSt. von $^1/_{12}$ % abgesehen werden darf, sind als erfüllt anzusehen, wenn auf einem als beglaubigte Abschrift herzustellenden Formular der Teilschulverschreibungen seitens der zuständigen Abstempelungsstelle die Vorlegung und die nach dem RStG. erfolgte Versteuerung der sämtlichen die Hypothek erschöpfenden Teilschuldverschreibungen bescheinigt ist (Art der Bescheinigung ist angegeben) und dem Grundbuchamt diese Bescheinigung der Steuerbehörde vorgelegt wird.

Zu den nach dem Formular ausgestellten Urkunden ist alsdann nur wegen der am Schluß beantragten Eintragung einer Vormerkung der SicherstellungsSt. beizubringen. FM. 6. 9. 07 III 14290, ZBl. S. 317, JMBl. S. 520.

d) Der Antrag auf Eintragung einer Sicherungshypothek für die Forderung aus Inhaber- oder Orderteilschuldverschreibungen, die mit dem ReichsSt. der Tarifstelle 2 RStG. belegt worden sind, ist dem St. der Tarifstellen 58 Nr. III auch dann nicht unterworfen, wenn die Eintragung unter Abgabe der Gesamtsumme der Forderungen erfolgen soll und erfolgt. KG. 16. 4. 09, Joh. Bd. 38 S. B 68. — Vgl. vorstehende Anm. u. letzter Abs. der Tarifstelle 58.

e) Unter der Urkunde über das dem Antrage zugrunde liegende Geschäft ist die Schuldurkunde über die persönliche Schuldverbindlichkeit zu verstehen. RG. 17. 12. 07, Holdh. S. 284 v. 08.

---

*) Die betreffende Bestimmung lautet:

§ 1190 BGB Eine Hypothek kann in der Weise bestellt werden, daß nur der Hochstbetrag, bis zu dem das Grundstuck haften soll, bestimmt, im ubrigen

Lfd Nr.	Gegenstand der Besteuerung	Steuersatz v. H	Mk	Pf	Berechnung der Stempelabgabe
(59.)	finden die vorstehenden Steuersätze gleichfalls Anwendung.				
	(3) Der Stempel darf in keinem Falle den für die Beurkundung des sicherzustellenden Rechtes zur Erhebung gelangenden Stempel übersteigen.[5]				
	(4) Ist der Wert der sichergestellten Rechte nicht schätzbar[6]	—	1	50	
	(5) Befreit sind:				
	a) Urkunden über Dienstkautionen der Beamten öffentlicher Behörden;[7]				
	b) in Schuldverschreibungen zur Sicherheit der Schuldverpflichtung vom Schuldner abgegebene Erklärungen;[8]				
	c) Urkunden über Sicherstellungen der Vormünder (§ 58 der Vormundschaftsordnung vom 5. Juli 1875, Gesetzsamml. S. 431).*)				

Zu Tarifnummer 59.

1. Vgl. §§ 232ff., 765ff., 437, 438, 1204 Abs. 2, 1190 BGB.

2. Die Schriftlichkeit als Formvorschrift für die Bürgschaft wird nicht durch Briefwechsel ersetzt. RG. 8. 3. 04, JW. S. 232. Erklärung der

---

die Feststellung der Forderung vorbehalten wird Der Hochstbetrag muß ın das Grundbuch eingetragen werden

Ist die Forderung verzınslıch, so werden dıe Zınsen ın den Hochstbetrag eingerechnet

Die Hypothek gilt als Sıcherungshypothek, auch wenn sie ım Grundbuche nicht als solche bezeichnet ist

Die Forderung kann nach den fur dıe Übertragung von Forderungen geltenden allgemeınen Bestimmungen ubertragen werden Wırd sie nach diesen Vorschriften übertragen, so ist der Ubergang der Hypothek ausgeschlossen.

*) Jetzt — nach Art. 89 Ziff. 30 AG.BGB. und Art. 4 EG.BGB. — § 1844 BGB., welcher lautet:

Das Vormundschaftsgericht kann aus besonderen Grunden den Vormund anhalten, fur das seiner Verwaltung unterliegende Vermogen Sıcherheit zu leisten. Die Art und den Umfang der Sicherheıtsleistung bestimmt das Vormundschaftsgerıcht nach seınem Ermessen Das Vormundschaftsgericht kann, solange das Amt des Vormundes dauert, jederzeıt dıe Erhohung, Minderung oder Aufhebung der Sicherheıt anordnen.

Bei der Bestellung, Anderung oder Aufhebung der Sicherheıt wird die Mitwirkung des Mundels durch dıe Anordnung des Vormundschaftsgerichts ersetzt.

Die Kosten der Sicherheitsleistung sowie der Anderung oder der Aufhebung fallen dem Mundel zur Last

Noch: Zu Tarifnummer 59.

Bürgschaftsübernahme in schriftlicher Form durch einen nur mündlich Bevollmächtigten ist rechtsgültig. RG. 27. 4. 03, DJZ. Nr. 15.

3. a) Die Bewilligung der Eintragung einer Vormerkung zur Sicherung des Anspruchs auf Übertragung des Eigentums an einem Grundstück unterliegt dem SicherstellungsSt. KG. 2. 5. 04, Joh. Bd. 28 S. B 54. FM. 1. 8. 04 III 9758. Ebenso der Antrag auf Eintragung eines Altenteils. Schließt das Altenteil eine Geldrente in sich, so könnte insoweit gemäß Tarif 58 III eine wiederkehrende Geldleistung in Frage kommen.

b) Der Antrag des Gläubigers auf Eintragung einer Sicherungshypothek im Wege der Zwangsvollstreckung ist stfrei. KG. 22. 8. 07, Joh. Bd. 35 S. B 38.

c) Wird mit Bestellung der Sicherungshypothek i. S. des § 1190 BGB. zugleich der Antrag auf deren Eintragung im Grundbuch verbunden, so ist nur der SicherstellungsSt. erforderlich, unter Ausschluß des St. der Tarifstelle 58 Ziff. III. FM. 20. 5. 01 III 4037, ZBl. S. 159, JM. 1. 7. 01, JMBl. S. 157. — Vgl. A. 6e zu Tarif 71.

d) Den von der Bank an die Kunden gesandten gedruckten Anschreiben waren die Allgemeinen Bedingungen der Bank für den Geschäftsverkehr beigefügt. Mit diesen Bedingungen haben sich die Kunden schriftlich auf Ansuchen der Bank einverstanden erklärt. Die Bedingungen betrafen u. a. die Ermächtigung der Bank ev. die bei ihr lagernden Aktien der Kunden in den Generalversammlungen zu vertreten; ferner enthielten sie die Bestätigung, daß alle Wertpapiere usw. der Bank als Faustpfand zur Sicherheit ihrer Forderungen aus laufender Geschäftsverbindung dienen sollten: Es war der allgemeine VertragsSt. der Vollmachts- und der SicherstellungsSt. fällig (sog. Bankiervertrag). RG. 27. 4. 05, ZBl. S. 736. — Vgl. A. 6d zu § 10.

Ebenso entschieden im Urteil v. 22. 10. 07 — FM. S. 849 — ZBl. S. 216 v. 08, wo weiter ausgesprochen ist:

Die StPflicht aus Tarif 59 knüpft sich lediglich an die rechtsgeschäftliche Erklärung der Einräumung der Sicherheit. Einer Beurkundung des Anerkenntnisses des Vertragschließenden, daß die Übergabe des Pfandes erfolgt sei, bedarf es zur Erhebung der Steuer nicht.

Die StPflicht trifft auch Sicherheitsbestellungen, die sich auf zukünftige Forderungen und auf zukünftig in den Besitz des Gläubigers gelangende Vermögensstücke beziehen.

Die Pfandbestellungen, die in den von den Kunden schriftlich angenommenen Geschäftsbedingungen der Banken enthalten sind, unterliegen dem St. der Tarifstelle 59 neben dem allgemeinen VertragsSt.

e) Verzinsungs- und Rückzahlungsbestimmungen oder auch letztere allein werden in einer Vertragsurkunde abgeändert bei Verpfändung des Grundstücks, insbesondere wird vereinbart, daß bei nicht pünktlicher Zinszahlung das Kapital sofort fällig ist: Es ist der Vertrags- und SicherstellungsSt. erforderlich, letzterer mit höchstens 1,50 Mk., weil zum Vertrage nur 1,50 Mk. St. fällig waren. RG. 27. 10. 98, Entsch. Bd. 42 S. 264, ZBl. S. 56 v. 99. — Bei Verringerung bereits sichergestellter

Noch: Zu Tarifnummer 59.

Rückzahlungsbedingungen würde der KautionsSt. nicht fällig sein. Die Erhöhung des Zinssatzes ist nach § 6 Abs. 9 d. G. zu berechnen. JM. 4. 2. 99, JMBl. S. 45. — Vgl. A. 6f bei Tarif 71.

In der Vereinbarung, wonach das schon eingetragene Kapital, sofern die Zinsen stets binnen 2 Wochen nach der Fälligkeit gezahlt würden, nicht vor einem bestimmten — später hinausgeschobenen — Termin eingefordert werden dürfe, hat das KG. im Urt. v. 10. 12. 01 lediglich eine zugunsten des Schuldners getroffene Anordnung erblickt, und deshalb für die Bewilligung der Eintragung dieser Bestimmung den SicherstellungsSt. nicht für fällig erachtet

f) Falls bei Änderung eines durch Eintragung gesicherten Schuldverhältnisses in seinen Nebenbestimmungen nur der KautionsSt. (bei einseitigen Erklärungen) zu verwenden ist, beträgt er, falls § 6 sich nicht anwenden läßt, 1,50 Mk. (unschätzbar), es sei denn, daß das ganze Kapital nicht mehr als 600 Mk. bzw. 1200 Mk. beträgt. FM. 7. 4. 98 III 3531.

g) In Fällen der Bestellung eines Faustpfandes an Gattungssachen kann der SicherstellungsSt. nur dann verlangt werden, wenn die in der Urkunde abgegebene Erklärung die bereits erfolgte oder gleichzeitig erfolgende Übergabe der ihrem Gegenstande nach zu bezeichnenden Sicherheit (Bargeld, Art der einzelnen Wertpapiere usw.) klar erkennen läßt. Entsch. der Kgl. Ober-Rechnungskammer v. 20. 3. 02.

h) Bei Eigentumsübertragung zum Zweck der Sicherung einer Forderung ist Vertragsgegenstand das Eigentum an Sachen, Inhalt des Vertrages die Übertragung des Eigentums, verbunden mit der Abrede des Rückfalls oder der Rückübertragung. Tarif 59 bleibt demnach auch dann unanwendbar, wenn die Entgeltlichkeit der Veräußerung nicht festgestellt werden kann; es würde dann Tarif 71^2 zutreffen. RG. 2. 1. 00, JW. S. 162.

i) Für die Frage, ob ein Anschreiben, mit dem ein Wechsel als Generalkaution überreicht ist, den SicherstellungsSt. erfordert oder nicht, kommt es darauf an, ob der Wechsel selbst als Kautionsinstrument anzusehen ist oder nicht. Wenn das Akzept aus Gefälligkeit gegeben und durch den Wechsel Bürgschaft geleistet wird, so ist dieser als Kautionsinstrument selbst anzusehen und ist das Überreichungsschreiben stfrei.

k) In einem Darlehnsschuldschein wird von einem Beamten Sicherheit durch Einräumung eines Pfandes an der Empfangsbescheinigung über eine Dienstkaution bestellt; gleichzeitig werden alle aus der Kautionsbestellung erwachsenen Rechte abgetreten: Fällig ist der Sicherstellungs- und AbtretungsSt. RG. 10. 1. 99, JW. S. 171, FM. 20. 8. 96 III 11333.

l) Falls als Sicherheit niedergelegte Wertpapiere wegen erfolgter Kündigung zurückgegeben werden müssen und an deren Stelle neue Wertpapiere treten, so liegt in der Niederlegung der neuen Wertpapiere eine neue Sicherstellung, die den St. von neuem erfordert. FM. 10. 1. 01 III 205.

m) Die in von der Eisenbahnverwaltung abgeschlossenen Arbeitsverträgen enthaltene Vereinbarung, wonach die von den Unternehmern hinterlegte Generalkaution auch für die Sicherstellung der durch die Verträge eingegangenen Verbindlichkeiten haften

Noch: Zu Tarifnummer 59.

soll, erfordert den SicherstellungsSt. nicht, sofern die über die Bestellung der Generalkaution ausgestellte Urkunde vorschriftsmäßig versteuert ist, weil auf Grund der erwähnten Abrede nicht ein neuer Gegenstand als Pfand übertragen, sondern nur festgesetzt wird, in welcher Höhe die Generalkaution haften soll. FM. 2. 11. 01 III 13258.

n) Die Vorschrift, daß der Unternehmer mit seinem Guthaben und mit seinem sonstigen Vermögen hafte, ist rechtlich bedeutungslos. Wenn die Sicherheit nicht sofort bestellt wird, zur künftigen Bestellung vielmehr sich nur jemand verpflichtet, so ist kein SicherstellungsSt. fällig. FM. 10. 11. 97 III 14290. Deshalb ist die in einem Anstellungsvertrage abgegebene Erklärung, „daß der Anzustellende zur Sicherung des Gegenkontrahenten eine Kaution von 3000 Mk. in einer noch zu zedierenden Police bestelle", erst ein pactum de cavendo. Dagegen ist die Übernahme des del credere seitens des Versicherungsgeneralagenten für seine Unteragenten gegenüber der Gesellschaft eine Sicherstellung. LG. Berlin I 23. 1. 00.

o) Da in dem Schreiben an den Gemeindevorstand die übersandten Depotscheine als Beweisurkunden für die gestellte Pflasterkaution bezeichnet werden, so ist der SicherstellungsSt. fällig. FM. 14. 7. 96 III 9090.

p) Einverständniserklärung des Bürgen in die Fristverlängerung zur Rückzahlung des Darlehns ist nicht stpflichtig. Anders dagegen, wenn der Bürge ursprünglich nur bis zu einer bestimmten Zeit oder bis zu einer bestimmten Höhe gehaftet hat und er weitere Haftung übernimmt. FM. 27. 8. 97 III 10749. — Vgl. A. 12a bei Tarif 58.

q) Der SicherstellungsSt. ist ferner u. a. nicht fällig:

α) für die in den Fällen der Sicherstellung gestundeter Zoll- und Steuerbeträge durch Teilbürgschaften von den Teilbürgen auszustellenden Reverse. FM. 13. 1. 97 III 6494. — Vgl. A. 3d bei § 4.

β) für die im Versteigerungstermin übernommene Bürgschaft für das Meistgebot. Joh. Bd. 28 S. B 22.

γ) für die Übernahme der Gewähr seitens des Zedenten für die Sicherheit. FM. 29. 10. 95 III 15373.

r) Wenn mehrere Personen sich in einem Akt solidarisch für dieselbe Schuld verbürgen, ist der St. nur einmal fällig. — FM. 10. 8. 85 III 10286 —, gibt dagegen jemand in einer Urkunde zwei voneinander unabhängige Bürgschaften für verschiedene Hauptschuldner ab, so ist der zweimalige St. zu erfordern. FM. 3. 9. 71 III 11996. HSp. S. 153.

s) Die für eine Mehrzahl von Arbeitern ausgestellten Bürgschaften, wie solche in den östlichen Provinzen von Landwirten den Behörden gegenüber für ihre Arbeiter übernommen zu werden pflegen, erfordern nur einmal den St. mit 1 Mk. 50 Pf. 19. RS. S. 10, RB. S. 79.

4. In einer Urkunde hatte der Aussteller Bürgschaft übernommen bis zum laufenden Betrage von 10000 Mk. und sich verpflichtet, falls der Entleiher seine Verbindlichkeiten nicht erfüllen sollte, die Schuld desselben bis zur Höhe von 10000 Mk. nebst bedungenen Zinsen, Verzugs-

Noch: Zu Tarifnummer 59.

zinsen und Kosten zu erstatten: Das RG. hat im Urteil v. 21. 3. 02, Entsch. Bd. 51 S. 123 einen St von 5 Mk. für gerechtfertigt gehalten; indem es — unter Abstandnahme von seiner Ansicht im Urteil v. 25. 5. 00, Entsch. Bd. 46 S. 272 — die Zinsen für einen zukünftigen in der Urkunde nicht begrenzten Zeitraum in die Berechnung der StAbgabe mit hineinzieht. Der Betrag der Zinsen ist nach § 6 Abs. 12 zu berechnen. Inwieweit auch die mitverbürgten Kosten zu berücksichtigen wären, ist unentschieden gelassen. — Vgl. A. 9a bei Tarif 73.

5. a) Für Anwendung des Abs. 3 ist derjenige Betrag des St. maßgebend, welcher im Fall der Beurkundung des sicherzustellenden Rechts zur Erhebung gelangen würde FM. 17. 2. 98 III 886, JM. 16. 10. 97 Nr. 5165.

Dieser Satz ist dahin aufzufassen, daß, wenn das sicherzustellende Recht überall nicht, oder nicht in stpflichtiger Form (z. B. nicht in Vertragsform, sondern in Form einer nicht stpflichtigen einseitigen Urkunde) beurkundet wird, der SicherstellungsSt. niemals denjenigen St. übersteigen darf, der zu einer in stpflichtiger Form vorgenommenen Beurkundung des sicherzustellenden Rechts zu erlegen gewesen wäre FM. 20. 2. 02 III 2085 u 31. 5. 02 III 4966. Für die Forderung des BürgschaftsSt. macht es hiernach keinen Unterschied, ob die zugrunde liegenden Kreditgeschäfte gemeinschaftlich vom Kreditnehmer und Kreditgeber in der Form zweiseitiger Verträge oder ob sie nur einseitig vom Kreditgeber in der Form von Kreditversprechen oder vom Kreditnehmer in der Form von Kreditanträgen beurkundet sind oder ob eine Verlautbarung des Kreditgeschäfts überhaupt nicht stattgefunden hat.

b) Die Beurkundung der Sicherstellung von Rechten aus Kreditverträgen erfordert nach Tarif 59 Abs. 3 einen St. von höchstens $1^1/_2$ Mk. — vgl. RG. v. 27. 10. 98, Entsch. Bd. 42 S. 267 —, da Kreditverträge selbst nur dem allgemeinen VertragsSt. unterliegen.

Zu Kreditverträgen kann der SchuldverschreibungsSt. nicht gefordert werden. FM. 25. 7. 07 III 13430.

c) Die Beurkundung der Sicherstellung aus einseitigen Kreditversprechen, die stfrei sind (Verpfändungserklärungen, Bürgschaften usw.), unterliegen dem SicherstellungsSt. wie Kreditverträge. Denn die Vorschrift in Abs. 3 ist dahin aufzufassen, daß die Höhe des SicherungsSt. von der Höhe des St für das zugrunde liegende Rechtsgeschäft nur unter der Voraussetzung abhängig ist, daß dieses Rechtsgeschäft in an sich stpflichtiger Form beurkundet ist. (Siehe oben A. 5a.) FM. 20. 5. 01 III 4037, ZBl. S. 160 und FM. 31. 5. 02 III 4966.

d) Verpfändungserklärungen folgenden Inhalts:

der Vorschußverein zu ... E. G. m. u. H. ist mit mir in Geschäftsverbindung getreten und hat es übernommen, mir Vorschüsse gegen Wechsel zu gewähren. Zur Sicherheit verpfände dem genannten Verein ...

Datum Unterschrift

unterliegen dem SicherstellungsSt. und erfordern, da die Hauptverbindlichkeit im Falle ihrer Beurkundung den allgemeinen VertragsSt. erfordern würde, einen SicherungsSt. in gleicher Höhe. Lassen die Verpfändungserklärungen erkennen, daß die zu gewährenden Vorschüsse den Höchstbetrag von

Noch: Zu Tarifnummer 59.

1200 Mk. oder 600 Mk. nicht übersteigen, so bedarf es auch nur eines SicherungsSt. von 1 Mk. oder 50 Pf. FM. 20. 5. 01 III 4037, ZBl. S. 160.

e) Die nach vorhandenem Formular (A Nr. 152) bei der Lombardierung des unter Mitverschluß der Steuerbehörde lagernden Branntweins ausgestellten Urkunden erfordern sowohl den ZeugnisSt. von 1 Mk. 50 Pf. (FM. 26. 2. 97 III 2475), wie den SicherstellungsSt. in gleichem Betrage. FM. 14. 12. 05 III 14136. Das sichergestellte Recht bildet hier das Abkommen über das Lombarddarlehn, dessen Beurkundung nach Tarifstelle 71 dem allg. VertragsSt. unterworfen sein würde. Daß in Wirklichkeit zu diesen Darlehnsverträgen gemäß § 1 Abs. 3 LStG. ein St. nicht erhoben wird, hat nicht die Befreiung vom SicherstellungsSt. zur Folge, denn bei Anwendung des Abs 2 der Tarifstelle 59 kommt es auf denjenigen St. an, der zu verwenden gewesen sein würde, wenn die Beurkundung in an sich stpflichtiger Form erfolgt wäre Die Sicherstellung ist daher nicht stfrei, wenn, wie hier, die Beurkundung des Hauptgeschäfts nur wegen der Form, in der es im gegebenen Falle abgeschlossen ist, einem St nicht unterliegt; für die StPflichtigkeit genugt es vielmehr, wenn das Hauptgeschäft, falls darüber eine förmliche Urkunde errichtet wäre, einer bestimmten Tarifstelle unterworfen gewesen sein würde. FM. 20. 5. 01, ZBl. S. 160.

f) Da in den bei der Reichsbank üblichen Verpfändungserklärungen die Sicherstellung auf Wechselforderungen beschränkt ist, und da eine Beurkundung der sichergestellten Wechselforderungen in der Form einer nach Tarif 58 stpflichtigen Schuldverschreibung nach der Geschäftsübung der Reichsbank nicht in Frage kommt, unterliegen Verpfändungserklärungen dieses beschränkten Inhalts auch bei einem 10000 Mk. übersteigenden Werte nur dem SicherstellungsSt. von 1 Mk. 50 Pf. FM. 28. 8. 05 III 11030.

g) Falls eine Schuldverschreibung einen St. von nur 20 Pf. erfordert, ist die darauf bezügliche Bürgschaftserklärung auch nicht höher zu stempeln.

h) Die StPflicht der Bürgschaft der Eltern unter dem Schuldanerkenntnis der Studierenden richtet sich nach der StPflichtigkeit der Schuldverschreibungen. — Vgl. A. 3 bei Tarif 58.

i) **Kautionsbestellungen** in stfreien Kauf- und Lieferungsverträgen sind nach Abs. 3 dieser Tarifstelle stfrei. FM. 13. 10. 96 III 14224. — Vgl. auch A. 6 m 9 zu Tarif 71. Ebenso Beurkundung der Bürgschaft für ein Lombarddarlehn. FM. 5. 3. 97.

k) Zu trockenen Wechseln, in denen der Aussteller zur Sicherung des Wechselgläubigers eine Urkunde verpfändet, ist ein weiterer St. als der WechselSt. nicht fällig. FM. 7. 10. 98 III 13856. Ebenso sind Verpfändungserklärungen in unvollständigen aber versteuerten Wechseln nicht mit dem LandesSt. zu belegen. FM. 28. 5. 97 III 2797. Erklären aber die Wechselbürgen auf trockenen Wechseln noch über die Wechselverjährungsfrist hinaus auch im Fall der Prolongation haften zu wollen, so würde der SicherstellungsSt. fällig sein, wenn nicht Abs. 3 der Tarifstelle entgegenstände. FM. 4. 10. 97 III 12488.

6. Unschätzbarkeit liegt u. a. dann vor, wenn es sich um Sicherstellung künftiger Forderungen handelt. FM. 25. 9. 97 III 12905.

7. Urkunden, in denen für einen Beamten durch Dritte Dienstkaution gestellt wird, sind stfrei. Diese Befreiungsvorschrift hat seit Erlaß

Lfd. Nr.	Gegenstand der Besteuerung	Steuersatz v. H.	Mk	Pf	Berechnung der Stempelabgabe
60.	**Standeserhöhungen und Gnadenerweise, landesherrliche.**[1]				
	a) (1) Standeserhöhungen				
	für die Verleihung der Herzogswürde . .	—	10000	—	
	„ „ „ „ Fürstenwürde . .	—	6000	—	
	„ „ „ „ Grafenwürde . .	—	3600	—	
	„ „ „ „ Freiherrnwürde .	—	2400	—	
	„ „ „ des Adels	—	1200	—	
	(2) Wenn in obigen Verleihungen mehrere Seitenverwandte mit aufgenommen werden, so wird für jeden Seitenverwandten die volle Taxe besonders erhoben.				
	(3) Die vorstehend festgesetzten Beträge werden auch erhoben, wenn eine Standes-				

Noch: Zu Tarifnummer 59.

des Reichsgef. v. 20. 2. 98 und des Preuß. Ges. v. 7. 3. 98 an Bedeutung verloren.

8. a) Diese Befreiungsvorschrift bezieht sich nur auf Erklärungen, die im Falle des Nichtbestehens der Befreiungsvorschrift dem St. aus der Tarifstelle 59 unterliegen würden; sie kann sich dagegen nicht auf Rechtsgeschäfte erstrecken, die einem besonderen St. unterliegen, mögen sie auch dem Zwecke der Sicherstellung dienen. Daher sind z. B. in Schuldverschreibungen beurkundete Abtretungen, auch wenn sie zwecks Sicherstellung der Schuldverpflichtungen erfolgen, dem ZessionsSt. unterworfen. Denn Sicherstellungen durch Zession sind eben mehr als bloße Sicherstellungen, und Abtretungen fallen unter eine besondere Tarifstelle. Die Befreiungsvorschrift der Tarifstelle 59 kann aber nur eine Befreiung aus dieser Tarifstelle im Auge haben. RG. 10. 1. 99, FM. 28. 9. 05 III 12569 u. 5. 12. 05 III 15566.

b) Abgesehen von der Befreiungsvorschrift b ist jede andere Sicherstellung, auch wenn sie nur einen Bestandteil des gleichzeitig beurkundeten Hauptgeschäfts bildet, in ststeuerlicher Hinsicht als selbständiges Geschäft anzusehen. RG. 18. 4. 98, Hz. S. 584.

c) Wenn zur Ergänzung einer die Eintragung des Schuldbetrages auf das Grundstück des Schuldners bereits bewilligenden Schuldurkunde in einer besondern Verhandlung vom Schuldner noch erklärt wird, daß er für das erhaltene Darlehn mit seinem Grundstück Hypothek bestelle, so ist zu dieser Verhandlung nicht der SicherstellungsSt. noch besonders neben dem zur Schuldurkunde verwendeten SchuldverschreibungsSt. fällig.

d) Wenn für den Kaufgelderrest mit einem andern Grundstück als dem Kaufgegenstand Hypothek bestellt wird, so trifft Tarifstelle 59 zu. FM. 21. 12. 99 III 15690 u. 1. 8. 01 III 9338.

Lfd. Nr.	Gegenstand der Besteuerung	Steuersatz v. H.	Mk.	Pf	Berechnung der Stempelabgabe
(60.)	erhöhung aus Anlaß oder bei Gelegenheit einer Adoption oder Legitimation stattfindet. (4) Für Anerkennung und Bestätigung einer von einem auswärtigen Fürsten verliehenen Standeserhöhung eines Inländers werden die obigen Sätze erhoben. (5) Für die Verleihung des preußischen Adels an einen ausländischen Adligen kommt die Hälfte des für die Verleihung der betreffenden Adelsstufe vorgeschriebenen Stempels in Ansatz. (6) Für sonstige nachträgliche Änderungen oder Ergänzungen der bezüglich einer Standeserhöhung getroffenen Bestimmungen wird, sofern keine anderen Vorschriften Anwendung finden, ein Fünftel des Steuersatzes für die betreffende Standeserhöhung in Ansatz gebracht;				
	b) (1) Wappenvermehrungen und Wappenänderungen ein Achtel der Sätze zu a (2) Erfolgt die Wappenvermehrung und Wappenänderung in Verbindung mit einer Standeserhöhung, so kommt außerdem der für letztere vorgesehene Stempelbetrag zur Erhebung;[2]				
	c) Erhebung eines Inbegriffs von Gütern zu einer Standesherrschaft, einem Herzogtum oder Fürstentume	—	12000	-	
	d) Verleihung des Patents				
	für einen Kammerjunker	–	800	–	
	" " Kammerherrn	–	2400	–	
	sofern letzterer vorher Kammerjunker war	—	1600	–	
	AB. 83 Abs. 1.				
	e) für die Verleihung von Titeln an Privatpersonen[3]				
	Geheimer Kommerzienrat	—	5000	—	
	Kommerzienrat	—	3000	—	
	Geheimer Kommissionsrat	—	1000	—	
	Kommissionsrat	—	500	—	
	im übrigen		300	—	
	AB. 83 Abs. 2.				

Lfd. Nr.	Gegenstand der Besteuerung	Steuersatz v H	Mk.	Pf.	Berechnung der Stempelabgabe
61.	**Statuten** von Gesellschaften, Vereinen usw., s. Gesellschaftsverträge Buchstaben e.				
62.	**Strafbescheide** der Finanzbehörden,[1] sofern die Strafe, einschließlich des Wertes der eingezogenen Gegenstände, 15 Mark übersteigt AB. 24 Abs. 3.	—	1	50	
63.	**Tauschverträge**, s. Kaufverträge.				
64.	**Taxen von Grundstücken**,[1] insofern sie wegen eines Privatinteresses unter Aufsicht einer öffentlichen Behörde[2] aufgenommen werden Allg.V. § 2 Ziff. 1a.	—	3	—	

Zu Tarifnummer 60.

1. Das Recht der Krone, den StBetrag im Wege der Gnade zu erlassen, bleibt unberührt. KB. 79, AH. S. 2486, 2490.

2. Bei gleichzeitiger Namensänderung, Verleihung des Adels und Wappenänderung wird nur der St. für Standeserhöhung und Wappenänderung zu erheben sein. 14. KS. S. 2.

3. a) Der Titel Ökonomierat ist dem Landwirt, also der Privatperson, verliehen, wenn auch bei der der Verleihung voraufgegangenen Darlegung der persönlichen Verhältnisse von dem mit dem Titel Ausgezeichneten als Amtsvorsteher die Rede gewesen ist. FM. 14. 10. 99 III 12899.

b) Mit Rücksicht darauf, daß auch die nicht beamteten Ärzte nicht mehr als Privatpersonen i. S. des LStG. anzusehen sind, vielmehr anzunehmen ist, daß sie auf dem Gebiete der Gesundheitspflege, wie die Rechtsanwälte auf dem der Rechtspflege, eine eigenartige Stellung öffentlichrechtlichen Charakters bekleiden, ist bei der Verleihung des Titels „Sanitätsrat" und „Geh. Sanitätsrat" an nicht beamtete Ärzte von der Einziehung des St. dieser Tarifstelle abzusehen. FM 7. 9 01 III 11238, ZBl. S. 219. — Vgl. A. 1 bei § 12.

Zu Tarifnummer 62.

1. Vgl. Nr. 44 der AusfB. z. VStrG. v. 26. 7. 97 und §§ 21 Abs. 1 und 47 Abs. 2 dieses letzteren Ges. für St. zu Straf- und Beschwerdebescheiden.

Zu Tarifnummer 64.

1. Vgl. AG.BGB. Art. 73. — Art. 110 PrFG.

2. Die zwecks Beleihung von Grundstücken durch die Kreissparkasse von Gemeindevorständen und 2 Schöffen aufgenommenen Taxen sind stpflichtig, da sie unter Aufsicht einer öffentlichen Behörde aufgestellt sind. Ob sich die Tätigkeit der Behörden dabei auf eine bloße Beaufsichtigung bei Aufnahme der Taxen beschränkt hat oder ob von denselben die Taxen selbst aufgenommen sind, ist belanglos. FM. 26. 1. 92 III 756.

Lfd. Nr.	Gegenstand der Besteuerung	Steuersatz v. H.	Mk	Pf.	Berechnung der Stempelabgabe
65.	**Testamente,** s. Verfügungen von Todes wegen.				
66.	[1]**Verfügungen von Todes wegen,**[2–5] einschließlich der Erbverträge sowie der im § 2301 Abs. 1 des Bürgerlichen Gesetzbuchs*) bezeichneten Schenkungsversprechen, Schuldversprechen oder Schuldanerkenntnisse:				
	1. (1) wenn der Wert des Gegenstandes[6] beträgt:				
	nicht mehr als 1000 Mark	—	3	—	
	mehr als 1000 Mark, aber nicht mehr als 10 000 Mark	—	5	—	
	mehr als 10 000 Mark, aber nicht mehr als 20 000 Mark	—	10	—	
	mehr als 20 000 Mark, aber nicht mehr als 50 000 Mark	—	15	—	
	mehr als 50 000 Mark, aber nicht mehr als 200 000 Mark	—	20	—	
	mehr als 200 000 Mark, aber nicht mehr als 300 000 Mark	—	30	—	
	mehr als 300 000 Mark, aber nicht mehr als 500 000 Mark	—	40	—	
	mehr als 500 000 Mark	—	50	—	
	(2) Für die Stempelberechnung bei einer gemeinschaftlichen Verfügung ist der Gesamtbetrag des Wertes beider Verfügungen maßgebend.				
	(3) Für die Wertberechnung ist der Zeitpunkt der Fälligkeit der Stempelsteuer maßgebend.[7] Soweit die Stempelverwendung unter amtlicher Überwachung stattfindet, sind der Wertberechnung die Angaben des Steuerpflichtigen zugrunde zu legen. Die Vorschriften des § 7 dieses Gesetzes finden vor Eröffnung der Verfügung keine Anwendung;				
	2. wenn die Verfügungen von Todes wegen lediglich Anordnungen nicht vermögens-				

*) Die betr. Bestimmung lautet:

§ 2301 Abs. 1. Auf ein Schenkungsversprechen, welches unter der Bedingung ertheilt wird, daß der Beschenkte den Schenker uberlebt, finden die Vorschriften uber Verfugungen von Todeswegen Anwendung. Das Gleiche gilt für ein schenkweise unter dieser Bedingung ertheiltes Schuldversprechen oder Schuldanerkenntniss der in den §§ 780, 781 bezeichneten Art.

Lfd. Nr.	Gegenstand der Besteuerung	Steuersatz v. H.	Mk.	Pf.	Berechnung der Stempelabgabe
(66.)	rechtlicher Art, Nachträge, Ergänzungen und Erläuterungen zu letztwilligen Verfügungen enthalten	—	3	—	
	AB. 20; 84. — Allg.V. § 1 Ziff. 4, § 2 Ziff. 1d, § 6 Ziff. 5.				
	Befreiungen:				
	1. Verträge und Erklärungen aller Art, die lediglich den Widerruf, die Zurücknahme oder die Aufhebung einer Verfügung von Todes wegen oder einzelner in solchen Verfügungen enthaltenen Anordnungen betreffen;				
	2. die im § 2249, § 2250 oder § 2251 des Bürgerlichen Gesetzbuchs und im § 44 des Reichsmilitärgesetzes bezeichneten Testamente.*)				

Zu Tarifnummer 66.

1. Vgl. §§ 1937ff., 2232—2246, 2249, 2250, 2265ff., 2346ff. BGB., Art. 44 EG.BGB., § 176 FG., Art. 54 PrFG.

2. a) Letztwillige Verfügungen dahin, daß die Einäscherung des Körpers erfolgen soll, der Vorsitzende des Vereins für Feuerbestattung insoweit als Testamentsvollstrecker ernannt wird, daß die Aschenreste in der Urnenhalle aufgestellt werden sollen und die Kosten aus dem Nachlaß zu bestreiten sind, sind nach Tarifstelle 66 stpflichtig. FM. 21. 11. 07 III 20403.

b) Ein eigenhändiges Testament kann auch in einem Brief des Testators an seinen Sachwalter enthalten sein. Die Ortsangabe „Bln." als Berlin genügt. RG. 14. 1. 07, FM. S. 143.

---

*) Es betreffen:

§ 2249 BGB. die Errichtung eines Testaments vor dem Gemeindevorsteher, falls zu besorgen ist, daß der Erblasser fruher sterben werde, als die Errichtung eines Testaments vor einem Richter oder vor einem Notar moglich ist.

§ 2250 BGB. die Errichtung vor dem Gemeindevorsteher oder vor drei Zeugen im Falle des Aufenthalts an einem Ort, der in Folge des Ausbruchs einer Krankheit oder in Folge sonstiger außerordentlicher Umstände derart abgesperrt ist, daß die Errichtung vor Richter oder Notar nicht moglich oder erheblich erschwert ist.

§ 2251 BGB. die Errichtung vor drei Zeugen während einer Seereise an Bord eines deutschen, nicht zur Kaiserlichen Marine gehorenden Fahrzeugs außerhalb eines inländischen Hafens.

§ 44 RMilGes. v. 2. Mai 1874 die Errichtung in Kriegszeiten oder während eines Belagerungszustandes unter besonders erleichterten Formen (privilegierte militarische letztwillige Verfugungen). Vgl. auch Art. 44 EG.BGB.

Noch: Zu Tarifnummer 66.

c) Über den Umfang der Ungültigkeit eines eigenhändigen Testaments, wenn ein Teil desselben nicht vom Testator geschrieben ist (§§ 2235 Nr. 2, 2085 BGB.), vgl. RG. 5. 3. 06, JW. S. 229.

d) Bei einem in gemeinschaftlicher Form errichteten gemeinschaftlichen Testament wird von seiten des Ehegatten, welcher das Testament nicht ganz niederschreibt, dem Erfordernis der Unterzeichnung nicht dadurch genügt, daß er seinen Namen in den Text der eigenhändig geschriebenen Beitrittserklärung aufnimmt (BGB. § 2267). KG. 23. 6. 02, Joh. Bd 24 S. A 180. Die Beitrittserklärung lautete:

Ich, Anna C. geb. H. erkläre, daß obiges Testament auch das meinige ist.

G., d. 27. 6. 01.

e) Ein eigenhändiges Testament ist auch dann rechtsgültig, wenn die Angabe des Orts und Tages der Unterschrift räumlich nachfolgt; es genügt, wenn das Datum je nach der Beschaffenheit des Falles zwar nicht mitunterschrieben, aber doch mit der unterschriebenen letztwilligen Erklärung in einen derartigen räumlichen Zusammenhang gebracht ist, daß seine Bedeutung als Datum der unterschriebenen Erklärung daraus ersichtlich wird. RG. 13. 10. 02, Entsch. Bd. 52 S. 277. Auch RG. 3. 3. 02, JW. S. 232.

f) Die Zeitangabe „Ende August" genügt nach einer Entsch des KG. nicht. — Vgl. auch JW. S. 232 von 1902.

g) Ein gerichtliches, notarielles oder Dorf-Testament wird nicht dadurch nichtig, daß die erfolgte Vorlesung, Genehmigung und Vollziehung durch die Worte: „vorgelesen, genehmigt, unterschrieben" oder die Abkürzungen „v. g. u." beurkundet ist, sofern diese Formeln nach den Umständen des Falles keine Zweifel darüber lassen, daß die Vorlesung, Genehmigung und eigenhändige Unterzeichnung wirklich erfolgt ist. KG. 17. 11. 02, Joh. Bd. 25 S. A 53.

3. Wird ein Testament vor dem Notar durch Übergabe einer Schrift errichtet — §§ 2232, 2238, 2240 BGB. —, so ist das aufzunehmende Protokoll ein Bestandteil der Testamentsurkunde und unterliegt deshalb nicht noch dem besonderen FestSt. für notarielle Urkunden aus Tarifstelle 45. Joh. Bd. 23 S. B 19.

4. Werden gemäß § 2231 Ziff. 2 BGB. errichtete privatschriftliche Testamente, die nicht in amtliche Verwahrung gegeben und nicht versteuert sind, nach dem Tode des Errichters unversteuert gemäß § 2259 BGB. dem Gericht überliefert, so kann die Erhebung des St. als Gerichtsgebühr erfolgen. Schr. des Präs des KG. v. 3. 10. 03, Gen. I T. 7. Der Überreicher ist als Inhaber i. S. des § 16 Abs. 2 LStG. nicht zu erachten, weil er mit der Überreichung nur einer Pflicht genügt, selbst wenn er zu den im Testament Bedachten oder sonst zu den Erben des Errichters gehört. Dies wird auch bei der Übergabe eines gemeinschaftlichen Testaments seitens des überlebenden Ehegatten in Ansehung der letztwilligen Verfügung des Erstverstorbenen gelten. — Vgl. A. 8d bei § 16.

5. Die zur Aufnahme von Nottestamenten bestellten besonderen Urkundspersonen — JMBl. 04 S. 90 — können den Testa-

Lfd. Nr.	Gegenstand der Besteuerung	Steuersatz v H	Mk	Pf.	Berechnung der Stempelabgabe
67.	(1)[1] **Vergleiche**[2] . . . . (2) Ist jedoch durch den Vergleich ein unter den Parteien bisher nicht in stempelpflichtiger Form zustande gekommenes Rechtsgeschäft anerkannt oder im wesentlichen aufrechterhalten oder ein anderweites Rechtsgeschäft neu begründet worden, so ist zu dem Vergleiche, wenn diese Geschäfte nach dem gegenwärtigen Tarif einem höheren als dem für Vergleiche verordneten Stempel unterworfen sind, dieser höhere Stempel zu verwenden. (3) Befreit sind die von Schiedsmännern und Gewerbegerichten aufgenommenen Vergleiche, sofern nicht die Voraussetzungen des vorhergehenden Absatzes Anwendung finden.[3] AB 18.	—	3	—	

Noch: Zu Tarifnummer 66.

mentsSt. verwenden; sie können hiervon absehen, falls das Testament innerhalb 2 Wochen dem Amtsgericht eingereicht wird. Enthält das Nottestament eine Fideikommiß- oder Familienstiftung, so hat die Urkundsperson für die Verwendung des St. nicht zu sorgen.

6. Testamente sind stpflichtig, auch wenn in ihnen das Objekt auf nicht über 150 Mk. angegeben ist, es sei denn, daß das Testament sich nur auf bestimmte Vermögensstücke bezieht, deren Wert 150 Mk. nicht übersteigt, und daß dies aus dem Testament hervorgeht.

7. Es sind Zweifel darüber aufgetaucht, in welchem Momente für die privatschriftlichen Testamente die StPflicht eintritt, ob mit dem Moment der Errichtung oder mit dem Moment der gerichtlichen Eröffnung. Ich für meine Person halte es für ganz zweifellos, daß nach den bestehenden gesetzlichen Bestimmungen der erste Moment maßgebend ist. Hier entgegnete ein Regierungskommissar, daß die privatschriftlichen Testamente ebenso wie die gerichtlichen oder die notariellen Testamente gleich nach der Errichtung zu versteuern sind. Er hebe hervor, daß sich in strafrechtlicher Beziehung dadurch keine Unzuträglichkeiten für die Testatoren ergeben werden. Es werde streng darauf gehalten, daß in keinem Fall das Strafverfahren eingeleitet wird. Drucks. 09 AbgH. S. 7092.

Zu Tarifnummer 67.

1. Vgl. § 779 BGB.

2. a) Verpflichtet sich ein schuldiger geschiedener Ehemann seiner geschiedenen Ehefrau gegenüber zur Zahlung einer jährlichen Rente auf Lebenszeit der Ehefrau und zur weiteren Zahlung eines Kapitals an ihre demnächstigen

Lfd. Nr.	Gegenstand der Besteuerung	Steuersatz v. H.	Steuersatz Mk	Steuersatz Pf	Berechnung der Stempelabgabe
68.	(1) **Verleihungen des Bergwerkseigentums,** Urkunden darüber (§§ 22ff. des Allgemeinen Berggesetzes für die Preußischen Staaten vom 24. Juni 1865 — Gesetzsamml. S. 705 —)*)	—	500	—	

Noch: Zu Tarifnummer 67.

Erben, während die Ehefrau dagegen auf gesetzliche Abfindung verzichtet, so ist nur der VergleichsSt. fällig. RG. 10. 2. 98, ZBl. S. 178, JW. S. 212. — Vgl. A. 3c zu Tarif 36.

b) Anerkennung der Vaterschaft und Übernahme der Verpflichtung zur Zahlung von Alimenten in Form eines Vertrages ist Vergleich, bei einseitiger Erklärung aber Schuldverschreibung. FM. 15. 6. 99, ZBl. S. 144. — Vgl. A. 5b bei Tarif 58.

c) A. erkennt den von B. erhobenen Anspruch auf Rückgängigmachung des früher zwischen ihnen abgeschlossenen Kaufvertrages zur Vermeidung eines Prozesses an, wogegen B. auf Ersatz von Unkosten verzichtet: Der VergleichsSt. ist fällig, trotzdem nicht glaubhaft gemacht ist, daß der im Vergleich als Grund der Rückgängigmachung angegebene Wandelungsanspruch tatsächlich bestanden hat. FM. 20. 6. 99 III 7982. — Vgl auch KG. 26. 3. 00, Hz. S. 602 über das Zustandekommen eines Vergleichs, wenn die Rechtsfolgen festgesetzt werden, die sich aus der Wandelung ergeben.

d) Wenn der Verkäufer eines Grundstücks, nach Ausführung eines Baues für den Käufer wegen vertragswidriger Bauausführung auf Schadensersatz belangt, mit dem Käufer einen Vergleich dahin schließt, daß er das Grundstück unter bestimmten Bedingungen zurückzunehmen sich verpflichtet, so liegt Kauf, nicht Vergleich, vor. KG. 31. 1. 98, Hz. S. 303.

e) Von Prozeßbevollmächtigten bzw. den Parteien unterschriebene, dem Gericht eingereichte Anzeigen in Zivilprozeßsachen über die Beilegung des Rechtsstreites sind stfrei. Es kann darin weder die Beurkundung eines Vergleiches noch eines sonstigen Vertrages erblickt werden. FM. 8. 3. 05 III 2868.

3. a) Vgl. §§ 25—27 und 33ff. SchiedsmO. v. 29. 3. 79, sowie Ges. betr. die Gewerbegerichte v. 29. 7. 90

b) In die Tarifstelle sind die Grundsätze aufgenommen, die dem Rechtszustande bei der Vorlegung des Entwurfs entsprachen, insbesondere auch die Grundsätze des § 40 der Schiedsmannsordnung vom 29. 3. 79. Es hat also den schiedsmännischen Vergleichen keine weitere StBefreiung eingeräumt werden sollen, als sie schon nach der Schiedsmannsordnung bestand.

---

*) Die betr Bestimmungen des BergGes. lauten:

§ 22. Die den gesetzlichen Erfordernissen entsprechende Muthung begrundet einen Anspruch auf Verleihung des Bergwerkseigenthums in dem im § 27 bestimmten Felde

Lfd. Nr.	Gegenstand der Besteuerung	Steuersatz v. H.	Mk.	Pf.	Berechnung der Stempelabgabe
(68.)	(2) Bei geringerem Werte des Bergwerkseigentums kann der Stempel bis auf 100 Mark ermäßigt werden. AB. 85.				
69.	**Verpflichtungsscheine,** kaufmännische, siehe Schuldverschreibungen II.				
70.	(1)[1] **Versicherungsverträge,** auch in der Form von Policen[2] und deren Verlängerungen,[3] wenn sie betreffen: a) (1)[4] Lebens- und Rentenversicherungen, einschließlich der Versicherungen auf den				

§ 26. Das Bergwerkseigenthum wird fur Felder verliehen, welche, soweit die Oertlichkeit es gestattet, von geraden Linien an der Oberflache und von senkrechten Ebenen in die ewige Teufe begrenzt werden.

Der Flacheninhalt der Felder ist nach der horizontalen Projektion in Quadratmetern festzustellen.

§ 30. Liegen Einspruche und Kollisionen mit den Rechten Dritter nicht vor und findet sich auch sonst gegen die Antrage des Muthers gesetzlich nichts zu erinnern, so fertigt das Oberbergamt ohne Weiteres die Verleihungsurkunde aus

§ 31. Liegen Einspruche oder Kollisionen mit den Rechten Dritter vor, oder kann aus anderen gesetzlichen Grunden den Anträgen des Muthers gar nicht oder nicht in ihrem ganzen Umfange entsprochen werden, so entscheidet das Oberbergamt uber die Ertheilung oder Versagung der Verleihung durch einen Beschluß, welcher dem Muther und den betheiligten Dritten in Ausfertigung zugestellt wird.

Einspruche und Anspruche, welche durch den Beschluß des Oberbergamts abgewiesen werden, mussen, insofern wegen derselben der Rechtsweg zulässig ist, binnen drei Monaten, vom Ablaufe des Tages, an welchem der Beschluß, beziehungsweise der Rekursbescheid (§ 191) zugestellt ist, durch gerichtliche Klage verfolgt werden.

Wer von dieser Frist keinen Gebrauch macht, ist seines etwaigen Rechts verlustig.

Die in dem Verleihungsverfahren durch unbegrundete Einspruche entstehenden Kosten hat der Widersprechende zu tragen.

§ 32. Sind die der Verleihung entgegenstehenden Hindernisse (§ 31) durch die Entscheidung der Bergbehorde oder durch Richterspruch beseitigt, so fertigt das Oberbergamt die Verleihungsurkunde aus.

§ 33. Bei Ausfertigung der Verleihungsurkunde werden die beiden Exemplare des Situationsrisses (§ 17) von dem Oberbergamte beglaubigt, erforderlichen Falls aber vorher berichtigt und vervollstandigt

Das eine Exemplar des Risses erhalt der Bergwerkseigenthumer, das andere wird bei der Bergbehorde aufbewahrt

Lfd. Nr.	Gegenstand der Besteuerung	Steuersatz v. H.	Mk	Pf.	Berechnung der Stempelabgabe
(70.)	Lebensfall (Altersversorgung, Aussteuer, Militärdienst und dergleichen), ...	1/20	—	—	der versicherten Summe in Abstufungen von 10 Pf. für je 200 Mark oder einen Bruchteil dieses Betrages
	(2) Bei Rentenversicherungen wird der Kaufpreis und in Ermangelung eines solchen der zehnfache Betrag der Rente als Versicherungssumme angesehen.[5] (3) Werden bei Versicherungen gleicher Art von demselben Versicherer mehrere Urkunden für dieselbe Person ausgestellt, so berechnet sich die Stempelabgabe nach dem Gesamtbetrage der versicherten Summe. (4) Befreit sind Versicherungen, bei welchen die versicherte Summe den Betrag von 3000 Mark nicht übersteigt;				
	b) (1)[4] Unfall- und Haftpflichtversicherungen	1/2	—	—	des Gesamtbetrages der verabredeten Prämien[6] in Abstufungen v. 10 Pf. für je 20 Mk. oder einen Bruchteil dieses Betrages
	(2) Befreit sind Versicherungen, bei denen die verabredeten Jahresprämien den Betrag von 40 Mark nicht übersteigen;				
	c) (1) Versicherungen gegen andere Gefahren[8] (Feuer-, Hagel-, Viehversicherungen usw.) für jedes Jahr[9] der Versicherungsdauer	1/1000	—	—	d. i. 1 Pf. von 1000 Mark der versicherten Summe in Abstufungen von 10 Pf. für je 10 000 Mark oder einen Bruchteil dieses Betrages.[7]
	(2) Jeder Bruchteil eines Versicherungsjahres kommt bei der Versteuerung als ein volles Jahr in Betracht. (3) Ist im Versicherungsvertrage bestimmt, daß die Versicherung, falls keine Kündigung erfolgt, sich für einen ferneren Zeitraum verlängert, so ist für die auf diese Weise eintretenden tatsächlichen Verlängerungen ebenfalls der in dieser Tarifstelle vorgeschriebene Stempel zu verwenden.[10] Die Stempel, die in diesen Fällen nachträglich erforderlich werden, sind zu der ursprünglichen Urkunde oder einer Urkunde über Verlängerung des				

Lfd. Nr.	Gegenstand der Besteuerung	Steuersatz v H	Mk.	Pf.	Berechnung der Stempelabgabe
(70.)	Versicherungsvertrages binnen zwei Wochen nach dem Eintritte der Verlängerung zu verwenden. Der Finanzminister ist ermächtigt, hinsichtlich der vor dem Inkrafttreten dieses Gesetzes errichteten Versicherungsverträge und Policen eine Fristverlängerung eintreten zu lassen. AB. 21 Abs. 4; 86. (4) Die den öffentlichen Feuerversicherungsanstalten reglementsmäßig zustehenden Stempelsteuerprivilegien[10b] finden Anwendung auf alle Schriftstücke, welche sich auf den Eintritt der Versicherungsnehmer in diese Anstalten oder spätere Abänderungen der Versicherungen beziehen. (5) Befreit sind: 1. Versicherungen, bei welchen die versicherte Summe den Betrag von 3000 Mark nicht übersteigt;[11] 2. Versicherungen bei den auf Gegenseitigkeit gegründeten und nicht die Erzielung von Gewinn bezweckenden Versicherungsanstalten, deren Versicherungsbeträge durch Umlage[12] erhoben werden und deren Geschäftsbetrieb über den Umfang einer Provinz nicht hinausgeht. (2) Befreit sind Verträge über Rückversicherungen und Transportversicherungen.[13, 14] (3) Anmerkung. Für die im Ausland[15] errichteten Urkunden dieser Tarifstelle ist die Stempelsteuer, und zwar vor der Aushändigung der Urkunden an die Versicherungsnehmer, auch dann zu entrichten, wenn in den Fällen der Tarifstelle 70a und b der Versicherungsnehmer im Inlande wohnt und in den Fallen der Tarifstelle 70c die versicherten Gegenstände sich im Inlande befinden. AB. 20.				

Zu Tarifnummer 70.

1. Vgl. Art. 75 EG.BGB. — §§ 330, 1045ff., 1127ff. BGB. — § 1934 LR. II 8.

Noch: Zu Tarifnummer 70.

2. a) Policen i. S. d. Ges. können nur von Versicherungsgesellschaften ausgestellt werden. Von einer Privatperson ausgestellte sog. Policen sind als Schuldverschreibungen anzusehen. 10. KS. S. 5.

b) Police ist die einseitige schriftliche Erklärung des Versicherers, daß er das ihm vom Versicherungsnehmer angetragene Risiko für eine bestimmte Prämie übernehme. Die StPflicht der Police tritt mit ihrer Vollziehung und ihrer Inverkehrsetzung ein. RG. 15. 1. 97, JW. S. 122. — Vgl. unten A. 8 Ziff. II.

Deshalb sind als Schuldverschreibungen — nicht nach Tarif 70 — Kapitalversicherungsverträge (sog. Kapitalansammlungsverträge) zu versteuern, da der Versicherer bei diesen Verträgen gar keine Gefahr übernimmt, sich vielmehr nur verpflichtet, zu einer bestimmten Zeit eine bestimmte Summe an den Versicherten oder einen Dritten zu zahlen, ohne Rücksicht darauf, ob der Versicherte noch lebt. Vgl. HSp. S. 1050, FM. 26. 10. 06 III 16698.

c) Die zu besteuernde Urkunde über den Versicherungsvertrag ist in dem Falle, wenn außer dem schriftlichen Versicherungsantrage nur die einseitig vom Versicherer vollzogene Police vorhanden ist, allein und ausschließlich die Police. Der Versicherungsantrag ist für die Frage der Besteuerung außer Betracht zu lassen. RG. 10. 5. 01, JW. S. 469.

d) Die städtische Feuersozietät zu A. hat sog Feuerkassenscheine folgenden Inhalts ausgestellt:

> Es wird hiermit bescheinigt, daß die Gebäude des zu A. belegenen dem . . . . . gehörigen Grundstücks . . . . . auf Grund der Taxe des . . . . . . von zusammen . . . . Mk. bei der städtischen Feuersozietät zu A. gegen Feuerschaden versichert sind. Der Feuerkassenbeitrag beträgt nach dem Satze von . . Pf. für 300 Mk. und Jahr . . . Mk. für das Halbjahr.
>
> Der Magistrat. Feuer-Sozietäts-Deputation.

Diese Bescheinigungen unterliegen nicht dem St der Tarifstelle 70, weil die Mitgliedschaft zur Feuersozietät ohne weiteres durch Erbauung oder Erwerb eines Hauses kraft Gesetzes begründet wird, und die Tarifstelle nur Urkunden über solche Versicherungsverhältnisse zum Gegenstande hat, welche durch Vereinbarung der Beteiligten begründet sind, mag das Schriftstück in einer von beiden Teilen vollzogenen Vertragsurkunde oder in einer von dem Versicherer über die Vereinbarung in der Form der Police einseitig ausgestellten Erklärung bestehen. RG. 3. 10. 02, Entsch. Bd. 52 S. 234

e) Versicherungsverträge unterliegen auch im Fall des § 1 Abs. 3 LStG. der Abgabe aus Tarifstelle 70 RG. 23. 1. 99, JW. S. 172, Entsch. Bd. 43 S. 251.

f) Die in Tarifstelle 71² getroffene Bestimmung, wonach ein auf unbestimmte Zeit oder auf Kündigung abgeschlossener Vertrag in betreff der StPflichtigkeit als ein auf ein Jahr abgeschlossener gilt, ist auf Versicherungsverträge nicht anzuwenden, da für diese Tarif 70 maßgebend ist. FM. 13. 5 98 III 6190

Noch: Zu Tarifnummer 70.

g) Versicherungspolicen wie Verlängerungsscheine sind als einseitige Erklärungen des Versicherers darüber, daß der — allerdings zweiseitige — Versicherungsvertrag in bindender Weise für den Versicherer besteht oder fortbesteht, aufzufassen und vom Versicherer nach § 12b, sofern er nicht selbst Steuerfreiheit genießt, ohne Rücksicht auf die etwa dem Versicherungsnehmer zustehende persönliche StFreiheit nach Tarifstelle 70 voll zu versteuern. RG. 26. 1. 00, ZBl. S. 272, Entsch. Bd. 46 S. 216. — Vgl. A. 1 bei § 5 und unten A. 8 Ziff. II.

h) Für den PolicenSt. ist es bedeutungslos, wo die Versicherungsanstalt ihren Sitz hat, welchem Staatsverbande die Versicherungsnehmer angehören und ob die versicherten Gegenstände sich im Inland oder Ausland befinden. FM. 31. 12. 97 III 16408 RG. 15. 1. 97, JW. 1897 S. 122. — Vgl. auch A. 4e bei § 2.

i) Wenn ein Versicherter unter Bezeichnung der Nummer der Police die Versicherung mit allen Rechten und Pflichten an einen andern überträgt, so tritt die StPflicht — nach etwa vorbehaltener Genehmigung durch die Versicherungsgesellschaft — nach Tarifstelle 2 ein. Der Berechnung des St. ist die Versicherungssumme zugrunde zu legen. FM. 17. 1. 01 III 205. — Vgl. A. 12b bei Tarif 2.

3. Eine „Verlängerung" ist vorhanden, wenn ein früher errichteter Versicherungsvertrag durch eine neue Vereinbarung über die Zeit seiner ursprünglichen Geltung hinaus auf einen weiteren Zeitraum erstreckt wird. RG. 29. 11. 04, Holdh. S. 153 v. 05.

4 a) Wenn in einer Police für verschiedene Versicherungen, die auch verschiedenen Steuersätzen unterliegen und von denen eine im vorliegenden Einzelfall für sich allein steuerfrei sein würde, ungetrennt eine einheitliche Prämie festgesetzt ist, so kommt der höchste Steuersatz für die ganze Versicherungssumme oder die ganze Prämie zur Anwendung (§ 10 Abs. 1 LStG.). RG. 27. 5. 04, Holdh. S 271 RG. 31. 5. 04, Entsch. Bd. 58 S. 210.

b) Die Versicherung gegen Krankheitsfolgen ist, wenn eine Rente vereinbart ist, als Rentenversicherung nach Tarifstelle 70a zu versteuern; die Versicherung für infolge Körperverletzung herbeigeführten gänzlichen oder teilweisen Verlust der Arbeits- und Erwerbsfähigkeit fällt unter 70b. RG. 27. u. 31. 5. 04, Entsch Bd. 58 S. 210.

c) Nach den Grundsätzen in dem Urteile vom 27./31. 5. 04 ist bei der Versteuerung von Invaliditäts- und Krankenversicherungspolicen zu verfahren; hiernach ist immer nach derjenigen Tarifstelle zu versteuern (70a oder 70b), nach welcher sich für den jedesmaligen Fall der höchste Steuerbetrag ergibt, und die Steuerfreiheit tritt nur dann ein, wenn auf die betreffende Police sowohl die Befreiungsvorschrift in Tarifstelle 70a Abs. 4, wie diejenige in 70b Abs. 2 zutrifft. FM. 24. 10. 05 III 13279.

5. Die Rente ist nicht gegen Zahlung eines Kaufpreises, sondern durch Entrichtung ratenweiser, auf unbestimmte Zeit zu zahlender Prämien erworben: Der St. ist nach dem zehnfachen Betrage der Rente zu berechnen, wenn auch in der Police der für die StFrage nicht in Betracht kommende Kaufwert (sog. einmalige Prämie) verzeichnet ist, und den Ver-

Noch: Zu Tarifnummer 70.

sicherungsnehmern nach Aushändigung der Policen noch die Wahl zwischen einmaliger und ratenweiser Prämienzahlung gelassen wird. FM. 20 12. 99 III 15110.

6. a) Unter Gesamtbetrag der verabredeten Prämien ist die Summe aller für die Dauer der Versicherung zu erlegenden Prämien zu verstehen. Ein etwa bewilligtes Freijahr kommt in Abzug. Für die Anwendung der Befreiungsvorschrift ist der Betrag der Prämie für ein Jahr entscheidend. Ist die Versicherung von kürzerer Dauer, so ist nach Verhältnis der Dauer der Versicherung zu der Dauer des Kalenderjahres der Jahresbetrag der Prämien zu ermitteln und es tritt nur alsdann Befreiung ein, wenn der so gefundene Jahresbetrag die Summe von 40 Mk. nicht übersteigt. FM. 13. 6. 96 III 8003, ZBl. S. 352.

b) Der bedingungsgemäße Aufschlag auf die Prämie für deren ratenweise (halb- und vierteljährliche usw.) Zahlung kann als stpflichtiger Teil der Prämie angesehen werden. RG 27. 5. 04, Holdh Nr. 12 v. 04, auch RG. 31. 5. 04, Entsch. Bd. 58 S. 210.

7. Mehrere Gesellschaften übernehmen zu gleichen Versicherungsbedingungen Versicherung gegen Feuer durch eine gemeinschaftliche Police; die Prämien sind verschieden, weil jede Gesellschaft nur für einen bestimmten Teil des Schadens haftet: Der St. berechnet sich nach der Gesamtversicherungssumme. Würde aber die Police dahin lauten, daß jede einzelne Gesellschaft unter den für sie geltenden Versicherungsbedingungen hafte, so würden so viel stpflichtige Versicherungen vorliegen, als Gesellschaften mit verschiedenen Bedingungen beteiligt sind. FM. 14. 9. 99 III 10912.

8. Für die steuerliche Behandlung von Nachträgen zu Versicherungsurkunden gilt im allgemeinen folgendes:

a) Mehrfache Beurkundung desselben Geschäfts ist auch bei Versicherungsurkunden nach Tarifstelle 16 zu versteuern. Bei Abweichungen zwischen den mehreren Urkunden würde jedesmal der PolicenSt. fällig sein. Ob die späteren Beurkundungen auf die ursprüngliche Police gesetzt werden oder für sich bestehende Urkunden bilden, kommt dabei nicht in Betracht. FM. 5 7. 99, ZBl. S. 189.

b) In Fällen, in denen die laufende Versicherung aus irgendeinem Grunde erloschen gewesen ist, ist der Nachtrag als ein ganz neuer Versicherungsvertrag zu versteuern. Wenn also bei Überführung der versicherten Gegenstände in ein anderes Grundstück und Nichtanzeige seitens des Versicherten hiervon an die Gesellschaft die Versicherung nicht bloß ruht, sondern erlischt, so wird bei späterer Anzeige und Genehmigung der Änderung ein neues Vertragsverhältnis geschaffen, das von neuem den PolicenSt. erfordert RG. 23. 1. 99, ZBl. S. 65, Entsch. Bd. 43 S. 248. FM. 31. 10. 00 III 12407. — Vgl. unten unter II.

Ist jedoch, wie das RG. im Urteil v. 14. 11. 02, ZBl. S. 152 v 03, ausführt, nach den Versicherungsbedingungen die Anzeige des Versicherten nicht notwendig als Vertragsangebot aufzufassen, sondern stellt sie sich lediglich als die Erfüllung einer Vertragspflicht dar, so ist die zustimmende Erklärung der Gesellschaft nichts weiter als der Ausdruck des Willens, von dem Recht der Aufhebung des Vertrages keinen Gebrauch zu

Noch: Zu Tarifnummer 70.

machen. Es handelt sich dann nicht um den Abschluß eines neuen Versicherungsvertrages. FM. 24. 3. 05 III 2132.

c) Ist in dem als Nachtrag bezeichneten Schriftstück ein Zusammenhang mit der Hauptpolice und die Nachtragseigenschaft nicht zu erkennen, so ist er als neue Police zu versteuern.

I. Nachträge, die den Hauptvertrag in wesentlichen Punkten (Essentialien) ändern, sind neu zu versteuern. — Vgl. RG. 21. 12. 93, Entsch. Bd. 32 S. 305. — Hierzu rechnen:

α) Wechsel in der Person der Versicherungsnehmer, wobei die ganze Versicherungssumme der Versteuerung zugrunde zu legen ist. — Vgl. RG. 3. 10. 99, Entsch. Bd. 44 S. 324, FM. 13. 11. 00 III 13156.

β) Änderungen in den versicherten Gegenständen, ganz oder zum Teil, wobei der St. von der ganzen Versicherungssumme zu berechnen ist, bei teilweiser Änderung jedoch unter Anrechnung desjenigen Betrages, der auf den Versicherungswert der bereits früher Versicherten im Versicherungsverhältnis verbleibenden Gegenstände entfällt. Ist z. B. die ursprünglich über 10 000 Mk. lautende Police mit 10 Pf. versteuert und treten neue Versicherungsgegenstände im Werte von 3000 Mk. hinzu, so beträgt die neue Versicherungssumme 13 000 Mk. und der St. 20 Pf.; hiervon kommen 10 Pf. für die bereits früher versicherten Sachen im Werte von 10 000 Mk. in Abzug, so daß zum Nachtrag 10 Pf. zu verwenden sind.

Lautet in dem vorigen Falle die ursprüngliche Police über 4000 Mk. und ist sie mit 10 Pf. versteuert, so ist für den Nachtrag ein St. nicht zu verwenden. Wenn die ursprüngliche Police 3000 Mk. nicht übersteigt, im Nachtrag aber über diesen Betrag hinausgegangen wird, so ist der St. von der Gesamtversicherungssumme zu verwenden.

γ) Änderung der Versicherungssumme durch Erhöhung: Deren Versteuerung erfolgt wie zu β. Änderungen durch Verminderung enthalten in der Regel keine von neuem steuerpflichtigen Beurkundungen, es sei denn, daß Neuausfertigung einer Police erfolgt.

δ) Änderungen des Prämiensatzes durch Erhöhung oder Herabsetzung: die Gesamtversicherungssumme ist von neuem zu verstempeln oder, falls sich die Änderung nur auf einen Teil der Versicherungssumme bezieht, dieser Teil FM. 7. 8. 00 III 5556 u. 24. 3. 05 III 2132.

Wenn der Aussteller eines Policennachtrages schriftlich erklärt, daß sich der Prämiensatz geändert habe, indem an Stelle des früheren Prämiensatzes ein anderweiter Satz trete, so beurkundet er damit, daß der ursprüngliche Vertrag sich in einem wesentlichen Punkte geändert habe und daß an seine Stelle ein neuer Vertrag getreten sei, der in bindender Weise für ihn bestehe Eine solche Erklärung ist eine neue Police, die deshalb auch von neuem zu versteuern ist. FM. 18. 2. 01 III 15129.

Ist jedoch in der Hauptpolice bereits eine Erhöhung der Prämie für den Fall des Eintritts gewisser Umstände z. B. für den Fall des Verbringens der Sachen an einen mit erhöhter Gefahr verbundenen Ort vorgesehen, so ist der Nachtrag stfrei oder, wenn er den Inhalt der Police wörtlich oder auch nur in allen wesentlichen Punkten wiederholt, nach Tarifstelle 16 stpflichtig. FM. 24 3. 05 III 2132. — Vgl. oben A 8b

Noch: Zu Tarifnummer 70.

Zu γ und δ.

Änderung betreffend die Zahlung der Versicherungssumme und die Höhe der Prämie.

Wenn ein lediglich auf den Todesfall abgeschlossener Lebensversicherungsvertrag unter Erhöhung der Prämie in eine solche auf dieselbe Summe lautende Versicherung umgewandelt wird, nach der die Versicherungssumme spätestens nach Ablauf einer bestimmten Reihe von Jahren, im Fall des früheren Todes des Versicherten aber schon in diesem Zeitpunkt zu zahlen ist, so liegt ein neuer Versicherungsvertrag vor, dessen in Gestalt eines Vermerks auf der Police über den ersten Vertrag erfolgte Beurkundung nach Tarif 70 stpflichtig ist. Dies gilt auch dann, wenn der Versicherte nach den Versicherungsbedingungen ein Recht auf Umwandlung der bisherigen Versicherung in die neue hat, weil es zum Abschluß des Nachtrages einer neuen Vereinbarung bedurft habe. RG. 16. 2. 06, Holdh. S. 342 v. 07.

ε) Änderungen der Gefahr, gegen welche die Versicherung genommen ist: Die Neuversteuerung erfolgt nach der Gesamtversicherungssumme.

Nachträge, in denen die Versicherungsgesellschaft die Ersatzleistung auch auf Grund des BGB. übernimmt, sind nicht von neuem stpflichtig, weil dadurch eine Änderung der Gefahr, gegen welche die Versicherungen genommen sind, nicht beurkundet wird. FM. 13. 11. 00 III 13156.

II. Nachträge, Veränderungsgenehmigungen usw., die das Versicherungsverhältnis nur in unwesentlichen Punkten ändern (Naturalien, Akzidentalien), sind selbst dann nicht von neuem stpflichtig, wenn auf die Hauptpolice Bezug genommen oder deren wesentliche Bestimmungen wiederholt werden, es sei denn, daß aus der gewählten Fassung und der äußeren Form der Urkunde die Absicht erkennbar ist, daß durch den Nachtrag das ganze Versicherungsverhältnis nochmals hat beurkundet werden sollen.

Zu II rechnen Translokationen, abgesehen von dem oben erörterten Falle des Erlöschens, nicht des Ruhens der alten Versicherung, Genehmigung der Überführung im Ausland befindlich gewesener, durch eine im Ausland ausgestellte Police bereits früher versicherter Gegenstände. — Vgl. oben A. 8b.

Nachträge in Form zweiseitiger Verträge, die die gänzliche oder teilweise Aufhebung eines Versicherungsvertrages zum Gegenstand haben, erfordern den St. nach Tarifstelle 71 Ziff. 2, während Nachträge in solcher Form, sofern die Voraussetzungen zu I zutreffen, den Steuersätzen der Tarifstelle 70 lit. c unterliegen. FM. 5. 7. 99 III 7241, ZBl. S. 189.

9. Bei Versicherungen für mehrere Jahre besteht der zu entrichtende St. in der Summe der StBeträge, wie sie sich für das einzelne Versicherungsjahr ergeben. Es beträgt z. B. der St. je einer Police über 12000 Mk. auf 3 Jahre nicht 40 Pf. (1 Pf. von $3 \times 12000 = 36000$ Mk.), sondern, da der St. für das einzelne Jahr sich auf 20 Pf. berechnet, 3×20 Pf. $= 60$ Pf. RG. 14. 3. 98, ZBl. S. 230.

10. a) Nach § 8 d. G. über den Versicherungsvertrag v. 30. 5. 08 (RGBl. S. 263) sind tatsächliche oder stillschweigende Verlängerungen eines Versicherungsverhältnisses insoweit nichtig und deshalb auch nicht stpflichtig, als

Noch: Zu Tarifnummer 70.

sich die jedesmalige Verlängerung auf mehr als ein Jahr erstrecken soll. FM. 9. 8. 09 III 10696.

b) Es bemerkte ein Abg, daß Zweifel darüber entstanden seien, ob die Bestimmung über die Besteuerung der Prolongationen auch die öffentlichen Feuerversicherungsanstalten treffe. Er nehme dies nicht an, weil im Abs. 3 ja die Privilegien der öffentlichen Feuerversicherungsanstalten aufrechterhalten seien. Indessen halte er eine authentische Aufklärung der Angelegenheit für nötig.

Ein Kommissar der Finanzverwaltung antwortete, die Ansicht des Vorredners sei durchaus zutreffend. Es könne keinem Bedenken unterliegen, daß die Prolongationen der öffentlichen Feuersozietäten nicht stpflichtig seien. Die Sozietäten hätten ganz allgemein das Privilegium der Steuerfreiheit; es stehe ihnen folgerichtig auch zu für alle Prolongationen von Verträgen. KB. S. 93 (09).

c) Eine Ermächtigung des Finanzministers, für diese Verlängerungen die Versteuerung durch Zahlung einer jährlichen Abfindungssumme zu gestatten, ist in die Tarifstelle nicht aufgenommen, weil der § 14 Abs. 2 d. G. bereits eine solche Ermächtigung enthält. Die Oberzolldirektionen sind angewiesen, sämtlichen öffentlichen Feuerversicherungsanstalten die Versteuerung im Wege der Abfindung für die tatsächlichen Verlängerungen auf Antrag zu gestatten. Der Antrag auf Zulassung ist an diejenige Oberzolldirektion zu richten, in deren Geschäftsbezirk die den Antrag stellende Versicherungsgesellschaft ihren Sitz hat. FM. 15. 7. 09 III 9909.

11. Neben der ersten (ursprünglichen) Police werden für dieselbe Person weitere Policen über hinzugekommene Beträge ausgestellt: jede Police bildet ein besonderes Vertragsverhältnis für sich, mithin ist jede Police bis zu 3000 Mk. auch dann stfrei, wenn der Gesamtbetrag aller Versicherungen stpflichtig sein würde. FM. 6. 12. 97 III 15558.

12. a) Unter Umlage i. S. der Befreiung 2 ist der Fall zu verstehen, daß entweder nach jedem einzelnen Unglücksfall oder in bestimmten Zeitpunkten nach Maßgabe der in dem Zeitabschnitt eingetretenen Unglücksfälle der zu ersetzende Schaden unter die Versicherten verteilt und von ihnen nach bestimmtem Maßstabe erhoben wird. AH. S. 2351, 2359ff., RG. 23. 1. 99 Bd. 43 S. 248, ZBl. S. 65.

b) Gegensatz zur Umlage ist die Vorauserhebung fester Beträge unter Vorbehalt späteren Ausgleiches, sei es durch Nacherhebung des Fehlenden oder Rückgewähr des zu viel Erhobenen in irgendeiner Form. FM. 7. 4. 97 III 3504.

13. Vgl. §§ 2016ff. ALR. II 8 über Rückversicherung und §§ 778ff. HGB. über Transportversicherung.

14. a) Der Begriff der Transportversicherung ist nicht in einer besonderen vom bürgerlichen Recht abweichenden Bedeutung zu verstehen; es fällt darunter die See- und Binnenschiffahrtsversicherung und ebenso die Landtransportversicherung, dies auch dann, wenn die Policen eine längere Zeit umfassen sollten. Auch Transportmittel können Gegenstand der Transportversicherung sein. Jedoch kann Vieh als Transportmittel nicht Gegenstand einer Transportversicherung bilden, weil für Verluste an Vieh sich der Zweig der Viehversicherung entwickelt hat.

Lfd. Nr.	Gegenstand der Besteuerung	Steuersatz v. H.	Mk.	Pf.	Berechnung der Stempelabgabe
71.	**Verträge,**[1]				
	1. (1) durch welche ein früherer stempelpflichtiger[2b] Vertrag lediglich aufgehoben wird[2]	—	3	—	
	(2) Wenn jedoch die Verabredung über die Aufhebung oder Beseitigung des früheren Vertrages sich als eine in diesem Tarife besonders aufgeführte Verhandlung darstellt, so kommt derjenige Steuersatz zur Anwendung, welchem die Verabredung nach den Vorschriften dieses Tarifs unterliegt.[3]				
	(3)[4] In besonderen Fällen kann[4b] der zu entrichtende Wertstempel aus Billigkeitsrücksichten[4b] bis auf $^1/_{20}$ ermäßigt werden; AB. 28 Abs. 10. — Allg.V. § 9 Ziff. 2.				
	2. (1) über sonstige vermögensrechtliche[5] Gegenstände, wenn keine andere Tarifstelle zur Anwendung kommt[6]	—	3	—	
	sind die Verträge nur Nebenverträge eines Hauptvertrages und werden sie mit diesem zusammen in einer Urkunde beurkundet	—	1	50	
	jedoch nicht über den zu dem Hauptvertrage selbst erforderlichen Stempel hinaus.				
	(2) Ein auf unbestimmte Zeit oder auf Kündigung abgeschlossener Vertrag gilt in				

Noch: Zu Tarifnummer 70.

b) Es läßt sich keinesfalls sagen, daß eine Transportversicherung deshalb nicht gegeben sei, weil die Versicherung auch auf den Ruhestand sich bezieht. Es kommt vielmehr darauf an, ob im übrigen die Merkmale der Transportversicherung zutreffen und ob die Ausdehnung der Haftung auf Gefahren außerhalb des eigentlichen Transports dem Vertrage die Eigenschaft einer Transportversicherung zu nehmen geeignet ist. Vorliegend waren ein Automobil und Wagen mit Pferdebetrieb auch gegen Gefahren außerhalb des Transports, die mit der Reise oder Fahrt in keiner Verbindung stehen, versichert. Das RG. hat im Urteil v. 8. 20. 10, Entsch. Bd. 72 S. 418 angenommen, daß nicht eine gewöhnliche Schadenversicherung, sondern eine stfreie Transportversicherung vorliege.

15. Zum Schutze der inländischen Versicherungsgesellschaften und um der preußischen Staatskasse diejenigen PolicenSt. wieder zuzuführen, die ihr vor dem Inkrafttreten des Reichsges. v. 12. 5. 01 zugestanden hatten, ist der Tarifstelle in einer Anmerkung eine Vorschrift eingefügt, wonach die vorbezeichneten im StAusland errichteten Versicherungsurkunden der preußischen StSteuer unterworfen werden. Begr. S. 19 (09).

Lfd. Nr.	Gegenstand der Besteuerung	Steuersatz v H.	Steuersatz Mk	Steuersatz Pf.	Berechnung der Stempelabgabe
(71).	betreff der Stempelpflichtigkeit als ein auf ein Jahr abgeschlossener.[7] Allg.V. § 1 Ziff. 3. (3) Befreiungen: a) Lehrverträge;[8] b) Verträge, durch welche Arbeits- und Dienstleistungen auf bestimmte oder unbestimmte Zeit gegen zu gewissen Zeiten wiederkehrendes Entgelt[9c] (Lohn, Gehalt und dergleichen) versprochen werden, wenn der Jahresbetrag der Gegenleistung 1500 Mark[9d] nicht übersteigt.				

Zu Tarifnummer 71.

1. a) Vgl. A. 2a, c, d, e, g, A. 10b, c, A. 18g, A. 21w, A. 24, A. 40a bis f, A. 47d u. A. 58 bei Tarif 32; A. 5 u. A. 11a zu Tarif 48; A. 2f u. A. 8 letzter Abs. zu Tarif 70 u. A. 6g bei § 10.

b) Dem allg. VertragsSt. unterliegen mehrseitige Rechtsgeschäfte, die auf der wechselseitig erklärten Willensübereinstimmung mehrerer Personen beruhen, einerlei, ob der Vertrag wechselseitige Verbindlichkeiten begründet oder nur ein einseitig verpflichtender ist. RG. 18. 3. 10, Entsch. Bd. 73 S. 182. Deshalb sind Entpfändungserklärungen stpflichtig, wenn der Eigentümer des entpfändeten Grundstücks in derselben Urkunde erklärt, daß er die Entpfändungserklärung des Gläubigers annehme.

Es ist deshalb auch der allg. VertragsSt. zu entrichten, wenn eine Versicherungsgesellschaft den urkundlich erklärten bedingten Verzicht des Versicherten auf die Aufnahme einer „formellen Taxe oder Obmannstaxe" des Schadens schriftlich annimmt.

c) Der allg. VertragsSt. wird dadurch nicht ausgeschlossen, daß in dem zwischen zwei Personen geschlossenen und beurkundeten Vertrage der mündliche oder stillschweigende Beitritt eines Dritten mit gewissen Rechten und Pflichten als Bedingung gesetzt ist. RG. 25. 1. 10, Entsch. Bd. 72 S. 373.

2. a) Die strechtliche Frage, ob ein Vertrag vorliegt, der einen früheren Vertrag lediglich aufhebt, ist ausschließlich nach dem Inhalt der auf ihre StPflichtigkeit zu prüfenden Urkunde zu entscheiden. KG. 21. 11. 04, Joh. Bd. 29 S. B 88.

b) Ein Vertrag, der einen früheren stfreien Vertrag lediglich aufhebt, ist völlig stfrei. KG. 21. 11. 04, Joh. Bd. 29 S. B 88.

c) Als Nebenvertrag i. S. der Tarifstelle 71 Ziff. 2 Abs. 1 ist nur ein solcher Vertrag anzusehen, der von denselben Personen wie der Hauptvertrag geschlossen ist. JM. 16. 8. 10, FM. 25. 8. 10 III 16128.

d) Die Vorschrift in Ziff. 1 Abs. 1 kommt überhaupt nur gegenüber noch nicht ausgeführten Verträgen in Frage.

Noch: Zu Tarifnummer 71.

e) Die vertragsmäßige Aufhebung eines noch nicht durch Auflassung erfüllten Grundstücksverkaufes unterliegt nicht dem KaufSt. KG. 6. 4. 05, Joh. Bd. 30 S. B 47. — Vgl. A. 40d bei Tarif 32.

f) A. verkauft an B. das Grundstück N. Bevor an B. aufgelassen wird, verkauft B. einen Teil des Grundstücks N. an A. zurück: Es ist nicht der KaufSt., sondern nur der allg. VertragsSt. fällig; weil mangels Auflassung der erste Vertrag noch nicht erfüllt war, B. noch kein Eigentum erlangt hatte, konnte er auch dem A. nicht das Eigentum verschaffen. Diese Eigentumsverschaffung ist aber nach § 433 BGB. Voraussetzung für den Kauf. FM. 13. 11. 06 III 18552. — Vgl. A. 12c bei Tarif 32.

g) Die Bestimmung in Ziff. 1 findet dann keine Anwendung, wenn bei Errichtung des Wiederaufhebungsvertrages der erste Vertrag bereits durch Übergabe und Auflassung der veräußerten Grundstücke usw. erfüllt war, und in dem zweiten Vertrage zugleich Bestimmungen über die Rückveräußerung getroffen worden sind. Alsdann findet Tarif 32 Anwendung. Hiervon verschieden ist die Rückgängigmachung eines Kaufvertrages wegen Gewährsmängel — RG. 26. 10. 00 — zu beurteilen. FM. 15. 10. 04 III 13115. — Vgl. A. 12c bei Tarif 32.

3. Wird Tausch oder doppelseitiger Kauf derart aufgehoben, daß nur von der Veräußerung des einen Grundstücks Abstand genommen, während für das andere Grundstück der Preis herabgesetzt wird, so ist nach Abs. 2 für den späteren Vertrag der WertSt. nach Tarif 32 zu entrichten. KG. 16. 1. 99, Hz. S. 618.

4. a) Bei gewissen Arten von Verträgen, insbesondere bei Verträgen über die Übertragung des Eigentums an Sachen gegen Entgelt, wie beim Kauf, wird sich die Wiederaufhebung in der Regel wieder durch einen Kauf — Rückkauf — vollziehen, so daß die zweimalige Entrichtung des WertSt. erforderlich wird, wenn der Rechtszustand, wie er vor Abschluß des ersten Rechtsgeschäftes bestanden hat, wiederhergestellt werden soll. Für Fälle dieser Art, sowie überhaupt für den Fall, daß sich die Vereinbarung über die Wiederaufhebung eines Rechtsgeschäfts als eine einer besonderen Tarifstelle unterliegende Verhandlung darstellt, kann der gesetzliche WertSt., wenn er höher ist als $^1/_{20}$ v. H., auf diesen Steuersatz ermäßigt werden. Mot. S. 58.

b) Wenn die Ermäßigung davon abhängig gemacht ist, daß Billigkeitsgründe vorliegen, so hat damit nur gesagt werden sollen, daß ohne solche Gründe die Ermäßigung nicht bewilligt werden darf, aber nicht, daß sie im entgegengesetzten Falle bewilligt werden müßte; aus dem Gebrauch des Wortes „kann" ergibt sich vielmehr zweifellos, daß es auch dann, wenn Billigkeitsgründe vorliegen, im völlig freien Ermessen der Behörde stehen soll, ob eine Ermäßigung zu bewilligen ist und ebenso welche Ermäßigung innerhalb des gesetzlichen Rahmens. Hieraus folgt, daß vor dem Erlaß auch nicht ein bloß bedingter Rückzahlungsanspruch besteht und somit ein solcher Anspruch auch nicht in die Konkursmasse gelangen kann. RG. 8. 4. 10, JW. S. 593.

5. a) Der Ausdruck „vermögensrechtlich" ist hier in seiner weitesten Bedeutung zu verstehen — RG. 30. 6. 03, JW. S. 349, JMBl. S. 276 —, da er offenbar nur den Gegensatz zu einem Vertragsinhalt rein familienrechtlicher Art bezeichnen soll.

Noch: Zu Tarifnummer 71.

b) Einseitig verpflichtende Verträge unterliegen in gleicher Weise der Tarifstelle 71, die auf Verträge mit vermögensrechtlichem Inhalt aller Art Anwendung findet, wie gegenseitige Verträge. (§§ 320ff. BGB.). FM. 20. 8. 08 III 14258.

6. a) Hat der Hauptvertrag nur einen Wert von 150 Mk., so kann der Nebenvertrag dennoch stpflichtig sein, wenn zwischen beiden kein solcher Zusammenhang besteht, daß die Wertgrenze des Objekts des Hauptvertrages zugleich bestimmend für die des Objekts des Nebenvertrages ist. FM. 21. 7. 96 III 9967 u. 16. 12. 99 III 15263.

b) Zu mehreren, in der nämlichen Urkunde enthaltenen Vereinbarungen zwischen denselben Personen, welche unter keine andere Tarifvorschrift fallen, ist der allgemeine VertragsSt. nur einmal zu erfordern. FM. 21. 5. 97 III 3416. Freilich nur dann ist er einmal zu fordern, wenn es sich um einen einheitlichen Vertrag handelt und die mehreren Vereinbarungen in rechtlicher, wirtschaftlicher oder sonst in tatsächlicher Beziehung miteinander im Zusammenhang stehen. RG. 20. 10. 98, Entsch. Bd. 42 S. 243.

c) Wie eine Urkunde, in welcher mehrere Grundbesitzer in Ansehung ihrer Grundstücke einer Gewerkschaft gewisse Ausbeuterechte einräumen, so viele einzelne Verträge enthält, als die Zahl der Grundbesitzer ausmacht (RG. 5. 5. 05), ebenso erfordert auch der zwischen den Gesellschaften A. und B. einerseits und ihren Außenbeamten andererseits abgeschlossene Anstellungsvertrag den zweimaligen VertragsSt. FM. 12. 6. 06 III 8259.

d) Die Gesellschaft A. verkauft an B. zur Sicherheit für ein ihr gewährtes Darlehn ihr auf verpachtetem Areal errichtetes Fabrikgebäude für 60000 Mk. B. vermietet sogleich an die Gesellschaft das erworbene Fabrikgebäude. Bei Auflösung des Mietverhältnisses hat A. das Recht, die Fabrik für 60000 Mk. zurückzukaufen. Auch dem B. steht bei Auflösung des Mietverhältnisses das Recht zu, die Rückzahlung des Kaufpreises gegen Übereignung der Farbik zu verlangen: Da es an einem beide Teile gleichmäßig bindenden und berechtigenden Rückkaufsübereinkommen fehlt, ist nur der allg. VertragsSt. zweimal zu verwenden. RG. 23. 9. 04, JW. S. 543. — Vgl. A. 2a bei Tarif 32.

e) Kreditverträge, in denen sich der Kreditnehmer bedingt zur Rückzahlung eines nur dem Höchstbetrage nach zu ersehenden Saldos verpflichtet, sind ebenso, wie Urkunden, in denen jemand einem andern einen Kredit in laufender Rechnung bis zu einem Höchstbetrage zusagt — RG. 1. 11. 89 (Rassow-Küntzel Bd. 34 S. 1070) u. 5. 1. 99 (JW. S. 118) —, keine Schuldverschreibungen, sondern bedürfen nur des allg. VertragsSt. Dem RGE. v. 27. 3. 00 (JW. S. 405), das eine Urkunde, in der jemand erklärt, daß er einem andern einen kaufmännischen Kredit bis zur Höhe von 70000 Mk. eröffne und der Kreditnehmer sich verpflichtet, von dem gewährten Kredit Gebrauch zu machen, für stpflichtig angesprochen hat, ist über den entschiedenen Fall hinausgehende Bedeutung nicht beigelegt.

Einseitige Kreditversprechen, d. h. nur von Kreditgebern ausgestellte Urkunden, in denen die Kreditgeber sich verpflichten, andern Kredit in laufender

Noch: Zu Tarifnummer 71.

Rechnung bis zu einem Höchstbetrage zu gewähren, sind völlig stfrei. FM. 20. 5. 01 III 4037, ZBl. S. 160, JM. 1. 7. 01, JMBl. S. 156. — Vgl. auch A. 3c zu Tarif 59.

f) Ein durch Eintragung im Grundbuch gesichertes Schuldverhältnis wird in seinen Nebenbestimmungen geändert (Zinsfuß, Kündigungsbedingungen, Zahlungsort, Zinstermin), wobei Schuldner für die neuen Verpflichtungen das Grundstück verpfändet: fällig ist der allg. VertragsSt. und der KautionsSt. FM. 7. 4. 98 III 3531, RG. 27. 10. 98, Entsch. Bd. 42 S. 264, JMBl. S. 45 v. 99, ZBl. S. 56 v. 99. — Vgl. A. 3e bei Tarif 59.

g) Löschungsfähige Quittungen, d. h. Quittungen, die zugleich die Löschungsbewilligung des bisherigen Gläubigers und den Löschungsantrag des bisherigen Schuldners enthalten, unterliegen dem VertragsSt. nicht. FM. 5. 8. 01 III 7702. Ebenso nicht Urkunden, in denen der Gläubiger einer verzinslichen Hypothek die Löschung eines Zinsprozents bewilligt und der Grundstückseigentümer die Löschung beantragt. KG. 22. 6. 03, Joh. Bd. 27 S. B 46.

h) Gibt bei Zession einer Post mit Zinsermäßigung seitens des eingetragenen Gläubigers der Schuldner keine ausdrückliche Erklärung ab, sondern beschränkt sich bloß darauf, die Äußerung des Gläubigers mit zu unterschreiben, oder stellt der Schuldner im Anschluß an die Löschungsbewilligung des Gläubigers bezüglich einer Teilpost bei gleichzeitiger Zession der Restpost mit Zinsermäßigung lediglich den Löschungsantrag unter Übernahme der Kosten, so ist bei dem Mangel einer Beurkundung des Zinsermäßigungsvertrages der allg. VertragsSt. nicht besonders fällig. RG. 12. 6. 00, Entsch. Bd. 46 S. 291, FM. 24. 10. 00 III 12575. Sollte aber in einem besonders gestalteten Fall eine wirkliche Vereinbarung über die Kostenlast in der Urkunde enthalten sein und infolgedessen die Erhebung des allg. VertragsSt. in Frage kommen, so würde die StPflichtigkeit immer erst eintreten, wenn der Betrag der Kosten die Summe von 150 Mk. übersteigt.

i) Erfolgt die Einigung des Gläubigers und Schuldners über die Erteilung oder Ausschließung des Hypothekenbriefes (§ 1116 BGB.) gleichzeitig mit der Beurkundung des Schuldverhältnisses, so ist ein besonderer VertragsSt. nicht erforderlich (§ 10 Abs. 3 LStG.); dagegen müssen Vereinbarungen über die nachträgliche Aufhebung der Ausschließung der Erteilung eines Briefes (§ 1116 Abs. 3 BGB.) als Abänderungen des bestehenden Rechtsverhältnisses mit dem VertragsSt. belegt werden.

k) Wenn der debitor cessus in der Zessionsurkunde den Zessionar als seinen neuen Gläubiger anerkennt, ist ein VertragsSt. nicht fällig. HSp. S. 152. — Vgl. A. 7h bei Tarif 58 und A. 12d bei Tarif 77.

l) Verträge, in denen sich die Autoren zur Anfertigung und Lieferung schriftstellerischer Arbeiten, auch musikalischer Kompositionen, die Verleger zur Vervielfältigung und Verbreitung der letzteren in buchhändlerischer Weise verpflichten — also Verlagsverträge —, unterliegen selbst dann, wenn man davon ausgeht, daß der Verlagsvertrag ein Veräußerungsgeschäft enthält und nur solche Schriftwerke betrifft, auf die sich der Schutz des Urheberrechts erstreckt, nicht der Tarifstelle 32 lit. c, sondern der Tarifstelle 71 Nr. 2 als

Noch: Zu Tarifnummer 71.

Verträge über Handlungen. RG. 21. 6. 01, JW. S. 624, FM. 2. 7. 02 III 7265 und FM. 4. 9 01 III 11086, ZBl. S. 220. Dagegen würde die Übertragung des einer Buchhandlung bereits zustehenden Verlagsrechts an eine andere Buchhandlung gegen Entgelt dem KaufSt. unterliegen. Vgl. FM. 7. 7. 00 III 8264.

Ebenso unterliegt dem KaufSt. der in Verbindung mit dem Verkauf eines Grundstücks nebst Druckereigeschäft und Firma von dem Verkäufer gegen ein besonderes Entgelt ausgesprochene Verzicht auf ein Verlagsrecht. RG. 26. 1. 09, JW. S. 174.

m) Den allg. VertragsSt. erfordern u. a. ferner:

α) Verträge der Brennereibesitzer, die unter Vermittelung einer Spiritusverwertungsgenossenschaft von der Preuß. Zentralgenossenschaftskasse in Berlin einen Kredit erlangen und der letzteren zu diesem Zweck die ihnen im Laufe eines Betriebsjahres zustehenden Branntwein-Kontingentscheine überlassen wollen, mit der Zentralgenossenschaftskasse. FM. 9. 3. 01 III 906.

β) Verträge der Telegraphen- oder Postverwaltungen mit Gemeinden oder Privatpersonen über die unentgeltliche Benutzung von Grund und Boden zwecks Anlage von Telegraphenlinien oder Verträge mit Privatpersonen wegen unentgeltlicher Übernahme von amtlichen Verkaufsstellen für Postwertzeichen. FM. 23. 6. 97 III 7579.

γ) Die urkundliche Erklärung, mittels deren der Alleinbesitzer aller Kuxe einer Gewerkschaft des neuen Rechts die Übereignung des gesamten gewerkschaftlichen Vermögens einschließlich der Passiva an sich selber ausspricht. KG. 26. 3. 00, Joh. NF. Bd. 1 Heft 3 S. B 39.

δ) Verträge über Einräumung des persönlichen und dinglichen Rechts nach Kali-Stein und beibrechenden Salzen zu bohren und diese zu gewinnen. RG. 5. 5. 05, Holdh. S. 343 v. 07.

ε) Verträge über die unentgeltliche Veräußerung eines vermögensrechtlich wertlosen Gegenstandes. RG. 7. 11. 05, Holdh. S. 343 v. 07.

ζ) Lieferungsverträge über elektrischen Strom, sofern sie nach dem 1. Januar 1900 abgeschlossen sind. RG. 18. 9. 03 u. 5. 2. 04, JW. S. 188 u. Entsch. Bd. 56 S. 403, FM. 26. 3. 04 III 4119.

η) Wenn für den Verzicht auf die Apothekenkonzession und Aufgabe des Geschäftsbetriebes ein besonderer Preis ausgeworfen wird. FM. 22. 12. 96 III 17156, 20. 9. 97 III 11991 u. 29. 6. 00 III 7462. — Vgl. A. 5 bei Tarif 22a und A 9 bei Tarif 32. — Ebenso der entgeltliche Verzicht auf eine Schankwirtschaftskonzession in Verträgen über die Veräußerung von Schankwirtschaftsgrundstücken. RG. 19.11.01.

ϑ) Kompromiß- und sonstige Nebenverträge in Kauf- oder Lieferungsverträgen oder auch ausgetauschten Schlußscheinen über Mengen selbsterzeugter oder -hergestellter Sachen. RG. 30 6. 03, ZBl. S. 464, JMBl. S. 276; eine Ausnahme bilden diejenigen Kauf- und Lieferungsverträge der bezeichneten Art, welche unter Zugrundelegung von Börsenusancen und über börsenmäßige Waren geschlossen werden und nicht bloß nach der Nr. 3 der Befr. zu Tarif 32, sondern auch nach der Befreiungsvorschrift zu Tarif 4 des RStG. LandesStFreiheit genießen. FM. 13. 10. 96

Noch: Zu Tarifnummer 71.

III 14224 u. 19. 6. 02 III 6729, RG. 2. 2. 99 u. 11. 7. 98, Entsch. Bd. 42 S. 180, ZBl. S. 393. — Über Kautionsbestellungen in dergleichen Verträgen vgl. A. 5i bei Tarif 59.

ι) Die in Lieferungsverträgen zwischen dem Magistrat zu C. und der Firma A. zu B. enthaltene Abrede

für die aus dem Vertrage entspringenden Rechtsstreitigkeiten hat der Unternehmer bei dem für den Magistrat zu C. zuständigen Gericht Recht zu nehmen

erfordert den allg. VertragsSt., wenn auch durch die Abrede nur dasjenige bestätigt wird, was schon aus den gesetzlichen Vorschriften folgen würde; denn immerhin liegt eine von dem Hauptvertrage verschiedene Abrede vor, und dies genügt zur Erhebung des NebenvertragsSt., selbst wenn die Abrede überflüssig gewesen wäre. FM. 3. 7. 07 III 12020.

κ) Die im Mietvertrage enthaltene besondere Vereinbarung eines Gerichtsstandes. FM. 13. 6 98 III 8056, RG. 26. 3. 96.

λ) Schiedsvertrag in einem durch ausgetauschte Bestätigungsschreiben zustande gekommenen, sonst stfreien Kaufvertrage, sowohl, wenn ein eigentliches Schiedsgericht bestellt wird, als wenn Berufung auf Sachverständige über die vertragsmäßige Beschaffenheit der Ware vereinbart wird. RG. 27. 6. 98, ZBl. S. 393, JMBl. S. 548 v. 00. RG. 3. 11. 98, JW. 99 S. 19. RG. 2. 2. 99, JW. S. 199.

Sollen vertragsmäßig etwaige Steitigkeiten unter Ausschluß des Rechtswegs nach dem Ermessen des einen Kontrahenten entschieden werden, so liegt nur eine Vertragsbedingung vor.

Vereinbarungen über die zur Feststellung von Tatfragen zu berufenden Gutachter enthalten keinen Schiedsvertrag. RG. in Entsch. Bd. 24 S. 412, FM. 10. 11. 97 III 14290.

μ) Vorkaufsrecht und Wiederkaufsrecht, in einem Kaufvertrage eingeräumt. RG. 20. 12. 97, JW. S. 94 v. 98. — Vgl. A. 2g zu Tarif 32 u. A. 4d bei Tarif 8.

Unter der Herrschaft des BGB. errichtete privatschriftliche Verträge, durch welche ein Vorkaufsrecht an einem Grundstück eingeräumt wird — vgl. § 313 BGB. —, sind nicht rechtswirksam und daher nicht stpflichtig. FM. 11. 2. 02 III 1617.

Auch das persönliche Vorkaufsrecht an einem Grundstück erfordert gerichtliche oder notarielle Beurkundung. RG. 9. 11. 07, JW. S. 68 v. 08.

Die Erklärung des Vorkaufsberechtigten wegen Ausübung des Vorkaufsrechts bedarf des KaufSt. nicht. FM. 28. 12. 00 III 15263. KG. 23. 11. 05, Joh. Bd. 32 S. B 49.

ν) Die Vereinbarung in Pachtverträgen, daß dem Pächter von einem bestimmten Zeitpunkt ab das Recht zustehen soll, das Pachtgut zu einem bestimmten Preise zu kaufen. FM. 22. 1. 96 III 17442.

ξ) Soweit es sich in einem Pachtabtretungsvertrage um Ackerarbeiten und um bereits in der Erde befindliche Saaten handelt, liegt nicht ein Kaufvertrag, sondern ein unbenannter Vertrag über eine zu gewährende Entschädigung für Verwendungen zugunsten des neuen Pächters vor. FM. 7. 12. 07 III 19112.

Noch: Zu Tarifnummer 71.

o) Die in Mietverträgen vereinbarte Bierentnahmeverpflichtung FM. 9. 6. 08 III 5270.

π) Die Vereinbarung, keine gleiche Fabrik in B. zu errichten oder zu führen. RG. 6. 3. 94, Entsch. Bd. 25 S. 161. FM. 14. 4. 05 III 4750.

ϱ) Die Vereinbarung zwischen A. und B., daß, falls B. ein bestimmtes Grundstück von einem Dritten erwerben sollte, A. dieses Grundstück für einen bestimmten Preis dem B. abzukaufen verpflichtet sein soll. RG. 21. 9. 06, JW. S. 724.

ς) Verträge über das Heften von Akten sind einheitliche mit Materialbeschaffung verbundene Werkverträge, die aber nicht die Herstellung einer Sache, sondern einen andern durch Arbeit herbeizuführenden Erfolg (das Geheftetsein der Akten) zum Gegenstande haben. Auf derartige Verträge findet nicht Tarifstelle 75, sondern Tarifstelle 71 Anwendung. Dasselbe gilt für Vereinbarungen über das Einbinden der Bücher. FM. 24. 6. 02 III 6730 u. 9. 9. 05 III 11785.

n) Dagegen sind u. a. nicht besonders zu versteuern:

α) Die in Mietverträgen vorkommenden Vereinbarungen über das Recht des Vermieters, ev. die retinierten Gegenstände freihändig zu veräußern und sich daraus bezahlt zu machen, oder die Verpfändung der inferierten Gegenstände während der Vertragsdauer.

β) Eine im Kaufvertrage enthaltene Bestimmung über den Eintritt des Käufers in die bestehenden Mietverträge. FM. 2. 11. 97 III 13880, ZBl. S. 433, JMBl. 98 S. 33. FM. 8. 5. 93, ZBl. S. 180. — Vgl. auch A. 11 bei Tarif 48 über in Mietverträgen vorkommende Nebenabreden.

γ) Die Konstituierung einer Konventionalstrafe zur Sicherung einer obligatorischen Verpflichtung. RG. 14. 1. 97, Gruch. Jahrg. 41 S. 1060. — Vgl. A. 3b u. 21u zu Tarif 32 u. A. 7k u. 1 zu Tarif 58.

δ) Vertragliche Bestimmungen über das zuständige Gericht, über die Bestellung eines Schiedsgerichts und über das Verfahren im Falle von Streitigkeiten in Versicherungsverträgen. FM. 29. 12. 08 III 22292.

7. Vgl. A. 5 bei Tarif 70.

8. Die Befreiungsvorschrift bezieht sich auf die Annahme von Lehrlingen in Apotheken und in Handelsgeschäften. Mot. S. 59.

9. a) Die Befreiungsvorschrift b hat nur solche Verträge im Auge, die als Dienst- oder Arbeitsverträge sich darstellen, in denen es sich um ein Unterordnungsverhältnis handelt, wie dies aus den Worten „Lohn, Gehalt und dergleichen", auch aus der Begründung zum Gesetz, wo diese Befreiung sich der Befreiung für Lehrverträge „aus gleichen Gründen" anreiht, sich ergibt. FM. 13. 7. 03 III 9134. Deshalb fallen Verträge der Landwirtschaftskammer mit Polizeibehörden über Zahlung von Gebühren für Nahrungsmitteluntersuchungen nicht unter diese Befreiung. FM. 3. 10. 06 III 16282. — Vgl. A. 13e bei Tarif 73.

b) Die Genossenschaft verpflichtet sich gegenüber den einzelnen Hausbesitzern zur staubfreien Abfuhr des Hausmülls in von ihr zu beschaffenden Kasten gegen ein bestimmtes Entgelt: Es handelt sich um Werk-

Lfd. Nr.	Gegenstand der Besteuerung	Steuersatz v H	Mk.	Pf	Berechnung der Stempelabgabe
72.	**Vokationen** der Geistlichen und Schullehrer, wie Bestallungen, s. diese.				
73.	(1)[1] **Vollmachten, Ermächtigungen und Aufträge** zur Vornahme von Geschäften rechtlicher Natur[2–8] für den Vollmachtgeber, wenn der Wert des Gegenstandes[9] der Vollmacht 500 Mark nicht übersteigt	—	—	50	
	1 000 " " "	—	1	—	
	3 000 " " "	—	1	50	
	6 000 " " "	—	3	—	
	10 000 " " "	—	5	—	
	15 000 " " "	—	7	50	
	bei einem höheren Betrage	—	10	—	
	wenn die Vollmacht zur Vornahme aller oder gewisser Gattungen von Geschäften für den Vollmachtgeber ermächtigt (Generalvollmacht)[10] und der Wert des Gegenstandes 50000 Mark übersteigt[11]	—	20	—	
	(2)[12] Steht der Bevollmächtigte in einem Dienstverhältnisse[13] zu dem Vollmachtgeber, höchstens	—	1	50	

Noch: Zu Tarifnummer 71.

verträge (§ 631 BGB.), die unter Tarif 71 Nr. 2 fallen Werkverträge im Großbetriebe einer Genossenschaft werden von der Befreiung nicht getroffen. Die Befreiungsvorschrift umfaßt nur die in den §§ 611ff. BGB. und sonst reichs- oder landesgesetzlich geregelten Dienstverträge, bei denen regelmäßig die versprochenen Leistungen von dem Dienstverpflichteten in Person und jedenfalls ohne Gewähr für den Erfolg zu bewirken sind RG. 3. 3 08, Entsch. Bd. 68 S. 74.

c) Die Befreiung findet auf Dienstverträge keine Anwendung, wenn als Gegenleistung nicht lediglich ein zu gewissen Zeiten wiederkehrendes Entgelt, wie Gehalt, Lohn, sondern auch anderweite zu unbestimmten Zeiten wiederkehrende unfixierte Vergütungen zugesichert sind. KG. 28. 11. 04, Joh. Bd. 28 S. C 55, ZBl. S. 92 v. 06.

d) Wenn in einem Engagementsvertrag als zu gewissen Zeiten wiederkehrendes Entgelt zwar ein Betrag vereinbart ist, der für das Jahr die Summe von 1500 Mark nicht übersteigt, ihm aber der Zusatz „anfangs" hinzugefügt ist, so fällt er nicht unter die Befreiungsvorschrift.

Zu Tarifnummer 72.

1. Unter den Vokationen dieser Tarifstelle sind die im ALR. II 11, § 374 genannten Schriftstücke zu verstehen. RG. 28. 1. 03, Entsch. Bd. 53 S. 373.

Lfd. Nr	Gegenstand der Besteuerung	Steuersatz			Berechnung der Stempelabgabe
		v H	Mk	Pf	
(73)	(3) Wenn der Wert des Gegenstandes der Vollmacht nicht schätzbar[14.15] ist, wenn es sich insbesondere um Vollmachten zur Ausübung des Stimmrechts[16] in Gesellschaften aller Art handelt	—	1	50	
	(4) Bei Prozeßvollmachten[9, 17–20] treten an Stelle der Steuersätze des ersten Absatzes von 3, 5, 7,50, 10, die Steuersätze von 2, 3, 4, 5 Mark.				
	(5)[21] Schriftstücke, in welchen jemand einem Dritten gegenüber erklärt, daß er einem anderen die Vornahme einer Angelegenheit rechtlicher Natur aufgetragen habe, sind dem Stempel nicht unterworfen, sofern nicht die Verkehrssitte eine Vollmacht in diesen Fällen erfordert und durch das Schriftstück die förmliche Vollmacht ersetzt werden soll.[22, 23]				
	(6)[24] Zu Vollmachten, in denen mehrere nicht in einer Erb- oder sonstigen Rechtsgemeinschaft[25] stehende Personen einen Bevollmächtigten bestellen, ist der Vollmachtstempel so oft zu verwenden, als Vollmachtgeber vorhanden sind.				
	(7) Wenn bei einer gerichtlichen oder notariellen Versteigerung durch die Kaufbedingungen oder durch besondere Erklärungen bestimmte Personen bevollmächtigt werden, nach erfolgtem Zuschlage für die Versteiglasser oder[27] für die Ansteigerer die Auflassungserklärung abzugeben und für die Ansteigerer die Eintragung der Steigpreise zu bewirken, so ist der Vollmachtstempel ohne Rücksicht auf die Anzahl der Beteiligten und der abzugebenden Erklärungen nur einmal in Ansatz zu bringen, sofern nach Inhalt des Protokolls die Vollmacht auf einen Zeitraum von längstens drei Tagen nach Ablauf des Tages, an welchem der Zuschlag erfolgt, beschränkt wird.				
	(8)[28] Substitutionen bei einer Prozeßvollmacht,[29] welche nicht in einer nach diesem Tarif einem besonderen Stempel unterliegenden Verhandlung ausgestellt werden,				

Lfd. Nr.	Gegenstand der Besteuerung	Steuersatz v. H	Mk	Pf.	Berechnung der Stempelabgabe
(73)	sind stempelfrei, sofern über die ursprüngliche Vollmacht eine vorschriftsmäßig versteuerte Urkunde vorhanden und dies entweder auf der Substitutionsvollmacht vermerkt ist oder die ursprüngliche Vollmacht sich bei den Gerichtsakten befindet. Allg.V. § 2 Ziff. 1a. AB. 6 Abs 4; 12 Abs. 3; 20; 87.				

Zu Tarifnummer 73.

1. Vgl. §§ 164ff. BGB. über Vollmachten, 662ff. über Aufträge und §§ 12 Abs. 2 HGB., 29 RGBO., 71 Abs. 2 ZVG. u. 1945 BGB. über die Notwendigkeit der Beglaubigung von Vollmachten.

2. Den Gegenstand der Vollmacht i. S. der Tarifstelle bilden alle Geschäfte rechtlicher Natur im Gegensatz zu bloß tatsächlichen Dienstleistungen ohne Beschränkung auf das privatrechtliche Gebiet. Mot. S. 59, JW. 1896 S. 276. — Durch den Zusatz „Ermächtigungen und Aufträge" hat an der durch das Ges. v. 1822 begründeten StPflicht nichts geändert werden sollen. RG. 31. 5. 03, ZBl. S. 1446.

3. Die Frist zur Verstempelung einer Vollmacht beginnt mit dem Tage der Unterschrift des Vollmachtgebers und nicht erst mit dem Tage, an welchem der Bevollmächtigte den Auftrag annimmt. RG. 25. 4. 95, Joh. Bd. 16 S. 380.

4. Die Vollmacht ist, auch wenn sie zur Besorgung mehrerer Geschäfte ermächtigt, ein einheitliches stpflichtiges Geschäft i. S. des § 10 Abs. 3 d. G. Joh. Bd. 19 S. 202. — Vgl. unten A. 26d.

5. Vollmachten, die sich auf öffentlich-rechtliche Angelegenheiten beziehen, z. B. für Wahlen eines Gemeinde- oder Kreistagsverordneten, sind stpflichtig. FM. 20. 11. 98 III 15734 u. 2. 4. 00 III 3910.

Es sind deshalb auch stpflichtig die im Verwaltungsstreitverfahren von den Parteien, auch wenn diese öffentliche Behörden sind, ausgefertigten Vollmachten, soweit die Partei nicht persönliche StFreiheit genießt. Der § 102 des Landesverwaltungsges. v. 30. 7. 83 bezieht sich auf die in diesem Verfahren überreichten Vollmachtsurkunden nicht. RG. 30. 1. 96, JW. S. 276. FM. 26. 6. 97 III 7277. — Vgl. A. 8h unten.

6. Weil ein Geschäft rechtlicher Natur vorliegt, ist u. a. in folgenden Fällen StPflichtigkeit angenommen:

a) Für eine Urkunde, in der der Kassierer des Kriegervereins zu dessen Vertretung auf dem Delegiertentage beauftragt wird. RG. 22. 10. 97, JW. S. 618.

b) Der Magistrat zu A. beauftragt den Buchhalter B., die von dem Magistrat zurückgenommenen Anleihescheine über 1000 Mk. von der Seehandlung abzuheben. B. ist zur Quittungsleistung berechtigt (§ 368 BGB.). FM. 4. 11. 04 III 14347.

Noch: Zu Tarifnummer 73.

c) Das Direktorium der Feuerversicherungs-Genossenschaft A. bestätigt, daß Herrn B. eine Agentur der Genossenschaft übertragen sei und B. berechtigt sein solle, Anträge für Versicherungen nach Maßgabe seiner Instruktion entgegenzunehmen, sowie Gelder gegen Quittung einzukassieren. FM. 12. 12. 04 III 15705.

d) Für die einem Versicherungs-Generalagenten in einem Anstellungsvertrage zugesprochene Berechtigung zur Vertretung der Gesellschaft Privaten und Behörden gegenüber. Erk. des LG. I Berlin 23. 1. 00.

e) Für die Ermächtigung zur Empfangnahme von Gegenständen, deren Herausgabe auf Grund eines vollstreckbaren Titels zu erfolgen hat.

f) Für Ergänzungserklärungen zu der Reichsbank gegenüber ausgestellten Vollmachten, in denen der Niederleger von Wertpapieren, der durch eine früher ausgestellte Vollmacht einen Offizier zur Erhebung der Zinsen ermächtigt hat, nunmehr erklärt, daß im Fall der Behinderung des Offiziers an dessen Ehefrau die Zinsen gezahlt werden könnten. FM. 2. 10. 00 III 11763. — Vgl. auch A. 3c zu § 4.

g) Für die Vollmacht, alle mit der Post für die Berufsgenossenschaft eingehenden Sendungen in Empfang zu nehmen und darüber zu quittieren. § 145 UnfallversGes. kommt nicht in Frage. FM. 7. 11. 97 III 13930.

7. Dagegen sind als Vollmachten u. a. nicht zu verstempeln:

a) Schriftstücke wie „ich bevollmächtige hiermit den Rechtsanwalt A. in B.", weil sich nicht ersehen läßt, ob zu einem und zu welchem Geschäft rechtlicher Natur eine Ermächtigung erteilt werden soll.

b) Eine schriftliche selbst einem Rechtsanwalt erteilte Ermächtigung zur Einsichtnahme von Schriftstücken, weil kein Geschäft rechtlicher Natur in Frage kommt. KG. 31. 5. 06, ZBl. S. 1446. Joh. Bd. 32 S. B 63.

c) Eine Vollmacht zum Nachsuchen einer Abschrift des Grundbuchblatts, da sie den Bevollmächtigten noch nicht berechtigt, für den Machtgeber auf Grund der zu erteilenden Abschrift ein Rechtsgeschäft vorzunehmen, und der Antrag selbst, eine Abschrift zu erteilen, als Geschäft rechtlicher Natur nicht aufzufassen ist. — Vgl. unten A. 18b Abs. 3.

8. a) Werden in einem Testament dem Testamentsvollstrecker weitere Befugnisse eingeräumt, als nach § 98 I 13 ALR. einem Bevollmächtigten im Zweifel zustehen, so ist wegen § 10 Abs. 3 LStG. ein VollmachtSt. nicht fällig. FM. 13. 6. 99 III 7635. — Vgl. jetzt §§ 2197ff. BGB. Auch unter der Herrschaft des BGB. ist ein VollmachtSt. zu der in letztwilligen Verfügungen enthaltenen Bestellung von Testamentsvollstreckern nicht zu erheben.

b) Die von dem Notar zugleich mit dem obligatorischen der Veräußerung zugrunde liegenden Rechtsgeschäft beurkundete Auflassungsvollmacht ist nur dann stfrei, wenn sie zur Auflassung vor dem Grundbuchamt — nicht vor einem Notar — ermächtigt. KG. 9. 7. 08, Joh. Bd. 36 S. B 66.

Nur dann ist sie ferner stfrei, wenn sie den Bevollmächtigten lediglich zu einer mit dem beurkundeten Veräußerungsgeschäft sich deckenden

Noch: Zu Tarifnummer 73.

Auflassung ermächtigt (die Vollmacht ermächtigte zur Auflassung an den jetzigen, wie an weitere Erwerber). Auf die Vollmacht zur Auflassung auch an einen Rechtsnachfolger des Käufers findet die Befreiungsvorschrift des § 31 der RGBO. danach keine Anwendung. KG. 12. 11. 08, Joh. Bd. 36 S. B 70. FM. 8. 9. 09 III 12235, ZBl. S. 334.

Ist die Auflassungsvollmacht in gerichtlich aufgenommenen Urkunden über das der Auflassung zugrunde liegende Veräußerungsgeschäft enthalten, so tritt ihre StPflichtigkeit wieder ein.

Geht eine Auflassungsvollmacht über den Rahmen einer solchen hinaus, ermächtigt sie „überhaupt zu Eintragungen aller Art in den Grundbüchern", so trifft die StFreiheit aus § 31 RGBO. nicht mehr zu. RG. 4. 11. 04.

In einem solchen Falle ist als Wert derselben nicht der vereinbarte Kaufpreis maßgebend, vielmehr ist der Wert in der Regel nicht schätzbar. Ist das Objekt — Höhe der Hypothek usw. — angegeben, so ist dieses maßgebend. FM. 27. 2. 02 III 2364. Im allgemeinen ist für Auflassungsvollmachten Objekt der gemeine Wert des Grundstücks. KG. 12. 6. 99, Hz. S. 631.

c) Über Vollmachten in Enteignungssachen vgl. A. 6f bei § 4 d. G.

d) Die Vollmacht zur Vertretung in einem Verfahren betreffend 1. das Aufgebot eines Hypothekenbriefes, 2. die Ausschließung eines Hypothekengläubigers nach § 1170 BGB. und 3. das Aufgebot eines Sparkassenbuches unterliegt, weil unschätzbar, dem FestSt., auch wenn die hypothekarisch gesicherte Forderung oder das Sparkassenguthaben nach ihrem Kapitalbetrage den Betrag von 150 Mk. nicht übersteigt. KG. 22. 1. 09, Joh. Bd. 38 S. B 72.

e) Urkunden, inhalts deren der Aussteller einem Auktionator oder Gerichtsvollzieher den Auftrag erteilt, bestimmt bezeichnete Sachen zu versteigern, d. h. nicht nur Gebote entgegenzunehmen, sondern auch den Zuschlag zu erteilen und Eigentum zu übertragen, stellen sich als Vollmachten dar. Enthalten die Urkunden eine Wertangabe nicht, so ist der gemeine Wert des Gegenstandes maßgebend. FM. 6. 6. 04 III 7264.

Der Auftragsschein und das später errichtete Auktionsprotokoll enthalten verschiedene Rechtsgeschäfte und unterliegen jedes für sich der tarifmäßigen Abgabe. FM. 22. 5. 97 u. 28. 7. 98 III 6022 u. 10509.

f) Ermächtigt eine Vollmacht, eine gerichtliche Verfügung anzufechten, in welcher die Umschreibung einer Hypothek abgelehnt ist, so ist ihr Gegenstandswert nicht der Betrag der Hypothek, sondern sie ist als unschätzbar zu versteuern. KG. 21. 7. 00. — Vgl. unten A. 15c.

g) Bei Vollmachten für Nachlaßregulierungen ist der aliquote Anteil des Vollmachtgebers als Objekt anzunehmen. FM. 18. 10. 97 III 13105.

h) Die Vollmacht zur Vertretung eines Nachlaßgläubigers in dem Verfahren betreffend das Aufgebot der Nachlaßgläubiger ist stfrei, wenn die Forderung des Gläubigers den Betrag von 150 Mk. nicht übersteigt. KG. 22. 1. 09, Joh. Bd. 38 S. B 72.

i) Auf die Vollmachten im Verwaltungsstreitverfahren finden ebenfalls Tarifstelle 73 und § 4 lit. a sowie § 4 Abs. 2 d. G. Anwendung.

Noch: Zu Tarifnummer 73.

Wird der Wert des Streitgegenstandes nach erfolgter StVerwendung auf 150 Mk. und weniger festgesetzt, so erfolgt Erstattung durch die Steuerbehörde.

Zur Entrichtung oder Nachbringung des St. ist der Aussteller, sowie jeder Inhaber oder Vorzeiger verpflichtet. — §§ 12b und 13 d. G.

Die StVerwendung hat innerhalb zwei Wochen zu geschehen. § 16g u. Abs. 2 d. G.

Die §§ 30 Abs. 3 und 31 Abs. 2 d. G. finden auch auf die Verwaltungsgerichte Anwendung. Erl. d. Min. d. J. v. 26. 6. 96 I. A. 6283, ZBl. S. 536 u. S. 453 v. 98. FM. 14. 7. 96 III 9488. — Vgl. A. 5 oben u. A. 3 bei § 30.

k) Zu einer Vollmacht, die ein Rechtsanwalt in einem Beschwerdeverfahren dem Landratsamt einreicht, hat die Behörde den St. nicht zu erheben: Bei nicht rechtzeitiger Kassierung des St. ist also der Rechtsanwalt strafbar, und zwar subsidiär als Inhaber oder Vorzeiger (§ 16 Abs. 2). KG. 26. 8. 97.

l) Über Vollmachten zur Abgabe von Steuererklärungen s. A. 3c bei § 4 d. G.

9. a) Als „Gegenstand der Vollmacht" ist bei Prozeßvollmachten nach dem Sinne dieser Tarifstelle der Gegenstand des Prozesses anzusehen; für die Berechnung des Wertes dieses Gegenstandes sind nicht die Vorschriften der ZPO. oder anderer Prozesse, sondern nur die des StSteuergef. selbst maßgebend. Bei Geldforderungen ist nach § 6 Abs. 3 d. G. der aus der stpflichtigen Urkunde ersichtliche Geldbetrag als Wert anzusehen. Da nun im vorliegenden Falle in der stpflichtigen Vollmacht „1000 Mark" als Gegenstand des Rechtsstreites bezeichnet, Zinsen aber nicht erwähnt sind, so hat das Berufungsgericht mit Recht lediglich den Betrag von 1000 Mk. als Gegenstand der Vollmacht angesehen. RG. 14. 3. 02, JW. S. 234. Dieser Entscheidung ist verwaltungsseitig Folge gegeben. FM. 12. 6. 02 III 7326. — Vgl. A. 4 bei Tarif 59.

b) Der strechtliche Wert der erteilten Prozeßvollmacht ist nach der Klageschrift zu bestimmen, wenn die Vollmachtsurkunde nur die für die Gebührenberechnung in Betracht kommende Wertklasse angibt. Sind in diesem Falle in der Klageschrift neben dem Kapitale Zinsen für die Zeit von der Erhebung oder Zustellung der Klage an geltend gemacht, so ist der StBerechnung außer dem Kapitale das Zwölfeinhalbfache des einjährigen Zinsbetrages zugrunde zu legen. KG. 28. 3. 04, Joh. Bd. 28 S. B 29, JMBl. S. 3 v. 05. Geklagt war wegen 131 Mk. nebst 4% Zinsen seit der Klagezustellung. Mit der Klageschrift überreicht war eine Prozeßvollmacht, in der „wegen 120—200 Mk." Vollmacht erteilt war. Mit den RG.-Urteilen v. 23. 3. 00 u. 14. 3. 02 (JW. S. 405 und Gruch. Bd. 47 S. 692) steht diese Entscheidung nicht im Widerspruch, weil in jenen Fällen in der Vollmacht der Kapitalbetrag angegeben war, im vorliegenden Falle die Vollmacht aber eine bestimmte Summe nicht enthält.

c) Der St. für die in einem Exmissionsprozeß ausgestellte Vollmacht ist nach den Vorschriften im letzten Absatz des § 6 LStG. zu ermitteln. KG. 27. 2. 99, Joh. Bd. 19 S. 202.

Noch: Zu Tarifnummer 73.

d) Fordert die Frau vom Manne im Wege der einstweiligen Verfügung die Gewährung von Unterhalt durch Entrichtung einer Geldrente für die Dauer des Ehescheidungsprozesses, so ist das 12½fache des einjährigen Betrages als stpflichtiger Wert anzusehen; jedoch darf der nach § 6 Abs. 10 LStG. für die Lebenszeit zu berechnende Wert nicht überschritten werden. KG. 3. 11. 02, Joh. Bd. 26 S. B 15.

e) Als stpflichtiger Wert einer Vollmacht zur Vertretung eines Konkursgläubigers im Konkursverfahren ist regelmäßig der aus der Vollmacht ersichtliche Geldbetrag der Konkursforderung, nicht der vermutlich zur Hebung gelangende Betrag, anzusehen. KG. 25. 1. 04, Joh. Bd. 28 S. B 34. Stempelrechtlich ist eine Vollmacht für ein Konkursverfahren eine Prozeßvollmacht Vorliegend lautete die Vollmacht „wegen meiner Darlehnsforderung von 8000 Mk." Im Text der Vollmachtsurkunde stand: „Obj. c. 15—20 % meiner Forderung" Diese Angabe, also der mutmaßliche Wert der Forderung, kommt für die StBerechnung nicht in Betracht. Anders wäre es, wenn zur Zeit der Beurkundung der Vollmacht die Beschränkung der angemeldeten Forderungen auf bestimmte Prozentsätze bereits feststeht, wenn also z. B. für eine Abschlagszahlung der zu zahlende Prozentsatz gemäß § 159 KO. bestimmt und die Vollmacht auf die Vertretung bei dieser Verteilung gerichtet ist.

f) Würde die Vollmacht nur ermächtigen „zur Annahme des Zwangsvergleiches, durch welchen eine Akkordrate von 10 % auf die nicht bevorrechtigten Forderungen angeboten ist", so ist Wert des Gegenstandes nur der Betrag der Akkordrate. — Vgl. unten A. 261.

g) Ist die Vollmacht zur Wahrnehmung des ersten Konkurstermins ausgestellt (Beibehaltung des Verwalters, Bestellung eines Gläubigerausschusses und ev. über die § 120 KO. bezeichneten Gegenstände), so ist nur ein St. von 1 Mk. 50 Pf. — Abs. 3: Ausübung des Stimmrechts — fällig. KG. 16. 1. 99, Joh. Bd. 18 S. 193; JM. 17. 2 00.

h) Die Vollmachten zur Vertretung der Beteiligten in dem Verfahren der Zwangsversteigerung zum Zwecke der Zwangsvollstreckung sind als Prozeßvollmachten zu versteuern, wenn sie lediglich zu den das Zwangsversteigerungsverfahren betreffenden Rechtshandlungen ermächtigen. KG. 4. 5. 05, Joh. Bd. 31 S. B 47.

Die Vollmacht lautete: „Dem Rechtsanwalt A. erteilen wir Vollmacht, uns in dem Verfahren der Zwangsversteigerung des Grundstücks B. wegen unserer Forderung von 16000 Mk. bei dem Amtsgericht zu C. zu vertreten:" Es war nur ein St. von 5 Mk. fällig.

i) Ist eine Vollmacht zur Vertretung im Zwangsversteigerungsverfahren wegen einer dem Betrage nach bezeichneten Hypothek erteilt und der Bevollmächtigte hierbei namentlich für befugt erklärt, für den Machtgeber mitzubieten und das Grundstück zu erstehen, so ist zufolge der letztgedachten Ermächtigung Gegenstandswert der Vollmacht mindestens der gemeine Wert des Grundstücks, nicht bloß der Betrag, welcher zum Herausbieten der Forderung geboten werden muß. KG. 6. 3. 99, Joh. Bd. 22 S. B 40. Hierbei kann zur Bemessung des Wertes des Grundstücks das erzielte Meistgebot als Grundlage dienen, wenn anzunehmen ist, daß Meistgebot und

Noch: Zu Tarifnummer 73.

Grundstückswert ungefähr im Einklang stehen. FM. 9. 11. 01 III 13929. Sonst haben für die Bemessung des Grundstückswerts die allgemeinen Grundsätze des StSteuergeſ. zu gelten. Eine solche Vollmacht geht über den Rahmen einer Prozeßvollmacht hinaus. KG. 12. 2. 00.

Ist in der Vollmacht zur Vertretung im Zwangsversteigerungsverfahren die Vertretungsmacht für den Antrag auf Erteilung des Zuschlages mitgewährt, so ist diese Vollmacht nach der obigen Entscheidung (Joh. Bd. 22 S. B 40) zu behandeln, wenn die Erteilung des Zuschlages an den Gläubiger und Vollmachtgeber mit ins Auge gefaßt ist. Im andern Falle dagegen liegen, wenn die Vollmachten nicht sonst noch besondere Befugnisse gewähren, bloße Prozeßvollmachten vor.

10. a) Eine Generalvollmacht liegt auch dann vor, wenn die Ermächtigung zur Besorgung aller Angelegenheiten des Vollmachtgebers sich auf einen bestimmten Teil des Vermögens z. B. auf eine dem Vollmachtgeber angefallene Erbschaft oder auf ein von ihm betriebenes Handelsgeschäft beschränkt. Steht diese Beschränkung auf einen gewissen Vermögenskomplex, wenn die Ermächtigung sich auf alle Rechtsgeschäfte erstreckt, der Annahme der Generalvollmacht nicht entgegen, so liegt auch kein Grund vor, die Vollmacht anders zu qualifizieren, wenn die Ermächtigung auf gewisse Gattungen von Geschäften in bezug auf einen Vermögenskomplex gerichtet ist. RG. 9. 7. 03, JW. S. 319.

b) Frau A. beauftragt und ermächtigt den Kaufmann B. zum parzellenweisen Verkauf ihres Gutes N. derart, daß B. berechtigt ist, mit den Käufern vollgültige Kaufverträge in seinem Namen abzuschließen sowie alles hierzu Gehörige zu vereinbaren und zu veranlassen: Eine Generalvollmacht liegt nicht vor, da als solche nur diejenige Vollmacht anzusehen ist, die zur Verwaltung des gesamten Vermögens oder eines besonderen Kreises wirtschaftlicher Angelegenheiten ermächtigt; es ist vielmehr eine Spezialvollmacht beurkundet, da der erteilte Auftrag sich auf die Vornahme einer bestimmten Kategorie gleichartiger Geschäfte, die sich auf einen einheitlichen Gegenstand beziehen, beschränkt. FM. 22. 4. 97 III 2591.

c) Der Subdirektor und acht Generalagenten der Gesellschaft A. bevollmächtigen den Revisor B., sämtliche Haupt- und Spezialagenturen der A. innerhalb der Provinz N. zu revidieren, Kassengelder dieser Agenturen abzuheben und darüber rechtsgültig zu quittieren, Versicherungspapiere in Empfang zu nehmen und deren Rückeinnahme und Buchungswert zu bescheinigen: Die dem Revisor erteilte Ermächtigung hat, da die Agenturen nicht zum Abschluß von Verträgen befugt sind, nur die Bedeutung einer Legitimation, soweit es sich um die Prüfung der geschäftlichen Tätigkeit dieser Agenturen handelt; soweit der Revisor Kassengelder und Versicherungspapiere gegen Quittung in Empfang zu nehmen hat, handelt es sich um neun Spezialvollmachten.

Eine Generalvollmacht liegt nicht vor, da es sich nicht um Vornahme gewisser d. h. mehrerer Gattungen von Geschäften handelt; die von dem Bevollmächtigten vorzunehmenden Rechtsgeschäfte gehören vielmehr, obwohl sie die Abhebung von Kassengeldern und Versicherungspapieren sowie Quittungsleistung bei sämtlichen Agenturen der Provinz zum Gegenstande haben, inhaltlich

Noch: Zu Tarifnummer 73.

einer bestimmten einzelnen Gattung von Geschäften an und verlieren diese Eigenschaft dadurch nicht, daß die Bevollmächtigung verschiedenen Dritten gegenüber wirksam werden kann. FM. 14. 10. 99 III 12849.

d) Die gemäß § 274 Abs. 1 Satz 2 HGB. dem Aufsichtsrat einer Aktiengesellschaft erteilte Ermächtigung, Änderungen des Gesellschaftsvertrages, welche nur die Fassung betreffen, vorzunehmen, ist als Generalvollmacht nicht anzusehen. LG. I Berlin 30. 4. 98, Hz. S. 632.

e) Erteilung von Prokura ist Generalvollmacht. Als Objekt gilt das im Handelsgewerbe angelegte Vermögen mit Ausnahme der Grundstücke. Der MindestSt. beträgt 1 Mk. 50 Pf. Prokurenanmeldung zum Handelsregister ist in gerichtlicher Form stfrei, in notarieller Form als Notariatsurkunde stpflichtig. Erfolgt sie durch Unterschriftsbeglaubigung, so ist vom Gericht wie vom Notar der AttestSt. zu verwenden. FM. 27. 6. 99 III 7342, ZBl. S. 180; JM. 12. 7. 99, JMBl. S. 192.

11. a) Eine Generalvollmacht ist, auch wenn der Gegenstandswert sich aus der Urkunde nicht ergibt oder er darin offenbar unrichtig bezeichnet wird, mit dem VollmachtSt. bis zum Höchstbetrage von 20 Mk. nach dem Aktivvermögen des Vollmachtgebers zur Zeit der Ausstellung der Vollmacht, mindestens aber mit 1 Mk. 50 Pf. zu besteuern. Zur Bemessung des richtigen St. ist, auch wenn in der Vollmacht ein bestimmtes Objekt angegeben ist, Feststellung des Vermögens zur Zeit der Vollmachtausstellung zulässig; ein Abzug der Schulden findet hierbei nicht statt. KG. 4. 12. 99, Joh. Bd. 19 S. 210.

b) Bei Generalvollmachten zur Verwaltung des gesamten jetzigen und zukünftigen Vermögens bemißt sich der St. nach dem Stande des jetzigen Vermögens, mindestens aber sind 1 Mk. 50 Pf. (unschätzbar) fällig. JM. 17. 10. 98, ZBl. S. 415.

12. Vgl. §§ 611 ff. BGB.

13. a) Unter „Dienstverhältnis" ist sowohl das privatrechtliche Dienstverhältnis wie das öffentlich-rechtliche Beamtenverhältnis zu verstehen, also auch dasjenige, in welchem ein Gemeindebeamter zur Gemeinde steht. RG. 10. 7. 00, JW. S. 681. FM. 26. 6. 97 III 7277 u. 28. 11. 02 III 14353.

b) Der ermäßigte Steuersatz wird überall da zur Anwendung zu bringen sein, wo es feststeht, daß ein solches Dienstverhältnis zur Zeit der Ausstellung der Vollmacht bestanden hat, selbst wenn dies aus der Urkunde nicht hervorgeht. Umgekehrt kann die StErleichterung nicht zur Anwendung kommen, wenn zwar in der Urkunde von dem Vorhandensein eines Dienstverhältnisses die Rede ist, ein solches aber in Wirklichkeit nicht bestanden hat. FM. 5. 7. 04 III 8945 u. 3. 10. 04 III 12372.

c) Ein Dienstverhältnis setzt eine auf längere Zeit berechnete Anstellung voraus. KG. 19. 10. 05, Joh. Bd. 32 S. B 65.

d) Die einem Gutsadministrator, mit dem ein Verwaltungsvertrag geschlossen ist, erteilte Vollmacht unterliegt dem geringeren St. des Abs. 2 KG. 29. 7. 98, Hz. S. 640. Dagegen ist das Verhältnis der Partei zu ihrem Prozeßvertreter kein Dienstverhältnis. Joh. Bd. 32 S. B 65.

Noch: Zu Tarifnummer 73.

e) Das Verhältnis zwischen dem Hauseigentümer und dem Hausverwalter ist als Dienstverhältnis anzusehen. Mit dem Ausdruck „Dienstverhältnis" hat man die ihm nach dem Sprachgebrauch des Lebens zukommende Bedeutung zu verbinden. Ein Dienstverhältnis ist nicht jeder auf Leistung von Diensten oder auf Geschäftsbesorgung gerichtete Vertrag (§§ 611, 675 BGB.), sondern es muß sich um Dienstverträge von einer gewissen Dauer handeln, die zur Leistung wiederkehrender Dienste innerhalb eines bestimmten Geschäftskreises des Dienstherrn verpflichten. Man wird aber auch von einem Dienstverhältnis sprechen können, ein gewisses Maß von Abhängigkeit des Verpflichteten vom Berechtigten fordern müssen. In einem Dienstverhältnis steht derjenige, der die bedungene Tätigkeit nach den Weisungen und Anordnungen des Dienstherrn zu entwickeln hat. Auf die soziale Stellung des Verpflichteten kommt es nicht an. Die persönliche Unterordnung wird nur so zu verstehen sein, daß sie die Unterwerfung des Verpflichteten unter den Willen des Berechtigten in Beziehung auf die für diesen zu treffenden Maßnahmen bedeutet, womit nicht unvereinbar ist, daß innerhalb gewisser Grenzen der Angestellte in seinen Entschließungen selbständig ist.

Wie es sich verhält, wenn einer juristischen Person eine Häuserverwaltung übertragen wird, ist nicht erörtert. RG. 15. 6. 09, Entsch. Bd. 71 S. 334, FM. 3. 8. 09 III 12685.

14. Der Begriff der Unschätzbarkeit hier und im § 4 Abs. 1 lit. a ist der gleiche. FM. 20. 4. 04 III 4875.

15. Der Gegenstand der Vollmacht ist u. a. unschätzbar:

a) wenn der Aussteller noch kein Vermögen besitzt, sondern solches nur zu erwarten hat. 14. KS. S. 9;

b) bei Prozeßvollmachten in Ehesachen und in Privatklagesachen. FM. 11. 2. 98 III 7324;

c) bei Vollmachten betreffend Rückkehr-, Besserungs- und Wiederaufnahmebefehle. — Vgl. oben A. 8f;

d) bei Vollmachten für ein Strafverfahren, Joh. Bd. 17 S. 293, selbst wenn es sich um angeklagte Eheleute handelt, sofern nur nicht der Ehemann als Beistand unterschreibt;

e) bei solchen für eine Verwaltungsstrafsache, auch wenn das Vergehen nur mit einer Strafe von 150 Mk. oder weniger bedroht ist. FM. 30. 6. 98 III 8951;

f) in Verwaltungsstreitsachen über die Erteilung von Schankerlaubnisscheinen. FM. 14. 6. 04 III 7607;

g) für Vollmachten, welche in einer Grundbuchsache behufs Herbeiführung einer beanstandeten Eintragung erteilt werden. KG. 11. 7. 00, Hz. S. 641;

h) bei Postvollmachten. FM. 21. 5. 97 III 7277. — Vgl. A. 11i bei § 25;

i) bei Vollmachten für Aufgebot eines Hypothekendokuments. FM. 23. 11. 98 III 9747;

k) bei Vollmachten in einem Prozeß auf Herausgabe eines Hypothekenbriefes. KG. 10. 7. 99, Joh. Bd. 19 S. 204;

Noch: Zu Tarifnummer 73.

l) bei Vollmachten, die in Generalversammlungen von Vereinen vorgelegt werden, weil in der Generalversammlung auch Beschlüsse über Gegenstände gefaßt werden können, die eine Abschätzung nach Geld nicht zulassen. FM. 29. 9. 06 III 15189.

16. Wie z. B. für Vollmachten zur Kommunalwahl und für Vollmachten zur Ausübung des Stimmrechts auf Kreistagen. Es soll eine Urkunde zur allgemeinen Vertretung auf den Kreistagen genügen, so daß für jede einzelne Kreistagssitzung eine Vollmacht nicht ausgestellt zu werden braucht. FM. 1. 7. 98 III 7930.

Auch für die in den von den Kunden angenommenen Geschäftsbedingungen der Banken enthaltene Ermächtigung, Aktien jeder Art, die die Banken für die Kunden in Depot haben, in den Generalversammlungen zur Ausübung des Stimmrechts zu benutzen. RG. 22. 10. 07, Holdh. S. 287 v. 08.

17. a) Prozeßvollmacht ist diejenige Vollmacht, welche einen andern als Prozeßbevollmächtigten für einen nach der ZPO. zu verhandelnden bestimmten Rechtsstreit zu allen Prozeßhandlungen namens des Vollmachtgebers ermächtigt. In der Prozeßvollmacht dürfen auch diejenigen Befugnisse urkundlich besonders hervorgehoben werden, welche nach §§ 81, 82 ZPO. klar aus dem allgemeinen Auftrag zur Prozeßführung als Prozeßbevollmächtigter hervorgehen. KG. 13. 4. 98, JMBl. S. 250.

b) Als Prozeßvollmachten sind auch anzusehen die Vollmachten zur Vertretung im Konkurs- oder Zwangsversteigerungsverfahren, sofern sie nicht Ermächtigungen enthalten, die nicht im Rahmen einer Prozeßvollmacht (§§ 81, 82 ZPO.) liegen, oder zu denen Spezialvollmachten (z. B. zur Abgabe von Geboten) erforderlich sind. FM. 11. 2. 98 III 7324 u. 13. 4. 98 III 4936; KG. 13. 4. 98, JMBl. S. 250; RG. 2. 3. 00, DJZ. S. 207. — Vgl. oben A. 9e u. 9h.

c) Eine Prozeßvollmacht, die zugleich die allgemeine Ermächtigung zur Empfangnahme von Geld und andern Gegenständen enthält, ist in der Regel strechtlich als ein einheitliches Rechtsgeschäft zu würdigen. KG. 27. 2. 99, Joh. Bd. 19 S. 202.

d) Vollmachten in Prozessen, die den bevollmächtigten Anwalt nicht nur zu Prozeßhandlungen nach Maßgabe der §§ 81, 82 ZPO und zur Empfangnahme der zu erstattenden Prozeßkosten, sondern auch ferner ermächtigen, den Streitgegenstand sowie hinterlegte Gelder und Urkunden in Empfang zu nehmen, sowie für das Zwangsversteigerungsverfahren ausgestellte Vollmachten, die zum Empfange des Versteigerungserlöses ermächtigen, sind keine Prozeßvollmachten i. S. des Abs. 4 dieser Tarifstelle. Es erstreckt sich deshalb auf solche Vollmachten die einstweilige Befreiung von der StSteuer, welche als Folge der Bewilligung des Armenrechts für die Partei eintritt, nicht. Das Armenrecht deckt nur die Prozeßvollmacht und nur insoweit ist der Armenanwalt für den St. nicht haftbar. Im übrigen haftet er nach § 13d LStG. (vgl. A. 1e bei § 13). RG. 14. 4. 03, ZBl. S. 246, JMBl. S. 161, Entsch. Bd. 54 S. 275. — Vgl. unten A. 19a.

e) Bei nachträglicher Entziehung des Armenrechts ist der zu erhebende VollmachtSt. von dem Armenanwalt, der die Vollmacht dem Gericht eingereicht hat, nicht zu erfordern. KG. 26. 10. 96. — Vgl. A. 1c zu § 13.

Noch: Zu Tarifnummer 73.

18. Folgende in die Prozeßvollmacht aufgenommenen Ermächtigungen gehen nicht über den Rahmen einer Prozeßvollmacht hinaus:

a) zur Vertretung im Interventionsprozeß, im Verfahren behufs Eröffnung des Konkurses über das Vermögen des Gegners, im Konkurse selbst und den infolge desselben entstehenden Prozessen zur Gewährung von Stundung. KG. 11. 11. 01, JMBl. S. 50 v. 02, Joh. Bd. 23 S. B 29; KG. 14. 3. 04, JMBl. S. 259.

b) Anträge auf Ein- und Ausreichung von Geldern, Wertpapieren und Dokumenten bei den Hinterlegungsstellen zu vollziehen, auf Rechtsmittel zu verzichten und solche zurückzunehmen, den Anspruch, auf den sich die Prozeßvollmacht bezieht, im Konkurse des Gegners zu verfolgen.

Insbesondere ist der ersteren Ermächtigung nicht die Bedeutung beizulegen, daß die Prozeßbevollmächtigten befugt sein sollen, Gelder usw. für die Beklagte in Empfang zu nehmen, welchenfalls eine Vollmacht i. S. des Abs. 1 vorhanden wäre — s. o. Ziff. d —, die Bevollmächtigten sollen vielmehr nur Anträge auf Auszahlung an die Beklagte selbst an die Hinterlegungsstelle richten dürfen, und zwar bezieht sich die Vollmacht nur auf Hinterlegungen, die in dem Prozesse selbst erfolgen oder erfolgt sind. KG. 14. 3. 04, JMBl. S. 259, Joh. Bd. 28 S. B 39.

Dagegen sind Ermächtigungen „aus den eingehenden Geldern einen Vorschuß zu entnehmen“ oder „die aufgehobenen Handakten zu vernichten“ überhaupt nicht nach Tarif 73 zu versteuern. KG. 11. 11 01, Joh. Bd. 23 S. B 29.

19. a) Im StAuslande von Ausländern ausgestellte Vollmachten zur Führung eines Prozesses oder zur Vertretung in einem Konkursverfahren vor einem preußischen Gericht unterliegen dem VollmachtSt. nicht, weil die Entstehung der StPflicht durch § 2 DGKG. ausgeschlossen wird. Das gilt auch von den im Prozeßverfahren eingereichten Vollmachten, die über den Rahmen einer Prozeßvollmacht hinausgehen, indem sie inhaltlich den Bevollmächtigten zu Handlungen ermächtigen, die außerhalb des Prozeßverfahrens liegen, z. B. zur Empfangnahme von Sachen, Geldern, Wertpapieren usw. von der Gegenpartei und von Dritten, sowie zur Quittungsleistung darüber. RG. 24. 4. (15. 5.) 03, Entsch. Bd. 54 S. 426, ZBl. S. 430, JMBl. S. 230. Die als „Prozeßvollmacht“ bezeichnete Urkunde war im Ausland von einem Ausländer ausgestellt. Ein inländischer Anwalt hatte sie bei einem inländischen Gericht zu seiner Legitimation überreicht. — Vgl. auch A. 4f bei § 2 und oben A. 17d.

b) Wird eine solche im Auslande ausgestellte Vollmacht aber im StInlande nicht dem Gericht, sondern z. B. der Ministerial-, Militär- und Baukommission zwecks Entgegennahme hinterlegter Beträge eingereicht, so ist sie stpflichtig. FM. 5. 7. 04 III 8884.

c) Eine von einem Ausländer im Auslande ausgestellte Vollmacht unterliegt der preußischen StSteuer, wenn das Geschäft, zu welchem der Bevollmächtigte durch die Vollmacht ermächtigt wird, von ihm im Inlande ausgeführt und dabei von der Vollmacht Gebrauch gemacht wird. Die Entscheidung des RG. v. 24. 4. 03 — oben unter a — bezieht sich nur auf im Auslande ausgestellte Vollmachten zur Vertretung in

Noch: Zu Tarifnummer 73.
einer vor die ordentlichen Gerichte gehörigen Rechtssache, die den Bestimmungen der ZPO., der StPO. oder der KO. unterliegt. FM. 12. 10. 03 III 14014. — Vgl. A. 6b bei § 16.

d) Im Auslande von Ausländern ausgestellte Vollmachten zur Vertretung des Ausstellers in einem in Preußen schwebenden Grundstücks-Zwangsversteigerungsverfahren unterliegen dem preußischen VollmachtSt. KG. 29. 2. 04, ZBl. S. 100, JMBl. S. 151, Joh. Bd. 27 S. B 63. Durch § 2 Abs. 2 DGKG. wird der St. nicht ausgeschlossen.

20 Der Prozeßbevollmächtigte haftet für den VollmachtSt. nur dann, wenn er die Vollmacht im Inlande innegehabt oder vorgezeigt hat. KG. 13. 3. 99, Joh. Bd. 19 S. 213, FM. 30. 4. 99 III 4653. — Vgl. A. 8c bei § 16 u. oben A. 17d.

21. Vgl. §§ 167, 171 BGB.

22. a) Ein Schriftstück folgenden Inhalts: „Ich zeige der Güterexpedition hiermit an, daß ich den .... mit der Empfangnahme der ankommenden Güter usw. und der Quittungsleistung beauftragt habe", ist Vollmacht. FM. 2. 3. 98 III 2625. — Vgl. unten A. 23f u. Tarif 2 A. 8b.

b) Im Strafverfahren bedarf es zur Bestellung eines Verteidigers seitens des Angeklagten keiner Vollmacht. Zu seiner Legitimation bei Gericht genügt es, daß der Angeklagte die Wahl des Verteidigers dem Gericht, auch mündlich, anzeigt (§ 217 StrPO.). Solche Anzeige ist nicht stpflichtig. KG. 30. 11. 96, Joh. Bd. 17 S. 290.

Dagegen erfordert die Verkehrssitte für die Ermächtigung des Verteidigers zur Empfangnahme von Zustellungen an Stelle des Angeklagten und zur Zurücknahme von Rechtsmitteln eine Vollmacht. KG. 25. 6. 00, Joh. Bd. 21 S. B 16. Dies wird selbst dann zutreffen, wenn nur die Form des Ersuchens, dem Verteidiger das Urteil zuzustellen, gewählt ist.

c) In denjenigen Fällen, in welchen nach § 499 Abs. 2 StrPO. die dem Angeschuldigten erwachsenen notwendigen Auslagen der Staatskasse auferlegt sind, ist der St. für die Vollmacht außer Ansatz zu lassen. JM. 21. 9. 06, JMBl. S. 291.

d) Eine Verkehrssitte, die im Verfahren vor Gewerbegerichten und Einigungsämtern die Ausstellung schriftlicher Vollmachten erfordere, besteht nicht. FM. 6. 3. 08 III 2997.

23. In folgenden Fällen sind u. a. stpflichtige Vollmachten nicht anzunehmen:

a) Die Erklärung, Bureaugehilfen könnten Zahlungen annehmen usw. Der Kläger hatte dem Amtsgericht angezeigt, daß er dem Bureaupersonal die Ermächtigung erteilt hätte, in Zwangsvollstreckungssachen gültig über Zahlungen der Schuldner zu quittieren; er traf dann auch die Einrichtung, am Schlusse jedes Zwangsvollstreckungsauftrages den Gerichtsvollzieher von den seinen Angestellten erteilten Befugnissen in Kenntnis zu setzen. Das RG. führt aus: Nach der Feststellung des Berufungsrichters seien die schriftlichen Erklärungen nur schriftliche Kundgebungen der bereits erteilten Vollmachten und es bestehe im wesentlichen nicht eine Verkehrssitte dahin, daß

Noch: Zu Tarifnummer 73.

in Fällen der vorliegenden Art eine Vollmacht erfordert werde. RG. 16. 10. 03, Entsch. Bd. 55 S. 375.

b) Die nach § 32 Abs. 2 der Branntweinsteuer-Grundbestimmungen der Steuerbehörde einzureichenden Anzeigen. Die StPflicht ließe nur auf Tarifstelle 73 Abs. 5 LStG. sich begründen. Da indessen im § 32 Abs. 2 l. c. nicht die Ausstellung einer förmlichen Vollmacht, sondern nur die Einreichung einer Anzeige verlangt wird, so läßt sich nicht behaupten, daß die Verkehrssitte eine Vollmacht erfordere und durch die Anzeige die Vollmacht ersetzt werden solle. FM. 27. 1. 03 III 833.

c) Folgende Erklärung der Zentrale für Spiritusverwertung:

An die Königliche Branntwein-Abfertigungsstelle
in N. N.

Wir ermächtigen hierdurch die Viktoria-Speicher-Gesellschaft — oder sind damit einverstanden — von unserem Lager . . . . Faß . . . Spiritus zum Abgabensatze von . . . abfertigen zu lassen.

Das Verfügungsrecht über den in ihrem Lager niedergelegten Branntwein steht der Viktoriagesellschaft auf Grund der Lagerordnung schon als Lagerbesitzerin zu; Anträge auf Abfertigung von Branntwein aus ihrem Lager stellt sie im eigenen Namen.

d) Anträge, Branntweinsteuer-Berechtigungsscheine an dritte Personen auszuhändigen, desgleichen eine diesbezügliche Vollmachtserklärung, die an das Hauptamt gerichtet ist. FM. 26. 3. 98 III 8488. — Vgl. auch FM. 19. 5. 98 III 5812, ZBl. S. 252.

e) Die vom dritten Inhaber einer als Sicherheit für Abgabenstundungen zugunsten eines Zoll- oder Steuerschuldners dem Hauptamte verpfändeten Reichs- oder Staatsschuldbuchforderung dahin auszustellenden Erklärungen,

daß das Hauptamt ermächtigt werde und berechtigt sein solle, ohne seine (des Dritten) Mitwirkung lediglich auf Grund der amtlichen Feststellung, daß ein gestundeter Abgabenbetrag fällig geworden ist, die Löschung der im Reichsschuldbuch (Staatsschuldbuch) eingetragenen Forderung und die Ausreichung entsprechender Schuldverschreibungen bei der Hauptverwaltung der Staatsschulden (Reichsschuldenverwaltung) zu beantragen.

FM. 25. 7. 04 III 9352.

f) Wenn in Gesuchen um Auszahlung hinterlegter Gelder von dem zur Erhebung des Betrages gegenüber den übrigen Hinterlegungsbeteiligten legitimierten Empfangsberechtigten der Antrag gestellt wird, die Summe statt an ihn an einen beliebigen Dritten zu zahlen, insofern aus der Erklärung die Natur des zwischen dem eigentlichen Empfangsberechtigten und dem Dritten obwaltenden, dem Antrag auf Auszahlung zugrunde liegenden Rechtsverhältnisses, welches nicht notwendig ein Vollmachtsverhältnis zu sein braucht, nicht mit Sicherheit zu erkennen ist. FM. 5. 1. 01 III 15622. — Vgl. A. 8b zu Tarif 2.

g) Schriftstücke, in denen der Aussteller ein Bankhaus als Kommissionär ermächtigt, Wertpapiere für ihn anzukaufen oder zu verkaufen, unterliegen nicht dem VollmachtSt.; ebensowenig enthält die

Noch: Zu Tarifnummer 73.

Ermächtigung zur Verfügung über die zu verkaufenden Papiere zum Ausgleich der etwaigen Forderungen des Kommissionärs eine stpflichtige Vollmacht. FM. 17. 5. 97 und 19. 7. 01 III 3325 u. 8979.

24. Vgl. §§ 6—8 LR. I 17 u. §§ 741ff. BGB.

25. Die „Rechtsgemeinschaft" ist nicht auf das zivilrechtliche Gebiet zu beschränken. KG. 2. 2. 05, Joh. Bd. 30 S. B 73.

26. a) Der zweimalige VollmachtSt. ist erforderlich, wenn Veräußerer und Erwerber gemeinsam einen Dritten zur Erklärung der Auflassung bevollmächtigen. Eine Rechtsgemeinschaft zwischen Verkäufer und Käufer besteht bei Abschluß des Kaufvertrages nicht, sondern tritt erst bei der Auflassung ein. (§ 873 BGB.) Die Vollmacht wird aber bereits im Kaufvertrage erteilt. FM. 27. 9. 09 III 16212, ZBl. S. 369.

b) Die mehreren Personen in einer Urkunde dahin erteilte Generalvollmacht, daß zwar alle zusammen handeln können, aber auch jeder einzelne befugt ist, für sich allein ohne Zuziehung der andern den Vollmachtgeber zu vertreten, stellt eine Mehrheit von Generalvollmachten dar, deren jede für sich stpflichtig ist. RG. 7. 2. 05, Holdh. S. 343 v. 07.

c) Es bevollmächtigten 20 Anlieger der Straße A. den Rechtsanwalt N., die nötigen Schritte zu unternehmen, und ev. auch die erforderlichen Rechtsmittel einzulegen, um die von der Stadtgemeinde beschlossene Erhebung von Beiträgen für die Verbreiterung der Straße zu verhindern: Es liegt eine Rechtsgemeinschaft unter den Anliegern vor.

Jedoch handelt es sich nicht um eine Prozeßvollmacht, weil die Vertretungsbefugnis sich auch auf das Beschlußverfahren vor dem Bezirksausschuß und Provinzialrat und die Erhebung des Einspruchs gegen die etwaige Veranlagung bei dem Gemeindevorstand gemäß §§ 77 u. 69 des Kommunalabg.-Ges. v. 14. 7. 93 erstreckt. FM. 13. 7. 07 III 12721.

d) Die Bevollmächtigung verschiedener Personen zur Vornahme mehrerer Geschäfte gleicher Art von demselben Vollmachtgeber erfordert nur den einmaligen St.; dies auch dann, wenn in einer Urkunde zwei Personen zusammen derselbe Auftrag derart erteilt ist, daß sie ermächtigt sind, jeder allein die erforderlichen Handlungen vorzunehmen. Vgl. HSp. S. 171. AGH. S. 2365 und Joh. Bd. 2 S. 176. — Vgl oben A. 4.

e) Die Frage, ob die Erteilung einer Generalvollmacht an mehrere nicht zu gemeinschaftlicher Vertretung berufene Personen ein einheitliches Geschäft darstellt, ist lediglich nach § 10 d. G. zu beurteilen. Die Annahme einer einheitlichen Bevollmächtigung wird nicht dadurch bedingt, daß dem Machtgeber nur eine einzelne Person als Bevollmächtigter gegenübersteht; es ist vielmehr nur aus der sachlichen Seite des durch die Bevollmächtigung begründeten Rechtsverhältnisses zu entnehmen, ob eine Vollmacht oder eine Mehrheit von solchen vorliegt. Vorliegend hatten die sämtlichen Mitglieder eines Grubenvorstandes drei von ihnen zu Substituten und Bevollmächtigten des Grubenvorstandes bestellt; jeder der Bevollmächtigten war befugt, nach außen hin selbständig ohne das Einverständnis der übrigen rechtlich bindende Vertretungshandlungen vorzunehmen: Es war zu der Urkunde der GeneralvollmachtsSt. dreimal zu entrichten. RG. 7. 2. 05, JMBl. S. 373, ZBl. S. 217, FM. 23. 5. 05 III 5326.

Noch: Zu Tarifnummer 73.

f) Wird von einer Person einem andern in derselben Urkunde eine Prozeßvollmacht und eine Vollmacht zur Auflassung des dem Machtgeber gehörigen Grundstücks erteilt, so ist der zweimalige VollmachtSt. nach Abs. 1 und 4 fällig; wenn der Machtgeber in derselben Urkunde zwei andere Personen ermächtigt, sei es gemeinschaftlich, sei es jeder für sich, dasselbe Grundstück aufzulassen, so kommt der VollmachtSt. nur einmal in Ansatz, so bei Erteilung einer Vollmacht an zwei Rechtsanwälte. RG. 7. 2. 05, ZBl. S. 217, JW. S. 222.

g) Eine Urkunde, in der mehreren zu gemeinsamer Ausübung ihres Berufes verbundenen Rechtsanwälten Prozeßvollmacht und Vollmacht zur Empfangnahme des Streitgegenstandes erteilt ist, unterliegt dem VollmachtSt. selbst dann nur einmal, wenn die Bevollmächtigten den Vollmachtgeber auch einzeln vertreten können. KG. 4. 1. 05, Joh. Bd. 30 S. B 69.

h) Eine von mehreren Mitangeklagten auf ihren gemeinschaftlichen Verteidiger ausgestellte Vollmacht bedarf des mehrfachen VollmachtSt. KG. 10. 5. 97, ZBl. v. 99 S. 54; JM. 15. 5. 99, JMBl. S. 151. Ebenso die auf eine Person in einer Urkunde von mehreren Beschuldigten (Privatklägern oder Privatbeklagten) ausgestellte Vollmachtsurkunde. FM. 11. 2. 98 III 7324. — Vgl. unten Ziff. k.

i) Für Vollmachten, in denen mehrere Gläubiger jemand bevollmächtigen, für sie in einem Konkursverfahren einem Zwangsvergleich zuzustimmen oder in einem Zwangsversteigerungsverfahren gegen einen angemeldeten Anspruch Widerspruch zu erheben, ist der VollmachtSt. nach Abs. 6 nur einmal zu erheben. FM. 31. 10. 00 I 5271, ZBl. S. 581. — Vgl. oben A. 9f.

k) Wird im Strafverfahren einem Rechtsanwalt von dem Angeklagten und dessen gesetzlichen Vertreter gemeinschaftlich eine Vollmacht ausgestellt, so liegt, wenn hinsichtlich des gesetzlichen Vertreters nur die ihm in der Strafprozeßordnung eingeräumte Mitwirkung am Strafverfahren in Frage kommen kann, eine Rechtsgemeinschaft zwischen dem Angeklagten und dem gesetzlichen Vertreter mit der Wirkung vor, daß der VollmachtSt. nur einmal zum Ansatz kommen darf. KG. 2. 2. 05, Joh. Bd. 30 S. B 73.

l) Klagen Frau A. und ihre minderjährigen Kinder gegen den Ehemann und bzw. Vater auf Unterhalt, so besteht keine Rechtsgemeinschaft, weil jeder einen selbständigen Klageanspruch hat. KG. 19. 10. 05, Joh. Bd. 32 S. B 65.

m) Eine Rechtsgemeinschaft besteht auch unter Mitgliedern des nämlichen Vereins, die gemeinschaftlich eine Vollmacht ausgestellt haben, da in der Generalversammlung nur über Angelegenheiten dieses Vereins Beschluß gefaßt werden kann, solche Vollmacht sich mithin auf Gegenstände bezieht, in bezug auf die zwischen den Ausstellern Rechtsgemeinschaft besteht. FM. 29. 9. 06 III 15189.

n) A. erhält von 20 Grundbesitzern ein Schürfrecht vertraglich eingeräumt. Wegen der zu zahlenden Entschädigung einigen sich die Grundbesitzer im § 13 des Vertrages und erteilen im § 14 dem jeweiligen Gemeindevorstand Vollmacht für alle im § 13 vorgesehenen Fälle. Im § 29 hinterlegt der

Noch: Zu Tarifnummer 73.

Unternehmer eine Sicherheit und erteilen die Grundbesitzer dem Landrat Vollmacht, die Rückzahlung der Kaution zu veranlassen: Der VollmachtSt. ist für jede der beiden Vollmachten so oft zu verwenden, als Vollmachtgeber vorhanden sind. RG. 9. 10. 08, Entsch. Bd. 70 S. 7.

27. Ebenso wenn die Vollmacht lautet, für die Versteiglasser und für die Ansteigerer die Auflassungserklärung abzugeben usw. KG. 4. 5. 05, Joh. Bd. 30 S. B 76.

28. Vgl. § 81 ZPO.

29. a) Substitutionen bei einer Prozeßvollmacht unterliegen dem tarifmäßigen St., sofern nicht die Ausnahme im letzten Absatz zutrifft, und zwar kann dann nur der Steuersatz des Abs. 4 zur Anwendung kommen. KG. 14. 11. 04, Joh. Bd. 29 S. B 55. — Sie sind nur dann stfrei, wenn aus dem Inhalt der Haupt- und Nachvollmacht diese Eigenschaft hervorgeht. KG. 8. 12. 98, Goltd., Jahrg. 46 S. 390. — Substitutionen bei gewöhnlichen Vollmachten (Abs. 1) sind stfrei. KG. 14. 11. 04, Joh. Bd. 29 S. B 56.

b) Die Entscheidung des KG., wonach Substitutionen nur dann stpflichtig sind, wenn in dem für die StPflichtigkeit der Substitutionsvollmacht maßgebenden Zeitpunkt die Gerichtskosten für die Hauptvollmacht bereits bezahlt sind — KG. 13. 12. 97, Joh. Bd. 17 S. 295 —, ist in dem JME. v. 30. 9. 98 I 5508, JMBl. S. 248 dahin abgeändert, daß es genügt, wenn die Hauptvollmacht in an sich stpflichtiger Form zu den Gerichtsakten zwecks Herbeiführung der Versteuerung eingereicht ist. FM. 14. 10. 98 III 13857, ZBl. S. 413.

c) Ist die ursprüngliche Vollmacht unversteuert eingereicht, so ist für später eingereichte Substitutionsvollmachten ohne Rücksicht auf die bereits erfolgte Berechnung und Einziehung des St. zu der ursprünglichen Vollmacht ein St. nicht einzuziehen.

Ist die ursprüngliche Vollmacht stfrei, so steht dies der Zubilligung der StFreiheit für die Substitutionsvollmacht nicht entgegen, vorausgesetzt, daß die Hauptvollmacht in an sich stpflichtiger Form dem Gericht eingereicht ist. Dies trifft z. B. zu, wenn dem Aussteller der Hauptvollmacht für seine Person StFreiheit zusteht. JM. 17. 5. 99, ZBl. S. 109, JMBl. S. 135.

d) In Armenrechtsprozessen kommt die einstweilige Befreiung der Partei von der Entrichtung des VollmachtSt. dem Prozeßbevollmächtigten für eine von ihm ausgestellte Vertretungsvollmacht nur dann zustatten, wenn die Hauptvollmacht sich bereits bei den Gerichtsakten befindet. KG. 11. 10. 06, Joh. Bd. 33 S. B 40.

e) Die Bestellung eines Bevollmächtigten für die höhere Instanz durch den Prozeßbevollmächtigten der unteren Instanz ist eine stfreie Substitutionsvollmacht. JM. 14. 7. 99, JMBl. S. 250.

Der Hauptbevollmächtigte darf auf Grund seiner Substitutionsbefugnis dem Substituten aber nicht weitergehende Befugnisse erteilen, als er selbst hat, wenn die Substitutionsvollmacht nicht den Anspruch auf StFreiheit verlieren soll. KG. 8. 12. 98, Goltd., Jahrg. 46 S. 390.

f) Überträgt ein Generalbevollmächtigter seine Vollmacht auf Grund der ihm hierzu erteilten Befugnis im vollen Umfange auf einen andern, so liegt eine stfreie Substitution vor. KG. 14. 11. 04, Joh. Bd. 29 S. B 55; JMBl. S. 116 v. 05; FM. 29. 8. 05 III 11261.

Lfd. Nr.	Gegenstand der Besteuerung	Steuersatz v. H.	Mk.	Pf.	Berechnung der Stempelabgabe
74.	[1] **Vorrechtseinräumungen** (Prioritätszessionen)[2]	—	3	–	
75.	(1)[1] **Werkverdingungsverträge**,[1–8] inhalts deren der Übernehmer auch das Material für das übernommene Werk ganz oder teilweise anzuschaffen hat, sind, falls letzteres in der Herstellung beweglicher Sachen besteht, wie Lieferungsverträge unter Zugrundelegung des für das Werk bedungenen Gesamtpreises zu versteuern. (2) Handelt es sich bei dem verdungenen Werke um eine nicht bewegliche Sache, so ist der Werkverdingungsvertrag so zu versteuern, als wenn über die zu dem Werke erforderlichen, von dem Unternehmer anzuschaffenden beweglichen Gegenstände in demjenigen Zustand, in welchem sie mit dem Grund und Boden in dauernde Verbindung gebracht werden sollen, ein dem Steuersatze der Tarifstelle „Kauf- und Tauschverträge“ Buchstabe c oder der Ziffer 3 der „Ermäßigungen und Befreiungen“ dieser Tarifstelle unterliegender Lieferungsvertrag				

Zu Tarifnummer 74.

1. Vgl. § 880 BGB. — §§ 19, 29 RGBO.

2. Zur Entstehung der StPflicht aus Tarifstelle 74 genügt die bloße in grundbuchmäßiger Form abgegebene einseitige rechtsgeschäftliche Erklärung des zurücktretenden Gläubigers, daß er den Vorrang einräume.

Eine Vorrangseinräumung ist auch dann wirksam und stpflichtig, wenn sie für eine noch nicht zur Entstehung gelangte Hypothek erteilt wird. RG. 2. 10. 08, Entsch. Bd. 69 S. 326.

3. Als Objekt bei Vorrechtseinräumungen ist der geringste der drei zwischen den beiden Forderungen und dem belasteten Grundstück bestehenden Werte anzusehen. FM. 15. 6. 97 III 5698.

4. Tritt ein Gläubiger mit seiner Hypothek hinter die Hypotheken mehrerer anderer Gläubiger zurück, so ist der St. so oft zu verwenden, als vortretende Gläubiger vorhanden sind. FM. 18. 4. 03 III 5287.

5. Die in der Kaufgelderbelegungsverhandlung von einem Realinteressenten abgegebene Erklärung, daß er aus seiner Post nicht liquidiere, vielmehr nacheingetragenen Berechtigten das Vorzugsrecht einräume, unterliegt keinem besonderen StAnsatz. Joh. Bd. 5 S. 226 u. Bd. 28 S B 22.

Lfd. Nr.	Gegenstand der Besteuerung	Steuersatz v H	Mk.	Pf.	Berechnung der Stempelabgabe
(75.)	und außerdem hinsichtlich des Wertes der Arbeitsleistung ein dem Steuersatze der Tarifstelle „Verträge" Ziffer 2 unterworfener Arbeitsvertrag abgeschlossen wäre. (3) Die Vorschrift des § 10 dieses Gesetzes findet entsprechende Anwendung dergestalt, daß, insoweit eine Trennung des Gesamtpreises nicht vorgenommen ist, der höchste Steuersatz zu entrichten ist. AB. 7.				

Zu Tarifnummer 75.

1. Vgl. §§ 631ff., 651 BGB.

2. Die Befreiungsvorschrift Nr. 3 der Tarifstelle 32 findet auch bei Werkverträgen über unbewegliche Sachen auf die zur Herstellung des Werkes zu liefernden beweglichen Gegenstände Anwendung. Es kommt darauf an, ob die zu liefernden Sachen als Mengen anzusehen sind, nicht in ihrem Zustande nach der Einfügung oder Verwendung in das Werk, sondern in dem Zustand, in welchem sie sich bis zu diesem Zeitpunkt befanden. RG. 19. 3. 07 u. 3. 5. 07, Holdh. S. 287 u. JMBl. S. 515.

3. Verträge über die Herstellung eines Denkmals unterliegen dem vollen LieferungsSt., wenn nicht eine Trennung des Wertes der Materialien und der Arbeitsleistung im Vertrage enthalten ist; dagegen unterliegen Verträge über die Anfertigung der Modelle für ein Standbild nur dem reinen ArbeitsvertragsSt., da der Wert der von dem Künstler herzugebenden Materialien gegenüber der aufzuwendenden Arbeit zu sehr in den Hintergrund tritt. FM. 29. 3. 94 III 2748. Das gleiche wird bei Verträgen über Herstellung von Gemälden gelten.

4. Wenn neben Anfertigung, Lieferung und betriebsfähiger Aufstellung eines Röhrendampfkessels der Lieferant nur einen Monteur zu stellen hat, Aufstellung und Einmauerung aber durch den Besteller bewirkt wird, so liegt kein Werkverdingungsvertrag, sondern ein Lieferungsvertrag über bewegliche Gegenstände vor. FM. 5. 3. 97 III 2760.

5. Als Werkverdingungsverträge sind u. a. aufgefaßt:

a) Vertrag über vollständige betriebsfähige Herstellung und Ausrüstung einer Eisenbahn. Der Umstand, daß sich Besteller eine ausgedehnte Kontrolle vorbehält, steht der Annahme eines Werkverdingungsvertrages nicht entgegen. Die Gegenleistung für das bedungene Werk hat vorliegend darin bestanden, daß Besteller dem Unternehmer einen Baukredit von x Mark derart eröffnet hat, daß für etwaige Mehrausgaben Unternehmer allein aufzukommen hatte, daß ihm aber außerdem eine Abfindung von x Mark zugesichert worden ist. RG. 9. 2 99, JW. S. 197, Gruch. Jahrg. 43 S. 1066.

Noch: Zu Tarifnummer 75.

b) Übernahme der Herstellung der Abdeckungen der Böschungen am Nord-Ostsee-Kanal mit dem vom Unternehmer zu liefernden Material, also Herstellung eines bestimmten Werks in bezug auf eine unbewegliche Sache. Es kommt nicht darauf an, in welchem Verhältnis der Wert der Arbeiten zu dem des gelieferten Materials steht. RG. 28. 9. 97, JW. S. 582.

c) Vertrag über Lieferung und Aufstellung der eisernen Trägerkonstruktionen und schmiedeeisernen Treppen zu dem Restaurationsflügel des Herrenhauses. Da die einzelnen Teile, welche zur Herstellung der Trägerkonstruktionen und der Treppen erforderlich sind, in mehr als zwei untereinander gleichartigen, im Inland im Betriebe der vertragschließenden Firma hergestellten Stücken bestehen, ist der LieferungsSt. nicht zu verwenden, vielmehr nur der allg. VertragsSt. FM. 6. 2. 01 III 1092. Auch Eisenwaren, die besonderen Zwecken angepaßt und dafür besonders bearbeitet sind, bleiben vom LieferungsSt. befreit, falls sie im Inlande im Betriebe eines der Vertragschließenden erzeugt oder hergestellt sind und es sich um Mengen gleichartiger Sachen handelt; unter denselben Voraussetzungen müssen auch Tischlerarbeiten, Steinmetzarbeiten usw. lieferungsstfrei gelassen werden. Entspricht die vorgenommene Trennung nicht den tatsächlichen Verhältnissen, oder ist „der Wert der Arbeitsleistungen sowie der zu liefernden zum Verbrauch bestimmten Mengen von Sachen und Waren" in einer Summe angegeben, so ist hiermit den Erfordernissen der Tarifstelle 75 nicht genügt. FM. 5. 2. 02 III 881. — Vgl. A. 49e bei Tarif 32.

d) Die nach bestehendem Formular abgeschlossenen Verträge des Fiskus mit Domänenpächtern über Dränierung des domänenfiskalischen Landes. Verpflichtet sich daneben Pächter, die ihm vom Fiskus für die Dränierung bewilligte Kapitalsumme bis zum Ablauf der Pachtzeit zu verzinsen, so liegt hierin eine Erhöhung des Pachtzinses. FM. 8. 2. 99 III 1295.

e) Ein Vertrag, in welchem die Gemeinde **A.** dem **B.** das ausschließliche Recht erteilt und **B.** die Pflicht übernimmt, eine Kanalisationsanlage für die Gemeinde nach Maßgabe eines beigefügten Projekts nebst Plänen zu erbauen und diese Anlage bis zu einem bestimmten Zeitpunkt zu betreiben, wenn dieselbe nicht gemäß einer besonderen, in den Vertrag aufgenommenen Abrede zu einem früheren Zeitpunkt von der Gemeinde übernommen werden sollte. RG. 17. 4. 00.

6. a) Erreicht bei Werkverdingungen über nicht bewegliche Sachen weder der Lieferungsvertrag noch der Arbeitsvertrag stpflichtige Höhe, so ist er überhaupt nicht stpflichtig, weil eine Zusammenrechnung beider Objekte nicht stattfindet. FM. 5. 9. 97 III 11257.

b) Von dem Gesamtpreise ist der ProzentSt. eventuell auch dann zu berechnen, wenn nur einzelne Teile des Lieferungsgegenstandes von dem Unternehmer, die übrigen Materialien dagegen von dem Besteller geliefert werden. FM 8. 7. 98 III 8735.

c) Zur Festsetzung des St. ist der dem Vertrage beigefügte Kostenanschlag ev. zu berücksichtigen. FM. 29. 7. 98 III 9158.

d) Leistungen und Lieferungen, welche in den schriftlichen Abmachungen, zugehörigen Verdingungsanschlägen usw nicht vorgesehen sind, kommen bei Be-

Noch: Zu Tarifnummer 75.

rechnung des St. zu Werkverträgen nicht in Betracht. Dagegen unterliegen die in den Verdingungsanschlägen angenommenen Vordersätze denjenigen Feststellungen, welche bei der Bauausführung sich ergeben. Da der Unternehmer zu etwaigen erforderlich werdenden Mehrleistungen vertraglich verpflichtet ist, und deshalb seine Vergütung nach den wirklichen Leistungen und Lieferungen unter Zugrundelegung der vertragsmäßigen Einheitspreise berechnet wird, müssen die Mehrlieferungen und Mehrleistungen, die im Rahmen des Vertrages liegen, nachversteuert werden, soweit sie nicht durch den ArbeitsvertragsSt. gedeckt werden oder nicht gesetzliche Befreiungsgründe Platz greifen. FM. 15. 6. 01 III 7265. — Vgl. A. 2c zu Tarif 32.

7. Zwecks Berechnung des WertSt. zu Verträgen über Ausführung von Hochbauten im Bereich der allgemeinen Bauverwaltung ist seitens der Herren Minister der Finanzen und der öffentlichen Arbeiten eine Verf. v. 12. 2. 00 — MBl. d. i. V. S. 103 —, der sich auch das Kriegsministerium angeschlossen hat, ergangen, aus der insbesondere entnommen wird:

1. Verträge der gedachten Art unterliegen der Tarifstelle 75 Abs. 2 u. 3. Bei Feststellung des Begriffs der nicht beweglichen Sache bleibt der Umstand, daß die gelieferten Gegenstände nicht nur als Gesamtanlage, sondern auch in einzelnen Teilen wieder vom Grund und Boden getrennt und anderweit verwendet werden können, außer Betracht.

2. Bei Berechnung des stpflichtigen Materialwerts sind die zum Bau erforderlichen beweglichen Gegenstände mit demjenigen Wert in Ansatz zu bringen, welchen sie in dem Zustande besitzen, in dem sie mit dem Grund und Boden in dauernde Verbindung gebracht werden. Zum Materialienwert gehört somit der Wert derjenigen Arbeit, welche zur Errichtung der einzelnen Gegenstände bis zum Augenblick ihrer dauernden Verbindung erforderlich ist, ganz gleichgültig, wo diese Arbeit vorgenommen wird.

3. Für die Ermittelung des Wertes der Arbeitsleistung kommen nur die bei der Herstellung des Baues entstehenden Kosten für das Verbauen, Versetzen, Verlegen oder Anbringen der Materialien, die Aufstellung der Konstruktionsteile, Befestigung der Beschläge und sonstiger Eisenteile usw. in Frage, wobei auch die damit verbundenen Kosten für Rüstungen und sonstige Nebenleistungen zu berücksichtigen sind.

Nachdem sodann unter Ziff. 4 u. 5 die Prozentsätze der Titelsummen der Kostenanschläge angegeben sind, welche in der Regel für die Ermittelung des Materialwerts in Betracht kommen werden, und unter Ziff. 6 bestimmt ist, daß die in Tarifstelle 32 Befreiungen 3 bestimmten „Mengen" bei der Feststellung des Materialwerts zwar außer Betracht bleiben, in der Berechnung jedoch als solche zu bezeichnen sind, die vom Unternehmer selbst im Inland erzeugt und hergestellt sind, unter Ziff. 7 u. 8 endlich die Begriffsbestimmung für „Menge" gegeben ist — vgl. A. 49 bei Tarifstelle 32 —, wird in Ziffer

9. bestimmt, daß zu den „Mengen" insbesondere rechnen:

a) Bruchsteine, Mauersteine, Kalk, Zement, Sand, Kies, Zementfässer usw.,

b) gewöhnliche Eisenbahnschienen, Draht und sonstige Eisen- und Blechwaren, soweit diese nicht besonderen Zwecken angepaßt und dafür besonders bearbeitet sind,

Lfd. Nr.	Gegenstand der Besteuerung	Steuersatz v. H.	Mk.	Pf.	Berechnung der Stempelabgabe
76.	**Wiederaufhebung** von Verträgen, s. Verträge Ziffer 1.				
77.	(1) **Zeugnisse,**[1–5] **amtliche in Privatsachen,**[2] innerhalb der Zuständigkeit[1] der ausstellenden Behörde oder des ausstellenden Beamten erteilte . . . . Allg.V. § 1 Ziff. 2c, § 2 Ziff. 1a	—	3	—	
	(2) Beurkundungen der Gerichtsvollzieher nach § 17 der Hinterlegungsordnung vom 14. März 1879 (Gesetzsamml. S. 249)*) . .	—	—	50	

Noch: Zu Tarifnummer 75.

c) Maschinen und Maschinenteile, welche nicht eine für besondere Verhältnisse eingerichtete Bauart haben, sondern vom Unternehmer nach demselben Modell und in gleicher Art hergestellt zu werden pflegen,

d) Leucht-, Brenn- und ähnliche Stoffe,

e) land- und forstwirtschaftliche Erzeugnisse (Strauch, Rohr, Schilf).

8. Was als „erzeugen" oder „herstellen" anzusehen ist, ist nach den Umständen des Einzelfalles zu beurteilen. Im allgemeinen ist als entscheidendes Merkmal festzuhalten, daß die zu liefernden Sachen oder Waren durch die Bearbeitung in dem Betriebe der Vertragschließenden eine Beschaffenheit erhalten haben müssen, die sie zu Gegenständen einer andern Gattung macht, als derjenigen, welcher sie bisher angehört haben. Dies trifft zu, wenn der Unternehmer in seinem Betriebe aus rohen Steinmaterialien Bausteine, Pflastersteine oder Steinschlag herstellt oder die Lösung von Steinen vom Felsen oder die Förderung von Kohlen usw. in seinem Betriebe vornimmt. Ob der Unternehmer die bearbeiteten Materialien seinem eigenen Grund und Boden entnommen hat, oder ob er Pächter des Grundstücks ist, macht dabei keinen Unterschied. Sind jedoch die Gegenstände durch Bearbeitung nur verfeinert, nicht aber zu Gegenständen einer andern Gattung gemacht, so gehören sie nicht zu den vom Unternehmer erzeugten oder hergestellten Sachen oder Waren. Mitgeteilt durch FME. v. 31. 8. 00 III 10517. — Vgl. A. 54 u. 55 bei Tarif 32.

---

*) Die betreffende Bestimmung der HinterlO. lautet:

§ 17. Die Gerichtsvollzieher sind zuständig, die Aufgabe des Geldes zur Post zu beurkunden.

Die Urkunde soll enthalten·

1. die Angabe, zu welcher Zeit, unter welcher Adresse und bei welcher Postanstalt die Sendung aufgegeben ist;
2. die Bezeichnung der Art des Verschlusses und der Verpackung des Geldes;
3. die Bezeichnung der Summe und der Gattungen desselben;
4. eine Abschrift der in Gemäßheit der §§ 14, 15 der Hinterlegungsstelle eingesandten Erklärung;
5. die Unterschrift des Gerichtsvollziehers.

Vgl. auch Art. 84 AG.BGB.

Lfd. Nr.	Gegenstand der Besteuerung	Steuersatz v. H	Mk	Pf.	Berechnung der Stempelabgabe
(77.)	(3) Befreit sind: a) Zeugnisse, auf Grund deren ein anderes amtliches Zeugnis oder ein Paß (Reise- oder Leichenpaß, Paßkarte) ausgestellt werden soll;[6] AB. 88 Abs. 1. — Allg.V. § 10 Ziff. 5. b) Zeugnisse aller Art, welche von Geistlichen in bezug auf kirchliche Handlungen erteilt werden, insbesondere Geburts-, Tauf-, Aufgebots-, Ehe-, Trau-, Toten- und Beerdigungsscheine; c) Zeugnisse, welche zum Nachweise der Berechtigung zum Genusse von Wohltaten, Stiftungen und anderen Bezügen für hilfsbedürftige Personen dienen sollen oder welche wegen Zahlung von Wartegeldern, Pensionen, Unterstützungsgeldern, Krankengeldern, Beerdigungskosten, Witwen- und Waisengeldern und ähnlichen Kosten und Geldern als Rechnungsbelege bei öffentlichen oder privaten Kassen und Anstalten eingereicht werden müssen; AB. 88 Abs. 1. — Allg.V. § 10 Ziff. 5. d) (1) Führungszeugnisse,[7] insoweit sie nicht zur Erlangung der in den Tarifstellen „Erlaubniserteilungen" und „Lustbarkeiten" aufgeführten Genehmigungen usw. erforderlich sind. (2) Den Führungszeugnissen stehen gleich Zeugnisse über geleistete Arbeiten in Anstalten, welche von unmittelbaren oder mittelbaren Staatsbehörden betrieben werden; e)[8] Beglaubigungen von Unterschriften[9] unter Anträgen und Verhandlungen, die nach ihrem Inhalt ausschließlich[10] zu einer Eintragung oder Löschung in öffentlichen, das Eigentum und die Belastung von Grundstücken und selbständigen Gerechtigkeiten feststellenden Büchern erforderlich sind,[11, 12] sowie die mit solchen Beglaubigungen verbundenen Zeugnisse				

Lfd. Nr.	Gegenstand der Besteuerung	Steuersatz v. H.	Mk.	Pf.	Berechnung der Stempelabgabe
(77.)	über die Vertretungsbefugnis der Beteiligten; AB. 88 Abs. 2 f) Beglaubigungen von Unterschriften der Gesuche um Auszahlung hinterlegter Gelder nach § 25 Abs. 2 der Hinterlegungsordnung vom 14. März 1879 (Gesetzsamml. S. 249).[13] *) Allg V. § 2 Ziff. 1 e. (4) In den unter a und c bezeichneten Fällen tritt die Stempelfreiheit nur dann ein, wenn der dieselbe begründende Zweck aus der Urkunde hervorgeht. Wird von den Attesten zu anderen Zwecken nachträglich Gebrauch gemacht, so ist der Stempel nachzuverwenden. Allg.V. § 22 Ziff. 4. AB. 6 Abs. 3; 9 Abs. 5, 6; 19; 88.				

Zu Tarifnummer 77.

1. a) Die Tarifstelle soll nur auf solche Atteste Bezug haben, durch welche Tatsachen und Umstände von der „zuständigen" Behörde oder dem „zuständigen" Beamten bescheinigt werden. KB. S. 92.

Die Zuständigkeit zur Ausstellung eines Zeugnisses ist für jede unmittelbare und mittelbare Behörde nicht nur dann begründet, wenn sie auf einer ausdrücklichen Bestimmung des Gesetzes oder einer Verordnung beruht, sondern, da der Staat es seinen Wohlfahrtszielen entsprechend als Aufgabe seiner Organe betrachtet, den auf ihre Hilfe angewiesenen Personen in öffentlichen und privaten Rechtsangelegenheiten bei gegebenem Anlasse durch Ausstellung von Zeugnissen zur Seite zu treten, auch schon dann, wenn die Behörde kraft ihres Amtes von der Tatsache Kenntnis hat und ihr Zeugnis auf andere

---

*) Die betreffende Bestimmung der HinterlO. lautet:

§ 25. Innerhalb des Gebiets des Deutschen Reichs geschieht, wenn der Berechtigte in dem Gesuche um Auszahlung es beantragt und soweit die Posteinrichtungen es gestatten, die Uebersendung des Betrages durch die Post. Kann die Uebersendung mittels einer Postanweisung geschehen, so ist sie auf diesem Wege zu bewirken

Uebersteigt der zu übersendende Betrag die Summe von dreitausend Mark, so darf die Uebersendung durch die Post nur geschehen, wenn die Unterschrift des Berechtigten durch eine zur öffentlichen Beglaubigung von Unterschriften zuständige Behörde oder Urkundsperson beglaubigt ist Der Aufnahme eines Protokolls über die Beglaubigung und der Zuziehung von Zeugen bedarf es nicht.

Vgl. auch Art. 84 AG.BGB.

Noch: Zu Tarifnummer 77.

Weise nicht wohl ersetzt werden kann. Diese Befugnis der Behörde zur Ausstellung von Zeugnissen genügt zur Begründung der Zuständigkeit. RG. 13. 1. 03, ZBl. S. 135, Entsch. Bd. 53 S. 271. Dieser Grundsatz erfährt eine Einschränkung, wenn besondere Behörden oder Beamte für gewisse Arten von Bescheinigungen durch Gesetz oder sonst allgemeine rechtsgültige Anordnungen ausschließlich für zuständig erklärt sind, z. B. Gerichte und Notare für Unterschriftsbeglaubigungen. FM. 27. 6. 99 III 7049. Reine Verwaltungsanordnungen der vorgesetzten Behörden an die nachgeordneten Dienststellen, die nur für diese verpflichtend sind, stellen solche allgemein gültige Verordnungen nicht dar. FM. 13 12. 10 III 22746. — Über Unterschriftsbeglaubigungen s. unten A. 9c.

b) Die Polizeiverwaltung ist nicht zuständig zur Ausstellung eines Zeugnisses darüber, daß jemand an ansteckenden Krankheiten nicht gelitten habe und erbliche Belastung bei ihm nicht vorliege. FM. 14. 3. 07 III 4530.

c) Kaufmännische Korporationen und Handelskammern sind keine Behörden. FM. 19 11. 97 III 14273.

2. Auch diejenigen Zeugnisse sollen von der StPflicht umfaßt werden, deren Ausstellung zum Teil aus Gründen des öffentlichen Wohles, zum Teil im Interesse Privater veranlaßt worden ist. Mot. S. 61.

3. a) Die von der physikalisch-technischen Reichsanstalt zu Charlottenburg ausgestellten Prüfungsscheine und Beglaubigungen bedürfen eines preußischen St. nicht. FM. 28. 8. 02 III 10800. Den Bundesstaaten steht nicht das Recht zu, an Hoheitsakte des Reiches die Erhebung einer Steuer zu knüpfen.

b) Die auf Grund des § 75a des Krankenversicherungsgesetzes erteilten Bescheinigungen des Herrn Reichskanzlers unterliegen nicht den Vorschriften des preuß. StSteuergesetzes. Da die Verwendung des St. für diese Bescheinigungen reichsgesetzlich nicht vorgeschrieben ist, so erfolgt deren Ausfertigung stfrei. FM. 14. 11. 02 III 14196, ZBl. S. 305.

4. Als amtliche Zeugnisse in Privatsachen i. S. dieser Tarifstelle sind u. a. anzusehen:

a) Die vom städtischen Inspektor des Schlachthauses ausgestellten Zeugnisse über die Untersuchung geschlachteten Viehes. FM 30. 8. 96 III 12013. — Vgl. unten A. 5i.

b) Atteste der Polizeiverwaltungen über die Fähigkeit zur Übernahme größerer Lieferungen zwecks Zulassung zum Submissionstermin. FM. 16. 10. 96 III 11987.

c) Die zu den Anträgen im Branntweinlombardverkehr der Reichsbank nach Muster E 156 (Anträge auf ein weiteres Darlehn) erteilten Zeugnisse, wenn der Wert 150 Mk. übersteigt. FM. 1. 8. 07 III 9768. (Vgl. FM. 14. 12. 05 III 14138.)

d) Bescheinigungen der Polizeibehörden, daß die vorstehend aufgeführten Posten in dem Pfandbuch des Pfandleihers N. als verfallen bezeichnet sind, und gegen den Verkauf der Sachen nichts einzuwenden ist. RG. 16. 12. 97, Entsch. Bd. 40 S. 386.

e) Die Bescheinigungen über den erfolgten Aushang einer Einladung zur Gewerkenversammlung (mangels eines öffentlichen Interesses), sofern nicht seitens der Revierbeamten in den Aushangsbescheinigungen

Noch: Zu Tarifnummer 77 (Anm. 4).

das etwaige Vorhandensein des Befreiungsgrundes des § 4a LStG. ersichtlich gemacht ist. FM. 14. 6. 05 III 7372.

f) Die Bescheinigung der Polizeibehörde, daß eine im Polizeibezirk wohnhafte Person imstande ist, einen andern zu ernähren (Sustentationsattest). FM. 10. 9. 98 III 12664. — Vgl. A. 2m γ bei Tarif 58.

g) Die von Polizeibehörden oder Beamten auszustellenden Lebenszeugnisse auf Quittungen über Renten aus der Preuß. Renten-Versicherungsanstalt. FM. 11. 2. 05 III 1472, ZBl. S. 38. StFreiheit tritt nur dann ein, wenn aus der Urkunde sich ergibt, daß es sich um einen Gegenstand im Werte von 150 Mk. oder weniger handelt.

h) Bescheinigungen des Landrats auf Grund amtlicher Feststellungen darüber, daß der zu A. am ..... geborene N. N. von ..... bis ..... in A. ununterbrochen in C. gemeldet gewesen und als unverheiratet verzeichnet ist. FM. 22. 12. 99 III 15802.

i) Bescheinigung des Meldeamts, daß die N.'schen Eheleute während einer bestimmten Zeit in A. gemeldet gewesen und daß während derselben Zeit ausweislich des Melderegisters Kinder aus der Ehe nicht zur Anmeldung gekommen sind. RG. 13. 1. 03, Entsch. Bd. 53 S. 271, ZBl. S. 135. Dabei ist ausgeführt, daß das Zengnis nicht als bloße Auskunftserteilung zu betrachten sei und daß der Sekretär, welcher es unterschrieben, kraft des ihm erteilten allgemeinen Auftrages gehandelt habe.

k) Die nach Vorschrift Nr. V Ziff. 3 Abs. 2 der Ausführungsverfügung v. 2. 8 95 (MBl. S. 231) zum Jagdscheingesetz v. 31. 7. 95 von den Jagd- oder Ortspolizeibehörden ausgestellten Zeugnisse. FM. 10. 11. 96 III 13991, ZBl. S. 633.

Sollte die Polizeibehörde die an das Landratsamt gerichteten Ersuchen entgegengenommen und nach Beifügung ihres eigenen Attestes dem Landratsamt eingereicht haben, so würden die Vermerke als abgekürzte amtliche Berichte stfrei sein. FM 9. 12. 99 III 14819.

l) Bescheinigungen der Gemeindevorsteher über die erfolgte Umwandlung der nicht feuersicheren Bedachung in eine feuersichere. FM. 27. 6. 99 III 7049.

m) Heimatscheine, auch Staatsangehörigkeitsausweise und Entlassungsurkunden, insoweit nicht § 15 Abs. 1 des Ges v 1 6 70 zutrifft. FM. 8. 9. 96 III 12321, ZBl. S. 587. — Vgl unten A 5rr.

n) Zeugnisse der Regierungspräsidenten für Königliche Polizei-Subalternbeamte auf Grund der Prüfungsordnung, daß der Betreffende von der Kommission geprüft und mit — gut — ausreichend — bestanden habe. FM. 19. 11. 98 III 15455.

o) Ergänzungsprüfungszeugnisse der Volksschullehrer über die bestandene Nachprüfung in Musik, weil ein Vorzeugnis nicht in Frage kommt, da solches zeitlich der Ausstellung des Hauptzeugnisses stets vorausgehen muß; auch Billigkeitsgründe sind nicht anwendbar, da es sich um eine einer ausdehnenden Auslegung nicht zugängliche Ausnahmevorschrift handelt. FM. 3. 4. 07 III 6052. — Vgl. unten A. 5r.

p) Wiederholungszeugnisse über die nicht bestandene zweite ärztliche Wiederholungsprüfung; sie sind als stfreie Vorzeugnisse nicht anzusehen, weil die Studierenden zu einer weiteren Prüfung nicht zugelassen werden

Noch: Zu Tarifnummer 77 (Anm. 4).

(§ 16 der Bekanntm. betr. die Prüfungsordnung für Ärzte v. 28. 5. 01). FM. 15. 6. 06 III 8909. — Vgl. unten A. 5p.

q) Die nach § 51 Abs. 1 der Dienstanw. für die Kreisärzte v. 23. 3. 01 auszustellenden Zulassungszeugnisse zum Apothekerberuf; das Zeugnis über das Bestehen der pharmazeutischen Prüfung wie der pharmazeutischen Vorprüfung; die Zeugnisse über die Tätigkeit als Gehilfe nach der Ablegung der pharmazeutischen Prüfung bei Beglaubigung durch den Kreisarzt und die Zeugnisse über die Führung während dieser Tätigkeit; die Approbation als Apotheker. FM. 3. 6. 07 III 10234. — Vgl. unten A. 5m

r) Bescheinigungen zum Zweck der Aufnahme in eine Unteroffiziervorschule oder die Schiffsjungen-Division. FM. 14. 3. 07 III 4530.

s) Bescheinigungen der Oberforstmeister über die Befähigung zum Eintritt in die Forstlehre auf Grund § 2 Abs. 5 des Regulativs v. 1. 10. 93. FM. 31. 8. 96 III 11735, ZBl. S. 604. — Vgl. unten A. 5x.

t) Die gemäß § 7 Abs. 6 des Regulativs über Ausbildung, Prüfung und Anstellung für die unteren Stellen des Forstdienstes v. 1. 10. 93 auszustellenden Lehrzeugnisse (§ 4 lit. c LStG. trifft nicht zu). FM. 17. 2. 97 III 1035, ZBl. S. 91.

u) Abgangszeugnisse der Militärmusiker von der Königl. Akademischen Hochschule für Musik. FM. 10. 7. 97 III 7215. — Vgl. unten A. 5v.

v) Die von den Medizinalbeamten für Militäranwärter ausgestellten Gesundheitsatteste. FM. 6. 3. 97 III 16820, ZBl. S. 93. — Vgl. unten A. 5z.

w) Die von Medizinalbeamten ausgestellten Gesundheitszeugnisse für Kandidaten des höheren Schulamts behufs Eintritts in den Schuldienst. FM. 3. 7. 98 III 8840, ZBl S. 319. — Vgl. Ges. v. 16. 9. 99 über die Dienststellung des Kreisarztes und die Bildung von Gesundheitskommissionen. — Vgl unten A. 5r.

x) Die von dem Regierungspräsidenten in Potsdam auf Grund des § 70 der Vorschriften über die staatliche Prüfung von Krankenpflegepersonen v. 10. 5. 07 für die vom Frauenverein des Kreises Teltow beschäftigten Schwestern erteilten Ausweise über ihre staatliche Anerkennung als Krankenpflegerinnen. (Die Ausweise können auch nach dem Ausscheiden der Schwestern aus ihrem Dienst benutzt werden.) FM. 18. 6. 08 III 11062.

y) Das vom Kreisarzt behufs Teilnahme an einem Hebammenlehrkursus gemäß § 60 der Dienstanweisung für die Kreisärzte auszustellende Fähigkeitszeugnis sowohl, wie das Zeugnis über die später bestandene Prüfung. FM. 11. 7. 02 III 8685. Ersteres ist nicht ein Vorzeugnis, sondern im Privatinteresse ausgestellt.

z) Die nach Ziff. 3b der Zulassungs- und Ausbildungsbedingungen der Desinfektionsschule in Greifswald den Gesuchen um Zulassung zu einem Kursus in dieser Schule beizufügenden kreisärztlichen Zeugnisse über die körperliche und geistige Befähigung des Bewerbers für den Beruf als Desinfektor. FM. 26. 7. 05 III 9015. Diese Zeugnisse sind keine Vorzeugnisse, da das spätere Prüfungszeugnis nicht auf Grund dieser Zeugnisse ausgestellt wird; sie dienen vielmehr zugleich dazu, dem Bewerber zu einer

Noch: Zu Tarifnummer 77 (Anm. 4).

mit einem Einkommen verbundenen Stellung zu verhelfen, sind also überwiegend im Privatinteresse ausgestellt.

aa) Die in Gemäßheit der Ausführungsbestimmungen B. und E. des Bundesrates zum FleischbeschauGes. erteilten Befähigungsausweise für Fleischbeschauer und Trichinenbeschauer (Unteranlagen zu BB. B und E), sowie die in den ministeriellen Ausführungsbestimmungen v. 20. 3. 03 betreffend die Schlachtvieh- und Fleischbeschau, einschließlich der Trichinenschau, bei Schlachtungen im Inlande vorgeschriebenen Befähigungsnachweise (Anlagen 1, 3, 4 und 5 daselbst). FM. 27. 5. 03 III 7107.

bb) Beglaubigungen der Polizeibehörden oder Gemeindevorsteher, die sich auf Anmeldungen zum Genossenschaftsregister beziehen (§ 8 Abs. 2 der Bek. v. 11. 7. 89 betreffend Führung des Genossenschaftsregisters und die Anmeldungen zu demselben). RG. 9. 11. 97, JW. 98 S. 33.

cc) Die von den Sachverständigen für überwachungsbedürftige Anlagen (Ges. v. 8. 7. 05) ausgestellten Abnahmebescheinigungen, also die Bescheinigungen, die bei der ersten Prüfung vor der Inbetriebnahme der Anlagen zu erteilen sind (Aufzüge, Kraftfahrzeuge, Elektrizitätsanlagen, Azetylenanlagen usw.). Ebenso sind stpflichtig die Bescheinigungen über außerordentliche Prüfungen, welche von den Besitzern beantragt werden. Die in den Erl. v. 23. 9. 02 u. 6. 2. 04 anerkannte StFreiheit der ersten (Abnahme-) Bescheinigung für Fahrstühle und Kraftfahrzeuge und für die Prüfungszeugnisse der Fahrer läßt sich nicht mehr aufrechterhalten. FM. 9. 6. 08 III 10070, ZBl. S. 316. Der allg. Erl. v. 5. 12. 96 betr. die ststeuerliche Behandlung der bei den Dampfkesseluntersuchungen auszustellenden Bescheinigungen wird durch das Ges. v. 8. 7. 05 nicht berührt. FM. 9. 6. 08 III 10070, ZBl. S. 316. — Vgl unten A. 5cc

Die von beamteten Ärzten auszustellenden Z., die dem Antrag auf Erteilung der Erlaubnis zum Führen eines Kraftfahrzeuges nach der Anlage B. I Nr 3 der V. des BR. betr. die Regelung des Verkehrs mit Kraftfahrzeugen v. 3. 2 10 beizufügen sind; die Bescheinigungen (Führerzeugnisse), durch welche die Führer gemäß § 14 Abs. 3 der V. v. 3. 2. 10 den Nachweis der Erlaubnis zur Führung eines Kraftfahrzeuges zu erbringen haben; die gemäß § 6 Abs. 2 der V. v. 3. 2. 10 nach dem Muster 2 (RGBl. S 407) auszufertigenden Bescheinigungen über die Zulassung des Kraftfahrzeuges zum Verkehr (vgl. Abs. 4 der Allg.Verf. v. 9. 6. 08, ZBl. S. 316). FM. 12. 11. 10 III 20928, ZBl. S. 502, und zwar nicht erst die seit dem Tage dieses Erlasses ausgefertigten, sondern seit dem 1. 4. 10 (§ 38 V. über den Verkehr mit Kraftfahrzeugen v. 3. 2. 10). FM. 7. 12. 10 III 22643.

dd) Die von Dampfkesselrevisoren auf Antrag des Kesselbesitzers auszustellenden Bescheinigungen über Untersuchungen, die in der Anweisung betreffend die Genehmigung und Untersuchung der Dampfkessel v. 6. 5. 93 nicht vorgeschrieben sind, ferner die Abnahmebescheinigungen und die von den Beschlußbehörden auszustellenden Genehmigungsurkunden §§ 16, 18, 25 u. 27 der Anweisung). FM. 21. 12. 96 III 17029, ZBl. 97 S. 26. — Vgl. unten A. 5 lit. aa.

ee) Beglaubigung der Unterschrift des Studierenden durch den nach § 1 Abs. 3 d. G. v. 29. 5. 79 zuständigen Universitätsrichter unter dem Aner-

Noch: Zu Tarifnummer 77 (Anm. 4).

kenntnis über gestundete Honorare, wobei der Gesamtbetrag der von den einzelnen Dozenten gestundeten und in den Verpflichtungsscheinen anerkannten Forderung für die Berechnung der Steuer maßgebend ist, ebenso Bescheinigungen der Magistrate, Landräte, Amtsvorsteher über die Vermögensverhältnisse der Eltern und Bedürftigkeit des Sohnes bei Stundung von Kollegienhonoraren und Bürgschaft der Eltern ohne Rücksicht auf die Höhe der gestundeten Honorare. — Erl. d. Min. der geistl. usw. Angelegenheiten v. 20. 4. 97, ZBl. f. d. Unterrichtsverwaltung S. 425. — FM. 29. 4. 97 III 5172. — Vgl. A. 3 bei Tarif 58 u. A. 5b bei Tarif 59.

ff) Bescheinigungen über den 44jährigen Besitz, sofern nicht aus dem Attest ein Objekt bis 150 Mk. hervorgeht FM. 7. 10. 97 III 12525.

gg) Unschädlichkeitsatteste. Als Objekt gilt für sie der Kaufpreis für das betreffende Trennstück bzw. der Wert desselben. Ein etwaiger Befreiungsgrund müßte in dem Attest selbst vermerkt werden. FM. 31. 1. 99 III 873, ZBl. S. 33.

Die Landschaftsdirektionen und Generalkommissionen haben die von ihnen ausgestellten Unschädlichkeitszeugnisse — vgl. Art. 20 AG. zur RGBO. — in allen Fällen zu verstempeln, in denen nicht aktenkundig ist oder dargetan wird, daß die Urkunde demnächst noch zur Erteilung der Verwendungsbescheinigung der Generalkommission eingereicht werden soll. Im letzteren Falle sind die Unschädlichkeitszeugnisse als Vorzeugnisse stfrei; es ist aber der Zweck, zu dem das Zeugnis ausgestellt wird, im Text desselben anzugeben. (DV. 53 u. Abs. 4 der Tarifstelle 77.)

Den Verwendungsbescheinigungen der Generalkommissionen steht StFreiheit aus § 4 Abs. 1 zu d LStG. nicht zu; eine nochmalige StVerwendung findet jedoch nicht statt, wenn der St. bereits zum Unschädlichkeitsattest verwendet ist. Die erfolgte Verwendung des St. zum Unschädlichkeitsattest ist aber auf der Verwendungsbescheinigung zu vermerken. Min. f. Landwirtsch. v. 6. 12. 04 I C b 6358, ZBl S. 10 v. 05.

hh) Das mit dem Revisionsvermerk des Revierbeamten versehene und dem Mutenden zurückgegebene Duplikat der Mutung (BergGes. § 33). AH S. 2366.

ii) Musterpässe über Waren aus dem freien Verkehr des Zollvereins. FM. 17. 5. 97 III 3594, ZBl. S. 205.

kk) Ursprungszeugnisse über nach dem Auslande auszuführenden Zucker. RG. 16. 6. 05, Entsch. Bd. 61 S. 117. FM. 1. 9. 05 III 11364, ZBl. S. 689. — Vgl. A. 11b bei § 25 u. unten A. 5ee.

ll) Von der Steuerbehörde zum Zweck der Erteilung von Lombarddarlehen auf Spiritus für die Reichsbank ausgestellte Bescheinigungen. FM. 26. 2. 97 III 2475.

mm) Die amtlichen Bestätigungen der Denaturierung von Branntwein, welche den Inhabern von Branntweinverteilungslägern behufs Vorlegung bei der Zentrale für Spiritusverwertung, G. m. b. H. in Berlin, auf Antrag erteilt werden. FM. 7. 2. 01 III 1244.

nn) Ankaufserlaubnisscheine über größere Mengen Äther als 104 1/6 kg Schwefeläther oder 256 16/39 kg Essigäther.

Äther-Verkaufserlaubnisscheine sind stets stpflichtig, da sie nicht über eine bestimmte Menge lauten.

oo) Körscheine. FM. 16. 1. 03 III 16022. — Vgl. unten A. 5pp.

Noch: Zu Tarifnummer 77 (Anm. 5).

5. Als Zeugnisse i S. dieser Tarifstelle sind u. a. nicht anzusehen und daher stfrei:

a) Beglaubigung der Unterschrift unter Quittungen über Brandentschädigungsgelder durch Polizeibehörden oder Geistliche. FM. 11. 6. 96 III 8243.

b) Bescheinigungen der Polizeibehörden, daß der Auszahlung der Brandentschädigung keine polizeilichen Bedenken entgegenstehen, falls die Form eines Erlaubnisscheins mit dem Vermerk: „stempelfrei mangels Vorhandenseins einer Urschrift" gewählt wird. FM. 24. 9. 96 III 13434. — Vgl. A. 4 lit. x bei Tarif 10.

c) Polizeiliche Bescheinigungen über das Leerstehen der Wohnung zwecks Liquidierung der Wohnungsgeldentschädigung bei Versetzungen von Beamten. FM. 14. 11. 96 III 16008, ZBl. S. 635.

d) Die polizeilichen Bescheinigungen für die Schlafstellenvermieter. FM. 7. 2. 98 III 1400.

e) Die Bescheinigungen der Polizei- und Gemeindebehörden über das Vorliegen der Voraussetzungen der Befreiungsvorschrift am Schlusse der Tarifnummer 11 RStG. nach § 4 Abs. 1 Buchst. b, da diese Vorschrift auch Anwendung findet, wenn die Urkunden dem Zwecke dienen, festzustellen, daß eine Abgabe nicht zu entrichten ist. FM. 21. 4. 10 III 8061.

f) Polizeiliche Bescheinigungen über die Anmeldung von Versammlungen, in denen öffentliche Angelegenheiten erörtert oder beraten werden sollen, gleichviel ob die Bescheinigung beantragt ist oder nicht. FM. 20. 5. 98 III 6775 u. 11. 8. 98 III 11407. Ebenso sind auch solche Bescheinigungen als ausschließlich im öffentlichen Interesse ausgestellt anzusehen, die den Veranstaltern einer nicht öffentlichen Lustbarkeit auf ihren Antrag über die Anmeldung von der Polizeibehörde erteilt wird, falls in Polizeiverordnungen die Anmeldung nicht öffentlicher Lustbarkeiten verlangt wird. FM. 29. 4. 00 III 5106.

g) Die gemäß § 7 Abs. 1 des ReichsvereinsGes. v. 19. 4. 08 (RGBl. S. 151) erteilten polizeilichen Genehmigungen öffentlicher Aufzüge sind mit Rücksicht darauf, daß ihre Erteilung ausschließlich im öffentlichen Interesse erfolgt, in ststeuerlicher Hinsicht ebenso zu behandeln wie die nach derselben Bestimmung ausgestellten Genehmigungen von öffentlichen Versammlungen unter freiem Himmel, deren Steuerfreiheit durch RundErl. v. 13. 8. d. J. — Min. d. J. IIe 2938, FM. III 14305 — bereits anerkannt ist. FM. 10. 6. 09 III 6169, ZBl. S. 219.

h) Wohnsitzbescheinigungen und andere zum Zweck der Benutzung beim Standesamt ausgestellte amtliche Zeugnisse. Es muß aber angegeben sein, daß sie nur zu dem bezeichneten Zweck bestimmt sind. FM. 12. 6. 99 III 7340, MBl. S. 104.

i) Die Bescheinigungen der beamteten Tierärzte über den seuchenfreien Zustand von aus dem Auslande eingeführten Tieren. FM. 9. 4. 97 III 4145, ZBl. S. 173. — Vgl. oben Anm. 4a.

k) Die durch landesherrliche Anordnung zur Abwehr von Viehseuchen vorgeschriebenen Bescheinigungen. FM. 27. 3. 97 III 3126.

l) Abgangszeugnisse der Studierenden von der Universität, ohne Rücksicht darauf, ob sie zwecks Immatrikulation auf einer andern Universität oder zwecks Zulassung zur Prüfung erteilt werden. FM. 11. 10. 96 III 14046.

Noch: Zu Tarifnummer 77 (Anm. 5).

m) Das Zeugnis über die Tätigkeit als Apothekerlehrling und dessen amtliche Bestätigung durch den Medizinalbeamten; die Zeugnisse über die Tätigkeit als Gehilfe vor der Ablegung der pharmazeutischen Prüfung, und die über die Führung während dieser Zeit; die Zeugnisse über das Universitätsstudium. FM 3. 6. 07 III 10234. — Vgl. oben A. 49.

n) Die kreisärztlichen Beglaubigungen unter den Servierzeugnissen approbierter Apothekergehilfen, wenn sie sich nur über die Zeitdauer der Tätigkeit des Zeugnisinhabers in einer bestimmten Apotheke aussprechen; enthalten die Zeugnisse zugleich eine Bescheinigung über die Leistungen und ist die darunter befindliche kreisärztliche Bescheinigung ohne jede Beschränkung ausgestellt, so ist sie stpflichtig. FM. 5. 6. 08 III 9397.

o) Die nach den Diplomprüfungsordnungen der Technischen Hochschulen zu erteilenden Bescheinigungen über das Bestehen der Diplomvorprüfung als Vorzeugnisse, sofern sie lediglich als Ausweis für die Zulassung zur Diplomhauptprüfung verwendet werden. Wird von einer solchen Bescheinigung zu anderen Zwecken Gebrauch gemacht, so ist der tarifmäßige St von 3 Mk. nachträglich zu verwenden. Da nach Abs. 4 der bezeichneten Tarifstelle die StFreiheit nur dann eintritt, wenn der sie begründende Zweck aus dem Zeugnis hervorgeht, so ist in die Vorprüfungszeugnisse folgender Vermerk aufzunehmen:

„Diese Bescheinigung wird zum Zwecke der Verwendung bei der Diplomhauptprüfung erteilt."

Die den Studierenden auf Grund des § 31 des Verfassungsstatuts der Technischen Hochschule beim Verlassen der Hochschule zu erteilenden Abgangszeugnisse sind, wie bisher, stfrei auszufertigen.

Hinsichtlich der Abgangsbescheinigungen, welche den Hörern auf Grund des § 34 Abs. 3 des Verfassungsstatuts ausgestellt werden, ist künftig nach Maßgabe des Erl. des Herrn Unterrichtsministers v 5. 11. 03 U I 2564, betreffend die Abgangsbescheinigungen der Hospitanten bei den Universitäten zu verfahren.

Hiernach sind die den Hospitanten auf ihren besonderen Antrag zu erteilenden Abgangsbescheinigungen stfrei, sofern sie die Grundlage für ein weiteres amtliches Prüfungszeugnis bilden und dieser Zweck in dem Zeugnis angegeben wird. Es sind deshalb die Hospitanten zu einer Angabe darüber zu veranlassen, zu welchem Zweck sie die Bescheinigungen gebrauchen wollen. FM. 11. 5. 10 III 9221.

p) Die nach § 17 Abs. 2 der Bek. betreffend die Prüfungsordnung für Ärzte v. 28. 5. 01 den Studierenden über die ärztliche Vorprüfung erteilten Zeugnisse (als Vorzeugnisse), sofern in ihnen der die StFreiheit begründende Zweck der Ausstellung angegeben ist. FM. 15. 6. 06 III 8909. — Vgl. oben A. 4p.

q) Die den Kandidaten der Landmeßkunst zu erteilenden Semesterzeugnisbogen und Studienzeugnisse für die künftige Ablegung der kulturtechnischen Prüfung. FM. 6. 2. 97 III 16823, ZBl. S. 60.

r) Zeugnisse über die wissenschaftliche Befähigung zum einjährig-freiwilligen Militärdienst, über die Prüfung der Abiturienten und Immatrikulanden, die quartaliter den Schülern erteilten Zeugnisse und

Noch: Zu Tarifnummer 77 (Anm. 5).
die Abgangszeugnisse beim Übertritt auf eine andere Lehranstalt, die amtlichen Gesundheitszeugnisse für Schulamtspräparanden bei Beginn der Vorbereitung, sowie die für die Aufnahmeprüfung bei den Schullehrer-Seminaren von den Anwärtern beizubringenden Gesundheitsatteste u. dgl. Atteste für die Meldung zu Volksschullehrer- u. dgl. Prüfungen, endlich auch die für die Aufnahmeprüfungen bei den Schullehrer-Seminaren von den Anwärtern beizubringenden, ortsbehördlich bescheinigten Unterhaltserklärungen des Vaters bzw. des Nächstverpflichteten. Voraussetzung ist, daß bei allen diesen ärztlichen Zeugnissen der die StFreiheit begründende Zweck angegeben ist. FM. 3. 7. 98 III 8840, ZBl. S. 319. — Vgl. oben A. 4 o u. w.

s) Die von den gewerblichen Fortbildungs- und Fachschulen für die männliche und die weibliche Jugend, einschließlich der Baugewerk-, Maschinenbau- und sonstigen Fachschulen für die Metallindustrie, der keramischen, der Fachschulen für Textilindustrie und der Handwerker- und Kunstgewerbeschulen den Schülern zu erteilenden Zeugnisse einschließlich der beim Übertritt in eine andere Lehranstalt auszustellenden Abgangszeugnisse. FM. 30. 9. 00 III 11670, ZBl. S. 561.

t) Die den Schülern einer Seemaschinistenschule von Amts wegen auszustellenden Schulzeugnisse. FM. 20. 10. 08 III 18184.

u) Bescheinigungen über die erfolgreiche Teilnahme von Lehrpersonen an den Kursen zur Fortbildung im Turnen und in der Erlernung von Turnunterricht, sowie zur Ausbildung in der Leitung von Volks- und Jugendspielen, weil vorwiegend im öffentlichen Interesse. FM. 29. 1. 09 III 1419.

v) Zeugnis des Armee-Musik-Inspizienten über die Dienstkenntnis in der Führung eines Musikkorps. FM. 10. 7. 97 III 7215. — Vgl. oben A. 4 u.

w) Die Kalkulaturatteste des Regierungspräsidenten über Befähigung der Kalkulatur-Hilfsarbeiter zur selbständigen Bearbeitung von Rechnungssachen und die Zuverlässigkeit für solche Geschäfte. FM. 19. 11. 98 III 15455.

x) Äußerungen der Lehrherren über die Leistungen und die Ausbildung der Forstlehrlinge FM. 21. 8. 99 III 10335. — Vgl. oben A. 4 u.

y) Zeugnis über die Beschäftigung als Bureauanwärter. FM. 14. 8. 97 III 9971.

z) Die von Sanitätsoffizieren ausgestellten Zeugnisse über die körperliche Brauchbarkeit von Militäranwärtern für den Grenz- oder einen andern Zivildienst. FM. 7. 8. 00 III 7241, ZBl. S. 427. — Vgl. oben A. 4 v.

aa) Die von Dampfkesselrevisoren auszustellenden Bescheinigungen über die Prüfung der Bauart, die erste Wasserdruckprobe, die regelmäßig wiederkehrenden technischen Untersuchungen und die Wasserdruckproben nach Hauptausbesserungen bei Dampfkesseln und ähnlichen Apparaten, sowie die nach § 11 der Anweisung, betreffend Genehmigung und Untersuchung der Dampfkessel, auszustellenden Prüfungsbescheinigungen über die Vollständigkeit der vom Kesselbesitzer eingereichten Vorlagen zur Erlangung der Genehmigung eines Dampfkessels. FM. 21. 12. 96 III 17029, ZBl. S. 26 v. 97. — Vgl. A. 4 lit. h bei Tarif 10 u. oben A. 4 lit. dd.

bb) Die Sachverständigenbescheinigungen, die auf Grund des § 12 Abs. 2 der allgemeinen polizeilichen Bestimmungen über die Anlegung von Dampfkesseln v. 17. 12. 08 (RGBl. 09 S. 3) dem Kesselprüfer vor der

Noch: Zu Tarifnummer 77 (Anm 5).

Ausführung der Bauprüfung von neuen Dampfkesseln zwecks Nachweises dafür vorgelegt werden, daß der zu den Wandungen der Kessel verwendete Baustoff nach Maßgabe der Anlagen I und 1 zu den genannten Bestimmungen geprüft worden ist. Diese Bescheinigungen dienen nach der genannten Vorschrift den über die Bauprüfung auszustellenden Zeugnissen zur Grundlage, sind also Vorzeugnisse. Die StFreiheit der Vorzeugnisse ist allerdings nach Abs. 4 der Tarifstelle 77 an die Voraussetzung geknüpft, daß der die Befreiung begründende Zweck aus der Urkunde hervorgeht. Es wird indes auch hiervon abgesehen werden können, da diese Bescheinigungen gleichwie die auf ihrer Grundlage ausgestellten Zeugnisse überwiegend im öffentlichen Interesse ausgefertigt werden. FM. 8. 1. 10 III 22290.

cc) Die Bescheinigungen, welche über die regelmäßig wiederkehrenden Prüfungen überwachungsbedürftiger Anlagen (Ges. v. 8. 7 05) ausgefertigt werden, nicht die bei der ersten Prüfung erteilten. Ebenso sind stfrei die Bescheinigungen über außerordentliche Untersuchungen, die von den Polizeibehörden im öffentlichen Interesse angeordnet werden. FM. 9. 6. 08 III 10070, ZBl. S. 316 — Vgl. oben A 4cc.

dd) Eingangspässe über ausländische Musterstücke, wenn aus ihnen hervorgeht, daß der Zollwert der Waren, über die der Musterpaß erteilt ist, 150 Mk. nicht übersteigt. FM. 17. 5. 97 III 3594, ZBl. S. 205.

ee) Die von Ortsbehörden ausgestellten Ursprungszeugnisse, wenn der Unterschied im Zoll, welcher auf der Ware im Lande der Bestimmung ruht, je nachdem dieselbe von einem Ursprungszeugnisse begleitet ist oder nicht, sich auf mehr als 150 Mk. beläuft. Dabei wird allerdings vorausgesetzt, daß aus dem Inhalt der Zeugnisse hervorgeht, daß dieselben zum Zwecke der Versendung der Waren nach einem bestimmten Lande und behufs Erlangung eines niedrigeren Zollsatzes im Bestimmungslande ausgestellt sind, und daß die betreffenden Behörden ev von den Beteiligten in den Stand gesetzt werden, die Höhe des Zollunterschiedes zuverlässig festzustellen. FM. 14. 5. 02 III 5797. — Vgl A. 11b bei § 25 u. oben A. 4kk u. FM 4. 7. 07 III 12017.

Die Beglaubigung der Ursprungserklärungen bezüglich deutscher zur Ausfuhr nach Spanien bestimmter Ware ist der Ortspolizeibehörde übertragen. Min. d. J. 18. 7. 86. Eine Übertragung dieser Befugnis auf die Vorstände der Polizeireviere in Berlin hat nicht stattgefunden.

ff) Bescheinigungen über die Anmeldung des Kleinhandels mit denaturiertem Branntwein. FM. 14. 9. 98 III 12547.

gg) Die von Ortspolizeibehörden behufs zollfreier Einfuhr von Heirats- oder Anzugsgut ausgestellten Anmeldungs- oder Niederlassungsbescheinigungen FM. 15. 11. 00 III 13527.

hh) Polizeiliche Bescheinigungen über das Nichtvorhandensein der im § 57 GewO. bezeichneten Versagungsgründe zum Zweck der Erlangung einer Gewerbe-Legitimationskarte oder eines Wandergewerbescheins, sofern der Zweck der Ausstellung gemäß Abs. 3 aus dem Zeugnis hervorgeht. FM. 27. 3. 00 III 3578, ZBl. S. 213.

ii) Auf Grund des § 15 der GewO. von den zuständigen Landesbehörden zu erteilenden Bescheinigungen über den Empfang der im § 14 GewO. vorgeschriebenen Anzeigen, betreffend den Beginn, die Aufgabe usw. der dort bezeichneten Gewerbe und Geschäfte. FM. 14. 9. 98 III 12547.

Noch: Zu Tarifnummer 77 (Anm. 5).

kk) Die in Vereinsregistersachen für die nach § 66 BGB. erforderliche Beglaubigung der bei den Gerichtsakten verbleibenden Satzung. JM. 21. 9. 06, JMBl. S. 291.

ll) Bescheinigungen über den Austritt aus der Landeskirche. Joh. Bd. 17 S. 303.

mm) Auswanderungsbescheinigungen der Bezirkskommandos und Ersatzkommissionen auf Grund § 111 Nr. 16a Abs. 2 und § 27 Nr. 1 der Wehrordnung. FM. 4. 8. 97 III 9481, ZBl. S. 304 u. 10. 9. 00 III 10192, ZBl. S. 549.

nn) Die nach § 195 Abs. 2 Ziff. 5 HGB. von den Handelsvertretungsorganen behufs Eintragung einer Aktiengesellschaft in das Handelsregister darüber auszustellende Bescheinigung, daß eine Abschrift des Berichts eingereicht worden ist usw.

oo) Die nach Ziff. 43 Abs. 3 der AusfAnw. zur GewO. v. 9. 8. 99 den Ortspolizeibehörden zu übersendenden zweiten Ausfertigungen der auf Grund §§ 33 u. 33a erteilten Genehmigungsurkunden. FM. 18. 6. 00 III 3289, ZBl. S. 396. — Vgl. A. 4 lit. f bei Tarif 10.

pp) Die an Stelle der Körscheine eingeführten, von dem Vorsitzenden der Kommission ausgestellten Deckbücher, die auf der ersten Seite den Vordruck enthalten:

„Der Stier darf zum Decken fremden Rindviehs bis zum . . . . Termin . . . . benutzt werden."

Auch als Ausfertigungen können diese Deckbücher nicht angesprochen werden, weil keine Urschriften vorhanden sind. FM. 16. 1. 03 III 16022. — Vgl. oben A. 4oo.

qq) Ebenso wie die an Stelle der Körscheine eingeführten Deckbücher sind auch die in einzelnen Kreisen üblichen Auszüge aus den Körprotokollen stfrei, sofern die Auszüge für die Stierbesitzer nicht auf ihr Ansuchen, sondern ohne Antrag von Amts wegen (Tarifstelle 11) ausgefertigt werden. FM. 17. 9. 03 III 12997.

rr) Die nach § 8 Abs. 2 d. G. v. 1. 6. 70 bei Naturalisationen erforderlichen Erklärungen (sog. vorbereitende Zeugnisse in Naturalisationsangelegenheiten) weil die Zeugnisform nicht vorgeschrieben und die Ausstellung eines Zeugnisses von dem zu Naturalisierenden nicht veranlaßt ist. FM. 15. 8. 08 III 14357. — Vgl. oben A. 4m.

ss) Die im Branntweinlombardverkehr nach dem Muster D 155 erfolgenden Mitteilungen der Steuerbehörden an die Reichsbank über die Verstärkung des Unterpfandes, weil sich die Schriftstücke nach ihrem Inhalt nicht als Zeugnisse darstellen, sondern als bloße Benachrichtigungen im innern Verkehr zwischen den Steuerbehörden und der Reichsbank. FM. 1. 8. 07 III 9768.

6. „soll": also ohne Rücksicht darauf, ob später ein Zeugnis ausgestellt wird oder nicht. FM. 3. 7. 98 III 8840, ZBl. S. 319.

7. a) Unter den Führungszeugnissen sind alle Zeugnisse zu verstehen, die über das sittliche oder sonstige Verhalten des Zeugnisempfängers im allgemeinen, oder über dessen Verhalten, Fleiß und Leistungen während seiner Beschäftigung in einem Staatsbetriebe oder auf einem öffentlichen Bureau im besonderen ausgestellt werden.

Hiernach sind auch die von Bewerbern um Katasterzeichnerstellen behufs ihrer Zulassung zur Zeichnerprüfung nach den Vorschriften

Noch: Zu Tarifnummer 77.

v. 20. 3. 88 beizubringenden Zeugnisse über ihre bisherige Geschäftstätigkeit in der Katasterverwaltung stfrei. FM. 27. 7. 03 III 10638.

b) Die Bescheinigung einer Polizeiverwaltung, daß und wie lange jemand bei einem Gerichtsvollzieher und einem Rechtsanwalt als Schreiber beschäftigt gewesen sei, fällt unter den Begriff eines stfreien Führungszeugnisses. Über diesen Begriff geht aber die Bescheinigung hinaus, wenn darin gesagt ist, daß der Betreffende durch keinerlei Zivilverhältnisse und Lehrkontrakte gebunden sei. FM. 14. 3. 07 III 4530.

c) Die Behörden sind besonders angewiesen worden, nicht durch Wahl stfreier Schriftform die StPflichtigkeit sonst stpflichtiger Führungszeugnisse auszuschließen. FM. 16. 8. 97 III 10250, ZBl. S. 324, MBl. S. 174 u. 201.

d) Dagegen ist für die seitens der Ortspolizeibehörden in dem Schankkonzessionsverfahren gemäß § 33 Abs. 2 Nr. 1 GewO. abzugebenden Äußerungen der RundErl. v. 1. 11. 92, Min. d. J. II 13627, wieder in Kraft gesetzt, wonach dergleichen Äußerungen in Form eines Berichts oder eines Schreibens an die zuständige Behörde abzugeben sind. FM. 4. 1. 01 III 15623. — Würden derartige amtliche Äußerungen von den Gesuchstellern veranlaßt, den letzteren auch das Gesuch mit der Äußerung ausgehändigt sein, so würde der ZeugnisSt. fällig sein. FM. 13. 3. 00 III 2832.

e) Polizeiliche Führungszeugnisse, die von den Kandidaten der Medizin nach § 63 Abs. 1 der Prüfungsordnung für Ärzte v. 28. 5. 01 dem Antrage auf Erteilung der Approbation als Arzt beizufügen sind, sind stpflichtig, weil sie zur Erlangung einer Approbation, also einer Erlaubniserteilung i. S. des Tarifs 22b erforderlich sind. FM. 18. 1. 07 III 847. — Vgl. oben A. 4p u. 5p.

8. Über Unterschriftsbeglaubigungen vgl. § 129 BGB., §§ 167, 191 FG., Art. 115, 117, 122 PFG., §§ 1—4, 10, 12 V. v. 20. 12. 00 GS. S. 640, auch Art. 35, 36, 58 PFG. — s. auch A. 1a oben.

9. a) Die StFreiheit von Beglaubigungen ist nicht dadurch bedingt, daß die beantragte Eintragung für zulässig befunden wird und wirklich erfolgt, sondern nur an die Voraussetzung gebunden, daß eine die Eintragung bezweckende Urkunde beglaubigt wird. Joh. Bd. 3 S. 221.

b) Die Tarifstelle 77 lit. e bezieht sich nur auf Unterschriftsbeglaubigungen, so daß z. B. vom Notar gefertigte beglaubigte Abschriften von Erbbescheinigungen und Generalvollmachten, selbst nur zum Zweck einer Löschung im Grundbuch, nach Tarifstelle 1 stpflichtig sind. FM. 4. 5. 97 III 5431. — Vgl. A. 5 bei Tarif 1.

c) Der ZeugnisSt. für Unterschriftsbeglaubigungen ist nur dann fällig, wenn die Beglaubigungen entweder durch die Amtsgerichte oder Notare erfolgen oder andere Behörden durch Gesetz oder rechtsgültige Verordnungen ausdrücklich zur Vornahme von Beglaubigungen für zuständig erklärt sind. FM. 18. 10. 96 III 13950, ZBl. S. 613. Rechtsgültige Verordnungen sind lediglich solche von der Staatsgewalt ohne Mitwirkung des Parlaments auf Grund der Verfassung oder auf Grund gesetzlicher Ermächtigung getroffene Anordnungen, welche allgemein gültige Normen aufstellen. FM. 6. 2. 97 III 825, ZBl. S. 61. — Vgl. oben A. 1a.

d) Wird dem beglaubigenden Notar nicht die Einsicht der Urkunde zur Feststellung etwaiger StFreiheit gewährt, so hat er in allen Fällen den BeglaubigungsSt. zu verwenden; wird die Beglaubigung stfrei erteilt, so

Noch: Zu Tarifnummer 77.
muß der Notar den Befreiungsgrund in seinen Akten vermerken, und zwar derart, daß eine Nachprüfung der Frage der StFreiheit möglich ist; hierbei genügt die bloße Bezeichnung „Grundbuchsache“ nicht, wohl aber die Bezeichnung „Abtretung einer Hypothekenforderung“, „Auflassungsvollmacht“. JM. 21. 6. 97 I 2766, ZBl. S. 277, JMBl. S. 154.

e) Der Beglaubigungsvermerk braucht die Angabe nicht zu enthalten, daß die Vollziehung oder Anerkennung der Unterschrift in Gegenwart des beglaubigenden Beamten erfolgt ist. KG. 2. 7. 00, Joh. NF. Bd. I S. A 133.

f) Beglaubigen die Notare nur eine von ihnen nicht entworfene Urkunde, so sind sie nur zur Verwendung des ZeugnisSt. verpflichtet. FM. 30. 6. 97 III 7992, ZBl. S. 277.

g) Die Unterschriftsbeglaubigung unter einer Erbschaftsausschlagungserklärung, in der angegeben ist, daß der Nachlaß überschuldet ist, ist stfrei. KG. 18. 4. 07, Joh. Bd. 36 S B 48. Ebenso

h) Die Unterschriftsbeglaubigungen unter Vollmachten zur Empfangnahme oder unter Erklärungen über die Abholung von Postsendungen, wenn sie nicht durch Gericht oder Notar bewirkt werden. FM. 6. 7. 00 III 6550, ZBl. S. 409. — Vgl. A. 11i bei § 25.

10. a) Wenn auch zur Eintragung einer Buchhypothek die Beibringung einer Schuldurkunde nicht mehr erforderlich ist, so findet dennoch in den Fällen, in welchen die der Unterschrift nach beglaubigte Erklärung neben der Bewilligung der Eintragung einer Hypothek zugleich die Schuldurkunde enthält, die Befreiungsvorschrift e Anwendung. Der entgegenstehende Beschluß des KG. v. 13. 5. 01 ist aufgehoben.

Hierbei ist gleichzeitig bemerkt: Die Befreiungsvorschrift ist nicht dahin auszulegen, daß die Beifügung einer jeden Erklärung, welche zum Zweck der Herbeiführung einer Eintragung oder Löschung nicht notwendig ist, den Wegfall der StFreiheit zur Folge hat, vielmehr ist die Grenze für die Anwendung der Befreiungsvorschrift dahin zu ziehen, daß zwar die Aufnahme von Erklärungen, welche mit der Bewilligung einer Eintragung oder Löschung sachlich in keinem Zusammenhange stehen, der Gewährung der StFreiheit entgegensteht, daß aber die StFreiheit auch dann anerkannt werden kann, wenn die Beteiligten sich nicht auf die zur Eintragung oder Löschung unbedingt erforderlichen Erklärungen beschränkt haben, sondern zur näheren Bestimmung des dinglichen Rechtsverhältnisses dienliche Erklärungen beigefügt haben. Als eine solche Erklärung ist auch die Anerkennung der Forderung, für welche Hypothek bestellt werden soll, anzusehen. JM. 10. 12. 01, JMBl. S. 309, ZBl. S. 31 v. 02.

b) Über den nach Inhalt des JM. v. 10. 12. 01, JMBl. S. 309, für die StFreiheit gezogenen Rahmen gehen folgende in einer Schuldverschreibungsurkunde mit Hypothekenbestellung enthaltenen Bestimmungen nicht hinaus:

> Schuldner ist verpflichtet, die Gebäude in angemessener Feuerversicherung zu halten, darin keine Änderung ohne Zustimmung des Gläubigers eintreten zu lassen. Im Fall Nichtzahlung der Versicherungsbeiträge durch den Schuldner und Einzahlung seitens des Gläubigers ist ersterer zur Erstattung und Verzinsung verpflichtet. Die

Noch: Zu Tarifnummer 77.

verpfändeten Gebäude dürfen ohne Zustimmung des Gläubigers nicht abgebrochen werden.

Das Kapital soll ohne Kündigung bei Nichterfüllung dieser Abmachungen fällig sein. JM. 7. 9. 04, JMBl. S. 329, FM. 27. 3. 05, ZBl. S. 180.

c) Wegen des in hypothekarischen Schuldverschreibungen üblichen Zusatzes, daß bei Kündigung seitens des Gläubigers ohne Vorlegung des Hypothkenbriefes der Eigentümer zur Zurückweisung der Kündigung nicht berechtigt ist, dessen Eintragungsfähigkeit feststeht — RG. 27. 4. 04, JW. S. 339 —, wird der ZeugnisSt. auch dann nicht erfordert werden können, wenn hierzu nicht eine besondere Eintragungsbewilligung abgegeben ist, weil diese Kündigungsbestimmung eine Bedingung der Hypothekenbestellung ist und davon nicht getrennt werden kann.

d) Die in einer Schuldurkunde enthaltenen Bestimmungen, daß im Falle der Fälligkeit einer Hypothek der Gläubiger verpflichtet ist, auf Verlangen die Hypothek an einen Dritten ohne Gewährleistung abzutreten, und daß im Falle der Kündigung bei deren Zustellung der Hypothekenbrief nicht vorzulegen ist, sind nur nähere Bedingungen des eingegangenen Schuldverhältnisses und bewirken selbst dann nicht die StPflicht der Unterschriftsbeglaubigung, wenn ihre Eintragung im Grundbuch ausdrücklich ausgeschlossen wird. FM. 8. 8. 08 III 13748.

11. Unterschriftsbeglaubigungen sind ferner u. a. stfrei:

a) Unter Blanko-Abtretungen auf Urkunden, die in das Grundbuch einzutragen sind. FM. 14. 7. 99 III 9091.

b) Unter einer Vollmacht zur Abgabe einer Auflassungserklärung. JM. 21. 6. 97, JMBl. S. 154. — Vgl. A. 8b bei Tarif 73.

c) Unter Anträgen, Vollmachten und Genehmigungserklärungen, die nach ihrem Inhalt ausschließlich eine im Reichsschuldbuch oder im Staatsschuldbuch einzutragende oder eingetragene Forderung betreffen. Art. II d. G. v. 22. 5. 10 (GS. S. 47) zur Abänderung d. G. v. 20. 7. 83 (GS. S. 120), FM. 21. 6. 10, ZBl. S. 325.

12. Dagegen ist der ZeugnisSt. u. a. erforderlich:

a) Zu der Beglaubigung eines Antrages auf Ergänzung des Hypothekenbriefes durch Eintragung der derzeitigen Bestandteile des Grundstücks und der Feuerversicherungssumme. FM. 26. 7. 01 III 9326.

b) Zu einer Klausel, die in eine mit Hypothekenbestellung verbundene Schuldverschreibung aufgenommen wird: Für alle Klagen aus dieser Urkunde ist das Amtsgericht in S. zuständig. RG. 1. 10. 01, Entsch. Bd. 49 S. 299.

c) Falls die Schuldverschreibung oder die Urkunde über Bestellung einer Kautionshypothek die Übernahme der selbstschuldnerischen Bürgschaft seitens des Verpfänders enthält. FM. 24. 4. 99 III 4926 u. 17. 10. 00 III 12290.

d) Wenn in der Zessionsurkunde Schuldner den Zessionar als seinen neuen Gläubiger anerkennt. FM. 28. 5. 98 III 7117. — Vgl. A. 7h bei Tarif 58 u. A. 6k bei Tarif 71.

Lfd. Nr.	Gegenstand der Besteuerung	Steuersatz v. H.	Mk.	Pf.	Berechnung der Stempelabgabe
78.	**Zuschlagsbescheide,** wie Kaufverträge, siehe diese.[1, 2]				

Noch: Zu Tarifnummer 77.

e) Wenn die unterschriftlich beglaubigte Urkunde zur Eintragung oder Löschung in einem außerpreußischen Grundbuch dient. KG. 23. 11. 96, Joh. Bd. 16 S. 270. FM. 27. 4. 03 III 2969. RG. 12. 5. 05, Entsch. Bd. 60 S. 431, ZBl. S. 707.

f) Zu Unterschriftsbeglaubigungen unter Anträgen, die sich auf eine Eintragung im Schiffsregister beziehen. FM. 6. 7. 97.

13. a) Es darf nur ein Gesuch der hier bezeichneten Art, nicht gleichzeitig eine andere Erklärung beurkundet sein. FM. 31. 12. 97 III 16731.

b) Es ist überhaupt diese Befreiungsvorschrift als Ausnahmevorschrift eng auszulegen, weshalb auch der ZeugnisSt. zu verwenden ist, wenn bei Unterschriftsbeglaubigung durch einen zuständigen Beamten (Art. 111, 115, 117, 122, 123 PFG. u. §§ 1—4, 10, 12 V. v. 20. 12. 00 GS. S. 640) der Antrag nicht auf Übersendung, sondern bloß auf Auszahlung an den Empfangsberechtigten selbst, seinen Vertreter oder einen Dritten gerichtet ist. FM. 5. 1. 01 III 15622.

c) Auch die Beglaubigungen unter Gesuchen um Übersendung bis zu 3000 Mk. sind stfrei (FM. 16. 10. 87 III 12453), wobei es gleichgültig ist, ob der eigentlich Empfangsberechtigte oder sein legitimierter Vertreter die Übersendung an diesen bzw. jenen oder einen Dritten beantragt. FM. 5. 1. 01 III 15622.

Zu Tarifnummer 78.

1. Diese Tarifstelle findet auch dann Anwendung, wenn der bisherige Eigentümer Ersteher ist und der Zuschlagsbescheid dahin geht, daß ihm das Eigentum an dem Grundstück zu belassen sei. KG. 23. 11. 96, Joh. Bd. 16 S. 298. — Vgl. A. 30a bei Tarif 32.

2. Ist im Zuschlagsurteil selbst nicht bestimmt, welcher Teil des Meistgebots auf das bewegliche Zubehör zu rechnen ist, so ist vom Ganzen der einprozentige St. fällig. Zur Abwendung des höheren St. genügt auch eine Anzeige des Erstehers binnen 2 Wochen nach der Verkündung des Urteils zu den Gerichtsakten, vorbehaltlich freilich der Befugnis des Gerichts, die Richtigkeit zu beanstanden und selbst eine Wertermittelung vorzunehmen. KG. 28. 6. 97, Joh. Bd. 17 S. 299 u. KG. 6. 10. 02. — Vgl. A. 30c bei Tarif 32.

Tabelle

über den gegenwärtigen Kapitalwert einer Rente oder Nutzung im Werte von 1 Mark auf eine bestimmte Anzahl von Jahren behufs Berechnung der davon zu entrichtenden Stempelsteuer.
(Zu § 6 des Gesetzes.)

Anzahl der Jahre	Kapitalwert M	Pf.	Anzahl der Jahre	Kapitalwert M.	Pf	Anzahl der Jahre	Kapitalwert M.	Pf.
1	1	0,0	30	17	98,4	59	23	43,0
2	1	96,2	31	18	29,0	60	23	52,8
3	2	88,6	32	18	58,9	61	23	62,4
4	3	77,5	33	18	87,4	62	23	71,5
5	4	63,0	34	19	14,8	63	23	80,3
6	5	45,1	35	19	41,1	64	23	88,7
7	6	24,2	36	19	66,5	65	23	96,9
8	7	00,2	37	19	90,8	66	24	04,7
9	7	73,3	38	20	14,3	67	24	12,2
10	8	43,5	39	20	36,8	68	24	19,4
11	9	11,1	40	20	58,5	69	24	26,4
12	9	76,0	41	20	79,3	70	24	33,0
13	10	38,5	42	20	99,3	71	24	39,5
14	10	98,6	43	21	18,6	72	24	45,6
15	11	56,3	44	21	37,1	73	24	51,6
16	12	11,8	45	21	54,9	74	24	57,3
17	12	65,2	46	21	72,0	75	24	62,8
18	13	16,6	47	21	88,5	76	24	68,0
19	13	65,9	48	22	04,3	77	24	73,1
20	14	13,4	49	22	19,5	78	24	78,0
21	14	59,0	50	22	34,2	79	24	82,7
22	15	02,9	51	22	48,2	80	24	87,2
23	15	45,1	52	22	61,8	81	24	91,5
24	15	85,7	53	22	74,8	82	24	95,7
25	16	24,7	54	22	87,3	83	24	99,7
26	16	62,2	55	22	99,3	84	25	00,0
27	16	98,3	56	23	10,9	und mehr.		
28	17	33,0	57	23	22,0			
29	17	66,3	58	23	32,7			

Ausführungsbestimmungen
zum
Landesstempelgesetz.
Vom 16. August 1910.

(Beilage zu Nr. 20 des Zentralblatts.)

Zur Ausführung des am 1. Juli 1909 in Kraft getretenen Stempelsteuergesetzes in der Fassung der Bekanntmachung vom 30. Juni 1909 (GS. S. 535) werden vom Finanzminister im Einverständnis mit den Ministern der Justiz, der öffentlichen Arbeiten, für Handel und Gewerbe, der geistlichen, Unterrichts- und Medizinal-Angelegenheiten, für Landwirtschaft, Domänen und Forsten, sowie des Innern, unter Aufhebung der Bekanntmachung vom 13. Februar 1896 und der Dienstvorschriften vom 14. Februar 1896, betreffend die Ausführung des Stempelsteuergesetzes (Zentralblatt der Abgaben-Gesetzgebung und Verwaltung in den Königlich Preußischen Staaten S. 53 und 93), der diese Vorschriften abändernden Ausführungsbestimmungen vom 28. August 1900 (Zentralblatt usw. S. 477 und 492), der allgemeinen Verfügung des Finanzministers, betreffend die Buchführungsordnung für den Landesstempel vom 24. Februar 1909 (Zentralblatt usw. S. 76) und der allgemeinen Verfügung des Finanzministers und des Justizministers vom 6. Juli 1909, betreffend das gerichtliche Stempelwesen (Justizministerialblatt S. 239, Zentralblatt usw. S. 243) folgende am 1. Oktober 1910 in Kraft tretende Bestimmungen erlassen:

Landesstempelgesetz.

I. Abschnitt.

Von der Pflicht zur Entrichtung der Stempelsteuer.

Zu §§ 2 und 5 des Gesetzes.

Anrechnung ausländischer Stempel. Persönliche Stempelbefreiungen.

1. (1) Über die Zulässigkeit der im § 2 Abs. 3 des Gesetzes erwähnten Anrechnung der in einem anderen Bundesstaat entrichteten Stempel und

der im § 5 Abs. 2 und 3 a. a. O. erwähnten Stempelsteuerbefreiungen entscheidet der Finanzminister.

(2) Wegen der im § 5 Abs. 1g des Gesetzes vorgeschriebenen nachträglichen Einziehung von Stempelbeträgen ist das Erforderliche im § 5 Abs. 3 der allgemeinen Verfügung über gerichtliche Landesstempelsachen gesagt. Die einjährige Frist läuft von dem Tage ab, an dem das zuständige Stempelsteueramt vom Registergericht die angeordnete Mitteilung erhält.

(3) Jede Oberzolldirektion und jedes Stempelsteueramt führt über diejenigen Stiftungen des Geschäftsbereichs, die nach § 5 Abs. 1d des Gesetzes als milde anerkannt sind, ein Verzeichnis. Insoweit nach dem Ermessen der Oberzolldirektionen ein Bedürfnis vorhanden ist, bringen sie Stiftungen der bezeichneten Art in gewissen Zeitabschnitten zur Kenntnis der Hauptzollämter ihres Verwaltungsbezirks; es bleibt ihrer Entscheidung überlassen, ob es erforderlich ist, den Hauptzollämtern auch die früheren, seit dem 1. April 1896 anerkannten Stiftungen mitzuteilen.

Zu § 3 des Gesetzes.

Bedingte Rechtsgeschäfte.

2. Behörden und Beamte, einschließlich der Notare, sind verpflichtet, zu Urkunden über bedingte Rechtsgeschäfte die tarifmäßigen Stempel innerhalb der Fristen des § 15 Abs. 1 des Gesetzes zu verwenden und zwar selbst dann, wenn es wahrscheinlich ist oder innerhalb der gesetzlichen Stempelverwendungsfristen bereits feststeht, daß das beurkundete Geschäft nicht zur Ausführung kommen wird. Aus der Vorschrift des § 25 Abs. 2 des Gesetzes, wonach unter Umständen bei Nichtausführung des Geschäfts eine Stempelerstattung zulässig ist, ist keine Berechtigung zu entnehmen, die fristzeitige Stempelverwendung zu unterlassen, da damit der Entscheidung der Oberzolldirektionen über die Stempelerstattung, die nicht ausnahmslos, sondern nur bei dem Vorhandensein von Billigkeitsgründen statthaft ist, vorgegriffen werden würde. Es wird besonders den Notaren zur Pflicht gemacht, zu Urkunden über bedingte Grundstückskaufverträge die gesetzlichen Stempel rechtzeitig — also regelmäßig vor der Aushändigung, spätestens binnen zwei Wochen nach der Aufnahme der Verträge — zu verwenden. Dies gilt namentlich für die über die Veräußerung von Schankgrundstücken geschlossenen Verträge, die vielfach unter der Bedingung geschlossen werden, daß sie erst gültig werden sollen, wenn die Erlaubnis zum Betriebe der Gast- und Schankwirtschaft erteilt ist oder daß sie ihre Gültigkeit verlieren sollen, wenn diese Erlaubnis nicht erteilt wird.

Zu § 6 des Gesetzes.

Stempelerstattungen bei unbestimmten Leistungen.

3. (1) Für die Stempelerstattungen des Abs. 2 läuft die Frist des § 25 Abs. 1a des Gesetzes von dem Tage, an dem die wirkliche Leistung feststeht.

Umrechnung fremder Währungen.

(2) Für die Umrechnung der in einer anderen als der Reichswährung ausgedrückten Summen sind für die nachstehenden Währungen folgende, vom Bundesrat festgesetzte Mittelwerte allgemein zugrunde zu legen:

1 Pfund Sterling	= 20,40 Mk.
1 Frank, Lira, Peseta (Gold), Lëu, finnische Mark .	= 0,80 „
1 österreichischer Gulden (Gold)	= 2,00 „
1 österreichischer Gulden (Währung)	= 1,70 „
1 österreichisch-ungarische Krone	= 0,85 „
1 Gulden holländischer Währung	= 1,70 „
1 skandinavische Krone	= 1,125 „
1 alter Goldrubel	= 3,20 „
1 Rubel 1 alter Kreditrubel	= 2,16 „
1 türkischer Piaster	= 0,18 „
1 Peso (Gold)	= 4,00 „
1 Dollar	= 4,20 „
1 alter japanischer Goldyen	= 4,20 „
1 japanischer Yen	= 2,10 „
1 deutsch-ostafrikanische oder indische Rupie	= 1,35 „
1 mexikanischer Golddollar	= 2,10 „

Zu § 7 des Gesetzes.

Auskunfterteilung und Wertermittelung.

4. (1) Wenn es für die Ermittelung der der Stempelberechnung zugrunde zu legenden Werte auf Umstande ankommt, die aus der Urkunde nicht ersichtlich sind, z. B. auf das Lebensalter einer Person, so sind die die Versteuerung vornehmenden Behörden und Beamten, einschließlich der Notare, verpflichtet, die Beteiligten über diese Umstände zu befragen und das Ergebnis auf der Urkunde zu vermerken. Sind besondere Ermittelungen erforderlich, so ist die Entstehung von Kosten tunlichst zu vermeiden; in jedem Falle ist darauf zu achten, daß nicht Kosten erwachsen, die zur Höhe des Stempelanspruches in keinem angemessenen Verhältnis stehen.

Ordnungsstrafen.

(2) Die Festsetzung und Einziehung der Ordnungsstrafen des zweiten Absatzes erfolgt nach fruchtloser Androhung im Wege der Verfügung durch

die Hauptzollämter. In denjenigen Fällen, in denen das Ermittelungsverfahren vor den Stempelsteuerämtern schwebt, setzen diese die Ordnungsstrafen fest und überweisen sie den Hauptzollämtern zur Einziehung. Die im § 15 des Gesetzes erwähnten Behörden und Beamten haben unter Mitteilung der Verhandlungen das zuständige Hauptzollamt um Festsetzung der Ordnungsstrafen zu ersuchen. Sie sind von dem Ergebnis durch die Hauptzollämter zu benachrichtigen. Gegen die Straffestsetzungen findet Beschwerde an die Oberzolldirektion statt.

Einigungen.

(3) Einigungen zwischen den Zollbehörden und Steuerpflichtigen sind unter dem ausdrücklichen Vorbehalt der Abänderung durch die vorgesetzten Dienstbehörden zu treffen.

Aussetzung der Einziehung streitiger Stempel.

(4) Die Bestimmung über die Aussetzung der Zahlung des streitig gebliebenen Stempels infolge Beschreitung des Rechtsweges findet nur Anwendung auf diejenigen Beträge, welche wegen Meinungsverschiedenheiten zwischen den Zollbehörden und Steuerpflichtigen über die Höhe des Werts des Gegenstandes streitig geblieben sind, nicht aber auf diejenigen Stempelbeträge, welche streitig sind, weil die Steuerpflichtigen ihre rechtliche Verpflichtung zur Zahlung überhaupt bestreiten.

Zu § 8 des Gesetzes.

Aussetzung der Versteuerung wegen Unbestimmtheit des Wertes des Gegenstandes.

5. (1) Eine Aussetzung der Versteuerung wegen Unbestimmtheit des Wertes des Gegenstandes ist dann nicht zulässig, wenn es möglich ist, den Wert des Gegenstandes des Geschäfts, wenn auch nur annähernd, sogleich festzustellen. Eine sofortige Versteuerung ist z. B. möglich, wenn in Verträgen über die Veräußerung eines Grundstücks nur ein Einheitspreis und die ungefähre Größe des Grundstücks angegeben ist. Nur wenn ein Geschäft seinem Inhalte nach so unbestimmt ist, daß sich sein Wert auch nicht annähernd schätzen läßt, ist die Erhebung des Stempels bis zur erfolgten Ausführung des Geschäfts auszusetzen oder, wenn es sich um fortlaufende oder zu gewissen Zeiten wiederkehrende Leistungen handelt, von Zeit zu Zeit — etwa alljährlich — vorzunehmen. Die Berechnung des Stempels bei Urkunden über Geschäfte der letzteren Art richtet sich nach dem Gesamtwerte des Gegenstandes, dergestalt, daß auch die bei Vornahme der einzelnen Versteuerungen 150 Mk. oder weniger betragenden Werte nicht außer Betracht bleiben dürfen, sondern den bereits versteuerten Werten behufs der Nachversteuerung hinzuzurechnen sind.

Wenn beispielsweise bei einem Lieferungsvertrage der nach Ablauf des ersten Vertragsjahres auf 450 Mk. festgestellte Lieferungspreis mit 1/3 v. H. also mit 1,50 Mk. versteuert worden ist und sich nach Ablauf des zweiten Vertragsjahres ein Preis von 150 Mk. ergibt, so sind diese 150 Mk. nicht steuerfrei, sondern sie unterliegen einem Stempel von 50 Pf., weil der stempelpflichtige Gesamtpreis am Schluß des zweiten Jahres 600 Mk. (450 + 150 Mk.) und der davon zu entrichtende Stempel 2 Mk. beträgt.

(2) Zu Urkunden, aus welchen ein bestimmter Wert sogleich ersichtlich ist, in denen aber außerdem Leistungen von unbestimmten, erst später schätzbaren Werten ausbedungen sind, ist der Stempel von dem ersichtlichen Werte sogleich zu verwenden, die Beibringung des übrigen Stempels aber nach der Vorschrift des vorhergehenden Absatzes zu bewirken.

Verfahren bei Urkunden, die von Behörden und Beamten, einschl. der Notare, aufgenommen sind.

(3) Behörden und Beamte, einschließlich der Notare, haben innerhalb der Fristen des § 15 Abs. 1 des Gesetzes die Versteuerung der dort bezeichneten Verhandlungen und Urkunden, bei denen der Wert des Gegenstandes unbestimmt ist, bei den Hauptzollämtern zu beantragen, wenn sie es nicht vorziehen, die nachträgliche Versteuerung selbständig ohne Mitwirkung der Zollbehörden vorzunehmen. Zur Versteuerung zuständig ist der Regel nach dasjenige Hauptzollamt, in dessen Geschäftsbezirk die Urkunde errichtet ist. Die Urkunden können aber auch einem anderen Hauptzollamt zur Versteuerung überwiesen werden, wenn die Umstände die Annahme rechtfertigen, daß dieses letztere Amt für die Überwachung geeigneter ist und die Versteuerung sich bei ihm wird bequemer erreichen lassen. Unter Zustimmung der Steuerpflichtigen kann die Versteuerung auch von demjenigen Hauptzollamt, bei dem die Versteuerung beantragt ist, an ein anderes Hauptzollamt abgegeben werden, wenn nach den gemachten Wahrnehmungen oder infolge veränderter Umstände, z. B. des Wechsels des Wohnortes der Steuerpflichtigen, der Übernahme der Abrechnung durch eine andere Geschäftsstelle usw. sich durch die Überweisung an ein anderes Amt eine zweckentsprechendere Versteuerung erwarten läßt.

(4) Über die die Berechnung und Überwachung der später zu entrichtenden Stempel bedingenden Umstände sind die Beteiligten zu vernehmen und ihre Erklärungen zu den Akten zu vermerken. Bei Notaren hat diese Verpflichtung zur Voraussetzung, daß die tatsächlichen Verhältnisse, die für die Wertfestsetzung und die davon abhängige Stempelberechnung bestimmend sind, zur Zeit der notariellen Aufnahme oder Beglaubigung der Urkunde bereits bestanden haben oder binnen zwei Wochen nach dem

21*

Tage der Ausstellung der Urkunden eingetreten sind. Bestimmt sich der Wert des Gegenstandes nach dem Eintritt späterer Ereignisse oder läßt er sich zur Zeit der Beurkundung aus einem anderen Grunde nicht bemessen — beispielsweise der in einem Lieferungsvertrage vereinbarte Preis nach künftigen Marktpreisen oder bei Grundstücksveräußerungen der auch nicht ungefähr feststellbare Preis nach der erst später durch Vermessung festzustellenden Größe des Grundstücks — so liegt den Notaren die Beschaffung der für die Berechnung des Stempels erforderlichen Angaben nicht mehr ob. Dies ist alsdann Sache der Hauptzollämter.

(5) Die Erklärungen der Beteiligten sind dem Hauptzollamt mit einer entsprechenden Anzeige zu übersenden; die zu versteuernden Urkunden sind, soweit es angängig ist, in Urschrift oder in Abschrift beizufügen. Kann letzteres nicht geschehen und ergeben auch die Erklärungen der Beteiligten den Sachverhalt nicht zur Genüge, so ist das Hauptzollamt unter Mitteilung des Datums und Gegenstandes der Urkunde sowie der Beteiligten nach Namen, Stand und Wohnort vom Sachverhalt in Kenntnis zu setzen. Notare haben zu den Urschriften der Verhandlungen nach der Tarifstelle 45 den Notariatsurkundenstempel von 3 Mk. zu verwenden, falls nicht der Stempel einer anderen Tarifstelle beizubringen ist; der Notariatsurkundenstempel kann auf den später im Wege der Nachversteuerung zu erhebenden Stempel angerechnet werden. Die Überweisung des Überwachungsfalles an das Hauptzollamt ist von der überweisenden Amtsstelle auf der Urschrift oder der Abschrift der Verhandlung oder, wo solche Urkunden nicht vorhanden sind, an geeigneter Stelle in den Akten zu vermerken. Die entstehenden Schreib- und Postgebühren fallen der Staatskasse zur Last.

(6) Das Hauptzollamt trägt den Überwachungsfall nach Prüfung des Sachverhalts in eine unter fortlaufender Nummer zu führende Überwachungsliste ein, die den Tag der Eintragung, die Bezeichnung der Urkunde nach Form, Art des beurkundeten Geschäfts, Ort und Tag, die Namen, den Stand und Wohnort der Steuerpflichtigen, den Wert des Gegenstandes, den Zeitpunkt der Fälligkeit des Stempels sowie den Vermerk der etwa hinterlegten Sicherheit und ihrer Buchung und der eingezogenen Stempelbeträge enthalten muß. Es bescheinigt der überweisenden Amtsstelle den Eingang der Überweisung unter Mitteilung der Nummer der Überwachungsliste und Beifügung der zurückverlangten Urkunden und veranlaßt das weitere wegen etwaiger Sicherheitsleistung, der Überwachung und der späteren Einziehung der Stempel. Die eingezahlten Beträge sind in Stempelzeichen zu entwerten. Die entwerteten Stempelzeichen sind zu

den Akten zu nehmen. Die Beträge sind der überweisenden Amtsstelle mitzuteilen, welche die Mitteilung als Beleg zu den in den Akten befindlichen Vorverhandlungen zu entnehmen hat.

(7) Kommen in ein und demselben Geschäftsbetriebe zahlreiche, überwachungsbedürftige Verträge vor, deren jährlicher Einzelertrag gering ist, z. B. bei Lizenzvergebungen an kleine Bezirke, bei Verleihung des Aufführungsrechts an Bühnen durch Verlagsanstalten oder Agenturen, so kann auf Antrag statt der Versteuerung jedes einzelnen Vertrages die Versteuerung der gesamten, innerhalb eines bestimmten Zeitraums abgeschlossenen Verträge durch Kontrollbücher gestattet werden. Die Steuerpflichtigen haben die Verträge sofort nach ihrem Abschluß in das Kontrollbuch einzutragen, sie mit der laufenden Nummer des Kontrollbuches zu versehen und das Kontrollbuch in gewissen Zeitabschnitten — viertel-, halb- oder alljährlich — den Hauptzollämtern zur Versteuerung einzureichen. Über die Zulassung zu dieser Versteuerung entscheiden die Hauptzollämter; sie bestimmen auch das Nähere wegen der Überwachung, besonders wegen der Anlegung des Kontrollbuches.

Verfahren bei gerichtlichen Urkunden.

(8) Wegen der Übersendung der gerichtlichen Urkunden an die Hauptzollämter ist das Erforderliche im § 11 der Verfügung über gerichtliche Landesstempelsachen bestimmt. Für das weitere Verfahren findet der Abs. 6 sinngemäße Anwendung.

Verfahren bei privatschriftlichen Urkunden.

(9) Privatschriftliche Urkunden — zu denen auch die der Unterschrift nach gerichtlich oder notariell beglaubigten Urkunden sowie diejenigen Urkunden gehören, bei denen die Notare die Unterschriften beglaubigt, die Entwürfe aber nicht selbst gefertigt haben — sind innerhalb der im § 16 bezeichneten Fristen den Hauptzollämtern zur Überwachung, Versteuerung und Erhebung des Stempels einzureichen. Das Hauptzollamt hat die Aussteller oder Vorzeiger der Urkunden nach Maßgabe des Abs. 4 zu vernehmen, den Überwachungsfall in die Überwachungsliste einzutragen, von der eingereichten Urkunde, insoweit ihr Inhalt für die Stempelpflichtigkeit von Belang ist, Abschrift zu fertigen und auf der Urkunde den Tag der Vorlegung, die Nummer der Überwachungsliste und den Zeitpunkt, zu dem die Urkunde zur Versteuerung wieder einzureichen ist, zu vermerken. Sodann ist die Urkunde dem Einsender oder Vorzeiger unter Hinweis auf die Strafbestimmungen der §§ 17 und 18 des Gesetzes wieder zuzustellen und das weiter Erforderliche wegen etwaiger Sicherheitsleistung, der Überwachung sowie der Einziehung und Entwertung des Stempels nach Abs. 6 zu veranlassen. Der Abs. 7 dieser Nummer findet

auf privatschriftliche Urkunden Anwendung. Die vorstehenden Bestimmungen gelten auch für Urkunden, zu denen Privatpersonen ohne amtliche Überwachung Stempel verwenden dürfen.

Zu § 9 des Gesetzes.

Versteuerung von Nebenausfertigungen als Hauptausfertigungen.

6. (1) Wird den Zollbehörden oder Stempelverteilern eine stempelpflichtige Verhandlung mit dem Antrage vorgelegt, sie als Nebenausfertigung (Duplikat, Nebenexemplar) zu versteuern, so ist diesem Antrage nur dann zu entsprechen, wenn das Vorhandensein einer als Hauptausfertigung vorschriftsmäßig versteuerten Urkunde nachgewiesen ist. Kann ein solcher Nachweis nicht geführt werden, so ist die vorgelegte Verhandlung als die vorhandene einzige Ausfertigung anzusehen und zur Versteuerung zu ziehen. Der verwendete Stempel wird jedoch auf Antrag bis auf den zur Nebenausfertigung erforderlichen Betrag zurückgezahlt, sobald später die vorschriftsmäßig versteuerte Hauptausfertigung vorgelegt werden kann. Der Erstattungsantrag ist an das zuständige Stempelsteueramt zu richten. Wegen des Verfahrens, wenn die stempelpflichtige Urkunde wegen Vernichtung oder sonstigen Verlustes nicht vorgelegt werden kann, vgl. Nr. 15 Abs. 4 dieser Best.

Stempelverwendungsvermerke auf Nebenausfertigungen, Abschriften usw.

(2) Behörden und Beamte, einschließlich der Notare, sind verpflichtet, auf den von ihnen hergestellten Nebenausfertigungen (Duplikaten) sowie auf den von ihnen erteilten beglaubigten und einfachen Abschriften und beglaubigten Auszügen die zu den Hauptausfertigungen oder Urschriften verwendeten Stempelbetrage unter Angabe des Datums und der Amtsstelle und unter Beidrückung des Amtsstempels mit Namensunterschrift zu bescheinigen. Bei weiteren Ausfertigungen ist auf der Nebenausfertigung der zu dieser und der zur Hauptausfertigung oder Urschrift verwendete Stempel anzugeben. Vgl. auch Nr. 37 und 43 sowie wegen des Vermerks auf den Nebenausfertigungen Nr. 15 Abs. 3, Nr. 16 Abs. 4, und besonders wegen des Vermerks auf notariellen Nebenausfertigungen Nr. 17 Abs. 4 dieser Best.

Stempelverwendungsvermerke bei notariellen Unterschriftsbeglaubigungen.

(3) Wenn Notare den Entwurf von Urkunden anfertigen und nach Vollziehung durch die Beteiligten die Unterschriften oder Handzeichen beglaubigen, so haben sie die Verwendung des zu der Urkunde erforderlichen Stempels (§ 15 Abs. 1 des Gesetzes) auf den nach Art. 60 Abs. 2 des

Preuß. Gesetzes über die freiwillige Gerichtsbarkeit vom 21. September 1899 (GS. S. 249) zurückzubehaltenden beglaubigten Abschriften durch eigenhändige Namensunterschrift zu vermerken. Beglaubigen die Notare von ihnen nicht entworfene Urkunden, so sind sie nur verpflichtet, den nach der Tarifstelle 77 erforderlichen Zeugnisstempel zu verwenden. Es empfiehlt sich aber, um die Beteiligten vor Stempelstrafen zu schützen, daß die Notare die Privatpersonen über die Stempelpflichtigkeit und die Höhe des erforderlichen Stempels belehren. Eine gleiche Belehrung der Beteiligten empfiehlt sich für Rechtsanwälte. Wenn die Beteiligten die Einsichtnahme in die beglaubigten Urkunden nicht gestatten, so sind die Notare verpflichtet, in allen Fällen den Zeugnisstempel zu verwenden; dagegen liegt es ihnen nicht ob, Angaben über die Versteuerung zu den Akten zu bringen. Nehmen die Notare jedoch nach Einsicht der Urkunde von der Verwendung des Zeugnisstempels Abstand, weil sie einen gesetzlichen Befreiungsgrund für gegeben erachten, so ist der Befreiungsgrund in den Akten zu vermerken. Dieser Vermerk muß den Inhalt der Urkunde so genau bezeichnen, daß eine Nachprüfung der Stempelbefreiung möglich ist. Allgemeine Bezeichnungen, z. B. „Grundbuchsache", sind nicht ausreichend; es muß vielmehr statt dessen gesagt werden: „Hypothekarische Schuldverschreibung", „Abtretung einer Hypothekenforderung", „Auflassungsvollmacht" u. dgl.

Stempelverwendungsvermerke betreffend Urkunden, die nicht zu den Akten genommen werden.

(4) Werden Behörden oder Beamten (Notaren) bei der Errichtung, Aufnahme oder öffentlichen Beglaubigung einer Urkunde von den Beteiligten *andere* Urkunden vorgelegt, die nicht zu den Akten genommen werden, so sind die zu diesen Urkunden verwendeten Stempelbeträge und der Tag der Entwertung zu den Akten zu vermerken. Dies gilt besonders von Vollmachten, die zu den von den Notaren über den Hergang in Generalversammlungen aufgenommenen Verhandlungen vorgelegt werden.

Stempelberechnungsvermerke.

(5) Wenn sich der Stempel nicht ohne weiteres aus dem Urkundeninhalt berechnen läßt, so ist von den Behörden und Beamten, einschließlich der Notare, auf den Urschriften oder Abschriften der Verhandlungen oder an einer sonst geeigneten Stelle in den Akten eine kurze Stempelberechnung unter Hinweis auf die angewendete Tarifstelle aufzustellen, auch die Berechnung auf den Ausfertigungen usw. zu vermerken. Bei Stempelbefreiungen und Stempelermäßigungen sind die Befreiungs- und Ermäßigungsgründe kurz anzugeben.

Zu § 10 des Gesetzes.

Angabe von Einzelwerten.

7. (1) Wenn bei Rechtsgeschäften über mehrere, verschiedenen Steuersätzen unterliegende Gegenstände in der Urkunde das Entgelt ohne Angabe der Einzelwerte ungetrennt in einer Summe oder Leistung verabredet ist (also beispielsweise in einer den Verkauf eines Grundstücks nebst beweglichem Zubehör enthaltenden Kaufurkunde nicht besondere Werte für das Grundstück und die Zubehörstücke angegeben sind oder ein Werkverdingungsvertrag nichts darüber enthält, wieviel von dem bedungenen Gesamtpreise auf den Materialienwert und wieviel auf Arbeitsvergütung entfällt), so sind die die Versteuerung bewirkenden Behörden und Beamten, einschließlich der Notare, verpflichtet, die Steuerpflichtigen über die Höhe der Einzelwerte zu vernehmen. Kann eine Erklärung hierüber von den Steuerpflichtigen nicht abgegeben werden, so sind sie darüber zu belehren, daß sie berechtigt seien, auf der Urkunde die Einzelwerte innerhalb der Fristen des § 16 des Gesetzes noch nachträglich anzugeben und daß, wenn eine solche Angabe nicht erfolge, der höchste Steuersatz nach dem Gesamtwerte erhoben werde. Über die Belehrung ist ein Vermerk in die Urkunde aufzunehmen oder auf die Urkunde zu setzen. Der Stempel ist in der feststellbaren Höhe sogleich zu verwenden; der Eingang des etwa nachzubringenden Stempels ist zu überwachen.

(2) Die nachträgliche Werttrennung muß von den Urkundenausstellern oder einem von ihnen oder den von ihnen Bevollmächtigten unterschrieben sein. Nur von der Urkundsperson unterschriebene, außerhalb des eigentlichen Urkundentextes, z. B. in notariellen Randvermerken oder Kostenrechnungen, stehende Wertangaben sind nur dann zu berücksichtigen, wenn die Urkundsperson (das Gericht oder der Notar) zur Abgabe der Erklärungen von den Urkundenausstellern bevollmächtigt war und die Bevollmächtigung sich aus der Urkunde ergibt. Die Wertsonderungen müssen ferner auf die Urkunde selbst gesetzt sein; bei notariellen oder gerichtlichen Urkunden genügt es jedoch, wenn von den Urkundenausstellern oder auch nur von einem von ihnen innerhalb der gesetzlichen Stempelverwendungsfristen die Trennung zu Protokoll oder zu den Akten des Gerichts oder Notars erklärt oder schriftlich angezeigt ist.

(3) Wenn ein Kauf- oder Lieferungsvertrag teils auf Gegenstände der unter Ziffer 3 des Abs. 10 (Ermäßigungen und Befreiungen) der Tarifstelle 32 des Gesetzes bezeichneten Art, teils auf sonstige Gegenstände sich bezieht, ohne daß für beide Gruppen getrennte Preise angegeben sind, so können die Vertragschließenden auch nach Ablauf der im § 16 des Gesetzes

bestimmten Fristen getrennte Preise mit der Wirkung angeben, daß dies für die Stempelberechnung zu berücksichtigen ist. Ferner ist in Fällen, in denen eine Trennung der Preise für unbewegliche und bewegliche Sachen urkundlich zum Ausdruck gebracht ist und nur rechtsirrtümlich gewisse Gegenstände zu den beweglichen Sachen anstatt zu den Grundstücken gerechnet sind, eine nachträgliche Angabe der Einzelwerte innerhalb einer von dem zuständigen Stempelsteueramt zu bestimmenden Frist zulassig.

Berichtigung zweifelhafter Wertangaben.

(4) Trägt die Zollbehörde Bedenken, die Wertangaben als richtig anzunehmen, so ist nach den §§ 6, 7 und § 27 Abs. 3 zu verfahren.

Zu § 13 des Gesetzes.

Haftbarkeit der Beamten und Notare.

8. Über die Frage, ob Beamten, einschließlich der Notare, ein Verschulden im Sinne des Abs. 2 zur Last fällt, entscheidet die zuständige Oberzolldirektion. Beschwerden gegen diese Entscheidungen sind an den Finanzminister zu richten.

II. Abschnitt.

Von der Erfüllung der Stempelpflicht und den Folgen der Nichterfüllung.

Zu § 14 des Gesetzes.

Arten der Stempelzeichen.

Arten.

9. (1) Zur Erfüllung der Stempelpflicht werden Stempelzeichen ausgegeben, die entweder Stempelbogen (Stempelpapier) oder Stempelmarken oder gestempelte Vordrucke sind.

Stempelbogen.

(2) Die Stempelbogen lauten auf Wertbeträge von $1/2$ Mk.; 1 Mk.; $1^1/_2$ Mk.; 2 Mk.; $2^1/_2$ Mk.; 3 Mk; 100 Mk.; 150 Mk.; 200 Mk.; 300 Mk.; 400 Mk.; 500 Mk.; 600 Mk.; 700 Mk.; 800 Mk.; 900 Mk. und 1000 Mk.*)

---

*) Außerdem können die zurzeit vorhandenen Stempelbogen im Werte von $3^1/_2$ Mk., 4 Mk., $4^1/_2$ Mk., 5 Mk., 6 Mk. und 10 Mk. und die Marken im Werte von $3^1/_2$ Mk., $4^1/_2$ Mk. und 6 Mk. vorläufig noch weiter verwendet werden. Bis zum Aufbrauch der Bestände werden für diese Werte auch noch Spalten in den Vordrucken nach den Mustern zur Buchführungsordnung für den Landesstempel vorgesehen werden.

(3) Stempelbogen über Wertbeträge von mehr als 1000 Mk. werden auf besonderen schriftlichen Antrag von den Hauptzollämtern ausgefertigt und außerdem von Zollämtern, die von den Oberzolldirektionen besonders hierzu ermächtigt sind. Die Bogen sind mit folgendem Ausfertigungsvermerk zu versehen, dessen Vordruck auf lithographischem Wege herzustellen ist:

Nr.

Gültig über Mk. Pf. Stempel

buchstablich:

Ort und Datum (Tag, Monat, Jahr in Buchstaben).

Das Zollamt.

Schwarzstempel. Unterschrift.

Stempelmarken.

(4) Die Stempelmarken lauten auf Wertbeträge von 10 Pf.; 20 Pf.; 40 Pf.; 50 Pf.; 80 Pf.; 1 Mk.; 1½ Mk.; 2 Mk.; 2½ Mk.; 3 Mk.; 4 Mk.; 5 Mk.; 10 Mk.; 15 Mk.; 20 Mk.; 25 Mk.; 50 Mk.; 100 Mk.; 200 Mk.; 300 Mk.; 400 Mk.; 500 Mk.

Gestempelte Vordrucke.

(5) Gestempelte, nur mit einem preußischen Wertstempel (kleineren Formats) in Schwarzdruck versehene Vordrucke werden abgegeben:

a) zu Legitimationskarten und Gewerbelegitimationskarten zum Werte von 1 Mk. (Tarifstelle 26 und Nr. 64 Abs. 1 und 2 dieser Best.);

b) zu Jagdscheinen, und zwar zu Inländerjahresjagdscheinen zum Werte von 7½ Mk. und zu Inlandertagesjagdscheinen zum Werte von 1½ Mk. (Tarifstelle 31 und Nr. 65 Abs. 1 dieser Best.);*)

c) zu ortspolizeilichen Genehmigungen von Lustbarkeiten (Tarifstelle 39 und Nr. 68 Abs. 1 dieser Best.):

1. zum Betriebe eines Zirkus usw. zum Werte von 10 Mk. und 3 Mk.,

2. zur Veranstaltung gewöhnlicher Lustbarkeiten zu Werten von 5 Mk., 3 Mk., 2 Mk., 1 Mk. und ½ Mk.,

3. zur Veranstaltung von Tanzlustbarkeiten zu Werten von 5 Mk., 3 Mk., 2 Mk., 1 Mk. und ½ Mk.;

d) zu Passen zu Reisen zu Werten von 3 Mk. und 1 Mk. (Tarifstelle 49 und Nr. 79 Abs. 1 dieser Best.);

---

*) Ebenso werden zu den stempelfreien Doppelausfertigungen solcher Jagdscheine (Tarifstelle 16 Abs. 2) Vordrucke abgegeben.

e) zu Paßkarten zum Werte von 3 Mk. und 1 Mk. (Tarifstelle 49 und Nr. 79 Abs. 1 dieser Best.);

f) zu Befähigungs- und Prüfungs-Zeugnissen für Seeschiffer, Seesteuerleute und Maschinisten auf See-Dampfschiffen zum Werte von 3 Mk. (Tarifstelle 77 und Nr. 88 Abs. 3 dieser Best.).

Auf Antrag abgestempelte Vordrucke.

(6) Auf Antrag von Behörden, von Gewerkschaften, Versicherungsgesellschaften und ähnlichen Privatunternehmungen werden Vordrucke bei dem Hauptstempelmagazin abgestempelt (vgl. Nr. 10 Abs. 3 dieser Best.). Abgestempelt können insbesondere werden Vordrucke für:

a) Bestallungen (Tarifstelle 12);

b) Approbationen (Tarifstelle 22b);

c) Genehmigungen zur Anlegung von Dampfkesseln oder Änderung der Dampfkesselanlagen, sowie Bewilligungen von Fristverlängerungen und Fristungen (Tarifstelle 22e);

d) Inländerjagdscheine (Tarifstelle 31);

e) Naturalisationsurkunden (Tarifstelle 43);

f) Offizierpatente (Tarifstelle 47);

g) Pässe zum Transport von Leichen (Tarifstelle 49);

h) amtliche Zeugnisse in Privatsachen, Prüfungszeugnisse usw. (Tarifstelle 77).

(7) Die Abstempelung der im vorhergehenden Abs. bezeichneten Vordrucke erfolgt in der Regel durch Aufdruck des preußischen Wertstempels in Schwarzdruck und des Borussia-Trockenstempels, jedoch ohne den für das weiße Stempelpapier vorgeschriebenen farbigen Unterdruck. Die unter d aufgeführten Inländerjagdscheine sind nur mit dem kleinen Wertstempel in Schwarzdruck zu versehen.

Vertrieb der Stempelzeichen.

Stempelbogen und Stempelmarken.

10. (1) Der Vertrieb der Stempelbogen und Stempelmarken erfolgt durch die Amtsstellen der Zollverwaltung (Hauptzollämter und Zollämter) und außerdem durch die Stempelverteiler, durch diese aber nur innerhalb der in ihren Anstellungsverfügungen vorgeschriebenen Erhebungsgrenzen. Der Verkauf von Stempelbogen über Wertbeträge von mehr als 1000 Mk. erfolgt auf schriftlichen Antrag durch diejenige Amtsstelle, von der die Bogen gemäß dem Abs. 3 der Nr. 9 dieser Best. ausgefertigt sind. Die

Aushändigung der Bogen ist nur gegen vorherige Einzahlung des Stempelbetrages zulässig; die Übersendung geschieht auf Kosten des Antragstellers. Wird die Ausfertigung von Stempelbogen über Wertbeträge von mehr als 1000 Mk. bei einer zur Ausfertigung nicht befugten Amtsstelle beantragt, so ist der Antrag entgegenzunehmen und von Amts wegen der nächsten zur Ausfertigung befugten Amtsstelle zu übersenden.

Gestempelte Vordrucke.

(2) Die im Abs. 5 der Nr. 9 dieser Best. aufgeführten gestempelten Vordrucke werden von den Hauptzoll- und Zollämtern (die Vordrucke zu Prüfungs- usw. Zeugnissen für Seeschiffer, Seesteuerleute und Maschinisten auf See-Dampfschiffen aber nur von den in Nr. 88 Abs. 3 dieser Best. bezeichneten Zollbehörden) verkauft, die Vordrucke unter c (zu Genehmigungen der Veranstaltung von Lustbarkeiten) außerdem von den Stempelverteilern. Der Verkauf der Vordrucke zu a, b, d, e und f darf nur an die zur Ausfertigung der Urkunden befugten Behörden erfolgen; der Verkauf an Privatpersonen ist verboten. Dagegen dürfen Vordrucke zu c (zu Genehmigungen der Veranstaltung von Lustbarkeiten) auch an Privatpersonen abgegeben werden.

Abstempelung von Vordrucken auf Antrag.

(3) Die im Abs. 6 der Nr. 9 dieser Best bezeichneten Vordrucke sind mit einer nach dem anliegenden Muster 1 doppelt ausgefertigten, mit der Bezeichnung des Orts, dem Datum und der Unterschrift des Antragstellers versehenen Anmeldung dem Hauptzollamt oder Zollamt des Bezirks vorzulegen. Für je 20 Stück der Vordrucke ist ein überschüssiges Stück als Ersatz für etwa bei der Stempelung verdorbene Stücke beizufügen. Nach Prüfung der Anmeldung setzt die Amtsstelle den Abgabebetrag fest, zieht ihn ein und gibt die eine Ausfertigung der Anmeldung, mit Quittung über den gezahlten Steuerbetrag versehen, dem Antragsteller zurück. Die andere Ausfertigung übersendet die Amtsstelle mit der Bescheinigung über die Zahlung des Abgabebetrages und den zugehörigen Vordrucken an das Hauptstempelmagazin, das nach Erledigung des Abstempelungsgeschäfts sämtliche Stücke mit den etwa verstempelten und unbrauchbar gemachten überschüssigen Stücken an die Amtsstelle zur Aushändigung an den Antragsteller zurücksendet. Für das Abstempelungsgeschäft selbst ist eine Gebühr nicht zu entrichten; der Antragsteller hat aber die Postgebühren zu tragen. Dagegen haben die Antragsteller die Herstellungskosten zu entrichten, wenn von dem Hauptstempelmagazin auf Verlangen die Vordrucke hergestellt werden sollen, wie es z. B. der Fall ist bei der Herstellung der Genehmigungen der Anlegung von Dampfkesseln (Tarifstelle 22e und

Nr. 55 dieser Best.) oder bei der Herstellung von Inländerjagdscheinen (Tarifstelle 31 und Nr. 65 Abs. 4 dieser Best.).

Urkundenprüfung.

Prüfung der Stempelpflichtigkeit und Berechnung des Stempels.

11. (1) Die mit dem Betriebe der Stempelzeichen beauftragten Amtsstellen der Zollverwaltung und die Stempelverteiler haben sich der Prüfung der ihnen zur Versteuerung vorgelegten Urkunden hinsichtlich ihrer Stempelpflichtigkeit zu unterziehen und danach den Stempel zu berechnen und zu entwerten, und zwar ohne Rücksicht darauf, ob die Steuerpflichtigen oder die die Urkunde Vorlegenden eine Prüfung verlangen oder nicht. Wenn die Prüfung unterbleiben muß, weil der Vorleger der Urkunde die Einsichtnahme nicht gestattet, so ist die Weigerung durch die Worte „Einsicht der Urkunde verweigert" auf der Urkunde ersichtlich zu machen. Entstehen über die Rechtmäßigkeit der Stempelforderung oder die Höhe des Stempels bei der die Entwertung vornehmenden Amtsstelle Zweifel, so hat sie den nach ihrer Ansicht zum mindesten erforderlichen Stempel zu erheben und zu entwerten und demnächst die Entscheidung des vorgesetzten Hauptzollamtes oder des zuständigen Stempelsteueramtes darüber einzuholen, ob der berechnete Betrag der richtige oder welcher andere Betrag zu verbrauchen sei. Hat nach dieser Entscheidung eine Überhebung von Stempelgebühren stattgefunden, so ist die Erstattung des zuviel geforderten Betrages in die Wege zu leiten, während zu wenig entrichtete Stempel einzuziehen und nachträglich zu entwerten sind, ohne daß bei inzwischen erfolgter Überschreitung der gesetzlichen Stempelverwendungsfristen ein Strafverfahren eingeleitet wird.

Fremdsprachige Urkunden.

(2) Werden Urkunden, die in einer anderen Sprache als der deutschen abgefaßt sind, zur Versteuerung vorgelegt, so empfiehlt es sich, daß die Beteiligten eine beglaubigte Übersetzung vorlegen. Läßt sich dies nicht ermöglichen und ist auch ein der fremden Sprache mächtiger Beamter bei der die Verstempelung vornehmenden Amtsstelle nicht vorhanden, so ist die Urkunde oder eine Abschrift der nächsthöheren Amtsstelle einzureichen. In Fällen, wo die Schriftstücke bis zur Oberzolldirektion gelangen, läßt diese durch einen der fremden Sprache kundigen Beamten ihres Verwaltungsbezirks eine Übersetzung fertigen. Fehlt es an einem solchen Beamten und ist auch auf anderem Wege eine kostenlose Übersetzung nicht zu erlangen, so kann die Übersetzung ausnahmsweise auf Kosten der Zollverwaltung beschafft werden, wenn wichtige steuerliche Interessen in Frage stehen.

Zur Entwertung von Stempelzeichen verpflichtete und befugte Behörden und Beamten.

Amtsstellen der Zollverwaltung.

12. (1) Die mit dem Vertriebe der Stempelzeichen beauftragten Hauptzollämter, Zollämter und Stempelverteiler sind verpflichtet, zu Urkunden jeder Art die erforderlichen Stempelzeichen je nach den Wünschen der Steuerpflichtigen in Stempelbogen oder Stempelmarken, aber unter Berücksichtigung der für Stempelmarken in Nr. 14 Abs. 1 dieser Best. vorgeschriebenen Verwendungsgrenze, zu verwenden. Die Stempelverteiler dürfen Stempelzeichen nur bis zur Höhe bestimmter Beträge verwenden.

Andere Behörden und Beamte.

(2) Andere Behörden und Beamte, zu denen auch die Oberzolldirektionen und Stempelsteuerämter gehören, haben die gleiche Verpflichtung hinsichtlich aller von ihnen mit Privatpersonen abgeschlossenen Verträge und Verhandlungen und aller von ihnen erteilten Vollmachten, Ausfertigungen, Abschriften, Bescheinigungen usw. Außerdem sind diese Behörden und Beamten befugt, die tarifmäßigen Stempel zu allen von dritten Personen ausgestellten Schriftstücken, die mit dem Geschäftsverkehr der Behörden und Beamten im Zusammenhange stehen und ihnen zu geschäftlichen Zwecken vorgelegt oder ausgehändigt werden, die tarifmäßigen Stempel zu verwenden. Es gilt dies besonders von den im Geschäftsverkehr der öffentlichen Sparkassen und der Post-Spar- und Darlehnsvereine ausgestellten Schuldscheinen und Bürgschaftserklärungen. Vgl. wegen der Vermerke bereits verstempelter Urkunden Dritter Nr. 6 Abs. 4 dieser Best.

Notare.

(3) Notare haben zu den von ihnen aufgenommenen Verhandlungen, einschließlich der von ihnen dem Inhalt nach anerkannten und innerhalb der gesetzlichen Stempelverwendungsfristen eingereichten Verhandlungen, ferner zu denjenigen Urkunden, bei denen sie den Entwurf anfertigen und nach Vollziehung durch die Beteiligten die Unterschriften oder Handzeichen beglaubigen, sowie zu allen von ihnen erteilten Ausfertigungen, Abschriften, Bescheinigungen usw. die erforderlichen Stempelzeichen zu verwenden. Außerdem sind die Notare befugt zur Verwendung von Stempeln zu Privaturkunden, zu denen sie die Entwürfe nicht angefertigt, die sie aber hinsichtlich der Unterschriften beglaubigt haben, ferner zu allen auf sie ausgestellten Vollmachten und zu Vollmachten, in denen dritte Personen als Bevollmächtigte bezeichnet sind und die den Notaren vorgelegt werden, um auf Grund derselben rechtsgeschäftliche Beurkundungen vorzunehmen.

Die Befugnis erstreckt sich insbesondere auf Vollmachten, die zu den von Notaren über den Hergang von Generalversammlungen aufgenommenen Verhandlungen von den Beteiligten vorgelegt werden. Vgl. wegen der Vermerke bereits verstempelter Vollmachten Nr. 6 Abs. 4 dieser Best.

Schiedsmänner.

(4) Schiedsmänner sind befugt, zu den den schiedsmannsamtlichen Verkehr betreffenden Urkunden Stempelzeichen zu verwenden; für die Richtigkeit der Stempelverwendung sind sie nicht verantwortlich.

Verwendung und Entwertung von Stempelbogen.

Verwendung.

13. (1) Der Gebrauch von Stempelbogen ist für Urkunden jeder Art zulässig. Zu Urkunden, die einen Stempel von mehr als 500 Mk. erfordern, müssen Stempelbogen verwendet werden, insoweit der Betrag durch 100 teilbar ist, während für den überschießenden Betrag Marken zu entwerten sind. Zu Urkunden, die eines Stempels von mehr als 1000 Mk. bedürfen, ist nur die Verwendung der von den Hauptzollämtern und Zollämtern besonders ausgefertigten Stempelbogen (vgl. Nr. 9 Abs. 3 dieser Best.) gestattet; der erforderliche Stempelbetrag darf daher nicht durch Verwendung von Stempelbogen mit Wertbezeichnung (vgl. Nr. 9 Abs. 2 dieser Best.) und zur Ergänzung durch Verwendung von Stempelmarken erfolgen.

Entwertung.

(2) Soweit die stempelpflichtigen Erklärungen auf ganze Bogen niedergeschrieben werden, bedarf es einer Entwertung dieser Bogen nicht. Insoweit eine solche Niederschrift nicht stattgefunden hat, sind die zur Darstellung des gesetzlichen Betrages des Stempels erforderlichen Stempelbogen umzuschlagen und einzeln zu entwerten, d. h. mit einem Vermerk zu versehen, der die Bezeichnung des beurkundeten Geschäfts, das Datum der Urkunde, den Wert des Gegenstandes sowie die Namen der Urkundenaussteller enthält, z. B.:

Entwertet zu dem am 1. Oktober 1910 zwischen dem ....
zu .
und dem ebendaselbst
geschlossenen Kaufvertrage über das Grundstück
.. . .

Berlin, den 1. Oktober eintausendneunhundert und zehn.

Amtsstelle.

Amtsstempel. Unterschrift.

oder:

Entwertet zu der von dem . . . . . .
zu . . . . am 1. Oktober 1910
ausgestellten Schuldurkunde über ein von dem

zu . . . . . erhaltenes Darlehn von
. . Mk.

Berlin usw. wie vorstehend.

Das Umschlagen der Stempelbogen ist in der Weise zu bewirken, daß jeder Bogen mit der Verhandlung durch Zusammenheften und Einsiegeln der Fadenenden verbunden wird. Das Einsiegeln wird durch Aufkleben von Oblaten und eines mit dem Abdruck des Schwarz- oder Trockenstempels zu versehenden Stück Papiers in der Weise vorgenommen, wie es von den gerichtlichen Behörden bei der Besiegelung von Urkunden geschieht. Derart umgeschlagene Stempelbogen stehen dem im § 14 Abs. 1 Buchst. a des Gesetzes erwähnten gestempelten Papier gleich, auf das die stempelpflichtige Erklärung unmittelbar niedergeschrieben wird.

Entwertung durch Schiedsmänner.

(3) Soweit zu stempelpflichtigen Verhandlungen der Schiedsmänner der Stempel von den Parteien in Form von Stempelbogen beigebracht ist, hat der auf jeden einzelnen Bogen zu setzende Vermerk etwa wie folgt zu lauten:

Entwertet zu dem am 1. Oktober 1910 zwischen dem
.. zu
und dem zu
Seite 80 Nummer 61 des Protokollbuches geschlossenen Vergleiche.

Berlin usw. wie oben.

Die entwerteten Stempelbogen sind von den Schiedsmännern zu besonderen Belegakten zu nehmen.

Allgemeine Vorschriften über Verwendung und Entwertung von Stempelmarken.

Verwendungsgrenze.

14. (1) Der Gebrauch von Stempelmarken ist auf Urkunden beschränkt, die einem Stempel von nicht mehr als 500 Mk. unterliegen. Zu solchen Urkunden können entweder nur Marken verwendet werden oder zum Teil Bogen, zum Teil Marken. Zu Urkunden, zu denen ein 500 Mk. übersteigender Stempel erforderlich ist, dürfen Marken nur zur Ergänzung verwendet werden, und zwar nur für den überschießenden Betrag, insoweit er durch 100 nicht teilbar ist. Vgl. Nr. 13 Abs. 1 dieser Best.

Art der Verwendung.

(2) Der tarifmäßige Stempelbetrag ist durch die Verwendung einer möglichst geringen Anzahl von Marken darzustellen. Die Verwendung der Marken geschieht durch Aufkleben an einer in die Augen fallenden Stelle der Urkunde, am zweckmäßigsten auf der ersten Seite und, wenn diese nicht den genügenden Raum gewährt, auf den nächstfolgenden Seiten. Marken, durch deren Verwendung der Wert eines Stempelbogens auf den erforderlichen Betrag ergänzt werden soll, sind in derselben Art auf der ersten Seite des Bogens und erforderlichenfalls auf den nächstfolgenden Seiten aufzukleben Zu den vor Notaren errichteten Testamenten sind die erforderlichen Marken ausschließlich auf dem als Teil der Urkunde anzusehenden Umschlage neben der Aufschrift zu verwenden. Die aufgeklebten Marken müssen mit der ganzen Rückseite auf der Unterlage haften und dürfen die Schrift nicht verdecken. Mehrere Marken sind in der Weise aufzukleben, daß jede einzelne unter genauer Beobachtung der für die Entwertung gegebenen Vorschriften entwertet werden kann. Zwischen nebeneinander befestigten Marken muß daher ein so großer Zwischenraum gelassen werden, daß die Entwertungsvermerke seitwärts auf das Papier übergreifen können. Zwischen untereinander aufgeklebten Marken ist ein Zwischenraum nur dann freizulassen, wenn die Marken mit Stempelabdrücken versehen werden; der Zwischenraum muß alsdann so groß sein, daß der Abdruck auf der unteren Marke die obere Marke nicht berührt. Die nach der Nr. 15 zu entwertenden Marken sind ohne Zwischenräume aufzukleben

Entwertungsvermerke.

(3) Die Entwertungsvermerke sind in allen ihren Teilen mit haltbarer Tinte in deutlichen Schriftzeichen (Buchstaben und Ziffern) ohne jede Rasur, Durchstreichung oder Überschrift niederzuschreiben; besonders muß der Name völlig ausgeschrieben, deutlich und lesbar sein. Die Durchkreuzung oder Durchstreichung der Marken sowie die Entwertung nicht völlig unversehrter Marken ist unzulässig. Stempelabdrücke sind mit haltbarer *schwarzer* Stempelfarbe herzustellen; die Anwendung von Anilinfarben oder anderen leicht verblassenden Farben ist nicht statthaft.

Entwertung der Stempelmarken durch die Hauptzoll- und Zollämter und die Stempelverteiler.

Stempelabdrücke.

15. (1) Die Stempelmarken sind ohne Zwischenräume neben- oder untereinander aufzukleben. Jede einzelne Marke ist mit mehrmaligen Abdrücken des amtlichen Schwarzstempels zu versehen, dergestalt, daß die Abdrücke den größeren Teil der einzelnen Marke bedecken und auf das umgebende Papier oben und seitwärts übergreifen. Die mit schwarzer Farbe herzustellenden Stempelabdrücke müssen deutlich und erkennbar sein und besonders die Bezeichnung und den Ort der Amtsstelle klar ersehen lassen.

Entwertungsvermerke.

(2) Außerdem ist auf jeder Urkunde unter Angabe der Amtsstelle, mit Amtsstempel, Datum (der Monat in Worten) und Unterschrift zu vermerken, welcher Stempelbetrag im ganzen und welcher davon in Stempelbogen und in Marken entwertet worden ist. Wenn z. B. Marken zum Werte von 55 Mk. 50 Pf. auf einen Kaufvertrag geklebt und entwertet sind, muß der Vermerk lauten:

55 Mk. 50 Pf. in Marken entwertet.
Berlin, den 1. Oktober 1910
Amtsstelle.
Amtsstempel. Unterschrift.

Wenn 110 Mk. 50 Pf. in einem umgeschlagenen Stempelbogen von 100 Mk., einer Marke zu 10 Mk. und einer Marke zu 50 Pf. verbraucht sind, hat der auf die Urkuude zu setzende Vermerk zu lauten:

110 Mk. 50 Pf, und zwar 100 Mk. in Bogen und 10 Mk. 50 Pf. in Marken entwertet.
Berlin usw. wie oben.

Werden Marken aufgeklebt, um den Wert eines Stempelbogens, auf dem die Urkunde niedergeschrieben ist oder niedergeschrieben werden soll, auf den erforderlichen Betrag zu ergänzen, z. B. um den Wert eines Stempelbogens zu 150 Mk. durch Aufkleben einer Marke zu 5 Mk. auf 155 Mk. zu erhöhen, so würde der Vermerk lauten:

Zur Ergänzung auf 155 Mk. eine Marke zu 5 Mk. entwertet.
Berlin usw. wie oben.

Wegen der Entwertung der Stempelmarken zu Pacht- und Mietverzeichnissen vgl. Nr. 72 Abs. 4 dieser Best.

(3) Die Versteuerung der Nebenausfertigungen erfolgt in der Weise, daß nach Entwertung der Stempelmarke auf der Nebenausfertigung auf letzterer vermerkt wird, welcher Stempel zur Nebenausfertigung und welcher Betrag zur Hauptausfertigung entwertet ist, z. B.

Zur Nebenausfertigung 3 Mk. entwertet. Zur Hauptausfertigung 105 Mk. (in Worten) entwertet.
Berlin usw. wie oben.

(4) Ist die stempelpflichtige Urkunde vernichtet oder verloren gegangen oder kann sie aus irgendeinem anderen Grunde nicht vorgelegt

werden, so ist der Inhalt der Urkunde amtlich zu ermitteln und der erforderliche Stempelbetrag auf einem besonderen Bogen zu entwerten. Diese Bogen können den Beteiligten auf Verlangen ausgehändigt werden. Zugleich ist zu prüfen, ob der Fall der Hinterziehung der Abgabe oder einer sonstigen Zuwiderhandlung vorliegt. Die Stempelverteiler haben deshalb in Fällen, wo ein solcher Verdacht besteht, dem Hauptzollamt Anzeige zu erstatten. Findet sich die stempelpflichtige Urkunde später wieder vor und wird sie der Zollbehörde oder dem Stempelverteiler eingereicht, so ist, sobald die Übereinstimmung ihres Inhalts mit dem ermittelten Inhalt festgestellt ist, auf der Urkunde die früher stattgefundene Stempelverwendung unter Angabe des Betrages zu vermerken.

(5) Es ist den Zollstellen und Stempelverteilern untersagt, von Privatpersonen etwa bereits aufgeklebte und mit irgendwelchen Vermerken versehene Marken abzustempeln. Sind die Marken dagegen unversehrt und erregt ihre Beschaffenheit nicht den Verdacht, daß sie bereits auf einem anderen Schriftstück aufgeklebt gewesen sind, so sind die Marken zu entwerten.

Entwertung der Stempelmarken durch andere Behörden und Beamte ausschließlich der Notare.

Anwendungsbereich.

16. (1) Die nachstehenden Bestimmungen finden Anwendung auf Entwertungen, die von anderen Behörden und Beamten als den Beamten der Hauptzollämter und Zollämter und den Stempelverteilern vorgenommen werden. Sie beziehen sich auch auf die Entwertungen der Oberzolldirektionen und Stempelsteuerämter sowie der Handwerks-, Handels- und Landwirtschaftskammern. Wegen der Stempelverwendungsvermerke auf Nebenausfertigungen, Abschriften usw. vgl. Nr. 6 Abs. 2 dieser Best.

Entwertungsvermerke.

(2) In jeder einzelnen der aufgeklebten Marken muß Tag, Monat und Jahr (der Tag und das Jahr mit arabischen Ziffern, der Monat mit Buchstaben, wobei allgemein übliche und verständliche Abkürzungen der Monatsbezeichnungen sowie die Weglassung der beiden ersten Zahlen der Jahresbezeichnung zulässig sind, z. B. 10. Okt. 10, 12. Nov. 10) und der Ort der Verwendung und ferner die Geschäftsnummer ohne jede Auskratzung, Durchstreichung oder Überschreibung in dem unteren Teil der Marke niedergeschrieben werden, dergestalt, daß das Datum und die Geschäftsnummer in die Marke selbst einzutragen sind, der übrige Teil des Vermerks aber auf das die Marke umgebende Papier nach beiden Seiten übergreift. Beamte, die kein Geschäftsverzeichnis führen, haben statt der

Geschäftsnummer ihren ausgeschriebenen Namen in den unteren Teil der Marke zu setzen. Der Entwertungsvermerk muß in allen seinen Teilen von dem für die Entwertung verantwortlichen Beamten eigenhändig geschrieben werden; eine Niederschrift des Vermerks oder eines Teiles des Vermerks durch dritte Personen ist unzulässig. Wegen der Entwertung der Stempelmarken auf Ausländerjagdscheinen vgl. Nr. 65 Abs. 2 dieser Best.

Stempelabdrücke.

(3) Außerdem haben die ein Amtssiegel führenden Behörden und Beamten jede einzelne der aufgeklebten Marken mit einem mit schwarzer Stempelfarbe hergestellten Abdruck des Amtsstempels dergestalt zu versehen, daß der Abdruck den oberen mit dem Entwertungsvermerke nicht versehenen Teil der Marke bedeckt und auf das umgebende Papier übergreift. Zur Veranschaulichung dienen nachstehende Abdrucke:

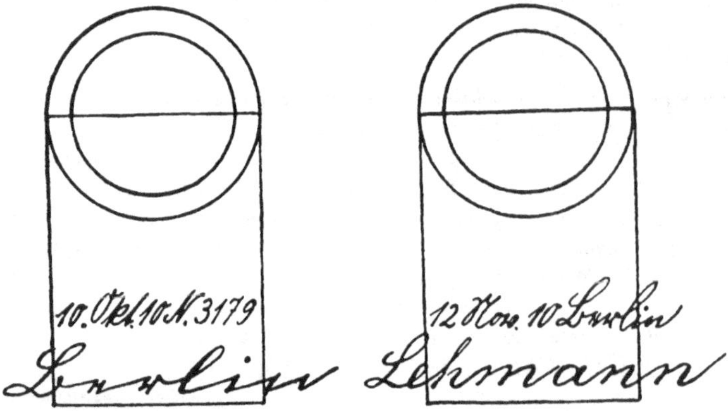

Behörden und Beamte, die keinen amtlichen Stempel führen, haben statt eines Stempelabdrucks die Amtsstelle auf dem oberen Teile der Marke und unter Mitbenutzung des die Marke umgebenden Papiers deutlich zu bezeichnen und mit Namensunterschrift zu versehen.

(4) Hinsichtlich der Versteuerung der Nebenausfertigungen finden die Vorschriften des Abs. 3 der vorhergehenden Nr. entsprechende Anwendung.

Entwertung der Stempelmarken durch Notare.

Verwendung der Marken.

17. (1) Die Verwendung der Marken erfolgt bei notariellen Urkunden, also bei den von den Notaren aufgenommenen und bei den vor ihnen dem

Inhalte nach anerkannten Verhandlungen, zur Urschrift, in den übrigen Fällen zu den Urkunden selbst oder bei der Erteilung von Ausfertigungen zu diesen. Wegen der Stempelverwendungsvermerke auf Nebenausfertigungen, Abschriften usw vgl. Nr. 6 Abs. 2 dieser Best.

Entwertungsvermerke.

(2) Die Entwertung der Stempelmarken ist in derselben Weise vorzunehmen, wie sie für Beamte, die einen amtlichen Stempel, aber kein Geschäftsverzeichnis führen, in Nr. 16 Abs. 2 und 3 dieser Best. vorgeschrieben ist. Bei der Versteuerung solcher Urkunden, die nach den gesetzlichen Vorschriften in das Notariatsregister einzutragen sind, ist auch die Nummer des Notariatsregisters in die Marke einzutragen (Art. 95 des Preußischen Gesetzes über die freiwillige Gerichtsbarkeit vom 21. September 1899, GS. 249). Nachstehender Abdruck veranschaulicht den Entwertungsvermerk:

(3) Die in dem vorhergehenden Absatz angeordneten Entwertungsvermerke sind von den Notaren in allen ihren Teilen eigenhändig niederzuschreiben; es ist nicht gestattet, daß die Notare nur ihren Namen eintragen und das Datum und die Registernummer von ihren Gehilfen eingeschrieben wird. Den Notaren wird zur Pflicht gemacht, mit besonderer Sorgfalt darauf zu achten, daß die zur Verwendung bestimmten Marken sich in unversehrtem Zustande befinden, die Markennummern mit den Notariatsregisternummern übereinstimmen und daß zu Verhandlungen, die einen Stempel von mehr als 500 Mk. erfordern, Stempelbogen verwendet werden (vgl. Nr. 13 Abs. 1 und Nr. 14 Abs. 1 dieser Best.).

(4) Auf der ersten Ausfertigung der Notariatsverhandlung ist ihre Stempelfreiheit sowie der zur Urschrift verwendete Stempel vom Notar durch eigenhändige Unterschrift zu bescheinigen, z. B.

Als erste Ausfertigung stempelfrei.

Zur Urschrift 500 Mk. (in Worten) entwertet.

Berlin, den 1. Oktober 1910.

Der Königliche Notar.

Stempel. Unterschrift.

Handelt es sich um die Versteuerung von weiteren Ausfertigungen, so entwertet der Notar zu diesen Ausfertigungen den Ausfertigungsstempel und bescheinigt auf ihnen durch eigenhändige Unterschrift den zur Urschrift verwendeten Stempel, z. B.

Zur Nebenausfertigung 3 Mk. entwertet.

Zur Urschrift 500 Mk. (in Worten) entwertet.

Berlin usw. wie vorstehend.

Entwertung der Stempelmarken durch Schiedsmänner

Entwertung durch Schiedsmänner.

18. Die Entwertung der Stempelmarken auf dem Protokoll erfolgt in derselben Weise, wie sie für Beamte, die einen amtlichen Stempel, aber kein Geschäftsverzeichnis führen, unter Nr. 16 Abs. 2 und 3 dieser Best. vorgeschrieben ist. Nachstehender Abdruck veranschaulicht die Entwertung:

Verwendung gestempelter Vordrucke.

Versteuerung durch gestempelte Vordrucke.

19. Die Versteuerung der in der Nr. 9 Abs. 5 dieser Best. bezeichneten Schriftstücke hat ausschließlich durch Verwendung der gestempelten Vordrucke zu erfolgen; eine Versteuerung durch Verwendung von Stempelbogen oder Stempelmarken ist nicht zulässig.

Entwertung von Stempelmarken ohne amtliche Überwachung.

Allgemein zugelassene Entwertungen.

20. (1) Ohne amtliche Überwachung ist die Verwendung und Entwertung von Stempelmarken gestattet:

a) Auktionatoren für die Beurkundungen der von ihnen abgehaltenen Versteigerungen und der ihnen erteilten Versteigerungsaufträge (Tarifstellen 9 und 73). Auf die beeidigten Auktionatoren in Ostfriesland und Harlingerland sowie im Regierungsbezirk Osnabrück finden die Vorschriften der Nr. 16 Anwendung;

b) Ausstellern von eigenhändigen Testamenten (Tarifstelle 66);

c) Versicherungsunternehmungen, die im Stempelinlande ihren Sitz oder ihre ständige Vertretung haben für Versicherungsverträge, auch in der Form von Policen, und Verlängerungen (Tarifstelle 70);

d) Rechtsanwälten sowie Patentanwälten, die in Gemäßheit des Gesetzes betreffend die Patentanwälte vom 21. Mai 1900 (RGBl. S. 233) in die bei dem Kaiserlichen Patentamt geführte Liste eingetragen sind, für die von ihnen und für sie ausgestellten Vollmachten (Tarifstelle 73).

(2) Die Befugnis zur Entwertung von Stempelmarken ohne amtliche Überwachung kann vom Finanzminister entzogen werden, wenn sich bei der Stempelverwendung Mißstände herausgestellt haben.

Zulassung der Entwertung auf Antrag.

(3) Außerdem kann Versicherungsunternehmungen, die im Stempelinlande weder ihren Sitz, noch ihre ständige Vertretung haben, ferner Sparkassen, Gesellschaften, Genossenschaften, Banken, Kreditanstalten, gewerblichen Unternehmungen usw. auf Widerruf gestattet werden, zu gewissen in ihrem Geschäftsverkehr häufig wiederkehrenden, von ihnen selbst oder zu ihren Gunsten von dritten Personen ausgestellten Urkunden Stempelmarken ohne amtliche Überwachung zu verwenden und zu entwerten. Bezüglich der Versteuerung der Pacht- und Mietverzeichnisse ohne amtliche Überwachung (Tarifstelle 48 I Abs. 9) vgl. Nr. 74 dieser Best.

(4) Anträge auf Erteilung der Erlaubnis, in denen die Art der Urkunden genau zu bezeichnen ist und die Personen, denen die Erlaubnis

zur Entwertung der Marken und Führung des Stempelsteuerbuches (Abs. 6 Buchst. c) nach ihrer Geschäftsstellung (z. B. Rendanten, Kassierer, Buchhalter) angegeben werden müssen, sind an diejenige Oberzolldirektion zu richten, in deren Verwaltungsbezirk der Antragsteller seinen Wohnsitz oder Sitz hat. Über Anträge stempelausländischer Versicherungsunternehmungen entscheidet diejenige Oberzolldirektion, die dem Sitze der Unternehmung am nächsten belegen ist. Gegen die Entscheidungen der Oberzolldirektionen findet Beschwerde an den Finanzminister statt.

(5) Die Erlaubnis wird unter dem Vorbehalt jederzeitigen Widerrufs erteilt und ist zurückzuziehen, wenn sich bei der Stempelverwendung Mißstände herausgestellt haben, insbesondere Zuwiderhandlungen gegen die stempelgesetzlichen Bestimmungen und die zum Stempelsteuergesetz ergangenen oder noch zu erlassenden Ausführungsvorschriften vorgekommen sind. Jedem zur Selbstversteuerung Zugelassenen ist von der Oberzolldirektion zugleich mit der Genehmigungsverfügung eine Anweisung zu behändigen, die in sinngemäßer Anwendung der in der allgemeinen Verfügung des Finanzministers vom 28. März 1896 III. 4376 erörterten Gesichtspunkte die Grundsätze zu enthalten hat, nach denen bei der Verwendung und Entwertung der Marken zu verfahren ist.

Entwertungsgrenzen; Stempelsteuerbuch; Entwertungsvermerke; entwertungsberechtigte Personen.

(6) Im einzelnen ist folgendes zu beachten:

a) die Befugnis zur Entwertung erstreckt sich nicht auf Urkunden, zu denen die in der Nr. 12 Abs. 2 dieser Best. bezeichneten Behörden und Beamten und die Notare die Stempel von Amts wegen zu verwenden und zu entwerten verpflichtet sind und ferner nicht auf Urkunden, zu denen die Stempel nach den für Gerichtsgebühren geltenden Vorschriften eingezogen werden;

b) die Entwertungsbefugnis ist auf Urkunden beschränkt, die einen Stempel von nicht mehr als 75 Mk. erfordern. Die Oberzolldirektionen sind ermächtigt, die Genehmigung auch für höhere Beträge zu erteilen, wenn ein Bedürfnis hierzu vorhanden ist;

c) die zur Entwertung Berechtigten sind verpflichtet, über die Versteuerung der Urkunden, insoweit es sich nicht um Urkunden der im Abs. 1 unter b und d bezeichneten Art handelt, ein Stempelsteuerbuch nach dem anliegenden Muster 2 zu führen, in das alle zu den einzelnen Urkunden verwendeten Stempel nach der Reihenfolge der Verwendung (Haupt- und Nebenausfertigung unter einer Nummer) unter laufender, mit jedem Kalenderjahr von neuem mit 1 beginnenden Nummer von dem die Marken Entwertenden einzeln einzutragen sind. Versicherungsunternehmungen ist es gestattet, das Stempelsteuerbuch mit dem Versicherungsverzeichnis (Bordereau) zu verbinden, vorausgesetzt, daß das Versicherungsverzeichnis besondere Spalten für die laufende Nummer, unter welcher der verwendete Stempel im einzelnen einzutragen ist, sowie für den Betrag des verwendeten Stempels und für das Datum der Entwertung (Spalte 1, 6 und 8 des Musters 2) enthält und daß aus dem Verzeichnis hervorgeht, welche Stempelbeträge im einzelnen zu den Haupt- und Nebenausfertigungen (Duplikaten usw.) verwendet worden sind. Auch muß über jede der einzelnen Versicherungsarten (Feuer-, Hagel-, Lebens- usw. Versicherungen) ein besonderes Verzeichnis geführt werden. Die Stempelsteuerbücher sind von den zu ihrer Führung verpflichteten Personen fünf Jahre lang, von der letzten Eintragung an gerechnet, aufzubewahren und unterliegen der Einsichtnahme und Prüfung der Vorstände der Stempelsteuerämter. Stempelausländische Versicherungsunternehmen haben auf Erfordern von Zeit zu Zeit die von ihnen zu führenden Stempelsteuerbücher und deren Unterlagen (Akten, Bücher, Schriftstücke usw.) dem von der Oberzolldirektion zu bestimmenden Stempelsteueramt zur Prüfung einzureichen; auf Antrag kann die Prüfung auch in den Geschäftsräumen der Versicherungsgesellschaft durch Beamte des Stempelsteueramtes vorgenommen werden, falls der ausländische Staat hierzu seine Genehmigung erteilt. Wegen der Einholung dieser Genehmigung ist von der Oberzolldirektion an den Finanzminister zu berichten. Die Vordrucke für die Bücher können von allen Hauptzoll- und Zollämtern gegen Zahlung der Herstellungskosten bezogen werden;

d) bezüglich des Aufklebens der Marken finden die Vorschriften der Nr. 14 Abs. 2 dieser Best. entsprechende Anwendung. Die Entwertung der Marken ist in der Weise vorzunehmen, wie sie im ersten Satz der Nr. 16 Abs. 2 vorgeschrieben ist, mit der Maßgabe, daß, insoweit ein Stempelsteuerbuch zu führen ist, an Stelle der Geschäftsnummer die laufende Nummer einzutragen ist, unter der die Entwertung im Stempelsteuerbuch vermerkt ist. Wenn kein Stempelsteuerbuch, aber ein Geschäftsverzeichnis geführt wird, ist die Geschäftsnummer einzutragen; wenn weder ein Stempelsteuerbuch noch ein Geschäftsverzeichnis geführt wird, genügt die Eintragung des Datums (des Monats in Buchstaben) und des Entwertungsortes. Außerdem ist auf dem oberen Teil der Marken der Gesellschafts- oder Geschäftsname in der Art handschriftlich einzutragen, daß die Schrift auf das die Marken umgebende Papier nach beiden Seiten übergreift. Die nachstehenden Abdrucke veranschaulichen die Entwertung:

1. Entwertung mit Eintragung der Stempelsteuerbuch- oder Geschäftsnummer:

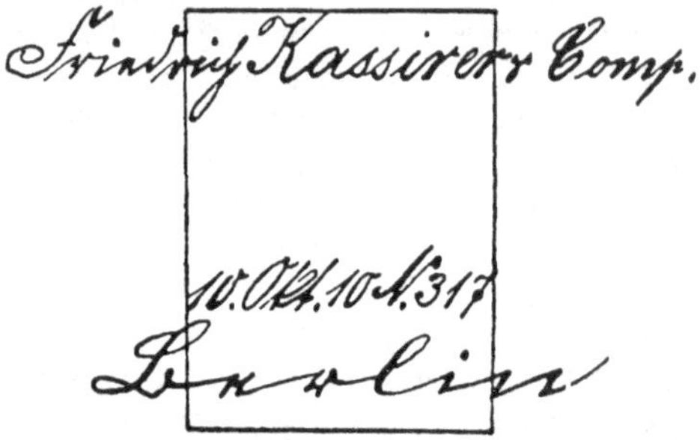

2. Entwertung ohne Eintragung der Stempelsteuerbuch- oder Geschäftsnummer:

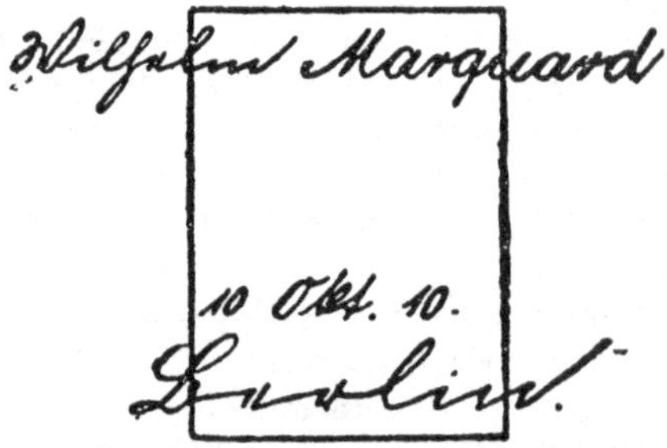

Versicherungsunternehmungen, öffentliche Sparkassen, Gewerkschaften und Genossenschaften sind befugt, statt der handschriftlichen Eintragung den Entwertungsvermerk ganz oder zum Teil — jedoch mit Ausnahme der laufenden Nummer des Stempelsteuerbuches oder der Geschäftsnummer — durch einen Stempelabdruck, zu dem nur schwarze Stempelfarbe verwendet werden darf, herzustellen. Der Abdruck des Gesellschafts- oder Geschäftsnamens muß teils auf dem oberen Teile der Marke, teils auf dem die Marke umgebenden Papier zu stehen kommen. Dieselbe Erlaubnis kann auch anderen Personen,

Gesellschaften usw. auf Antrag von der Oberzolldirektion erteilt werden. Die Art der Entwertung ergibt der nachstehende Abdruck:

Hinsichtlich der Deutlichkeit der handschriftlichen Entwertungsvermerke und der Stempelabdrücke sind die Vorschriften der Nr. 14 Abs. 3 dieser Best. zu beachten; die Abdrücke müssen den Namen (bei Geschäften und Gesellschaften den Geschäftsnamen und Gesellschaftsnamen), das Datum, das Nummerzeichen (N.) und den Entwertungsort deutlich erkennen lassen.

e) bei Nebenausfertigungen (Duplikaten) stempelpflichtiger Urkunden wird der Nebenausfertigungsstempel zu der Nebenausfertigung entwertet und auf ihr vermerkt, welcher Stempel zur Neben- und Hauptausfertigung entwertet ist, z. B.

Zur Nebenausfertigung 3 Mk. entwertet.
Zur Hauptausfertigung 5 Mk. (in Worten) entwertet.
Berlin, den 1. Oktober 1910.
(Unterschrift).

f) in den Fällen des Abs. 1 dieser Nr. zu a und d darf die Entwertung der Stempelmarken nur durch die Auktionatoren, Rechtsanwälte und Patentanwälte vorgenommen werden, in dem Falle zu b nur durch die Aussteller der Verfügungen von Todes wegen. Bei Versicherungsunternehmungen sind außer den Inhabern und Geschäftsleitern auch die Versicherungsagenten (Generalagenten und Agenten) oder sonstige von den Geschäftsleitern mit der Markenentwertung beauftragte Geschäftsangestellte zur Entwertung und Führung des Stempelsteuerbuches ohne besondere Genehmigung befugt. In den Fällen des Abs. 3 dieser Nr. steht diese Befugnis nur denjenigen Personen zu, welchen die Erlaubnis besonders verliehen worden ist, bei ausländischen Versicherungsgesellschaften aber auch den vorbezeichneten Vertretern (Generalagenten und Agenten). Doch sind in allen Fällen die Vorstände der Unternehmungen, Gesellschaften, Genossenschaften, Banken usw. für die Entrichtung der Stempel und die verwirkten Strafen haftpflichtig.

Urkunden dritter Personen.

(7) Wenn von dritten Personen ausgestellte, nicht oder nicht genügend verstempelte Urkunden, zu denen die Marken ohne amtliche Überwachung entwertet werden dürfen, nach Ablauf der gesetzlichen Stempelverwendungsfristen vorgelegt werden, so können die Entwertungsberechtigten auch in diesen Fällen die nicht oder zu wenig verwendeten Stempelmarken zwar nachträglich entwerten, sie sind aber verpflichtet, dem zuständigen Hauptzollamt die Zuwiderhandlung anzuzeigen.

Übergangsbestimmung.

(8) Auf Berechtigungen zur Entwertung von Stempelmarken ohne amtliche Überwachung, die schon vor dem Inkrafttreten dieser Ausführungsbestimmungen allgemein zugelassen oder genehmigt worden sind, finden die Vorschriften der Abs. 1 bis 7 sinngemäße Anwendung.

Versteuerung im Wege der Abfindung.

Allgemeine Grundsätze.

21. (1) Die Stempelpflicht wird abgesehen von dem Verbrauch von Stempelbogen, Stempelmarken und gestempelten Vordrucken durch Barzahlung erfüllt, nämlich durch Zahlung jährlicher Abfindungssummen statt der Versteuerung im einzelnen (Aversionalversteuerung). Die Zahlung jährlicher Abfindungssummen statt der Einzelversteuerung ist nur zulässig, wenn es sich um die Besteuerung von Beurkundungen gleichartiger, häufig wiederkehrender Rechtsgeschäfte handelt, beispielsweise von Versicherungsverträgen, Policen usw., die Versteuerung von Automaten u. dgl. Da diese Versteuerungsart nur dem Zweck dient, den Steuerpflichtigen die Mühewaltungen und Umstände, wie sie mit der Einzelversteuerung verbunden sind, zu ersparen, nicht aber ihnen Vermögensvorteile durch Zahlung geringerer Stempelabgaben zuzuwenden, so muß bei der Versteuerung im Wege der Abfindung tunlichst derselbe Steuerbetrag erhoben werden, welchen der Steuerpflichtige bei der Einzelversteuerung zu zahlen haben würde. Der voraussichtliche Verbrauch an Stempeln bei der Zahlung dieser Abgabe im einzelnen hat daher für die Bemessung der jährlichen Abfindungssumme den entscheidenden Maßstab abzugeben.

(2) Sparkassen, Versicherungsunternehmungen, Genossenschaften usw., welche Stempelmarken ohne amtliche Überwachung entwertet und über den gesamten Stempelverbrauch das in der Nr. 20 Abs. 6 Buchst. c bezeichnete Stempelsteuerbuch ein Jahr lang geführt haben, kann nach Ablauf dieses Jahres die Zahlung jährlicher Abfindungssummen statt der Einzelversteuerung gestattet werden. Der aus dem Stempelsteuerbuch hervorgehende, während eines Jahres gezahlte Gesamtstempelbetrag bildet die Grundlage für die Berechnung der für die einzelnen Jahre zu zahlenden Abfindungssummen. Stellt sich nach Beendigung des einzelnen Jahres, für welches das Steuerabkommen läuft, heraus, daß der Gesamtwert der abgeschlossenen Geschäfte, d. h. der Wert der stempelpflichtigen und stempelfreien Geschäfte, ein höherer ist, als der Gesamtwert der Geschäfte desjenigen Jahres, in welchem die Anschreibungen im Stempelsteuerbuch erfolgt sind, so findet eine verhältnismäßige Erhöhung der zu zahlenden Summe statt. Sollen beispielsweise die Policen einer Feuerversicherungsgesellschaft mittels Abfindung versteuert werden und ergibt sich für die Dauer eines Jahres bei einer Gesamtversicherungssumme von 10 Millionen aus dem Stempelsteuerbuch ein Stempelverbrauch von 160 Mk., so würde dieser Betrag um ein Viertel — also um 40 Mk. — zu erhöhen sein, wenn die Gesamtversicherungssummen während des Bestehens des Steuerabkommens jährlich die Summe von 10 Millionen um $2^1/_2$ Millionen übersteigen. Ebenso findet eine Ermäßigung der zu zahlenden Abfindungsbeträge in demjenigen Verhältnis statt, in welchem sich der Gesamtwert der abgeschlossenen Geschäfte in den Jahren, in welchen das Steuerabkommen läuft, verringert.

(3) Die erörterten Grundsätze enthalten nur allgemeine Anhaltspunkte für die Bemessung der Abfindungssummen, so daß Abweichungen und Erleichterungen überall da zulässig sind, wo sie sich aus der Eigenart des in Betracht kommenden Geschäftsverkehrs und dem Vorhandensein besonderer Umstände rechtfertigen lassen. Im besonderen kann Sparkassen, Versicherungsunternehmungen, Genossenschaften usw. die Versteuerung durch Zahlung jährlicher Abfindungssummen gestattet werden, wenn sie die zur Ermittelung dieser Summen erforderlichen Unterlagen aus ihren Geschäftsberichten oder Geschäftsbüchern oder in irgendeiner anderen Weise als durch die Führung des Stempelsteuerbuches zu beschaffen vermögen.

Erteilung der Genehmigung.

(4) Über Anträge auf Genehmigung der Versteuerung im Wege der Abfindung entscheiden die Oberzolldirektionen; der Abs. 4 der Nr. 20 findet entsprechende Anwendung. Öffentlichen Feuerversicherungsanstalten ist die

Versteuerung im Wege der Abfindung für die tatsächlichen Verlängerungen des Versicherungsverhältnisses (Tarifstelle 70c Absatz 3) allgemein gestattet; wegen der jährlichen Abfindungssummen und der Abfindungsnummer (vgl. Abs. 2 und 5) haben sie mit der zuständigen Oberzolldirektion das Erforderliche zu vereinbaren. Auch für private Versicherungsunternehmungen empfiehlt sich die Versteuerung der tatsächlichen Verlängerungen im Wege der Abfindung.

Überwachung. Abfindungsvermerk.

(5) Die zur Versteuerung im Wege der Abfindung Berechtigten haben ihre Geschäftsbücher und sonstigen Verhandlungen, welche für die Ermittelung der Abfindungssummen sowie für die amtliche Überwachung der Versteuerung von Bedeutung sind, den Beamten des zuständigen Stempelsteuer- oder Hauptzollamtes jederzeit zur Einsicht vorzulegen. Sie haben alle in ihrem Geschäftsverkehr errichteten, an sich stempelpflichtigen Urkunden, auf die sich die Abfindung erstreckt, mit einem die Abfindung erkennen lassenden kurzen Vermerk z. B. Stplfr. l. Abf. (statt: Stempelfrei laut Abfindung) mit einer ihnen von der Oberzolldirektion mitgeteilten Nummer sowie mit ihrem Vor- und Zunamen (Geschäfte, Gesellschaften usw. mit dem vollen Geschäfts-, Gesellschafts- usw. Namen) und der Bezeichnung des Wohnorts zu versehen. Dieser Vermerk kann, wenn er nicht niedergeschrieben wird, durch Stempelaufdruck mit schwarzer Stempelfarbe hergestellt werden, muß aber in jeder Form den Namen, die Firma, den Ort und die Abfindungsnummer deutlich erkennen lassen. Zur Veranschaulichung dient nachstehender Abdruck:

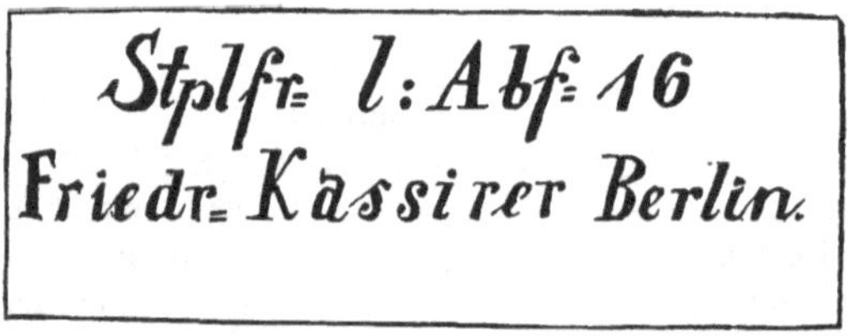

Zu § 15 des Gesetzes.

Zwangsweise Einziehung der Stempel.

22. (1) Sind die Stempelgebühren nicht innerhalb der gesetzlichen Fristen (§ 15 des Gesetzes) gezahlt, so ist die zwangsweise Einziehung der Stempelbeträge nach der Verordnung, betreffend das Verwaltungszwangsverfahren wegen Beitreibung von Geldbeträgen vom $\frac{\text{15. November 1899}}{\text{18. März 1904}}$ $\left(\text{GS. } \frac{\text{S. 545}}{\text{S. 36}}\right)$ und der dazu ergangenen Ausführungsanweisung vom $\frac{\text{28. November 1899}}{\text{4. Juli 1904}}$

(Zentralblatt der Abgaben- usw. Verwaltung $\frac{1900 \text{ S. } 44}{1904 \text{ S. } 246}$) zu veranlassen. Notare sowie diejenigen Behörden oder Beamten, welchen die Einziehung der der Beitreibung im Verwaltungszwangsverfahren unterliegenden Geldbeträge nicht zusteht, haben den Antrag auf zwangsweise Einziehung des Stempels, für jeden stempelpflichtigen Akt besonders, bei dem Hauptzoll- oder Zollamt ihres Wohnsitzes oder ihrer Amtsstelle einzureichen; es empfiehlt sich dem Antrage eine Abschrift der stempelpflichtigen Verhandlung beizufügen. Wird eine Abschrift nicht beigefügt, so ist in dem Antrage nicht nur diejenige Person anzugeben, die nach dem Inhalt der Urkunde die Zahlung des Stempels übernommen hat, sondern es sind sämtliche Personen zu benennen, denen nach dem Gesetz die Zahlung der Stempelabgabe obliegt. Der Antrag muß ferner, wenn eine Abschrift der Verhandlung nicht beiliegt, die Angabe enthalten, ob die Steuerpflichtigen im eigenen Namen oder als Vertreter anderer, z. B. als Vormünder, beteiligt sind und außerdem ist das Datum, die Registernummer und die Gattung der Urkunde sowie der Betrag des beizutreibenden Stempels mitzuteilen. Die Beifügung von Belegen zur Prüfung und Begründung des Antrages ist nicht erforderlich. Die Zollstelle kann die Einziehung gegen alle Verpflichtete betreiben und ist hinsichtlich der Person der Zahlungspflichtigen oder der Höhe des beizutreibenden Stempels an den gestellten Antrag nicht gebunden. Es empfiehlt sich aber, zunächst denjenigen Steuerpflichtigen in Anspruch zu nehmen, der nach dem Urkundeninhalt die Stempelkosten übernommen hat, vorausgesetzt, daß sich von der Einziehung des Stempels von diesem Steuerpflichtigen ein Erfolg versprechen läßt. Die Zollstelle teilt das Ergebnis der Beitreibung der ersuchenden Stelle mit, die, soweit die Einziehung ohne Erfolg geblieben ist, die Niederschlagung des Stempels bei der Oberzolldirektion beantragt. Beigetriebene Stempelbeträge hat die Zollstelle der ersuchenden Behörde in entwerteten Stempelzeichen zu übersenden, die neben der Verhandlung oder an geeigneter Stelle in den Akten einzuheften sind.

(2) Die Ausführung der Zwangsvollstreckung ist nach der allgemeinen Verfügung des Finanzministers vom 28. November 1900 (Zentralblatt der Abgaben- usw. Verwaltung S. 589, JMBl. S. 648) durch eigene Beamte der Zollverwaltung zu bewirken. Ist dies nicht angängig, so sind die Beitreibungen von den Zollstellen ausschließlich Gerichtsvollziehern zu übertragen.

(3) Notare dürfen den Stempel zu den von ihnen aufgenommenen Urkunden auch dann entwerten, wenn sie bereits die zwangsweise Einziehung beantragt haben. Die Notare haben den Grund der verspäteten

Entwertung auf der Urkunde anzugeben und die Zollstelle, bei der sie die Einziehung beantragt haben, unverzüglich von der nachträglichen Einzahlung des Stempels in Kenntnis zu setzen.

Verhandlungen der Schiedsmänner.

(4) Schiedsmänner haben bei der Aufnahme stempelpflichtiger Verhandlungen die Parteien, namentlich wenn sie geschäftsunkundige Personen sind, auf die ihnen nach § 15 Abs. 3 des Gesetzes obliegende Verpflichtung der Beibringung des Stempels hinzuweisen. Nehmen die Schiedsmänner die Versteuerung selbst vor (Nr. 18 dieser Best.), so entsteht dadurch für sie keine Haftbarkeit, wenn die Stempelzeichen nicht ordnungsmäßig oder nicht ausreichend verwendet sind (§ 13 Abs. 2 des Gesetzes).

Zu § 16 des Gesetzes.

Fristbewilligungen und Teilzahlungen für fällige Stempelsteuern.

23. (1) Privatpersonen haben innerhalb der im § 16 bestimmten Fristen für die Zahlung der tarifmäßigen Stempelabgaben und Entwertung dieser Beträge in Stempelzeichen Sorge zu tragen. Fristbewilligungen oder Abtragungen fälliger Steuerschulden in Teilzahlungen können nur in Ausnahmefällen bei nachgewiesenem dringlichen Bedürfnisse bewilligt werden und sind an die Bedingung zu knüpfen, daß

a) beim Ausbleiben einer Teilzahlung die zwangsweise Beitreibung des ganzen Restes erfolgt;

b) die eingehenden Beträge zunächst auf die rückständige Stempelsteuer, sodann auf die Geldstrafen und zuletzt auf die Kosten des Strafverfahrens verrechnet werden.

Auf Erfordern haben sich die Steuerschuldner auch zur Verzinsung und zur Bestellung einer angemessenen Sicherheit zu verpflichten.

(2) Zur Bewilligung von Fristen und Teilzahlungen fälliger Stempelsteuern bis zum Schluß desjenigen Rechnungsjahres, in dem die Steuerforderung entstanden ist, sind die Oberzolldirektionen ermächtigt (§ 17 Abs. 2 des Staatshaushaltsgesetzes vom 11. Mai 1898 — GS. S. 77 —); in den Genehmigungsverfügungen sind stets die Gründe für die Bewilligung anzugeben. Außerdem dürfen die Oberzolldirektionen über den Schluß des Rechnungsjahres hinaus selbständig Fristen oder Teilzahlungen gewähren in allen Stempelsteueruntersuchungen, die auf dem Verwaltungswege oder gerichtlich entschieden worden sind (und zwar einschließlich der Straf- und Kostenbeträge) und ferner in Ansehung der Steuer- und Kostenbeträge in allen denjenigen Fällen, in welchen mit Rücksicht auf die obwaltenden Verhältnisse von einer Bestrafung Abstand genommen worden ist. In

allen übrigen Fällen erfolgt die Bewilligung von Fristen oder Teilzahlungen durch den Finanzminister.

Aussetzung der Versteuerung nach gesetzlichen Vorschriften.

(3) Eine Aussetzung der Versteuerung findet nach stempelgesetzlichen Vorschriften in folgenden Fällen statt:

1. bei Unbestimmtheit des Wertes des Gegenstandes (§ 8 des Gesetzes). Vgl. Nr. 5 dieser Best.;
2. bei Fideikommißstiftungen hinsichtlich des weiteren Anwachsens des Grundvermögens (Tarifstelle 24 Abs. 4). Vgl. Nr. 61 Abs. 3 dieser Best.;
3. bei Gesellschaftsverträgen und Beschlüssen hinsichtlich der nachträglichen Einzahlungen auf das Gesellschaftskapital oder die Nachschüsse (Tarifstelle 25a Abs. 3). Vgl. Nr. 62 Abs. 1 dieser Best.

Diese Fälle werden von den Bestimmungen des § 17 Abs. 1 und 2 des Staatshaushaltsgesetzes nicht berührt.

(4) Für diejenigen Fälle, in denen der auf Schenkung beruhende Erwerb vor dem 1. Juli 1906 begründet ist, kommen hinsichtlich der Aussetzung der Versteuerung die bisherigen Bestimmungen zur Anwendung.

Der Genehmigung oder des Beitritts eines Dritten bedürfende Rechtsgeschäfte.

(5) Für die Beurkundung von Rechtsgeschaften, die erst durch die Genehmigung oder den Beitritt einer Behörde oder eines Dritten Rechtswirksamkeit erlangen, braucht der auf dem Geschäft ruhende Stempel erst verwendet zu werden, nachdem die Genehmigung oder der Beitritt erfolgt ist. Notare haben daher zu solchen von ihnen aufgenommenen Urkunden zunächst nur den nach der Tarifstelle 45 alsbald fälligen Notariatsurkundenstempel von 3 Mk zu verwenden, dagegen die Verwendung des Geschäftsstempels zu unterlassen, solange ihnen nicht die Genehmigung oder der Beitritt nachgewiesen wird. Handelt es sich um Urkunden, die der gerichtlichen Genehmigung oder Bestätigung, insbesondere der Genehmigung des Vormundschaftsgerichts bedürfen, so erfolgt die Einziehung des Geschäftsstempels nach § 31 Preuß. Gerichtskostengesetzes durch das Gericht.

Zu § 19 des Gesetzes.

Strafanzeigen; Strafverfahren.

24. (1) Strafanzeigen gegen Beamte und Notare, die sich einer Stempelübertretung bei ihrer Amtsverwaltung schuldig gemacht haben, und sonstige Verhandlungen, aus denen sich eine solche Übertretung ergibt, sind von den Hauptzollämtern den Stempelsteuerämtern zur weiteren Veranlassung zu übersenden, wenn die Hauptämter die Einleitung eines Strafverfahrens für angezeigt erachten. Die Vorstände der Stempelsteuerämter haben darüber zu befinden, ob sie von einem Strafverfahren absehen oder die Ahndung herbeiführen wollen.

(2) Die gegen Staatsbeamte und Notare auf Grund des § 19 des Gesetzes festzusetzenden Strafen sind nicht Disziplinar- sondern eigentliche Stempelsteuerstrafen. Auf das Verfahren bei Festsetzung derselben finden die Vorschriften des Gesetzes, betreffend das Verwaltungsstrafverfahren bei Zuwiderhandlungen gegen die Zollgesetze und die sonstigen Vorschriften über indirekte Reichs- und Landesabgaben, sowie die Bestimmungen über die Schlacht- und die Wildbretsteuer vom 26. Juli 1897 (GS. S. 237) nach § 60 daselbst mit der Maßgabe Anwendung, daß die Untersuchung und die Festsetzung der Strafe durch die in dem genannten Paragraphen bestimmte Aufsichtsbehörde oder deren Vorsteher und die Entscheidung über Beschwerden durch den daselbst bezeichneten Minister erfolgt.

Strafbescheid gegen Beamte mit Ausnahme der Gerichtsbeamten und Notare.

(3) Der Strafbescheid ist nach dem Muster 3 zu erlassen. In dem Strafbescheide sind dem Beschuldigten die Kosten des Verfahrens aufzuerlegen (§§ 45 bis 47 des Gesetzes vom 26. Juli 1897). Als Kosten des Verfahrens kommen nach § 45 bare Auslagen nach Maßgabe des preußischen Gerichtskostengesetzes vom 25. Juni 1895, insbesondere Schreibgebühren und Postgebühren, zum Ansatz. Der Ausfertigungsstempel ist für Strafbescheide und Beschwerdebescheide nur zu erheben, wenn der Betrag der Strafe einhundertfünfzig Mk. übersteigt. Der Strafbescheid ist durch Zustellung oder durch Verkündung (Eröffnung zu Protokoll) bekanntzumachen. Für die Ausführung von Zustellungen finden die Bestimmungen der Zivilprozeßordnung über Zustellungen von Amts wegen entsprechende Anwendung.

(4) Die festgesetzten und eingezogenen Ordnungsstrafen sind von der Behörde, die den Strafbescheid erlassen hat, unter Angabe der Nummer der Strafsache, der Person des Bestraften und des Strafgrundes dem zuständigen Hauptzollamt zur Vereinnahmung zu überweisen.

Verfahren gegen Gerichtsbeamte und Notare.

(5) Wegen des Verfahrens gegen Gerichtsbeamte und Notare vgl. § 24 der allgemeinen Verfügung über gerichtliche Landesstempelsachen.

Zu § 21 des Gesetzes.

Ermittelung der persönlichen Verhältnisse des Beschuldigten.

25. (1) Die Ermittelung der persönlichen Verhaltnisse des Beschuldigten ist nur soweit auszudehnen, als es zur Feststellung und Festhaltung seiner

Persönlichkeit oder für die Beurteilung seiner Strafbarkeit erforderlich ist. Sie soll umfassen:

1. Rufnamen (ausgeschrieben) und Zunamen, bei Ehefrauen und Witwen sowohl Rufnamen und Geburtsnamen dieser selbst wie Rufnamen und Zunamen ihrer Männer;
2. Stand oder Gewerbe (auch bei weiblichen Personen);
3. Wohnort (Kreis, in größeren Städten Straße und Hausnummer);
4. Vorstrafen wegen Zuwiderhandlungen gegen die Zoll- und Steuergesetze.

Soweit nötig, sind auch noch festzustellen:

5. Familienstand;
6. Tag und Ort der Geburt.

Abgabenentrichtung.

(2) Die Verpflichtung zur Nachentrichtung der Abgaben ist in der Entscheidungsformel des Strafbescheides nicht auszusprechen. Die Erhebung der vorenthaltenen Steuerbeträge erfolgt unabhängig vom Strafverfahren. Die Abgaben sind sofort, ohne den Ausgang der Untersuchung abzuwarten, — nötigenfalls schätzungsweise, unter Vorbehalt der Erstattung des etwa überhobenen Betrages — von der hierzu zuständigen Verwaltungsbehörde festzustellen und einzuziehen.

Zur Festsetzung von Ordnungsstrafen zuständige Behörden.

(3) Nach § 5 Nr. 1 des Verwaltungsstrafgesetzes erfolgt die Entscheidung bei allen Zuwiderhandlungen, welche lediglich Ordnungsstrafen nach sich ziehen, durch die Hauptzollämter.

Strafniederschlagungen und Strafmilderungen.

(4) Hinsichtlich der Strafniederschlagungs- und Strafmilderungsbefugnisse der Oberzolldirektionen, Vorstände der Stempelsteuerämter und Hauptzollamtsleiter kommen die Bestimmungen der allgemeinen Verfügung des Finanzministers vom 6. Oktober 1897 III 12757 (Zentralbl. der Abgaben- usw. Verwaltung S. 408) zur Anwendung.[1])

---

*) Anmerkung. Diese Verfügung lautet unter Berücksichtigung der vom 1. April 1908 ab eingetretenen Änderungen in der Bezeichnung der Amtsstellen der Verwaltung der Zölle und indirekten Steuern und unter Weglassung der hier nicht in Betracht kommenden Bestimmungen:

Auf Grund der Nr. 1 Abs. 2 und der Nr. 3 Abs. 1 des Allerhöchsten Erlasses, betreffend die Übertragung von Strafniederschlagungs- und Strafmilderungs-Befugnissen in Zoll- und Steuersachen, vom 26. September 1897 (GS. S. 402) bestimme ich, was folgt:

1. Die Oberzolldirektionen sind befugt, bei allen Zuwiderhandlungen gegen die Zollgesetze, oder die Vorschriften über indirekte Reichs- oder Landesabgaben, bei denen die Entscheidung den Verwaltungsbehörden zusteht,

Ordnungsstrafen-Nachweisungen.

(5) Zur Sicherung eines vorschriftlichen Verfahrens haben die Hauptzollämter alle Fälle, in denen die Hinterziehungsstrafe mehr als 300 Mk. betragen haben würde, an Stelle dieser Strafe aber eine Ordnungsstrafe festgesetzt ist, in zwei besondere Nachweisungen, von denen die eine die Stempel- und Erbschaftssteuersachen, die andere die übrigen Steuer- und die Zollsachen umfaßt, unter kurzer Angabe des Tatbestandes der Zuwiderhandlung und der Gründe für die Verhängung der Ordnungsstrafe einzutragen und diese Nachweisungen halbjährlich getrennt der Oberzolldirektion vorzulegen. In die Nachweisung sind diejenigen Fälle nicht aufzunehmen, in denen die Oberzolldirektion selbst die Festsetzung der Ordnungsstrafe angeordnet hat. Die Oberzolldirektion hat die Nachweisungen einer

---

im Wege der Nachsicht nach den Umständen des Falles die verwirkte Zoll- oder Steuerstrafe völlig niederzuschlagen, wenn ein Strafbescheid noch nicht bekanntgemacht oder gegen den Strafbescheid eines ihnen unterstellten Amtes form- und fristgerecht Beschwerde eingelegt worden ist

2 Die Vorstände der Stempelsteuerämter oder deren Abteilungen sind innerhalb ihres Geschäftsbereichs ermächtigt, Zuwiderhandlungen gegen die Stempelvorschriften, welche von ihnen bei Stempelprüfungen entdeckt werden oder sonst zu ihrer amtlichen Kenntnis gelangen, im Wege der Nachsicht auf sich beruhen zu lassen, solange sie die Sachen noch nicht zur Verfolgung an das zuständige Hauptzollamt abgegeben haben oder dieses noch nicht die Untersuchung aus anderem Anlaß bereits eröffnet hat. Nach Abgabe der Sachen oder Eröffnung der hauptamtlichen Untersuchung darf die Abstandnahme von der Strafverfolgung nur im Einverständnis mit dem Hauptamtsleiter verfügt werden

3 Die Hauptamtsleiter sind berechtigt, alle Zuwiderhandlungen der in Nr. 1 bezeichneten Art, welche lediglich Ordnungsstrafen nach sich ziehen, überhaupt und sonstige Zuwiderhandlungen dieser Art, wenn die in Frage kommenden Abgaben 3 Mk. nicht übersteigen, im Wege der Nachsicht straffrei zu lassen, solange der Strafbescheid noch nicht bekanntgemacht worden ist.

In Stempelsteueruntersuchungen, welche auf Ersuchen der Stempelsteuerämter eingeleitet worden sind, darf diese Berechtigung nur im Einverständnis mit dem Vorstande des zuständigen Stempelsteueramtes oder der zuständigen Abteilung desselben ausgeübt werden

4 Die den Vorstehern einzelner Abfertigungsstellen und einzelner Zollämter eingeräumten Befugnisse zur Strafabstandnahme werden in ihrem bisherigen Umfange hiermit aufrechterhalten bzw. erneuert.

5 Die Oberzolldirektionen und die Hauptzollämter sind ermächtigt, in den ihrer Entscheidung unterliegenden Zoll- und Steuerstrafsachen bei Genehmigung der Unterwerfungsverhandlungen im Wege der Nachsicht geringere, als die gesetzlichen Strafen festzusetzen, insbesondere auch von Anordnung der an sich verwirkten Einziehung abzusehen Das Gleiche gilt für die genannten Behörden bei Erlaß von Strafbescheiden,

sorgfältigen Prüfung zu unterwerfen und, wo es ihr notwendig erscheint, die Belegakten einzufordern. Bei der Prüfung ist insbesondere darauf zu achten, daß in den einzelnen Hauptamtsbezirken nicht offenbare Ungleichheiten Platz greifen, indem in dem einen Bezirk ein sehr ausgedehnter, in dem anderen ein sehr beschränkter Gebrauch von den hierauf bezüglichen Vorschriften unter gleichartigen Verhältnissen gemacht wird. Die Nachweisungen sind von dem mit der Bearbeitung beauftragten Mitgliede der Oberzolldirektion mit der Bescheinigung der stattgefundenen Prüfung zu versehen.

Einreichung von gerichtlichen Urteilen in Strafsachen.

(6) Von allen in Untersuchungssachen wegen Zuwiderhandlungen gegen das Stempelsteuergesetz in der Revisionsinstanz ergehenden gericht-

---

jedoch mit der Maßgabe, daß die Strafmilderung hinsichtlich des Antragstellers außer Kraft tritt, wenn form- und fristgerecht auf gerichtliche Entscheidung angetragen und der Antrag nicht bis zum Beginn der gerichtlichen Hauptverhandlung zurückgenommen wird. Diese Beschränkung der Strafmilderung braucht in den Strafbescheid nicht aufgenommen zu werden.

Die Hauptzollämter treffen ihre Entscheidung nach Maßgabe der Nr. 3 der Ausführungsvorschriften zu dem Verwaltungsstrafgesetz vom 26. Juli 1897. Sie haben alle Straffälle, in denen sie diese Ermächtigung angewandt haben, zur Sicherung eines vorschriftlichen und gleichmäßigen Verfahrens unter einem besonderen Abschnitte in die nach Nr. 4 Abs 2 der gedachten Ausführungsvorschriften zu führenden Nachweisungen einzutragen, welche alsdann, wie dort angeordnet, weiter zu behandeln sind.

6 Die Oberzolldirektionen haben die in Nr 5 erwähnte Strafmilderungsbefugnis auch bei Erlaß von Beschwerdebescheiden, wenn gegen den Strafbescheid eines ihnen unterstellten Amtes form- und fristgerecht Beschwerde ergriffen worden ist. Rechtskräftig festgesetzte Strafen zu mildern, sind sie nicht berechtigt.

7 Von den in den Nrn 1—6 verliehenen oder erneuerten Befugnissen ist kein Gebrauch zu machen, wenn nach den Umständen des Falles nachgewiesen oder anzunehmen ist, daß absichtliche Steuerverkürzungen oder sonstige vorsätzliche Gesetzesübertretungen vorliegen. Im übrigen werden aber dem pflichtmäßigen Ermessen der zuständigen Behörden und Beamten keine Schranken gezogen, und es können auch bloß persönliche Rücksichten, z. B. ungünstige Vermögenslage, Familienverhältnisse, Krankheiten usw. als ausreichende Rechtfertigung zur Niederschlagung oder Milderung der Strafe angesehen werden.

8 Die vorstehenden Vorschriften kommen nicht zur Anwendung bei Ordnungsstrafen gegen Beamte und Notare, welche sich bei ihrer Dienstverwaltung einer Übertretung der Landesstempelvorschriften schuldig gemacht haben In dieser Beziehung verbleibt es vielmehr lediglich bei den bisherigen Bestimmungen und Gebräuchen.

lichen Urteilen ist unter Darstellung des Sachverhältnisses und der Streitpunkte, die dadurch entschieden sind, Abschrift an den Finanzminister einzureichen.

Zu § 22 des Gesetzes.

Strafvollstreckung.

26. (1) Die Vollstreckung der Straf- und der Beschwerdebescheide sowie der Kostenentscheidungen liegt den Hauptzollämtern ob, welche dabei nach Maßgabe der Bestimmungen über das Verwaltungszwangsverfahren zu verfahren haben (§ 54 Abs. 1 des Verwaltungsstrafgesetzes). Im übrigen finden betreffs der Strafvollstreckung die Vorschriften der §§ 52, 53 und 54 Abs. 2 des bezeichneten Gesetzes Anwendung.

(2) Die Vollstreckung gerichtlich oder im Verwaltungsstrafverfahren festgesetzter Strafen ist auszusetzen, sobald der Nachweis der Absendung eines Gesuches wegen gnadenweisen Erlasses oder gnadenweiser Ermäßigung einer solchen Strafe geführt ist. Die Zollbehörden haben nach Eingang des Gnadengesuches das Erforderliche wegen Aussetzung der Strafvollstreckung bis nach erfolgter Entscheidung über das Gnadengesuch unverzüglich zu veranlassen und, wenn es sich um gerichtliche Stempelstrafen handelt, an die zuständige Justizbehörde (Staatsanwaltschaft, Amtsrichter) das Ersuchen um vorläufige Abstandnahme von der Strafvollstreckung zu richten. In Fällen, in denen das Steuerinteresse gefährdet erscheint, sind daneben die erforderlichen Maßnahmen zur Sicherheit der Stempelsteuer, Strafe und Kosten zu treffen. Die Justizbehörden sind verpflichtet, dem Ersuchen der Zollbehörde um Aussetzung der Strafvollstreckung zu entsprechen (§ 25 der allg. Verf. über gerichtl. Landesstempelsachen.

III. Abschnitt.

Besondere Bestimmungen.

Zu § 24 des Gesetzes.

Ersatz verdorbener Stempelzeichen.

27. (1) Für vor dem Verbrauch verdorbene Stempelzeichen, zu denen nicht nur Stempelbogen und Stempelmarken, sondern auch die in Nr. 9 Abs. 5 und 6 dieser Best. aufgeführten gestempelten Vordrucke gehören, wird Ersatz durch Barzahlung geleistet, wenn die Stempelzeichen durch Zufall oder Versehen verdorben worden sind. Als verdorben vor dem Verbrauch gelten auch Stempelmarken auf Policen, die zwar mit der Prämienquittung versehen, infolge verweigerter Zahlung der Prämie dem Versicherungssuchenden aber nicht ausgehändigt worden sind, ferner Stempelbogen und entwertete Marken, wenn mit dem Beschreiben der Bogen oder des Papiers, auf dem sich die Marken befinden, zwar schon begonnen ist, stempelpflichtige Urkunden aber noch nicht zustande gekommen sind, weil der Name oder die Firma des Ausstellers im Sinne des § 1 Abs. 2 des Gesetzes noch nicht unter die niedergeschriebenen Erklärungen gesetzt ist. Von Privatpersonen nicht in der vorgeschriebenen Weise verwendete Stempelmarken (§ 32 Abs. 2 des Gesetzes) werden als verdorbene nicht angesehen; sie sind nur nachträglich ordnungsmäßig zu entwerten.

(2) Der Antrag auf Ersatz ist bei dem Hauptzollamt des Bezirks einzureichen; dem Antrage sind die verdorbenen Stempelbogen, Stempelmarken, gestempelten Vordrucke oder die Policen beizufügen. Anträge auf Erstattung von Policenstempeln müssen innerhalb zweier Jahre nach der Entrichtung des Stempels angebracht werden; auch muß in den Anträgen bestätigt werden, daß die Policen den Versicherungssuchenden noch nicht ausgehändigt waren. Auf die Anträge entscheiden die Hauptzollämter. Entstehen bei dem Hauptzollamt Zweifel, ob die Stempel zu erstatten sind, so ist die Entscheidung der Oberzolldirektion einzuholen. Sie erteilt, wenn sie die Erstattung für zulässig erachtet, Zahlungsanweisung. Das Gleiche gilt, wenn gegen den ablehnenden Bescheid eines Hauptzollamtes begründete Beschwerde erhoben worden ist. Der zu erstattende Betrag wird nach Bescheinigung seiner Richtigkeit festgesetzt und auf Anweisung gezahlt. Die verdorbenen Stempelmarken sowie die aus den Bogen und gestempelten Vordrucken herausgeschnittenen Stempelzeichen sind durch Zerschneiden oder in anderer, eine Wiederverwendung ausschließenden Weise zu vernichten. Daß dies geschehen, ist von zwei Beamten zu beurkunden.

Ersatz vernichteter Stempelzeichen.

(3) Für völlig vernichtete Stempelzeichen wird nur Ersatz geleistet, wenn sich die Vernichtung in zweifelsfreier Weise feststellen läßt. Über die Anträge entscheiden die Oberzolldirektionen.

Zu § 25 des Gesetzes.

Erstattungen auf Grund des § 25 Abs. 1 und des § 6 Abs. 2 des Ges.

28. (1) Zu den nach § 25 Abs. 1a zu erstattenden Stempeln gehören auch die nach § 6 Abs. 2 des Gesetzes (Nr. 3 Abs. 1 dieser Best) und Abs. 17 der Tarifstelle 48 I (Nr. 71 Abs. 3 dieser Best.) zurückzuzahlenden Stempel. Auf letztere findet jedoch die Frist des § 25 Abs. 1a keine Anwendung. Behörden und Beamte, einschließlich der Notare, haben sich der Verauslagung der Stempelgebühren tunlichst zu enthalten, weil für die Staatskasse Ausfälle entstehen, wenn die zur Zahlung verpflichteten Personen

inzwischen zahlungsunfähig geworden sind und der Stempel gemäß § 25 Abs. 1b des Gesetzes erstattet werden muß.

(2) Die Erstattung der verwendeten Stempel findet nur auf Antrag und nicht über den beantragten Betrag hinaus statt. Antragsberechtigt sind diejenigen Personen, welche die Stempelabgabe als Steuerschuldner an die Staatskasse abgeführt haben, nicht dritte Personen, z. B. diejenigen, von denen die Stempelschuldner das Geld zur Berichtigung der Stempel geliehen haben. Bevollmächtigte haben den Anträgen ordnungsmäßig versteuerte Vollmachten beizufügen; wird der Antrag von Behörden oder Beamten, einschließlich der Notare, gestellt, so genügt die Angabe, daß der Antragstellende von dem Empfangsberechtigten bevollmächtigt worden sei. Die Anträge auf Erstattung sind in den Fällen zu a und c innerhalb der dort angegebenen Fristen einzureichen. In den Fällen zu b sind die Anträge an keine Frist gebunden; verauslagte Stempel werden auch dann erstattet, wenn die Behörden oder Beamten, einschließlich der Notare, die im § 15 Abs 1 des Gesetzes vorgeschriebene Frist von längstens 3 Wochen zur Beitreibung der Stempelbeträge nicht beobachtet haben. Die Antragsfrist gilt als gewahrt, wenn der Antrag bei einer unzuständigen Zollbehörde oder einem unzuständigen Stempelsteueramt rechtzeitig gestellt ist. Die unzuständigen Stellen sind verpflichtet, den Antrag an das zuständige Stempelsteueramt weiterzugeben und den Antragsteller von der Abgabe zu benachrichtigen.

(3) Über Anträge auf Erstattung von Stempeln auf Grund des § 25 Abs. 1 entscheiden die Stempelsteuerämter; zuständig ist dasjenige Stempelsteueramt, in dessen Bezirk der Stempel verwendet worden ist, oder, wenn der Stempel in dem Geschäftsbezirk eines anderen Stempelsteueramtes festgesetzt worden ist, das Amt dieses Bezirks. Über die Erstattung der im Auslande verwendeten Stempel entscheidet dasjenige Amt, dem die Stempelprüfung über die im Auslande befindliche Stelle zusteht oder in Ermangelung einer solchen Befugnis das Amt, in dessen Bezirk der Empfangsberechtigte wohnt. In Zweifelsfällen ist an die Oberzolldirektion zu berichten.

(4) Den Anträgen sind die Urkunden, auf denen die zu erstattenden Stempel entwertet sind, beizufügen; ist die Beifügung der Urkunden ausnahmsweise nicht angängig, so ist in anderweiter zweifelsfreier Weise der Inhalt der Urkunden und die Verwendung der Stempelzeichen darzutun Bei Notariatsverhandlungen genügt jedoch statt der Vorlegung der Urschriften die Bescheinigung des Notars über den zu der Urschrift verwendeten Stempel, desgleichen bei letztwilligen Verfügungen die gerichtliche oder notarielle Bescheinigung über die gezahlten oder verwendeten Stempel-

beträge. Bei Anträgen auf Erstattung verauslagter Stempel ist der Nachweis zu erbringen, daß die Einziehung von den zur Entrichtung des Stempels Verpflichteten unmöglich ist. Behörden und Beamte, einschließlich der Notare, sowie Rechtsanwälte haben die Anträge in der Form von Nachweisungen, welche die Bezeichnung der Urkunden nach Form und Art des beurkundeten Geschäfts (z. B. notarieller Grundstückskaufvertrag, privatschriftliche Schuldverschreibung) nach Datum, Namen und Vertragsstellung der Aussteller, ferner die Geschäfts- oder Notariatsregisternummer, den Namen desjenigen, welcher den Stempel gezahlt hat, den Betrag des verwendeten Stempels und den Tag seiner Entrichtung, die Erstattungsgründe und den Antrag auf Erstattung des zurückverlangten Betrages enthalten müssen, in einfacher Ausfertigung einzureichen. Auch für Privatpersonen empfiehlt es sich, die Erstattung in dieser Form zu beantragen.

(5) Entstehen bei dem Stempelsteueramt Zweifel, ob und zu welchem Betrage die Stempel zu erstatten sind oder ob die Erstattung auf Grund des Abs. 1 oder des Abs. 2 des § 25 anzuordnen ist, so ist die Entscheidung der Oberzolldirektion einzuholen. Sie erteilt, wenn sie die Erstattung für zulässig erachtet, Zahlungsanweisung. Das Gleiche gilt, wenn gegen den ablehnenden Bescheid eines Stempelsteueramtes begründete Beschwerde erhoben worden ist. Ist der Stempel zum Teil auf Grund des Abs. 1, zum Teil auf Grund des Abs. 2 zu erstatten, so sind die Anträge stets der Oberzolldirektion zur Entscheidung einzureichen. Erachtet die Oberzolldirektion eine teilweise Erstattung auf Grund des Abs. 2 für gerechtfertigt, so hat sie zugleich den nach Abs. 1 zu erstattenden Stempelbetrag zur Zahlung anzuweisen. Wird die Erstattung ganz oder zum Teil für unbegründet erachtet, so sind die Antragsteller unter Angabe der Gründe zu bescheiden. Insoweit die Erstattung für gesetzlich gerechtfertigt gehalten wird, hat das Stempelsteueramt die eingereichte Stempelerstattungsnachweisung, falls sie ordnungsmäßig und richtig aufgestellt ist, mit der Richtigkeitsbescheinigung zu versehen, andernfalls die Nachweisung selbst aufzustellen. Die Erstattungsnachweisung ist mit Zahlungsanweisung und unter Beifügung der dem Antragsteller zurückzugebenden Urkunden und sonstiger Belege der Oberzollkasse zur weiteren Veranlassung zu übersenden. Die auf den Urkunden befindlichen Stempelzeichen sind von einem Beamten des Stempelsteueramtes in roter Tinte mit einem die Geschäftsnummer enthaltenden Vermerk über den zur Erstattung angewiesenen Stempelbetrag zu durchschreiben, beispielsweise in folgender Art:

Einhundertunddreißig Mk. am 1. Oktober 1910 (Nr. 2301) erstattet

Unterschrift des Beamten. Amtsbezeichnung.

Bei der Erstattung von Stempeln für privatschriftliche, noch nicht in den Rechtsverkehr getretene, einseitige Urkunden (Schuldscheine, Vollmachten usw.) ist in dem Erstattungsvermerk auch der Grund der Erstattung kurz anzugeben, und ferner darauf hinzuweisen, daß der gesetzliche Stempel von neuem zu verwenden ist, wenn die Urkunde später in den Verkehr gesetzt wird. In der Zahlungsanweisung ist zu erwähnen, daß die Erstattung auf den Urkunden in der vorgeschriebenen Art vermerkt ist.

(6) Wenn zu Notariatsverhandlungen (§ 9 Abs. 2 des Ges.) Stempel zu erstatten und den Erstattungsanträgen die Urschriften nicht beigefügt sind, so hat das Stempelsteueramt, bevor es die Reinschrift der Zahlungsanweisung vollzieht und deren Absendung anordnet, den Notar nach dem Muster 4 zu ersuchen, die Erstattung in der im vorhergehenden Absatz vorgeschriebenen Art auf der Urschrift zu vermerken und ihm von dem Geschehenen Mitteilung zu machen sowie gleichzeitig zu bestätigen, daß eine Stempelerstattung auf der Urkunde noch nicht vermerkt war. Die Notare haben diesem Ersuchen zu entsprechen oder dem Stempelsteueramt die Hinderungsgründe mitzuteilen. Die Stempelsteuerämter haben der Zahlungsanweisung die Bestätigung des Notars als Rechnungsbeleg beizufügen. In entsprechender Weise ist auch hinsichtlich anderer, mit den entwerteten Stempelzeichen versehenen Urkunden zu verfahren, die mit den Erstattungsanträgen nicht haben eingereicht werden können, sich aber im Besitz der Behörden und Beamten (Notare) befinden.

(7) In den Fällen des § 25 Abs. 1c ist von den Stempelsteuerämtern zu prüfen, ob eine Wiedereinziehung des Stempels von demjenigen Vertragschließenden zu veranlassen sein wird, welcher bei der Beurkundung des Geschäfts von den seine Nichtigkeit oder Ungültigkeit bedingenden Umständen Kenntnis gehabt hat.

(8) Alle Behörden und Beamte, einschließlich der Notare, sind verpflichtet, von Doppelerstattungen, die zu ihrer Kenntnis gelangen, den Stempelsteuerämtern Anzeige zu erstatten (vgl. Abs. 6).

Erstattungen auf Grund des § 25 Abs. 2 des Ges., der Tarifstelle 32 Abs. 8 Satz 3 und der Tarifstelle 71 Nr. 1 Abs. 3.

(9) Über Anträge auf Erstattungen auf Grund des § 25 Abs. 2 des Gesetzes, in denen die unterbliebene Ausführung oder die Rückgängigmachung des Geschäfts darzutun ist und die die Erstattung rechtfertigenden Billigkeitsgründe zu erörtern sind, entscheiden die Oberzolldirektionen. Die Aufstellung besonderer Erstattungsnachweisungen ist nicht erforderlich, sondern es genügt, die Erstattungsgründe und die erstatteten Stempelbeträge zu den Akten zu vermerken. Die Erstattungsanträge müssen

innerhalb der Fristen des § 25 Abs. 2 des Gesetzes eingereicht werden. Im übrigen finden die Bestimmungen der Absätze 2 bis 8 sinngemäße Anwendung. In Fällen, wo bezüglich der Zuständigkeit Zweifel bestehen, ist an den Finanzminister zu berichten (vgl. Abs. 3).

(10) Nach der Vorschrift des vorhergehenden Absatzes sind auch Anträge auf Erstattung der Stempel aus Billigkeitsgründen in den Fällen der Tarifstelle 32 Abs. 8 Satz 3 und auf Rückzahlung von Stempeln infolge Ermäßigungen aus Billigkeitsgründen auf Grund der Tarifstelle 71 Nr. 1 Abs. 3 zu behandeln.

(11) Bis zum 20. April jeden Jahres ist von den Oberzolldirektionen dem Finanzminister anzuzeigen, welche Gesamtstempelbeträge gemäß § 25 Abs. 2 des Gesetzes, der Tarifstelle 32 Abs. 8 Satz 3 und der Tarifstelle 71 Nr. 1 Abs. 3 erstattet (niedergeschlagen) und ermäßigt worden sind und für welche Beträge die Erstattung und Ermäßigung abgelehnt worden ist. Diese Anschreibungen haben sich auch auf die von dem Finanzminister getroffenen Entscheidungen der bezeichneten Art zu erstrecken. Bei einer nachträglichen Änderung von Entscheidungen über solche Anträge, sei es durch den Finanzminister oder sei es durch die Oberzolldirektion selbst, sind auch die Anschreibungen entsprechend zu berichtigen. Der Gesamtbetrag ist für jede der vorbezeichneten Bestimmungen besonders anzuzeigen, getrennt nach Erstattungen (Niederschlagungen) und Ermäßigungen einerseits und nach Ablehnungen andrerseits. Die Anzeigen sind in der Form von Nachweisungen ohne Anschreiben einzusenden.

Stempelniederschlagungen.

(12) Soweit in den Fällen des Absatzes 9 und 10 die Stempel noch nicht verwendet sind, können die Oberzolldirektionen auch deren Niederschlagung aus Billigkeitsgründen anordnen.

Zu § 26 des Gesetzes.

Prozeßführung.

29. (1) Die Oberzolldirektionen sind befugt, sich in alle in ihrem Geschäftsbereiche entstehenden Rechtsstreitigkeiten ohne Anfrage nach ihrer pflichtmäßigen Überzeugung einzulassen und sie bis zum Ende fortzuführen oder aufzugeben (§ 5 Nr. 3 der Verwaltungsordnung vom 15. Januar 1908, Zentralbl. der Abgaben- usw. Verwaltung S. 183). Wegen der Verpflichtung der Oberstaatsanwälte, wegen der gegen den Justizfiskus angestrengten Prozesse sich vor Einlassung in den Prozeß mit den Oberzolldirektionen in Verbindung zu setzen, vgl. § 7 der allg. Verf. über gerichtliche Landesstempelsachen.

(2) Von jedem reichsgerichtlichen sowie von jedem in die Rechtskraft übergegangenen sonstigen gerichtlichen Urteil, das in einem gegen den Steuer- oder Justizfiskus angestrengten Prozeß ergangen ist, haben die Oberzolldirektionen innerhalb einer Woche nach Eingang des Urteils mittels eines den Gegenstand der Klage und die Rechtsfrage erörternden Berichts dem Finanzminister eine Abschrift einzureichen.

(3) Die Oberzolldirektionen haben eine nach dem Muster 5 aufzustellende Nachweisung über alle, die Stempelsteuer sowie die Reichs- und preußische Erbschaftssteuer betreffenden, im vergangenen Rechnungsjahre im Verwaltungsbezirk anhängig gewesenen Prozesse, bei denen in Vertretung des Fiskus die Oberzolldirektion oder die Justizbehörde als Partei beteiligt gewesen war, alljährlich im Juni dem Finanzminister einzureichen, oder, wenn solche Prozesse nicht anhängig waren, eine Fehlanzeige zu erstatten. Die Prozesse gegen den Justizfiskus sind in einem besonderen Abschnitte aufzuführen. Bei denjenigen Prozessen, über die bereits früher berichtet worden ist, ist auf die früheren Berichte und die dazu ergangenen Entscheidungen hinzuweisen.

(4) Wegen der Erstattung der Prozeßkosten an die obsiegenden Gegner kommt die allgemeine Verfügung des Finanzministers vom 23 März 1883 III 1859 (Zentralbl. der Abgaben- usw. Verwaltung S. 92) zur Anwendung. Von einer Nachprüfung der Kostenrechnungen des obsiegenden Gegners hinsichtlich etwaiger Antragsschreibgebühren und Postgebührenauslagen ist abzusehen, wenn die hierauf sich beziehenden Ansätze unbedenklich sind und, wenn der gegnerische Anwalt seine Handakten nicht freiwillig, also unaufgefordert, zur Verfügung stellt. Von den Beamten, denen die Prüfung der Kostenrechnungen obliegt, ist in ihren Bescheinigungen kurz zu vermerken, daß und unter welchen Voraussetzungen von der Nachprüfung der Schreibgebühren und Postgebührenauslagen abgesehen worden ist.

Zu § 29 des Gesetzes.

Postgebührenfreiheit.

30. Postsendungen an die Prüfungsstellen im Stempelprüfungsverfahren einschließlich des Beschwerdeverfahrens sind postgebührenfrei abzulassen. Wegen der Postgebühren für Rücksendung der Pacht- und Mietverzeichnisse vgl. Nr. 72 Abs. 5 dieser Best

Zu § 30 des Gesetzes.

Verwaltung des Stempelwesens.

31. (1) Die Verwaltung des Stempelwesens wird durch die Stempelsteuerämter, die Hauptzollämter und die den letzteren untergeordneten Zollämter, ferner durch die Oberzolldirektionen und in höchster Instanz durch den Finanzminister geführt. Außerdem sind an geeigneten Orten mit dem Verkauf und der Entwertung von Stempelbogen und Stempelmarken bis zu bestimmten Beträgen, dem Verkauf von gestempelten Vordrucken zu Genehmigungen der Veranstaltung von Lustbarkeiten, sowie der unentgeltlichen Verabfolgung von Vordrucken zu Pacht- und Mietverzeichnissen und zu Jagdpachtverzeichnissen sowie zu Anmeldungen der durch Jahreskarten zu versteuernden Automaten und Musikwerke Stempelverteiler beauftragt. Auf ihre Anstellung und Geschäftsführung finden die Vorschriften der Beilage 1 und der zugehörigen Anlage Anwendung.

Beschwerdegang.

(2) In Stempelsteuersachen sind die im Verwaltungswege eingelegten Beschwerden gegen Verfügungen und Anordnungen

a) der Zollämter und der Stempelverteiler an das vorgesetzte Hauptzollamt,

b) der Stempelsteuer- sowie der Hauptzollämter an die Oberzolldirektion,

c) der Oberzolldirektionen an den Finanzminister

zu richten. Bezüglich der Anfechtung der Strafbescheide der Hauptzollämter und Oberzolldirektionen kommen die besonderen, für das Verwaltungsstrafverfahren geltenden Bestimmungen zur Anwendung.

Auskunfterteilungen.

32. (1) Alle Hauptzollämter sowie Stempelsteuerämter haben gegen Erstattung der ihnen an Schreib- und Postgebühren entstandenen Kosten den Steuerpflichtigen auf deren Anfragen über die Höhe des zu einer Urkunde zu verwendenden Stempels sowie darüber, ob eine Verpflichtung zur Entrichtung von Stempelgebühren überhaupt besteht, Auskunft zu erteilen. Die vorbezeichneten Behörden werden auf Grund der Allerhöchsten Kabinettsorder vom 24. Juli 1906 (zu vgl allgemeine Verfügung des Finanzministers vom 19. Februar 1907 III 2577) ermächtigt, im einzelnen Falle von der Einziehung der Schreib- und Postgebühren abzusehen, wenn die Einziehung mit Kosten und Weiterungen für die Staatskasse verknüpft ist, die in keinem angemessenen Verhältnis zu der Höhe der Gebühren stehen.

(2) Die Anfragen sind an dasjenige Stempelsteuer- oder Hauptzollamt zu richten, in dessen Bezirk der Anfragende seinen Wohnort hat. Gesuche um Auskunfterteilung von Personen, welche nicht im Bezirke des Stempelsteuer- oder Hauptzollamtes wohnen, sind der zuständigen Behörde unter entsprechender Benachrichtigung des Gesuchstellers zur Erledigung zu überweisen. Auf Anfragen allgemeiner Art erstreckt sich die Pflicht zu einer amtlichen Belehrung nicht. Die vorbezeichneten Behörden sind vielmehr

mit Rücksicht auf den Grundsatz des § 3 Abs. 1 des Gesetzes, wonach die Stempelpflichtigkeit einer Urkunde sich nach ihrem Inhalt richtet, nur verbunden, auf Anfragen Auskunft zu geben, welche sich auf bestimmte, mit dem Antrage vorzulegende Urkunden beziehen. Behörden und Beamte, einschließlich der Notare, haben zugleich die Zweifel, welche zu der Anfrage Anlaß gegeben haben, zu erörtern. Auch kann den Hauptzoll- und Stempelsteuerämtern nicht zugemutet werden, für die Steuerpflichtigen zeitraubende und umständliche Berechnungen über den zu zahlenden Stempel aufzustellen, sondern es genügt, wenn sie den Anfragenden die allgemeinen Grundsätze angeben, nach welchen die Aufstellung der Berechnung vorzunehmen ist.

(3) Die Antworten auf Anfragen über den zu verwendenden Stempel sind des schleunigsten zu erteilen und müssen den Anfragenden tunlichst so zeitig zugehen, daß sie noch in der Lage sind, die tarifmäßigen Stempel innerhalb der zweiwöchigen Stempellösungsfrist beizubringen, vorausgesetzt, daß die Anfrage rechtzeitig, d. h. spätestens bis zum Ablauf der ersten Woche der zweiwöchigen Frist bei der Behörde eingereicht ist. Wenn die Anfrage rechtzeitig erfolgt ist, die Beantwortung sich aber aus irgendeinem Grunde verzögert hat, so ist ein Strafverfahren nicht einzuleiten, wenn die gesetzliche Stempellösungsfrist zwar überschritten, der Stempel aber bis zu einem bestimmten, von der Auskunftsbehörde anzugebenden Tage beigebracht ist.

Mitwirkung der Staats- und Kommunalbehörden bei der Verwaltung der Stempelsteuer.

33. (1) Von besonderer Wichtigkeit für die ordnungsmäßige Führung der Stempelsteuerverwaltung ist die gewissenhafte Erfüllung der den Behörden und Beamten mit richterlicher oder Polizeigewalt durch das Gesetz auferlegten Verpflichtung, auf Befolgung der Stempelgesetze zu halten und alle bei ihrer Amtsverwaltung bekannt gewordenen Zuwiderhandlungen behufs Einleitung des Strafverfahrens zur Anzeige zu bringen. Wegen der den Gerichten in dieser Hinsicht obliegenden Verpflichtungen vgl. § 22 der allg. Verf. über gerichtl. Landesstempelsachen.

Gerichtsvollzieher.

(2) Auch den Gerichtsvollziehern liegt als Organen der Gerichte die Pflicht ob, die Besteuerung der aus dienstlichem Anlaß in ihre Hände gelangten Urkunden, insbesondere der zu ihren Handakten eingereichten Vollmachten, zu prüfen. Die Gerichtsvollzieher haben, wenn die Stempelverwendungsfrist noch nicht abgelaufen ist, denjenigen, welcher die Urkunde eingereicht hat, zur nachträglichen — innerhalb jener Frist zu bewirkenden

— Beibringung der erforderlichen Stempelmarke aufzufordern und die Marke im Falle rechtzeitiger Einreichung vorschriftsmäßig zu entwerten. Die Aufforderung zur Beibringung der Stempelmarke unterbleibt, wenn davon wegen Kürze der Restfrist ein Erfolg nicht erwartet werden kann. Wird die Stempelmarke nicht rechtzeitig eingereicht, so haben die Gerichtsvollzieher die Zuwiderhandlung dem Hauptzollamt anzuzeigen. Dasselbe gilt, wenn die Urkunde in die Hände des Gerichtsvollziehers gelangt ist, nachdem die Stempellösungsfrist bereits abgelaufen war. Die Mitteilung erfolgt postgebührenfrei unter dem Vermerk: „Frei laut Ablösung."

Zu § 31 des Gesetzes.

Geschäftsbezirke der Vorstände der Stempelsteuerämter.

34. (1) Die Geschäftsbezirke der Stempelsteuerämter gehen aus der Beilage 2 hervor. Die Stempelsteuerämter zerfallen in Abteilungen; Stempelsteuerämter ohne Abteilungen sind nur die Ämter der Rheinprovinz in Aachen, Coblenz, Elberfeld und Trier. Die Geschäftsbezirke der Stempelsteuerämter sind zugleich diejenigen der Erbschaftssteuerämter. Die Bezirke der Stempel- und Erbschaftssteuerämter in Altona und Cassel umfassen auch die Insel Helgoland und die Hohenzollernschen Lande, also diejenigen Gebietsteile der Monarchie, auf welche das Stempelsteuergesetz keine Anwendung findet. Jede Abteilung eines Stempelsteueramtes und, wo Abteilungen nicht bestehen, jedes Stempelsteueramt steht unter der Leitung eines Vorstandes, der die Stempelsteuerverwaltung nach der in der Beilage 3 enthaltenen Anweisung zu führen hat.

Stempelprüfungsverfahren.

(2) Zu den besonderen Obliegenheiten der Vorstände gehört die Vornahme der Stempelprüfungen innerhalb ihrer Geschäftsbezirke, bei welchen sich die Vorstände der Mithilfe ihrer Beamten bedienen können. Ob den Prüfungen, welche in der Regel an dem Ort, wo die zu prüfenden Behörden, Beamten, Gesellschaften usw. ihren Sitz haben und die stempelpflichtigen Verhandlungen sich befinden, vorzunehmen sind, eine Anmeldung vorauszugehen hat, bleibt dem Ermessen der Vorstände überlassen. Die prüfungspflichtigen Behörden, Beamten, Gesellschaften usw. haben, sobald sie von dem Vorstande des Stempelsteueramtes von der Abhaltung der Prüfung in Kenntnis gesetzt werden, dafür Sorge zu tragen, daß die Prüfung ohne allen Aufenthalt begonnen und vollständig ausgeführt werden kann. Zu diesem Zweck sind dem Vorstande alle Urkunden, Akten, Geschäftsbücher, Rechnungsabschlüsse, Jahresberichte sowie überhaupt alle Schriftstücke und Verhandlungen, welche für die Stempelprüfung von Belang sind, zur Einsicht vorzulegen, auch ist ihm und seinen Beamten jede

gewünschte Auskunft zu erteilen und ein angemessener Raum für die Erledigung seiner Obliegenheiten zur Verfügung zu stellen. Urkunden, öffentliche Bücher, Akten usw., welche nicht von besonderem Werte sind und deshalb eine besondere Verwahrung nicht erfordern, sind dem Vorstande auf Verlangen auch in seine Wohnung zu verabfolgen und, falls sie nicht durch Beamte oder Angestellte der geprüften Stellen befördert werden können, vor der Verabfolgung zu versiegeln. Die Einsendung der Akten usw. zu Prüfungszwecken nach dem Amtssitz der Vorstände der Stempelsteuerämter darf nur insoweit beansprucht werden, als die Versendung ohne Nachteil für den Geschäftsgang bei der geprüften Stelle stattfinden kann.

(3) Über das Ergebnis der Prüfung ist nach dem Muster 6 eine Verhandlung aufzunehmen, in der die aufgestellten Erinnerungen unter Bezeichnung des Aktenstücks (Aktenzeichen und Seite) und der nicht ausreichend versteuerten Urkunden sowie der Angabe der für die einzelnen Stempelnachforderungen maßgebend gewesenen Gründe zusammenzustellen sind. Der geprüften Stelle ist eine Abschrift der von ihr nicht zu unterzeichnenden Verhandlung mit dem Ersuchen zuzustellen, die Abgabensumme der anerkannten Erinnerungen in vorschriftsmäßig entwerteten Stempelzeichen einzusenden und, wenn nur ein Teil der Erinnerungen anerkannt wird, die Nummern der anerkannten Erinnerungen sowie den auf die einzelne Erinnerung entfallenden Betrag besonders anzugeben. Die Entwertung der Stempelzeichen erfolgt nach den Vorschriften der Nr. 13 u. fg. dieser Best. Die geprüfte Stelle legt mit der Abschrift der Prüfungsverhandlung ein Aktenstück an und veranlaßt wegen der Nachbringung der nachgeforderten Stempelbeträge das Erforderliche. Behörden und Beamte, einschließlich der Notare, haben nötigenfalls die zwangsweise Einziehung der Stempel nach der Nr. 22 dieser Best zu beantragen. Einwendungen gegen Prüfungserinnerungen sind zunächst bei dem Vorstande des Stempelsteueramtes anzubringen. Gegen die Entscheidung des Stempelsteueramts ist die Beschwerde bei der Oberzolldirektion und gegen deren Entscheidung die weitere Beschwerde bei dem Finanzminister einzulegen. Die bei der Oberzolldirektion oder dem Finanzminister eingelegte Beschwerde hemmt die zwangsweise Beitreibung der nachgeforderten Stempel. Die Vorstände der Stempelsteuerämter sind verpflichtet, auf eine schnelle und vollstandige Erledigung der Prüfungserinnerungen zu halten und nötigenfalls die Einwirkung der vorgesetzten Behörde in Anspruch zu nehmen.

(4) Die Vorstände der Stempelsteuerämter haben der geprüften Stelle den Eingang der entwerteten Stempelzeichen, die bei den Akten der

Stempelsteuerämter verbleiben, sowie die Erledigung der Erinnerungen zu bescheinigen. Auf Grund dieser Bescheinigungen vermerken die Stellen auf den Urkunden, soweit sie in ihrem Besitz sind, die nachentrichteten Beträge.

(5) Wenn Akten, in denen sich entwertete Stempelzeichen befinden, vernichtet oder verkauft werden sollen, so sind die Stempelzeichen vorher herauszuschneiden und durch Zerschneiden oder in anderer, eine Wiederverwendung ausschließender Weise zu vernichten. Die Vernichtung ist in einer aufzunehmenden Verhandlung zu bescheinigen.

(6) Über die Stempelprüfungen bei den Gerichten ist im § 23 der allg. Verf. über gerichtl. Landesstempelsachen das Erforderliche bestimmt.

(7) Die im § 31 Abs. 2 des Gesetzes bezeichneten Prüfungsstellen sind regelmäßig im Laufe von drei Jahren mindestens einmal der Prüfung zu unterwerfen und die Reichs- und Landesstempelprüfungen an ein und demselben Ort, sofern er nicht der Amtssitz des Vorstandes des Stempelsteueramtes ist, gleichzeitig vorzunehmen. Hinsichtlich derjenigen Prüfungsstellen, bei welchen infolge geringen Geschäftsverkehrs stempelpflichtige Schriftstücke nur vereinzelt vorkommen, wie es beispielsweise bei Auktionatoren, kleineren Genossenschaften usw. der Fall ist, darf die Oberzolldirektion genehmigen, daß die Prüfungen in längeren Zwischenräumen erfolgen oder, falls die zu prüfenden Stellen einverstanden sind, auf die Einforderung der Verträge und sonstiger stempelpflichtiger Urkunden, Rechnungsabschlüsse usw. beschränkt werden oder ganz unterbleiben. Auch bleibt es dem Ermessen der Oberzolldirektionen überlassen, zu bestimmen, ob und inwieweit bei den örtlichen Behörden der Post-, Telegraphen- und Eisenbahnverwaltung Stempelprüfungen stattzufinden haben. Bei Schiedsmännern kann, falls nicht besondere Gründe entgegenstehen, von der Vornahme von Stempelprüfungen abgesehen werden, da die Schiedsmänner von den Präsidenten der Landgerichte im Stempelinteresse geprüft werden.

Jahresberichte der Vorstände der Stempelsteuerämter.

(8) Nach dem Schlusse des Geschäftsjahres hat der Vorstand des Stempelsteueramts einen für das Finanzministerium bestimmten Jahresbericht an die Oberzolldirektion einzureichen, worin eine Übersicht über seine Tätigkeit und die während des Jahres nach dem Geschäftsplan vorgenommenen Stempelprüfungen zu geben ist. In dem Jahresbericht können außerdem allgemeine Bemerkungen, Wahrnehmungen und Vorschläge in betreff der Stempelgesetze und deren Ausführung niedergelegt werden. Einer besonderen Erörterung bedürfen die bezüglich der Versteuerung der Pacht- und Mietverzeichnisse gesammelten Erfahrungen. Zu diesem Zweck ist anzuzeigen, wieviel Aufforderungen an die Verpächter,

die Verpächter von Jagden und die Vermieter — und zwar für jede der drei Vertragsarten besonders — auf Grund der Nr. 77 Abs. 2 und der Nr. 78 Abs. 6 dieser Best. erlassen und welche Wahrnehmungen dabei im einzelnen und überhaupt hinsichtlich der Beachtung der bestehenden Vorschriften gemacht sind. Dem Ermessen der Oberzolldirektionen bleibt es überlassen, ergänzende Anordnungen über die Einreichung und den Inhalt der Jahresberichte zu treffen. Es kann im besonderen bestimmt werden, daß den Berichten von den Vorständen Nachweisungen darüber beizufügen sind, in welchem Umfang die nach dem Geschäftsplan vorzunehmenden Stempelprüfungen ausgeführt worden sind, welche Stellen nicht geprüft sind und aus welchen Gründen die Prüfung unterblieben ist, welche Beträge im abgelaufenen Jahr zum Soll gestellt, wie diese verrechnet und welche Beträge davon als Reste in das folgende Jahr übertragen sind, ferner auf welche Beträge sich die aus früheren Jahren rückständig gebliebenen Stempelnachforderungen belaufen, aus welchen Ursachen ältere Rückstände noch nicht haben erledigt werden können u. a.

Beschlagnahme oder Durchsuchung.

35. Auf das Verfahren wegen Beschlagnahme oder Durchsuchungen bei Privatpersonen, welche im dringenden Verdacht der Verletzung eines Stempelgesetzes stehen, finden die §§ 94 u. fg. der Strafprozeßordnung Anwendung. Da die Aufforderung an die Privatperson zum Ausweis über die gehörige Beobachtung der Stempelgesetze und die Ausführung der Beschlagnahme oder Durchsuchung unmittelbar aufeinander folgen müssen, so darf die Aufforderung nicht vorher in schriftlicher Form erfolgen, sondern sie ist mündlich an die betreffende Privatperson zu richten. Im Falle ihrer Weigerung, sich auszuweisen, muß unverzüglich mit der Ausführung der Beschlagnahme oder Durchsuchung begonnen werden. Ihr hat der Vorstand des Stempelsteueramts oder ein mit seiner Vertretung beauftragter Beamter der Zollverwaltung beizuwohnen. Diese Beamten, welche dem Amtsgericht in dem einzureichenden Antrage namhaft zu machen sind, haben sich vorher mit den die Beschlagnahme oder Durchsuchung ausführenden Gerichtsbeamten über die nähere Art der Ausführung zu besprechen.

Zu § 32 des Gesetzes.

Von Privatpersonen nicht vorschriftsmäßig verwendete Stempelmarken.

36. Die Bestimmung, wonach die von Privatpersonen nicht in der vorgeschriebenen Weise verwendeten Stempelmarken als nicht verwendet anzusehen sind, soll nicht eine Doppelversteuerung zur Folge haben, sondern es soll dadurch nur der Tatbestand einer unter Umständen nach den

§§ 17 u. fg. des Gesetzes zu ahndenden Zuwiderhandlung festgestellt werden. Abgesehen von der etwa erforderlich werdenden Einleitung eines Strafverfahrens bedarf es daher nur der nachträglichen ordnungsmäßigen Entwertung der Stempelmarken. Wenn diese infolge von Beschädigungen der Marken oder aus einem anderen Grunde nicht angängig ist, steht es den Steuerpflichtigen frei, die vorschriftsmäßige Verwendung neuer Marken herbeizuführen und die Erstattung des Wertes der alten Marken zu beantragen.

Stempeltarif.

Zur Tarifstelle 1.

Stempelvermerke.

37. Hinsichtlich der Angabe des die Stempelfreiheit der beglaubigten Abschriften bedingenden Zwecks auf der Abschrift und der mißbräuchlichen Benutzung stempelfrei erteilter beglaubigter Abschriften findet die Nr. 88 Abs. 1 dieser Best. sinngemäße Anwendung. Auf jeder amtlich beglaubigten und jeder einfachen Abschrift einer stempelpflichtigen Urkunde muß nach § 9 Abs. 3 des Gesetzes vermerkt werden, welcher Stempel zu der Hauptausfertigung oder Urschrift verwendet worden ist. Vgl. Nr. 6 Abs. 2 dieser Best. Der Vermerk wird beispielsweise lauten:

Beglaubigte Abschrift stempelfrei, weil wegen Zahlung eines Pensionsbetrages erteilt. Zur Urschrift (Ausfertigung) 300 Mk. (in Worten) verwendet.

Berlin, den 1. Oktober 1910.

Amtsstelle.

Schwarzstempel. Unterschrift.

oder:

Zur beglaubigten Abschrift 3 Mk. entwertet.

Zur Urschrift usw. wie vor.

Zur Tarifstelle 2.

Versteuerung der Eintragungsanträge, Anrechnung des Antragstempels auf den Stempel zur nachträglichen Urkunde.

38. (1) Wegen der Versteuerung der Anträge auf Eintragung der Abtretung einer Hypothek oder Grundschuld (Abs. 4 bis 8 der Tarifstelle) finden die Vorschriften der §§ 14 bis 16 der allg. Verfügung über gerichtliche Landesstempelsachen (vgl. auch § 19 Abs. 1 a. a. O.) und wegen der Anrechnung des zu dem Eintragungsantrage entrichteten Stempels auf denjenigen Stempel, welchem die nachträglich über das zugrunde liegende

Geschäft errichtete Urkunde unterliegt, finden die Vorschriften des § 18 derselben Verfügung (vgl. § 19 zu 3 a. a. O.) entsprechende Anwendung. Der feste Stempel, der zu dem Eintragungsantrage erforderlich gewesen sein würde, wenn der Antrag nicht des Wertstempels bedurft hätte (z. B. der Notariatsurkundenstempel der Tarifstelle 45 im Betrage von 3 Mk. zu einem notariellen Eintragungsantrage) darf nicht auf den Stempel zu der nachträglich errichteten Urkunde angerechnet werden. Es sind mithin bei einem in der Form einer Notariatsurkunde errichteten, mit einem Wertstempel von 30 Mk. versehenen Eintragungsantrage nur 27 Mk. auf den Stempel zu der späteren Urkunde anrechnungsfähig.

Stempelbefreiung.

(2) In betreff des Vermerks, mit dem die in der Befreiungsvorschrift erwähnten Abtretungsurkunden zu versehen sind, ist nach der Nr. 82 Abs. 2 dieser Best. zu verfahren.

Zur Tarifstelle 4.

Gerichtskostenstempel.

39. Der tarifmäßige Stempel wird gemäß § 1754 Abs. 1 BGB. erst mit der Bestätigung fällig und ist bei den Gerichtskosten zu vereinnahmen (§ 2 Abs. 1 f der allg. Verf. über gerichtl. Landesstempelsachen). Wird der Annahmevertrag vor einem Notar geschlossen, so ist zunächst nur der Notariatsurkundenstempel von 3 Mk. zu verwenden; dieser Betrag ist auf den später bei den Gerichtskosten zu vereinnahmenden Stempel anzurechnen. Über Stempelermäßigungen entscheidet der Gerichtsschreiber (§ 9 zu 3 der vorangef. Verf.).

Zur Tarifstelle 8.*)

Ermittelung der Grundstückswerte.

40. Die für die Versteuerung der Auflassungen maßgebenden Grundsätze sind in den §§ 13 bis 18 der allg. Verfügung über gerichtl. Landesstempelsachen enthalten. Nach § 17 Abs. 5 dieser Verfügung haben die Hauptzollämter, insoweit ihnen Bedenken gegen die Angemessenheit der in den amtsgerichtlichen Listen der Auflassungen angegebenen Grundstückswerte entstehen, die Ermittelung des wirklichen gemeinen Wertes tunlichst kostenfrei vorzunehmen. Alle unmittelbaren Behörden und Beamten, insbesondere die Vorsitzenden der Einkommensteuer-Veranlagungskommissionen und die Behörden der Katasterverwaltung, sind verpflichtet, auf alle die Ermittelung von Grundstückswerten betreffenden Anfragen bereitwilligst Auskunft zu erteilen (§ 7 Abs. 5 des Gesetzes).

---

*) Wegen Erhebung der Reichsstempelabgabe zu Auflassungen usw. von im Inlande gelegenen Grundstücken usw. vgl. Tarifstelle 11 d und § 90 des Reichsstempelgesetzes vom 15. Juli 1909.

Ermittelungsverfahren.

41. (1) Zur Ermittelung des wirklichen gemeinen Wertes in zweifelhaften Fällen haben die Hauptzollämter die bei den Vorsitzenden der Einkommensteuer-Veranlagungskommissionen vorhandenen Schätzungen für die Erhebung der Ergänzungssteuer (allg. Verfügungen des Finanzministers vom 31. Januar 1896 — III 17804 95 — und vom 17. Januar 1903 — III 176 —) und ferner die bei den Kreis- und Gemeindebehörden für die Erhebung der nach dem gemeinen Wert bemessenen Grund- und Gebäudesteuer (Grundwertsteuer), der Umsatzsteuer und der Wertzuwachssteuer vorhandenen Schätzungsergebnisse festzustellen. Reichen diese Unterlagen zur Beurteilung des Wertes nicht aus, so haben die Hauptzollämter die Bezirksoberkontrolleure oder andere geeignete Beamte, die erforderlichenfalls die Hilfe des Katasteramtes in Anspruch nehmen können, zu beauftragen. Den Hauptzollämtern steht es frei, die Katasterämter unmittelbar um Auskunft anzugehen, wenn die Voraussetzungen dafür gegeben sind und sich auf diesem Wege eine Vereinfachung des Ermittelungsverfahrens erwarten läßt. Die Ermittelungen müssen tunlichst unter Vermeidung von Kosten vorgenommen werden. Wenn Grundstücke infolge räumlicher Verschiedenheit der hauptzollamtlichen und amtsgerichtlichen Geschäftsbezirke nicht zu dem Bezirk desjenigen Hauptzollamtes gehören, an das die Liste der Auflassungen von dem Amtsgericht eingesendet ist, so hat sich das Hauptzollamt auch bezüglich solcher Grundstücke der Wertermittelung zu unterziehen, wobei es ihm überlassen bleibt, die Mitwirkung des anderen beteiligten Hauptzollamtes in Anspruch zu nehmen.

(2) Die Oberzolldirektionen können im Einverständnis mit den Vorstandsbeamten der Oberlandesgerichte etwa erforderlich erscheinende nähere Ausführungsbestimmungen treffen. Von diesen Bestimmungen ist eine Abschrift an den Finanzminister einzureichen.

Zur Tarifstelle 10.

Begriff. Urschriften (Konzepte).

42. (1) Die Stempelpflichtigkeit ist auf Ausfertigungen von bereits vorhandenen Schriftstücken beschränkt, so daß der Ausfertigungsstempel nur zu erheben ist, wenn ein Schriftstück (eine Urschrift, ein Konzept) vorhanden ist, von dem die Ausfertigung entnommen wird und die auf Grund dieser Urschrift (dieses Konzepts) gefertigte Urkunde die Form einer Ausfertigung hat. Für die Stempelpflichtigkeit ist es ohne Belang, ob die Urschrift (das Konzept) mit dem vollen Namen oder nur mit den Anfangsbuchstaben des Namens gezeichnet ist und ob sie bei den Akten als Konzept verbleibt oder eine selbständige Bedeutung haben soll.

Vermerke.

(2) Alle Behörden und Beamten, einschließlich der Notare, sind verpflichtet, auf den von ihnen erteilten Ausfertigungen, die von einer Urschrift nicht entnommen sind, den Grund der stempelfreien Ausfertigung zu bescheinigen, z. B. „Stempelfrei mangels Vorhandenseins einer Urschrift". Fallen die Ausfertigungen unter die Befreiungsvorschrift zu a und b der Tarifstelle oder sind sie aus irgendeinem anderen Grunde stempelfrei, so ist der Grund der Stempelbefreiung, wenn er sich nicht aus dem Urkundeninhalt ohne weiteres ergibt, ebenfalls auf der Ausfertigung zu vermerken.

Zur Tarifstelle 11.

Stempelvermerke.

43. Bezüglich der auf die Auszüge zu setzenden Stempelvermerke findet die Nr. 37 entsprechende Anwendung.

Zur Tarifstelle 11a.

Zur Versteuerung verpflichtete Personen.

44. (1) Nach der Nummer 4 der Tarifstelle sind zur Versteuerung die Eigentümer der Automaten oder Musikwerke verpflichtet, also diejenigen, welche die Apparate entweder für sich selbst hergestellt haben (die Automaten- usw. Fabrikanten oder Unternehmer) oder diejenigen, welche das Eigentum daran von den Herstellern oder anderen Personen erworben haben. Die Verpflichtung zur Versteuerung besteht aber für die Eigentümer nur hinsichtlich derjenigen Automaten usw., welche sie selbst ausnützen, indem sie die Erträge selbst vereinnahmen. In dieser Beziehung macht es keinen Unterschied, daß die Eigentümer der Automaten usw. denjenigen, in deren Wirtschaften oder Räumen die Apparate aufgestellt sind, als Entgelt für die Duldung der Aufstellung oder die Bedienung gewisse Bruchteile des Ertrages abgeben. Insoweit hiernach eine Versteuerung durch die Eigentümer nicht zu bewirken ist, liegt die Steuerpflicht denjenigen ob, welchen die Automaten oder Musikwerke leih- oder mietweise oder auf Grund irgendeines anderen Rechtsgeschäfts zur eigenen Ausnützung (also zur Vereinnahmung der Erträge) überlassen worden sind.

Außer Betrieb gesetzte Automaten usw.

(2) Automaten oder Musikwerke, die verschlossen und unbenützt an einem der in der Nummer 1 der Tarifstelle bezeichneten Orte und Plätze stehen, sind nicht abgabepflichtig. Ein amtlicher Verschluß ist nicht erforderlich, die Steuerpflichtigen dürfen vielmehr den Verschluß selbst vornehmen. Er muß aber ein derartiger sein, daß eine Benützung durch das Publikum ausgeschlossen wird; es empfiehlt sich beispielsweise ein Verlöten

der Einwurfsöffnungen oder ein Versperren durch metallene, von innen zu befestigende oder von außen aufzuschraubende Plättchen oder durch Anbringung von Bändern aus Eisenblech u. dgl. Eine Verschließung der Öffnungen durch Überkleben mit Papier oder Stoff, durch Einklemmen von Holzpflöckchen u. dgl. wird im allgemeinen nicht zuzulassen sein, da solche Verschlüsse jederzeit leicht wieder beseitigt werden können. Warenautomaten müssen vorher entleert werden; Automaten und Musikwerke, bei denen das Anbringen fester Verschlüsse nicht angängig ist oder aus irgendwelchen anderen Gründen unterbleiben soll, werden zweckmäßig durch Herausnahme von Teilen ihrer inneren Einrichtung oder durch Entfernung von sonstigen die Benützung ermöglichenden Gegenständen unbenützbar zu machen sein, z. B. Musikautomaten durch Herausnehmen der Walzen oder Platten oder durch Entfernen der Kurbeln, Schlüssel usw. An den Apparaten muß erkennbar gemacht sein, daß sie sich außer Betrieb befinden. Im übrigen bleibt es mit Rücksicht auf die Mannigfaltigkeit der Fälle den Zollstellen überlassen, geeignet erscheinende Anordnungen zu treffen, durch die eine mißbräuchliche Benützung verhindert wird. Wo es notwendig erscheint, haben die Oberzolldirektionen den Zollstellen die erforderliche Anleitung zu geben. Wer einen versteuerten Apparat durch Anlegung eines Verschlusses oder auf andere Art außer Betrieb setzt, hat dies, wenn die Versteuerung durch Jahreskarten erfolgt, bis zum nächsten 1. Januar derjenigen Zollbehörde, bei welcher er die Jahreskarte gelöst hat, anzuzeigen. Die gleiche Anzeigepflicht liegt demjenigen ob, welcher einen Apparat von seinem Aufstellungsorte entfernt, ohne ihn an einem anderen Orte aufzustellen. Wegen der Anzeigen bei Versteuerungen im Wege der Abfindung vgl. Nr. 45 Abs. 3 am Schluß.

Gegenstand der Stempelabgabe.

(3) Die Stempelpflicht lastet auf dem Automaten oder Musikwerk, so daß ein Wechsel in der Person des Steuerpflichtigen oder eine Änderung des Standortes des Apparats innerhalb des versteuerten Zeitraumes die Steuerpflicht nicht von neuem begründet. Nur bei Versteuerungen im Wege der Abfindung (§ 14 Abs. 2 des Stempelsteuergesetzes) müssen diejenigen Automaten und Musikwerke, die im Laufe des versteuerten Zeitraumes von der zur Abfindungsversteuerung zugelassenen Person aus dem Betriebe gezogen und anderen Personen zur Ausnützung überlassen worden sind, von den neuen Inhabern wiederum versteuert werden. Ferner ist eine nochmalige Versteuerung nicht erforderlich, wenn Automaten oder Musikwerke im Laufe des bereits versteuerten Zeitraumes zwecks Ausbesserung oder zu anderen Zwecken vorübergehend von ihren Standorten entfernt und durch andere gleich große oder gleichwertige Apparate ersetzt

werden oder wenn Automaten, um eine Unterbrechung des Warenverkaufs zu vermeiden, gegen neue gleich große Automaten umzutauschen sind.

Versteuerung im Wege der Abfindung. Anmeldungen.

45. (1) Für Automaten- usw. Unternehmer und -Fabrikanten, die meist eine große Anzahl von Apparaten selbst aufstellen und ausnützen, empfiehlt sich die Versteuerung im Wege der Abfindung (vgl. Nr. 21 dieser Best.). Wer diese Versteuerungsart wünscht, hat innerhalb eines Monats nach dem Tage der Inbetriebsetzung der Automaten usw. oder, wenn er bisher die Versteuerung durch Jahreskarten bewirkt hat und zur Abfindungsversteuerung übergehen will, innerhalb des Monats Januar des auf den Ablauf der Versteuerung folgenden Kalenderjahres einen entsprechenden Antrag bei derjenigen Oberzolldirektion zu stellen, in deren Verwaltungsbezirk sich seine Handelsniederlassung oder in Ermangelung einer solchen sein Wohnsitz befindet. In dem Antrage ist zu bemerken, auf welche Oberzolldirektionsbezirke sich die Versteuerung erstrecken soll. Befindet sich der Sitz des Automaten- usw. Unternehmens im Königreich Sachsen, so ist der Antrag an die Oberzolldirektion zu Breslau zu richten; andere stempelausländische Firmen haben den Antrag bei derjenigen Oberzolldirektion zu stellen, deren Sitz die Handelsniederlassung der Firma am nächsten belegen ist. Entstehen über die Zuständigkeit Zweifel, so haben sich die Oberzolldirektionen zu einigen oder es ist die Entscheidung des Finanzministers nachzusuchen.

Weiteres Verfahren.

(2) Die Oberzolldirektion prüft den Antrag und benachrichtigt den Antragsteller, daß er seine weiteren Anträge binnen 14 Tagen nach Eingang der Verfügung an die von ihm benannten Oberzolldirektionen zu richten und jeder von ihnen eine nach dem Muster 7 aufzustellende Nachweisung einzureichen habe. Von diesen Mustern, die von den Oberzolldirektionen herzustellen sind, ist die erforderliche Anzahl den Antragstellern zuzusenden; die einzelnen Oberzolldirektionen erhalten Abschrift der Verfügung. Ist die Eintragung der Herstellungsfirma und der Fabrikmarke in Spalte 4 mit Schwierigkeiten verbunden, so kann sie unterbleiben, wenn die Nämlichkeit der Apparate bei Ausfüllung der sonstigen Spalten festgestellt werden kann.

(3) Die von den Antragstellern den einzelnen Oberzolldirektionen einzureichenden Nachweisungen, die alle in dem einzelnen Direktionsbezirk zur Zeit der Aufstellung der Nachweisung vorhandenen, von dem Unternehmer zu versteuernden Automaten oder Musikwerke enthalten müssen und von dem Unternehmer mit der Versicherung der Richtigkeit zu versehen

sind, bilden die Grundlage für die Berechnung der Stempelabgabe. Die Oberzolldirektionen treffen auf Grund dieser Nachweisungen die Entscheidung über die Zulassung zur Abfindungsversteuerung und benachrichtigen hiervon den Antragsteller unter gleichzeitiger Mitteilung der Abfindungssteuernummer und des nach den Vorschlägen des Steuerpflichtigen zu bestimmenden Hauptzollamtes, welches die Erhebung und Verrechnung der Abgabe zu übernehmen hat. Das mit der Versteuerung beauftragte Hauptamt, dem die von dem Unternehmer eingereichte Nachweisung von der Oberzolldirektion zuzufertigen ist, legt für jeden zur Abfindungsversteuerung zugelassenen Steuerpflichtigen ein besonderes Aktenstück an. Es setzt auf Grund der sachlich und rechnerisch zu prüfenden Nachweisung den für das einzelne Kalenderjahr zu entrichtenden Gesamtstempelbetrag fest, zieht ihn vom Steuerpflichtigen ein und veranlaßt das Weitere wegen der alljährlichen Nachversteuerung. Die Prüfung der Nachweisungen in sachlicher und rechnerischer Hinsicht ist von einem Zollsekretär oder von einem im Range höheren Beamten zu bewirken und zu bescheinigen. Zur Nachversteuerung ist die Nachweisung in gewissen Zeiträumen — halb- oder alljährlich — von dem Steuerpflichtigen durch Mitteilung der Zu- und Abgänge von Automaten oder Musikwerken zu ergänzen.

Mitteilungen an die anderen Hauptämter und Zollstellen des Direktionsbezirks.

(4) Zur Ermöglichung einer ordnungsmäßigen Überwachung hat das mit der Versteuerung beauftragte Hauptzollamt den übrigen Hauptämtern des Direktionsbezirks durch Auszüge aus der Nachweisung Mitteilung von den in den einzelnen Hauptamtsbezirken vorhandenen und versteuerten Automaten usw. zu machen, sie auch von den späteren Änderungen und Ergänzungen in Kenntnis zu setzen. Diese Hauptzollämter übersenden den Hebestellen ihres Bezirks die sie betreffenden Mitteilungen. Wo die Anzahl der zu versteuernden Apparate keine zu große ist, kann das mit der Erhebung der Abgabe beauftragte Hauptzollamt auch den einzelnen Zollstellen des Direktionsbezirks die Mitteilungen unmittelbar zugehen lassen. Die Bestimmung hierüber bleibt den Oberzolldirektionen überlassen.

Steuerausweise.

(5) Eine Ausfertigung von Jahreskarten und Entwertung von Stempelmarken findet bei Versteuerungen im Wege der Abfindung nicht statt; die Stempelpflicht wird lediglich durch Barzahlung erfüllt. Die Automaten- usw. Inhaber erhalten jedoch zum Nachweise der bewirkten Versteuerung für jeden einzelnen Apparat einen nach dem Muster 8 aufzustellenden Ausweis, den sie auf Erfordern dem revidierenden Bezirksaufsichtsbeamten vorzulegen haben. Die Muster sind von den Oberzoll-

direktionen herzustellen. Soweit es angangig ist, werden die Ausweise den Inhabern durch die Aufsichtsbeamten zuzusenden sein, die auf diese Weise gleichzeitig von der Versteuerung Kenntnis erhalten.

Versteuerung durch Jahreskarten. Anmeldungen.

46. (1) Insoweit eine Versteuerung im Wege der Abfindung nicht stattfindet, tritt Einzelversteuerung durch Erteilung von Jahreskarten ein. Wer diese Versteuerungsform wählt, hat die zu versteuernden Automaten und Musikwerke innerhalb eines Monats nach dem Tage ihrer Inbetriebsetzung bei der zuständigen Zollstelle nach dem Muster 9 zur Versteuerung anzumelden; bis spätestens Ende Januar jeden Kalenderjahres ist die erteilte Steuerkarte durch Wiedervorlegung an die zuständige Zollstelle zu erneuern. Die Anmeldung ist mit der Versicherung der Richtigkeit zu versehen. Ist die Eintragung der Herstellungsfirma und der Fabrikmarke mit Schwierigkeiten verbunden, so kann sie unterbleiben, falls die Nämlichkeit der Apparate bei Ausfüllung der sonstigen Spalten festgestellt wird. Die Anmeldungsmuster werden von den Oberzolldirektionen beschafft und können von allen Hauptzollämtern, Zollämtern und den Stempelverteilern unentgeltlich bezogen werden. Zuständig zur Einzelversteuerung ist diejenige Hebestelle (Hauptzollamt oder Zollamt), in deren Bezirk der Automat oder das Musikwerk aufgestellt ist. Ausnahmsweise kann auf Antrag die Einzelversteuerung auch durch die Hebestelle des Wohnorts des Automaten- usw. Inhabers vorgenommen werden, wenn für die Versteuerung bei dieser Hebestelle besondere Gründe vorliegen. In diesem Falle ist jedoch die Hebestelle des Wohnortes verpflichtet, der Hebestelle des Aufstellungsortes unter näherer Beschreibung des Automaten oder Musikwerks und Angabe des Aufstellungsortes Mitteilung zu machen. Die Stempelverteiler sind zur Vornahme der Einzelversteuerung nicht befugt.

Weiteres Verfahren.

(2) Die Hauptzollämter und Zollämter tragen die bei ihnen angemeldeten Automaten und Musikwerke unter fortlaufender Nummer in ein nach dem Muster 10 zu führendes Verzeichnis ein, erheben die vorgeschriebene Abgabe und erteilen dem Anmeldenden die mit dem Amtsstempelabdruck versehene Jahreskarte, deren Versteuerung für die folgenden Jahre durch Einziehung der gesetzlichen Stempelabgabe zu erneuern ist. Für jeden Automaten und jedes Musikwerk wird eine besondere Karte erteilt, die die Nummer des Verzeichnisses enthält, unter der die Eintragung erfolgt ist. Die Ausstellung von Gesamtkarten ist nicht zulässig, auch wenn sich mehrere Automaten usw. desselben Steuerpflichtigen an demselben Standorte befinden. Die Stempelmarken sind in die auf der vierten Seite

der Karte vorgesehenen Felder einzukleben und durch Aufdruck des amtlichen Schwarzstempels zu entwerten. Vorausversteuerung für mehrere Jahre ist zulässig. Spätere Änderungen, die für die Steuerpflichtigkeit von Belang sind (vgl. Abs. 4 dieser Nr.), sowie Wohnortsversteuerungen (vgl. den vorhergehenden Abs.) sind im Verzeichnis zu vermerken.

Steuersatz. Anschaffungspreis.

(3) Der Steuersatz für Musikautomaten oder mechanische Musikwerke ist in erster Linie nach dem Anschaffungspreis zu bemessen, also nach demjenigen Preise, den der Steuerpflichtige für den Erwerb des Automaten usw. gezahlt hat, gleichviel, ob die Automaten vom Fabrikanten, auf einer Auktion oder von einer dritten Person erworben sind. Der gezahlte Anschaffungspreis bleibt für die ganze Dauer der von derselben Person zu bewirkenden Versteuerung maßgebend, wobei Abnützung, Veralten oder sonstige wertmindernde Umstände nicht in Betracht kommen. Die Kosten für die Nachbeschaffung von Zubehörstücken, z. B. von Platten und Walzen, sind dem stempelpflichtigen Anschaffungspreis hinzuzurechnen, insoweit diese Gegenstände nicht den Ersatz für unbrauchbar gewordene Stücke bilden. Doch hat infolge solcher Neubeschaffungen eine Nachversteuerung für das laufende Kalenderjahr nicht stattzufinden. Der Wert (Marktwert) kommt nur dann für die Versteuerung in Betracht, wenn ein Anschaffungspreis nicht vorhanden ist, wenn also beispielsweise der Musikautomat dem Inhaber leih- oder mietweise zur eigenen Ausnützung überlassen ist.

Anzeigen von Änderungen.

(4) Die Steuerpflichtigen haben Änderungen der Automaten und Musikwerke, die für die Steuerpflichtigkeit von Belang sind, also namentlich Änderungen, welche den Aufstellungsort betreffen, innerhalb eines Monats der zuständigen Zollstelle anzuzeigen. Wegen der Anzeigen betreffend die Außerbetriebsetzung und die Einziehung von Automaten usw. vgl. Nr. 44 Abs. 2 am Schluß.

Aufbewahrung und Vorzeigung der Jahreskarten.

(5) Die Steuerpflichtigen haben die Jahreskarten aufzubewahren und sie auf Erfordern dem revidierenden Bezirksaufsichtsbeamten vorzulegen.

Überwachungsverfahren.

47. (1) Die Überwachung der Versteuerung erfolgt durch die Bezirksaufsichtsbeamten, denen die Steuerpflichtigen auf Erfordern die Ausweise über die Abfindungsversteuerung und die Jahreskarten vorzulegen haben (vgl. Nr. 45 Abs. 5 und Nr. 46 Abs. 5) Eine brauchbare Grundlage für eine wirksame Überwachung gewähren die Verzeichnisse und die dazugehörigen Anmeldungen und Nachweisungen (Muster 7, 9 und 10) und die diese Verzeichnisse ergänzenden nachträglichen Anzeigen der Steuerpflichtigen über Außerbetriebsetzungen, Einziehungen und Änderungen der Automaten (vgl. Nr. 44 Abs. 2, Nr. 45 Abs. 3, Nr. 46 Abs. 2 und 4). Zur besseren Übersicht sind die durch Abfindung versteuerten Automaten unter einem besonderen Abschnitt des Verzeichnisses (Muster 10) einzutragen. Die Anlegung eines nach der Buchstabenfolge geordneten Namenverzeichnisses wird das Auffinden erleichtern. Aus diesen Verzeichnissen sind von den Hebestellen den Aufsichtsbeamten (den Bezirksoberkontrolleuren und Zollaufsehern), die Unterlagen für die alljährlich mindestens einmal vorzunehmenden örtlichen Prüfungen zugänglich zu machen. Ob die Hebestellen die Unterlagen vermittelst Zustellung von Auszügen aus den Verzeichnissen den Aufsichtsbeamten zu liefern oder ob letztere die Unterlagen aus den Verzeichnissen der Hebestellen zu entnehmen haben, ist je nach den Umständen und örtlichen Verhältnissen zu bestimmen. Die Ausübung der Überwachung durch die Aufsichtsbeamten wird ferner in der Art erfolgen können, daß die Beamten auf den der Hebestelle abzugebenden Meldezetteln die Automaten, die sie gelegentlich oder aus dienstlichem Anlaß, z. B. bei den Revisionen der Zigaretten- und Branntweinhändler, sehen, nach bestimmten Kennzeichen (Aufstellungsort, Fabrikmarke oder Fabriknummer, Größenverhältnissen usw.) vermerken. Die Hebestellen prüfen diese Angaben nach dem geführten Verzeichnis und veranlassen nach Umständen das Weitere. Die Abgabe von Meldezetteln an die Hebestellen erscheint zweckmäßig, wenn Apparate aufgefunden werden, deren Versteuerung nicht nachgewiesen werden kann oder deren Nämlichkeit nach den Mitteilungen über die Versteuerung nicht bedenkenfrei ist. Die Inhaber von öffentlichen Lokalen, in denen Automaten usw. aufgestellt sind, haben die Verpflichtung, den Aufsichtsbeamten den Zugang zu den dem Publikum geöffneten Räumen zu gestatten.

(2) Die im vorhergehenden Absatz angeführten Gesichtspunkte sollen nicht die Bedeutung zwingender Anordnungen haben, sondern nur die allgemeinen Richtlinien für die Handhabung der Überwachung angeben, da die Wahl der in dieser Hinsicht zu treffenden Maßnahmen in den einzelnen Direktionsbezirken vielfach von ganz verschiedenen Voraussetzungen abhängig ist und die örtlichen und allgemeinen Verkehrsverhältnisse, die Zahl der zu revidierenden Automaten usw., die Geschäftslage und manche andere besondere Umstände es nicht angezeigt erscheinen lassen, für den gesamten Geltungsbereich der Tarifstelle ein einheitliches Verfahren vorzuschreiben. Es bleibt deshalb den Oberzolldirektionen überlassen, unter Berücksichtigung der erwähnten Verhältnisse zu bestimmen, welchem der vorgeschlagenen

Wege der Vorzug zu geben ist und wie das Überwachungsverfahren am zweckmäßigsten näher zu gestalten sein wird. Dabei ist auch zu erwägen, inwieweit bei der Beaufsichtigung die Hilfe der Beamten der Polizeiverwaltung (§ 30 Abs. 3 des Gesetzes), namentlich in den großen Städten und auf dem Lande in abgelegenen Orten, in Anspruch zu nehmen sein wird. Im allgemeinen ist mit Rücksicht auf die verhältnismäßig geringen Einnahmen aus der Tarifstelle darauf zu achten, daß besondere Kosten durch die Nachprüfungen nicht entstehen und die Arbeitskräfte der Aufsichtsbeamten nicht zu sehr und nur so weit in Anspruch genommen werden, als es das steuerliche Interesse unbedingt nötig macht.

Bekanntmachungen.

(3) Dem Ermessen der Oberzolldirektionen bleibt es überlassen, zu bestimmen, ob in ähnlicher Weise, wie bei den Pacht- und Mietverzeichnissen (vgl. Nr. 76 dieser Best.) öffentliche Bekanntmachungen über die Versteuerung der Automaten zu erlassen sind. Die Anordnungen über die Bekanntmachungen können auf die Hauptzollämter übertragen werden.

Zur Tarifstelle 12.

Versteuerung.

48. Die Versteuerung der Bestallungen einschließlich der Offizierpatente erfolgt durch Verwendung von Stempelbogen oder Stempelmarken oder von gestempelten Vordrucken, die durch das Hauptstempelmagazin auf Antrag abgestempelt werden (vgl. Nr. 9 Abs. 6 zu a und f dieser Best.). Es ist zulässig, den Stempel statt zu der Ausfertigung zu den Akten zu verwenden.

Zur Tarifstelle 18.

Ermäßigter Steuersatz.

49. Der ermäßigte Steuersatz von 1,50 Mk. darf nur dann angewendet werden, wenn aus der Urkunde hervorgeht, daß durch die Eheverträge über Vermögensgegenstände von nicht mehr als 6000 Mk. verfügt wird.

Zur Tarifstelle 22.

Form.

50. (1) Den Steuersätzen der Tarifstelle 22 unterliegen die aufgeführten Erlaubnisscheine ohne Rücksicht auf die Form, in der sie erteilt sind, also einerlei, ob in der Form von Ausfertigungen, Protokollen, einfachen Bescheiden, Verfügungen usw.

Anwendungsgebiet.

(2) Die Tarifstelle 22 bezieht sich nur auf gewerbepolizeiliche Angelegenheiten, sie regelt aber die Besteuerung der Genehmigungen in diesen Angelegenheiten nicht erschöpfend, sondern nur für bestimmte Arten. Andere von der Tarifstelle nicht betroffene Genehmigungen, die auf Grund der

Reichsgewerbeordnung oder von anderen Gesetzen oder von Polizeiverordnungen erteilt werden, sind nicht stempelfrei, sondern unterliegen dem Ausfertigungsstempel von 3 Mk., falls die Voraussetzungen der Tarifstelle 10 vorhanden sind.

Beglaubigte Abschriften. Weitere Ausfertigungen.

(3) Beglaubigte Abschriften, sofern sie nicht selbst die Genehmigungsurkunden darstellen und weitere Ausfertigungen von Genehmigungsurkunden der Tarifstelle 22 sind nach den Taristellen 1 oder 16 zu versteuern, falls sie nicht von Amts wegen und aus Rücksichten des Dienstbetriebes erteilt und deshalb stempelfrei sind, wie z. B. die weiteren Ausfertigungen von Genehmigungsurkunden, welche die Ortspolizeibehörden, Gewerbeaufsichtsbeamten, Meliorationsbeamten, Bergbehörden und Dampfkessel-Überwachungsvereine erhalten (vgl. Nr. 55 Abs. 2 dieser Best.).

Zur Tarifstelle 22a.

Wertermittelung vererblicher und veräußerlicher Konzessionen.

51. Zur Ermittelung des stempelpflichtigen Wertes vererblicher und veräußerlicher Konzessionen ist der die Konzession Nachsuchende zur Wertangabe und zur Vorlegung des über den Kauf der Apotheke etwa geschlossenen Vertrages aufzufordern. Aus dem Vertrage ist festzustellen, ob und was die Vertragschließenden über die Vergütung für den Übergang der Konzession auf den neuen Erwerber verabredet haben. Wird der angegebene Wert für zu niedrig erachtet und findet eine Einigung mit dem Steuerpflichtigen nicht statt, so ist der Wert, falls ihn die die Konzession erteilende Behörde nicht selbst zu begutachten vermag, nach der Vorschrift des § 7 Abs. 3 des Gesetzes und unter tunlichster Vermeidung von Kosten anderweitig zu ermitteln, wobei unter Umständen auch die in früheren Verträgen über das Entgelt für die betreffende Konzession getroffenen Vereinbarungen als Anhaltspunkte werden dienen können Den die Konzessionen erteilenden Behörden bleibt es überlassen, zur Ermittelung der Konzessionswerte die Mitwirkung der Oberzolldirektionen in Anspruch zu nehmen. Insoweit der Wertstempel unstreitig ist, muß seine Verwendung auf der Konzessionsurkunde innerhalb der im § 15 Abs. 1 des Gesetzes angegebenen Frist erfolgen, während der Stempel für den etwaigen nachträglich ermittelten Mehrwert später auf der Urkunde zu entwerten ist.

Zur Tarifstelle 22b.

Versteuerung.

52. Die Ausstellung der Approbationsscheine für Apotheker, Ärzte, Zahnärzte und Tierärzte erfolgt durch Verwendung amtlich vorgeschriebener

Vordrucke. Auf die Versteuerung dieser Vordrucke findet die Nr. 48 dieser Best. entsprechende Anwendung (vgl. auch wegen der Abstempelung der Vordrucke Nr. 9 Abs. 6 zu b dieser Best.).

Zur Tarifstelle 22c.

Sofortige Versteuerung.

53. (1) Die Erlaubniserteilungen der Abs. 1 und 2 der Tarifstelle können vor der Aushändigung mit dem für gewerbesteuerfreie Betriebe verordneten Mindeststempel von 5 Mk. oder mit einem noch höheren Stempel versehen werden, sofern der die Erlaubnis Nachsuchende hiermit einverstanden ist. Erhebt er gegen die Erhebung eines Stempels von 5 Mk. oder eines noch höheren Stempels Widerspruch, so ist zunächst gemäß § 15 Abs. 2 des Gesetzes nur ein Stempel von 1,50 Mk. zu verwenden. Durch die Verwendung eines Stempels von 5 Mk. gilt die Versteuerung derjenigen Erlaubnisscheine als erledigt, welche zum Betriebe von Gewerben erteilt werden, bei denen von vornherein mit Sicherheit anzunehmen ist, daß weder der jährliche Ertrag 1500 Mk., noch das Anlage- und Betriebskapital 3000 Mk. erreicht. Eine endgültige, sofortige Versteuerung kann ferner unter Zustimmung der Steuerpflichtigen in allen denjenigen Fällen vorgenommen werden, wo nach dem Ermessen der Behörde die Zugehörigkeit des betreffenden Betriebes zu einer bestimmten Gewerbesteuerklasse zweifelsfrei feststeht; es gilt dies namentlich dann, wenn es sich nur um einen Personenwechsel im Betriebe handelt, weil die für den Betrieb bereits feststehende Gewerbesteuerklasse durch den Personenwechsel keine Veränderung im laufenden Jahre erfährt.

Aussetzung der Versteuerung.

(2) Hinsichtlich aller übrigen Erlaubnisscheine, insoweit zu ihnen nicht der höchste Steuersatz von 500 Mk. sogleich entrichtet worden ist, bedarf es einer Überwachung der weiteren Versteuerung. Zu diesem Zweck ist dem Steuerpflichtigen die Wiedereinreichung der Urkunde nebst den im § 15 Abs. 2 des Gesetzes bezeichneten Schriftstücken innerhalb der dort bestimmten Fristen, und zwar unter Hinweis auf die Strafen des § 18 des Gesetzes für den Fall der unterlassenen oder nicht fristgerechten Wiedervorlegung des Erlaubnisscheines schriftlich aufzugeben. Auf dem Erlaubnisschein ist die vorläufige Versteuerung, die Geschäftsnummer, sowie die Frist zur Wiedervorlegung der Urkunde behufs endgültiger Versteuerung zu vermerken, z. B.

„Vorläufig versteuert mit 5 Mk. Nr. 8609. Wiedervorzulegen behufs endgültiger Versteuerung binnen zwei Wochen nach dem Tage der Rechtskraft der Zuschrift über das Ergebnis der Veranlagung zur

Gewerbesteuer oder der auf das eingelegte Rechtsmittel ergangenen Entscheidung oder, wenn eine Veranlagung nicht stattgefunden hat, binnen Jahresfrist.

Ort. Datum. Amtsstelle.
Unterschrift."

Nach Wiedereinreichung des Erlaubnisscheines ist die Nachverwendung des etwa nachzuzahlenden Stempels zu bewirken und die endgültige Versteuerung zu vermerken, z. B.

„Durch Nachzahlung von 45 Mk. Stempel endgültig versteuert.

Ort. Datum. Amtsstelle.
Unterschrift."

Überwachung.

(3) Die Überwachung der endgültigen Versteuerung der Erlaubnisscheine wird durch eine von Zeit zu Zeit — etwa alle Jahre — vorzunehmende Wiedervorlegung der Akten und Anfrage bei den Inhabern der Erlaubnisscheine erfolgen können; diejenigen Behörden, bei denen die bezüglichen Urkunden in größerer Anzahl — und zwar jährlich in einer etwa die Zahl 20 übersteigenden Menge — vorzukommen pflegen, haben die Überwachung durch Führung besonderer Verzeichnisse zu bewirken. Werden die Erlaubnisscheine zur endgültigen Versteuerung nicht vorgelegt, so ist durch Anfrage bei dem Vorsitzenden des Steuerausschusses der Klasse IV festzustellen, welcher Steuerklasse der Erlaubnisscheininhaber zugewiesen worden ist und die Nachversteuerung zu veranlassen.

Sicherstellung.

(4) Wegen des nachträglich zu entrichtenden Stempels kann Sicherstellung gefordert werden, wenn nach dem Ermessen der die Erlaubnis erteilenden Behörden Schädigungen der Staatskasse zu besorgen sind. Es gilt dies besonders für Genehmigungen an ausländische Schauspielunternehmer, ausländische Veranstalter von Singspielen usw., die sich häufig nur vorübergehend und oft nur während der kurzen Zeit eines Gastspieles im Inlande aufhalten. Die Aushändigung der Genehmigungsurkunden darf jedoch von der Leistung der Sicherstellung nicht abhängig gemacht werden.

Fristverlängerungen und Fristungen.

(5) Auf die Bewilligungen von Fristverlängerungen und Fristungen des Abs. 3 der Tarifstelle finden die vorstehenden Absätze entsprechende Anwendung.

Gemeinnützige Unternehmen.

(6) Werden Erlaubnisscheine für gemeinnützige Unternehmen stempelfrei ausgestellt, so müssen die Akten über die Gemeinnützigkeit Aufschluß geben. In Zweifelsfällen ist die Entscheidung der Oberzolldirektion einzuholen.

Zur Tarifstelle 22d.

Versteuerung.

54. Der die Genehmigung Beantragende ist aufzufordern, den mutmaßlich entstehenden Kostenbetrag anzugeben und innerhalb vier Wochen nach Fertigstellung der Anlage unter Wiedereinreichung der Urkunde den wirklich gezahlten Kostenbetrag anzuzeigen, wobei er für den Fall der Nichtbeobachtung dieser Frist auf die Strafen des § 18 des Gesetzes hinzuweisen ist. Der Erlaubnisschein ist vorläufig mit einem dem mutmaßlichen Werte entsprechenden Stempel zu versteuern und mit einem Vermerk über die vorläufige Versteuerung, die Geschäftsnummer sowie über die Pflicht zur Wiedereinreichung zu versehen, z. B.

„Vorläufig versteuert mit 40 Mk. Nr. 8609. Wiedervorzulegen behufs endgültiger Versteuerung binnen vier Wochen nach Fertigstellung der Anlage.

Ort. Datum. Amtsstelle.

Unterschrift."

Werden die Urkunden wieder vorgelegt, so ist wegen der Nachverwendung des Stempels und der Überwachung der endgültigen Versteuerung nach der Vorschrift des zweiten und dritten Absatzes der vorhergehenden Nr. dieser Best. zu verfahren. Geben die von den Steuerpflichtigen bezüglich des Kostenbetrages gemachten Angaben zu Bedenken Anlaß, so wird die Vorlegung der über den Kostenaufwand vorhandenen Belege (Kostenanschläge, Abrechnungen, Quittungen usw.) zu verlangen sein.

Zur Tarifstelle 22e.

Abstempelung der Vordrucke.

55. (1) Für Genehmigungen der Anlegung von Dampfkesseln werden entweder auf den durch § 16 der Anweisung des Ministers für Handel und Gewerbe vom 16. Dezember 1909 (MBl. der H. u. GewVerw. S. 555) vorgeschriebenen Vordrucken Stempelmarken in dem vorgeschriebenen Betrage entwertet oder es werden abgestempelte Vordrucke verwendet. Die Abstempelung dieser Vordrucke wird auf Verlangen durch das Hauptstempelmagazin bewirkt. Ebenso stempelt das Hauptstempelmagazin für Genehmigungen zu Änderungen sowie für Bewilligungen von Fristverlängerungen und Fristungen auf Antrag und gegen Erstattung der Herstellungskosten Vordrucke zum Betrage von 5 Mk. ab und versieht sie mit einem entsprechenden Aufdruck: „Genehmigung zur Änderung einer Dampfkesselanlage (§ 25 der Reichsgewerbeordnung)" oder „Bewilligung der Fristverlängerung für eine Dampfkesselanlage (§ 49 der Reichsgewerbeordnung)" oder „Be-

willigung der Fristung für eine Dampfkesselanlage (§ 49 der Reichsgewerbeordnung)". Vgl. auch Nr. 9 Abs. 6 zu c dieser Best.

Zweite und weitere Ausfertigungen.

(2) Nur die den Kesselbesitzern ausgehändigten Genehmigungsurkunden unterliegen dem Stempel der Tarifstelle; die zweiten und weiteren Ausfertigungen für die Ortspolizeibehörden, Bergbehörden und Dampfkessel-Überwachungsvereine sind stempelfrei.

Zur Tarifstelle 22f.

Versteuerung.

56. (1) Hinsichtlich der sofortigen Versteuerung und der Überwachung der Versteuerung finden die Vorschriften der Abs. 1 bis 3 der Nr. 53 dieser Best. entsprechende Anwendung, jedoch mit der Maßgabe, daß unter Zustimmung der Steuerpflichtigen zu den Erlaubnisscheinen des ersten Absatzes der Tarifstelle sofort ein Stempel von 50 Mk. und im Falle der Anwendbarkeit des nächsten Absatzes ein solcher von 25 Mk. erhoben werden kann.

Stempelermäßigung für Gesindevermieter.

(2) Die Ermäßigung des Stempels bis auf 25 Mk. findet nur Anwendung, wenn die Erlaubniserteilung auf die Vermittelung von Stellen für Gesinde beschränkt ist. Sie darf nur auf Antrag und nur dann zugestanden werden, wenn durch ein ortspolizeiliches Zeugnis, das einer Stempelabgabe nicht unterliegt, oder durch eine sonstige amtliche Mitteilung der Ortspolizeibehörde dargetan ist, daß der Gesindevermieter sich in dürftigen Verhältnissen befindet. Der Betrag der Ermäßigung bestimmt sich nach dem Grade der Bedürftigkeit. Über den anzuwendenden Steuersatz befinden die die Erlaubnis erteilenden Behörden, vorbehaltlich der Nachprüfung durch die Zollbehörden. Das Zeugnis oder die amtliche Mitteilung oder Abschrift dieser Schriftstücke ist zu den Akten zurückzubehalten und der Betrag des verwendeten Stempels in den Akten zu vermerken.

Zur Tarifstelle 22g.

Steuerbefreiungen und -ermäßigungen.

57. Die Steuerbefreiungen sowie die ermäßigten Sätze der Genehmigungen für Unternehmer von Versicherungsanstalten dürfen nur dann zur Anwendung kommen, wenn die gesetzlichen Voraussetzungen der Ermäßigungen und Befreiungen aus dem Inhalt der Genehmigungsurkunden hervorgehen. Entstehen darüber, ob die Zwecke der Versicherungsanstalt auf Gewinn gerichtet sind oder nicht, Zweifel, so bedarf es zur Entscheidung der Frage des Einverständnisses der Oberzolldirektion.

Zur Tarifstelle 22k.

Versteuerung.

58. Hinsichtlich der sofortigen Versteuerung und der Überwachung der Versteuerung finden die Vorschriften der Nr. 54 dieser Best. (zur Tarifstelle 22d) Anwendung.

Zur Tarifstelle 22l.

Versteuerung.

59. Hinsichtlich der sofortigen Versteuerung und der Überwachung der Versteuerung der Genehmigungen des zweiten, dritten und vierten Absatzes dieser Tarifstelle finden die Vorschriften der Abs. 1 bis 3 der Nr. 53 dieser Best. (zur Tarifstelle 22c) entsprechende Anwendung, jedoch mit der Maßgabe, daß der nach § 15 Abs. 2 des Gesetzes zunächst zu verwendende Stempel 3 Mk. beträgt.

Zur Tarifstelle 22m.

Bemessung des Steuersatzes.

60. Der höchste Steuersatz von 40 Mk. ist nur dann zur Anwendung zu bringen, wenn der jährliche Gewerbeertrag auf etwa 3000 Mk. zu veranschlagen ist; bei mutmaßlich niedrigeren Erträgen ist der Stempel entsprechend zu ermäßigen.

Zu den Tarifstellen 23 und 24.*)

Familienstiftungen.

61. (1) Der Stempel für Familienstiftungsurkunden ist als Gerichtsgebühr zu vereinnahmen, da Familienstiftungen nach Art. 1 § 1 AusfG.-BGB. der Genehmigung des Amtsgerichts bedürfen. Die Nr. 39 dieser Best. findet entsprechende Anwendung.

Fideikommißstiftungen.

(2) Der Stempel für Fideikommißstiftungsurkunden ist als Gerichtsgebühr zu vereinnahmen, wenn die Stiftungsurkunde gerichtlich aufgenommen oder behufs Anerkennung des Inhalts bei Gericht eingereicht ist oder wenn sie ihre Gültigkeit erst durch die gerichtliche Bestätigung erlangt. In allen übrigen Fällen erfolgt die Erhebung des Stempels durch die Zollverwaltung.

Anwachsen des Grundvermögens.

(3) Ist bei Familien- und Fideikommißstiftungen von dem Stifter ein weiteres Anwachsen des Grundvermögens, sei es durch in Aussicht genommene Zuwendungen freigebiger Art, sei es durch eine angeordnete Zuschlagung von Zinsen zum Kapital vorgesehen, so erfolgt die Verein-

*) Anmerkung. Wegen Erhebung der Reichsstempelabgabe von Grundstücken, die auf Grund der landesgesetzlichen Vorschriften über Familienfideikommisse, Lehn- und Stammgüter gebunden sind, vgl. § 89 des Reichsstempelgesetzes vom 15. Juli 1909.

nahmung des später fällig werdenden Stempels bei den Gerichtsgebühren, wenn die Stiftungsurkunde gerichtlich aufgenommen oder behufs Anerkennung des Inhalts bei Gericht eingereicht oder gerichtlich bestätigt worden ist. Vgl. § 11 B der allg Verf. über gerichtliche Landesstempelsachen. In den übrigen Fällen wird der Stempel nach näherer Bestimmung der Oberzolldirektionen erhoben. Zu diesem Zweck sind beglaubigte Abschriften oder beglaubigte Auszüge der Urkunden vor Ablauf der für die Verwendung des Urkundenstempels sonst vorgeschriebenen Frist derjenigen Oberzolldirektion mitzuteilen, in deren Bezirk die den Gegenstand der Stiftung bildenden Grundstücke belegen sind oder die Urkunde errichtet ist. Die Oberzolldirektion versieht nach Prüfung der in Betracht kommenden Umstände das zuständige Stempelsteueramt mit Anweisung, in welcher Weise die allmähliche Versteuerung des Zuwachses erfolgen soll. Die Vorschriften des Abs. 6 der Nr. 5 dieser Best. sind von den Stempelsteuerämtern entsprechend anzuwenden mit der Maßgabe, daß Sicherstellungen nicht zu fordern sind. Die Eintragung in die Überwachungsliste erfolgt unter einem besonderen Abschnitt B (vgl. Nr. 62 Abs. 2 dieser Best.).

Verjährung.

(4) In den Fällen des vorhergehenden Absatzes beginnt die Verjährungsfrist des § 27 Abs. 1 des Gesetzes mit dem Ablauf des Kalenderjahres, in dem der Stempel nach der Anordnung der für die Erhebung zuständigen Behörde zu zahlen ist. Wenn die Behörde überhaupt keine Bestimmung getroffen hat, so beginnt die Verjährung mit dem Ablauf des Kalenderjahres, in dem das Anwachsen des Grundvermögens eingetreten ist.

Zur Tarifstelle 25.*)

Versteuerung von Teilzahlungen auf das Gesellschaftskapital oder die Nachschüsse.

62. (1) Gesellschaftsverträge und Gesellschaftsbeschlüsse der Aktiengesellschaften und Kommanditgesellschaften auf Aktien und der Gesellschaften mit beschränkter Haftung bedürfen, soweit das Grund- oder Stammkapital oder die Nachschüsse nicht sofort voll eingezahlt sind, der Nachversteuerung, die zu überwachen ist. Nach § 11 C der allg. Verf. über gerichtliche Landesstempelsachen haben hinsichtlich der gerichtlich aufgenommenen oder dem Inhalt nach gerichtlich anerkannten Gesellschaftsverträge und Gesellschaftsbeschlüsse die Gerichtsschreiber die Verpflichtung, den Stempelsteuer-

*) Anmerkung. Wegen Erhebung der Reichsstempelabgabe zu Gesellschaftsverträgen der in der Tarifstelle 25 c und d bezeichneten Art vgl. Tarifstelle 11 b und c des Reichsstempelgesetzes vom 15 Juli 1909 und wegen des Zuschlages zu dieser Abgabe vgl. § 90 dieses Gesetzes

ämtern beglaubigte Abschriften oder beglaubigte Auszüge einzusenden. Dieselbe Verpflichtung haben die Notare hinsichtlich der notariell aufgenommenen oder inhaltlich notariell anerkannten Verträge und Beschlüsse; doch genügen bei notariellen Verträgen oder Beschlüssen auch kurze Mitteilungen unter Angabe des Datums des Vertrages usw., der Registernummer, der Firma, der bereits versteuerten Kapitalbeträge und der Teilbeträge, die noch zur Versteuerung zu ziehen sind. Die Vorschriften des Schlußsatzes des Abs. 2 und des Abs. 3 des § 11 A der allg. Verf. über gerichtliche Landesstempelsachen gelten auch für notarielle Verträge und Beschlüsse. Wegen der Mitteilungen der Gerichtsschreiber der Registergerichte über nachträgliche Erhöhungen des Gesellschaftskapitals vgl. § 22 Abs. 3 der allg. Verf. über gerichtliche Landesstempelsachen.

(2) Die Stempelsteuerämter haben die Überwachung und spätere Einziehung der Stempel nach der Vorschrift des Abs. 6 der Nr. 5 dieser Best. vorzunehmen, die Eintragung in die Überwachungsliste erfolgt unter einem besonderen Abschnitt A (vgl. Nr. 61 Abs. 3 dieser Best.), unter dem auch die früher eingetretenen, laufenden Fälle aufzuführen sind. Einer Sicherstellung bedarf es nicht. Da die Überwachung dieser Fälle von besonderer Bedeutung ist, so haben die Vorstände der Stempelsteuerämter sich auf Grund der bei den Stempelprüfungen der Gesellschaften, der Gerichte und Notare gemachten Wahrnehmungen und insbesondere durch Vergleichung der Listen mit den ihnen seitens der Gerichtsschreiber gemachten Mitteilungen davon Überzeugung zu verschaffen, daß die Überwachungsliste vollständig und ordnungsmäßig geführt ist. Der Prüfungsbefund ist gelegentlich der Prüfung der Registergerichte in der Überwachungsliste zu vermerken; auch ist in den Verhandlungen, betreffend die Stempelprüfungen der Gesellschaften ein Vermerk darüber aufzunehmen, ob und welche nachträgliche Einzahlungen auf das ursprüngliche oder später erhöhte Kapital usw. stattgefunden haben und wie sie versteuert worden sind (vgl. auch § 5 Abs. 2 der Geschäftsanweisung für die Vorstände der Stempelsteuerämter, Beilage 3).

Im Auslande geschlossene Gesellschaftsverträge. Gesellschaftsauseinandersetzungsverträge.

(3) Wegen der im Auslande geschlossenen Gesellschaftsverträge (Tarifstelle 25a Abs. 5 — Anmerkung — und Tarifstelle 25b Abs. 2 Anmerkung Ziffer 3) vgl. § 2 Abs. 1g der allg. Verf. über gerichtliche Landesstempelsachen.

(4) Mit Rücksicht auf die mit besonderen Schwierigkeiten verbundene Stempelberechnung bei Gesellschaftsauseinandersetzungsverträgen ist es empfehlenswert, daß die Notare die für die Berechnung erforderlichen Unterlagen (Bilanzen usw.) zu ihren Notariatsakten nehmen. Es werden dadurch

spätere, erfahrungsmäßig sehr häufig erst nach Jahren infolge von Stempelprüfungen entstehende umständliche Erörterungen und Feststellungen vermieden.

Auflassungsstempel.

(5) Bezüglich der Erhebung des Auflassungsstempels bei Vorlegung der in der Tarifstelle 25d bezeichneten Verträge vgl. § 14 Abs. 7 der allg. Verf. über gerichtliche Landesstempelsachen.

Erstmalige Feststellung des Gewerkschaftsstatuts.

63. (1) Für die erstmalige Feststellung der Satzung (des Statuts) einer Gewerkschaft bildet die Verwendung des Stempels von 500 Mk. die Regel. Eine Ermäßigung des Stempels kann nur ausnahmsweise auf Antrag, der vor der Bestätigung der Satzung zu stellen ist, eintreten, wenn es sich nach dem pflichtmäßigen Ermessen der den Stempel verwendenden Behörde entweder um eine Gewerkschaft „mit geringerem Vermögen" handelt oder wenn „sonstige Gründe" die Anwendung eines geringeren Steuersatzes rechtfertigen. Eine Ermäßigung des Stempels von Amts wegen findet nicht statt.

(2) Allgemein gültige Gesichtspunkte für die Bewertung des Gesellschaftsvermögens lassen sich nicht aufstellen, vielmehr ist von Fall zu Fall zu prüfen, ob und in welcher Höhe mit Rücksicht auf die Vermögenslage der erstmalig die Satzung feststellenden Gewerkschaft ein Stempelnachlaß angemessen erscheint. Für den anzuwendenden Steuersatz wird als ungefährer Anhalt dienen können, daß der Höchststempel von 500 Mk. bei einem Gewerkschaftsvermögen von mehr als 100000 Mk. zu entrichten ist und daß Ermäßigungen nur bei Gewerkschaften mit geringerem Vermögen eintreten. Danach werden die Steuersätze ungefähr zu bemessen sein bei einem Gewerkschaftsvermögen von

nicht mehr als 25000 Mk. auf	100 Mk.
mehr als 25000 Mk. aber nicht mehr als 50000 Mk. auf	200 „
„ „ 50000 „ „ „ „ „ 75000 „ „	300 „
„ „ 75000 „ „ „ „ „ 100000 „ „	400 „
„ „ 100000 „ auf	500 „

Der Wert des Gewerkschaftsvermögens ist von den Oberbergämtern festzustellen und nötigenfalls schätzungsweise zu ermitteln. Handelt es sich nicht nur um die Bewertung des Bergwerkseigentums, sondern auch anderer — namentlich den Zwecken bergbaulicher Nebenbetriebe dienender — Vermögensgegenstände (Fabrikanlagen, Grundstücke usw.), so sind, falls den Oberbergämtern für die Bewertung dieser Gegenstände geeignete Unterlagen nicht zur Verfügung stehen, die Bergrevierbeamten mit der Erhebung zuverlässiger Ermittelungen zu beauftragen. Erforderlichenfalls kann der Gewerkschaft von der Bergbehörde anheimgegeben werden, hinsichtlich dieser Vermögenswerte einen Vermögensnachweis beizubringen. Vermag die Bergverwaltung auf dem bezeichneten Wege zu einer sicheren Feststellung des Wertes dieser Vermögensstücke nicht zu gelangen, so haben die Oberbergämter die Oberzolldirektionen um die Vornahme weiterer Ermittelungen zu ersuchen.

(3) Nach § 94 Abs. 2 des Allgemeinen Berggesetzes bedarf die notariell oder gerichtlich zu errichtende Gewerkschaftssatzung der Bestätigung des Oberbergamts. Zu notariell aufgenommenen Satzungen ist daher nach der Tarifstelle 45 zunächst nur der Notariatsurkundenstempel von 3 Mk. erforderlich, während gerichtlich verlautbarte Satzungen zunächst unversteuert bleiben. Der Stempel der Tarifstelle 25 Buchst. e Ziff. 1 wird für die notariellen und gerichtlichen Satzungen nach § 16 Abs. 3 des Gesetzes erst mit dem Tage fällig, an dem die Gewerkschaft von der Bestätigung Kenntnis erhalten hat. Diesen Stempel, auf den der verwendete Notariatsurkundenstempel von 3 Mk. angerechnet werden kann, haben die Oberbergämter nach erfolgter Bestätigung von den Gewerkschaften zu erfordern und innerhalb der Fristen des § 15 Abs. 1 des Gesetzes zu der Bestätigungsurkunde zu verwenden. Erachtet das Oberbergamt nach pflichtmäßiger Überzeugung eine Stempelermäßigung für gerechtfertigt, so hat es den Stempel innerhalb des im Gesetz gegebenen Zwischenraums von 100 bis zu 500 Mk. festzusetzen, jedoch stets nach vollen Hunderten. Die Festsetzung unterliegt der Nachprüfung der Zollbehörden; halten diese im Gegensatz zu der Ansicht des Oberbergamts eine Nachforderung von Stempeln für erforderlich, so ist von den Oberzolldirektionen an den Finanzminister zu berichten.

(4) Nur die erstmalige Feststellung eines Gewerkschaftsstatuts unterliegt dem Stempel der Tarifstelle 25 Buchst. e Ziff. 1; Verhandlungen und Beschlüsse über spätere Abänderungen oder Ergänzungen des ursprünglichen Statuts bedürfen, falls sie keine besonders stempelpflichtige Geschäfte enthalten, nur eines Stempels von 3 Mk. nach der Tarifstelle 45 oder 53 oder 71 Ziff. 2 Abs. 1. Eine „erstmalige Feststellung der Satzung" ist in einer statutarischen Bestimmung lediglich des Inhalts, daß der Sitz der Gewerkschaft sich an dem Wohnort des Repräsentanten oder Grubenvorstands-Vorsitzenden befindet, nicht zu erblicken. Dagegen enthalten alle Gewerkenbeschlüsse, welche die Verfassung der Gewerkschaft neben oder entgegen den Normen der §§ 94 ff. des Allgemeinen Berggesetzes regeln, die Feststellung einer Satzung, mögen die Beschlüsse auch nur Einzelheiten, wie die Vertretungsbefugnis des Repräsentanten oder Grubenvorstandes, die Ein-

ladungen zu den Gewerkenversammlungen u. dgl. betreffen. Jedoch wird bei statutarischen Einzelbestimmungen unter Umständen in Frage kommen, ob die Beschränkung des Umfangs als ein „sonstiger, die Anwendung eines geringeren Steuersatzes rechtfertigender Grund" im Sinne der Ermäßigungsvorschrift anzusehen ist. Das Oberbergamt wird daher je nach Lage des Falles über die Ermäßigung des Stempels zu befinden haben.

Zur Tarifstelle 26.

Vordrucke.

64. (1) Für die Ausstellung von Legitimations- und Gewerbelegitimationskarten sind folgende Vordrucke vorgeschrieben:

1. Legitimationskarten für inländische Kaufleute und Handlungsreisende, gültig in dem Deutschen Reich (§§ 44, 44a Abs. 1 bis 5 Reichsgewerbeordnung). Vgl. auch Nr. 57 der Ausführungsanweisung vom 1. Mai 1904 zur Reichsgewerbeordnung;
2. Gewerbelegitimationskarten:
   a) für Handlungsreisende, gültig im Deutschen Reiche und in Luxemburg, in Belgien, Bulgarien, Italien, Österreich-Ungarn, Rumänien, Rußland, Schweden, in der Schweiz und in Serbien, sowie bis auf weiteres in Spanien und Portugal (vorgesehen in den Zollvereins- und Handelsverträgen);
   b) für ausländische Handlungsreisende, welche Staaten angehören, denen das Recht der Meistbegünstigung hinsichtlich des Gewerbebetriebes eingeräumt ist. Die Karten sind gültig in dem Deutschen Reich, vorbehaltlich der Entrichtung der Landessteuern (Bek. des Reichskanzlers vom 27. November 1896 II B Nr. 2 und Anl. I RGBl. S. 745 und Nr. 76 der Ausführungsanweisung vom 1. Mai 1904 zur Reichsgewerbeordnung);
   c) für Handlungsreisende, die nach dem in Art. 2 der Vereinbarung zwischen dem Deutschen Reiche und Frankreich über die gegenseitige Behandlung der Handlungsreisenden vom 2. Juli 1902 (RGBl. 1903 S. 47) vorgeschriebenen Vordruck ausgestellt werden (Zentralbl. der Abgaben- usw. Verwaltung 1903 S. 114). Die Karten sind gültig im Deutschen Reiche und in Luxemburg, in Frankreich, in Algerien und in Monaco.

Vertrieb der Karten.

(2) Die Ausstellung der im vorhergehenden Absatz unter 1 aufgeführten Legitimationskarten erfolgt durch die Ortspolizeibehörden, die Ausstellung der unter 2 aufgeführten Gewerbelegitimationskarten durch diejenigen Behörden, welche zur Ausstellung von Paßkarten befugt sind. Legitimations-

karten und Gewerbelegitimationskarten sind bei der Ausstellung mit dem Amtsstempel zu versehen. Die Behörden haben die zum Stempelbetrage von 1 Mk. abgestempelten Vordrucke der Legitimationskarten und Gewerbelegitimationskarten gegen Entrichtung des Stempelbetrages und unter Erteilung einer Empfangsbescheinigung von den Hauptzoll- und Zollämtern zu beziehen. Ein Verkauf der Karten an Privatpersonen ist unzulässig. Vgl. Nr. 10 Abs. 2 dieser Best. Am Schlusse des Kalenderjahres unverwendet gebliebene Vordrucke sind bis zum 20. Januar des folgenden Jahres gegen neue gestempelte Vordrucke umzutauschen. Die Kosten für die Vordrucke sind bei Kapitel 95 Titel 5 des Etats für die Verwaltung des Innern zu verrechnen (Nr. 57 der Ausf.-Anw. vom 1. Mai 1904 zur Reichsgewerbeordnung).

Erstattung.

(3) Für Vordrucke, die bei der Ausfertigung verdorben oder sonst unbrauchbar geworden sind, wird der Stempelwert gemäß § 24 des Gesetzes und der Nr. 27 dieser Best. erstattet.

Zur Tarifstelle 31.

Inländerjagdscheine.

65. (1) Die Versteuerung der Inländerjahresjagdscheine und der Inländertagesjagdscheine erfolgt durch Verwendung von Vordrucken, die zu den Steuersätzen von 7,50 Mk. und 1,50 Mk. abgestempelt und auf Kosten der Staatskasse nach den in der Nr. 25 I Abs. 1 unter a und b der zur Jagdordnung vom 15. Juli 1907 erlassenen Ausführungsanweisung vom 29. Juli 1907 (MBl. d. Handels- und GewVerw. S. 297, MBl. f. d. L. S. 279) vorgeschriebenen Mustern hergestellt werden. Die Namen des Kreises und des Ausstellungsortes sowie die Firma der Ausstellungsbehörde, die in den von den Kreisen hergestellten Vordrucken gedruckt sind, müssen mangels eines solchen Vordrucks künftig handschriftlich eingerückt werden. Die Rückseite des Jagdscheinvordruckes enthält das vorgeschriebene Muster für die Jagd- und Schonzeit des Wildes (Anlage II zur Ausf.-Anweisung); auf einem Anhange sind die für das Verhalten der Schützen auf Treibjagden zu beobachtenden Hauptregeln abgedruckt. Die noch nicht aufgebrauchten alten Vordrucke können bis Ende März 1911 unter Verwendung von Stempelmarken weiter benutzt werden.

Ausländerjagdscheine.

(2) Die Versteuerung der Ausländerjagdscheine erfolgt in der Weise, daß von den die Jagdscheine erteilenden Behörden die erforderlichen Stempelmarken auf der Vorderseite der Jagdscheine aufgeklebt und nach der Vorschrift der Nr. 16 Abs. 2 dieser Best. entwertet werden. Eines

besonderen Stempelabdrucks bedarf es für die Entwertung der Marken nicht; statt dessen hat der für die Entwertung verantwortliche Beamte seinen ausgeschriebenen Namen in den unteren Teil der Marken einzutragen.

Abrechnungsverfahren.

(3) Den die Jagdscheine ausstellenden Behörden wird auf Antrag ein Vorrat von Stempelvordrucken der in Abs. 1 dieser Nr. bezeichneten Art sowie von Stempelmarken von den Hauptzoll- und Zollämtern ohne sofortige Barzahlung des Wertbetrages nur gegen Empfangsbescheinigung überlassen. Der Vorrat (eiserne Bestand) ist etwa nach dem durchschnittlichen Bedarf eines Monats zu bemessen. Im Laufe des Rechnungsjahres sind die zur Auffüllung dieses Bestandes erforderlichen Stempelzeichen gegen bare Bezahlung des Wertbetrages bei den vorbezeichneten Zollbehörden anzukaufen und dort sofort endgültig zu verausgaben, während am Schluß des Rechnungsjahres die Abrechnung zu erfolgen hat, in der Art, daß gegen Ablieferung des dann noch vorhandenen Geldbetrages für verkaufte Stempelzeichen der im Stempellagerbuch ein für allemal vorgetragene eiserne Bestand wieder für das folgende Rechnungsjahr zu ergänzen ist.

Herstellung von Vordrucken durch das Hauptstempelmagazin.

(4) Zur Vermeidung der durch die handschriftliche Eintragung der Namen der Kreise, des Ausstellungsortes und der Firma der Ausstellungsbehörde entstehenden Umstände ist es den Ausstellungsbehörden gestattet, sich den ganzen Vordruck für die Inländerjagdscheine nach dem vorgeschriebenen Muster durch das Hauptstempelmagazin herstellen und abstempeln zu lassen (vgl. Nr 9 Abs. 6 zu d dieser Best.). Für diese Vordrucke darf ein beliebiges Format, auf dem ein genügender Raum für den Stempelaufdruck vorhanden sein muß, gewählt werden, beispielsweise das in manchen Kreisen gebräuchliche Geldtäschchenformat, das mit dem Abdruck der „Hauptregeln für das Verhalten der Schützen auf Treibjagden" ebenfalls versehen werden kann. Die Ausstellungsbehörden haben die für die Herstellung der Vordrucke entstehenden Kosten sowie die Postgebühren zu tragen und den Wert der bestellten Stempelzeichen im voraus zu entrichten.

Stempelermäßigungen für Ausländer.

(5) Die im Absatz 1 der Tarifstelle zugelassene Ermäßigung des Stempels bis auf den Satz für Inländer für Personen, die weder Angehörige eines deutschen Bundesstaates sind, noch in Preußen einen Wohnsitz oder einen Grundbesitz mit einem Grundsteuerreinertrage von 150 Mk. haben, wird den Angehörigen der Staaten Dänemark, Griechenland, Italien, Luxemburg, Österreich-Ungarn, Rußland, Schweden, der Schweiz, Serbien und der Türkei zugebilligt. Die gleiche Ermäßigung gilt für Angehörige

der außereuropäischen Staaten Argentinien, Chile, Japan, Mexiko und Paraguay.

Stempelfreie Doppelausfertigungen.

(6) Nach der Tarifstelle 16 Abs. 2 sind Doppelausfertigungen (Duplikate) von Jagdscheinen stempelfrei. Vordrucke für Doppelausfertigungen von Inländerjagdscheinen (Abs. 1 dieser Nr.) können die Ausstellungsbehörden von den Hauptzoll- und Zollämtern kostenfrei beziehen. Doppelausfertigungen von Ausländerjagdscheinen (Abs. 2 dieser Nr.) sind von den Ausstellungsbehörden als „stempelfreie Doppelausfertigung" zu bezeichnen und mit einem Vermerk darüber zu versehen, welcher Stempelbetrag zur Hauptausfertigung verwendet worden ist.

Stempeleintragungsvermerke in den Kontrollisten.

(7) Die Ausstellungsbehörden sind verpflichtet, in die nach der Nr. 25 II der Ausführungsanweisung zur Jagdordnung zu führenden Kontrollisten den Betrag der zu den einzelnen Jagdscheinen verwendeten Stempel und bei Stempelermäßigungen und -befreiungen den Ermäßigungs- oder Befreiungsgrund einzutragen.

Stempelerstattungen für unbrauchbare Formulare.

(8) Für Vordrucke, die bei der Ausfertigung verdorben oder sonst unbrauchbar geworden sind, wird der Stempel gemäß der Nr. 27 dieser Best. erstattet.

Zur Tarifstelle 32.*)

Zwangsversteigerungen.

66. (1) Wegen der Ermittelung des Werts für Zuschlagsbeschlüsse im Zwangsversteigerungsverfahren vgl. § 6 Abs. 3 der allg. Verf. über gerichtliche Landesstempelsachen.

Stempelerstattungen.

(2) Über Anträge auf Erstattung des Wertstempels oder auf Abstandnahme von seiner Einziehung in den Fällen des Abs. 7 und Abs. 8 Satz 1 und 2 entscheiden die Stempelsteuerämter. Für Anträge auf Erstattung der Wertstempel in diesen Fällen finden die Vorschriften der Nr. 28 Abs. 2 bis 6 und Abs. 8 dieser Best. entsprechende Anwendung. Wegen der Stempelerstattungen in den Fällen des Abs. 8 Satz 3 der Tarifstelle vgl. Nr. 28 Abs. 10 dieser Best.

Zur Tarifstelle 34.

Reichsstempelabgabe; Verpfändung von Kuxen.

67. Wegen der Erhebung der Reichsstempelabgabe zu Kuxen, die nach dem 30. Juni 1900 ausgefertigt worden sind, und zu Kauf- und sonstigen

*) Anmerkung Wegen Erhebung der Reichsstempelabgabe zu Kauf- und Tauschverträgen usw über im Inlande gelegene Grundstücke usw. vgl Tarifstelle 11a und § 90 des Reichsstempelgesetzes vom 15. Juli 1909.

Anschaffungsgeschäften über Kuxe der bezeichneten Art vgl. Tarifstelle 1c und 4a[3] und § 57 des Reichsstempelgesetzes vom 14. Juni 1900 (Tarifstelle 1d und 4a[2] des Reichsstempelgesetzes vom 15. Juli 1909). Schriftstücke über Verpfändungen von Kuxen unterliegen dem Stempel der Tarifstelle 59, auch wenn sie nach dem 30. Juni 1900 ausgestellt sind.

Zur Tarifstelle 39.

Form der Genehmigungen.

68. (1) Die Versteuerung der ortspolizeilichen Genehmigungen von Lustbarkeiten erfolgt durch Verwendung der in der Nr. 9 Abs. 5 zu c dieser Best. aufgeführten gestempelten Vordrucke; diese Vordrucke werden von den Hauptzoll- und Zollämtern und Stempelverteilern nicht nur an Behörden sondern auch an Privatpersonen verkauft. Die Erteilung der Genehmigung in irgendeiner anderen Form, namentlich in nicht schriftlicher Form, oder durch Eintragung in sog. Kontrollbücher, oder durch Genehmigungen auf Schriftstücken, zu denen Stempelmarken entwertet sind, ist unzulässig.

Ermäßigungen.

(2) Die Anwendung der Steuersatze von 10 Mk. (Abs. 1a der Tarifstelle) und von 5 Mk. (Abs. 1b der Tarifstelle) bildet die Regel; diese Sätze sind gewöhnlich dann gerechtfertigt, wenn größere Lustbarkeiten nicht von Einzelunternehmern, sondern von Personenmehrheiten (Gesellschaften, Vereinen usw.) veranstaltet werden. Die geringeren Sätze von 3 Mk, 2 Mk, 1 Mk. und 0,50 Mk. können nur ausnahmsweise und wenn besondere Gründe zu einer Ermäßigung vorliegen, zugelassen werden. Die ermäßigten Sätze werden hauptsächlich nur dann angewendet werden dürfen, wenn bei gewerbsmäßigen Veranstaltungen von Lustbarkeiten der zu erwartende Geschäftsgewinn für den Unternehmer voraussichtlich nur ein geringfügiger sein wird oder wenn angenommen werden kann, daß an der Lustbarkeit nur eine beschränkte Personenzahl teilnehmen wird und die Teilnehmer den weniger leistungsfähigen Volksklassen angehören. Unter diesen Voraussetzungen sind auch bei Tanzlustbarkeiten die geringeren Steuersätze zulässig. Für die Abstufung der Steuer bei diesen Lustbarkeiten kann unter Umständen die Unterscheidung von Bedeutung sein, ob es sich nur um eine zur vorübergehenden Belustigung der Teilnehmer dienende Gelegenheitstanzlustbarkeit oder um eine eigentliche Tanzlustbarkeit handelt, zu der die Teilnehmer zum Zwecke des Tanzens eigens zusammentreten. Andere Umstände, z. B. der Zweck der Veranstaltung, ob die Lustbarkeit in der Stadt oder auf den platten Lande stattfindet, bei Tanzlustbarkeiten die Größe des Tanzlokals, die Anzahl der zum

Tanz aufspielenden Musiker, die Dauer der Tanzbelustigung (ob bis 12 Uhr nachts und darüber) werden für die Bemessung des Steuersatzes in der Regel eine ausreichende Grundlage kaum abgeben können. Für Genehmigungen zum Betriebe eines Zirkus usw. (Abs. 1a der Tarifstelle) darf, wenn es sich um geringfügige Darbietungen handelt, ein ermäßigter Satz von 3 Mk. zur Anwendung kommen (vgl. Nr. 9 Abs. 5c Ziff. 1 dieser Best.). Ist mit der Genehmigung einer Lustbarkeit bis zu einer die Polizeistunde überschreitenden Zeit gleichzeitig eine Verlängerung der Polizeistunde verbunden, so ist nur der Stempel der Tarifstelle 39, aber im Mindestbetrage von 1,50 Mk., zu verwenden; der Stempel der Tarifstelle 51 kommt daneben nicht zur Erhebung. Im übrigen lassen sich mit Rücksicht auf die Mannigfaltigkeit der Lustbarkeiten und die Verschiedenartigkeit der in Betracht kommenden örtlichen und sonstigen Verhältnisse erschöpfende Merkmale, nach denen die ermäßigten Sätze einzutreten haben, nicht geben; die Bestimmung des Steuersatzes ist vielmehr von der Prüfung aller im Einzelfalle für die steuerliche Beurteilung maßgebenden Umstände, und namentlich der wirtschaftlichen und sonstigen Bedeutung der einzelnen Unternehmung abhängig zu machen. Die Gründe, die für die Zulassung ermäßigter Steuersätze bestimmend gewesen sind, müssen nicht nur auf den Genehmigungen, die zu diesem Zweck mit einem entsprechenden Vordruck versehen sind, sondern auch in den Akten an gehöriger Stelle oder, wenn Kontrollisten geführt werden, in diesen vermerkt werden. Hinsichtlich der Ermäßigungen steht den Zollbehörden das Recht der Nachprüfung und unter Umständen der anderweiten Festsetzung zu.

Einzelgenehmigungen. Genehmigungen für wiederkehrende Lustbarkeiten.

(3) Als Regel ist festzuhalten, daß jede einzelne Lustbarkeit auch einer besonderen Genehmigung bedarf. Es ist deshalb im allgemeinen nicht zulässig, für gewisse in regelmäßiger Folge wiederkehrende Lustbarkeiten, namentlich für Tanzbelustigungen, die Genehmigung für einen längeren Zeitraum im voraus, z. B. für sämtliche Sonntage eines Monats, durch eine Genehmigung zu erteilen. Nur wenn von demselben Unternehmer an demselben Ort an aufeinanderfolgenden Tagen aus bestimmten Anlässen Lustbarkeiten während längerer Zeiträume dargeboten werden, ist es statthaft, zu solchen Veranstaltungen nur eine Genehmigung zu erteilen, und zwar auch dann, wenn während des Zeitraums, für den die Genehmigung gewährt ist, an dem einen oder dem anderen Tage Unterbrechungen eintreten. Einheitliche Genehmigungen dürfen hiernach erteilt werden zu Lustbarkeiten für die ganze Dauer eines Jahrmarktes oder

Schützenfestes, zu einer mehrtägigen Kirmeß, zu Kurkonzerten, Theateraufführungen usw., für die Dauer einer Badesaison, zu Promenadenkonzerten, die von Ortsvereinen für einen längeren Zeitraum veranstaltet werden, zu Theater- und Schauvorstellungen, die von Theater- und Artistengesellschaften in kleineren Städten für kürzere Zeit veranstaltet werden u. a. Auch kann zuverlässigen Wirten für die Dauer eines Monats eine einheitliche Genehmigung zur Veranstaltung solcher Tanzlustbarkeiten widerruflich erteilt werden, bei denen nicht mehr als zwei Personen, z. B. ein Klavier- und ein Violinspieler, die Tanzmusik ausführen, vorausgesetzt, daß der geringen Zahl der Musiker entsprechend auch die Lustbarkeiten selbst nur zu den geringfügigeren zu rechnen sind. Wo hiernach einheitliche Genehmigungen für längere Zeiträume ausnahmsweise gewährt werden dürfen, wird fast immer die Erhebung des Höchstsatzes gerechtfertigt sein. Dasselbe wird gelten müssen, wenn derselbe Unternehmer mit einer Tanzlustbarkeit noch andere Belustigungen verbindet, z. B. Tanzlustbarkeiten in Sommerlokalen mit Preisschießen, Preiskegeln, Blumentombola, Karussellbelustigungen usw. Auch in solchen Fällen ist eine Genehmigung und eine einmalige Stempelverwendung statthaft; jedoch wird regelmäßig der Höchstsatz zu erheben sein.

Begriff der Lustbarkeiten. Notwendigkeit der Genehmigungen.

(4) Über den Begriff der Lustbarkeiten im Sinne der Tarifstelle 39 und die Notwendigkeit der Genehmigungen der Ortspolizeibehörden ist zu vergleichen die allgemeine Verfügung des Finanzministers und des Ministers des Innern vom 15. November 1896 zu I und II (Zentralbl. der Abgaben- usw. Verwaltung S. 649; Min.-Bl. S 239) und die abändernde allgemeine Verfügung derselben Minister vom 6. Juni 1898 (Zentralbl. S. 280). Die unter das Vereinsgesetz vom 19. April 1908 fallenden Genehmigungen öffentlicher Aufzüge sind stempelfrei.

Persönliche und sachliche Stempelbefreiungen.

(5) Der Stempel der Tarifstelle ist nicht zu entrichten, wenn die Veranstalter der Lustbarkeiten zu den steuerfreien Personen im Sinne des § 5 Abs. 1 des Gesetzes gehören, z. B. wenn einem Truppenteil die Genehmigung zur Abhaltung einer militärischen Festlichkeit oder einer öffentlichen Schule die Genehmigung zur Veranstaltung einer Schulfestlichkeit erteilt wird. Genehmigungen für Privatschulen sind stempelpflichtig.

(6) Die sachlichen Befreiungen des § 4 Abs. 1 des Gesetzes kommen nicht in Betracht, auch nicht diejenige des § 4a, weil bei Lustbarkeiten der Wert des Gegenstandes nach Geld nicht abschätzbar ist. Darbietungen der Drehorgelspieler und anderer umherziehender Straßenmusikanten sind jedoch

regelmäßig stempelfrei; die Tarifstelle kommt nur dann zur Anwendung, wenn diese Personen Musikaufführungen in geschlossenen Räumen veranstalten.

Stempelerstattungen.

(7) Ist eine ortspolizeiliche Genehmigung nach den bestehenden Gesetzen und Verordnungen nicht erforderlich und hat die Polizeibehörde dessenungeachtet die Genehmigung auf Grund einer bloßen Anmeldung erteilt, so wird der Stempel gemäß § 25 Abs. 1a auf Antrag erstattet. Ist die Ausführung einer genehmigten Lustbarkeit ohne Verschulden desjenigen, dem die Genehmigung erteilt ist, unterblieben, so kann der Stempel gemäß § 25 Abs. 2 des Gesetzes erstattet werden. Für Vordrucke, die bei der Ausfertigung verdorben oder sonst unbrauchbar geworden sind, wird der Stempelwert gemäß § 24 des Gesetzes und der Nr. 27 dieser Best. erstattet.

Zur Tarifstelle 42.

Bedürftigkeit.

69. (1) Die für den Fall der Bedürftigkeit vorgesehenen Steuerermäßigungen bis auf den Betrag von 5 Mk. dürfen nur auf Antrag und nur dann zugestanden werden, wenn durch ein ortspolizeiliches Zeugnis, das einer Stempelabgabe nicht unterliegt, oder durch eine sonstige amtliche Mitteilung der Ortspolizeibehörde dargetan ist, daß diejenige Person, für welche die Genehmigung erteilt werden soll, sich in dürftigen Verhältnissen befindet. Der Betrag der Ermäßigung bestimmt sich nach dem Grade der Bedürftigkeit. Über den anzuwendenden Steuersatz befinden die ausfertigenden Behörden, vorbehaltlich der Nachprüfung durch die Zollbehörden. Das Zeugnis oder die amtliche Mitteilung oder Abschrift dieser Schriftstücke ist zu den Akten zurückzubehalten und der Betrag des verwendeten Stempels in den Akten zu vermerken.

Billigkeitsgründe.

(2) Stempelermäßigungen aus Billigkeitsgründen werden ebenfalls nur auf Antrag gewährt. Über das Vorhandensein solcher Gründe entscheiden die Regierungspräsidenten, vorbehaltlich der Nachprüfung durch die Zollbehörden. Zur Vermeidung von Erinnerungen der Zollverwaltung empfiehlt es sich, daß in zweifelhaften Fällen die Regierungspräsidenten die Zustimmung der Oberzolldirektion zu der Ermäßigung einholen. Billigkeitsgründe liegen vor, wenn der Übernehmer eines Hofes oder Gutes bei der Übernahme seinem Namen den Hof- oder Gutsnamen hinzufügt, wie es in einzelnen Provinzen, z. B. in Westfalen üblich ist.*) Inwieweit im übrigen

*) Anmerkung Verhandl. des Hauses der Abgeordneten, Sitzung vom 24. Mai 1909. Stenographische Ber. S. 7059, 7060.

Billigkeitsgründe anzunehmen sind, die eine Ermäßigung des Stempels rechtfertigen, richtet sich nach den Umständen des Einzelfalles. Die Billigkeitsgründe und die verwendeten Stempelbeträge sind in den Akten zu vermerken.

Zur Tarifstelle 43.

Bedürftigkeit.

70. Bezüglich der Steuerermäßigungen in den Fällen der Bedürftigkeit findet der erste Absatz der Nr. 69 dieser Best. entsprechende Anwendung. Wegen der Abstempelung der Vordrucke durch das Hauptstempelmagazin vgl. Nr. 9 Abs. 6 zu e dieser Best.

Zur Tarifstelle 48 I.

A. Pacht- und Mietverträge mit Ausnahme der Jagdpachtverträge.

Vordrucke.

71. (1) Die Versteuerung der Pacht- und Mietverträge hat nach dem in der Beilage 4 enthaltenen Muster vermittelst des Verzeichnisses (Pacht- und Mietverzeichnisses) zu erfolgen. Die Vordrucke für diese Verzeichnisse nebst Einlagebogen können von allen Hauptzoll- und Zollämtern und den Stempelverteilern unentgeltlich bezogen werden, falls die Steuerpflichtigen die Formulare nicht selbst mit der Feder anlegen wollen.

Zeitpunkt der Versteuerung. Vorausversteuerung.

(2) Das Verzeichnis über die während der Dauer des Kalenderjahres in Geltung gewesenen Verträge ist der zuständigen Zollstelle (Hauptzollamt, Zollamt, Stempelverteiler) spätestens bis zum Ablaufe des Januar des darauf folgenden Jahres unter Einzahlung des erforderlichen Stempelbetrages einzureichen; die Steuerpflichtigen sind jedoch berechtigt, die Versteuerung des Verzeichnisses schon vor Beginn des Januar zu jeder beliebigen anderen Zeit und im voraus für mehrere Kalenderjahre vorzunehmen. Die Zollstellen sind verpflichtet, jederzeit solche Versteuerungen vorzunehmen.

Stempelerstattungen.

(3) Erreichen Verträge vor Ablauf der vertragsmäßig festgesetzten Zeit ihr Ende, so ist der Stempel gemäß Abs. 17 dieser Tarifstelle nur für die Zeit bis zur Beendigung der Verträge zu entrichten. Der etwa zuviel gezahlte Stempel wird auf Antrag gemäß § 25 Abs. 1 a des Gesetzes erstattet; der Erstattungsantrag ist unter Beifügung der mit den entwerteten Stempelzeichen versehenen Verzeichnisse an dasjenige Stempelsteueramt zu richten, in dessen Bezirk der Stempel verwendet worden ist. Auf das Erstattungsverfahren finden die Vorschriften der Nr. 28 dieser Best. ent-

sprechende Anwendung; die zweijährige Frist des § 25 Abs. 1 a des Gesetzes ist erst vom Tage der Auflösung des Mietverhältnisses ab zu berechnen.

Zuständige Zollstellen.

(4) Zuständig zur Versteuerung sind je nach der Wahl der Verpächter oder Vermieter die Hauptzollämter, Zollämter oder Stempelverteiler in demjenigen Oberzolldirektionsbezirk, in dem die Grundstücke belegen sind oder der Verpächter oder Vermieter seinen Wohnort hat. Die Stempelverteiler sind befugt, zu den Verzeichnissen ohne Rücksicht auf die ihnen für andere Schriftstücke vorgeschriebenen Verwendungsgrenzen die Stempel in voller Höhe des gesetzlich erforderlichen Betrages zu verwenden.

Eintragung in die Verzeichnisse.

(5) Die von einem Verpächter oder Vermieter zu versteuernden Verträge sind tunlichst in ein Verzeichnis einzutragen, auch wenn die Verträge sich auf mehrere Grundstücke beziehen, sofern nur diese Grundstücke zu dem Bezirke derselben Oberzolldirektion gehören. Sind die mehreren Grundstücke in verschiedenen Direktionsbezirken belegen, so muß für jeden Bezirk ein besonderes Verzeichnis geführt werden. Werden in einem Verzeichnis die Verträge über mehrere Grundstücke nachgewiesen, so sind die mehreren Verträge, die ein und dasselbe Grundstück betreffen, zusammenhängend je in besonderen Abschnitten einzutragen. Die einzelnen Grundstücke sind in der Überschrift näher zu bezeichnen; in der Spalte 13 des Verzeichnisses ist der Betrag des Stempels aufzurechnen. Es steht den Steuerpflichtigen frei, für jedes Kalenderjahr ein besonderes Verzeichnis zu führen oder, was zweckmäßiger ist, die Versteuerungen für die einzelnen aufeinanderfolgenden Kalenderjahre in demselben Verzeichnis zu bewirken.

Gegenstand der Eintragung.

(6) Die Eintragung in das Verzeichnis unterliegen sowohl **mündliche** als auch schriftliche Pacht- und Mietverträge, die innerhalb eines Kalenderjahres in Geltung gewesen sind, sofern der nach der Dauer eines Jahres berechnete Zins bei den in Ziffer 1 (Abs. 1) der Tarifstelle bezeichneten Verträgen mehr als 360 Mk. und bei den Verträgen der Ziffer 3 (Abs. 6) der Tarifstelle mehr als 300 Mk. beträgt und der für die Gesamtdauer des Vertragsverhältnisses zu entrichtende Zins den Betrag von 150 Mk. übersteigt. Unter den gleichen Voraussetzungen unterliegen der Eintragung in das Verzeichnis die durch Briefwechsel oder einen Austausch sonstiger schriftlicher Mitteilungen zustande gekommenen Verträge sowie die nach dem Ablaufe der ursprünglichen Pacht- oder Mietzeit fortgesetzten Verträge, also die Verträge, welche unter gewissen Voraussetzungen, z. B. unter der

Voraussetzung der nicht erfolgten Kündigung bis zu einem bestimmten Zeitpunkt, als verlängert gelten sollen (Abs. 21 und 20 der Tarifstelle):

Beauftragte und Vertreter.

(7) Die Aufstellung und Versteuerung der Verzeichnisse durch Beauftragte und Vertreter ist zulässig; doch sind die eigentlich Verpflichteten (die Verpächter und Vermieter) für die gesetzlichen Stempelabgaben sowie für die verwirkten Strafen haftpflichtig.

Versteuerung der Verzeichnisse.

72. (1) Die Stempelpflicht wird dadurch erfüllt, daß der zur Führung des Verzeichnisses Verpflichtete oder dessen Vertreter einer der zuständigen Zollbehörden (Hauptzollamt, Zollamt) oder einem Stempelverteiler (vgl. Abs. 4 der vorhergehenden Nr.) das Verzeichnis ausgefüllt und mit der unmittelbar hinter den Eintragungen abzugebenden Versicherung (vgl. am Schluß der Beilage 4) versehen unter Einzahlung des Stempelbetrages entweder einreicht oder durch die Post mittels eingeschriebenen Briefes, für den der Einsender die Postgebühr trägt, einsendet. Wo der Wortlaut der Richtigkeitsbescheinigung nicht völlig zutrifft, z. B. bei Vorausversteuerungen oder wenn der Verpächter oder Vermieter mehrere Verzeichnisse aufgestellt hat, ist die Versicherung entsprechend abzuändern. Die in den Verzeichnissen zu machenden Angaben können auf Verlangen bei den Hauptzollämtern und Zollamtern auch zu Protokoll erklärt werden; die Stempelverteiler sind zur Entgegennahme protokollarischer Erklärungen nicht ermächtigt. Im Interesse möglichster Vereinfachung und schleuniger Erledigung des Versteuerungsgeschäfts empfiehlt es sich, wenn seitens der Verpächter und Vermieter von der Abgabe protokollarischer Erklärungen kein zu weitgehender Gebrauch gemacht wird und dieses Verfahren im allgemeinen auf Fälle beschränkt bleibt, in denen für die Steuerpflichtigen wegen mangelnder Geschäftsgewandtheit die selbständige Ausfüllung der Verzeichnisse mit Schwierigkeiten verbunden ist. Wenn die Hauptzoll- und Zollämter im Januar wegen Geschäftsüberlastung nicht imstande sind, die Erklärungen sofort aufzunehmen, so sind zunächst nur die Anträge entgegenzunehmen und die endgültigen Versteuerungen auf einen späteren Zeitpunkt zu vertagen. Die bei Einreichung der Anträge angebotenen Stempelbeträge sind anzunehmen und endgültig oder vorläufig zu vereinnahmen.

Verfahren der Zollstellen.

(2) Die eingegangenen Verzeichnisse sind in rechnerischer Hinsicht von den Zollstellen zu prüfen. Insoweit die Verzeichnisse augenscheinliche Unrichtigkeiten enthalten oder ihr Inhalt bei der Durchsicht den Zoll-

stellen auf Grund ihrer Kenntnis der örtlichen und persönlichen Verhältnisse oder sonst zu Bedenken Anlaß gibt, sind die gemachten Angaben durch Verhandlungen mit den Steuerpflichtigen richtig zu stellen und auf Grund dieser Ermittelungen die Stempel anderweit zu berechnen; auch sind, sofern Zuwiderhandlungen vorliegen, die erforderlichen Anordnungen wegen Einleitung des Strafverfahrens zu treffen. Dem pflichtmäßigen Ermessen der Hauptzoll- und Zollamter sowie der Stempelverteiler bleibt es überlassen, die Verzeichnisse hinsichtlich der sachlichen Richtigkeit der gemachten Angaben einer weiteren Prüfung zu unterziehen, soweit es der Dienstbetrieb gestattet.

Trennung des Mietzinses.

(3) Die im Abs. 3 der Tarifstelle vorgesehene Trennung des Mietzinses, je nachdem er auf Räume für gewerbliche oder berufliche Zwecke oder auf andere Räume entfällt, ist, wenn sie nachträglich erfolgt, bei derjenigen Zollstelle (Hauptzollamt, Zollamt, Stempelverteiler) schriftlich einzureichen oder zu Protokoll zu erklären, welche die Versteuerung des Verzeichnisses bewirkt hat. Ist die Erklarung bei einer unzuständigen Zollstelle abgegeben, so hat diese die Erklärung an die zuständige Zollstelle abzugeben. Die für die Erklarung der Trennung vorgeschriebenen Fristen gelten durch die fristzeitige Abgabe der Erklärung bei einer unzustandigen Zollstelle als gewahrt. Das Ermittelungsverfahren im Sinne des letzten Satzes des Abs. 3 der Tarifstelle liegt den Hauptzoll- oder Zollamtern ob; die Stempelverteiler haben, wenn sie die angegebenen Werte beanstanden, die Erklarungen an das vorgesetzte Hauptzollamt zur Wertermittelung abzugeben.

Entwertung der Stempelmarken.

(4) Die Stempelmarken sind von den Zollbehörden und Stempelverteilern nach der Vorschrift der Nr. 15 Abs. 1 dieser Best. unmittelbar hinter der Eintragung oder, wenn die betreffende Seite keinen genügenden Raum bietet, auf der folgenden Seite oder, wenn eine solche Seite nicht vorhanden ist, auf einem mit dem Verzeichnis in festen Zusammenhang zu bringenden Blatt zu entwerten. Des im zweiten Absatz der Nr. 15 vorgeschriebenen Verwendungsvermerks bedarf es nicht, jedoch ist das Datum der Verwendung beizufügen. Übliche Abkürzungen (wie 8. Jan. 11) und die Verwendung von Datumstempeln sind hierbei zulässig. Sind die Verzeichnisse erst nach Ablauf des Januar eingereicht, so ist außerdem der Tag der Einreichung zu vermerken, unter Umständen auch der Tag der Rückgabe zwecks Abänderung und der Tag der Wiedereinreichung. Sollen die Verzeichniseintragungen zu Protokoll erklärt werden, so ist hierzu der vorgeschriebene Vordruck zu benutzen und hinter der Versicherung

von dem Beamten ein von dem Steuerpflichtigen zu unterschreibender Vermerk über die Protokollierung aufzunehmen, z. B.:

Vorstehende, zu Protokoll erklärte Angaben nach Vorlesung g. u. u.
Namensunterschrift, Stand und Wohnort des Steuerpflichtigen.
Ort, Datum. Amtsstelle.
Name des Beamten.

Rücksendung und Aufbewahrung der Verzeichnisse.

(5) Die durch die Post eingesendeten Verzeichnisse sind dem Steuerpflichtigen, wenn er nicht die amtliche Aufbewahrung beantragt hat, mit den entwerteten Stempelzeichen ohne Anschreiben wieder zuzustellen, nachdem über die stattgefundene Entwertung ein Vermerk zu den Akten gemacht ist. Die Rücksendung erfolgt mittels eingeschriebenen, unfreien Briefes nur auf ausdrücklichen Wunsch der Einsender, in allen anderen Fällen aber unter der Bezeichnung „Portopflichtige Dienstsache" „unfrei". Wird die amtliche Aufbewahrung verlangt, so ist der Antragsteller von der Entwertung zu benachrichtigen.

(6) Die zur Aufbewahrung übergebenen Verzeichnisse sind von den Hauptzoll- und Zollämtern in übersichtlicher Weise und in einer sich entweder aus den Namen der Verpächter oder Vermieter oder aus der ortsüblichen Bezeichnung der Grundstücke (Straße, Hausnummer usw.) ergebenden Reihenfolge oder in irgendeiner anderen bestimmten Ordnung 5 Jahre lang aufzubewahren, so daß jedes einzelne Verzeichnis ohne Schwierigkeit und Zeitverlust aufgefunden werden kann. Über die Hinterlegung der Verzeichnisse ist den Steuerpflichtigen auf Verlangen eine Empfangsbescheinigung auszustellen. Die Stempelverteiler haben die ihnen zur Aufbewahrung übergebenen Verzeichnisse an das vorgesetzte Hauptzollamt abzugeben; letzteres setzt die Verpächter usw. hiervon in Kenntnis.

Versteuerung der Verträge der Behörden und Beamten.

73. Behörden und Beamten steht es frei, diejenigen Verträge, die sie als Verpächter oder Vermieter abgeschlossen haben, durch Verzeichnis selbständig und ohne Mitwirkung der Zollverwaltung zu versteuern. Wegen der von den Justizbehörden als Verpächtern oder Vermietern abgeschlossenen Verträge vgl. § 1 Abs. 7 der allg. Verf. über gerichtliche Landesstempelsachen. Haben Behörden usw. die Verträge als Pächter oder Mieter abgeschlossen, so sind sie verpflichtet, demjenigen Stempelsteueramt, in dessen Bezirk der Vertrag errichtet ist, eine Abschrift einzusenden oder die für die Versteuerung wesentlichen Vereinbarungen mitzuteilen. Die Entwertung der Stempelbogen und Stempelmarken zu den zu versteuernden Verzeichnissen erfolgt nach den Vorschriften der Nr. 13 und 16 Abs. 2 und 3 dieser Best.

Verzeichnisversteuerung ohne amtliche Überwachung.

74. (1) Den im § 31 Abs. 2 des Gesetzes bezeichneten Gesellschaften, Genossenschaften und Gewerkschaften, die den regelmäßigen Stempelprüfungen unterliegen, kann auf Antrag die Erlaubnis erteilt werden, die Verzeichnisversteuerung derjenigen Verträge, die sie als Verpächter oder Vermieter abgeschlossen haben, selbständig und ohne amtliche Überwachung der Zollverwaltung vorzunehmen; anderen Verpächtern oder Vermietern darf diese Erlaubnis nur ausnahmsweise bei dem Vorhandensein besonderer Gründe erteilt werden. Zustandig zur Erteilung der Erlaubnis ist dasjenige Hauptzollamt, in dessen Bezirk die Grundstücke belegen sind oder der Verpächter oder Vermieter seinen Wohnort hat. Die Erlaubnis ist nur unter dem Vorbehalt jederzeitigen Widerrufs zu erteilen und zurückzuziehen, wenn sich bei der Stempelverwendung Mißstände herausgestellt haben, insbesondere Zuwiderhandlungen gegen die stempelgesetzlichen Bestimmungen und die zum Stempelsteuergesetz ergangenen oder noch zu erlassenden Ausführungsvorschriften oder gegen die im nachstehenden Absatz unter a bis e aufgeführten Bedingungen und Anordnungen vorgekommen sind. Jedem zur Selbstversteuerung Zugelassenen ist zugleich mit der Genehmigungsverfügung eine Anweisung zu behändigen, welche die für die Versteuerung der Verzeichnisse maßgebenden Grundsätze und namentlich die Vorschriften, nach denen bei der Verwendung und Entwertung der Stempelmarken zu verfahren ist, sowie die Strafbestimmungen zu enthalten hat. Jede Oberzolldirektion hat für ihren Geschäftsbezirk eine solche Anweisung aufzustellen und sie den Hauptzollämtern nach Bedarf mitzuteilen.

(2) Im einzelnen sind für die Selbstversteuerung folgende Gesichtspunkte zu beachten:

a) Diejenigen Verpächter oder Vermieter, welche nicht den regelmäßigen Stempelprüfungen (§ 31 Abs. 2 des Gesetzes) unterworfen sind, müssen damit einverstanden sein, daß die von ihnen zu führenden Verzeichnisse an Ort und Stelle — in den Geschäftsräumen der Steuerpflichtigen — von Beamten des Stempelsteueramtes oder des Hauptzollamtes des Bezirks, in dem die Grundstücke belegen sind, nachgeprüft werden, unbeschadet der Verpflichtung, den Vorständen des Stempelsteueramtes die Verzeichnisse auf Verlangen an Amtsstelle einzureichen (§ 31 Abs. 3 des Gesetzes; Abs 9 der Tarifstelle);

b) die Befugnis zur Selbstversteuerung ist auf schriftliche oder mündliche Pacht- oder Mietverträge beschränkt, die einen in Stempelmarken verwendbaren Stempel von nicht mehr als 500 Mk. erfordern. Sind in schriftlichen Verträgen dieser Art noch besonders stempelpflichtige Erklärungen und Verabredungen, namentlich stempelpflichtige Nebenverträge im Sinne der Tarifstelle 71 Nr. 2 Abs. 1 enthalten (z. B. die häufig vorkommenden Nebenabreden, daß die Entscheidung entstehender Streitigkeiten einem Schiedsgericht übertragen werden solle oder für solche Entscheidungen ein an sich unzuständiges Gericht zuständig sein solle), so ist insoweit der Vertrag nebst etwa vorhandenen Nebenexemplaren in der üblichen Weise zu versteuern, also einem Hauptzoll- oder Zollamt oder einem Stempelverteiler zur Versteuerung innerhalb der im § 16 des Gesetzes angeordneten Fristen vorzulegen;

c) der Führung eines Stempelsteuerbuches bedarf es nicht;

d) die Stempelmarken sind in der in der Nr. 20 Abs. 6 Buchst. d dieser Best. vorgeschriebenen Weise zu entwerten, jedoch mit der Maßgabe, daß die Nummer des Stempelsteuerbuches in Wegfall kommt. Außerdem ist ein Stempelverwendungsvermerk hinzuzufügen, der beispielsweise zu lauten hat:

30 Mk. in Marken entwertet.
Berlin, den 11. Januar 1911.
Firma. Unterschrift

e) die Entwertung der Stempelmarken darf nur durch diejenigen Personen vorgenommen werden, denen die Erlaubnis erteilt ist. Die Entwertung durch Vertreter (Bevollmächtigte) ist nur zulässig, wenn ihnen die Befugnis durch das Hauptzollamt besonders verliehen ist. Für die gesetzlichen Stempelabgaben und für die verwirkten Strafen sind jedoch die eigentlich verpflichteten Verpächter und Vermieter haftpflichtig.

Nebenleistungen.

75. (1) Nur diejenigen Nebenleistungen sind dem Pacht- oder Mietzinse nicht hinzuzurechnen, deren Wert nicht in Geld besteht. Die in Geld vereinbarten Vergütungen des Pächters oder Mieters für besondere Leistungen des Verpächters oder Vermieters, z. B. für die Reinigung der Schornsteine, die Müllabfuhr, die Beleuchtung der Treppen und Flure, die Hausreinigung, die Warmwasserversorgung usw. müssen daher den Pacht- oder Mietzinsbeträgen bei der Versteuerung hinzugerechnet werden.

Nebenverträge.

(2) Wenn schriftliche Pacht- oder Mietverträge noch besondere Nebenverträge enthalten, die in der Regel den Stempel der Tarifstelle 71 Nr. 2

Abs. 1 erfordern, so darf die Versteuerung dieser Nebenverträge nicht durch das Verzeichnis erfolgen, sondern die Stempel sind insoweit in der allgemein vorgeschriebenen Weise und innerhalb der Fristen des § 16 des Gesetzes, also regelmäßig binnen zwei Wochen nach dem Tage der Ausstellung zu den Vertragsurkunden zu verwenden.

Abrundungen des Stempels.

(3) Der Stempel ist für jeden einzelnen, im Verzeichnis aufgeführten Vertrag nach § 11 des Gesetzes auf 50 Pf. abzurunden. Es sind jedoch nicht die einzelnen Teilbeträge des Stempels, die auf die verschiedenen Zeitabschnitte und die verschiedenen Gegenstände entfallen und deren Zusammenrechnung den Gesamtstempel ergibt, abzurunden, sondern es ist bei jedem einzelnen Vertrage nur eine einmalige Abrundung des Gesamtstempels vorzunehmen. Entsprechend sind bei Vorausversteuerungen auf mehrere Kalenderjahre (Abs. 10 der Tarifstelle) die Stempel für den Gesamtbetrag der im voraus entrichteten Stempelabgabe abzurunden und nicht für die auf die einzelnen Kalenderjahre entfallenden Stempelbeträge.

Nebenausfertigungen.

(4) Werden Pacht- und Mietverträge in mehreren Ausfertigungen errichtet, so ist für die Nebenausfertigungen (Duplikate usw.) ein Stempel nicht zu entrichten. Enthalten die Pacht- und Mietverträge jedoch noch besonders stempelpflichtige Nebenverträge (vgl. Abs. 2 dieser Nr.), so sind die Nebenausfertigungen nach der Tarifstelle 16 zu versteuern.

Öffentliche Bekanntmachungen.

76. Hinsichtlich der öffentlichen Bekanntmachungen der Bestimmungen über die Führung der Verzeichnisse und die Versteuerung gemäß Abs. 15 der Tarifstelle ordnen die Oberzolldirektionen das Nähere an; es ist ihrem Ermessen überlassen, ob sie selbst neben den Bekanntmachungen der Hauptzollämter noch Veröffentlichungen veranlassen und ob sie die Anordnungen über die Bekanntmachungen auf die Hauptzollämter übertragen wollen.

Überwachungsmaßnahmen.

77. (1) Zur wirksamen Überwachung der ordnungsmäßigen Versteuerung der Verzeichnisse dienen folgende Verpflichtungen der Verpächter, Vermieter und Behörden:

a) Die Pacht- und Mietverzeichnisse sind gemäß Abs. 12 der Tarifstelle von den zu ihrer Führung verpflichteten Verpächtern oder Vermietern oder von den Hauptzoll- und Zollämtern (vgl. Nr. 72 Abs. 6) 5 Jahre lang aufzubewahren;

b) auf Verlangen der Stempelsteuerämter und Hauptzollämter sind Verpächter und Vermieter, welche Verzeichnisse nicht eingereicht haben, verpflichtet, darüber Auskunft zu geben, ob im vorangegangenen Kalenderjahre Verträge, an denen sie als Verpächter oder Vermieter beteiligt waren, in Geltung gewesen sind (Abs. 13 der Tarifstelle);

c) alle Gemeinde- und Polizeibehörden sind verpflichtet, in tatsächlicher Hinsicht über die in ihren Verwaltungsbezirken bestehenden Pacht- und Mietverhältnisse Auskunft zu geben (§ 30 Abs. 3 des Gesetzes);

d) die Einkommensteuer-Veranlagungskommissionen sind verpflichtet, den Beamten der Stempelsteuerämter und der Hauptzoll- und Zollämter die Einsicht der Personenstandsaufnahmen-Listen (Art. 40 der Anweisung des Finanzministers vom 25. Juli 1906 zur Ausführung des Einkommensteuergesetzes usw.), soweit sie über die Höhe der Mietzinsen und die sonstigen für die Versteuerung der Mietverträge in Betracht kommenden Verhältnisse Aufschluß geben, zu gestatten;

e) die Hauptzollämter haben bis zum 1. Mai jeden Jahres den Stempelsteuerämtern ihres Bezirks diejenigen Fälle mitzuteilen, die sie nach ihrer Kenntnis der persönlichen und örtlichen Verhältnisse zur Einforderung von Verzeichnissen (§ 31 Abs. 3 des Gesetzes) für besonders geeignet erachten. Die näheren Bestimmungen über diese Verpflichtung, namentlich über den Umfang der zu machenden Mitteilungen, treffen die Oberzolldirektionen;

f) bei gerichtlichen Pacht- oder Mietverträgen sind die Gerichte verpflichtet, die Beteiligten nach der für Notare gegebenen Vorschrift unter g zu belehren;

g) Notare haben die Verpflichtung, von allen von ihnen aufgenommenen stempelpflichtigen Pacht- und Mietverträgen sowie von Verträgen dieser Art, bei denen sie den Entwurf anfertigen und nach Vollziehung durch die Beteiligten die Unterschriften beglaubigen, in betreff des Datums, der Namen der Vertragschließenden und des Gegenstandes des Vertrages dem Stempelsteueramt, in dessen Bezirk sie ihren Amtssitz haben, Mitteilung zu machen. Den Notaren bleibt es überlassen, diese Mitteilungen von Fall zu Fall oder in der Form vierteljährlicher Nachweisungen zu machen. Ferner sind die Notare verbunden, die Beteiligten bei der Aufnahme der Verträge über ihre Verpflichtung zur Versteuerung durch das Verzeichnis und zur Einreichung des Verzeichnisses bis zum Ablauf des Januar bei einer Zollstelle zu belehren. Daß die Belehrung stattgefunden hat, ist auf den bei den Akten verbleibenden Verhandlungen zu vermerken.

(2) Die Vorstände der Stempelsteuerämter müssen in jedem Geschäftsjahr eine Anzahl von Verpächtern und Vermietern auf Grund des § 31 Abs. 3 des Gesetzes und des Abs. 13 der Tarifstelle auffordern, innerhalb einer bestimmten Frist die von ihnen geführten Verzeichnisse vorzulegen oder mitzuteilen, von welcher Zollbehörde sie aufbewahrt werden, oder anzuzeigen, daß im vorangegangenen Kalenderjahre Verträge, an denen sie als Verpächter oder Vermieter beteiligt waren, nicht in Geltung gewesen sind. Die Richtigkeit der Verzeichnisse und der Versicherung ist auf Grund der in dem vorhergehenden Absatz erwähnten Mitteilungen und Nachweisungen, der Adreßbücher sowie der sonstigen zur Kenntnis der Stempelsteuerämter gelangten Tatsachen und insbesondere auf Grund der amtlichen Auskunft der das polizeiliche Meldewesen handhabenden Behörden zu prüfen. Die erforderlichen Aufklärungen werden seitens der Beamten der Stempelsteuerämter oder der Beamten der ersuchten Hauptzoll- und Zollämter möglichst im Wege persönlicher Erkundigungen bei den Ortspolizeibehörden eingeholt werden müssen. Letztere sind verpflichtet, den Beamten der Zollverwaltungen bei ihren Ermittelungen die fördersamste Unterstützung zuteil werden zu lassen und ihnen bereitwilligst über alle an sie gerichteten, die Versteuerung der Verträge betreffenden Fragen Auskunft zu erteilen. Den Oberzolldirektionen bleibt es überlassen, über die Art und den Umfang der Einforderung der Verzeichnisse sowie überhaupt hinsichtlich der Überwachung unter Berücksichtigung der örtlichen Verhältnisse und der Bedürfnisse in ihren Bezirken ergänzende Bestimmungen zu erlassen.

B. Jagdpachtverträge.

Vordrucke.

78. (1) Die Versteuerung der Jagdpacht- und Abschußverträge hat nach dem in der Beilage 5 enthaltenen Muster vermittels des Verzeichnisses (Jagdpachtverzeichnisses) zu erfolgen; wegen der Beschaffung der Vordrucke gilt das in der Nr. 71 Abs. 1 dieser Best. Gesagte.

Versteuerung.

(2) Hinsichtlich der Versteuerung der Verzeichnisse, der Stempelerstattungen, des von den Zollbehörden bei der Versteuerung zu beobachtenden Verfahrens, der Aufbewahrung der Verzeichnisse usw., finden die Nummern 71 bis 73 und 75 dieser Best. entsprechende Anwendung. Die Zuständigkeit der Stempelverteiler ist auf die Versteuerung von Verzeichnissen beschränkt, die einen Stempel von nicht mehr als 100 Mk. erfordern. Vgl. auch die Bemerkungen der Beil. 5 Ziff. 5.

Versteuerung durch Jagdvorsteher.

(3) Den Jagdvorstehern als Behörden steht es nach Abs. 16 der Tarifstelle 48 I frei, die Versteuerung der von ihnen zu führenden Ver-

zeichnisse selbständig ohne amtliche Überwachung der Zollverwaltung zu bewirken. In der Provinz Hannover, wo die Jagdvorstände die Eigenschaft von Behörden nicht besitzen, kann die Versteuerung durch Jagdvorsteher erfolgen, insoweit sie gleichzeitig Gemeindevorsteher sind. Bezüglich der Verwendung der Stempelbogen und Stempelmarken wird auf die Nummern 13 und 16 dieser Best. verwiesen. Der Gebrauch von Stempelmarken ist auf Verzeichnisse beschränkt, die einen Stempel von nicht mehr als 500 Mk. erfordern. Über diesen Betrag hinaus müssen Stempelbogen verwendet werden; zu Verzeichnissen, die einen Stempel von mehr als 1000 Mk. erfordern, ist die Ausfertigung der Stempelbogen bei den Hauptzoll- und Zollämtern besonders zu beantragen. Vgl. Nr. 13 und 14 dieser Best Die Normalpachtverträge sind mit einem Zusatz über die Stempelpflichtigkeit der Verträge und die Art der Versteuerung zu versehen.

Versteuerung durch die Zollbehörden.

(4) Wenn die Versteuerung nicht durch die Jagdvorsteher vorgenommen wird, also namentlich bei Verpachtungen in Eigenjagdbezirken, haben die Verpächter die Verzeichnisse den zuständigen Zollstellen (Hauptzoll- und Zollämtern und Stempelverteilern) fristzeitig einzureichen. Vgl. Bemerkung 5 der Beilage 5.

Öffentliche Bekanntmachungen.

(5) In betreff der öffentlichen Bekanntmachungen der Bestimmungen über die Führung der Verzeichnisse usw. findet die Nr. 76 dieser Best. entsprechende Anwendung. Ob es solcher Bekanntmachungen bei Jagdpachtverzeichnissen überhaupt bedarf, entscheiden die Oberzolldirektionen, die in Zweifelsfällen sich mit den Regierungspräsidenten in Verbindung setzen.

Überwachungsmaßnahmen.

(6) Wegen der Überwachungsmaßnahmen finden die Vorschriften der Nr. 77 Abs. 1 a, b, c, e und g und Abs. 2 entsprechende Anwendung. Bei der Verpachtung des Jagdrechts auf Eigenjagdbezirken (§§ 4ff. der Jagdordnung vom 15. Juli 1907 GS. S. 207 und § 2 der Hannoverschen Jagdordnung vom 11. März 1859 — Hannov. GS. I S. 159 —) wird die Überwachung der Versteuerung hauptsächlich dadurch zu bewirken sein, daß die Vorstände der Stempelsteuerämter von den Verpächtern auf Grund des § 31 Abs. 3 des Gesetzes die Jagdpachtverzeichnisse einfordern. Jagdpachtverzeichnisse über die Verpachtung der Jagd in gemeinschaftlichen Jagdbezirken sind vornehmlich gelegentlich der bei den Jagdvorstehern vorzunehmenden regelmäßigen Stempelprüfungen einer Nachprüfung zu unterwerfen (vgl. § 5 Abs. 1 der Geschäftsanweisung für die Vorstände der Stempelsteuerämter, Beilage 3).

Zur Tarifstelle 49.

Reisepaß- und Reisepaßkarten-Vordrucke.

79. (1) Die Versteuerung der Reisepässe und Reisepaßkarten erfolgt durch Verwendung von Vordrucken, die zu den Steuersätzen von 3 Mk. und 1 Mk. abgestempelt und nur für die die Pässe ausfertigenden Behörden bei den Hauptzoll- und Zollämtern zum Verkauf gestellt werden. Der Verkauf an Privatpersonen ist nicht gestattet (vgl. Nr. 9 Abs. 5 zu d und e und Nr. 10 Abs. 2 dieser Best.).

Ermäßigter Steuersatz.

(2) Zu den Personen, denen Pässe und Paßkarten zu dem ermäßigten Satze von 1 Mk. erteilt werden dürfen, gehören außer den in der Tarifstelle bezeichneten auch unselbständige Handwerker, z. B. Handwerksgehilfen, dagegen nicht selbständige Handwerker, es sei denn, daß sie ohne Gesellen arbeiten und sich in dürftiger Lage befinden. Bei Ausfertigungen von Pässen und Paßkarten zu 1 Mk. ist im Paßjournal der Stand, Beruf oder das Gewerbe des Antragstellers, bei weiblichen Personen auch der Stand usw. des Vaters oder Ehemannes, zu vermerken.

Ausfertigungsgebühr.

(3) Nach § 8 des Gesetzes über das Paßwesen vom 12. Oktober 1867 (BGBl. S. 33) dürfen für Pässe und sonstige Reisepapiere an Stempelabgaben und Ausfertigungsgebühren nicht mehr als höchstens 3 Mk. erhoben werden. Nachdem der Steuersatz von 1,50 Mk. auf 3 Mk. erhöht und nur für gewisse Ausnahmefälle ein Satz von 1 Mk. anzuwenden ist, kommt die Erhebung einer Ausfertigungsgebühr (allg. Erlaß vom 10. Dezember 1857 Min.-Bl. S. 203 zu B, vom 30. Dezember 1867 Min.-Bl. 1868 S. 4 und vom 21. Mai 1896 FM. I 8947, III 6347 M. d. J. II 6209) insoweit in Wegfall, als der Stempel von 3 Mk. zum Ansatz gelangt.

Leichenpässe.

(4) Leichenpässe sind durch Entwertung von Stempelmarken auf den vorgeschriebenen Vordrucken zu versteuern; die Versteuerung kann auch in der Weise erfolgen, daß die Vordrucke auf Ansuchen von dem Hauptstempelmagazin abgestempelt werden (vgl. Nr. 9 Abs. 6 zu g und Nr. 10 Abs. 3 dieser Best.). Bezüglich der Ermäßigung des Steuersatzes bis auf den Betrag von 1,50 Mk. findet die Nr. 69 Abs. 1 dieser Best. entsprechende Anwendung. Die Frage der Bedürftigkeit ist nach der Person derjenigen zu beurteilen, in deren Interesse der Leichentransport stattfinden soll, also, wenn die Ausfertigung des Leichenpasses von Vertretern beantragt wird, nach der Person der Vertretenen. Pässe, für die ein ermäßigter Steuersatz in Anspruch genommen wird, sind vorläufig zu dem beantragten ermäßigten

Satze auszufertigen, falls keine Bedenken gegen die beantragte Ermäßigung obwalten. Wenn die Vermögensverhältnisse der Personen, für die der Paß ausgefertigt werden soll, der Behörde nicht bekannt sind, haben die Beteiligten ihre Bedürftigkeit durch eine amtliche Bescheinigung der Ortspolizeibehörde, die einer Stempelabgabe nicht unterliegt, binnen zwei Wochen nachzuweisen. Wird der Nachweis innerhalb dieser Frist nicht erbracht, so ist der Fehlbetrag nachzuerheben.

Zur Tarifstelle 51.

Versteuerung durch Verwendung von Stempelmarken.

80. Genehmigungen der Verlängerung der Polizeistunde sind stets schriftlich und unter dem Vorbehalt des jederzeitigen Widerrufs zu erteilen; ob die Genehmigungen zeitlich zu begrenzen sind, bleibt dem Ermessen der Behörden überlassen. Die Versteuerung der Genehmigungen erfolgt durch Verwendung von Stempelmarken nach der Vorschrift der Nr. 16 dieser Best. Der Betrag des verwendeten Stempels ist in den Akten zu vermerken. Wegen des Zusammentreffens der Genehmigung einer Lustbarkeit (Tarifstelle 39) mit der Genehmigung der Verlängerung der Polizeistunde vgl Nr. 68 Abs. 2 dieser Best.

Zur Tarifstelle 54.

Stempelanrechnung.

81. Wegen der Anrechnung des zu einer Punktation verwendeten Wertstempels auf denjenigen Stempel, welchem eine auf Grund der Punktation aufgenommene, mit ihr im wesentlichen übereinstimmende Vertragsurkunde unterliegt, findet der § 9 zu 4 der allg. Verf. über gerichtliche Landesstempelsachen entsprechende Anwendung.

Zur Tarifstelle 58.

Verlängerungen kurzfristiger Darlehen.

82. (1) Nach Abs. 2 unter b, Abs. 6 der Tarifstelle 58 I sind auch tatsächlich eintretende Erweiterungen und Verlängerungen der Rückzahlungsfrist kurzfristiger Darlehen zu versteuern; der nachträglich erforderlich werdende Stempel ist zu der ursprünglichen Urkunde binnen zwei Wochen nach dem Eintritt der Verlängerung zu verwenden. Inhaber solcher Schuldurkunden, die nach § 13 Abs. 1c des Gesetzes für die Nachbringung des Stempels haften, sind deshalb verpflichtet, für die Nachversteuerung Sorge zu tragen; im besonderen werden hierauf Sparkassen, Gesellschaften, Genossenschaften, Banken, Bankhäuser, Kreditanstalten usw. zu achten haben, in deren Geschäftsverkehr Schuldurkunden der bezeichneten Art häufig vorzukommen und aufbewahrt zu werden pflegen. Erlangt das

Gericht von einer Verlängerung einer hypothekarischen Schuldverschreibung Kenntnis, so ist das zuständige Hauptzollamt zwecks Einziehung des Stempels zu benachrichtigen, falls nicht der Stempel bei den Gerichtskosten vereinnahmt wird.

Stempelfreiheit der Schuldverschreibungen auf Grund der Erhebung der Reichsstempelabgabe.

(2) Die für Kommunalverbände, Kommunen usw. ausgestellten Schuldverschreibungen, auf Grund deren reichsstempelpflichtige Renten- und Schuldverschreibungen ausgereicht werden (Befreiungsvorschrift Abs. 3 unter d der Tarifstelle 58 I), müssen mit dem im § 10 zu 3 der allg. Verf. über gerichtliche Landesstempelsachen vorgeschriebenen Vermerk versehen sein. Dieser Vermerk ist von dem Verbande, der Körperschaft oder der Bank, zu deren Gunsten die Schuldverschreibung lautet, unterschriftlich zu vollziehen; statt des Vermerks kann der Schuldurkunde auch eine besondere, vorschriftsmäßig vollzogene Bescheinigung beigelegt werden. Fällt der Befreiungsgrund fort, so ist der Verband, die Köperschaft oder die Bank verpflichtet, dem zuständigen Hauptzollamt Anzeige zu machen, das den Fehlstempel einzuziehen hat.

Antrage auf Eintragung einer Hypothek usw.

(3) Wegen der Versteuerung der Anträge auf Eintragung einer Hypothek oder Grundschuld oder einer wiederkehrenden Geldleistung und auf Eintragung der Verpfändung einer Hypothek oder Grundschuld oder einer wiederkehrenden Geldleistung sowie wegen der Anrechnung des zu solchen Anträgen entrichteten Stempels auf denjenigen Stempel, welchem die nachträglich über das zugrunde liegende Geschäft errichtete Urkunde unterliegt, ist nach der Nr. 38 Abs. 1 dieser Best. zu verfahren.

Anleihe-Teilschuldverschreibungen.

(4) Wegen der Außeransatzlassung des Stempels bei Anträgen auf Eintragung einer Hypothek für die Ansprüche aus Anleihe-Teilschuldverschreibungen vgl. § 19 zu 2 der allg. Verf. über gerichtliche Landesstempelsachen.

Zur Tarifstelle 60.

Einziehung und Verrechnung der Stempel.

83. (1) Die unter dieser Tarifstelle a bis d und Tarifstelle 42 Abs. 3 für Namensvermehrung und Namenswechsel bei adeligen Namen und für landesherrliche Standeserhöhungen und Gnadenerweise vorgeschriebenen Stempel werden, soweit die Bearbeitung der Angelegenheiten dem Königlichen Heroldsamte obliegt, von diesem eingezogen, bei der Kasse des Heroldsamts in Sollausgabe gestellt und vor dem Schlusse eines jeden Rechnungsjahres mittels Nachweisung dem Finanzministerium überwiesen, welches wegen Ausfertigung, Entwertung und Aushändigung der Stempelbogen und wegen Vereinnahmung des Geldbetrages das Erforderliche verfügt.

(2) In den Fällen der Tarifstelle e sind die tarifmäßigen Stempel von der mit der Aushändigung der stempelpflichtigen Urkunde beauftragten Provinzialbehörde (Regierung, Polizeidirektion usw) einzuziehen, die Stempelzeichen anzukaufen und solche, ordnungsmäßig entwertet, bei ihren Akten aufzubewahren hat.

Zur Tarifstelle 66.

Gerichtskostenstempel. Wertermittelungen. Eigenhändige und notarielle Testamente. Stempelerstattungen.

84. (1) Wegen Vereinnahmung des Stempels bei den Gerichtskosten vgl. § 1 Abs. 4 und § 2 Abs. 1 zu d der allg. Verf. über gerichtliche Landesstempelsachen und wegen der Wertbeanstandungen und Wertermittelungen vgl. § 6 Abs. 5 und § 1 Abs. 4 daselbst. Wegen der Selbstversteuerung eigenhändiger Testamente vgl. Nr. 20 Abs. 1 zu b und Abs. 6 zu d und f, wegen der Entwertung der Stempelmarken auf notariellen Testamenten vgl. Nr. 14 Abs. 2 und wegen der Stempelerstattungen vgl. Nr. 28 Abs. 4 dieser Best.

Gemeinschaftliche Testamente.

(2) Ergibt sich bei der Eröffnung eines gemeinschaftlichen Testaments (§ 2273 BGB.), daß es nicht oder nicht ausreichend versteuert ist, so ist von der Einleitung eines Strafverfahrens gegen die überlebenden Ehegatten Abstand zu nehmen.

Zur Tarifstelle 68.

Stempelermäßigung.

85. (1) Die Verwendung des Stempels von 500 Mk. bildet die Regel. Eine Ermäßigung ist nur ausnahmsweise dann zuzulassen, wenn sie ausdrücklich beantragt ist und wenn besondere Umstände für die Annahme eines geringeren Wertes des Bergwerkseigentums vorliegen. Der Antrag ist stets vor Erteilung der Verleihung zu stellen, und zwar von dem Muter oder seinem Bevollmächtigten. Eine Ermäßigung des Stempels von Amts wegen findet nicht statt.

(2) Allgemeine Gesichtspunkte für die Bewertung des Bergwerkseigentums lassen sich nicht aufstellen. Es bleibt vielmehr, wenn ein Ermäßigungsantrag gestellt ist, der Prüfung und Entscheidung des Oberbergamts als Verleihungsbehörde in jedem einzelnen Falle überlassen, ob und in welcher Höhe eine Ermäßigung des Stempels zu bewilligen ist. Hierbei ist erforderlichenfalls der Wert des Bergwerkseigentums

schätzungsweise zu ermitteln, und zwar nach solchen Gesichtspunkten, wie sie bereits bisher bei Angaben über den Wert verliehenen Bergwerkseigentums gegenüber Gerichten oder Steuerbehörden zugrunde gelegt worden sind. Stehen dem Oberbergamte anderweitige Unterlagen nicht zur Verfügung, so ist der mit der Instruktion der Mutung beauftragte Bergrevierbeamte anzuweisen, den Wert des zu verleihenden Bergwerkseigentums nach geeigneten Merkmalen — Art des Minerals, Beschaffenheit des Fundes, geologische und Abbauverhältnisse, Größe des Feldes, Absatzmöglichkeit und dgl. — zu prüfen und sich über das Ergebnis sowie über die Höhe des zu verwendenden Stempels bei Vorlegung der Akten an das Oberbergamt gutachtlich zu äußern Kommt das Oberbergamt nach pflichtmäßiger Prüfung der Unterlagen zu der Überzeugung, daß eine Ermäßigung am Platze ist, so hat es den Stempel innerhalb des im Gesetz gegebenen Zwischenraums von 100 bis zu 500 Mk. festzusetzen, jedoch stets nach vollen Hunderten. Die Festsetzung unterliegt der Nachprüfung der Zollbehörden; erachten diese im Gegensatz zu der Ansicht des Oberbergamts eine Nachforderung von Stempeln für erforderlich, so ist von den Oberzolldirektionen an den Finanzminister zu berichten.

Zur Tarifstelle 70.

Stillschweigende Verlangerungen.

86. (1) Nach Abs. 3 der Tarifstelle 70c sind auch tatsächliche oder stillschweigende Verlängerungen eines Versicherungsverhältnisses stempelpflichtig; solche Verlängerungen sind aber nach § 8 des Gesetzes über den Versicherungsvertrag vom 30. Mai 1908 (RGBl. S. 263) insoweit nichtig und deshalb auch nicht stempelpflichtig, als sich die jedesmalige Verlängerung auf mehr als ein Jahr erstrecken soll.

Versteuerung durch Abfindung.

(2) Für diejenigen Versicherungsgesellschaften, bei denen solche Verlängerungen in großer Anzahl vorkommen, empfiehlt sich die Versteuerung im Wege der Abfindung (Nr. 21 dieser Best.). Sind Versicherungsgesellschaften zu dieser Versteuerung bereits hinsichtlich der ursprünglichen Versicherungsurkunden zugelassen, so erstreckt sich die Genehmigung ohne weiteres auf die stillschweigenden Verlängerungen.

Einzelversteuerung.

(3) Soweit von der Versteuerung im Wege der Abfindung kein Gebrauch gemacht wird, tritt Einzelversteuerung ein und zwar in der Weise, daß der Stempel von den Versicherungsunternehmern zu der ursprünglichen Urkunde oder zu den Prämienquittungen oder zu besonders über die Verlängerung des Versicherungsvertrages zu errichtenden Schriftstücken

beigebracht wird. Solche besonderen Schriftstücke können auch in der Form von Nachweisungen ausgestellt werden. In die Nachweisungen sind sämtliche stempelpflichtige Verlängerungen binnen zwei Wochen nach Eintritt der Stempelpflichtigkeit unter Angabe der Nummern der Versicherungsscheine (Policen) und der Versicherungsdauer einzutragen, auch ist bei jeder Verlängerung der fällige Stempel zu vermerken. Die Verwendung der Stempelmarken kann in gewissen Zeitabschnitten — etwa alle zwei Wochen — unter Zusammenrechnung der einzelnen Stempelbeträge erfolgen; die Richtigkeit der Eintragungen ist in der Nachweisung vierteljährlich vom Versicherungsunternehmer oder seinem Vertreter zu bescheinigen.

Fristverlängerungen.

(4) Die im Abs 3 der Tarifstelle 70c dem Finanzminister eingeräumte Ermächtigung, hinsichtlich der vor dem 1. Juli 1909 errichteten Versicherungsverträge und Policen eine Fristverlängerung eintreten zu lassen, wird auf die Oberzolldirektionen übertragen.

Versteuerung der Verlängerungen der Hagelversicherungen.

(5) Beim Abschluß von Verträgen über von Jahr zu Jahr fortlaufende und mehrjährige oder mangels Kündigung stillschweigend sich verlängernde Hagelversicherungen stehen die für die Versicherung wesentlichen Bedingungen meistens nur für das erste Jahr fest und nur dieses ist zunächst der Versteuerung zugrunde zu legen, während es sich für die weiteren Jahre nicht schon um einen eigentlichen Versicherungsvertrag, sondern um eine vorläufige, nicht stempelpflichtige Abmachung handelt. Für das zweite und jedes weitere Jahr wird von dem Versicherungsnehmer in der Regel ein neuer Versicherungsantrag — die Deklaration der für das betreffende Jahr zu versichernden Bodenerzeugnisse und der dem Versicherungsvertrage zugrunde zu legenden Versicherungssumme — eingereicht und auf Grund dieses Antrages (Deklaration) von der Versicherungsgesellschaft ein besonderer Versicherungsschein (die Jahrespolice) ausgestellt. Bei diesem Verfahren läßt sich die Versteuerung in der im Abs. 3 angeordneten Weise nicht bewirken; sie ist daher durch Entwertung von Stempelmarken auf den Versicherungsscheinen (Jahrespolicen) vorzunehmen. Sofern Jahrespolicen nicht ausgestellt werden, weil die Deklaration nicht fristgemäß eingegangen ist, hat der Versicherungsnehmer der Gesellschaft gewöhnlich den vollen Betrag der letztjährigen Prämie als Entschädigung für die bis dahin getragene Gefahr zu zahlen, während die Versicherung selbst erlischt. Insoweit hiernach noch ein Stempel fällig wird, hat die Versteuerung binnen zwei Wochen nach dem Erlöschen der Versicherung durch Ver-

wendung von Stempelmarken nach der Vorschrift des Abs. 3 dieser Nr. zu erfolgen. Wird die Versicherung in Fällen dieser Art nicht ohne weiteres als erloschen angesehen, vielmehr dem säumigen Versicherungsnehmer noch eine Nachfrist gestellt, so ist die zweiwöchige Versteuerungsfrist von dem Zeitpunkte ab zu rechnen, zu dem die Versicherungsgesellschaft das Versicherungsverhältnis als erloschen ansieht; jedoch muß die Versteuerung spätestens bis zum Ablaufe des August des betreffenden Jahres bewirkt sein. Geht die Deklaration innerhalb der Nachfrist vor dem 1. September ein, so bewendet es bei der vorgesehenen Versteuerung der auf Grund der Deklaration auszustellenden Jahrespolice. Nach denselben Grundsätzen sind auch die sogenannten Interimspolicen zu behandeln, wenn sie laut „provisorischen Versicherungsantrages" auf mehrere Jahre ausgestellt sind.

Zur Tarifstelle 73.

Vollmachten im Verwaltungsstreitverfahren und im Verfahren vor den Gewerbe- und Kaufmannsgerichten.

87. Wenn zum Gebrauch im Verwaltungsstreitverfahren und im Verfahren vor den Gewerbe- und Kaufmannsgerichten bestimmte Vollmachten ohne den vorgeschriebenen Stempel bei den genannten Behörden eingereicht werden, so haben ihn die Behörden einzuziehen und zu den Akten zu entwerten. Die Aussteller der Vollmachten sind von Stempelstrafe frei, wenn die Urkunden innerhalb der Stempelverwendungsfristen des § 16 des Gesetzes eingereicht sind. Ist diese Frist bei der Einreichung bereits überschritten, so haben die bezeichneten Gerichte das zuständige Hauptzollamt von der vorgekommenen Zuwiderhandlung zu benachrichtigen.

Zur Tarifstelle 77.

Angabe des Zwecks bei stempelfreien Zeugnissen.

88. (1) Alle Behörden und Beamte sind verpflichtet, bei der Erteilung amtlicher Zeugnisse, welche ihres besonderen Zwecks wegen (s. Abs. 3 Buchst. a und c der Befreiungen dieser Tarifstelle) dem sonst zu entrichtenden Stempel nicht unterliegen, in dem Zeugnis — und zwar in dem Text des Zeugnisses und nicht in Vermerken, die außerhalb dieses Textes stehen und durch die Unterschrift des Beamten nicht gedeckt werden — den Zweck bestimmt anzugeben, zu welchem das Zeugnis ausgestellt wird. Unterbleibt eine solche Angabe, so unterliegt das Zeugnis in allen Fällen und ohne Rücksicht darauf, ob es tatsächlich zu einem Stempelfreiheit genießenden Zweck gebraucht worden ist oder nicht, dem tarifmäßigen Stempel von 3 Mk. (vgl. Abs. 4 dieser Tarifstelle). Wird ein entgegen der vorgedachten Vorschrift stempelfrei erteiltes amtliches Zeugnis bei einer Behörde zur Be-

gründung irgendeines Antrages vorgelegt, so hat diese Behörde den fehlenden Stempelbetrag von dem Vorzeiger oder Inhaber oder von derjenigen Person, auf deren Veranlassung das Zeugnis erteilt ist, einzuziehen und den Sachverhalt der vorgesetzten Behörde des Beamten, von dem das Zeugnis ausgestellt ist, anzuzeigen. Ist der die Stempelfreiheit rechtfertigende Zweck bestimmt bezeichnet, von dem Zeugnis aber zu einem anderen als dem aus der Urkunde hervorgehenden Zwecke Gebrauch gemacht, ohne daß der Inhaber oder Vorzeiger die Versteuerung bewirkt hat, so haften diese Personen nicht bloß für den tarifmäßigen Stempel (§ 13 Abs. 1 Buchst. c des Gesetzes), sondern sie verfallen unter Umständen auch in eine dem vierfachen Betrage des Stempels gleichkommende Strafe (§ 17 Abs. 1 des Gesetzes). Wegen der bei Gerichten eingereichten Zeugnisse vgl. § 22 Abs. 4 der allg. Verf. über gerichtliche Landesstempelsachen.

Notarielle Unterschriftsbeglaubigungen.

(2) Bezüglich der Stempelverwendungen bei notariellen Unterschriftsbeglaubigungen vgl. Nr. 6 Abs. 3 dieser Best.

Befähigungs- und Prüfungszeugnisse für Seeschiffer usw.

(3) Für nachstehende Befähigungs- und Prüfungszeugnisse werden für die Ausstellungsbehörden von den Zollbehörden, in deren Hebebezirk der Sitz der ausstellenden Behörde gelegen ist, abgestempelte Vordrucke (Formulare) zum Verkauf gestellt und gegen Erstattung des Stempels von 3 Mk. abgegeben:

a) Befähigungszeugnisse für Seeschiffer und Seesteuerleute (Vordrucke E, F, G und H der Bek. des Reichskanzlers vom 30. April 1904, Zentralbl. f. d. D. Reich S. 125);
b) Befähigungszeugnisse für Maschinisten und Schiffsingenieure auf Seedampfschiffen (Vordrucke C, D, E, F, G und H der Bek. des Reichskanzlers vom 30. März 1910, Zentralbl. f. d. D. Reich S. 100);
c) Zeugnisse über die Prüfung in der Schiffsdampfmaschinenkunde für Seeschiffer (Erlaß des Ministers für Handel und Gewerbe vom 10. April 1889 und vom 10. Dezember 1907 Min.-Bl. der Handels- und Gewerbe-Verw. 1907 S. 413, 414).

Berlin, den 16. August 1910.

Der Finanzminister.

Muster 1.

(Zu § 14 des Gesetzes und Nr 10 Abs 3 der AusfBest)

Anmeldung zur Abstempelung von Vordrucken.

Lfd. Nummer	Bezeichnung der abzustempelnden Vordrucke	Stückzahl der abzustempelnden Vordrucke	Stückzahl der überschüssigen Vordrucke	Stempelbetrag für das einzelne Stück		Stempelbetrag im ganzen		Bemerkungen (insbesondere über die Herstellung eines Aufdrucks oder Vordrucks auf den abzustempelnden Bogen).
				Mk	Pf	Mk	Pf	
1	2	3	4	5		6		7

Muster 2.

(Zu § 14 des Gesetzes und Nr. 20 Abs 6 Buchst. c der AusfBest)

Stempelsteuerbuch de   in

betreffend die Verwendung und Entwertung von Stempelmarken ohne amtliche Überwachung.

Lfd. Nummer	Name, Stand und Wohnort der Aussteller	Art des beurkundeten Geschäfts	Datum der Urkunde	Wert des Gegenstandes		Betrag des verwendeten Stempels		Tarifstelle	Datum der Entwertung	Namenszeichnung des Entwertenden
				Mk	Pf	Mk	Pf			
1	2	3	4	5		6		7	8	9

Amtsstelle.

Muster 3.

(Zu § 19 des Gesetzes und Nr. 24 Abs. 3 der AusfBest.)

Ort, Datum.

Strafbescheid.

In der Stempelstrafsache

gegen

wird gegen den Beschuldigten auf Grund des § 19 des Stempelsteuergesetzes in der Fassung der Bekanntmachung vom 30. Juni 1909 (GS. S. 535) eine Ordnungsstrafe von .... Mk., in Buchstaben: „.. Mark" festgesetzt. Der Beschuldigte hat die Kosten des Verfahrens zu tragen.

Gründe.*)

Gegen diesen Strafbescheid steht dem Beschuldigten offen, nach seiner Wahl

entweder

den Antrag auf gerichtliche Entscheidung

oder

die Beschwerde an ....

binnen einer Woche nach der Bekanntmachung dieses Strafbescheides bei mir oder bei der Behörde, welche den Strafbescheid bekanntgemacht hat, anzubringen. Die Ergreifung des einen Rechtsmittels hat den Ausschluß des andern zur Folge.

Wird keines der bezeichneten Rechtsmittel rechtzeitig an zuständiger Stelle eingelegt, so wird der Strafbescheid vollstreckbar. Die Strafe mit den sich aus anliegender Berechnung ergebenden Kosten des Verfahrens ist binnen einer Woche nach Eintritt der Vollstreckbarkeit, bei Vermeidung der Zwangsvollstreckung, an .... zu zahlen.

Berechnung:

Es sind zu zahlen:

1. Strafe . . . . Mk. .... Pf.
2. Kosten:
   a) Stempel . . . . Mk. .... Pf.
   b) Postgebühren . . .. „ .... „
   c) Schreibgebühren . ... „ .... „
   d) Sonstige Auslagen . ... „ .... „

zusammen .... Mk. .... Pf.

Summe .... Mk. .... Pf.

*) In den Gründen sind auch die Beweismittel anzugeben.

Königliches Stempelsteueramt **Muster 4.**

Abt. .... (Zu § 25 des Gesetzes und Nr. 28 Abs. 6 der AusfBest.)

Nr. ....

.........................., den .... 19........

Urschriftlich

an den Königlichen Notar Herrn ....

in

fr. d. A. 21. ....

Zu der Notariatsverhandlung vom .... 19........ — Nr. .... Ihres Notariatsregisters für 19......... — (*..) ist von dem verwendeten Stempel von .... Mk. ein Betrag von .... Mk. auf Grund des § 25 Abs. 1 LStG. zur Erstattung angewiesen worden.

Ich ersuche, die Urschrift der Verhandlung in der in Ziffer 28 Abs. 5 der Ausführungsbestimmungen zum LStG. vorgeschriebenen Art mit einem Vermerk über die Höhe des zur Erstattung angewiesenen Stempelbetrages zu versehen, mir auf dem untenstehenden Vordruck von dem Geschehenen Mitteilung zu machen und zu bestätigen, daß auf der Urschrift der Verhandlung eine Stempelerstattung noch nicht vermerkt war.

Es wird ersucht, dieses Schreiben der Notariatsverhandlung beizufügen.

*) Bezeichnung der Urkunde, z. B. Kaufvertrag zwischen Schulze und Müller.

.........................., den .... 19........

Urschriftlich

an das Königliche Stempelsteueramt Abt. ....

in

....

Auf Grund des Ersuchens vom .... Mts. — Nr. .... — habe ich auf der Urschrift der Notariatsverhandlung vom .... 19........ — Nr. .... meines Notariatsregisters für 19......... — in der vorgeschriebenen Art vermerkt, daß .... Mk. Stempel zur Herauszahlung angewiesen worden sind.

Eine Stempelerstattung war auf der Urkunde noch nicht vermerkt.

Königlicher Notar.

Muster 5.

(Zu § 26 des Gesetzes und Nr 29 Abs. 3 der AusfBest

Zivil-Prozeß-Nachweisung.

Lfd. Nummer	Nummer der vorjährigen Nachweisung	Bezeichnung der Parteien	Jahr des Prozeß-anfangs	Gegenstand der Klage und Erörterung der Rechtsfrage	Gericht, bei welchem der Prozeß anhängig oder entschieden ist, und Tag der Verhandlung	Nachrichten über den Stand der Streitsache
1	2	3	4	5	6	7

Stempelprüfungsverhandlung.

(Erste Seite — Titelblatt.)

Muster 6.

(Zu § 31 des Gesetzes und Nr. 34 Abs. 3 der AusfBest.)

Verhandlung

über die in der Zeit vom .... bis ....
abgehaltene Prüfung betreffend den Stempelverbrauch bei ....
....
.... zu ....
während des Zeitraums vom .... bis ....

(Zweite und folgende Seiten.)

Lfd. Nummer	Benennung der Akten (Aktenzeichen und Seite der Akten), Bezeichnung der stempelpflichtigen Verhandlung und Begründung der Erinnerung	Betrag des erforderlichen Stempels Mk.	Pf.	Betrag des verwendeten Stempels Mk.	Pf.	Betrag des nachzubringenden Stempels Mk.	Pf.
1	2	3		4		5	

Eingegangen am .... 19......

Abfindungssteuer-Nr. ....

Verzeichnis Abschnitt B Nr. ..... bis .....

Muster 7.

(Zur Tarifstelle 11a und Nr. 45 der AusfBest.)

Nachweisung

der im Wege der Abfindung zu versteuernden Automaten und

Musikwerke de...

zu ....

Bezirk der Oberzolldirektion ....

Hauptzollamt*) ....

Zur Beachtung für den Gebrauch.

Die den Oberzolldirektionen einzureichenden Nachweisungen müssen alle in dem in Betracht kommenden Oberzolldirektionsbezirk zur Zeit der Aufstellung der Nachweisung vorhandenen und vom Unternehmer zu versteuernden Automaten und Musikwerke enthalten und von dem Unternehmer mit der Versicherung der Richtigkeit versehen sein.

*) Es ist das Hauptzollamt anzugeben, das die Erhebung und Verrechnung der Abgabe übernehmen soll.

Laufende Nummer	Automaten			Musikwerke			Erkennungs-	
	Warenautomaten (Zahl der Warenbehälter)	Stereoskop-, Schau- oder Scherzautomaten	Automaten anderer Art	Musikautomaten	Mechanische Musikwerke	Anschaffungspreis oder Wert Mk.	Herstellungsfirma	Fabrikmarke und -nummer
1		2			3			4

merkmale							
Größenverhältnisse			Aufstellungsort (Bezeichnung nach Ort, Straße, Hausnummer u. dgl.)	Zu versteuernder Zeitraum	Betrag des Stempels		Bemerkungen
Höhe cm	Breite cm	Tiefe cm			Mk	Pf.	
			5	6	7		8

Muster 8.
(Zur Tarifstelle 11a und Nr. 45 der AusfBest.)

Ausweis

über die

Abfindungsversteuerung von Automaten und Musikwerken.

Von de...... zur Abfindungsversteuerung unter Nummer .... zugelassenen ....
....
zu .... ist die Stempelsteuer von .... Mk. für den in ....
....
aufgestellten .... Automaten für das Jahr 19......... entrichtet.

Kennzeichen des Automaten oder Musikwerks:

(Herstellungsfirma, Fabrikmarke oder -nummer usw.)

Diesen Ausweis hat der Inhaber zum Nachweise der bewirkten Versteuerung dem revidierenden Bezirksaufsichtsbeamten auf Erfordern vorzulegen.

.................................., den .... 19........

Königliches Hauptzollamt.

(Amtsstempelabdruck)

Verzeichnis Abschnitt B Nr. ....

Eingegangen am .... 19..........
Verzeichnis Abschnitt A Nr. .... bis Nr. ....
(Amtsstempelabdruck.)

Muster 9.
(Zur Tarifstelle 11a und Nr. 46 der AusfBest.)

Anmeldung

de..... durch Jahreskarte..... zu versteuernden Automaten und Musikwerke.....

de .... zu ....

Erläuterungen.

1. Die Anmeldung hat spätestens innerhalb eines Monats nach dem Tage der Inbetriebsetzung zu erfolgen und ist von dem Anmeldenden mit der Versicherung der Richtigkeit der in den Spalten 1 bis 5 gemachten Angaben zu versehen. Bis spätestens Ende Januar jeden Kalenderjahres ist die erteilte Steuerkarte durch Wiedervorlegung an die zuständige Zollstelle zu erneuern.
2. Zuständig für die Erteilung der Steuerkarte ist das Hauptzoll- oder Zollamt, in dessen Bezirk der Apparat aufgestellt ist. Auf Antrag kann ausnahmsweise die Versteuerung auch bei der Zollstelle des Wohnortes des Automaten- usw. Inhabers erfolgen.
3. Warenautomaten sind solche, die für den Einwurf von Geld eine Ware, wenn auch in scherzhafter Form, verabfolgen (z. B. die sog. Hennenautomaten).
Scherzautomaten sind solche, deren unmittelbarer Zweck der Erregung der Heiterkeit, der Kurzweil und der Unterhaltung dient (z. B. Schieß-, Kegelspielautomaten, Kraftmesser, Elektrisierapparate, Wahrsageautomaten usw.). Automaten, die an sich zu dieser Gattung gehören, sind jedoch dann nicht abgabepflichtig, wenn sich ihr Betrieb als strafbare Glücksspielveranstaltung darstellt.
Musikwerke sind automatische Spielwerke, die Musikstücke zu Gehör bringen und ohne Aufwendung einer kunstfertigen Behandlung lediglich durch einen äußeren Vorgang (Einwurf eines Geldstücks, Anwendung eines Hebeldrucks oder von Schlüsseln, Drehen einer Kurbel u. dgl.)

in Bewegung gesetzt werden (z. B. Kurbelklaviere, Drehorgeln usw., sofern sie an öffentlichen Orten z. B. in Karussells im Betriebe sind). **Automaten anderer Art** sind solche, bei denen es sich überwiegend um gemeinnützige und wirtschaftlich nützliche Zwecke handelt.

4. Als „**Anschaffungspreis**" für Musikautomaten und Musikwerke gilt nicht nur der für das Werk, sondern auch der für die Zubehörstücke (Platten, Walzen usw.) gezahlte Preis Die Kosten für die Nachbeschaffung von Walzen und Platten, insoweit die Platten und Walzen nicht den Ersatz für unbrauchbar gewordene Stücke bilden, sind dem stempelpflichtigen Anschaffungspreis hinzuzurechnen. Doch hat infolge solcher Neubeschaffungen eine Nachversteuerung für das laufende Kalenderjahr nicht stattzufinden.

Seite 2 des Musters 9.

Laufende Nummer	Automaten			Musikwerke			Erkennungs-	
	Waren-automaten (Zahl der Waren-behälter)	Stereoskop-, Schau- oder Scherz-automaten	Automaten anderer Art	Musik-automaten	Mechanische Musikwerke	An-schaffungs-preis oder Wert M	Herstellungsfirma	Fabrik-marke und -nummer
1	2			3			4	

Seite 3 des Musters 9.

merkmale			Aufstellungsort (Bezeichnung nach Ort, Straße, Hausnummer u dgl.)	Versteuerter Zeitraum (bei Vorausversteuerungen Angabe des Zeitraums im ganzen)	Nummer der Jahreskarte	Stempelbetrag	Stempelgeldeinnahmebuch		Bemerkungen*)
Größenverhältnisse									
Höhe cm	Breite cm	Tiefe cm				M	Nr	eingetragen am	
			5	6	7	8	9		10

*) Die Spalten 1 bis 5 sind von den Anmeldenden, die Spalten 6 bis 9 von der Hebestelle auszufüllen. Die Spalte 10 dient zur Aufnahme von Bemerkungen des Anmeldenden und der Hebestelle.

Hauptzollamt ....

Zollamt ....

Muster 10.

(Zur Tarifstelle 11a und Nr. 46 der AusfBest.)

Verzeichnis

der

zu versteuernden Automaten und Musikwerke.

Geführt von

Name ....

Diensteigenschaft ....

Zur Beachtung.

1. In diesem Verzeichnis sind in besonderen Abschnitten
   A. die durch Jahreskarte,
   B. die im Wege der Abfindung

   zu versteuernden Automaten und Musikwerke nachzuweisen.
2. Die Eintragung eines jeden Automaten und Musikwerkes hat unter einer besonderen Nummer zu erfolgen (Spalte 1), die auf der Jahreskarte oder dem Ausweis zu vermerken ist.
3. In Spalte 9 ist anzugeben, unter welcher Nummer und an welchem Tage der Stempelbetrag (Spalte 8) im Stempelgeldeinnahmebuch vereinnahmt ist.
4. Die Anmeldungen und Nachweisungen der Automaten und Musikwerke sind geordnet nach Abschnitt und Nummer mit diesem Verzeichnis aufzubewahren.

Lfde. Nr. der Automaten und Musikwerke	Tag der Anmeldung	Vor- und Zuname, Stand oder Gewerbe, Wohnort und Wohnung des Anmeldenden	Automaten			Musikwerke			Erkennungs-	
			Warenautomaten (Zahl der Warenbehälter)	Stereoskop-, Schau- oder Scherzautomaten	Automaten anderer Art	Musikautomaten	Mechanische Musikwerke	Anschaffungspreis oder Wert Mk.	Fabrikmarke und -nummer	Herstellungsfirma
1	2	3	4			5			6	

merkmale			Aufstellungs-ort (Bezeichnung nach Ort, Straße, Hausnummer u. dgl.)	Stempelbetrag	Die Versteuerung ist erfolgt für das Kalenderjahr								Tag der Abmeldung
Größenverhältnisse													
Höhe	Breite	Tiefe			1910	1911	1912	1913	1914	1915	1916	1917	
cm	cm	cm		Mk.									
			7	8	9								10

Beilage 1.

(Zu § 30 des Gesetzes und Nr. 31 Abs. 1 der AusfBest.)

Bestimmungen
wegen Anstellung von Stempelverteilern.

1. An Orten, an denen ein Hauptzoll- oder Zollamt sich nicht befindet oder der Ankauf und die Entwertung von Stempelzeichen wegen zu weiter Entfernung der zunächst belegenen Zollstelle mit Umständen verbunden ist, sind mit dem Verkauf und der Entwertung von Stempelbogen und Stempelmarken bis zu bestimmten Beträgen, dem Verkaufe von gestempelten Vordrucken zu Genehmigungen der Veranstaltung von Lustbarkeiten sowie der unentgeltlichen Verabfolgung von Vordrucken zu Pacht- und Mietverzeichnissen und zu Jagdpachtverzeichnissen sowie zu Anmeldungen der durch Jahreskarten zu versteuernden Automaten und Musikwerke zuverlässige und geeignete Privatpersonen oder Beamte (Stempelverteiler) zu beauftragen.

2. Die Neueinrichtung von Stempelverteilungsstellen unterliegt der Genehmigung des Finanzministers. Die Auswahl der Personen der neu anzustellenden Stempelverteiler und ihrer Geschäftsnachfolger ist von den Oberzolldirektionen zu treffen. Wo die Verkehrsverhältnisse den Verkauf und die Entwertung von Stempelzeichen während der ganzen Tageszeit bedingen, werden in der Regel Geschäfts- oder Gewerbetreibende (Ladeninhaber usw.) als Stempelverteiler anzustellen sein; wo dagegen der Verkehr ein geringerer ist und es genügt, wenn der Verkauf und die Entwertung der Stempelzeichen während bestimmter Stunden am Tage stattfindet, können vorzugsweise Beamte (insbesondere Lehrer usw.) mit den Geschäften eines Stempelverteilers betraut werden.

3. Die Stempelverteiler haben, insoweit sie als solche tätig sind, die Eigenschaft von öffentlichen Beamten. Die Befugnis, Stempelzeichen zu entwerten, ist von ihnen persönlich auszuüben; einer anderen Person darf die Befugnis nicht übertragen werden. Stempelverteiler, denen der Umfang ihrer eigentlichen Geschäfte nicht die fortwährende Anwesenheit in den Geschäftsräumen gestattet, kann aber in der Person eines ihrer Geschäftsgehilfen ein Stempelverteiler-Stellvertreter durch die Oberzolldirektion bestellt werden Der Stempelverteiler bleibt jedoch der Zollverwaltung gegenüber für die Verrichtungen seines Stellvertreters verantwortlich.

4. Die Befugnis der Stempelverteiler zum Verkauf und zur Entwertung von Stempelzeichen erstreckt sich bis zum Höchstbetrage von hundert Mark für den Einzelfall. Mit Genehmigung der Oberzolldirektion kann im Bedürfnisfalle die Befugnis auch für höhere Beträge erteilt werden. Zu Pacht- und Mietverzeichnissen — mit Ausnahme der Jagdpachtverzeichnisse — dürfen die Stempelverteiler die Stempel in voller Höhe des gesetzlich erforderlichen Be-

trages verwenden. Die Verwendung von Stempelzeichen zu Jahreskarten für Automaten und Musikwerke ist den Stempelverteilern nicht gestattet.

5. Die Stempelverteiler haben ihren Bedarf an Stempelzeichen und an Vordrucken zu Pacht- und Mietverzeichnissen und zu Jagdpachtverzeichnissen sowie zu Anmeldungen der durch Jahreskarten zu versteuernden Automaten und Musikwerke bei der Amtsstelle zu entnehmen, in deren Bezirk sie wohnen. Die Entnahme der Stempelzeichen erfolgt in der Regel gegen bare Zahlung des Wertbetrages; bei nachgewiesenem Bedürfnis kann die Oberzolldirektion mit Genehmigung des Finanzministers von der Verpflichtung zur sofortigen Barzahlung des Wertbetrages der empfangenen Stempelzeichen ausnahmsweise absehen. Der Betrag der vom Stempelverteiler abzuführenden Stempelsteuer richtet sich in diesem Falle nach der Menge der abgesetzten Stempelzeichen. Für die Verabfolgung der zum Verkaufe bestimmten Stempelzeichen ohne sofortige Barzahlung des Wertbetrages haben die Stempelverteiler in der Regel Sicherheit zu leisten, deren Art und Höhe die Oberzolldirektion bestimmt, und die bei der Oberzollkasse aufzubewahren ist.

6. Die Stempelverteiler erhalten für die mit den Stempelverteilungsgeschäften verbundenen Leistungen eine Entschädigung von zwei vom Hundert des für die entnommenen Stempelzeichen gezahlten Betrages und, wenn deren Wert in einem Jahre 60000 Mk. übersteigt, eine Entschädigung von Einem vom Hundert des Mehrbetrages. Im Falle des Bedürfnisses, insbesondere zur Erhaltung bestehender, im steuerlichen Interesse notwendiger Stellen, können jedoch die Oberzolldirektionen nach ihrem Ermessen den Stempelverteilern ausnahmsweise eine Entschädigung bis zu fünf vom Hundert bewilligen. Für den einzelnen Stempelverteiler wird die Höhe des Entschädigungssatzes von der Oberzolldirektion in der Geschäftsanweisung bestimmt. Die Zahlung der Entschädigung erfolgt für Rechnung der Oberzollkasse von der Zollkasse der Amtsstelle, bei der der Stempelverteiler seine Stempelzeichen zu entnehmen hat, in der Regel am Schlusse des Rechnungsvierteljahres. Ausnahmsweise kann dem Stempelverteiler, sofern er die Stempelzeichen bar bezahlt, von der Oberzolldirektion gestattet werden, die Entschädigung sogleich bei der jedesmaligen Entnahme von Stempelzeichen von dem Wertbetrage der letzteren in Abzug zu bringen.

7. Die Stempelverteiler sind nicht zu vereidigen, sondern durch Handschlag auf die gewissenhafte Erfüllung ihrer amtlichen Obliegenheiten von dem Leiter des zuständigen Hauptzollamts oder dem von diesem beauftragten Bezirksoberkontrolleur zu verpflichten. Über die Verpflichtung ist eine von dem Stempelverteiler zu unterschreibende Verhandlung aufzunehmen.

8. Die Stempelverteiler erhalten von der Oberzolldirektion, von der sie bestellt werden, einen Abdruck des Stempelsteuergesetzes nebst Ausführungsbestimmungen und eine Anweisung für ihre Geschäftsführung nach Maßgabe der Anlage. Wenn besondere örtliche Verhältnisse es angezeigt erscheinen lassen, kann diese Anweisung von der Oberzolldirektion abgeändert und ergänzt werden. Eine zweite Ausfertigung der Anweisung ist dem zuständigen Hauptzollamt mitzuteilen. Die Hauptzollämter sind verantwortlich für die Geschäftsführung der Stempelverteiler und haben die Pflicht, sich in geeigneter Weise von der ordnungsmäßigen Stempelverwaltung in steter Überzeugung zu erhalten.

Anlage zur Beilage 1.
(Zu § 30 des Gesetzes und Nr. 31 Abs. 1 der AusfBest.)

Geschäftsanweisung für Stempelverteiler.

§ 1.

(1) Der Stempelverteiler hat seinen Bedarf an Stempelzeichen und an Vordrucken zu Pacht- und Mitverzeichnissen und zu Jagdpachtverzeichnissen sowie zu Anmeldungen der durch Jahreskarten zu versteuernden Automaten und Musikwerke von dem . . . . Amt in . . . zu entnehmen. (Den Wertbetrag der entnommenen Stempelzeichen hat der Stempelverteiler bar zu zahlen; über den unentgeltlichen Empfang der Vordrucke hat er Quittung zu leisten.)*) Der Ankauf von Stempelzeichen von einer anderen Amtsstelle als der vorher bezeichneten oder von dritten Personen (Privatleuten, Notaren, Gesellschaften, Genossenschaften, Sparkassen usw.) ist dem Stempelverteiler untersagt.

(2) Der Stempelverteiler muß stets mit einem hinreichenden Vorrat aller Gattungen von Stempelzeichen bis einschließlich Mk. versehen sein, um allen Ansprüchen sofort genügen zu können. Die Stempelzeichen müssen in sicherer, trockener und reinlicher Verwahrung gehalten werden. Für Stempelzeichen, die durch Verschulden des Stempelverteilers unsauber und unbrauchbar werden, wird Ersatz nicht geleistet.

(3) Der Stempelverteiler hat die von ihm vorrätig zu haltenden Vordrucke zu Pacht- und Mietverzeichnissen und zu Jagdpachtverzeichnissen sowie zu Anmeldungen der durch Jahreskarten zu versteuernden Automaten und Musikwerke auf Verlangen den Steuerpflichtigen unentgeltlich zu verabfolgen. Eine Veräußerung der Vordrucke gegen Entgelt ist ihm untersagt.

§ 2.

Für die mit den Stempelverteilungsgeschäften verbundenen Leistungen wird dem Stempelverteiler eine Entschädigung von vom Hundert des für die entnommenen Stempelzeichen gezahlten Betrages und, wenn deren Wert in einem Jahre 60000 Mk. übersteigt, eine Entschädigung von Einem vom Hundert des Mehrbetrages gewährt. (Die Zahlung der Entschädigung

---

*) Anmerkung. Ist für die entnommenen Stempelzeichen sofortige Barzahlung nicht zu leisten, so ist statt der eingeklammerten Stelle einzufügen:

„Die Verabfolgung der entnommenen Stempelzeichen erfolgt gegen Quittungsleistung ohne sofortige Barzahlung; der Stempelverteiler hat hierfür eine Sicherheit in Höhe von . . . . . (i. W.) Mk durch Hinterlegung von . . . . zu leisten, die bei der Oberzollkasse zu . . . . aufzubewahren ist. Den Betrag der von dem Stempelverteiler abzuführenden Stempelsteuer hat der Bezirksoberkontrolleur am Schlusse jedes Rechnungsvierteljahres festzustellen. Nach dem vorgefundenen Bestande an Stempelzeichen wird die Menge der ausgegebenen Stempelzeichen ermittelt und danach der zu zahlende Geldbetrag berechnet. Dieser Betrag wird dem Stempelverteiler von dem Bezirksoberkontrolleur sofort mitgeteilt und muß binnen drei Tagen nach der Bestandsaufnahme gegen Quittung an die Amtsstelle bar eingezahlt werden."

erfolgt am Schlusse des Rechnungsvierteljahres gegen Quittung durch das . amt in .)*)

§ 3.

Die Stempelverteiler, insoweit sie als solche tätig sind, haben die Eigenschaft öffentlicher Beamter. Die Befugnis, Stempelzeichen zu entwerten, ist von ihnen persönlich auszuüben; einer anderen Person darf die Befugnis nicht übertragen werden. Stempelverteiler, denen der Umfang ihrer eigentlichen Geschäfte nicht die fortwährende Anwesenheit in den Geschäftsräumen gestattet, kann aber in der Person eines ihrer Geschäftsgehilfen ein Stempelverteiler-Stellvertreter durch die Oberzolldirektion bestellt werden. Der Stempelverteiler bleibt jedoch der Zollverwaltung gegenüber für die Verrichtungen seines Stellvertreters verantwortlich.

§ 4.

(1) Dem Stempelverteiler ist nur gestattet, Stempelzeichen bis zum Werte von .. .. Mk. einschließlich zu verkaufen. Die Entwertung von Stempelzeichen ist ihm bis zu demselben Betrage für den einzelnen Fall gestattet. Zu Pacht- und Mietverzeichnissen — mit Ausnahme der Jagdpachtverzeichnisse — darf der Stempelverteiler die Stempel in voller Höhe des gesetzlich erforderlichen Betrages verwenden. Die Verwendung von Stempelzeichen zu Jahreskarten für Automaten und Musikwerke ist dem Stempelverteiler nicht gestattet.

(2) Wenn Stempelzeichen von höherem Werte als Mk ohne das Verlangen der Entwertung begehrt werden, oder wenn eine Urkunde, zu der ein Stempel zum Betrage von mehr als .... Mk. erforderlich ist, behufs Entwertung des Stempels vorgelegt wird, darf der Stempelverteiler diesen höheren Wert oder Betrag nicht durch Zusammenlegung oder Entwertung mehrerer einzelner Stempelwertzeichen darstellen, sondern er muß den Käufer an die zuständige Zollbehörde verweisen. Zu Urkunden, deren Verstempelung der Stempelverteiler innerhalb der ihm zustehenden Befugnis bewirken kann, ist der tarifmäßige Stempelbetrag durch Verwendung einer möglichst geringen Anzahl von Stempelzeichen darzustellen.

§ 5.

(1) Die dem Stempelverteiler beim Verkauf und der Entwertung von Stempelzeichen obliegenden Verpflichtungen ergeben sich aus dem Stempelsteuergesetz in der Fassung der Bekanntmachung vom 30. Juni 1909 und den zu diesem Gesetz erlassenen Ausführungsbestimmungen. Im besonderen wird dem Stempelverteiler die genaueste Beachtung der Ausführungsbestimmungen der Nummern 13, 14 und 15 über die Verwendung und die Entwertung von Stempelbogen und Stempelmarken, der Nummern 71, 72 und 75 über die Versteuerung der Pacht- und Mietverzeichnisse und der Nr. 78 über die Versteuerung der Jagdpachtverzeichnisse zur Pflicht gemacht.

*) **Anmerkung.** Wird der sofortige Abzug der Entschädigung von dem Wertbetrage der entnommenen Stempelzeichen gestattet, so ist statt der eingeklammerten Stelle einzufügen:

„Die Zahlung der Entschädigung erfolgt bei der jedesmaligen Entnahme der Stempelzeichen durch Abzug von ihrem Wertbetrage. Über den Betrag der in Abzug gebrachten Entschädigung hat der Stempelverteiler Quittung zu leisten."

(2) Der Stempelverteiler hat sich nicht auf die Verabfolgung und Verwendung des verlangten Stempels zu beschränken, sondern er hat in allen Fällen eine selbständige und sorgfältige Prüfung der ihm zur Versteuerung vorgelegten Urkunden hinsichtlich ihrer Stempelpflichtigkeit vorzunehmen und danach den Stempel zu berechnen und zu entwerten, wenn die Entwertung innerhalb seiner Zuständigkeit liegt. Verweigert der Vorleger der Urkunde die Einsichtnahme, so muß die Prüfung unterbleiben In diesem Falle sind auf der Urkunde die Worte „Einsicht der Urkunde verweigert" zu vermerken. Entstehen über die Höhe des Stempels Zweifel, so hat der Stempelverteiler den nach seiner Ansicht zum mindesten erforderlichen Stempel zu entwerten, wenn die Entwertung innerhalb seiner Zuständigkeit liegt; demnächst hat er dem vorgesetzten Hauptzollamt von dem Sachverhalt unter kurzer Darlegung der Zweifel und Angabe der Namen und des Wohnorts der Steuerpflichtigen Anzeige zu machen.

(3) Wird dem Stempelverteiler eine stempelpflichtige Verhandlung mit dem Antrage vorgelegt, sie als Nebenausfertigung (Duplikat, Nebenexemplar) zu versteuern. so ist nach der Nr. 6 Abs. 1 der Ausführungsbestimmungen zu verfahren.

(4) Wird dem Stempelverteiler eine stempelpflichtige Urkunde vorgelegt, zu welcher der erforderliche Stempel innerhalb der gesetzlichen Frist nicht beigebracht ist, so ist diese Urkunde in Urschrift oder in Abschrift dem vorgesetzten Hauptzollamt zur weiteren Veranlassung zu übermitteln. Kann die Urkunde in Urschrift oder Abschrift nicht eingereicht werden, so genügt eine kurze Angabe des Sachverhalts. Liegt die Versteuerung der Urkunde innerhalb der Zuständigkeit des Stempelverteilers, so hat er die Versteuerung vorher zu bewirken, andernfalls aber, wenn es tunlich ist, den hinterzogenen Stempelbetrag an das vorgesetzte Hauptzollamt abzuliefern.

(5) Verdorbene Stempelmaterialien dürfen auf anderweit zu entnehmende Stempelwertzeichen nicht in Zahlung genommen werden, sondern die den Ersatz Verlangenden sind gemäß der Nr. 27 der Ausführungsbestimmungen wegen ihrer Ansprüche an das zuständige Hauptzollamt zu verweisen.

§ 6.

(1) Nach § 1 Abs 1 des Stempelsteuergesetzes unterliegen der Stempelsteuer nur Urkunden; mündlich verabredete Geschäfte und Verträge sind nicht stempelpflichtig mit alleiniger Ausnahme der in der Tarifstelle 48 I erwähnten mündlichen Verträge über die Verpachtung oder Vermietung im Inlande gelegener unbeweglicher Sachen oder ihnen gleichgeachteter Rechte.

(2) Nur diejenigen Urkunden sind nach § 1 Abs. 2 des Gesetzes stempelpflichtig, welche mit dem Namen oder der Firma des Ausstellers unterzeichnet sind. Den unterschriftlich vollzogenen Urkunden stehen diejenigen gleich, unter welchen der Name oder die Firma des Ausstellers in seinem Auftrage unterschrieben oder mit seinem Wissen oder Willen durch Stempelaufdruck, Lithographie oder in irgendeiner anderen Art mechanisch hergestellt ist.

(3) Die Stempelpflichtigkeit einer Vertragsurkunde wird dadurch nicht ausgeschlossen, daß beide Vertragsteilnehmer nicht ein und dieselbe Schrift unterschriftlich vollzogen haben. Ein stempelpflichtiger Vertrag kann vielmehr auch dadurch zustande kommen, daß er in zwei Exemplaren errichtet wird und jeder Vertragsteilnehmer nur das dem anderen übergebene Vertrags-

exemplar allein und einseitig unterzeichnet hat. Diese beiden Schriftstücke bilden nur in Verbindung miteinander eine stempelpflichtige Urkunde und stehen in Beziehung auf die Stempelpflichtigkeit zueinander nicht in dem Verhältnis von Haupt- und Nebenausfertigung. Verträge sind nur dann stempelpflichtig, wenn sie mit der Unterschrift der sämtlichen Vertragschließenden versehen sind; Beurkundungen von Veräußerungen beweglicher Sachen sind jedoch nach der Tarifstelle 32 Abs. 5 der Stempelpflicht auch dann unterworfen, wenn sie nur von einem der Vertragschließenden unterzeichnet und dem anderen Vertragschließenden ausgehändigt sind.

§ 7.

(1) Für die Stempelpflichtigkeit einer Urkunde ist die Hinzufügung von Bedingungen ohne Bedeutung Die Stempelpflichtigkeit einer Urkunde wird durch ihre Vernichtung, auch wenn diese innerhalb der gesetzlichen Stempelverwendungsfrist erfolgt, nicht beseitigt, ebensowenig wie die Wiederaufhebung eines Geschäfts die Stempelpflichtigkeit der über das Geschäft errichteten Urkunde in Wegfall zu bringen vermag (§ 3 des Stempelsteuergesetzes). Die Stempelpflichtigkeit der Verträge beruht deshalb auf ihrem schriftlichen Abschlusse, unabhängig davon, ob und unter welchen Bedingungen sie zur Ausführung kommen.

(2) Urkunden über Rechtsgeschäfte, aus deren Inhalt hervorgeht, daß sie der Genehmigung oder des Beitritts einer Behörde oder eines Dritten bedürfen, werden nach § 16 Abs. 3 des Gesetzes erst durch diese Genehmigung oder den Beitritt rechtswirksam und somit stempelpflichtig. Zu Urkunden, denen die erforderliche Genehmigung oder der Beitritt versagt ist, bedarf es daher keines Stempels.

(3) Enthält eine Urkunde verschiedene steuerpflichtige Geschäfte, welche sich nicht als Bestandteile eines einheitlichen, nach dem Tarif steuerpflichtigen Rechtsgeschäfts darstellen, so ist nach § 10 Abs. 2 des Gesetzes der Betrag des Stempels für jedes Geschäft besonders zu berechnen und die Urkunde mit der Summe dieser Stempelbeträge zu belegen.

§ 8.

Zur Darstellung der für die Entwertung von Stempelzeichen vorgeschriebenen Schwarzstempelabdrücke wird dem Stempelverteiler ein Amtsstempel (Schwarzstempel) und ein Schwärzungsapparat von dem vorgesetzten Hauptzollamt unentgeltlich verabfolgt; die erforderliche Stempelfarbe ist von dem gedachten Amt gegen Erstattung der Anschaffungskosten zu beziehen. Den Amtsstempel und den Schwärzungsapparat hat der Stempelverteiler bei seinem Ausscheiden dem Hauptzollamt zurückzugeben.

§ 9.

Der Stempelverteiler ist verpflichtet, sich zu jederzeit einer von Amts wegen vorzunehmenden Prüfung seiner Geschäftsführung zu unterwerfen. Bei Verletzung der vorstehenden Vorschriften hat er Rügen sowie den Verlust der Stempelverteilungsstelle zu gewärtigen.

Ort, Datum.

Der Präsident der Königlichen Oberzolldirektion.

Unterschrift.

Beilage 2.

(Zu § 31 des Gesetzes und Nr. 34 Abs. 1 der AusfBest.)

Geschäftsbezirke der Stempelsteuerämter.

Für die Stempelsteuerämter bestehen die nachstehend angegebenen Geschäftsbezirke:

I. Provinz Ostpreußen:

das Stempel- und Erbschaftssteueramt Abteilung I, II, III in Königsberg für die Provinz Ostpreußen.

II. Provinz Westpreußen:

das Stempel- und Erbschaftssteueramt Abteilung I, II in Danzig für die Provinz Westpreußen.

III. Provinz Brandenburg:

das Stempel- und Erbschaftssteueramt Abteilung I, II, III, IV, V, VI, VII in Berlin
für den Stadtkreis Berlin und die Provinz Brandenburg.

IV. Provinz Pommern:

das Stempel- und Erbschaftssteueramt Abteilung I, II, III in Stettin für die Provinz Pommern.

V. Provinz Posen:

das Stempel- und Erbschaftssteueramt Abteilung I, II in Posen für die Provinz Posen.

VI. Provinz Schlesien:

das Stempel- und Erbschaftssteueramt Abteilung I, II, III, IV, V in Breslau
für die Provinz Schlesien

VII. Provinz Sachsen:

das Stempel- und Erbschaftssteueramt Abteilung I, II, III, IV in Magdeburg
für die Provinz Sachsen, die zu den Provinzen Hannover und Hessen-Nassau gehörigen Kreise Ilfeld und Schmalkalden, sowie die preußischen Stempelprüfungsstellen im Großherzogtum Sachsen, in den Herzogtümern Braunschweig, Sachsen-Meiningen, Sachsen-Altenburg, Sachsen-Coburg-Gotha und Anhalt, in den Fürstentümern Schwarzburg-Sondershausen, Schwarzburg-Rudolstadt, Reuß älterer und jüngerer Linie und in der Stadt Leipzig.

VIII. Provinz Schleswig-Holstein:

das Stempel- und Erbschaftssteueramt Abteilung I, II, III in Altona für die Provinz Schleswig-Holstein

IX. Provinz Hannover:

das Stempel- und Erbschaftssteueramt Abteilung I, II, III, IV in Hannover
für die Provinz Hannover, mit Ausnahme des dem Stempel- und Erbschaftssteueramte in Magdeburg unterstellten Kreises Ilfeld,

sowie die preußischen Stempelprüfungsstellen im Großherzogtum Oldenburg und in Bremen.

X Provinz Westfalen:

das Stempel- und Erbschaftssteueramt Abteilung I, II, III, IV in Münster

für die Provinz Westfalen und den zu der Provinz Hessen-Nassau gehörigen Kreis Grafschaft Schaumburg.

XI Provinz Hessen-Nassau:

1. das Stempel- und Erbschaftssteueramt Abteilung I, II, III in Cassel

für den Regierungsbezirk Cassel mit Ausschluß der dem Stempel- und Erbschaftssteueramte in Magdeburg bzw. in Münster unterstellten Kreise Schmalkalden und Grafschaft Schaumburg, für den Regierungsbezirk Wiesbaden mit Ausnahme des Stadt- und Landkreises Frankfurt a. M. und für den zur Rheinprovinz gehörigen Kreis Wetzlar;

2. das Stempel- und Erbschaftssteueramt Abteilung I, II in Frankfurt a. M.

für den Stadt- und Landkreis Frankfurt a. M.

XII Rheinprovinz:

1. das Stempel- und Erbschaftssteueramt in Aachen

für den Regierungsbezirk Aachen;

2. das Stempel- und Erbschaftssteueramt in Coblenz

für den Regierungsbezirk Coblenz mit Ausschluß des dem Stempel- und Erbschaftssteueramte in Cassel unterstellten Kreises Wetzlar;

3 das Stempel- und Erbschaftssteueramt Abteilung I, II in Cöln

für die Kreise Bergheim, Bonn Stadt und Land, Cöln Stadt und Land, Euskirchen, Mülheim a. Rhein Stadt und Land, Rheinbach und den Siegkreis des Regierungsbezirkes Cöln, sowie die Kreise Crefeld Stadt und Land, Grevenbroich, Kempen, München-Gladbach Stadt und Land, Neuß und Rheydt des Regierungsbezirkes Düsseldorf;

4. das Stempel- und Erbschaftssteueramt Abteilung I, II in Düsseldorf

für die Kreise Cleve, Dinslaken, Duisburg, Düsseldorf Stadt und Land, Essen Stadt und Land, Geldern, Mörs, Mülheim a. d. Ruhr Stadt und Land, Oberhausen und Rees des Regierungsbezirkes Düsseldorf;

5 das Stempel- und Erbschaftssteueramt in Elberfeld

für die Kreise Barmen, Elberfeld, Lennep, Mettmann, Remscheid und Solingen Stadt und Land, des Regierungsbezirkes Düsseldorf, sowie die Kreise Gummersbach, Waldbroel und Wipperfürth des Regierungsbezirkes Cöln;

6 das Stempel- und Erbschaftssteueramt in Trier

für den Regierungsbezirk Trier.

Beilage 3.

(Zu § 31 des Gesetzes und Nr 34 Abs. 1 der AusfBest.)

Geschäftsanweisung
für die
Vorstände der Stempelsteuerämter.

§ 1.

Die Aufsicht über die Befolgung des Stempelsteuergesetzes wird von den Vorständen der Stempel- und Erbschaftssteuerämter wahrgenommen, zu deren besonderen Obliegenheiten die Vornahme der Stempelprüfungen innerhalb der ihnen zugewiesenen Geschäftsbezirke gehört. Sie haben innerhalb ihres Geschäftsbereichs die Verwaltung nach den vom Finanzminister zu erlassenden Dienst- und Geschäftsanweisungen und nach den Anordnungen der Oberzolldirektion selbständig und unter eigener Verantwortung zu leiten.

§ 2.

Für jeden Geschäftsbezirk ist ein vollständiges, von der Oberzolldirektion zu genehmigendes Verzeichnis der von dem Vorstande zu prüfenden Stellen anzulegen und unter Berücksichtigung der im Laufe der Zeit eintretenden Änderungen (Zu- und Abgänge) fortzuführen. Auf der Grundlage dieses Verzeichnisses hat der Vorstand alljährlich und zwar spätestens im Monat März einen Geschäftsplan über die vorzunehmenden Stempelprüfungen zu entwerfen und dem Präsidenten zur Genehmigung vorzulegen Für die Aufstellung dieses Planes sind die Bestimmungen der Nr 34 Abs 7 der Ausführungsbestimmungen maßgebend.

§ 3.

(1) Die Oberzolldirektionen haben Vorsorge zu treffen, daß die Geschäftsführung der Stempelsteuerämter nicht während der Dienstreisen oder anderweiter dauernder Behinderung der Vorstände unterbrochen wird und die dieserhalb erforderlichen Anordnungen zu erlassen.

(2) Der Abteilungsvorstand eines Stempelsteueramtes wird während seiner Abwesenheit oder Behinderung durch einen anderen Abteilungsvorstand oder den Justitiar der Oberzolldirektion vertreten; wo Abteilungen nicht bestehen, kann die Vertretung des Vorstandes einem der ihm unterstellten Beamten und zwar, wenn nicht besondere Umstände zu einer anderen Auswahl nötigen, dem im Dienste ältesten übertragen werden, wobei der Vertreter bezüglich des Umfanges der von ihm wahrzunehmenden Geschäfte des Vorstandes mit der erforderlichen Anweisung zu versehen ist. Diese Vertretung sowie die Wahl des für die Vertretung in Aussicht genommenen Beamten bedarf der Genehmigung der Oberzolldirektion.

(3) Zur Vermeidung von Störungen im Geschäftsgange ist darauf hinzuwirken, daß die Vorstände zur Vornahme auswärtiger Stempelprüfungen nicht Reisen von längerer Dauer unternehmen, sondern, wenn auch öfter, jedesmal nur auf kürzere Zeit ihren Amtssitz verlassen. Das Ziel und die voraussichtliche

Dauer jeder Reise ist der Oberzolldirektion anzuzeigen. Der Antritt der Reise darf nicht eher erfolgen, als bis sich die Oberzolldirektion mit ihr einverstanden erklärt und die Vertretung sowie die Wahl des für die Vertretung in Aussicht genommenen Beamten genehmigt hat.

§ 4.

(1) Die Vorstände haben sich bei Beginn der Stempelprüfung zunächst eine allgemeine Kenntnis von der Art und dem Umfange des Geschäftsverkehrs der zu prüfenden Stellen zu verschaffen und zu diesem Zweck bei Gesellschaften, Genossenschaften und Gewerkschaften die Geschäftsberichte, Rechnungs- und Vermögensabschlüsse (Bilanzen), Satzungen und ähnliche Hilfsmittel, bei Behörden und Beamten die Jahresrechnungen und die Verzeichnisse über die im einzelnen geführten Akten (Repertorien) einzusehen. Auf Grund dieser Durchsicht müssen in erster Linie diejenigen Akten und Verhandlungen einer genauen Prüfung unterworfen werden, welche in stempelsteuerlicher Hinsicht von besonderer Wichtigkeit sind.

(2) Die Prüfung hat sich sowohl auf die allgemeinen, den zu prüfenden Stellen hinsichtlich der Anwendung der Stempelgesetze obliegenden Verpflichtungen, als auf die vorschriftsmäßige Versteuerung der stempelpflichtigen Verhandlungen und Urkunden im einzelnen zu erstrecken. Ob und inwieweit zur Erreichung dieses Zwecks die Einsicht des Schriftwechsels, der Kassen- und Rechnungsbelege usw. und namentlich der Geschäftsbücher erforderlich ist, bleibt dem pflichtmäßigen Ermessen der Vorstände überlassen. Die Prüfung ist auch auf die vorschriftsmäßige Versteuerung der im Stempelsteuerinteresse geführten Verzeichnisse (der Verzeichnisse, betreffend die Verwendung von Stempelmarken ohne amtliche Überwachung, die Versteuerung von Erlaubniserteilungen usw.), der Jagdscheinkontrollisten und auf die Feststellung der Unterlagen für die Versteuerung durch Zahlung jährlicher Abfindungssummen auszudehnen.

§ 5.

(1) Schriftliche oder mündliche Verträge über die Verpachtung der Jagd (Tarifstelle 48 I Nr. 2) bedürfen mit Rücksicht auf ihre finanzielle Bedeutung sorgfältiger Überwachung Deshalb sind bei den Jagdvorstehern, welche diese Verträge als Verpächter abschließen und die Eigenschaft von Behörden haben,*) auf Grund des § 31 Abs. 2 des Stempelsteuergesetzes regelmäßige Stempelprüfungen abzuhalten und bei diesem Anlaß die Jagdpachtverträge in bezug auf ihre ordnungsmäßige Versteuerung zu prüfen (§§ 20 u. ff. der Jagdordnung vom 15. Juli 1907, GS. S. 207 und Nr. 16ff. der Ausführungsanweisung zur Jagdordnung vom 29. Juli 1907, MBl. d. Handels- u. GewVerw. S. 297, MBl. f. Landw., Domänen usw. S. 279; vgl. auch Nr. 78 Abs. 6 der AusfBest. zum Stempelsteuergesetz).

(2) Bei den Stempelprüfungen der Aktiengesellschaften, Kommanditgesellschaften auf Aktien und Gesellschaften m. b. H. ist ein besonderes Augenmerk auf die nachträgliche Versteuerung der auf das ursprüngliche und später erhöhte Grund- oder Stammkapital oder die Nachschüsse geleisteten Teilzahlungen (Tarif-

*) Anmerkung. In der Provinz Hannover haben die Jagdvorsteher die Eigenschaft von Behörden nur, soweit sie gleichzeitig Gemeindevorsteher sind. Nur insoweit unterliegen daher in dieser Provinz die Jagdvorsteher den regelmäßigen Stempelprüfungen.

stelle 25a Abs. 3) und auf die Nachversteuerung infolge späterer Erhöhungen (Tarifstelle 25a Abs. 2) zu richten. — In den diese Gesellschaften betreffenden Stempelprüfungsverhandlungen ist deshalb zu vermerken, ob und welche Teilzahlungen vorgekommen und ob sie vorschriftsmäßig versteuert worden sind (vgl. Nr. 62 Abs. 2 der Ausführungsbestimmungen). Haben nachträgliche Erhöhungen des Grund- oder Stammkapitals stattgefunden, die nach der Tarifstelle 25a Abs. 2 eine Nachentrichtung von Stempelabgaben erforderlich machen, so ist zu vermerken, ob die Nachversteuerung bewirkt ist.

§ 6.

Wiederholt vorgekommene mißbräuchliche Benutzungen entwerteter Stempelmarken, die von den Urkunden, zu denen sie gehören, abgelöst und unter Änderung der Entwertungsvermerke zu anderen Schriftstücken verwendet worden sind, lassen es notwendig erscheinen, die bei den Stempelprüfungen vorgefundenen Urkunden auch daraufhin zu prüfen, ob die verwendeten Marken sich auf ihnen noch in unversehrtem Zustande befinden. Dies gilt namentlich für diejenigen Prüfungsstellen, bei denen Schriftstücke mit entwerteten Stempelzeichen in Mengen aufbewahrt werden, wie es bei den Notaren und Versicherungsgesellschaften der Fall ist. Wo wegen der Kürze der zur Verfügung stehenden Zeit eingehende Prüfungen nicht durchführbar sind, müssen wenigstens probeweise Prüfungen vorgenommen werden. In den Verhandlungen, betreffend die Stempelprüfungen bei Notaren und Versicherungsgesellschaften, ist zu vermerken, für welchen Zeitraum solche Prüfungen stattgefunden und zu welchem Ergebnis sie geführt haben.

§ 7.

Bei den Stempelprüfungen der Zollbehörden haben die Vorstände insbesondere die Verzeichnisse über die Versteuerung der Automaten und Musikwerke (Tarifstelle 11a des Gesetzes) und die von den Zollbehörden aufbewahrten Pacht- und Mietverzeichnisse (Tarifstelle 48 I des Gesetzes) nachzuprüfen.

§ 8.

Um übersehen zu können, welche Akten der geprüften Stelle bereits geprüft sind, hat der Vorstand auf jedes von ihm geprüfte Aktenstück die Worte: „Gepr. bis Bl. ....", seinen Namen oder dessen Anfangsbuchstaben und das Datum zu setzen. Ferner sind alle im Stempelinteresse zu führenden Verzeichnisse (Stempelsteuerbücher, Verzeichnisse, betreffend die Überwachung der Versteuerung von Erlaubnisscheinen, Jagdscheinkontrollisten usw.) vom Vorstande mit Datum, Unterschrift und Prüfungsvermerk zu versehen.

§ 9.

Wegen der Aufstellung und Abwickelung der Prüfungserinnerungen haben die Vorstände nach der Vorschrift des zweiten bis vierten Absatzes der Nr. 34 der Ausführungsbestimmungen zu verfahren.

§ 10.

Die den Oberzolldirektionen alljährlich zugehenden Berichte der Rechnungs-Revisoren über die Prüfung des Stempelansatzes bei den Gerichten (§ 23 Abs. 1 der allg. Verf. über gerichtl. Landesstempelsachen) sind seitens der Vorstände mit Rücksicht auf die Übereinstimmung der von beiden Verwaltungszweigen über die Urkundenbesteuerung zu beobachtenden Grundsätze zu prüfen.

§ 11.

Die Vorstände sind verpflichtet, in Gemäßheit der Anordnung der Nr. 77 Abs. 2 und Nr. 78 Abs. 6 der Ausführungsbestimmungen alljährlich eine Anzahl von Pacht-, Jagdpacht- und Mietverzeichnissen einzufordern und zu prüfen.

§ 12.

Wegen der Befugnis der Vorstände, von Privatpersonen die Vorlegung stempelpflichtiger Verhandlungen zu verlangen, wird auf den § 31 Abs. 4 des Stempelsteuergesetzes und die Nr. 35 der Ausführungsbestimmungen verwiesen.

§ 13.

Zur Niederschlagung begründeter Prüfungserinnerungen und gesetzlich gerechtfertigter Stempelsteuern sind die Vorstände der Stempelsteuerämter nicht befugt. Wenn jedoch der Betrag der nachgeforderten Stempelbeträge in keinem angemessenen Verhältnis zu den mit der Einziehung verbundenen Weiterungen und Kosten steht, so kann auf Grund der allgemeinen Verfügung des Finanzministers vom 19. Februar 1907 III 2577 von der Einforderung Abstand genommen werden. In solchen Fällen genügt es, wenn in der Stempelprüfungsverhandlung die zu geringe Stempelverwendung nachrichtlich vermerkt wird.

§ 14.

(1) Die Registratur der Stempelsteuerämter ist ordnungsmäßig und nach einem bestimmten Plane zu führen, dessen Entwerfung den Vorständen überlassen bleibt.

(2) Zum Gebrauch in Dienstangelegenheiten werden die Vorstände mit einem Dienstsiegel versehen.

Beilage 4.

(Zur Tarifstelle 48 I Nr. 1 und 3 und Nr. 71 Abs. 1 der AusfBest.)

Pacht- und Mietverzeichnis

für d...... Kalenderjahr... 19......

betreffend..... Grundstück.....

in .... Nummer .... d .... Straße (Platzes)
„ .... „ .... „ .... „ „
„ .... „ .... „ .... „ „
„ .... „ .... „ .... „ „
„ .... „ .... „ .... „ „

Bemerkungen.

1. Vom 1. Juli 1909 ab sind nicht nur schriftliche, sondern auch mündliche Verträge über die Verpachtung oder Vermietung im Inlande gelegener unbeweglicher Sachen oder ihnen gleichgeachteter Rechte stempelpflichtig, falls der jährliche Pacht- oder Mietzins mehr als 360 Mk. und bei der Verpachtung von unbeweglichen Sachen zur land- und forstwirtschaftlichen Nutzung mehr als 300 Mk. beträgt. Ein Stempel kommt jedoch nicht in Ansatz, wenn der für die Gesamtdauer des Vertragsverhältnisses zu entrichtende Pacht- oder Mietzins den Betrag von 150 Mk. nicht übersteigt.

2. (a) Für schriftliche oder mündliche Verträge über die Verpachtung oder Vermietung im Inlande gelegener unbeweglicher Sachen oder ihnen gleichgeachteter Rechte sind, insoweit nicht die Vorschrift unter Nr. 3 dieser Bemerkungen über die Verpachtung unbeweglicher Sachen zur land- und forstwirtschaftlichen Nutzung Anwendung findet, an Stempel zu entrichten, wenn der verabredete, nach der Dauer eines Jahres zu berechnende Pacht- oder Mietzins (dem die in Geld vereinbarten Vergütungen des Pächters oder Mieters für besondere Leistungen des Verpächters oder Vermieters z. B. für die Reinigung der Schornsteine, die Müllabfuhr, die Beleuchtung der Treppen und Flure, die Hausreinigung, die Warmwasserversorgung usw. hinzuzurechnen sind) beträgt:*)

*) Anmerkung. Bezüglich der vor dem 1. Juli 1909 errichteten schriftlichen Pacht- und Mietverträge finden die unter Ziffer 2 und 3 dieser Bemerkungen aufgeführten Steuersätze hinsichtlich der über den 30. Juni 1909 hinaus sich erstreckenden Pacht- und Mietdauer mit der Maßgabe Anwendung, daß ein Drittel des Stempelbetrages für die ursprüngliche Gültigkeitsdauer des Vertrages unerhoben bleibt.

Mustereintragungen siehe Seite 454 u. 455.

K 15. (früher K o.) Pacht- und Mietverzeichnis. (Titel.)

mehr als	360 Mk.,	aber nicht mehr als	400 Mk.	1/10 v. H.
„ „	400 Mk.,	„ „ „ „	500 Mk.	2/10 v. H.
„ „	500 Mk.,	„ „ „ „	1000 Mk.	3/10 v. H.
„ „	1000 Mk.,	„ „ „ „	2000 Mk.	4/10 v. H.
„ „	2000 Mk.,	„ „ „ „	3000 Mk.	5/10 v. H.
„ „	3000 Mk.,	„ „ „ „	4000 Mk.	6/10 v. H.
„ „	4000 Mk.,	„ „ „ „	5000 Mk.	7/10 v. H.
„ „	5000 Mk.,	„ „ „ „	6000 Mk.	8/10 v. H.
„ „	6000 Mk.,	„ „ „ „	7000 Mk.	9/10 v. H.
„ „	7000 Mk.,	„ „ „ „	8000 Mk.	1 v. H.
„ „	8000 Mk.,	„ „ „ „	9000 Mk.	1 1/10 v. H.
„ „	9000 Mk.,	„ „ „ „	10000 Mk.	1 2/10 v. H.
„ „	10000 Mk.,	„ „ „ „	11000 Mk.	1 3/10 v. H.
„ „	11000 Mk.,	„ „ „ „	12000 Mk.	1 4/10 v. H.
„ „	12000 Mk.,	„ „ „ „	13000 Mk.	1 5/10 v. H.
„ „	13000 Mk.,	„ „ „ „	14000 Mk.	1 6/10 v. H.
„ „	14000 Mk.,	„ „ „ „	16000 Mk.	1 7/10 v. H.
„ „	16000 Mk.,	„ „ „ „	18000 Mk.	1 8/10 v. H.
„ „	18000 Mk.,	„ „ „ „	20000 Mk.	1 9/10 v. H.
„ „	20000 Mk.	. . . .		2 v. H.

(b) Betrifft das Mietverhältnis Räume, die für gewerbliche oder beruflliche Zwecke bestimmt sind, so bleiben 50 vom Hundert der nach den vorstehenden Sätzen zu berechnenden Stempelabgabe unerhoben.

(c) Betrifft ein Mietverhältnis zum Teil Räume, die für gewerbliche oder berufliche Zwecke bestimmt sind, zum Teil andere Räume, so tritt die Ermäßigung von 50 v. H. nur ein, wenn in dem unter Ziffer 6 dieser Bemerkungen angeführten Verzeichnis eine entsprechende Trennung des Mietzinses gemacht ist. Die Trennung kann auch nachträglich bis zum Ablauf des Januar, in welchem das Verzeichnis einzureichen ist, von den hierzu Verpflichteten schriftlich oder zu Protokoll der Zollbehörde erklärt werden. Bei Vorausbezahlung der Abgabe (vgl. Ziff. 7 dieser Bemerkungen) kann die Trennung in der angegebenen Form innerhalb einer Frist von einem Monat nach der Versteuerung des Verzeichnisses noch nachträglich vorgenommen werden. Trägt die Zollbehörde Bedenken, die Trennung als richtig anzunehmen, so finden die §§ 6, 7 und 27 Abs. 3 des Stempelsteuergesetzes Anwendung.

(d) Stempelpflichtig sind auch schriftliche oder mündliche Verträge über die Vermietung möblierter Zimmer; steuerfrei sind dagegen Mietverträge, durch die Gastwirte oder Zimmervermieter Fremde zur Beherbergung aufnehmen.

3. Für schriftliche oder mündliche Verträge über die Verpachtung im Inlande gelegener, unbeweglicher Sachen zur land- und forstwirtschaftlichen Nutzung sind an Stempel zu entrichten, wenn der verabredete, nach der Dauer eines Jahres zu berechnende Pachtzins (dem der Wert in Geld vereinbarter Nebenleistungen hinzuzurechnen ist) beträgt:*)

*) Vgl die Anm. auf der vorigen Seite.

mehr als	300 Mk., aber nicht mehr als	3000 Mk.	1/10 v. H.
„ „	3000 Mk., „ „ „ „	30000 Mk.	2/10 v. H.
„ „	30000 Mk. . .	. . .	3/10 v. H.

4 Wenn Pacht- oder Mietverträge vor Ablauf der vertragsmäßig festgesetzten Zeit ihr Ende erreichen, ist der Stempel nur für die Zeit bis zur Beendigung der Verträge zu entrichten.

5. Mehrere zwischen denselben Vertragsbeteiligten innerhalb eines Jahres geschlossene Pacht- oder Mietverträge gelten hinsichtlich der Stempelpflichtigkeit als ein einheitlicher Pacht- oder Mietvertrag, wenn anzunehmen ist, daß der Abschluß der mehreren Verträge zur Vermeidung des höheren Steuersatzes oder zur Erlangung der Steuerfreiheit gewählt worden ist.

6 Die Versteuerung der schriftlichen oder mündlichen Pacht- oder Mietverträge erfolgt in der Art, daß jeder Verpächter oder Vermieter nach Schluß eines jeden Kalenderjahres die während dessen Dauer in Geltung gewesenen Verträge einzeln in ein nach dem umseitigen Muster aufzustellendes Verzeichnis einträgt, die Richtigkeit der Eintragungen nach Maßgabe der am Schluß des Musters vorgeschriebenen Erklärung versichert und das Verzeichnis spätestens bis zum Ablauf des auf das Kalenderjahr folgenden Januar je nach seiner Wahl einem Hauptzollamt, Zollamt oder Stempelverteiler in demjenigen Oberzolldirektionsbezirk, in dem die verpachteten oder vermieteten unbeweglichen Sachen (Grundstücke) belegen sind oder der Verpächter oder Vermieter seinen Wohnort hat, unter Einzahlung des erforderlichen Stempelbetrages zur Versteuerung vorlegt. Versteuerungen schon vor Beginn des Januar sind zulässig und müssen von den Zollstellen jederzeit entgegengenommen werden. Auf Antrag kann den Verpächtern oder Vermietern die Versteuerung der Verträge durch das Verzeichnis ohne amtliche Überwachung auf Widerruf gestattet werden. Über den Antrag entscheidet dasjenige Hauptzollamt, in dessen Geschäftsbezirk die Grundstücke belegen sind.

7 Die Vorausbezahlung der Stempelabgabe auf einen über das Kalenderjahr hinausgehenden Zeitraum ist zulässig; die Versteuerung kann schon vor Beginn desjenigen Januar, in dem sonst die Versteuerung vorgenommen werden müßte, bewirkt werden. Die im § 11 des Stempelsteuergesetzes vorgeschriebene Abrundung auf 0,50 Mk. findet unter Zugrundelegung des für jeden Pacht- oder Mietvertrag erforderlichen Gesamtbetrages der im voraus entrichteten Stempelabgabe statt. Die infolge vorzeitiger Beendigung der Verträge zuviel entrichteten Stempel werden auf Antrag erstattet.

8. Die in den Verzeichnissen zu machenden Angaben können auf Verlangen bei den Hauptzoll- und Zollämtern zu Protokoll erklärt werden; die Stempelverteiler sind zur Entgegennahme protokollarischer Erklärungen nicht ermächtigt

9. Die Verzeichnisse sind 5 Jahre lang aufzubewahren. Auf Verlangen erfolgt die Aufbewahrung durch die Zollbehörde.

10. Sind in schriftlichen Pacht- oder Mietverträgen noch andere besonders stempelpflichtige Geschäfte (§ 10 Abs. 2 des Gesetzes) beurkundet, z. B.

Vereinbarungen, inhalts deren die Entscheidung etwaiger Rechtsstreitigkeiten durch Schiedsrichter oder durch ein an sich unzuständiges Gericht erfolgen soll, so sind die Vertragsurkunden innerhalb der im § 16 des Gesetzes bestimmten Frist von zwei Wochen einer Zollstelle zur Versteuerung dieser noch besonders stempelpflichtigen Geschäfte vorzulegen. Die Verpflichtung zur Verzeichnisversteuerung der Pacht- oder Mietverträge (der Hauptverträge) wird hierdurch nicht berührt.

11 Wer den Vorschriften bezüglich der Verpflichtung zur Entrichtung der Stempelsteuer für Pacht- oder Mietverträge zuwiderhandelt, hat eine Geldstrafe verwirkt, welche dem zehnfachen Betrage des hinterzogenen Stempels gleichkommt, mindestens aber 30 Mk. beträgt. Ergibt sich aus den Umständen, daß eine Steuerhinterziehung nicht beabsichtigt worden ist, so tritt eine Ordnungsstrafe bis zu 300 Mk ein.

Laufende Nummer	Name und Stand des Pächters oder Mieters	Tag des Vertragsabschlusses. Schriftlicher oder mündlicher Abschluß?	Zeitpunkt, bis zu dem die Vertragschließenden am **30. Juni 1909** an den Vertrag (Spalte 3) gebunden waren (nur auszufüllen **bei schriftlichen** vor dem 1. Juli 1909 errichteten Verträgen)	Dauer des Vertragsverhältnisses während des abgelaufenen Kalenderjahres; bei Vorausversteuerung Angabe des zu versteuernden Zeitraumes	Pachtverträge					
					Jährlicher Pachtzins (vgl. Bemerk. 2 a)		Zu versteuernder Pachtzins (nach den Spalten 5 und 6)			
							Land- und forstwirtschaftliche Nutzung		Nutzung anderer Art	
					Mk.	Pf.	Mk.	Pf.	Mk.	Pf.
1	2	3	4	5	6		7		8	

Mietverträge										
Jährlicher Mietzins				Zu versteuernder Mietzins				Betrag des Stempels. (Der Stempel ist aufzurechnen)		Berechnung des Stempels. (Zur Ausfüllung der Spalte 14 sind die Aussteller der Verzeichnisse nicht verpflichtet)
Im ganzen (vgl. Bemerk. 2 a)		Davon für gewerbliche oder berufliche Zwecke		Im ganzen (nach den Spalten 5 und 9)		Davon für gewerbliche oder berufliche Zwecke (nach den Spalten 5 und 10)				
Mk.	Pf.	Mk.	Pf.	Mk.	Pf.	Mk.	Pf.	Mk.	Pf.	
9		10		11		12		13		14

Daß außer den vorstehend aufgeführten Pacht- und Mietverträgen, an denen ich als Verpächter oder Vermieter beteiligt gewesen bin, keine anderen Verträge im abgelaufenen Kalenderjahre in Geltung gewesen sind, die in dieses Verzeichnis einzutragen gewesen wären, versichere ich.

(Ort) ...., den ......ten ....19......

(Vor- und Zuname sowie Stand des Verpächters oder Vermieters ....

Muster-

Laufende Nummer	Name und Stand des Pächters oder Mieters	Tag des Vertragsabschlusses. Schriftlicher oder mündlicher Abschluß?	Zeitpunkt, bis zu dem die Vertragschließenden am **30. Juni 1909** an den Vertrag (Spalte 3) gebunden waren (nur auszufüllen bei **schriftlichen**, vor dem 1. Juli 1909 erricht. Verträgen)	Dauer des Vertragsverhältnisses während des abgelaufenen Kalenderjahres; bei Vorausversteuerung Angabe des zu versteuernden Zeitraumes	Pachtverträge: Jährlicher Pachtzins (vgl. Bemerk. 2a) Mk	Pf	Zu versteuernder Pachtzins (nach den Spalten 5 u. 6): Land- und forstwirtschaftliche Nutzung Mk	Pf	Nutzung anderer Art Mk.	Pf
1	2	3	4	5	6		7		8	
1	*Schmidt, Gastwirt*	*1. 10. 08 schriftlich*	*30. 9. 10*	*1. 1. bis 30. 9. 10*	*4000*	—	—	—	*3000*	—
2	*Lange, Gutsbesitzer*	*1. 4. 08 schriftlich*	*30. 9. 10*	*1. 1. bis 30. 9. 10*	*4000*	—	*3000*	—	—	—
3	*Wende, Kaufmann*	*1. 10. 08 schriftlich*	*30. 9. 10*	*1. 1. bis 30. 9. 10*	—	—	—	—	—	—
4	*Müller, Rentier*	*1. 4. 09 mündlich*	—	*1. 1. bis 31. 12. 10*	—	—	—	—	—	—
5	*Schulz, Fabrikant*	*1. 4. 10 schriftlich*	—	*1. 7. bis 31. 12. 10*	—	—	—	—	—	—
6	*Sperling, Kapitän*	*1. 4. 10 schriftlich*	—	*1. 4. 10 bis 31. 12. 12 (Vorausversteuerung)*	—	—	—	—	—	—

eintragungen

Mietverträge								Betrag des Stempels. (Der Stempel ist aufzurechnen)		Berechnung des Stempels. (Zur Ausfüllung der Spalte 14 sind die Aussteller der Verzeichnisse nicht verpflichtet)
Jährlicher Mietzins				Zu versteuernder Mietzins						
Im ganzen (vgl. Bemerk. 2 a)		Davon für gewerbliche oder berufliche Zwecke		Im ganzen (nach den Spalten 5 und 9)		Davon für gewerbliche oder berufliche Zwecke (nach den Spalten 5 und 10)				
Mk	Pf.	Mk	Pf	Mk	Pf	Mk	Pf	Mk	Pf.	
9		10		11		12		13		14
—	—	—	—	—	—	—	—	*12*	—	*$^6/_{10}$ v. H. von 3000 Mk. = 18 Mk weniger $^1/_3$ (Bem. 2 Anmerkung . . . . 6 „ bleiben 12 Mk*
—	—	—	—	-	—	—	—	*4*	—	*$^2/_{10}$ v. H von 3000 Mk. = 6 Mk. weniger $^1/_3$ (Bem. 2 Anmerkung) . . . . 2 „ bleiben 4 Mk*
2400	—	*2000*	—	*1800*	—	*1500*	—	*3*	*50*	*$^3/_{10}$ v. H. von 1800 Mk. = 9 Mk. Von diesen 9 Mk. gehen ab 50 v. H des auf die gewerbliche Miete entfallenden Stempels ($^3/_{10}$ v. H von 1500 Mk = 7,50 Mk.) mit 3,75 Mk., so daß verbleiben 5,25 Mk. Von diesem Betrage ist weiter $^1/_3$ mit 1,75 Mk. zu kurzen (Bem. 2 Anmerkung), so daß verbleiben 3,50 Mk.*
2500	—	—	—	*2500*	—	—	—	*12*	*50*	*$^5/_{10}$ v H von 2500 Mk. = 12,50 Mk. (Die Anmerkung der Bemerk. 2 findet auf mundliche Vertrage keine Anwendung.)*
10 000	—	*10 000*	—	*5000*	—	*5000*	—	*30*	—	*$1^2/_{10}$ v. H. von 5000 Mk. = 60 Mk., davon ab 50 v. H. = 30 Mk, bleiben 30 Mk.*
900	—	—	—	*2475*	—	—	—	*7*	*50*	*$^3/_{10}$ v. H. von 2475 Mk. = 7,43 Mk. abgerundet auf 7,50 Mk.*
								69	*50*	

Daß außer den vorstehend aufgeführten Pacht- und Mietverträgen, an denen ich als Verpächter oder Vermieter beteiligt gewesen bin, keine anderen Verträge im abgelaufenen Kalenderjahre in Geltung gewesen sind, die in dieses Verzeichnis einzutragen gewesen waren, versichere ich.

Berlin, *den 4. Januar 1911.* **Richard Müller,** *Kaufmann.*

Beilage 5.

(Zur Tarifstelle 48 I Nr. 2 und Nr. 78 Abs. 1 der AusfBest.)

Jagdpachtverzeichnis

für d...... Kalenderjahr... 19......

betreffend

die Verpachtung der Jagd auf den Grundstücken d..

....

....

....

Bemerkungen.

1. Vom 1. Juli 1909 ab sind nicht nur schriftliche, sondern auch **mündliche** Jagdpachtverträge oder mündliche Verträge über die Erlaubnis zum Abschusse jagdbarer Tiere gegen Entgelt der Stempelsteuer unterworfen, falls der jährliche Pachtzins oder das jährliche Entgelt mehr als 300 Mk. beträgt. Ein Stempel kommt jedoch nicht in Ansatz, wenn der für die Gesamtdauer des Vertragsverhältnisses zu entrichtende Pachtzins oder das für diesen Zeitraum zu entrichtende Entgelt den Betrag von 150 Mk. nicht übersteigt.

2. (a) An Stempel sind zu entrichten, wenn der verabredete, nach der Dauer eines Jahres zu berechnende Pachtzins oder das Entgelt (wobei die in Geld vereinbarten Vergütungen für besondere Leistungen hinzuzurechnen sind) beträgt:*)

mehr als	300 Mk.,	aber nicht mehr als	500 Mk.	2 v. H.
" "	500 Mk.,	" " " "	1500 Mk.	3 v. H.
" "	1500 Mk.,	" " " "	3000 Mk.	5 v. H.
" "	3000 Mk.,	" " " "	6000 Mk.	7 v. H.
" "	6000 Mk.,	" " " "	8000 Mk.	9 v. H.
" "	8000 Mk.	. . . .		10 v. H.

(b) Verträge über die Pachtung von gemeinschaftlichen Jagdbezirken unterliegen jedoch, sofern der verabredete, nach der Dauer eines

Mustereintragungen siehe Seite 462 u. 463.

Jahres zu berechnende Pachtzins den Betrag von 1500 Mk. nicht übersteigt und als Pächter ausschließlich solche Inländer auftreten, welche im Gemeindebezirk ihren Wohnsitz haben und zu den Jagdgenossen des Jagdbezirks gehören, nur einem Stempel von $^{3}/_{10}$ v. H. des Pachtzinses.*)

(c) Schriftliche oder mündliche Verträge über die Erlaubnis zum Abschusse jagdbarer Tiere gegen Entgelt stehen den Jagdpachtverträgen gleich, mit der Maßgabe, daß das innerhalb des laufenden Kalenderjahres zu zahlende Entgelt an die Stelle des nach der Dauer eines Jahres zu berechnenden Pachtzinses tritt. Sie unterliegen indessen einem Mindeststempel von jährlich 15 Mk.

(d) Enthält ein schriftlicher oder mündlicher Vertrag neben sonstigen Vereinbarungen auch Vereinbarungen über die Verpachtung der Jagd oder über Berechtigungen zum Abschusse jagdbarer Tiere gegen Entgelt, so ist der auf diese Vereinbarungen entfallende Teil des Entgelts nach den Vorschriften über Jagdpachtverträge zu versteuern. Das Entgelt ist in das unter Ziffer 5 dieser Bemerkungen angeführte Verzeichnis einzutragen. Trägt die Zollbehörde Bedenken, dieses Entgelt als richtig anzunehmen, so finden die §§ 6, 7 und 27 Abs. 3 des Stempelsteuergesetzes entsprechende Anwendung.

3. Wenn Jagdpacht- oder Abschußverträge vor Ablauf der vertragsmäßig festgesetzten Zeit ihr Ende erreichen, ist der Stempel nur für die Zeit bis zur Beendigung der Verträge zu entrichten.

4. Mehrere zwischen denselben Vertragsbeteiligten innerhalb eines Jahres geschlossene Jagdpacht- oder Abschußverträge gelten hinsichtlich der Stempelpflichtigkeit als ein einheitlicher Vertrag, wenn anzunehmen ist, daß der Abschluß der mehreren Verträge zur Vermeidung des höheren Steuersatzes oder zur Erlangung der Steuerfreiheit gewählt worden ist.

5. Die Versteuerung der schriftlichen oder mündlichen Jagdpacht- oder Abschußverträge erfolgt in der Art, daß jeder Verpächter (Erlaubniserteiler) nach Schluß eines jeden Kalenderjahres die während dessen Dauer in Geltung gewesenen Verträge einzeln in ein nach dem umseitigen Muster aufzustellendes Verzeichnis einträgt, die Richtigkeit der Eintragungen nach Maßgabe der am Schluß des Musters vorgeschriebenen Erklärung

*) Anmerkung. Bezüglich der vor dem 1. Juli 1909 errichteten schriftlichen Jagdpachtverträge finden die unter Ziffer 2 dieser Bemerkungen aufgeführten Steuersätze hinsichtlich der über den 30. Juni 1909 hinaus sich erstreckenden Pachtdauer mit der Maßgabe Anwendung, daß ein Drittel des Stempelbetrages für die ursprüngliche Gültigkeitsdauer des Vertrages unerhoben bleibt.

versichert und das Verzeichnis **spätestens** bis zum Ablauf des auf das Kalenderjahr folgenden Januar je nach seiner Wahl einem Hauptzollamt oder Zollamt desjenigen Oberzolldirektionsbezirks, in dem die verpachteten Grundstücke belegen sind oder der Verpächter (Erlaubniserteiler) seinen Wohnort hat, unter Einzahlung des erforderlichen Stempelbetrages zur Versteuerung vorlegt. Die Vorlegung der Verzeichnisse kann auch bei einem Stempelverteiler des Oberzolldirektionsbezirks erfolgen, jedoch sind die Stempelverteiler nur zur Versteuerung von Verzeichnissen befugt, die einen Stempel von nicht mehr als 100 Mk. erfordern. Versteuerungen schon vor Beginn des Januar sind zulässig und müssen von den Zollbehörden und Stempelverteilern jederzeit entgegengenommen werden. Statt die Versteuerung durch die Zollbehörden vornehmen zu lassen, steht es den Jagdvorstehern (in der Provinz Hannover, soweit sie gleichzeitig Gemeindevorsteher sind) als Behörden nach Abs. 16 der Tarifstelle 48 I auch frei, die Versteuerung der von ihnen zu führenden Verzeichnisse selbst zu bewirken.

6. Die Vorausbezahlung der Stempelabgabe auf einen über das Kalenderjahr hinausgehenden Zeitraum ist zulässig; die Versteuerung der Verzeichnisse kann schon vor Beginn desjenigen Januar, in dem sonst die Versteuerung vorgenommen werden müßte, bewirkt werden. Die im § 11 des Stempelsteuergesetzes vorgeschriebene Abrundung auf 0,50 Mk. findet unter Zugrundelegung des für jeden Pacht- oder Abschußvertrag erforderlichen Gesamtbetrages der im voraus entrichteten Stempelabgabe statt. Die infolge vorzeitiger Beendigung der Verträge zuviel entrichteten Stempel werden auf Antrag erstattet.

7. Die in den Verzeichnissen zu machenden Angaben können auf Verlangen bei den Hauptzoll- und Zollämtern zu Protokoll erklärt werden; die Stempelverteiler sind zur Entgegennahme protokollarischer Erklärungen nicht ermächtigt.

8. Die Verzeichnisse sind fünf Jahre lang aufzubewahren. Auf Verlangen erfolgt die Aufbewahrung durch die Zollbehörde.

9. Sind in schriftlichen Jagdpacht- oder Abschußverträgen noch andere besonders stempelpflichtige Geschäfte (§ 10 Abs. 2 des Gesetzes) beurkundet, z. B Vereinbarungen, inhalts deren die Entscheidung etwaiger Rechtsstreitigkeiten durch Schiedsrichter oder durch ein an sich unzuständiges Gericht erfolgen soll, so sind die Vertragsurkunden innerhalb der im § 16 des Gesetzes bestimmten Frist von zwei Wochen einer Zollstelle zur Versteuerung dieser noch besonders stempelpflichtigen Geschäfte vorzulegen. Die Verpflichtung zur Verzeichnisversteuerung der Jagdpacht-

oder Abschußverträge (der Hauptverträge) wird hierdurch nicht berührt. Enthält ein Abschußvertrag zugleich einen Mietvertrag, so ist letzterer zusammen mit dem Abschußvertrage durch das Jagdpachtverzeichnis zu versteuern

10 (a) Wer den Vorschriften bezüglich der Verpflichtung zur Entrichtung der Stempelsteuer für Jagdpacht- und Abschußverträge zuwiderhandelt, hat eine Geldstrafe verwirkt, welche dem zehnfachen Betrage des hinterzogenen Stempels gleichkommt, mindestens aber 30 Mk. beträgt. Ergibt sich aus den Umständen, daß eine Steuerhinterziehung nicht beabsichtigt worden ist, so tritt eine Ordnungsstrafe bis zu 300 Mk. ein.

(b) Beamte, welche den ihnen durch das Stempelsteuergesetz oder den zu dessen Ausführung erlassenen Vorschriften zuwiderhandeln, sind mit einer Ordnungsstrafe bis zum Betrage des nicht verwendeten Stempels, jedoch nicht über 150 Mk., zu belegen.

Laufende Nummer	Name und Wohnort des Pächters oder Abschußberechtigten	1. Eigen- oder gemeinschaftlicher Jagdbezirk? 2. Letzterenfalls Angabe, ob Pächter im Gemeindebezirk wohnt und Jagdgenosse ist	Tag des Vertragsabschlusses. Schriftlicher oder mündlicher Abschluß?	Zeitpunkt, bis zu dem die Vertragschließenden am **30. Juni 1909** an den Vertrag (Spalte 4) gebunden waren (nur auszufüllen bei **schriftlichen** vor dem 1. Juli 1909 errichteten Jagdpachtverträgen)	Art des Vertrages (Jagdpacht- oder Abschußerlaubnisvertrag)	Dauer des Vertragsverhältnisses während des abgelaufenen Kalenderjahres; bei Vorausversteuerung Angabe des zu versteuernden Zeitraums	Jagdpachtzins: Jährlicher Mk.	Jagdpachtzins: Jährlicher Pf.	Jagdpachtzins: zu versteuernder Mk.	Jagdpachtzins: zu versteuernder Pf.
1	2	3	4	5	6	7	8			

Zu versteuerndes Abschußentgelt						Betrag des Stempels. (Der Stempel ist aufzurechnen)		Berechnung des Stempels. (Zur Ausfüllung der Spalte 11 sind die Aussteller der Verzeichnisse nicht verpflichtet)
Gesamtentgelt		Davon entfällt auf						
		Abschußentgelt		sonstige Vereinbarungen				
Mk.	Pf.	Mk.	Pf.	Mk.	Pf.	Mk.	Pf.	
9						10		11

Daß außer den vorstehend aufgeführten Jagdpacht- und Abschußerlaubnisverträgen, an denen ich als Verpächter oder Erlaubniserteiller beteiligt gewesen bin, keine anderen Verträge im abgelaufenen Kalenderjahre in Geltung gewesen sind, die in dieses Verzeichnis einzutragen gewesen wären, versichere ich.

(Ort) ...., den ....ten ....19......

(Vor- und Zuname sowie Stand des Verpächters — Erlaubniserteilers —:) ....

Muster-

Laufende Nummer	Name und Wohnort des Pächters oder Abschuß-berechtigten	1. Eigen- oder gemeinschaftlicher Jagdbezirk? 2. Letzterenfalls Angabe, ob Pächter im Gemeindebezirk wohnt und Jagdgenosse ist	Tag des Vertrags-abschlusses Schriftlicher oder mündlicher Abschluß?	Zeitpunkt, bis zu dem die Vertrag-schließenden am **30. Juni 1909** an den Vertrag (Spalte 4) gebunden waren (nur auszufüllen bei **schriftlichen** vor d. 1 Juli 1909 errichtet. Jagdpacht-Verträgen)	Art des Vertrages (Jagdpacht- oder Abschuß-erlaubnis-vertrag)	Dauer des Vertragsverhältnisses während des abgelaufenen Kalenderjahres; bei Vorausversteuerung Angabe des zu versteuernden Zeitraumes
1	2	3	4	5	6	7
1	*Karl Neumann zu X*	*zu 1 Gemeinschaftlicher Bezirk; zu 2 nein!*	*1 7 03 schriftlich*	*30*	*Jagdpacht*	*1 1. 10 bis 30. 9 10*
2	*Johann Wende zu X.*	*zu 1. Gemeinschaftlicher Bezirk; zu 2. ja!*	*1 7 03 schriftlich*	*30 9. 10*	*Jagdpacht*	*1. 1. 10 bis 30. 9 10*
3	*Ernst Hopfner zu X.*	*zu 1. Gemeinschaftlicher Bezirk; zu 2. nein!*	*1 7 10 mündlich*	—	*Miete und Abschuß*	*1. 7 10 bis 30. 11. 10*
4	*Georg Bender zu X.*	*zu 1. Gemeinschaftlicher Bezirk zu 2. nein!*	*1. 7 10 mündlich*	—	*desgl.*	*1 7. 10 bis 30 11. 10*
5	*Heinrich Jaeger zu X.*	*zu 1. Gemeinschaftlicher Bezirk; zu 2 ja!*	*1 7 10 mündlich*	—	*Abschuß*	*1 7 10 bis 30 11 10*

eintragungen

Jagdpachtzins: Jährlicher Mk	Pf	zu versteuernder Mk	Pf	Zu versteuerndes Abschußentgelt: Gesamtentgelt Mk	Pf.	Davon entfällt auf: Abschußentgelt Mk	Pf	sonstige Vereinbarungen Mk	Pf	Betrag des Stempels. (Der Stempel ist aufzurechnen) Mk	Pf	Berechnung des Stempels. (Zur Ausfüllung der Spalte 11 sind die Aussteller der Verzeichnisse nicht verpflichtet)
8				9						10		11
8000	—	*6000*	—	—	—	—	—	—	—	*360*	—	*9 v H von 6000 Mk. (Bem. 2 Buchst. a) = 540 Mk. davon ab 1/3 (Bem. 2 Anmerk) . . . . . 180 „ = 360 Mk.* *Der Stempel ist derselbe bei der Verpachtung des Eigenjagdbezirkes oder im Falle der Bejahung der Frage 2 in Spalte 3.*
1500	—	*1125*	—	—	—	—	—	—	—	*2*	*50*	*1/10 v H. von 1125 Mk. (Bem 2 Buchst. b) = 3,38 Mk. davon ab 1/3 (Bem. 2 Anmerk) . . . . . . 1,13 „ = 2,25 Mk.* *abgerundet gemäß § 11 Stempelsteuerges. auf 2,50 Mk.*
—	—	—	—	*450*	—	*350*	—	*100 (Miete)*	—	*15*	—	*Mindeststempel (Bemerkung 2 Buchst c)* *(Der Mietvertrag ist steuerfrei — Tarifstelle 48 I Abs. 7 Ziffer 1 und Abs. 18 des Stempelsteuergesetzes).*
—	—	—	—	*710*	—	*510*	—	*200 (Miete)*	—	*16*	—	*3 v. H. von 510 Mk. (Bemerk. 2 Buchst a, c u. d) = 15,30 Mk. abgerundet gemäß § 11 Stempelsteuerges. auf . . . 15,50 Mk, 2/10 v H von 200 Mk (Miete) = 40 Pf., abgerundet auf . . . . . 0,50 „ = 16,— Mk.*
—	—	—	—	*600*	—	*600*	—	—	—	*18*	—	*3 v H von 600 Mk. = 18 Mk. (Bemerk. 2 Buchst. a u. c; die Ermäßigung Bemerk. 2 Buchst b findet auf Abschußverträge keine Anwendung)*
										411	*50*	

Daß außer den vorstehend aufgeführten Jagdpacht- und Abschußerlaubnisverträgen, an denen ich als Verpächter oder Erlaubniserteiler beteiligt gewesen bin, keine anderen Verträge im abgelaufenen Kalenderjahre in Geltung gewesen sind, die in dieses Verzeichnis einzutragen gewesen wären, versichere ich.

Bersenbrück, *den 4 Januar 1911.* **Karl Schroeder**, *Gutsbesitzer.*

Allgemeine Verfügung des Justizministers und des Finanzministers über gerichtliche Landesstempelsachen vom 28. Juli 1910.

(JMBl. S. 299.)

An Stelle der Allgemeinen Verfügung vom 6. Juli 1909 (JMBl S. 239) treten vom 1. Oktober 1910 ab folgende Vorschriften:

I. Einziehung der Stempel als Gerichtskosten.

§ 1. Gerichtliche Urkunden.

Soweit nach den Vorschriften der §§ 2, 101 DGKG. (RGBl. 1898 S. 659) und des § 29 PrGKG. für gerichtliche Urkunden Stempel zu erheben sind, sind sie nicht in Natur zu verwenden, sondern nach den für Gerichtsgebühren geltenden Vorschriften (§§ 30, 118 PrGKG.) einzuziehen

2. Stempel sind zu erheben:

a) für die im zweiten Abschnitte des ersten Teiles des PrGKG. bezeichneten gerichtlichen Urkunden (§ 56 PrGKG.); der auf dem Geschäfte ruhende Stempel wird für die Urschrift erhoben; die erste Ausfertigung ist stempelfrei, für weitere Ausfertigungen wird der Stempel nach der Tarifstelle 16 (Duplikate) LStG. erhoben.

Wegen des Stempelansatzes für gerichtliche Beurkundungen, die aus Anlaß des Ersuchens eines anderen Gerichts erfolgen, gilt die Allgemeine Verfügung vom 6. Januar 1905 (JMBl. S. 8);

b) für Auflassungen und Anträge auf Eintragung der Begründung oder Übertragung von Erbbaurechten oder sonstigen Rechten, welche ein Grundbuchblatt erhalten können, sowie für Anträge auf Umschreibung von Gesellschaftseigentum auf den Namen eines Gesellschafters in den Fällen, in denen nach den Vorschriften des bürgerlichen Rechtes eine Auflassung nicht erforderlich ist — Tarifstelle 8 LStG. —, für Anträge auf Eintragung einer Hypothek oder

Grundschuld (Rentenschuld) oder wiederkehrenden Geldleistung — Tarifstelle 58 III daselbst —, der Abtretung einer Hypothek oder Grundschuld — Tarifstelle 2 Abs. 4 daselbst —, der Verpfändung einer Hypothek oder Grundschuld oder wiederkehrenden Geldleistung — Tarifstelle 58 III daselbst — und eines Nießbrauchs an unbeweglichen Sachen oder ihnen gleichgeachteten Rechten — Tarifstelle 44 daselbst — (§ 70 PrGKG.);

c) für Bescheinigungen oder beglaubigte Abschriften aus gerichtlichen Registern, soweit für die Erteilung eine Gebühr nicht bestimmt ist (§ 109 Abs. 2 PrGKG.); hiernach ist ein Stempel zu erheben für Bescheinigungen und beglaubigte Abschriften aus den Genossenschaftsregistern, den Schiffsregistern, den Registern für Wassergenossenschaften und den Vorrechtsregistern, dagegen ist kein Stempel zu erheben für Bescheinigungen und beglaubigte Abschriften aus den Handelsregistern, den Vereinsregistern, den Güterrechtsregistern, den Standesregistern oder Kirchenbüchern und den Musterregistern. Die nach § 11 Abs. 4 des Genossenschaftsgesetzes vom 20. Mai 1898 (RGBl. S. 810) auf die der Genossenschaft zurückzugebende Abschrift des Statuts zu setzende Bescheinigung der erfolgten Eintragung ist stempelfrei, weil diese Bescheinigung von Amts wegen, nicht auf Veranlassung der Genossenschaft (§ 12a LStG.) erteilt wird; stempelfrei ist auch die nach der angeführten Bestimmung des Genossenschaftsgesetzes erfolgende gerichtliche Beglaubigung der Abschrift des Statuts. In Vereinsregistersachen ist für die nach § 66 BGB. erforderliche Beglaubigung der bei den Gerichtsakten verbleibenden Satzung ein Stempel nicht anzusetzen;

d) für Ausfertigungen oder beglaubigte Abschriften stempelpflichtiger Urkunden in Angelegenheiten der freiwilligen Gerichtsbarkeit, welche gemäß § 113 Abs. 2 PrGKG. dem tarifmäßigen Stempel unterliegen;

e) für den Beschluß, durch welchen im Verfahren der Zwangsversteigerung der Zuschlag erteilt wird (§ 126 a. a. O.).

3. Der Stempel für die zu gerichtlichem Protokoll erklärten oder ihrem Inhalte nach anerkannten Pacht- und Mietverträge ist nicht als Gerichtsgebühr zu berechnen; die Versteuerung dieser Verträge erfolgt in Gemäßheit der Tarifstelle 48 I LStG. mittels des dort vorgeschriebenen Pacht- und Mietverzeichnisses. Sind dagegen in den genannten Verträgen noch besondere Nebenverträge enthalten, welche den Stempel der Tarifstelle 71 Nr. 2 Abs. 1 erfordern, so sind diese Stempel als Gerichtsgebühr zu berechnen.

4. Bei Verfügungen von Todes wegen, die in der Weise errichtet werden, daß der Erblasser dem Richter eine Schrift übergibt (§ 2238 Abs. 1 BGB.), werden die Stempel in demselben Umfange zu den Gerichtsgebühren eingezogen wie bei gerichtlich aufgenommenen Testamenten. Dies gilt auch dann, wenn die Schrift verschlossen übergeben wird. Der für den Stempelansatz erforderlichen Wertberechnung sind die Angaben des Steuerpflichtigen zugrunde zu legen. Die Vorschriften des § 7 LStG. finden in Ansehung des Testamentsstempels vor Eröffnung der Verfügung keine Anwendung (Tarifstelle 66 Nr. 1 Abs. 3 LStG.). Die Verjährungsfristen der Abs. 1 und 3 des § 27 LStG. beginnen für den nach Tarifstelle 66 zu entrichtenden Stempel erst nach Ablauf des Kalenderjahrs, in welchem die Eröffnung der Verfügung erfolgt (§ 27 Abs. 4 LStG.).

5. Wegen der Versteuerung gerichtlicher Urkunden in den Fällen, in denen auf Grund stempelgesetzlicher Vorschriften eine Stundung eintritt, wird auf den Abschnitt II (§§ 11 und 12) dieser Verfügung verwiesen.

6. Für Auflassungen und Eintragungsanträge kommen die Vorschriften unter I nur insoweit zur Anwendung, als nicht ein anderes besonders bestimmt ist (vgl. hierzu Abschnitt III).

7. Für die in Angelegenheiten der Justizverwaltung errichteten Urkunden (z. B. Lieferungsverträge, Bestallungen) ist der Stempel nicht in Natur zu verwenden, sondern bei den Gerichtskosten zu vereinnahmen. Dies gilt insbesondere auch von den gemäß Tarifstelle 48 I zu versteuernden, von den Justizbehörden als Verpächter oder Vermieter abgeschlossenen Pacht- und Mietverträgen.

§ 2. Außergerichtliche Urkunden.

Die im § 30 PrGKG. für die Versteuerung gerichtlicher Urkunden gegebenen Vorschriften finden gemäß § 31 zur Erleichterung der Rechtsuchenden auf eine Reihe außergerichtlicher Urkunden Anwendung, wenn diese Urkunden unversteuert oder nicht genügend versteuert bei Gericht eingereicht werden. Danach wird die Stempelsteuer, wie bei gerichtlichen Urkunden, in folgenden Fällen als Gerichtsgebühr vereinnahmt:

a) wenn zum Gebrauche bei Gericht bestimmte Vollmachten (Tarifstelle 73), amtliche Zeugnisse (Tarifstelle 77), Schätzungen von Grundstücken, insofern sie wegen eines Privatinteresses unter Aufsicht einer öffentlichen Behörde aufgenommen werden (Tarifstelle 64), und Vermögensverzeichnisse, welche zum Gebrauche bei stempelpflichtigen Urkunden dienen (Tarifstelle 30), ohne den vorgeschriebenen Stempel bei Gericht eingereicht werden.

Sind gemäß § 499 Abs. 2 StrPO. die Kosten der Verteidigung des Angeschuldigten der Staatskasse auferlegt, so ist ein Stempel für die Vollmacht nicht anzusetzen;

b) wenn behufs Ausschließung des Auflassungsstempels oder des für die Eintragung, Abtretung oder Verpfändung einer Hypothek oder Grundschuld (Rentenschuld) zu entrichtenden Wertstempels die Urkunden über das der Auflassung oder Eintragung zugrunde liegende Rechtsgeschäft ohne den vorgeschriebenen Stempel vorgelegt werden; wegen der Stempelpflicht privatschriftlicher Verträge über die Veräußerung von Grundstücken sind die Allgemeinen Verfügungen des Finanzministers vom 12. Februar 1900 und des Justizministers vom 2. März 1900 (ZBl. S. 97, JMBl. S. 63) zu beachten.

Die Vereinnahmung eines zur Urschrift einer notariellen Urkunde zu wenig verwendeten Stempels zu den Gerichtskosten ist auch dann zulässig, wenn dem Gerichte nur eine Ausfertigung oder eine beglaubigte Abschrift der Urkunde vorgelegt wird (AVf. vom 7. Mai 1901 — JMBl. S. 115, ZBl. S. 144 —). Die Zuständigkeit der Gerichtsbehörden zur Nachforderung der Stempel zu solchen Urkunden ist indessen keine ausschließliche. Auch der Zollbehörde — und namentlich den Vorständen der Stempelsteuerämter bei der Stempelprüfung — steht die Befugnis zu, zu wenig verwendete Stempel einzuziehen und in Natur zu entwerten, selbst wenn feststeht, daß die Urkunden dem Gerichte vorgelegen haben (AVf. vom 3. Oktober 1904 — JMBl. S. 265 —, FME. vom 17. September 1904 — ZBl. S. 229 —);

c) wenn Anträge auf Eintragung eines Nießbrauchs an unbeweglichen Sachen ohne den vorgeschriebenen Stempel vorgelegt werden;

d) wenn Verfügungen von Todes wegen zur amtlichen Verwahrung überreicht werden;

e) wenn Urkunden zur gerichtlichen Vollziehung, Anerkennung des Inhalts oder Sicherstellung der Zeit der Ausstellung bei Gericht eingereicht werden; werden Urkunden zur Anerkennung oder Beglaubigung einer Unterschrift oder eines Handzeichens vorgelegt, so ist ein von der Urkunde zu erhebender Stempel zu den Gerichtskosten nur einzuziehen, wenn die Beteiligten damit einverstanden sind, daß das Gericht von dem Inhalte der Urkunde Kenntnis nimmt;

f) wenn privatschriftliche und notarielle Urkunden, welche ihre Gültigkeit erst durch die gerichtliche Genehmigung oder Bestätigung erlangen, insbesondere Verträge über die Annahme an Kindes Statt, zur Erteilung dieser Genehmigung oder Bestätigung bei Gericht eingereicht werden. Werden Urkunden dieser Art, welche bereits von den Gerichten genehmigt sind, bei denen aber die Einziehung des Stempels bei den Gerichtskosten versehentlich unterlassen ist, einer Zollstelle zur Besteuerung vorgelegt, oder erhält diese auf anderem Wege Kenntnis von solchen Urkunden, so wird dem zuständigen Gericht Anzeige erstattet werden, welches die Nachversteuerung durch die Gerichtsschreiberei zu veranlassen hat;

g) für die im Auslande geschlossenen Gesellschaftsverträge, welche die Errichtung gleicher oder ähnlicher Gesellschaften, wie die in Tarifstelle 25a und b bezeichneten, zum Gegenstande haben, sofern die Gesellschaften ihren Sitz im Inlande nehmen oder im Inland eine Zweigniederlassung errichten, und für die im Auslande geschlossenen Verträge über Erhöhungen des Grund- oder Stammkapitals solcher Gesellschaften. Im Falle der Errichtung einer Zweigniederlassung berechnet sich der Stempel nach dem Werte des Anlage- und Betriebskapitals der inländischen Zweigniederlassung, im Falle der Erhöhung des Grund- oder Stammkapitals nach demjenigen Betrage, der zu dem Betrage der Erhöhung des Kapitals in demselben Verhältnisse steht, wie der Wert des inländischen Anlage- und Betriebskapitals zu dem Werte des gesamten Anlage- und Betriebskapitals (Tarifstelle 25a Abs. 5 und Tarifstelle 25b Abs. 2 a). Der Stempel wird nur erhoben, wenn eine Eintragung in das Handelsregister erfolgt ist;

h) wenn Satzungen ohne den vorgeschriebenen Stempel zu einem gerichtlichen Register überreicht werden hinsichtlich des nach der Tarifstelle 25b Nr. 2 und e Nr. 2 zu erhebenden Feststempels von fünf Mark.

2. Bei gerichtlich genehmigten Urkunden ist die Einziehung des Stempels zu den Gerichtskosten schon vor dem Beginne der im § 16 Abs. 3 LStG. bestimmten Frist zulässig (AVf. vom 3. Oktober 1904 — JMBl. S. 265 —, FME. vom 17. September 1904 — ZBl. S. 229 —).

Wenn ein Rechtsgeschäft von mehreren Vormundschaftsgerichten, insbesondere auch von außerpreußischen Vormundschaftsgerichten zu genehmigen ist, so ist der Stempel bei demjenigen Gericht anzusetzen, welches zuletzt seine Genehmigung ausspricht. Wird die letzte Genehmigung von einem außerpreußischen Gericht erteilt, so muß die Vorschrift des § 31 PrGKG. außer Anwendung bleiben, und es ist der Stempel in Stempelzeichen zu verwenden; für den Beginn der Verwendungsfrist ist in diesem Falle die Vorschrift des § 16 Abs. 3 LStG. maßgebend.

4. In den Fällen zu a bis e und zu h hat die Gerichtsschreiberei, wenn die Einreichung der stempelpflichtigen Schriftstücke nicht innerhalb der gesetzlichen Stempellösungsfristen (§ 16 LStG.) erfolgt ist, eine Abschrift der Urkunde oder ihres für die Stempelpflichtigkeit in Betracht kommenden Teiles oder eine den wesentlichen Inhalt der Urkunde enthaltende Mitteilung unter Benachrichtigung von dem bei den Gerichtskosten in Rechnung gestellten oder vereinnahmten Stempelbetrage dem zuständigen Hauptzollamte zugehen zu lassen. Dasselbe gilt im Falle zu f, wenn die Urkunde das Erfordernis der gerichtlichen Genehmigung nicht erkennen läßt und infolgedessen die Stempelpflicht schon vor Erteilung der gerichtlichen Genehmigung begründet ist.

5. Der Stempel für Auflassungen und für die im § 1 bezeichneten Eintragungsanträge wird auch dann unter Beachtung der Vorschriften des Abschnitts III dieser Verfügung bei dem das Grundbuch führenden Gerichte zu den Gerichtskosten vereinnahmt, wenn die Auflassung oder der Eintragungsantrag nicht von diesem Gerichte beurkundet ist.

6. Werden fehlende Stempel zu notariellen Urkunden nach den für die Gerichtsgebühren geltenden Vorschriften eingezogen, so hat der Gerichtsschreiber den Notar, welcher die Urkunde aufgenommen hat, hiervon zu benachrichtigen. Die Mitteilung erfolgt bei Aufstellung der Kostenrechnung durch frankierte Postkarte. Der Notar hat einen entsprechenden Vermerk auf die Urkunde zu setzen.

§ 3. Verfahren bei der Einziehung des Stempels im allgemeinen.

Die Berechnung und Einziehung der als Gerichtsgebühr zu behandelnden Stempelbeträge erfolgt wie die Berechnung und Einziehung der Gerichtsgebühren nach den Vorschriften der Kassenordnung.

§ 4. Zahlungspflicht.

Die Vorschriften der §§ 1 und 2 PrGKG. finden nach § 30 daselbst auf die Stempelabgaben keine Anwendung. An die Stelle dieser Vorschriften treten die §§ 12, 13 LStG. Daneben bleiben aber in Geltung die Bestimmungen der §§ 3 (Entnahme aus der Masse), 4 (freiwillige Übernahme) und 5 (Haftung Dritter) des PrGKG.

§ 5. Befreiungen.

1. Für die sachlichen und persönlichen Befreiungen von der Stempelsteuer kommen nicht § 7 und § 8 PrGKG., sondern die §§ 4 und 5 LStG. zur Anwendung. Dagegen erstreckt sich die den Gerichten und den Aufsichtsbehörden in § 10 PrGKG. beigelegte Befugnis zur Niederschlagung von

Gerichtskosten und Gewährung von Gebühren- und Auslagenfreiheit auch auf die Stempelabgaben.

2. Bei jedem Oberlandesgericht ist ein Verzeichnis derjenigen Stiftungen zu führen, welche als milde Stiftungen anerkannt sind. Zu diesem Zwecke wird die Geheime Kalkulatur des Justizministeriums von jeder Anerkennung einer milden Stiftung der Gerichtsschreiberei des Oberlandesgerichts, in dessen Bezirke die Stiftung ihren Sitz hat, Nachricht geben.

3. Wenn ein Registergericht Kenntnis davon erhält, daß eine der in § 5 Abs. 1g LStG. aufgeführten Gesellschaften oder Genossenschaften ihr Statut und damit auch zugleich ihre Zwecke in der Weise ändert, daß die Voraussetzungen für die Befreiung von der Stempelsteuer nicht mehr zutreffen, so hat es dem zuständigen Stempelsteueramte hiervon Mitteilung zu machen. Dieses stellt auf Grund der von der Gesellschaft oder Genossenschaft geführten Akten die fehlenden Stempelbeträge fest und teilt sie, soweit sie nach den bestehenden Vorschriften zu den Gerichtskosten einzuziehen und noch nicht verjährt sind, dem Amtsgerichte mit, welches die Einziehung zu veranlassen hat.

4. Über die Zulässigkeit der in § 2 Abs. 3 LStG. erwähnten Anrechnung der in einem anderen Bundesstaat entrichteten Stempel und der in § 5 Abs. 2 und 3 a. a. O. erwähnten Stempelsteuerbefreiungen entscheidet, insoweit als Gerichtsgebühr einzuziehende Stempel in Frage kommen, der Justizminister.

§ 6. Berechnung und Ermittelung des für den Stempelansatz maßgebenden Wertes.

1. Die materiellen Grundsätze für die Wertberechnung enthalten das Stempelsteuergesetz, insbesondere § 6 dieses Gesetzes, und der Stempeltarif.

2. Bei der Berechnung des Wertstempels für Veräußerungsgeschäfte (Tarifstelle 32) ist zu beachten, daß, wenn auf dem veräußerten Gegenstand ein Nießbrauchsrecht lastet, zu dessen Beseitigung der Veräußerer nicht verpflichtet ist (Nr. 4 Abs. 2 a. a. O.), der Stempel von dem Werte des veräußerten Gegenstandes zu berechnen ist, sofern dieser Wert den nach dem ersten Absatze der Tarifstelle 32 zu berechnenden Betrag der Gegenleistung übersteigt. Diese Bestimmung findet jedoch nur auf Nießbrauchsrechte, nicht auf sonstige dingliche Lasten (Altenteile, Vorkaufsrechte) Anwendung, zu deren Beseitigung der Verkäufer nicht verpflichtet ist. Werden derartige, zur Zeit der Veräußerung bereits auf dem veräußerten Grundstücke haftende Lasten von dem Käufer übernommen, so vermindert sich der Wert des Gegenstandes in Höhe des Wertes der übernommenen Last.

3. Für die Ermittelung des Wertes des Gegenstandes, nach welchem gemäß Tarifstelle 32 Abs. 2 Nr. 2 der Stempel für den Zuschlagsbeschluß im Zwangsversteigerungsverfahren zu berechnen ist, gelten folgende besondere Vorschriften:

a) Soweit für den Stempel zum Zuschlagsbeschlusse der Wert des Gegenstandes in Betracht kommt, wird in der Regel nach dem Ermessen des Vollstreckungsgerichts ohne eine Inanspruchnahme der Zollverwaltung festgesetzt.

Das Vollstreckungsgericht wird in den meisten Fällen selbst in der Lage sein, den Wert des Gegenstandes in einer für die Stempelberechnung ausreichenden Weise zu bestimmen. Als Unterlagen für eine Wertfestsetzung können die aus den Grundakten ersichtlichen letzten Erwerbspreise, die mit dem Versteigerungsantrag eingereichten Katasterauszüge und etwaige von anderen Behörden einzuholende kurze Auskünfte tatsächlicher Art dienen. Insbesondere kann das Gericht den Vorsitzenden der Einkommensteuerveranlagungskommission um Auskunft über die Einschätzung des Grundstücks zur Ergänzungssteuer ersuchen. Für die Anfrage ist das sinngemäß abzuändernde Formular I dieser Verfügung (zu § 17) zu benutzen. Hat der Vorsitzende der Kommission aus besonderen Gründen Bedenken gegen die Richtigkeit der in den Schätzungsbogen enthaltenen Wertangabe, z. B. weil die Veranlagung vor geraumer Zeit stattgefunden hat oder der Grundstückswert sich infolge von Bebauungen, Teilungen oder anderen Umständen geändert hat, so wird er die Bedenken in seinem Antwortschreiben zum Ausdrucke bringen.

Die für die Wertfestsetzung erforderlichen Maßnahmen sind frühzeitig zu treffen und tunlichst zu beschleunigen. Es ist zu beachten, daß eine rechtzeitige Ermittelung des Wertes des Gegenstandes auch im Interesse des Kostenansatzes notwendig ist, weil der Gebührenberechnung aus § 125 Nr. 1, 2, 3 PrGKG. ein höherer Wert als der bei Berechnung des geringsten Gebots angenommene nur dann zugrunde gelegt werden darf, wenn er spätestens im Versteigerungstermine bekannt gemacht worden ist.

Der Betrag, auf welchen der Wert des Gegenstandes festgesetzt worden ist, ist in den Akten zu vermerken. Auf Verlangen ist er den Beteiligten bekannt zu machen.

b) Erachtet das Gericht ausnahmsweise eine Nachprüfung des von ihm ermittelten und der Berechnung der Kosten zugrunde gelegten

Wertes im Stempelinteresse für geboten, so kann es nach Erlaß des Zuschlagsbeschlusses das Hauptzollamt um die erforderlichen Ermittelungen ersuchen. Von einem solchen Ersuchen ist ohne Rücksicht auf die Höhe des Wertgegenstandes allgemein abzusehen, wenn die dem Kostenansatze zugrunde gelegte Wertfestsetzung dem Gerichte bedenkenfrei erscheint; übersteigt der von dem Gericht angenommene Wert des Gegenstandes in Städten über 20000 Einwohner 30000 Mk., im übrigen 15000 Mk. nicht, so ist das Hauptzollamt nur dann zu ersuchen, wenn ausnahmsweise ganz besondere Gründe dies angezeigt erscheinen lassen. Das Ersuchen muß die Angaben des Formulars I dieser Verfügung enthalten und darüber Aufschluß geben, welche Maßnahmen zwecks Wertermittelung bisher getroffen sind, welches Ergebnis sie gehabt haben und welche Bedenken gegen die Richtigkeit des Ergebnisses bestehen.

c) Sobald aus irgendeinem Grunde ein an das Hauptzollamt gerichtetes Ersuchen um Wertermittelung sich erledigt, ist der ersuchten Behörde hiervon unverzüglich Mitteilung zu machen.

d) Die Zuständigkeit für die gerichtliche Wertfestsetzung bestimmt sich nach § 9 Nr. 1a dieser Verfügung.

Die Bestimmung darüber, ob zwecks Ermittelung des Wertes des Gegenstandes die Hilfe des Hauptzollamts in Anspruch zu nehmen ist, steht nur dem Richter zu.

e) Bei der gerichtlichen Wertermittelung sind Auslagen tunlichst zu vermeiden; falls solche entstehen, fallen sie der Staatskasse zur Last, soweit sich nicht aus § 24 Abs. 2 PrGKG. etwas anderes ergibt.

4. Wenn der Wert des Gegenstandes eines Vertrags sich nach dem Lebensalter einer Person berechnet, so ist das Alter in der Verhandlung zu vermerken.

5. Die Beanstandung der Angaben der Steuerpflichtigen über den Wert des Gegenstandes eines Geschäfts ist binnen einer dreijährigen Frist nach der Beurkundung zulässig (§ 27 Abs. 3 LStG.). Wegen des Beginns der Frist für die nach Tarifstelle 66 zu entrichtenden Stempel wird auf § 1 Nr. 4 dieser Verfügung verwiesen.

6. Der § 12 PrGKG., betreffend die Zulässigkeit der Nachforderung von Gerichtskosten, findet auf die als Gerichtsgebühr zu vereinnahmenden Stempel keine Anwendung.

§ 7. Rechtsweg.

1. Über die Verpflichtung zur Entrichtung einer Stempelabgabe ist gemäß § 26 LStG. der Rechtsweg zulässig. Die Klage ist gegen die zur Vertretung des Fiskus in Angelegenheiten der Justizverwaltung bestimmte Behörde zu richten (§ 26 Satz 3 das.), d. h. nach dem Gesetze vom 14. März 1885 (GS. S. 65) und Nr. 1 und 2 der Allgemeinen Verfügung vom 23. März 1885 (JMBl. S. 119) gegen die Staatsanwaltschaft bei demjenigen Oberlandesgericht, in dessen Bezirke der Stempel angesetzt ist.

2. Zur Aufrechterhaltung der Einheitlichkeit in der Anwendung der gesetzlichen Vorschriften haben sich die Oberstaatsanwälte, bevor sie sich auf einen Prozeß wegen Stempelabgaben einlassen, mit den Oberzolldirektionen bezüglich der Streitfrage und der weiteren Behandlung des Prozesses in Verbindung zu setzen, ihnen auch Abschrift der rechtskräftig gewordenen gerichtlichen Urteile mitzuteilen. An den Justizminister haben die Oberstaatsanwälte über Rechtsstreitigkeiten vor oder nach deren Anhängigwerden nur dann zu berichten, wenn dies nach ihrem Ermessen wegen der besonderen Bedeutung der Angelegenheit erforderlich erscheint.

§ 8. Stundungen, Teilzahlungen und Niederschlagungen.

1. Die Vorschriften über das Armenrecht (Reichsgesetz über die Angelegenheiten der freiwilligen Gerichtsbarkeit — RGBl. 1898 S. 771 — § 14, Preußisches Gesetz über die freiwillige Gerichtsbarkeit — GS. 1899 S. 249 — Artikel 1, Kassenordnung vom 28. März 1907 — JMBl. S. 127 — § 19) finden auch auf die nach den Vorschriften über Gerichtsgebühren einzuziehenden Stempel Anwendung. Ebenso sind die Vorschriften der §§ 16 Abs. 3, 18 PrGKG. und der §§ 20, 31 der Kassenordnung über die Stundung und Niederschlagung der Kosten, insbesondere im Falle der Armut des Zahlungspflichtigen, auch für Stempel maßgebend. Wegen der Fälle, in welchen nach den Vorschriften des Stempelsteuergesetzes eine Stundung des Stempels eintritt, vergleiche die Bestimmungen in den §§ 11, 12 dieser Verfügung.

2. Auf die Niederschlagung von Stempeln wegen unrichtiger Behandlung der Sache oder wegen Unkenntnis der Beteiligten findet der § 10 PrGKG. Anwendung. Sollen in Fällen, in welchen das Gesetz die Erstattung bereits gezahlter Stempel zuläßt, noch rückständige Stempel niedergeschlagen werden, so sind die Vorschriften im § 9 dieser Verfügung entsprechend anzuwenden.

§ 9. Beschwerdeverfahren in Stempelsteuersachen, Erstattung, Ermäßigung sowie Anrechnung von Stempeln.

1. Für Einwendungen und Beschwerden gelten in Stempelsachen folgende Vorschriften:

a) Die Festsetzung des für den Stempelansatz maßgebenden Wertes des Gegenstandes geschieht gemäß § 24 PrGKG. Hiernach wird der Wert des Gegenstandes regelmäßig von dem Gerichtsschreiber festgesetzt. Nur dann setzt das Gericht durch gebührenfreien Beschluß den Wert fest, wenn der Stempelschuldner dies beantragt oder das Gericht es für angemessen erachtet. Einwendungen des Steuerpflichtigen gegen den Wertansatz des Gerichtsschreibers gelten als Anträge auf gerichtliche Wertfestsetzung im Sinne des § 24 PrGKG.

Über Beschwerden gegen gerichtliche Wertfestsetzungsbeschlüsse im Sinne des § 24 PrGKG. wird im Aufsichtsweg entschieden. Zuständig zur Entscheidung ist der Präsident des Landgerichts, in dessen Bezirke der Wertfestsetzungsbeschluß erlassen worden ist. Für den Bezirk des Amtsgerichts Berlin-Mitte entscheidet der Amtsgerichtspräsident. Gegen die Entscheidung des Landgerichtspräsidenten (Amtsgerichtspräsidenten) findet Beschwerde im Aufsichtswege statt.

Die besonderen Vorschriften für die Wertfestsetzung bei Auflassungen (§ 17 dieser Verfügung) werden durch diese Bestimmungen nicht berührt.

b) Einwendungen des Steuerpflichtigen gegen den Ansatz von Stempelbeträgen, welche nicht die Festsetzung des Wertes des Gegenstandes betreffen, erledigt das Gericht, in dessen Geschäftsbereiche der Stempel angesetzt worden ist.

Auf das Beschwerdeverfahren finden die unter a gegebenen Vorschriften entsprechende Anwendung.

c) Die im § 10 Abs. 2 Satz 1 PrGKG. den Gerichten gewährte Befugnis zur Niederschlagung von Kosten wegen unrichtiger Behandlung der Sache gilt auch in Stempelsachen. Beschwerden gegen gerichtliche Entscheidungen, welche die Niederschlagung anordnen oder ablehnen, sind jedoch unter entsprechender Anwendung der Vorschriften unter a im Aufsichtswege zu erledigen.

In allen Fällen (a, b und c) ist die Dienststelle, gegen deren Stempelberechnung oder sonstige Entscheidung sich eine Einwendung oder Beschwerde richtet, befugt, selbst Abhilfe zu schaffen, wenn sie die Einwendung oder Beschwerde für begründet hält.

2. Für die Rückerstattung und Ermäßigung von Stempelabgaben und die Abstandnahme von der Einziehung gelten § 6 Abs. 2, § 25 LStG. und Nr. 4 Abs. 2, Nr. 32 Abs. 4, 6 bis 8, Nr. 71 Nr. 1 Abs. 3 des Stempeltarifs.

Für das Verfahren gelten folgende Vorschriften:

a) Anträge auf Erstattung von Stempelbeträgen in den Fällen des Abs. 6 der Tarifstelle 2, des Abs. 3 der Tarifstelle 8 und des Abs. 2 der Tarifstelle 58 III oder wegen unrichtigen Ansatzes sowie auf Abstandnahme von der Einziehung von Stempeln im Falle des Abs. 8 Satz 2 der Tarifstelle 32 sind ebenso zu behandeln wie Einwendungen und Beschwerden gegen den Stempelansatz (Nr. 1b dieses Paragraphen).

b) Über Anträge
   1. auf Erstattung des Stempels zu Urkunden über nichtige oder infolge einer Anfechtung als von Anfang an nichtig anzusehende oder durch rechtskräftiges Urteil für nichtig erklärte Geschäfte (§ 25 Abs. 1c LStG.);
   2. auf Erstattung des Wertstempels in den Fällen des § 6 Abs. 2 und der Tarifstelle 32 Abs. 4 LStG. sowie des Abs. 8 Satz 1 derselben Tarifstelle;
   3. auf Erstattung oder Ermäßigung von Stempeln aus Billigkeitsrücksichten (§ 25 Abs. 2 LStG., Tarifstelle 32 Abs. 8 Satz 3 und Tarifstelle 71 Nr. 1 Abs. 3 a. a. O.)

entscheidet der Präsident desjenigen Landgerichts, in dessen Bezirke der Stempel erhoben ist. Für den Bezirk des Amtsgerichts Berlin-Mitte entscheidet der Amtsgerichtspräsident. Im Falle der Rückerstattung des Stempels auf Grund des § 25 Abs. 1c und Abs. 2 LStG. hat der Landgerichtspräsident (Amtsgerichtspräsident) gleichzeitig zu bestimmen, ob der Stempel von demjenigen Vertragschließenden wieder einzuziehen ist, welcher bei der Beurkundung von den die Nichtigkeit oder Ungültigkeit des Geschäfts bedingenden Umständen Kenntnis gehabt oder die unterbliebene Ausführung oder die Wandelung verschuldet hat (§ 25 Abs. 3 a. a. O.).

Gegen die Entscheidung des Landgerichtspräsidenten (Amtsgerichtspräsidenten) findet Beschwerde im Aufsichtswege statt.

3. Ob für einen Vertrag über eine Annahme an Kindes Statt (Tarifstelle 4) der volle oder der ermäßigte Stempel zum Ansatze zu bringen ist, hat der zur Berechnung des Stempels berufene Gerichtsschreiber zu entscheiden. Der ermäßigte Steuersatz darf von dem Gerichtsschreiber nur dann zugestanden

werden, wenn der Annehmende ein von der obrigkeitlichen Behörde seines Wohnorts ausgestelltes stempelfrei auszufertigendes Zeugnis darüber beibringt, daß er sich in bedürftigen Vermögensverhältnissen befindet. Dieses Zeugnis ist in Urschrift oder Abschrift bei den Akten zurückzubehalten.

Gegen eine die Ermäßigung des Stempels ganz oder zum Teil ablehnende Entscheidung des Gerichtsschreibers können Einwendungen gemäß Nr. 1b erhoben werden.

4. Wenn die Anrechnung des zu einer Punktation verwendeten Wertstempels auf den Stempel verlangt wird, welchem eine auf Grund der Punktation aufgenommene, mit ihr im wesentlichen übereinstimmende Vertragsurkunde unterliegt, so ist von dem Steuerpflichtigen die mit dem Wertstempel versehene Punktation (bei notariellen Punktationen die mit der Bescheinigung des zur Urschrift verwendeten Stempels versehene Ausfertigung) vorzulegen. Auf das weitere Verfahren finden die Vorschriften im § 18 dieser Verfügung entsprechende Anwendung. Da die Anrechnung sich nur auf den zur Punktation verwendeten Wertstempel bezieht, so bleiben die festen Stempel, welche die Punktation, wenn sie nicht mit dem Wertstempel versteuert wäre, mit Rücksicht auf die besondere Form ihrer Errichtung erfordern würde (z. B. Notariatsurkundenstempel) oder welche zu ihr wegen der darin enthaltenen Nebenverträge (vgl. Tarifstelle 71 Nr. 2 Abs. 1) noch besonders verwendet worden sind, von der Anrechnung ausgeschlossen.

§ 10. Vermerk des Stempels auf den Urkunden.

1. Auf den von den Gerichtsbehörden zu erteilenden Ausfertigungen und Abschriften ist der für die Urschrift oder die Ausfertigung etwa zum Ansatze gekommene und als Gerichtsgebühr berechnete Betrag des Stempels zu vermerken. Mit dem gleichen Vermerke sind die zu den Akten eingereichten außergerichtlichen Schriftstücke zu versehen, bei denen die Berechnung des Stempels als Gerichtsgebühr stattgefunden hat. Auf der ersten Ausfertigung einer gerichtlichen Urkunde, auf welche der zweite Abschnitt des ersten Teiles des PrGKG. Anwendung findet, ist deren Stempelfreiheit sowie der für die Urschrift berechnete Stempel zu vermerken, z. B.:

Als erste Ausfertigung stempelfrei. Für die Urschrift 500 Mark (in Worten) Stempel berechnet.

2. Bei weiteren Ausfertigungen ist auf der Nebenausfertigung der zu dieser und der zur Urschrift berechnete Stempel getrennt anzugeben, z. B.:

3,00 Mark Stempel zur Nebenausfertigung,
30,00 „ Stempel zur Urschrift,
zusammen 33,00 Mark (in Worten) sind als Gerichtsgebühr berechnet.

3. Die zugunsten von Kommunalverbänden, Kommunen oder Korporationen ländlicher oder städtischer Grundbesitzer oder Grundkredit- und Hypothekenbanken ausgestellten Schuldverschreibungen, welche auf Grund der demnächstigen Ausreichung reichsstempelpflichtiger Renten- und Schuldverschreibungen nach der Befreiung d unter I der Tarifstelle 58 von der Entrichtung des landesgesetzlichen Schuldverschreibungsstempels frei sind, müssen mit einem den Grund der Stempelfreiheit ergebenden Vermerke versehen sein, z. B.:

Stempelfrei, da auf Grund dieser Verschreibung reichsstempelpflichtige Pfandbriefe neu ausgegeben werden.

Die gleichen Bestimmungen finden auf die in der Befreiung am Schlusse der Tarifstelle 2 erwähnten Abtretungsurkunden Anwendung.

4. Die Vermerke über den Stempelansatz sind von dem Gerichtsschreiber mit Datum und Unterschrift zu versehen. Die Verpflichtung zur Ausstellung dieser Vermerke liegt dem Beamten ob, welcher bei Ausfertigungen und beglaubigten Abschriften den Ausfertigungs- oder Beglaubigungsvermerk unterschreibt oder im Falle der Erteilung einer einfachen Abschrift die Abschrift der Kanzlei abnimmt. Schriftstücke, für welche ein Stempel zu den Gerichtskosten zu berechnen ist, dürfen zur Herstellung einer Ausfertigung oder Abschrift erst dann zur Kanzlei gegeben werden, wenn die Berechnung des Stempels erfolgt und der berechnete Betrag auf der Urschrift vermerkt ist. Erscheint es in einzelnen Fällen aus besonderen Gründen zweckmäßig, die Ausfertigung oder Abschrift schon vor erfolgter Stempelberechnung anfertigen zu lassen, so ist auf die Urschrift vor der Abgabe an die Kanzlei ein in die Ausfertigung oder Abschrift nicht zu übernehmender Vermerk zu setzen, daß die Berechnung des Stempels vorbehalten sei. In diesem Falle darf die Aushändigung der Ausfertigung oder Abschrift erst erfolgen, nachdem die Stempelberechnung nachgeholt und die Ausfertigung oder Abschrift mit der vorgeschriebenen Bescheinigung versehen ist.

5. Bei der Erteilung amtlicher Zeugnisse, welche ihres besonderen Zweckes wegen (vgl. Tarifstelle 77 Buchstabe a und c) stempelfrei sind, ist in dem Texte des Zeugnisses der Zweck bestimmt anzugeben, zu welchem das Zeugnis ausgestellt wird. Unterbleibt eine solche Angabe oder befindet sie sich außerhalb des Textes, so daß sie durch die Unterschrift des Beamten nicht gedeckt wird, so unterliegt das Zeugnis in allen Fällen und ohne Rücksicht darauf, daß es tatsächlich zu einem die Stempelfreiheit genießenden Zwecke gebraucht worden ist, dem tarifmäßigen Stempel von 3,00 Mark. Diese Vorschrift findet auf beglaubigte Abschriften (Tarifstelle 1) entsprechende Anwendung.

II. Verfahren im Falle der Stundung von Stempeln nach stempelgesetzlichen Vorschriften.

§ 11. Fälle, in denen eine gesetzliche Stundung des Stempels eintritt und Verfahren bei Erhebung gesetzlich gestundeter Stempelbeträge.

Die Versteuerung ist nach dem Stempelsteuergesetz in folgenden Fällen auszusetzen:

A. Bei Geschäften, bei denen der Wert des Gegenstandes dergestalt unbestimmt ist, daß er von vornherein auch nicht annähernd festgestellt oder geschätzt werden kann (§ 8 LStG.).

In Fällen dieser Art haben, soweit nicht der § 12 dieser Verfügung Platz greift, die Zollbehörden das Erforderliche wegen der Überwachung, Sicherstellung und nachträglichen Zahlung der Stempelsteuer zu veranlassen (vgl. Nr. 5 Abs. 1 bis 8 der Ausführungsbestimmungen des Finanzministers zum Stempelsteuergesetze). Der Gerichtsschreiber hat zu diesem Zwecke die Ausfertigung der vom Gericht aufgenommenen Urkunde, oder wenn es sich um eine Urkunde handelt, welche dem Gerichte zum Zwecke der Anerkennung des Inhalts eingereicht worden ist, diese Urkunde demjenigen Hauptzollamt, in dessen Geschäftsbezirke die Gerichtsbehörde ihren Sitz hat, zu übersenden und die Übersendung auf der Urschrift oder auf der Verhandlung über die Anerkennung des Inhalts zu vermerken. Die an Schreibwerk und Porto entstehenden Auslagen fallen der Staatskasse zur Last.

Zur Vermeidung unnötigen späteren Schreibwerkes haben die Gerichte tunlichst bei Aufnahme der Urkunden die Parteien über solche Umstände zu hören, welche für die Berechnung und Überwachung der zu stundenden Stempel wesentlich sind; die Angaben sind dem Hauptzollamte mitzuteilen.

B. Bei Familien- und Fideikommißstiftungen (Tarifstellen 23 und 24), für welche von dem Stifter ein weiteres Anwachsen des Grundvermögens, sei es durch in Aussicht genommene Zuwendungen freigebiger Art, sei es durch eine angeordnete Zuschlagung von Zinsen zum Kapitale, vorgesehen worden ist.

In Fällen dieser Art ist der Stempel, wenn die Stiftungsurkunde gerichtlich aufgenommen oder behufs Anerkennung des Inhalts eingereicht oder gerichtlich bestätigt worden ist, als Gerichtsgebühr zu vereinnahmen. Der Eintritt der Fälligkeit des Stempels ist durch den Gerichtsschreiber zu überwachen.

In den übrigen Fällen wird der Stempel durch die Zollbehörden erhoben (vgl. Nr. 61 der Ausführungsbestimmungen des Finanzministers zum Stempelsteuergesetze). Die geschäftliche Behandlung solcher Fälle durch die Gerichtsbehörden richtet sich nach den unter A Abs. 2 und 3 getroffenen Vorschriften.

C. Bei Gesellschaftsverträgen von Aktiengesellschaften, Kommanditgesellschaften auf Aktien und Gesellschaften mit beschränkter Haftung sowie bei Beschlüssen über Erhöhung des Gesellschaftskapitals solcher Gesellschaften, soweit das Kapital nicht sofort voll eingezahlt wird (Tarifstelle 25a Abs. 3).

In Fällen dieser Art liegt die Überwachung der Fälligkeit des Stempels und seine Vereinnahmung den Zollbehörden ob (vgl. Nr. 62 der Ausführungsbestimmungen des Finanzministers zum Stempelsteuergesetze). Auf die geschäftliche Behandlung durch die Gerichtsbehörden sind die unter A Abs. 2 und 3 getroffenen Vorschriften mit der Maßgabe entsprechend anzuwenden, daß die Gesellschaftsverträge und Gesellschaftsbeschlüsse dem Stempelsteueramt in beglaubigter Abschrift oder in beglaubigtem Auszuge zu übersenden sind.

§ 12. Verfahren bei Erhebung gesetzlich gestundeter Stempelbeträge für von den Justizbehörden abgeschlossene Verträge.

Die in den Fällen des § 11 A dieser Verfügung zu stundenden Stempel für die von den Justizbehörden in Angelegenheiten des eigenen dienstlichen Bedarfs abgeschlossenen Lieferungsverträge und Dienstverträge sind, sobald sie fällig werden, zu den Gerichtskosten zu vereinnahmen. Der Eintritt der Fälligkeit des Stempels ist durch den Gerichtsschreiber zu überwachen.

III. Stempel für Auflassungen und Eintragungsanträge, für Zuschlagsbeschlüsse im Zwangsversteigerungsverfahren und für Schenkungen.

A. Auflassungen.

§ 13. Allgemeine Grundsätze. Wertberechnung.

1. Auflassungserklärungen sind wie gegenseitige Verträge zu behandeln; insbesondere gelten auch die sachlichen und persönlichen Stempelsteuerbefreiungen der §§ 4 und 5 LStG. Für Anträge auf Umschreibung von Gesellschaftseigentum auf den Namen eines Gesellschafters ist der Auflassungsstempel auch dann zu erheben, wenn nach den Vorschriften des bürgerlichen Rechtes eine Auflassung nicht erforderlich ist (Tarifstelle 8 Abs. 1).

2. Die Wertstempelabgabe berechnet sich gemäß § 6 LStG. nach dem gemeinen Werte des veräußerten Gegenstandes zur Zeit des Eigentumswechsels. Die für besondere Zwecke vorgeschriebenen Abschätzungsgrundsätze, insbesondere also auch die Schätzungsgrundsätze ritterschaftlicher Kreditanstalten finden keine Anwendung. Der Wert des mitveräußerten Beilasses bleibt außer Betracht. Der mündlich verabredete Kaufpreis oder die sonst mündlich verabredete Gegenleistung sind, sofern sie niedriger sind als der gemeine Wert, für die Berechnung des Wertstempels nicht maßgebend Wenn jedoch der Kaufpreis oder der Gesamtwert der Gegenleistung unter Hinzurechnung des Wertes der ausbedungenen Leistungen oder vorbehaltenen Nutzungen den gemeinen Wert übersteigt, so ist der Wertstempel vom Kaufpreis oder vom Gesamtwerte der Gegenleistung zuzüglich des Wertes der ausbedungenen Leistungen und vorbehaltenen Nutzungen zu entrichten (§ 17 Abs. 3a LStG.).

§ 14. Vorlegung einer Urkunde über das Rechtsgeschäft.

1. Die Wertstempelabgabe für Auflassungen bleibt unerhoben, wenn bei Aufnahme oder Einreichung der Auflassungserklärung die Urkunde über das zugrunde liegende Veräußerungsgeschäft (z. B. Kauf, Tausch, Schenkung) versteuert oder unversteuert in Urschrift, Ausfertigung oder beglaubigter Abschrift vorgelegt wird, vorausgesetzt, daß es sich nicht um einen der im Abs. 4 Nr. 1 bis 4 der Tarifstelle 8 aufgeführten Falle handelt.

2. Die vorzulegenden Urkunden müssen in an sich stempelpflichtiger Form abgefaßt sein; es genügt also nicht die Beibringung eines steuerfreien Briefwechsels. Privatschriftliche Grundstücksveräußerungsverträge sind trotz § 313 BGB. in an sich stempelpflichtiger Form abgefaßte Urkunden, da sie gültig und stempelpflichtig werden, sobald die Auflassung und Eintragung erfolgt ist.

3. Der Grundbuchrichter ist verpflichtet, die Versteuerung der ihm vorgelegten Urkunden sorgfältig zu prüfen. Ist eine die Erhebung des Wertstempels ausschließende Urkunde nicht oder nicht ausreichend versteuert, so hat er zunächst auf Grund des § 58 Nr. 7 PrGKG. zu bestimmen, ob und in welcher Höhe Sicherheit zu leisten ist, und nötigenfalls die Sicherstellung nach der Allgemeinen Verfügung vom 15. September 1895 (JMBl. S. 272) zu veranlassen. Der zu der Urkunde nicht oder zu wenig verwendete Stempel ist in Gemäßheit des § 31 Abs. 1 PrGKG. nach den für Gerichtskosten geltenden Vorschriften einzuziehen. Wenn die Einreichung der nicht oder nicht genügend versteuerten Urkunde bei Gericht erst nach Ablauf der im § 16 des Stempelsteuer-

gesetzes angegebenen Fristen stattgefunden hat, so ist zugleich unter Mitteilung des Eingangstags und einer Abschrift der Urkunde dem zuständigen Hauptzollamt Anzeige zu machen, welches das Weitere wegen einer etwa erforderlich erscheinenden Einleitung des Strafverfahrens herbeizuführen hat.

4. Wenn die vorgelegte Urkunde das Rechtsgeschäft nicht so enthält, wie es unter den Beteiligten hinsichtlich des Wertes der Gegenleistung verabredet ist und einem geringeren Stempel unterliegt, als die Beurkundung des wirklich verabredeten Rechtsgeschäfts erfordern würde, so ist die Urkunde oder eine einfache Abschrift von ihr dem zuständigen Hauptzollamte wegen der vorgekommenen Steuerhinterziehung zur weiteren Veranlassung nach § 17 Abs. 2 und 3 b LStG. zu übersenden. Steht der nach Inhalt der vorgelegten Urkunde verabredete Kaufpreis zu dem gemeinen Werte in einem so offenbaren Mißverhältnisse, daß der Verdacht der Stempelsteuerhinterziehung gerechtfertigt erscheint, so hat der Grundbuchrichter von den Parteien eine nähere Erklärung über die Gründe, welche für die Festsetzung des Kaufpreises maßgebend gewesen sind, zu erfordern. Ergeben die Angaben der Parteien keine genügende Aufklärung, so sind diese Fälle so zu behandeln, als wenn eine Urkunde überhaupt nicht vorgelegt worden wäre (§ 16 dieser Verfügung und Abs. 4 Nr. 1 der Tarifstelle 8).

5. Ist in der vorgelegten Urkunde das Entgelt für die Grundstücksveräußerung in ausländischen Banknoten, ausländischem Papiergeld, ausländischen Geldsorten oder in Wertpapieren der unter Nummer 1, 2 und 3 des Tarifs zum Reichsstempelgesetze vom 15. Juli 1909 (RGBl. S. 833) bezeichneten Art verabredet, so ist insoweit die Urkunde dem Reichsstempel für Anschaffungsgeschäfte nach der Tarifnummer 4 des Reichsstempelgesetzes unterworfen, dagegen nach § 24 des bezeichneten Gesetzes vom Landesstempel befreit. An Stelle des wegfallenden landesgesetzlichen Urkundenstempels der Nummer 32 des Stempeltarifs ist aber, wenn der Auflassung die Urkunde zugrunde gelegt wird, nach der Vorschrift des Abs. 4 Nr. 2 der Tarifstelle 8 der Auflassungsstempel zu erheben, insoweit nicht die Voraussetzungen der Nr. 1 und 2 der Ermäßigungen und Befreiungen der Tarifstelle 32 vorhanden sind (Abs. 4 Nr. 2 der Tarifstelle 8).

6. Enthält eine Urkunde eine Veräußerung eines Grundstücks durch einen Bevollmächtigten, so hat der Grundbuchrichter zu prüfen, ob die Veräußerung für Rechnung des Bevollmächtigten erfolgt ist, sofern die aus der Urkunde ersichtlichen oder ihm sonst bekannten Umstände des

Falles einen Anlaß dazu bieten. Die Prüfung hat sich auch auf solche Umstände zu erstrecken, die aus der Urkunde nicht hervorgehen. Die zu diesem Zwecke erforderlichen Ermittelungen hat der Grundbuchrichter in der ihm geeignet erscheinenden Weise zu veranlassen. Insbesondere ist er auch befugt, hierzu die Hilfe der Hauptzollämter in Anspruch zu nehmen. Die Hauptzollämter haben derartigen Ersuchen ungesäumt zu entsprechen. Gelangt der Grundbuchrichter zu der Überzeugung, daß die Veräußerung für Rechnung des Bevollmächtigten geschehen ist, so hat er den Steuerpflichtigen von dem Ergebnisse seiner Ermittelungen zu benachrichtigen und die Erhebung des Auflassungsstempels zu veranlassen (Abs. 4 Nr. 3 der Tarifstelle 8).

7. Bei der Vorlegung der in der Tarifstelle 25 d bezeichneten Verträge wird der Auflassungsstempel insoweit erhoben, als nicht zu dem Vertrag ein Wertstempel von 1 v. H. zu entrichten ist. Es ist z. B. ein Auflassungsstempel von 1/2 v. H. zu erheben, wenn ein nach Tarifstelle 25 d Nr. 2 Abs. 1 zu berechnender Vertragsstempel nach dem zweiten Absatze derselben Bestimmung zur Hälfte außer Ansatz bleibt. Der Auflassungsstempel wird jedoch nicht erhoben, wenn die vorgelegte Vertragsurkunde enthält:

a) die Überlassung von Rechten an dem Gesellschaftsvermögen an Personen, welche nach den Vorschriften des Gesetzes, betreffend die Erbschaftssteuer, vom 30. Mai 1873/19. Mai 1891 von der Zahlung der Erbschaftssteuer befreit sind;

b) die Rückgewähr der von einem Gesellschafter eingebrachten unbeweglichen Sachen oder ihnen gleichgeachteten Rechte an diesen Gesellschafter oder dessen Erben oder dessen Ehefrau, welche mit ihm in Gütergemeinschaft gestanden hat (Abs. 4 Ziffer 4 der Tarifstelle 8).

§ 15. Erklärung des Rechtsgeschäfts zum Protokolle.

Ist eine Urkunde zwar nicht eingereicht, von den Beteiligten aber das der Auflassung zugrunde liegende Veräußerungsgeschäft vor dem Grundbuchrichter zugleich in der Auflassungsverhandlung zu Protokoll erklärt, so finden die Bestimmungen des § 14 dieser Verfügung entsprechende Anwendung. Der erforderliche Stempel wird zu dem in der Auflassungsverhandlung enthaltenen Veräußerungsgeschäft erhoben.

§ 16. Verfahren bei Nichtvorlegung einer Urkunde.

1. Wird eine das Veräußerungsgeschäft enthaltende Urkunde nicht vorgelegt und das Veraußerungsgeschäft auch nicht bei der Auflassung proto-

kollarisch aufgenommen, so hat der Grundbuchrichter die Beteiligten darüber zu vernehmen, ob sie eine Urkunde überhaupt nicht vorlegen wollen, und sie über die Folgen der Nichtvorlegung, insbesondere auch darüber zu belehren, daß der Entrichtung des Auflassungsstempels ungeachtet zu einer etwaigen Urkunde der gesetzlich erforderliche Stempel beizubringen ist. Es ist Pflicht des Grundbuchrichters, zu prüfen, ob im Falle der Beurkundung des Abkommens der Urkundenstempel niedriger sein würde als der Auflassungsstempel. Das ist beispielsweise der Fall bei Tauschverträgen, bei Kaufverträgen, in welchen eine Leistung an Erfüllungs Statt vereinbart ist, bei Verträgen zwischen Teilnehmern an einer Erbschaft zum Zwecke der Teilung und bei Verträgen, durch welche Grundstücke von Aszendenten auf Deszendenten oder eingekindschaftete Kinder übertragen werden (Tarifstelle 32 Abs. 2 Nr. 1 und 3 und Ermäßigungen und Befreiungen Nr. 1 und 2). Bei Schenkungen ist den Parteien in allen Fällen zu empfehlen, eine Urkunde über die Schenkung einzureichen, da die Reichsschenkungssteuer auch dann fällig wird, wenn eine Beurkundung nicht stattgefunden hat, und die Nichteinreichung einer Urkunde zur Folge hat, daß neben der etwaigen Schenkungssteuer der Auflassungsstempel zu erheben ist. Als Schenkungsurkunde genügt eine privatschriftliche Erklärung des Schenkers. Die Belehrung des Grundbuchrichters und die Erklärung der Beteiligten über die Vorlegung oder Nichtvorlegung der das Veräußerungsgeschäft enthaltenden Urkunde müssen in das Protokoll aufgenommen werden.

2. Wenn der Auflassung ein Kauf- oder Tauschgeschäft oder überhaupt ein entgeltliches Veräußerungsgeschäft im Sinne der Tarifstelle 32 LStG. zugrunde liegt, so muß das Protokoll ferner eine Belehrung der Beteiligten darüber enthalten, daß der anzugebende Wert nicht geringer sein darf, als der nach dieser Tarifstelle zu berechnende Betrag der vom Erwerber übernommenen Lasten und Leistungen mit Einschluß des Preises und unter Hinzurechnung der vorbehaltenen Nutzungen ausschließlich des für den beweglichen Beilaß festgesetzten Preises, und daß eine Zuwiderhandlung gegen diese Bestimmung nach § 17 Abs. 3a LStG. eine Geldstrafe in Höhe des zehnfachen Betrags des hinterzogenen Stempels nach sich zieht.

3. Der Grundbuchrichter hat sodann wegen einer etwa erforderlich werdenden Sicherheitsleistung Bestimmung zu treffen (§ 14 dieser Verfügung), den Veräußerer und Erwerber zur Angabe des Wertes des veräußerten Gegenstandes aufzufordern und die gemachten Angaben im Protokolle zu vermerken.

4. Sind dem Grundbuchrichter die Bedingungen des Veräußerungsgeschäfts glaubwürdig bekannt geworden, und übersteigt der aus diesen Bedingungen sich ergebende Wert den von den Beteiligten angegebenen, so ist der Auflassungsstempel von dem aus dem Veräußerungsgeschäfte sich ergebenden Werte einzuziehen, vorausgesetzt, daß dieser nicht niedriger ist, als der gemeine Wert des veräußerten Gegenstandes. Dem zuständigen Hauptzollamt ist behufs Erwägung, ob nach § 17 Abs. 2 und 3a LStG. ein Strafverfahren einzuleiten ist, von dem Sachverhalt Anzeige zu machen.

5. In allen anderen Fällen veranlaßt der Grundbuchrichter, wenn er Bedenken trägt, die gemachten Wertangaben als richtig anzunehmen, die Wertermittelung in Gemäßheit des § 7 Abs. 3 LStG. nach seinem Ermessen, erforderlichenfalls durch Vernehmung von Sachverständigen oder in sonst geeigneter Weise. Die Hauptzollämter haben etwaigen Ersuchen der Grundbuchrichter um Ermittelung des Wertes ungesäumt zu entsprechen.

6. Wird nachträglich die Urkunde über das Veräußerungsgeschäft vorgelegt, so ist nach § 14 dieser Verfügung zu verfahren mit der Maßgabe, daß die Prüfung der Urkunde dem Gerichtsschreiber obliegt. Dieser hat die Aussetzung der Zwangsbeitreibung und unter Umständen die Niederschlagung des Stempels herbeizuführen. Ist die Zahlung des Auflassungsstempels bereits erfolgt, so ist für das Verfahren § 9 Nr. 2a dieser Verfügung maßgebend.

7. Behufs Überwachung, ob die von den Parteien zur Ausschließung des Auflassungsstempels bei den Gerichten eingereichten Urkunden in vorschriftsmäßiger Weise versteuert worden sind, haben die Amtsgerichte eine stempel- und kostenfreie beglaubigte Abschrift der Urkunde zu den Grundakten fertigen zu lassen.

§ 17. Überwachung der Stempelerhebung.

1. Mit Rücksicht auf die nach § 27 Abs. 3 LStG. für die Beanstandung des Wertes des veräußerten Gegenstandes bestimmte dreijährige Frist haben die Amtsgerichte dem Hauptzollamt, in dessen Bezirke sie ihren Sitz haben, über die Fälle, in denen die Versteuerung einer Auflassung auf Grund einer Wertangabe (Tarifstelle 8 Abs. 1 und 2, § 16 dieser Verfügung) stattgefunden hat, vierteljährlich ohne Anschreiben unter Briefumschlag eine von dem Gerichtsschreiber der Richtigkeit nach zu bescheinigende Liste nach dem anliegenden Muster zu übersenden. In die Liste der Auflassungen sind nur solche Auflassungen aufzunehmen,

bei denen die Versteuerung lediglich auf Grund der von den Beteiligten gemachten Wertangaben erfolgt ist; von der Aufnahme auszuschließen sind solche Auflassungen, bei denen der Stempel auf Grund einer gerichtlichen Festsetzung des Wertes berechnet ist. Die Spalten 1 bis 15 der Liste enthalten eine Abschrift der Eigentumsveränderungsliste (AVf. vom 25. März 1890 — JMBl. S. 109 —). Die Angaben in Spalte 16 sind den Spalten 16 und 17 der Eigentumsveränderungsliste, diejenigen in den Spalten 17 bis 19 dem Grundbuch oder den Grundakten zu entnehmen. Den Oberzolldirektionen ist überlassen, mit den Oberlandesgerichtspräsidenten in Verbindung zu treten, falls etwa nach den örtlichen Verhältnissen die Mitteilung noch weiterer, für die Beurteilung der Wertangaben wichtiger Umstande erforderlich erscheinen sollte. Zu diesen Mitteilungen kann die Spalte „Bemerkungen" benutzt werden.

2. Um die Absendung der Eigentumsveränderungsliste an das Katasteramt nicht aufzuhalten, sind die für die Liste der Auflassungen erforderlichen Angaben alsbald in diese aufzunehmen. Zur Anfertigung der Liste der Auflassungen kann die Hilfe der Kanzlei in Anspruch genommen werden. Ihre Absendung erfolgt bis zum letzten Tage des Monats, welcher auf den von der Liste umfaßten Zeitraum folgt. Geht nach der Absendung der Liste bezüglich einer in diese aufgenommenen Auflassung die Urkunde über das Veraußerungsgeschäft ein, so daß ein Auflassungsstempel nicht zu erheben ist, so hat der Gerichtsschreiber dem Hauptzollamte hiervon Mitteilung zu machen.

3. In die Liste sind diejenigen Auflassungen nicht aufzunehmen, bei welchen der angegebene Grundstückswert in Städten mit über 20000 Einwohnern 30000 Mark, im übrigen 15000 Mark nicht übersteigt. Die Grundbuchrichter haben jedoch auch in diesen Fällen gemäß § 16 Nr. 5 ihr Augenmerk darauf zu richten, ob die Wertangabe dem wirklichen Werte entspricht und, falls sich Bedenken ergeben, den wirklichen Wert entweder selbst oder durch das zuständige Hauptzollamt zu ermitteln. Auch die Stempelprüfungspflicht der Rechnungsrevisoren und der Vorstände der Stempelsteuerämter bleibt unberührt.

4. Sind während eines Vierteljahrs Auflassungen auf Grund einer Wertangabe nicht zur Versteuerung gekommen, so hat das Amtsgericht dem Hauptzollamte hiervon Mitteilung zu machen.

5. Die Hauptzollämter haben, insoweit sie Bedenken gegen die Angemessenheit der Werte haben, die Ermittelung des wirklichen gemeinen Wertes tunlichst kostenfrei vorzunehmen. Alle unmittelbaren und mittelbaren Behörden und Beamten, insbesondere auch die Behörden der Kataster-

verwaltung, sind verpflichtet, auf alle die Ermittelung von Grundstückswerten betreffenden Anfragen bereitwilligst Auskunft zu erteilen (§ 7 Abs. 5 LStG.).

6. Die Liste der Auflassungen eines Vierteljahrs nebst den entstandenen Verhandlungen wird von dem Hauptzollamte spätestens bis zum Ablaufe des dritten Monats nach dem Tage des Einganges dem zuständigen Stempelsteueramt übersandt, welches die weitere Prüfung der Verhandlungen vornehmen läßt, die zu entrichtenden Stempelbeträge, wenn es die angegebenen Werte für zu niedrig erachtet, anderweit festsetzt und wegen der von dem Amtsgerichte zu bewirkenden Einziehung des Mehrbetrags das Weitere veranlaßt.

7. Die Beschwerde gegen die Festsetzungsverfügung ist zunächst an die Oberzolldirektion und gegen deren Entscheidung an den Finanzminister zu richten, welcher im Einverständnisse mit dem Justizminister die weitere Entscheidung trifft. Wird gegen diese Entscheidungen der Rechtsweg beschritten, so ist die Klage gegen den durch den Oberstaatsanwalt vertretenen Justizfiskus zu erheben.

8. Den Oberzolldirektionen bleibt es überlassen, etwa erforderlich erscheinende nähere Ausführungsbestimmungen im Einverständnisse mit den Präsidenten der Oberlandesgerichte zu treffen. Von derartigen Bestimmungen ist von den Präsidenten der Oberlandesgerichte eine Abschrift an den Justizminister und von den Oberzolldirektionen eine Abschrift an den Finanzminister einzureichen.

9. Eine Abänderung einer gerichtlichen Entscheidung über die Wertfestsetzung bei der Auflassung kann nur durch die Justizbehörden im Aufsichtswege gemäß § 30 PrGKG. erfolgen. Der Zollbehörde steht in diesen Fällen die Befugnis, eine anderweite Wertfestsetzung zu treffen, nicht zu. Falls sie auf Grund anderweit erhaltener Kenntnis zur Ermittelung eines höheren Wertes gelangen sollte, hat sie dem zuständigen Landgerichtspräsidenten hiervon Kenntnis zu geben; die Vorschriften in § 23 Nr. 5, 6 dieser Verfügung finden entsprechende Anwendung.

§ 18. Anrechnung des Auflassungsstempels auf den Stempel einer nachträglich errichteten gerichtlichen Urkunde.

Soll in Gemäßheit der Tarifstelle 8 Abs. 5 LStG. die Anrechnung des für eine Auflassung gezahlten Stempels auf den Wertstempel von 1 v. H. erfolgen, welcher zu einer nachträglich vor Gericht errichteten oder ihrem Inhalte nach anerkannten Urkunde über das der Auflassung zugrunde liegende Rechtsgeschäft erforderlich ist, so ist die Bescheinigung über die Zahlung des Stempels vorzulegen. Der Gerichtsschreiber hat alsdann zu prüfen, ob das beurkundete Rechtsgeschäft mit dem der Auflassung zugrunde liegenden übereinstimmt. Ergeben sich keine Bedenken, so wird auf der Urkunde die Entrichtung des Auflassungsstempels bescheinigt und nur der etwa überschießende Betrag als Gerichtsgebühr eingezogen. Auf der Ausfertigung ist der Betrag des angerechneten Stempels und des außerdem zu den Gerichtskosten berechneten Stempels in getrennten Beträgen nach Vorschrift des § 10 dieser Verfügung zu vermerken. Die beigebrachte Bescheinigung über die Bezahlung des Wertstempels ist zu den Akten zu nehmen.

B. Stempel für Eintragungsanträge.

§ 19. Anwendung der Vorschriften unter A.

1. Auf die Versteuerung der Anträge auf Eintragung einer Hypothek oder Grundschuld oder einer wiederkehrenden Geldleistung sowie auf Eintragung der Verpfändung oder Abtretung einer Hypothek oder Grundschuld (Tarifstelle 58 III und 2 Abs. 4 bis 8) finden die Vorschriften der §§ 14 bis 16 dieser Verfügung Anwendung. Der § 13 der Kassenordnung (Zurückbehaltung von Urkunden) erstreckt sich insbesondere auch auf die als Gerichtsgebühr zu berechnenden Stempel.

2. Nach Tarifstelle 58 III Abs. 3 bleibt der Stempel des Abs. 1 daselbst bei einem Antrag auf Eintragung einer Hypothek für die Ansprüche aus Anleiheteilschuldverschreibungen unerhoben, wenn

a) dem Grundbuchamt innerhalb eines Monats vom Tage des Einganges des Eintragungsantrags ab die Bescheinigung der Zollbehörde darüber vorgelegt wird, daß die durch § 3 des Reichsstempelgesetzes vorgeschriebene vorläufige Anmeldung der Versteuerung erfolgt ist,

b) innerhalb einer Frist von drei Monaten vom Tage der Vorlegung der zu 1 bezeichneten Bescheinigung auf einem als beglaubigte Abschrift herzustellenden Formulare der Teilschuldverschreibungen von der zuständigen Steuerabstempelungsstelle die Vorlegung und die nach dem Reichsstempelgesetz erfolgte Versteuerung der sämtlichen die Hypothek erschöpfenden Teilschuldverschreibungen bescheinigt ist, und

c) die zu 2 bezeichnete Bescheinigung der Steuerabstempelungsstelle innerhalb vier Wochen nach dem Tage des Ablaufs der dreimonatigen Frist dem Grundbuchamte vorgelegt wird.

Die Einforderung des Stempels ist im Geschäftskalender zu überwachen. Zu diesem Zwecke ist zunächst eine Frist von einem Monat und nach Vorlegung der Bescheinigung über die vorläufige Anmeldung der Versteuerung eine Frist von vier Monaten zu notieren.

Ist die Frist von einem Monat verstrichen, ohne daß die Bescheinigung über die vorläufige Anmeldung der Versteuerung erfolgt ist, so ist der Stempel einzuziehen. Ebenso ist zu verfahren, wenn die Bescheinigung der Steuerabstempelungsstelle nicht innerhalb der dreimonatigen Frist ausgestellt oder die Einreichungsfrist von vier Wochen nicht innegehalten worden ist.

Hinsichtlich der Anrechnung des zu einem Eintragungsantrag entrichteten Stempels auf denjenigen Stempel, welchem die nachträglich über das zugrunde liegende Geschäft errichtete Urkunde unterliegt, ist gemäß § 18 dieser Verfügung zu verfahren.

C. Stempel für Zuschlagsbeschlüsse im Zwangsversteigerungsverfahren.

§ 20. Belehrung der Parteien.

1. Im Verfahren der Zwangsversteigerung hat der Richter in den Fällen, in denen voraussichtlich ein erheblicher Teil des Kaufpreises nicht auf das Grundstück, sondern auf Gegenstände entfällt, deren Veräußerung einem geringeren als dem einprozentigen Stempel unterliegt, zugleich mit der Verkündung des Schlusses der Versteigerung (§ 73 Abs. 2 des Gesetzes über die Zwangsversteigerung) den Ersteher darauf hinzuweisen, daß er berechtigt sei, binnen zwei Wochen nach der Verkündung des Zuschlagsbeschlusses oder, falls der Zuschlag durch Beschluß des Beschwerdegerichts erteilt werde, nach der Zustellung des Beschlusses an den Ersteher zum Zwecke der Stempelberechnung gesonderte Werte für das Grundstück und die mitversteigerten beweglichen Sachen dem Gerichte schriftlich anzuzeigen. Zugleich ist der Ersteher darüber zu belehren, daß, wenn eine solche Anzeige nicht erfolgt, der Stempel von 1 v. H. nach dem ganzen Betrage des Meistgebots oder dem Werte des Gegenstandes erhoben wird. Über die erfolgte Belehrung ist ein Vermerk in das Protokoll aufzunehmen. Falls gegen die innerhalb der Frist angezeigten Einzelwerte Bedenken nicht bestehen, sind diese der Stempelberechnung zugrunde zu legen.

2. Bei Beginn des Versteigerungstermins hat der Richter die Beteiligten ferner darauf hinzuweisen, daß der Stempel für die Beurkundung einer etwaigen Abtretung der Rechte aus dem Meistgebot oder der Erklärung des Meistbietenden, daß er für einen anderen geboten habe, 1 v. H. be-

trage und sich nur dann auf 3 Mark ermäßige, wenn die Abtretung der Rechte aus dem Meistgebot oder die Erklärung, für einen anderen geboten zu haben, in dem Versteigerungstermin erfolge, oder wenn ein Gläubiger Meistbietender sei, welchem eine durch ein geringeres Gebot nicht oder nicht völlig gedeckte Hypothek, Grundschuld oder Rentenschuld zustehe (Tarifstelle 32 Abs. 9).

3. Wegen der Berechnung des Stempels und der Gerichtsgebühren für Zuschlagsbeschlüsse im Zwangsversteigerungsverfahren vgl. § 6 Nr. 3 dieser Verfügung.

D. Stempel für Schenkungen.

§ 21.

Für die Versteuerung von Schenkungen bleiben, soweit es sich um einen vor dem 1. Juli 1906 begründeten Erwerb handelt, die bisherigen Vorschriften maßgebend. Im übrigen findet eine Vereinnahmung von Schenkungsstempeln zu den Gerichtskosten nicht statt (vgl. AVf. vom 26. Juni 1906 — JMBl. S. 174, ZBl. S. 1207 —).

IV. Prüfung des Stempelansatzes.

§ 22. Prüfungspflicht der Gerichte.

1. Die Gerichte haben die besondere Verpflichtung, auf Befolgung der Stempelgesetze zu halten und amtlich zu ihrer Kenntnis gekommene Zuwiderhandlungen zur Anzeige zu bringen (§ 30 Abs. 3 LStG.). Müssen in den Terminen vorgelegte Urkunden sofort zurückgegeben werden, so kann die Prüfung dem Gerichtsschreiber übertragen werden. Nicht oder nicht ausreichend versteuerte Urkunden dürfen den Beteiligten erst zurückgegeben werden, wenn die Nachprüfung erfolgt und ihr Ergebnis vermerkt worden ist.

2. Der Gerichtsschreiber hat auch die zu den Akten gelangten oder auf der Gerichtsschreiberei niedergelegten oder sonst amtlich zu seiner Kenntnis gelangten Urkunden auf ihre Stempelpflichtigkeit zu prüfen. Über etwaige Erinnerungen ist ein kurzer Vermerk aufzunehmen, welcher bei den Amtsgerichten dem aufsichtführenden Amtsrichter, bei dem Amtsgericht Mitte in Berlin dem Amtsgerichtspräsidenten und bei den übrigen Gerichten den Präsidenten zur Kenntnis und Übersendung an die Zollbehörde vorzulegen ist.

3. Über nachträgliche Erhöhungen des Grund- oder Stammkapitals von Aktiengesellschaften und Kommanditgesellschaften auf Aktien oder von Gesellschaften mit beschränkter Haftung hat der Gerichtsschreiber des Registergerichts dem zuständigen Stempelsteueramt unter Bezeichnung der Firma und unter Angabe des Betrags, um welchen das Kapital nachträglich erhöht worden ist, eine kurze Mitteilung zu machen.

4. Wird ein nach dem letzten Absatze der Tarifstelle 77 LStG. stempelfrei ausgestelltes amtliches Zeugnis bei Gericht zu einem anderen als dem aus der Urkunde hervorgehenden Zwecke vorgelegt, so hat das Gericht hiervon dem zuständigen Hauptzollamte zum Zwecke der Einziehung des Stempels Mitteilung zu machen. Diese Bestimmung findet auf beglaubigte Abschriften (Tarifstelle 1) entsprechende Anwendung.

§ 23. Stempelprüfung.

1. Die Aufsicht über das gerichtliche Stempelwesen durch die Vorstände der Justizbehörden und die Prüfung des Stempelansatzes durch die Rechnungsrevisoren erfolgt gemäß der Allgemeinen Verfügung des Justizministers vom 28. Februar 1885 (JMBl. S. 90, ZBl. S. 82). Die nach den §§ 11 bis 13 der Verfügung von den Präsidenten der Oberlandesgerichte den Oberzolldirektionen mitzuteilenden Berichte der Rechnungsrevisoren über die Prüfung des Stempelansatzes überweisen die Oberzolldirektionen zunächst den Vorständen der Stempelsteuerämter zur Prüfung und senden sie sodann mit ihren gutachtlichen Bemerkungen den Präsidenten der Oberlandesgerichte zurück. Diese haben die von ihnen erteilten Weisungen den Oberzolldirektionen mitzuteilen. Entstehen über Fragen von grundsätzlicher Bedeutung Meinungsverschiedenheiten, so haben die Präsidenten der Oberlandesgerichte an den Justizminister zu berichten. Nach Vereinbarung kann der Bericht auch von den Oberzolldirektionen an den Finanzminister erstattet werden.

2. Im übrigen liegt die nähere Aufsicht über die gehörige Beobachtung des Stempelsteuergesetzes den Vorständen der Stempel- und Erbschaftssteuerämter ob.

3. Über das Verfahren bei Stempelprüfungen durch die Vorstände der Stempelsteuerämter trifft die Nr. 34 der Ausführungsbestimmungen des Finanzministers zum Stempelsteuergesetze nähere Vorschriften.

4. Die bei den Gerichten abzuhaltenden Stempelprüfungen haben die daselbst vorgefundenen außergerichtlichen Urkunden, insoweit zu ihnen der Stempel nicht bei den Gerichtskosten zu verrechnen war, zum Gegenstande. Die Abwicklung der gezogenen Erinnerungen erfolgt ohne Mitwirkung der Gerichte. Nur wenn die Herausgabe der den Gegenstand der Erinnerungen bildenden Urkunden aus Anlaß von Beschwerden oder aus anderen Gründen im Laufe des Prüfungsverfahrens erforderlich wird, haben die Gerichte diese Urkunden an die Zollbehörde abzugeben. Nach Einziehung und Verwendung der nachgeforderten Stempel teilen sie der

Gerichtsbehörde die zu den einzelnen Urkunden eingezogenen Stempelbeträge mit, wobei die gerichtlichen Akten und die Blätter, welche die Urkunden in ihnen einnehmen, zu bezeichnen sind. Die Gerichtsschreiber haben zu jeder einzelnen Urkunde den nachträglich eingezogenen Betrag unter Hinweis auf die Nummer des Schreibens des Vorstandes des Stempelsteueramts zu vermerken.

5. Die Vorstände der Stempelsteuerämter sind verpflichtet, Unrichtigkeiten, die sie gelegentlich der Prüfungen bei dem Ansatze der als Gerichtskosten zu erhebenden Stempelbeträge bemerken, dem Präsidenten des Landgerichts — bei dem Amtsgerichte Mitte in Berlin dem Amtsgerichtspräsidenten — und, wenn die Stempel von dem Gerichtsschreiber des Oberlandesgerichts in Ansatz gebracht sind, dem Präsidenten des Oberlandesgerichts zur weiteren Veranlassung mitzuteilen. Den Vorständen der Stempelsteuerämter ist von dem, was auf ihre Bemerkungen veranlaßt worden ist, Kenntnis zu geben.

6. Wird von den Vorständen der Stempelsteuerämter den Bemerkungen eine besondere Wichtigkeit beigelegt, so ist den Präsidenten keine Mitteilung zu machen, sondern nur der Oberzolldirektion Anzeige zu erstatten. Dieser bleibt überlassen, die Bemerkungen dem Präsidenten des Oberlandesgerichts zur Kenntnisnahme und weiteren Veranlassung zu übersenden oder, wenn die Bemerkungen Fragen von grundsätzlicher Bedeutung zum Gegenstande haben, mit der Übersendung das Ersuchen um Benachrichtigung von der getroffenen Entschließung zu verbinden. Die Präsidenten haben bei der Mitteilung ihrer Entschließung im Falle einer abweichenden Auffassung auch deren Gründe anzugeben. Über die Punkte, bei denen ein Einverständnis nicht erreicht wird, ist von der Oberzolldirektion an den Finanzminister zu berichten.

§ 24. Strafverfahren.

1. Auf Grund des § 19 LStG. finden die Vorschriften des Verwaltungsstrafgesetzes vom 26. Juli 1897 (GS. S. 237) auch auf die Festsetzung der Stempelstrafen gegen Gerichtsbeamte und Notare durch die Aufsichtsbehörden mit der Maßgabe Anwendung, daß, soweit nicht eine dem Landgerichtspräsidenten vorgesetzte Behörde als Aufsichtsbehörde zuständig ist, die Untersuchung und die Festsetzung der Strafe durch den Präsidenten des Landgerichts und die Entscheidung über Beschwerden durch den Justizminister erfolgt (§ 60 des Verwaltungsstrafgesetzes vom 26. Juli 1897).

2. Der Strafbescheid ist nach anliegendem Muster zu erlassen. In dem Strafbescheide sind dem Beschuldigten die Kosten des Verfahrens aufzu-

erlegen (§§ 45 bis 47 des Gesetzes vom 26. Juli 1897). Als Kosten des Verfahrens kommen nach § 45 bare Auslagen nach Maßgabe des PrGKG. vom 25. Juni 1895, insbesondere Schreibgebühren und Postgebühren, zum Ansatze; bare Auslagen sind auch für die von Amts wegen erfolgenden Zustellungen anzusetzen, da § 118 a. a. O. nicht für anwendbar erklärt ist. Das PrGKG. in seiner vom 1. Oktober 1910 ab geltenden Fassung findet in Verwaltungsstrafverfahren keine Anwendung. Der Ausfertigungsstempel für Strafbescheide und Beschwerdebescheide ist nur zu erheben, wenn der Betrag der Strafe einhundertfünfzig Mark übersteigt.

3. Der Strafbescheid ist durch Zustellung oder durch Verkündung (Eröffnung zum Protokolle) bekannt zu machen.

4. Für die Ausführung von Zustellungen gelten die Bestimmungen der Zivilprozeßordnung über Zustellungen von Amts wegen.

5. Die festgesetzten Ordnungsstrafen nebst den Kosten des Verfahrens, einschließlich des Ausfertigungsstempels und der dem Beschwerdeführer im Beschwerdebescheide zur Last gelegten Kosten, werden von der Gerichtskasse vereinnahmt.

6. Die Landgerichtspräsidenten werden ermächtigt, von der Festsetzung einer Ordnungsstrafe abzusehen, wenn nach den Umständen des Falles, insbesondere bei Zweifeln über die Verpflichtung zur Entrichtung eines Stempels, die Zuwiderhandlung gegen die Vorschriften des Stempelsteuergesetzes nach ihrem pflichtmäßigen Ermessen als entschuldbar erscheint. Hat der Vorstand des Stempelsteueramts bei einer zu seiner Kenntnis gelangten Zuwiderhandlung von Stellung eines Strafantrags Abstand genommen, so hat die Festsetzung einer Ordnungsstrafe zu unterbleiben.

§ 25. Strafvollstreckung.

Der Finanzminister und die Oberzolldirektionen sind nach Nr. 2 des Allerhöchsten Erlasses vom 26. September 1897 (GS. S. 402) befugt, nach ihrem pflichtmäßigen Ermessen im Wege der Nachsicht die verwaltungsseitige und die gerichtliche Strafvollstreckung bei Zuwiderhandlungen gegen die Stempelgesetze auszusetzen sowie Strafunterbrechung und Strafteilung zu gestatten. Diese Befugnis erstreckt sich zugleich auf die Kosten des Verfahrens. Die beteiligten Justizbehörden haben ihren desfallsigen Anträgen Folge zu leisten.

Berlin, den 28. Juli 1910.

Der Justizminister.
Dr. Beseler.

Der Finanzminister.
Im Auftrage:
Köhler.

Formular 1 (zu § 17).

Königliches Amtsgericht ....
Gerichtsschreiberei Abt. ....

An
das Königliche Haupt-Zollamt
zu
....

Liste

der

in dem ....ten Vierteljahr 19......... erfolgten Auflassungen*)

(Allgemeine Verfügung des Justizministers und des Finanzministers vom 28. Juli 1910 — JMBl. S. 299).

Die Richtigkeit bescheinigt.

...., den .... 19........

*) In die Liste sind nur solche Auflassungen aufzunehmen, bei welchen der angegebene Wert für Grundstücke in Städten mit über 20 000 Einwohnern 30 000 Mk., im übrigen 15 000 Mk. übersteigt.

Laufende Nummer	Bezeichnung der Grundstücke und Gebäude, in betreff deren eine Eigentumsveränderung eingetreten ist																
	Name des Gemeinde- oder selbständigen Gutsbezirkes	Des Grundbuchs		Artikel der Mutterrolle	Des bisherigen Eigentümers Name, Vorname, Stand, Wohnort und Hausnummer	Gemarkung	Nummer		Der Gebäudesteuerrolle		Bezeichnung der Lage	Kulturart oder nähere Bezeichnung der Parzelle, Gattung des Gebäudes	Flächeninhalt			Reinertrag der Liegenschaften oder Nutzungswert der Gebäude	
		Band	Blatt				des Kartenblatts (oder Flur)	der Parzelle	Nr	Litt.			ha	a	qm	Taler Mark	1/100 Pf
1	2	2a		3	4	5	6		7		8	9	10			11	

Eingetragen im Grundbuche		Artikel der Mutterrolle	Der Gebäudesteuerrolle		Des neuen Eigentümers Name, Vorname, Stand, Wohnort und Hausnummer	Tag a) der Auflassung, b) der Umschreibung im Grundbuche	Angegebener Grundstückswert	Betrag des angesetzten Auflassungsstempels (falls unter 1 Prozent Angabe des Grundes)		a) Letzter Erwerbspreis, b) Abschätzungswert, c) Feuerversicherungssumme, darunter in Klammern das Jahr, für welches die Angaben gelten (falls das Grundbuch oder die Grundakten hierüber Auskunft geben)	Bemerkungen
Band	Blatt		Nr	Litt.			Mark	Mark	Pf	Mark	
12		13	14		15	16	17	18		19	20

Formular 2 (zu § 24).

Der Landgerichtspräsident.

.................................., den ....

Strafbescheid.

In der Stempelstrafsache ....
gegen ....
wird gegen den Beschuldigten auf Grund des § 19 des Stempelsteuergesetzes vom 31. Juli 1895 in der Fassung der Bekanntmachung vom 30. Juni 1909 (Gesetzsamml. 1909 S. 535) eine Ordnungsstrafe von .... Mark, in Buchstaben: „.............................. Mark" festgesetzt.

Der Beschuldigte hat die Kosten des Verfahrens zu tragen.

Gründe.*)

....

Gegen diesen Strafbescheid steht dem Beschuldigten offen, nach seiner Wahl entweder

den Antrag auf gerichtliche Entscheidung oder
die Beschwerde an den Herrn Justizminister

binnen einer Woche nach der Bekanntmachung dieses Strafbescheids bei mir oder bei der Behörde, welche den Strafbescheid bekanntgemacht hat, anzubringen. Die Einlegung des einen Rechtsmittels hat den Ausschluß des andern zur Folge.

Wird keines der bezeichneten Rechtsmittel rechtzeitig an zuständiger Stelle eingelegt, so wird der Strafbescheid vollstreckbar. Die Strafe mit den sich aus anliegender Berechnung ergebenden Kosten des Verfahrens

*) In den Gründen sind auch die Beweismittel anzugeben.

ist binnen einer Woche nach Eintritt der Vollstreckbarkeit, bei Vermeidung der Zwangsvollstreckung, an die Gerichtskasse in .... zu zahlen.

Berechnung:

Es sind zu zahlen:

1. Strafe . . . . Mark .... Pf.

2. Kosten:

a) Stempel	....	Mark	....	Pf.	
b) Postgebühren . .	....	„	....	„	
c) Schreibgebühren .	....	„	....	„	
d) Sonstige Auslagen	....	„	....	„	
				zusammen	.... „ .... „
				Summe	.... Mark .... Pf.

Nachträge.

1. Zu Tarif 8 Abs. 1 (A. 6 S. 93).

Für den „Auflassungsstempel" der Tarifstelle 8 Abs. 1 Satz 2 gelten auch die sonstigen Vorschriften über den Auflassungsstempel. Zustellung der Kostenrechnung und Belehrung der Beteiligten ist nicht mehr Rechtsvoraussetzung für den Ansatz des Auflassungsstempels. KG. 19. 11. 09, Joh. Bd. 39 S. B 70.

2. Zu Tarif 8 Abs. 4 Ziff. 3 Satz 2 (A. 14 S. 98).

Bei Beurteilung dieser Frage kommt es auf den wirtschaftlichen Zweck des Geschäfts, nicht auf dessen urkundliche Ausgestaltung an. Das Grundbuchamt ist befugt, behufs Prüfung dieser Frage Ermittelungen jeglicher Art anzustellen. Wird die Frage bejaht, so kann gemäß § 12 zu a d. G. auch der Bevollmächtigte zur Zahlung des Auflassungsstempels herangezogen werden. KG. 4. 2. 10, Joh. Bd. 39 S. B 76.

3. Zu Tarif 10 (A. 5b S. 106).

Die auf Grund der GewO. erteilten Genehmigungen zur Über- und Sonntagsarbeit bedürfen dann keines AusfSt., wenn nach dem pflichtmäßigen Ermessen des Beamten, der die Genehmigung erteilt, deren Wert für den Arbeitgeber 150 Mk. nicht übersteigt. In diesem Fall ist in den Text der Urschrift wie in den Text jeder Ausf. der Genehmigung von vornherein der Vermerk aufzunehmen: „Stempelfrei, da der Wert 150 Mk. nicht übersteigt". Außerhalb des Urkundentextes befindliche Vermerke vermögen die StBefreiung nicht zu begründen. (MinBl. d. Handels- u. GewVerw. S. 342), FM. 4. 1. 11 III 22281/10.

4. Zu Tarif 18 (A. 6 S. 117).

Gegenstandswert von Eheverträgen, die auf Einführung der allg. Gütergemeinschaft gerichtet sind, ist mindestens der Gesamtwert aller Vermögensstücke, die den Eheleuten zur Zeit des Vertragsschlusses gehört haben; der Abzug von Schulden ist unzulässig. KG. 24. 9. 09, Joh. Bd. 39 S. B 22.

5. Zu Tarif 22c Abs. 2 (A. 6 S. 129).

Diese Bestimmung bezieht sich nicht nur auf neue, erst nach dem 30. Juni 1909 entstandene Gewerbebetriebe, sondern auch auf zu diesem Zeitpunkt bereits im Betriebe gewesene Gewerbe. Sind daher bei Betrieben der letzteren Art den Vertretern oder Bevollmächtigten Genehmigungen vor dem 1. Juli 1909 erteilt und diese nach dem StGes. v. 31. 7. 1895 mit dem AusfertigungsSt. von 1,50 Mk. versteuert worden, so kommt, wenn zufolge Wechsels in diesen Personen oder aus einem anderen Anlaß eine neue Erlaubnis nachgesucht ist, für die erstmalige, nach dem 30. 6. 09 ausgefertigte Erlaubniserteilung der Abs. 2 der Tarifstelle 22c des Ges. v. 30. 6. 09 zur Anwendung. Spätere Erlaubniserteilungen bedürfen des St. dieser Tarifstelle nur dann, wenn es sich um wesentliche Betriebsänderungen (z. B. in bezug auf die Räumlichkeiten, die Art des Betriebes usw.) handelt. Bei einem bloßen Wechsel in der Person des Vertreters oder Bevollmächtigten der juristischen Person ist eine für den neuen Vertreter oder Bevollmächtigten auszufertigende Erlaubniserteilung für die Zukunft überhaupt nicht mehr erforderlich, weil nach einer Entsch. d. ObVerwGer. v. 11. 7. 10 (MinBl. d. Handels- u. GewVerw. S. 491, MinBl. d. i. V. S. 300) an der bisherigen Auffassung, wonach Genehmigungen aus § 33 RGewO. nur physischen Personen erteilt werden konnten, nicht mehr festzuhalten ist. In Fällen, wo der Vertreter oder Bevollmächtigte die ihm erteilte Genehmigung bereits nach dem Abs. 2 der Tarifstelle 22c versteuert hat und die Erlaubnis nunmehr auf die von ihm vertretene juristische Person ausgefertigt werden soll, ist daher nur der AusfSt. von 3 Mk. nach der Tarifstelle 10 zu entrichten. FM. 9. 12. 10 III 20919.

6. Zu Tarif 22e (A. 2 S. 130).

Stpflichtig nach Tarifstelle 22e sind die Einzelgenehmigungen beweglicher Dampfkessel, welche nach dem im § 17 Abs. II der Anw., betr. die Genehmigung und Untersuchung der Dampfkessel, v. 16. 12. 09, angegebenen Verfahren von dem zuständigen Kesselprüfer als in Übereinstimmung mit der Sammel- (Jahres-) Genehmigung befindlich zu beglaubigen sind, wie letztere.

Die Anwendung der Tarifstelle 1 in Verbindung mit Tarifstelle 77 ist im vorliegenden Fall aus mehreren Gründen ausgeschlossen. Die von Behörden oder Beamten beglaubigten Abschr. sind nach den eben erwähnten Tarifstellen nur dann stpflichtig, wenn die Zuständigkeit dieser Stellen durch Gesetz oder rechtsgültige Verordnungen begründet wird. Reine Verwaltungsanordnungen der vorgesetzten Behörden an die nachgeordneten Dienststellen, die nur für diese verpflichtend sind, stellen solche allgemein gültige Verordnungen nicht dar (vgl. Tarif 77 A. 1a). Da über die Zuständigkeit zur Beglaubigung von Abschr. dieser und ähnlicher Art allgemein gültige Rechtsnormen fehlen, so würden die in Rede stehenden Einzelgenehmigungen an sich stfrei sein, wenn sie tatsächlich wörtlich übereinstimmende Abschr. darstellten, wie es z. B. bei den im § 19 Abs. 2 der allg. polizeilichen Bestimmungen über die Anlegung von Landdampfkesseln, v. 17. 12. 08 bezeichneten, von Kesselvereinen beglaubigten Abschriften, oder bei den in dem Erl. des Min. f H. u. G v. 1. 12. 09 (MinBl. S. 526) behandelten, beglaubigten Abschriften von Materialprüfungsbescheinigungen zutrifft. Im vorliegenden Fall sind die zu beglaubigenden Einzelgenehmigungen jedoch keine wörtlich übereinstimmenden Abschr., vielmehr sind in der Sammelgenehmigung entweder gar keine oder eine fortlaufende Zahl von Kesselnummern angegeben, während die danach herzustellende und zu beglaubigende Einzelgenehmigung nach den Beschlüssen des Bundesrats für einen einzelnen, mit einer bestimmten Kesselnummer bezeichneten Kessel gilt. Aus diesem Grunde kann auch Tarifstelle 16 keine Anwendung finden. Daß zu den Einzelgenehmigungen derselbe St. zu entrichten ist, wie für die Sammelgenehmigung, schließt die Anwendung der Tarifst. 22 e auf letztere nicht aus, denn die Steuersätze dieser Stelle belasten nicht die Erlaubniserteilungen als solche, sondern nach § 1 Abs. 1 d. G. die über die Erlaubniserteilungen errichteten Urkunden. Der ErlaubnisSt. ist deshalb so oft zu entrichten, als Genehmigungsurkunden ausgefertigt werden, sofern nicht etwa, was hier nicht zutrifft, die Tarifst. 1 oder Tarifst. 16 Platz greifen. FM. 13. 12. 10 III 22746.

7. Zu Tarif 25 c 1. Sp. Berechnung (A. 17 S. 148).

Die auf dem Erbbaugrundstück von dem Erbbauberechtigten errichteten Bauwerke sind, wenn sie mit dem Grundstück fest verbunden sind, wesentliche Bestandteile des Erbbaurechts RG. 21. 5. 09, Joh. Bd. 39 S. B 81. — Vgl. Tarif 32 A. 14 c.

8. Zu Tarif 25 c (A 20 S. 148).

Die auf die Fortführung der Firma bezügliche Abrede ist mit $^1/_3$ % (Tarif 25 c) zu versteuern. RG. 28 10 10, JW. 1911 S. 122.

9. Zu Tarif 32 Abs. 1 a (A. 14 S. 171)

Eine selbständige Gerechtigkeit, insbesondere eine Fährgerechtigkeit ist auch dann als unbewegliche Sache anzusehen und strechtlich als solche zu behandeln, wenn ein Grundbuchblatt für sie nicht angelegt worden ist. RG. 24 9. 09, Joh. Bd 39 S. B 94.

10. Zu Tarif 32 (A. 18 g S 175).

Nach § 95 BGB. gehören zu den Bestandteilen eines Grundstücks solche Sachen nicht, die nur zu einem vorübergehenden Zwecke mit dem Grund und Boden verbunden werden. Unter diese Bestimmung fallen auch die Privatanschlußgleise oder einzelne Teile derselben (zu vgl. §§ 21 und 22 der den Anschlußverträgen zugrunde liegenden Allg. Bedingungen). Sie sind somit ein bewegliches Werk. Verträge über Herstellung von Privatanschlußgleisen sind daher nach Abs. 1 der Tarifstelle 75 zu behandeln

Die dem entgegenstehenden, unter der Herrschaft des ALR. getroffenen Bestimmungen der st.rechtlichen Vorschriften zu FO. XII S. 151 Anm. 1 Schlußsatz, S. 156 f. Anm. 24 und S. 38 Anm. 2, wonach der halbe LieferungsSt. nur von dem Werte der seitens des Eisenbahnfiskus gelieferten Materialien zu entrichten ist, sind deshalb sinngemäß zu ändern. FM. 17. 4. 11 III 2727 (EisenbNachrBl. Nr. 4 S. 24), ZBl. S. 88

11. Zu Tarif 32 (A. 21 S. 177).

Die Auffassung, daß bei Auseinandersetzungsverträgen zwischen gütergemeinschaftlichen Ehegatten der Wert des ganzen, den Gegenstand der Auseinandersetzung bildenden Gesamtgutes den Abgaben für Veräußerungen unterliege (Joh. Bd. 33 S. B 35), ist aufgegeben und dafür angenommen, daß die Übernahme der Gesamtgutsverbindlichkeiten durch einen Ehegatten nur soweit eine Gegenleistung bildet, als die Verbindlichkeiten im Verhältnis der Ehegatten untereinander dem Übernehmer nicht bereits zur Last fielen, mithin in der Regel zur Hälfte (§§ 1475, 1476 BGB.). Auch die weitere Gegenleistung richtet sich nach der wirtschaftlichen Beteiligung. Hiernach kann zu dem Auseinandersetzungsvertrage vom 30. 5. 10 für die Übereignung des gütergemeinschaftlichen Grundstücks an den Ehemann zum Alleineigentum der WertSt. nicht von dem vollen, sondern nur von dem halben Entgelt gefordert werden. Für die in dem Vertrage weiter enthaltene Übereignung des Mobiliars an die Ehefrau, die es in die Gütergemeinschaft eingebracht hat, ist dagegen ein KaufwertSt. überhaupt nicht in Ansatz zu bringen. Nach § 1477 Abs. 2 BGB. kann jeder Ehegatte verlangen, daß ihm bei der Aufteilung der Gemeinschaft gegen Ersatz des Wertes diejenigen Gegenstände zum Alleineigentum überwiesen werden, die er in die Gütergemeinschaft eingebracht hat. Da der andere Ehegatte sich diesem Verlangen nicht entziehen kann, so liegt in der Erfüllung des Verlangens durch ihn kein freiwilliges und somit auch kein steuerpflichtiges Veräußerungsgeschäft (KG. 2. 5. 07, Joh. Bd. 34 S. B 33). FM. 26. 2. 11 III 3145.

12. Zu Tarif 32 Abs. 1 Sp. Berechnung (A. 21c S. 177).

Wenn in einem Grundstückskaufvertrage bestimmt ist, daß, falls das Amortisationsguthaben nach der Landschaftsordnung mit dem Grundstück auf den neuen Eigentümer übergeht, der Betrag dieses Guthabens von dem Käufer an den Verkäufer zu zahlen ist, so bildet dieser Betrag eine stpflichtige Erhöhung des Kaufpreises. RG. 15. 11. 10, ZBl. 1911 S. 43. — Vgl. auch Tarif 2 A. 11.

13. Zu Tarif 73 Abs. 1 (A. 6g S. 283).

Für Prozeßvollmachten, die von Berufsgenossenschaften für ein Zwangsvollstreckungsverfahren behufs Beitreibung rückständiger Beiträge ausgestellt werden. KG. 19. 2. 09, Joh. Bd. 39 S. B 105.

14. Zu Tarif 73 Abs. 4 (A. 9a S. 285).

Bei Prozeßvollmachten sind nicht nur die rückständigen, sondern auch die zukünftigen Zinsen, soweit sie aus der Urkunde ersichtlich sind, für die Besteuerung zu berücksichtigen. (Entsch. Bd. 51 Nr. 123). Die StBefreiung nach § 4 Abs. 2 kann nur in Anspruch genommen werden, wenn nachgewiesen wird, daß der strechtliche Wert des Prozeßgegenstandes den Betrag von 150 Mk. nicht übersteigt. Eingeklagt waren 100 Mk. nebst 5% Zinsen seit dem 1. Juni 1908. Nach § 6 Abs. 9 d. G. betrug der strechtliche Wert der Prozeßvollmacht 100 Mk. und 62 Mk. 50 Pf. Die Wertangabe in der Vollmacht „60 Mk. bis 120 Mk." war nur im Interesse der Prozeßgebühren erfolgt. RG. 11. 10. 10, JW. 1911 S 121.

15. Zu Tarif 77 (A. 4z S. 306).

Bescheinigungen über die Teilnahme an Ausbildungskursen für Fortbildungsschullehrer. FM. 8. 3. 11 III 1164. ZBl. S. 105.

16. Zu Tarif 77 (A. 4 cc Abs. 2 S. 307).

Der gleichen StAbgabe wie die Führerscheine und Zulassungsbescheinigungen unterliegen auch die im § 6 Abs. 3, 4 und 6 der V. v. 3 2. 10 erwähnten neuen Zulassungsbescheinigungen, ferner die im § 31 Abs. 1 bezeichneten Zulassungsbescheinigungen für Kraftfahrzeuge zu Probefahrten sowie die gemäß § 39 auszustellenden neuen Zulassungsbescheinigungen und die gemäß § 40 an Stelle ungültig gewordener Führerscheine zu erteilenden neuen Führerscheine und die den Anträgen beigefügten amtsärztlichen Zeugnisse

Dagegen sind die nach § 3 der V. über den internat Verkehr mit Kraftfahrz. v 21. 4. 10 (RGBl S. 640) auszustellenden internationalen Fahrausweise als stpflichtige Zeugnisse nicht anzusehen, weil es sich bei diesen Urkunden inhaltlich um reine Ausweise und nicht um die Bescheinigung einer Tatsache handelt FM. 24 12 10 III 23532.

17 Zu Tarif 77 (A. 4 cc Abs 2 S. 307)

Die den Anträgen auf Zulassung von Kraftfahrzeugen zum Verkehr beizufügenden Gutachten der Sachverständigen, die auch durch Typenbescheinigungen ersetzt werden können (§ 5 Abs 2 und 3 der V v. 3. 2. 10, bilden die Grundlage für die Erteilung der Zulassungsbescheinigungen. Diese Gutachten und Typenbescheinigungen sind daher, da die Zulassungsbescheinigungen nach dem Erl. v. 12. 11 10 III 20928 dem ZeugnisSt. unterliegen, als Vorzeugnisse von der StAbgabe befreit

Die allg. Verf v. 9. 6. 08 FM III 10070 (ZBl. S 316) wird, insoweit in ihr die auf die Kraftfahrz. bezüglichen Abnahmebescheinigungen der Sachverständigen für zeugnisstpflichtig erklärt worden sind, aufgehoben; für die übrigen in dieser Verf genannten Bescheinigungen, die nicht als Vorzeugnisse zu gelten haben, sondern unmittelbar die Zulassung der Anlage zur Folge haben, bleibt die StPflicht bestehen. FM. 10. 2. 11 III 1715 ZBl. S. 72.

18. Zu AB. 88 S. 418.

A. Zur Ausstellung der Befähigungszeugnisse für Seeschiffer und Seesteuerleute sind zuständig:

1. für Schiffer auf großer Fahrt
   die Regierungspräsidenten in Danzig, Stettin, Stralsund, Schleswig, Stade, Aurich und Osnabrück,
2. für Schiffer auf kleiner Fahrt und für Seesteuerleute
   der Regierungspräsident in Königsberg und die zu 1. genannten Regierungspräsidenten,
3. für Schiffer auf Küstenfahrt
   der Regierungspräsident in Köslin und die zu 2. genannten Regierungspräsidenten.

B. Zur Ausstellung der Befähigungszeugnisse für Seemaschinisten und Schiffsingenieure sind zuständig:

1. für Seemaschinisten IV. und III. Klasse
   die Regierungspräsidenten in Königsberg, Danzig, Stettin, Schleswig und Stade,

2. für Seemaschinisten II. und I. Klasse
die Regierungspräsidenten in Danzig, Stettin und Schleswig,

3. für Schiffsingenieure, an bisherige Maschinisten I. Klasse gemäß § 45 Abs 3 der Bek. des Herrn Reichskanzlers vom 7. 1. 09 (RGBl. S. 210)
die Regierungspräsidenten in Königsberg, Danzig, Stettin und Schleswig, im übrigen der Regierungspräsident in Stettin.

C. Zur Ausstellung der Zeugnisse über die Prüfung in der Schiffsdampfmaschinenkunde sind die Prüfungskommissionen für Seeschiffer auf großer Fahrt in Danzig, Stettin, Stralsund, Barth, Flensburg, Altona, Geestemünde, Leer und Papenburg zuständig. Die Vordrucke werden, wie bisher, durch die Navigationsschuldirektoren in Danzig, Geestemünde und Altona oder durch von diesen damit beauftragte Navigationslehrer angefordert

Zum Verkauf der StVordrucke zu diesen Zeugnissen ist nur dasjenige Hauptzollamt oder Zollamt befugt, in dessen Hebebezirk eine zur Ausstellung des betreffenden Zeugnisses befugte Behörde ihren Sitz hat. Die StVordrucke zu C sind, solange sie nur durch die Navigationsschuldirektoren in Danzig, Geestemünde und Altona oder durch deren Beauftragte angefordert werden, nur an diesen Orten zum Verkauf bereit zu halten. FM. 21. 2. 11 III 2629, ZBl. S. 89.

Sachregister.

(Die Zahlen bedeuten die Seiten.)

A.

E.

F.

G.

H.

K.

L.

O.

P.

Q.

R.

U.

W.

Z.

Herrosé & Ziemsen, G. m. b. H., Wittenberg.

FSC
www.fsc.org
MIX
Papier | Fördert
gute Waldnutzung
FSC® C083411

Kolibri 360 GmbH
Ferdinand-Jühlke-Straße 7
99095 Erfurt, Deutschland
produktsicherheit@kolibri360.de